·中国教育出版传媒集团出版资助项目·

甲骨风云

王绍东 编著
王宇信 审校

中国教育出版传媒集团
语文出版社
·北京·

图书在版编目（CIP）数据

甲骨风云 / 王绍东编著. -- 北京 : 语文出版社, 2022.9
ISBN 978-7-5187-1491-9

Ⅰ. ①甲… Ⅱ. ①王… Ⅲ. ①甲骨文—研究—人物—生平事迹—世界 Ⅳ. ①K815.581

中国版本图书馆CIP数据核字(2022)第036549号

责任编辑 程艳梅
装帧设计 徐晓森
出　　版 语文出版社
地　　址 北京市东城区朝阳门内南小街51号 100010
电子信箱 ywcbsywp@163.com
排　　版 华艺世纪缘科技发展有限公司
印刷装订 北京市科星印刷有限责任公司
发　　行 语文出版社 新华书店经销
规　　格 787mm×1092mm
开　　本 1/16
印　　张 32
字　　数 490千字
版　　次 2022年9月第1版
印　　次 2022年9月第1次印刷
印　　数 1-3,000
定　　价 98.00元

010-65253954(咨询) 010-65251033(购书) 010-65250075(印装质量)

序

王宇信

王绍东是我的“关门弟子”，毕业于山东大学考古专业。我们自结识至今，已有近14载了。关于我们的“师徒之缘”，还得从2007年说起。记得在2007年6月底，我应邀到济南访问老友李来付先生。当时，多年嗜好古文字书法艺术的李来付先生于退休后创办了山东省甲骨文国际交流中心，并自任理事长，而正在山东大学考古专业读研的王绍东为他的助手。7月1日上午，我在李来付先生的办公室里偶然见到了绍东。据来付先生介绍，绍东是山东大学考古系方辉教授的研究生，因为喜欢和擅长甲骨文，所以聘他来当自己的助手。方辉教授原为著名历史学家田昌五先生的博士生，很早就加入了中国殷商文化学会（现为学会副会长），与我也有师生情谊。不过，他收了个喜欢甲骨文的学生，却令我略感意外。因为山东本地的甲骨学者并不多，即使早年研究甲骨学的方辉教授后来也转到商周考古去了。所以，绍东的出现让我隐约感到甲骨学在山东的发展或许后继有人了。

从那之后，在山东各地举办的历次甲骨学国际学术研讨会或甲骨文书法艺术展览期间，我一般都能见到绍东，因为他作为会务人员，时常被派来照顾我。于是，我俩有了更多的交流机会。我的总体感觉是，这个小伙子比较勤奋好学、老实本分，所以对他印象不错。2011年初，我的老友谢玉堂先生写了一部《甲骨文的由来与发展》，寄来纸稿，并嘱我作序。谢玉堂先生原为山东省副省长、省政协第九届委员会副主席，也与我相识多年。当时，他正任山东省大舜文化研究会会长，而绍东就在该研究会的学术部任职。关于《甲骨文的由来与发展》，我通读完后，感觉该书写得不错，不仅内容丰富，而且具有一定专业水平。后来，我才得知原来此书绍东做了很多工作，顿觉这位年轻人对甲骨文及甲骨学能有如此兴趣，实属难能可贵，很有培养价值和发展潜力。2012年4月，在山东烟台福山举办的一次甲骨学研讨会期间，作为会务人员的绍东又被派来照顾我。8 日午宴后，经人推荐，我欣然将绍东收入门下，为“关门弟子”，师徒之缘由此结下。

2013 年，文物出版社找我担纲，策划了一套“中国古文字导读”，其中《殷墟甲骨文》分册由我执笔。因当时我正忙于国家级课题，无暇顾及，所以打算交由绍东代劳，也算是对他的一次考验和锻炼。在该书的编撰过程中，绍东比较细心认真、努力勤奋，不仅查阅了大量甲骨文资料，而且还曾多次向我请教相关专业问题，从而使得他的甲骨文研究水平有了很大长进。此后，在我的指导下，他利用工作之余，又相继编著或撰写了《中华文化元素 · 青铜器》《青铜流光》《济南故事 · 龙山文化》《甲骨学与山东》《甲金成语五百例》《甲骨文补缀研究》《甲骨“万象”》等一系列著作。通过这些历练，他不仅增长了不少知识，而且在甲骨学、考古学、古文字学、青铜器研究等方面打下了扎实的基础。看着他日渐成长，我感到颇为欣慰，希望他将来在甲骨文研究和科普领域能有一番作为，为中华优秀传统文化的全面振兴作出应有的贡献。

前年，在一次电话联系中，绍东和我说打算写一部甲骨文科普读物，当时我建议他把精力多放到学术研究上，不料他还是利用夜间加班将书稿完成了，此即呈现在读者面前的这部《甲骨风云》。当然，在日常工作之余，他也写了数篇学术论文，并陆续寄来请我指导。2020 年 6 月中旬，他将《甲骨风云》的纸稿寄我一份，我利用两个多月的时间通读了一遍，并予以审校，总体感觉写得不错，于是便想推荐出版。恰逢中国教育出版集团语文出版社与北京师范大学出版科学研究院联合发布了“‘甲骨文’系列丛书选题招募公告”，所以我建议绍东申报下。承蒙语文出版社领导和评审专家们垂爱，《甲骨风云》于 2021 年年初顺利通过选题论证，入选“甲骨文系列丛书”。

这部《甲骨风云》，正如绍东自己所言，既是一部甲骨文科普读物，也是一本甲骨文资料集。综览全书，总体而言，我觉得大致有如下特点。

第一，视角独特。在甲骨文的科普领域，目前已出版的书籍大都是从甲骨文字本身的角度去介绍甲骨学相关知识的，而本书却另辟蹊径，选择从“甲骨学人”的角度来介绍甲骨文及甲骨学的相关知识。可谓匠心独具。

第二，内容新颖。尽管书中所述的不少人物及故事多为“老生常谈”，但绍东尽量避免“陈词滥调”，竭尽所能地增添了一些新内容，写出了新风格，以期能使读者有种“耳目一新”的感觉。

第三，体例别样。在编写体例方面，绍东别具一格地借鉴章回体小说的形式来命名每篇的标题，并且所有篇章的标题均比较押韵。例如：首篇名为“盘庚迁都洹水畔，占卜盛行数百年”，第二篇名为“武王牧野伐殷纣，宝藏尘封三千年”，末篇名为“江山代有才人出，甲骨绝学永承传”。可谓别出心裁。

第四，知识丰富。该书的内容可谓丰富多彩，信息量极大，蕴含了有关甲骨文及甲骨学的诸多方面的知识，堪称甲骨学的必读入门书之一。尤为值得一提的是，老一辈甲骨学人的“故事”堪为该书的核心内容，他们的治学精神和家国情怀，不仅值得世人敬仰和学习，也将激励着后学向更高的学术目标和更深的研究领域不断奋进。

如今，作为中华优秀传统文化根脉的甲骨文已成为“世界记忆遗产”，并愈益受到国家的高度重视和世人的广泛关注，甲骨学也进入政府推动下的“全面深入发展与弘扬新时期”。可以说，这部《甲骨风云》的问世可谓恰逢其时，利国利民，既能在一定程度上满足大众的精神文化需求，亦能引领对甲骨文感兴趣的初学者步入甲骨学堂奥，还能激发中华儿女的文化自信心和民族自豪感。因此，我竭诚地向广大读者推荐它！

2021 年 4 月 8 日

于北京方庄芳古园“入帘青小庐”寓所

前　言

三千多年前，随着牧野之战的尘埃落定，曾盛极一时的商王朝灰飞烟灭，繁华富庶的殷都城沦为一片废墟，一部“皇室档案”从此被尘封而深埋于地下。三千多年后，随着“龙骨”价高的声名远播，曾弃如草芥的碎甲骨变成“香饽饽”，默默无闻的小屯村引来四方访客，一个“文明密码”即将被破译而震惊天下。

一座神秘古城的风云变幻即将被揭晓，一代辉煌王朝的兴衰荣辱即将被印证，一幅波澜壮阔的历史画卷即将被展开，一段“刻骨”铭心的民族记忆即将被唤醒。

19世纪末，随着西方列强侵华，国内政局紊乱，民生凋敝，腐朽没落的清王朝衰微，气数将尽，正做着垂死挣扎。一位当时分管教育的朝廷重臣王懿荣，万没想到安逸的生活将被打乱，他的命运也因两件事而彻底发生改变。1899年秋的一天黄昏，一位风尘仆仆、远道而来的古董商悄然走进了王懿荣的家宅。面对古董商摆在桌上的一堆新奇“宝贝”，王懿荣借着烛光看得发呆。凭借深厚的金石学功底，他意识到这些龟甲和骨片上所刻的“神秘符号”很可能是一种古老的文字，或许就是传说中的“殷代之文字”。这一推测不久便被诸多学者证实，由此成为一个震惊世界的“世纪大发现”。然而，造化弄人，世事变幻莫测。1900年8月，八国联军攻陷北京，慈禧太后和光绪皇帝仓皇出逃，留在北京任京师团练大臣的王懿荣奋勇抵抗列强入侵，终因力量悬殊、寡不敌众而偕夫人服毒投井，壮烈殉国。或许是命运与王懿荣开了个玩笑，让他刚在“文”上有了重大发现却还未来得及公之于世就死在了“武”上。但无论怎样，他首先辨识的这些契刻在龟甲和兽骨上的殷代文字，在其逝世20多年后被命名为“甲骨文”而誉满全球，名扬天下。王懿荣也因首先购藏和发现甲骨文，而被世人尊为“甲骨文之父”，永载史册。

中华文明五千年，如今已成为一个无可争议的事实，却曾被西方学者质疑过，甚至国内的少数人也曾倾向于“中国文化西来说”。然而，殷墟甲骨文的发现给予他们强有力的一驳。加之后来城子崖遗址龙山文化的重大发现，终于将他们的“谬论”彻底推翻。中华民族是“龙的传人”，作为“文明密码”和“文化基因”的甲骨文被契刻在曾被称为“龙骨”的龟甲和兽骨上，这难道只是“偶然”和“巧合”？在世界四大文明古国中，其他国家的古文字早已失传，唯独我国的甲骨文生生不息，一脉相传，历经数千年历史沧桑演变为如今全国通用、世界知名的“汉字”，成为维系民族团结、维护社会稳定的一条重要纽带。

甲骨文自从 1899 年被王懿荣率先辨识后，刘鹗、孙诒让、王襄、罗振玉、王国维等一批学者很快就被甲骨文的神奇魅力吸引，相继展开了对甲骨文的著录、考释、编纂、研究等工作，终将西方学者和“疑古派”所质疑的《史记》所载商代史验证为信史，也由此催生了一门新的学科——甲骨学。老一辈学者筚路蓝缕，艰辛探索，薪火相传，不懈努力，新生的甲骨学一度发展成为“国际性显学”，甲骨文像阿拉伯数字一样，成为“国际通用符号”。然而，不知何故，如日中天的甲骨学盛极而衰，逐渐沦为“冷门绝学”，只留下少数信仰执着的老学者仍然坚守“门户”，坐在“冷板凳”上悉心呵护着微弱的“绝学之光”。

甲骨学之所以由“国际性显学”沦为“冷门绝学”，究其原因，笔者认为大致有三。其一，甲骨学是一门深奥的学问，也是一类“高大上”的学科，作为一个难啃的“硬骨头”，其艰深晦涩的内容令绝大多数人“吃不消”，年轻学者浅尝辄止、望而却步、不敢高攀，由此导致“青黄不接”，出现了后继乏人的局面。其二，甲骨学没有引起国家教育部门的足够重视，没有受到高等学校和科研院所的应有关注，开设甲骨学专业的高校及学院十分稀少，而对口就业单位更是极为缺乏，由此才造成“教师不想教、学生不敢学”的困局。其三，随着时代和社会发展步伐的加快，因发展艰辛而滞后的甲骨学更是受到“快餐化模式”的致命冲击，很多人为了争名逐利、哗众取宠而心浮气躁、急于求成。“苟延残喘”的甲骨学被浮躁的社会风气冲垮，“命悬一线”。甲骨学由此进入“冰河世纪”，遭遇严寒。假如真的后继无人，这门学问或许会永远失传。形势愈加严峻，抢救刻不容缓。面对此种危机，有识之士振臂高呼，终引起有关部门和领导的重视，得以将甲骨学列入“濒危学科”加以挽救，从而保证了“绝学”没有绝、冷门待传承。

进入新世纪以后，甲骨学的发展环境逐渐“回暖”。党和国家高度重视，学科建设突飞猛进，有了很多新的进展。2014年5月，习近平总书记指出：“中国字是中国文化传承的标志。殷墟甲骨文距离现在3000多年，3000多年来，汉字结构没有变，这种传承是真正的中华基因。”2016年5月17日，在哲学社会科学工作座谈会上，习近平总书记提出：“要重视发展具有重要文化价值和传承意义的‘绝学’、冷门学科。这些学科看上去同现实距离较远，但养兵千日、用兵一时，需要时也要拿出来、用得上。还有一些学科事关文化传承的问题，如甲骨文等古文字研究等，要重视这些学科，确保有人做、有传承。”2019年11月1日，在由中央宣传部、教育部、文化和旅游部、科技部、国家语委、国家文物局、中国社会科学院、河南省人民政府等联合举办的“纪念甲骨文发现120周年座谈会”上，中共中央政治局委员、国务院副总理孙春兰宣读了习近平总书记的贺信。习近平总书记在贺信中指出：“殷墟甲骨文的重大发现在中华文明乃至人类文明发展史上具有划时代的意义。甲骨文是迄今为止中国发现的年代最早的成熟文字系统，是汉字的源头和中华优秀传统文化的根脉，值得倍加珍视、更好传承发展。……新形势下，要确保甲骨文等古文字研究有人做、有传承。希望广大研究人员坚定文化自信，发扬老一辈学人的家国情怀和优良学风，深入研究甲骨文的历史思想和文化价值，促进文明交流互鉴，为推动中华文明发展和人类社会进步作出新的更大的贡献。”从习近平总书记的历次讲话和贺信可以看出，甲骨文已被定性为“中华文化的基因”和“中华优秀传统文化的根脉”，其珍贵的价值受到了肯定，重要的地位得到了凸显。

为了贯彻落实习近平总书记的讲话和指示精神，早在2016年，全国哲学社会科学规划办公室就将“大数据、云平台支持下的甲骨文字考释研究”列入2016年度国家社会科学基金重大委托项目。截至目前，该项目所设的10个子课题进展顺利、成果显著。另外，经全国哲学社会科学规划办公室同意，中国文字博物馆于2016年10月、2017年7月在《人民日报》《光明日报》以及新浪网、搜狐网等各大报纸、网站上发布了《关于征集评选甲骨文释读优秀成果的奖励公告》，“十万一字”的“悬赏令”曾得到广泛关注，在社会上引起了一番热议。2017 年 10 月，在全国多家藏有大宗甲骨的文博单位及相关专家的共同努力和有关部门的积极申报下，甲骨文成功入选《世界记忆名录》，成为全人类的共同精神财富，这是中华民族的骄傲与自豪。2018 年 8 月，为推动具有重要文化价值和传承意义的甲骨文等古文字研究，经国务院批准，教育部和国家语委专门组织成立了“甲骨文等古文字研究与应用专家委员会”，为指导甲骨文等古文字的社会宣传和转化应用，有效促进中华优秀传统文化的传承与发展搭建起了一个良好平台。2019 年 5 月，中国文字博物馆发布了《关于征集评选第二批甲骨文释读优秀成果的奖励公告》，“十万一字”的“悬赏令”再次吸引了大众的目光，激起了一阵“涟漪”。

为了贯彻落实习近平总书记致甲骨文发现 120 周年座谈会的贺信精神，2020 年 11 月，中央宣传部、教育部、文化和旅游部、科技部、国家语委、国家文物局、中国社会科学院、河南省人民政府等联合发布“古文字与中华文明传承发展工程”总体规划，正式启动此项国家级重大文化工程。根据工程的总体规划，教育部于 2021 年 2 月牵头成立了“古文字与中华文明传承发展工程专家委员会”，为工程的顺利实施提供了重要保障。可以说，“古文字与中华文明传承发展工程”的启动与实施，标志着甲骨文等古文字研究与应用正式升级为“国家级文化战略工程”，将极大提升中华优秀传统文化的国际影响力，有利于增强中华民族的文化自信心。

总之，近年来，甲骨文已成为名副其实的热门词语和焦点话题。如此看来，冷门将不再冷，“绝学”更不会绝，甲骨学即将“青春焕发”，再次迎来蓬勃发展的春天。

在“纪念甲骨文发现 120 周年座谈会”上，与会专家、学者关于甲骨学的发展所讨论的议题大致集中在甲骨文的“著录考释”“人才培养”和“活化利用”三个方面。其中，“著录考释”是甲骨文研究的一项基础性工作，不仅专业性强，而且难度很大，所以非高水平的专家而不能为也。至于“人才培养”，主要针对教育部门、高等院校和科研机构而言，既然甲骨文研究价值重大、意义非凡，那么加强甲骨文专业人才培养，保证学科发展后继有人、永续传承，就应是相关部门与单位义不容辞的责任和义务。而甲骨文的“活化利用”所涉及的面就广泛多了，甲骨文知识科普、甲骨文书法艺术宣传、甲骨文数字化建设、甲骨文文创产品开发等都是让甲骨文“活”起来，让它走出“高阁”、走下“圣坛”、走进大众、走向未来。如今已成为“世界记忆遗产”和人类共同精神财富的甲骨文，不仅需要专家、学者继续深入挖掘和研究其潜在的历史文化内涵，而且急需让广大世人认识它、了解它、喜欢它、学习它、尊重它、赞赏它。因此，宣传和普及甲骨文不仅是甲骨学者和甲骨文艺术家的一项不可推卸的义务，也是每一位中华儿女义不容辞的职责和使命。

在这美好的新时代，甲骨文科普正逢其时。无论是专业甲骨学者，还是业余甲骨文爱好者；不管是甲骨文艺术名家，还是“菜鸟级”初学者，都应紧紧抓住这一最好的历史机遇，“八仙过海，各显神通”，全方位、多角度地去发掘甲骨文化资源，广思路、多渠道地去宣传甲骨文化内涵，勇担使命，竭尽所能，为“中华优秀传统文化的根脉”甲骨文的弘扬而抛洒一腔热血，为早日实现“中华民族的伟大复兴”而尽一份力。

笔者虽然才疏学浅，只是一个甲骨文的爱好者和入门者，但作为一代“甲骨学掌门”王宇信先生的“关门弟子”，自应肩负起传承恩师衣钵和甲骨绝学的使命。2016 年，笔者曾在王宇信先生的指导下完成了《中国古文字导读·殷墟甲骨文》的写作，由此正式迈入甲骨学的门槛，走上甲骨文研究的正途。由于笔者为初学者，水平有限，所以书中难免会出现一些错误和纰漏。尽管此书并不完美，但也耗费了笔者数年的精力和心血，作为一本甲骨文科普读物和入门书来说，其取得的社会反响还是不错的，由此也使笔者颇感欣慰。将来，笔者会对其进行修订和完善，并继续将殷墟甲骨文宣传下去。

2020 年，笔者在恩师王宇信先生的指导下，继续在甲骨文科普领域里“精耕细作”，又完成了这部以讲述甲骨学界“风云人物”传奇故事及所作贡献为核心内容的新作，为中华文化园囿增植一株绚烂的“奇花”，以期引起百花争艳。

下面，请随笔者穿越时空，走进甲骨文的世界，一起去探访中华文化的渊源，感受千年文明的震撼，接受民族瑰宝的洗礼，品味沧桑岁月的变迁，畅享世界遗产的荣耀，坚守文化复兴的信念，仰望文明之星的璀璨，纵览星星之火的燎原，坐看百年绝学的冷暖，静观风起云涌的变幻……

目　录

第一篇

盘庚迁都洹水畔，占卜盛行数百年

夕阳西下，天色渐晚，在落日余晖的映衬下，一群人正在广袤的黄河中下游平原上缓缓行进。远望去，黑压压一片。近观之，人、畜、车混杂。人群中，既有步履蹒跚的老人，又有欢蹦乱跳的儿童；既有赶着牲口的青壮年男子，又有怀抱婴幼儿的妇女；既有手持武器的士兵，又有脚带枷锁的奴隶。一排马车在人群中穿行，车上端坐着首领和贵族，绝大多数人则是徒步前行。人群中不时传出哭泣声，很多人都是走走停停、唉声叹气，时不时驻足回望来时的方向，脸上充满了无限留恋。此时正值隆冬季节，北风凛冽，天气寒冷。眼看夜幕降临，首领一声令下，人群就地扎下了营盘。一堆堆篝火相继生起，人们纷纷围着火堆而坐，吃起了干粮。熊熊的火焰虽然帮这群衣衫褴褛的人赶走了冬夜的严寒，却没有温暖他们冰冷的心。在火光的映照下，一张张疲惫的脸上没有丝毫笑容，一双双哀怨的眼睛里充满迷茫惶恐，不知前路遥遥，等待他们的是福还是祸。

他们是谁？来自哪里？去向何方？次日清晨，天刚放亮，一名中年男子便发出了号令，人群继续前行。原来这名男子就是盘庚，一位新任商王，正打算率领他的臣民和军队前往一个理想的地方另建新都。他们这是从哪儿而来，为何要离开故土而千里迢迢、跋山涉水、不辞辛劳地搬迁到一个陌生之地呢？这得从商王朝的历史说起。

据《史记》《尚书》《竹书纪年》等文献记载，商族在建立商王朝之前，就曾屡次迁都。成汤之前的 14 世商族首领（自始祖契至成汤）曾率领族人“八迁其邑”，自始祖契所居之蕃（今河北易水流域）先后迁往今河南偃师、河南安阳西北漳水流域、河南陕州硖石乡、河南商丘、河南内黄、河南安阳西北、河南商丘和山东曹县。经过八次迁徙后，成汤将统治中心定在了亳（今河南郑州管城“郑州商城”）。“商汤灭夏”建立商王朝之后，为了便于统治夏朝的遗民，又在原夏王朝的中心地区修筑了一座城市，并迁都于此，史称“西亳”（今河南洛阳偃师“偃师商城”），它也是商王朝建立后所修筑的第一座都城。此后，从成汤一直到大戊，这九位商王均以西亳为都城。但是，从仲丁继位为王开始，商王朝的都城再次开启了频繁迁徙模式。先是商王仲丁迁都于嚣（今河南郑州荥阳），后是商王河亶甲迁都于相（今河南内黄），而到商王祖乙时则先迁都到邢（今河南温县或河北邢台），后因被洪水毁坏又迁都至庇（今山东郓城），到了商王南庚执政时又将都城迁到了奄（今山东曲阜）。从仲丁到南庚，这九位商王在短短近百年内先后迁了五次[①]都城，终导致王朝衰落、诸侯离叛，史称“九世之乱”。

那么，“九世之乱”是因何发生的？这恐怕与商王朝混乱的王位继承制度有关。有时按“兄终弟及”制，有时则按“父死子继”制，两种制度的混用，导致了王位继承的混乱。商王大戊死后，他的儿子仲丁继承王位，不仅将都城由西亳迁到了嚣，而且还发动了对蓝夷的战争。仲丁死后，他的兄弟们凭借个人的势力展开了王位争夺之战。最终，仲丁的弟弟外壬取得了胜利，登上了王位，由此造成了商王朝近百年王位继承的混乱。商王外壬在位时，商王朝的国势开始出现衰微迹象，不时有部落发生叛乱。外壬死后，他的弟弟河亶甲继位。河亶甲是商王大戊的儿子，为仲丁和外壬的弟弟。河亶甲像他哥哥一样，也是位“好战派”。在位期间，他不仅将都城迁到了相，而且还多次发动对外战争，致使商王朝国势进一步衰落。河亶甲死后，他的儿子祖乙继位。祖乙先将国都由相迁至邢，后因被洪水毁坏而又迁都于庇。祖乙与他的父辈不同，算是一位有作为的商王。在位时，他重用贤臣巫贤，使商王朝国运再度兴盛。祖乙死后，他的儿子祖辛继位。祖辛死后，其弟沃甲继位。而沃甲死后，则将王位又还给了祖辛的儿子祖丁。祖丁死后，他的堂弟南庚（即沃甲的儿子）继承了王位。南庚在位时，将国都由庇迁到了奄。

---

① 关于商朝迁都问题，目前史学界存在“前八后五”“前八后七”“前八后八”三种不同的观点。

南庚死后，将王位传给了祖丁的儿子阳甲。阳甲在位时，商王朝国势再度衰微。

商王阳甲死后，他的弟弟盘庚继位。盘庚刚即位时，自然灾害频发，黄河经常泛滥，民不聊生。加之前朝“九世之乱”导致的国势衰微，让企图挽救危局的盘庚心急如焚。其实，早在继任王位之前，盘庚就已厌倦了国内乱象，看透了社会弊病，并立志改变局势，所以上任伊始便作出了一个重大决定——迁都。然而，曾饱受流离之苦的民众不愿再受迁徙之罪，一个个怨声载道。即便贵族阶层也不想因迁都而损害自身的利益，于是纷纷表示反对。他们不明白历尽艰辛搬迁到奄后，好不容易才安定下来，过上安逸的生活，为何又要搬迁？那么，商王盘庚为何不顾众人反对而执意要迁都呢？他打算迁到哪里去，又为什么选择那个地方呢？原来盘庚早已看中一个名为“殷”（今河南安阳西北殷都小屯村）的地方，此地土地肥沃，自然环境和地理条件要比所住的都城“奄”好很多。盘庚之所以要执意迁都，当然自有打算：一是迁都后，一切都需要“重新洗牌”、从头做起，过惯安逸奢华生活的王室成员和贵族阶层的权益将会受到抑制，有利于缓和阶级矛盾；二是迁都可以有效避开敌对势力和反叛势力的攻击，保障自身和臣民的安全；三是新都城所处之地水土丰茂，物产富饶，可以养活更多民众，从而壮大自身的势力。其实，盘庚最根本的目的是希望通过迁都到殷而摆脱王室、贵族对自己的种种限制，以便能够放开手脚推行自己的治国方略，施展强国抱负，从而维护自身统治的稳定，实现国家的长治久安。总之，盘庚心意已决，认为只有迁都才能根除社会弊病、解决各种问题，从而力挽狂澜，挽救商王朝的衰亡。面对朝野上下的一片反对声，盘庚先后亮出“天命”和“王令”两张王牌。他先是告诉民众，迁都之事已请巫师占卜过，此乃顺从天意、大吉大利之事，有利于民众安居乐业、国家长治久安。这次迁徙，是上天要他复兴祖先的美德，光大祖先的基业，奉天命保护和延续民众的生命。由于商代的民众都极其信奉上天和鬼神，凡事必先占卜吉凶，所以一听是上天的旨意，就都不敢表示反对了。然而，有些居心叵测的贵族虽然表面上不敢反对，但是在暗地里仍然想方设法破坏迁都计划。于是，盘庚强势下令：“我心意已决，谁再反对，必将严惩！”盘庚恩威并施，经过一番努力，终于挫败了反对势力，毅然带领民众踏上了迁殷的漫漫长路。

在历尽千辛万苦后，盘庚率领民众终于到达了目的地——殷。然而，该地并没有他们想象中那么美好。放眼望去，满目荒凉。有些人不禁悲从心起，牢骚满腹，甚至打算回归故土。盘庚为了安定人心，再次对民众进行了安抚和引导。在盘庚的循循善诱之下，民众的情绪逐渐稳定下来，大家开始着手建设自己的新家园。此时已进入初春时节，天气转暖，民众在盘庚的号召和带领下，很快投入营建新都的工作中。虽然艰苦，但是大家都对未来美好的生活充满期望。自从迁都到殷以后，之前反对迁都的旧贵族逐渐失去了优势地位，盘庚不拘一格重用有德能之人，使朝野上下呈现出一派政通人和的新局面，殷都内外呈现出一派欣欣向荣的新气象。在处理政务之外，盘庚经常亲自参加劳动，使民众备受鼓舞、干劲十足。为了加快营建新都的进度，即使到了晚上大家也会点燃火把继续干活，通红的火光照亮了洹水两岸。据说，直到如今，安阳人每逢正月十五，都会到洹河岸边挂灯笼，吃元宵。这或许是对当年盘庚迁殷的一种纪念吧。

经过盘庚与民众的精心治理和辛勤开发，曾经荒凉的殷地很快便发展成为商王朝新的政治和经济中心。由于殷地自然条件优越，所以经济发展迅速，不久便呈现出一派繁荣景象和勃勃生机。盘庚十分注重农业生产，他把洹水两岸的土地划分成一块块的方田，然后选派田官监管民众耕作。为了提高粮食产量，田官还大量增派奴隶从事耕作，让许多人在一块土地上共同劳动。在政治上，盘庚施行“汤政”（即成汤时期的德政），下令在新都用茅草盖屋，减轻剥削，使阶级矛盾有所缓和，社会秩序得到稳定。他选贤任能，惩恶扬善，论功行赏，加强和巩固了王权。从盘庚开始，王位继承制度基本上稳定下来，商王朝由此进入了一个相对稳定的新时期。此后，直至帝辛（即商纣王）亡国，历经 8 世 12 王、整整 273 年的时间，商王朝再无迁都之举。由于商王朝最后的 273 年一直定都于殷，所以商朝被后世称作“殷朝”或“殷商”，而商王朝灭亡后沦为废墟的殷都则被称为“殷墟”。

历史发展表明，盘庚迁殷后，商王朝的都城就永久地固定在了殷地。在盘庚的精心治理下，殷地很快发展成为商王朝新的统治中心，政治稳定，社会、经济和文化均获得很大发展，促使商王朝的势力再度复兴。关于盘庚迁殷的时间和地点，学术界还存在争议。有学者根据《尚书·无逸》和《竹书纪年》的相关记载，推出盘庚迁殷的时间是在商王朝建立后的第275年、第273年，或第253年。经过学者研究和考证，目前已基本确定周武王灭商的时间为公元前1046年。据此推断，盘庚迁殷的时间大约在公元前1320年、公元前1318年，或公元前1298年。笼统地来说，盘庚迁殷大致发生在公元前1300年左右，也就是距今3300年左右。而关于盘庚所迁之“殷”，经考古学家发掘、考证和研究，认为并非如今河南安阳殷都的小屯村，而是位于洹河北部的“洹北商城”。盘庚可能先迁徙、定居在“洹北商城”，后世商王则又将都城迁移或扩展到了今小屯村一带。当然，由于两地相距不远，故在当时均应属于殷都王畿之地。

怎奈好景不长，一代明君盘庚去世后，他的弟弟小辛继承了王位，刚刚复兴不久的商王朝再度衰落。小辛是个“短命鬼”，仅执政三年便去世了。小辛死后，他的弟弟小乙继位。遗憾的是，小乙比小辛更加昏庸荒淫，致使商王朝的势力愈加衰弱。所幸小乙有不少儿子，总会有个“成料”的。由于小乙非常昏庸，他的儿子们看不惯他的所作所为，所以经常和他发生争执，吵吵嚷嚷乃家常便饭。在他的儿子中，有位名为“武丁”的比较有“出息”。武丁排行老八，其上还有兄甲、兄丁、兄戊、兄己、兄庚、兄辛、兄癸等七个哥哥。虽然他也对父王小乙的荒淫奢侈行径非常不满，但却能秉承孝道，并经常劝说哥哥们要尊敬父王，因而受到小乙的宠爱。小乙打算立武丁为太子，将来继承王位，但武丁的哥哥们听说后，为了争权，便密谋杀害武丁。武丁获悉后，连夜潜逃出城。由于在荒野无法生存，武丁便找到一个聚落想与庶民们生活在一起。商代的庶民也称“小人”，是社会下层贫民，如果犯罪便被降为奴隶。庶民生活艰辛，对国君小乙和上层社会的贵族们非常不满和敌视，所以当他们听说武丁是当朝国君小乙的儿子后，也想密谋杀死武丁以解恨。武丁得到消息后，被迫再次流亡。他先逃到河邑，接着逃到商亳，“惶惶如丧家之犬”，此后便一直过着流离失所的流浪生活。直到商王小乙去世后，形势才有了转机。小乙死后，武丁的哥哥们并没有继承王位，而是由贵族甘盘和祖己控制了朝廷局面。巧合的是，这位甘盘曾是武丁的老师，他和祖己都觉得武丁比他的哥哥们贤明，于是决定迎立武丁为新君。如此，流落民间多年的武丁得以回到都城登上王位，由此开启了一个新时期。

武丁（？—前 1191）清人绘

由于武丁从小在民间长大，曾与社会最底层的民众一起生活，经历过多年繁重的体力劳动，饱受人间疾苦，尝尽世间冷暖，所以他深知民间稼穑之艰辛、民众生活之不易。因此，当他登上王位后，便决心从根本上扭转王室贵族们的奢靡风气。在位期间，他不仅以身作则，十分注意节俭，还一改前几代商王的懈怠慵懒之风，勤于政事，体恤民情，终于使得民众生活得到改善，负担有所减轻，尖锐的社会矛盾渐趋缓和，武丁由此赢得了全国民众的尊敬和爱戴。

可以说，选择武丁继承王位是商王朝的幸运。在王朝命运生死攸关的关键节点上，武丁力挽狂澜，在文治武功方面均取得了非凡成就，使得商王朝重振雄风，再度复兴。武丁即位之后，积极整顿内政，严厉约束王室贵族，严禁他们胡作非为，尤其不许他们干预政事。武丁选贤任能，励精图治，得到甘盘、傅说等一批贤能人士的辅佐。据说，傅说曾是一名囚徒，之所以后来成为辅佐武丁的一位贤臣良相，还是因为武丁的一个梦呢。史载，在即位之初，武丁面对前代商王留下的“烂摊子”，也是一筹莫展。他想复兴先祖成汤所开创的基业，但空有理想和抱负，却苦于没有得力助手的辅佐，故而借口为父王小乙守丧三年，一直沉默不语，将政事完全交由冢宰代为处理。表面上看，武丁对政事漠不关心，实则不然，其实他是在冷眼观察社会风气，考察国家积弊所在，正所谓“当局者迷，旁观者清”。一天晚上，武丁做了一个奇异的梦。他梦见天帝赐给他一个名为“说”的贤人，并告诉他此人可以帮他治国。由于他在梦中清楚地看清了“说”的相貌，所以当次日醒来后，他便按梦中所见的相貌观察群臣百官，但可惜都不是梦中所见之人。于是，他凭记忆按梦中所见画成图像，派人四处寻找。众人跑了很多地方却一无所获。最后终于有人在一个叫“傅险”的地方找到了一个名为“说”的人。当时“说”因为犯了罪正在服刑，被罚在傅险这个地方修路。急于交差的官员二话不说就将“说”带到了武丁面前，武丁一见大喜："就是他。"经过一番交谈，武丁发现此人的确是一位贤能之士，于是任命他为宰相。由于"说"曾在"傅险"服刑，那里也是找到他的地方，所以武丁便赐他姓"傅"，世称"傅说"。当然，《史记》所载的这段"武丁梦中得傅说"的传说有些神乎其神，不足为信。其实，真实的情况可能是这样的：武丁事先肯定已打探到或者见过傅说，认为此人乃国家振兴的栋梁之材。但是由于傅说的出身不好、地位卑贱，如将其提拔重用，必然会引起奴隶主贵族的反对，因为贵族阶层绝对不会接受一个奴隶来主持国家大政。由于当时的人迷信鬼神、崇尚占卜，武丁便利用贵族们的迷信心理，杜撰出"上天托梦引荐圣人"的故事以迷惑奴隶主贵族们的视听，从而巧妙地将一个奴隶擢升为宰相，迫使贵族们只得唯天命是从。实践证明，"上天赐予的圣人"傅说果然不负所托、不负众望，鼎力辅佐武丁将国家治理得井井有条，使得商王朝"起死回生"，让颓废多年的国势重新振兴。傅说因此成为"千古名相"，万世流传。

对外方面，为了解决外患问题，经过精心准备和谋划，武丁调集了大量军队征战四方，向滋扰商王朝边境多年的诸多方国和部族发动了反击。据说，武丁在位期间，每次征战派出的兵力少则数千，多则上万，最多的一次出动了十多万人。而且历次战争所经历的时间也长短不一，短则数月，长则数年，甚至旷日持久。在武丁统率的军事将领中，有位女将军尤为引人注目，她就是武丁诸妇之一妇好。妇好不仅是武丁的贤内助，为其生了不少孩子，而且还能征善战，屡建功勋，曾多次率师征伐羌、夷、土方等族。武丁对妇好非常尊敬和疼爱。妇好死后，武丁悲痛万分，专门为其修建了一座豪华的大型墓穴，并在其上建立享堂以受后代祭祀。1976 年，妇好的墓被考古工作者发现。经过发掘，从中清理出了多件青铜器、玉器等妇好生前所使用的物品及陪葬品。无论是种类还是数量，这些遗物都显示出妇好生前的地位非同一般。据学者研究，妇好的庙号为"妣辛"，著名的"后母辛青铜方鼎"就是后代祭祀她时所用之器。然而，妇好死后，不知为何没有像武丁的另一位妻子"妣戊"（庙号）一样被埋葬在王陵区，而是被葬在了宗庙区的西北部，由此留下了一段千古之谜。不管怎样，妇好这位传奇女性因其卓越的军事才能和军功战绩而被后世誉为"中国历史上第一位女将军"，名垂千古。

妇好的墓葬

在妇好等一大批猛将的率领下，商军所向披靡，无坚不摧，杀敌平叛，开疆拓土。经过多年征战，商王朝不仅国力愈加强盛，而且疆域也得到了极大扩张，北至河套，南达江淮，西至与羌方接壤的洛渭地区，东至山东半岛东北部。商王武丁因此声名显赫，威震四方。解决了内忧外患，衰败多年的商王朝再度复兴，国力重新走上巅峰，八方宾服，万国来朝，出现了“天下复兴，商道咸欢”的大好局面，史称“武丁中兴”。武丁死后，被尊为“高宗”，历史地位仅次于商王朝的开国君主成汤。武丁成为天下公认的伟大圣贤之君，在儒家典籍中屡次被提及并称颂，青史永垂，万古流芳。

武丁在位59年所开创的盛世，一直延续到他的儿子祖庚、祖甲时期。武丁死后，他的儿子祖庚继承王位，但只干了10年左右就去世了。祖庚死后，他的弟弟祖甲继任，干了33年。据《尚书·无逸》记载，与父王武丁一样，祖甲也曾因王位纷争而在民间生活过多年，所以对民间疾苦也深有体会。即位之后，祖甲沿用武丁的治国方略，施加恩惠于民众，国家持续强盛，民众安居乐业，社会继续维持了30多年的安定局面。因此，从武丁至祖甲的近百年时间，应该是商王朝的“黄金岁月”，文治武功均达到巅峰，可以称得上是华夏有史记载的第一个大盛世。然而，战争是把“双刃剑”，武丁在位时率领众将对周边敌对方国和部落所进行的一系列征讨，在维护国家稳定、保持社会安定、保障民众利益、扩展国土疆域的同时，也造成了许多负面影响，例如耗费大量人力、财力和物力，加重民众负担，激化阶级矛盾等。因此，从某种程度上说，武丁所发动的大规模战争，提前唱响了几百年商王朝基业将近日暮的苍凉悲歌。可以说，“武丁中兴”既是商王朝最为兴盛的顶峰，也是商王朝由盛而衰的转折点。

祖甲之后，商王朝历经廪辛、康丁、武乙、文丁、帝乙、帝辛等六位商王，传至帝辛（即商纣王）时亡国。周武王经牧野一战终结了商王朝500多年的命数，历史翻开了新的篇章。

从盘庚至帝辛，由于殷人极为迷信，崇奉天帝和鬼神，所以任凭朝代如何更迭、局势怎样变化，都阻挡不了他们通过占卜来指导行动的信念。无论大事小情，凡事必卜问天帝和鬼神，在祭祀祖先方面更是殷切勤恳、大下血本，以求获得天帝、鬼神或祖先的庇佑和指点。难能可贵的是，至迟自商王武丁开始，殷人逢事占卜时不再单纯地钻凿并以火烧灼龟甲和骨片，而是将占卜的人、事、过程、结果等，以文字的形式记录下来，永远地契刻或书写在“神圣”并难以腐朽的龟甲和兽骨上，成为商王室的珍贵档案。武丁所沿用和推广的这种占卜之风长盛不衰，若不是帝辛亡国，相信此种占卜之风还会继续兴盛下去。

如今，岁月已划过3300多年，盘庚、武丁等名字虽早已不为世人所熟知，但是商王朝那段曾经的盛世和“风云变幻”却永留史册，世代流传，成为千古佳话。

参考文献：

1. 孙华，赵清：《盘庚迁都地望辨——盘庚迁都于偃师商城说质疑》，《中原文物》1986年第3期。
2. 李民：《高宗“亮阴”与武丁之治》，《历史研究》1987年第2期。
3. 彭邦炯：《试论商王武丁》，《中州学刊》1987年第3期。
4. 李民：《关于盘庚迁殷后的都城问题》，《郑州大学学报》（哲学社会科学版）1988年第1期。
5. 彭金章：《安阳小屯非盘庚始都辨》，《华夏考古》1988年第3期。
6. 聂玉海：《略述商王盘庚对都址的选择》，《殷都学刊》1988年第4期。

7. 刘起釪:《重论盘庚迁殷及迁殷的原因》,《史学月刊》1990年第4期。
8. 李民:《殷墟的生态环境与盘庚迁殷》,《历史研究》1991年第1期。
9. 刘学顺，古月:《武丁复兴与农业生产》,《郑州大学学报》(哲学社会科学版)1991年第3期。
10. 徐崇寿:《从奴隶到宰相——辅佐商代武丁中兴的傅说》,《炎黄春秋》1994年第7期。
11. 杨锡璋，徐广德，高炜:《盘庚迁殷地点蠡测》,《中原文物》2000年第1期。
12. 李民:《盘庚迁都新议》,《史学月刊》2001年第2期。
13. 詹群慧:《从〈盘庚〉看商晚期社会各阶层及盘庚迁都原因》,《殷都学刊》2002年第2期。
14. 李玲玲:《从〈盘庚〉看商代中期的王权》,《殷都学刊》2002年第2期。
15. 张文:《盘庚及商前期诸多迁移之原因试探》,《中共中央党校学报》2002年第3期。
16. 张国硕:《盘庚自何地迁殷探索》,《中原文物》2003年第4期。
17. 张碧波:《论商王武丁与傅说、祖己——兼论中国古代第一代文化人诸问题之二》,《黑龙江社会科学》2004年第2期。
18. 张国硕:《盘庚迁都来龙去脉之推断》,《郑州大学学报》(哲学社会科学版)2004年第6期。
19. 刘刚:《"武丁中兴"的原因初探》,《安阳工学院学报》2005年第5期。
20. 陈隆文:《盘庚迁殷地望与洹北商城》,《河南大学学报》(社会科学版)2007年第3期。
21. 刘义峰:《〈尚书·盘庚〉与盘庚之政》,《殷都学刊》2009年第4期。
22. 徐义华:《谈武丁治国与傅说其人》,《殷都学刊》2010年第3期。
23. 朱光华:《盘庚史迹考略》,《兰台世界》2012年第27期。
24. 郭倩:《20世纪80年代以来盘庚迁殷地点研究综述》,《殷都学刊》2015年第3期。
25. 张乃夫:《谈从武丁时期的外交论"武丁中兴"的原因》,《殷都学刊》2016年第2期。
26. 胥润东:《谈"武丁中兴"》,《文史杂志》2019年第4期。

第二篇

武王牧野伐殷纣，宝藏尘封三千年

说起“帝辛”，可能不少人会觉得陌生，但是提到商纣王，恐怕大多数人都有所耳闻了。帝辛（即商纣王）是商王朝的第31位君王，也是最后一任君王，可谓亡国之君。那么，商王朝500多年的基业怎么会亡在他手里呢？看过《封神榜》或《封神演义》的人，或许认为商纣王由于荒淫无道、专制暴虐、宠爱苏妲己、重用奸臣、残害忠良等因素造成众叛亲离而招致了亡国灭身之灾。那么，历史真相到底如何呢？让我们来一探究竟。

据相关史料记载，自成汤灭夏建立商王朝后，历经500多年传位至帝辛（即商纣王）时，已是危机四伏。经济上，为了贪图享乐，帝辛大兴土木，耗费巨资修筑鹿台、钜桥，建造“酒池肉林”，导致国库空虚，加重了民众的经济负担。政治上，帝辛不辨忠奸，宠信爱妃苏妲己以及飞廉、恶来等一帮佞臣，滥发淫威，发明“炮烙之刑”以残害忠良，妄杀王族重臣比干，囚禁箕子为奴，因而大失民心，造成诸侯、臣属纷纷离叛。军事上，帝辛延续前代商王之风，继续向四方发动战争，尤其是对东南夷族的征讨，历时多年，耗费了大量人力、财力和物力，不仅殷都无兵可守，而且间接地加剧了社会矛盾。总之，帝辛的所作所为使民怨沸腾，导致了众叛亲离，激化了阶级矛盾，破坏了社会稳定，国家命悬一线，政权岌岌可危。

此时，在商王朝的西部，一个部族正在悄然崛起。这个部族名为“周”，其始祖姬弃（即“后稷”）为黄帝后裔。周族早年居住在今陕西中部的关陇地区，因为经常遭到戎、狄等游牧部落的侵扰，所以其首领古公亶父（后稷之孙）便率领周人迁徙到岐山周原（今陕西扶风）定居下来，开始繁衍生息。在古公亶父与其子季历的精心治理下，周族逐渐强盛起来。史载，商王文丁在位时，为了拉拢势力强盛的周方国，就把女儿嫁给了季历，并封季历为“牧师”。由于周方国日益强盛，而商王朝则渐趋衰落，周族对商王时服时叛，所以周方国便成为威胁商王朝统治的一大隐患。于是，为了扼制周族势力的发展，商王文丁便杀了季历，结果非但没有消除隐患，反而使周方国和商王朝之间的矛盾陡然加剧，在周人的心里埋下了仇恨的种子。

由于周方国地处渭水中游，自然环境与地理条件得天独厚，加之民心团结，到商王朝传位至纣王时，周方国的势力愈加强盛。深感威胁的商纣王对此耿耿于怀，大发淫威，下令将周方国首领姬昌（季历之子）囚禁在羑里，并且一关就是多年。不仅如此，商纣王还残忍地杀害了姬昌的大儿子伯邑考。后来，在商王朝一些忠臣良将的保护下和周人进献美女、宝马、金钱的公关下，商纣王终于释放了姬昌。重返西岐的姬昌重整旗鼓，励精图治，对内重用吕尚（即姜子牙或姜太公）、散宜生、太颠、闳夭、南宫适等一帮贤臣，对外则宣扬德教，积极调停各方国之间的纠纷和争端，诸侯纷纷依附，国力日增。一方面，姬昌倡导发展生产，大肆搜捕逃亡奴隶，防止劳动力流失；另一方面，姬昌进行武力扩张，并大搞“统一战线”，他不仅统一了周边的不少戎、狄部落和方国，还积极拉拢仇恨和敌视商王朝的各个部落和方国。由于商纣王荒淫无道，倒行逆施，暴虐残忍，横征暴敛，所以满腹怨气、苦不堪言的各方国和部落首领纷纷投靠周方国的首领姬昌。

为了“名正言顺”地讨伐殷商，姬昌及其幕僚着手抓思想建设，为灭商大业奠定思想基础。由于商王宣称自己的王权得自“天命”，所以周人就宣称“皇天无亲，唯德是辅”。因为商王无德而西伯（即姬昌）有德，所以天命已经转移到姬昌身上。姬昌见形势一片大好，于是在大约公元前 1058 年择吉日对内称王，史称“周文王”。称王后的姬昌一方面在表面上仍对商王朝殷勤贡奉，以麻痹商纣王的耳目；另一方面则在暗地里积蓄力量，准备择机攻取殷都。由于姬昌在被商纣王囚禁于羑里时，曾创作《周易》，所以自然深谙与时变化之道，清楚如何把握出兵的最佳时机。

据相关史料记载，公元前 1055 年，姬昌出兵讨伐犬戎。翌年又讨伐侵凌邻国的密须，从而解除了伐商的后顾之忧。公元前 1053 年，姬昌向东出兵攻打黎国（在今山西长治西南）。公元前 1052 年，姬昌发兵攻打邘国（在今河南沁阳西北）。公元前 1051 年，周军攻取了崇国（商纣王宠臣崇侯虎的领地）。经过这三场战争，周方国彻底切断了商王朝同西部属国的联系。此时的周方国已“三分天下有其二”，姬昌便迁都于“丰”（即丰镐遗址，位于今陕西西安鄠邑沣河西岸），准备继续东征殷商。至此，姬昌伐商的战略部署已经基本完成。

周武王

然而，天不遂人愿，姬昌还没等大展宏图就病逝了。周文王姬昌死后，他的次子姬发继位，史称“武王”。周武王秉承文王之天命，在吕尚、周公旦、召公、毕公等贤臣良将的辅佐下，继续向东扩张，以图早日完成灭商大业。公元前 1048 年，周武王姬发在毕地祭祀完文王姬昌以后，前往东方的盟津（即孟津，今河南孟津）举行军事演习。据史料记载，当时不约而同前来参加会盟的各地诸侯有八百之多。当然，这只是个虚数，实际上参加会盟的可能没这么多，但都是不满于商纣王统治政策的方国或部落首领。这些诸侯一致推举周武王姬发为盟主，认为可以起兵讨伐商纣王了。但姬发却认为天命未到，时机尚不成熟，于是班师回国。那么，姬发为什么不敢趁这次会盟之机起兵伐商呢？那是因为姬发及其幕僚具有高超的战略眼光，认为此时伐商必败无疑。一方面，他们觉得前来参加会盟的诸侯其实多为势力弱小的部落首领，一群“乌合之众”难以掀起大风浪，而自己所率主力部队周军的实力目前难以与商军匹敌；另一方面，商纣王获悉他们在盟津会盟的消息后，已火速将在东夷战场的主力部队调回都城设防，等待周军前来自投罗网。故此，姬发觉得起兵伐商的时机尚不成熟，才暂时遣散了众人。商纣王等了好久也未见周军前来讨伐，料想他们也不敢轻举妄动，于是又将主力部队派到了征伐东夷的东南前线。

两年后，商王朝发生了激烈的内乱。商纣王残杀了其叔父比干，囚禁了另一位叔父箕子，同属“比干联盟”的微子启（商纣王之兄）审时度势，见纣王大势已去，便打算和其他一些殷商贵族一起投奔周方国，于是派人到西岐送去有关“殷都”朝歌的不少机密情报（包括商军主力部队又被派往东夷前线之事），并请求周武王出兵讨伐无道昏君商纣王。姬发见时机已到，决定起兵伐纣，同时通知了曾经在盟津参加会盟的各位诸侯和首领，然后挑起“吊民伐罪”的大旗，率军东征。

周武王姬发伐商的战略计划是：趁商王朝主力部队在东南征伐东夷未归都防卫之际，派精锐部队以迅雷不及掩耳之势深入殷商王畿地区，一举击溃朝歌守军，攻陷殷商都城。等占领商王朝的统治中心，瓦解商政权后，让残余的殷商势力及其附属方国、部落群龙无首，然后再各个击破。此种突然袭击的“闪电式”战法，一直被后世历代军事家沿用，可谓屡试不爽。

那么，周武王的战略计划能够如愿实施吗？据相关史料记载，公元前1046年（武王十一年）1月初，周武王亲自率领三百乘战车、三千名虎贲（精锐武士）以及数万名步兵，出兵东征。周军抵达盟津（即孟津），与庸、卢、彭、濮、蜀、羌、微、髳等部族会合，不少方国首领也亲自率部赶来，使联军总数达到四万多人，组建成“六师”。据专家推测，可能由周武王亲自率领的三百乘战车和三千名虎贲组成一个“装甲师”，为第一梯队。其余四万多人则分为五个“师”，在后面组成方阵，作为第二梯队。然而，到了1月18日，联军尚未完成布阵，就下起了雨。联军只好冒雨继续东进，先从汜地（今河南荥阳汜水）渡过黄河北上，然后到百泉（在今河南辉县西北）时再折而东行。1月19日清晨，周武王一早就率军赶到朝歌郊外的牧野（在今河南淇县西南、卫河以北，新乡附近）举行了庄严的誓师大会（即《尚书》所载之“牧誓”）。誓师完毕后，联军将士们士气大振，遂于次日[①]拂晓列阵于牧野，准备进攻朝歌。

商纣王听闻姬发率领联军前来讨伐，顿时心惊胆战。他深知朝歌城内防守薄弱，根本没有足够的兵力和战车可以抵御，因为商军的主力部队正在东南前线（即淮河下游地区）与东夷族作战，驰援回防已来不及了。其实，当周武王率领联军抵达盟津（即孟津）时，商纣王就已获悉，但纣王此时面临着艰难的选择。如果再次将东夷的主力部队调回，以当时的运输条件来讲，不仅要耗费

① 即1月20日，《尚书》与利簋铭文均称“甲子日”，但年份不详，此处采用“夏商周断代工程”的观点。

许多时间和大量物资，而且部队来回地调动也会影响将士的情绪，导致他们士气低下。最可怕的是，多年来商王朝付出巨大代价才在东夷好不容易取得的战略成果，也许会因这次回师而前功尽弃，付诸东流。此外，假如周武王这次是佯攻，“雷声大雨点小”，那么商王朝的损失岂不更大？权衡再三，商纣王决定暂不调主力部队回防，而是采用了一个冒险战略。他决定坚守牢固的城池，等待周军前来，先派守城部队和临时组建的“杂牌军”将围城的周军将士拖住，等周军的锐气和士气被消磨得差不多后，再突然调回商军大部队将其一举全歼。

周武王发现商纣王没有调主力部队回防后，很快就明白了纣王的战略意图。此时，他也面临两难选择。如果不进军，就会给商纣王和商军将士以信心，让他们觉得周军实力不够，只是虚张声势，如此将会极大损害自己的威信，让天下诸侯耻笑；如果贸然进军，那么就有可能中商纣王的“圈套”，自己所率的联军会被突然回防的商军主力部队歼灭，如此将再也无力与商王朝抗衡，甚至会导致国破家亡。怎么办呢？经过再三斟酌和商讨后，周武王和臣僚们一致认为，问题的关键在于帮商纣王守城的“杂牌军”能否阻挡周军一段时间，并消磨掉周军的锐气。如果周军有摧枯拉朽之力，在短时间内就能攻陷朝歌，那么不等商军主力部队回防就使商王朝灭亡了，到时商纣王的如意算盘就会落空。经过仔细分析和对比双方的实力后，周武王认为以周军目前的实力足以快速攻破朝歌防线，于是果断下令，挥师东进。

周武王联军的突然袭击，虽在商纣王的意料之中，但也让他略感意外。没想到周军“自不量力”、自投罗网，还真敢来。按照事先的准备和计划，商纣王将仓促武装起来的大批奴隶、战俘，连同守卫朝歌的商军将士一同派往牧野迎战。商纣王临阵组建的这支“杂牌军”虽号称有七十万（或十七万）之众，但也只是虚张声势，因为他们也是一群“乌合之众”，根本没有战斗力，目的只是为了拖住周军，消耗他们的锐气，以待商军主力部队回来救援。然而，令商纣王始料不及的是，等上了战场，在周军强大的威慑和攻势下，原本无心作战的这支“商军”纷纷丢盔弃甲，甚至调转矛头与周军一起进攻朝歌。眼见商军溃败，大势已去，走投无路的商纣王登上他享乐多年的鹿台，自焚而亡。此时，从东夷回师的商军主力部队可能正在半路上，但还未等到与周军开战就接到了都城失陷、纣王自杀、王国灭亡的一系列噩耗，他们顿觉失去依靠，垂头丧气，有家难回，于是就此溃散。据说，一部分将士返回前期已攻占的东夷地区自立为王，一部分则投降了新成立的周王朝。《左传》虽称“纣克东夷而陨其身”，但实际上商纣王至死也未能攻克东夷。他多年征伐东夷其实并没占着多少便宜，如不是耗费大量时间、人力、物力和财力攻打东夷，若不是他盲目自信，也不至于这么快就落得个身死国灭的悲惨下场。

不过，关于商纣王之死，学术界存在不同的看法。他是自焚而亡，还是被周武王杀死后再以火焚烧的呢？即使司马迁在所著《史记》中，也存在这种自相矛盾之处。例如，司马迁在《史记·周本纪》中认为商纣王是登鹿台自焚而死的，但是在《史记·齐太公世家》中，他却说是周武王追杀商纣王时，将纣王逼到了鹿台上，然后亲自杀死了纣王。因此所谓“纣王自焚”，其实是死后被焚烧尸体而已。然而，无论事实真相如何，商纣王的确是死了，商王朝500多年的基业在他手里终结了。那么，商纣王的确像后世传言的那样荒淫无道、毫无作为吗？事实并非如此。在大多数先秦文献中，古人对商纣王的指责并不多，甚至有人还称赞他聪颖勇武、才华横溢，是位难得的英主。因为商纣王继位后，也曾励精图治，所以早期的治理还是不错的。政治上，他锐意改革，更新观念，朝野上下呈现一派新气象；经济上，他重视农桑，发展生产，促使社会生产力得到较大提升；军事上，他铸造兵器，训练精兵，打退了东夷人向中原的扩张，不仅保障了商王朝的安全，还将中原先进的生产技术和文化向东南传播，在推动经济发展和社会进步的同时，也促进了民族融合，从而为中华民族的统一奠定了基础。正如毛泽东所评价的：“其实纣王是个很有本事、能文能武的人。他经营东南，把东夷和中原的统一巩固起来，在历史上是有功的。”然而，毕竟“胜者王侯败者寇”，随着时间的推移，对商纣王各种各样不利的指责越来越多，就像蚩尤被描绘成妖怪一样，商纣王也逐渐被扣上了暴君的帽子，成为帝王的反面典型和昏庸无道的代名词。因为不管怎样，盛极一时的商王朝终究是亡在他手上了。

经牧野一战，周武王完成伐纣灭商大业后，吕尚建议将殷商遗民全部赶尽杀绝，以绝后患，但周公旦坚决反对，直面劝谏武王应以德服人。最后，周武王听从了周公旦的建议，没有对殷商遗民大开杀戒，而是宽容待人，将殷商遗民封给了商纣王的儿子武庚，并允许他们继续留守朝歌。因天下初定，矛盾尚存，所以周武王对武庚及殷商遗民并不放心，于是派自己的三位弟弟管叔鲜、蔡叔度和霍叔处一起辅佐武庚治理殷都旧地，名为辅佐，实则监视。随后，周武王又命召公放箕子出狱，命毕公放百姓出狱，命南宫适散发聚集在鹿台的钱财和钜桥的粮食以赈济贫苦民众，命闳夭为比干之墓培土为冢。做完这些后，周武王便打算撤兵西归，命军队押解被俘的一百多位死心塌地效忠商纣王的殷商大臣和贵族返回周都城。

返回都城后，周武王便对吕尚、周公旦、召公、毕公、管叔鲜、蔡叔度等一批有功之臣大加封赏，使每个人都有了自己的领地，当然那些曾参与联盟、共同伐纣的各位方国诸侯和部落首领也都获得了很多赏赐，得到了不少好处。然而，伐纣后不久，周武王就病逝了，其子诵继位，是为周成王。因成王年幼，遂由周武王之弟周公旦摄政。但管叔鲜、蔡叔度等人却对此不满，到处散布流言，说周公旦有窃取王位之心。此时，身负"国恨家仇"的武庚趁机与管叔鲜、蔡叔度串通，并联合东夷的徐、奄、薄姑、熊、盈等方国和部族发动了叛乱，对新生的周王朝政权产生了极大威胁。面对如此严峻的形势，周公旦奉成王之命率军再次东征。经过 3 年征战，终于取得了胜利，武庚和管叔鲜被杀，蔡叔度被流放，霍叔处被贬为庶民，从而平定了这场"三监之乱"。武庚所管辖的殷都旧地上的商遗民也全都被遣散，逃亡四方，殷商的残余势力至此才算全被消灭，一座繁华的都城遂彻底沦为一片废墟。然而，谁也不承想到，有个宝藏却悄然埋在了废墟之下。

那么，讲到此，出现了两个问题。第一个问题是，殷都朝歌与如今的安阳小屯（即殷墟）是一个地方吗？因为有学者认为商纣王（帝辛）在位时又将都城从如今的安阳小屯迁到了朝歌，并考证朝歌城就在今河南鹤壁淇县，距离安阳小屯仅 70 千米，有学者还认为商纣王迁都之举是为了征伐东夷的需要。如此来看，盘庚所迁之"殷"似乎就不是商王朝最后的都城了。其实，依笔者来看，朝歌只不过是商纣王所建的一座临时"行宫"或陪都，因为至今也未在此地发现商王室的占卜档案——甲骨文。虽然商纣王最后被周武王杀死在朝歌，但这并非意味着朝歌就是殷都城，因为商纣王坐镇朝歌城或许只是为了方便指挥对周作战罢了。朝歌被周军攻破了，殷都也就随之沦陷。

第二个问题是，周军攻陷殷都（即安阳小屯所在地）时，为何周武王只命人搬走了殷人的九鼎（即象征国家政权的“禹铸九鼎”）和宝玉，却无视甲骨宝藏？为何没将它们带走或焚毁？也许是因为它们只是殷人的占卜记录，对周人来说毫无价值，所以周人对其视而不见。或许是因为殷人的此类“档案”平时就有专人管理，怕受损坏而习惯于埋在地下保藏。也或许是殷人见天命转移，大势已去，早已觉察到亡国之危，而将珍贵的“王室档案”提前埋藏在地下，以免遭受亵渎。又或者是它们随着都城的沦落和历史的变迁而自然尘封于地下。总之，无论何种原因、哪种情况，这笔珍贵的甲骨宝藏自殷都变成废墟起就深埋地下、与世隔绝了。没想到，这一封就是三千多年。

参考文献：

1. 陈昌远：《从〈利簋〉谈有关武王伐纣的几个问题》，《河南师大学报》（社会科学版）1980 年第 4 期。
2. 彭邦炯：《武王伐纣探路——古文献所见武王进军牧野路线考》，《中原文物》1990 年第 2 期。
3. 聂玉海：《商纣王释放周文王的原因》，《史学月刊》1990 年第 4 期。
4. 张玉春：《武王伐纣“兵不血刃”说质疑》，《古籍整理研究学刊》1992 年第 5 期。
5. 张锴泽：《重新认识商纣王的历史功绩》，《安庆师院社会科学学报》1997 年第 4 期。
6. 黄怀信：《由〈武成〉、〈世俘〉与〈利簋〉看武王伐纣之年》，《西北大学学报》（哲学社会科学版）1999 年第 3 期。
7. 张新斌：《武王伐纣与牧野大战的历史地理问题》，《中原文物》2000 年第 4 期。
8. 杨东晨，杨建国：《周武王伐纣前的诸问题考述》，《宝鸡文理学院学报》（社会科学版）2006 年第 6 期。
9. 杨东晨，杨建国：《周武王伐纣的历程和胜利原因考述》，《宝鸡文理学院学报》（社会科学版）2008 年第 3 期。
10. 胡长明：《说说毛泽东对商纣王的评价》，《社会科学论坛》2010 年第 2 期。
11. 李兴濂：《关于商纣王的功过》，《同舟共进》2010 年第 3 期。

12. 张怀通:《武王伐纣史实补考》,《中国史研究》2010 年第 4 期。
13. 王星光，张强:《地理环境与武王伐纣进军路线新探》,《史学月刊》2013 年第 12 期。
14. 李鹏为:《武王伐纣的历史情境复原》,《大众考古》2016 年第 9 期。
15. 任国安，李燕:《商纣王历史形象浅析》,《科教文汇》(上旬刊) 2017 年第 2 期。
16. 郭平:《商纣王安抚诸侯前要占卜吉凶》,《辽宁日报》2017 年 6 月 2 日。

第三篇

李成无意得“龙骨”，殷墟宝藏始重现

三千多年后，历史的列车开到了清朝末年，位于河南安阳洹水河畔的一个名为“小屯”的村庄安详而宁静。由于晚清政府腐败无能、腐朽没落，导致内忧外患、民不聊生，生活在小屯村的老百姓，日子过得很清苦。长久以来，世代生活在此的村民均以种地为生，村子周围有一片让他们赖以为生的农田。小屯村民在犁地耕作时，经常会从土里翻出一些青铜器、玉器、陶器之类的古物，但发现更多的则是牛骨、马骨、羊骨、猪骨、鹿骨、龟甲等动物骨头。当挖出青铜器、玉器等古物时，村民往往将它们卖给前来收购的古董商，换点儿钱以贴补家用。而对于各类动物骨头则基本上不予理睬，要么将它们当场砸碎化作肥料使用，要么就当作垃圾弃之河边、地头。

直到有一年（清光绪年间，大约在公元 1880 年）夏日的一天，小屯村里有位名为李成的剃头匠身上长了疥疮，又疼又痒还往外流脓，致使他连衣服都无法穿。由于生活窘迫，无钱医治，疼痒难耐的李成便到河边、地头捡拾一些被村民们随意丢弃的动物骨头，将其研磨成细细的粉末，然后敷在疮口上。没想到，治疗效果出乎意料地好，这些骨粉不仅止了血，而且还帮助排了脓。不多时日，李成身上的疥疮竟然奇迹般地好了。痊愈后的李成对这些动物骨头也非常好奇，为何它们具有如此神奇的功效？为了再次验证这些骨头的医疗功效，他用刀故意在手上划了一道血口子，等敷上骨粉之后，血很快就止住了，不久便结成疤。他又用自己的唾液润湿了一根草棍儿，并将其放到骨头上，发现草棍儿上的水分很快就被骨头吸干了。李成又惊又喜，没想到他因生疥疮却无意中发现了村民弃如草芥的动物骨头原来是一种神奇的宝贝。于是，他开始

大量捡拾和搜集这种骨头，然后将其送到附近城里的中药铺去卖。但药铺掌柜起初并不识货，本不想收购，于是李成告诉他们这些骨头很神奇，对治疗疥疮、外伤等有特效。将信将疑的药铺掌柜取来药典查了半天，终于弄明白这些动物骨头可能就是中药“龙骨”。

于是，药铺掌柜就当作“龙骨”以每斤六文钱的价格收下了这批骨头。李成则将换得的铜钱往褡裢里一装，高高兴兴地返回家中。自此，李成在给人剃头之余，还当起了收集和买卖“龙骨”的“专业户”。他很有生意头脑，不仅将收集的“龙骨”卖给药铺获利，而且还将自己研磨的“龙骨粉”用纸包成一些小包放在剃头挑子上，随时卖给需要治疗伤口的人。这比起给人剃头来，挣钱可容易多了。此事传开后，小屯村的村民如梦方醒、如获至宝，原来此前被他们随意砸碎或丢弃的动物骨头竟然是“龙骨”，不仅可以治病，而且还能换钱。因此，许多村民也开始到处搜罗“龙骨”以卖钱谋生，售卖“龙骨”俨然成为小屯村的一项重要副业。村民们将农闲时搜罗来的“龙骨”，大点儿的、成块的就聚拢起来卖给城里的中药铺，小点儿的、碎的则磨制成细粉拿到集市或庙会上摆摊儿卖，不过价钱不固定，随行就市。后来，在中药铺工作人员的研究和宣传下，“龙骨”的药用价值得以提高，适用范围逐渐扩大，既可以外敷治疗破伤风、疥疮等外伤，又可以内服治疗小儿、妇科和男子虚弱等各种病症，可以说“包治百病”。至于这些“龙骨”的真实疗效如何，那就不得而知了。总之，经过药铺、李成及小屯村村民的炒作，“龙骨”的身价倍增，经济价值逐步提高。

龙骨

然而，由于当时药材交易比较落后，加之“龙骨”在当地的用量其实并不大，所以药铺很快就不想收了。当李成再次将所收集的“龙骨”送到药铺时，药铺掌柜便故意刁难和挑剔起来。他告诉李成凡是上面刻有“画纹”的“龙骨”一概不收，李成一看“货”就傻了眼，因为这样就没多少能卖钱的了。眼看着一大半“刻纹龙骨”被扔出来，李成心疼得不得了。不过，精明的李成没有被难倒，他很快就想出了对策。回到家后，他找来刀将收集来的所有“龙骨”上的“画纹”一刀一刀地刮掉，然后掺入一些“无刻纹龙骨”再次送到了药铺。此次，药铺掌柜真是“哑巴吃黄连”，“自己挖的坑自己跳”，为了不食言，只好硬着头皮将这批“龙骨”收下了。小屯村民听闻后，也纷纷效仿李成，将手中所收“龙骨”上的“画纹”全部刮掉或剔掉，然后再卖给药铺。很快，药铺仓库里的“龙骨”就泛滥成灾了。

由于药铺的“龙骨”已经饱和，所以药铺掌柜决定停止买进“龙骨”。李成见难以从中获利，便很快转移视线。为了挣钱，他又将收集来的“龙骨”全都捣成粉末，然后包成一个个小包，拿到各地集市和庙会上叫卖。当时小屯村所在的安阳正是彰德府的府治，每年春秋两季都要举办盛大的庙会，包括李成在内的小屯村民每逢庙会都前去售卖他们自己磨制的能治破伤的“刀尖药”——“龙骨粉”。来自全国四面八方到此“淘宝”的商贾们，听说此类具有神奇功效的“龙骨”多产自安阳，于是有些商人便寻到原产地去收购，由此也收购到一些未被刮掉“画纹”的“龙骨”。在村民们赶庙会售卖“龙骨粉”的同时，库存有大量“龙骨”的药铺也不想赔本。“龙骨”积攒多了，便派人将成麻袋的“龙骨”运到河北安国，因为那里是当时华北最大的中药材集散地，也是中国近现代有名的中药材批发市场之一。于是，产自小屯的“龙骨”经过此地陆续被转卖并发散到全国各地。如此，“龙骨”便相继进入了京城的各大中药铺，或被碾成粉末，或被成块入药，成为救治各类疾病的“灵丹妙药”。许多珍贵的史料就这样被人为地“吞没”了。

从安阳小屯村挖出的这些动物骨头真是文献所载的中药“龙骨”吗？其实，非也。什么是“龙骨”？难道是传说中龙的骨头？当然更不是。实际上，“龙骨”是一种远古时期脊椎动物骨骼和牙齿的化石，绝大多数是地质年代上的第三纪后期和第四纪哺乳动物的骨骼和牙齿，也就是距今2500多万年前的动物遗骨。因其具有养精补气、清热解毒的功用，于是被载入药典，称之为“龙骨”。之所以如此命名，可能源于我们祖先对“龙”这种神奇动物的图腾崇拜，因为在他们眼里，龙是神通广大、上天下海、无所不能的。命名“龙骨”，或许也是希望此药能够治疗各种疾病。在我国古代，“龙骨”作为各个中药铺里常备的一味中药，与人们的生活息息相关。它的确可以医治某些疾病，为人们解除痛苦，因而得以世代流传。现代中医认为，“龙骨”味道清淡，药性温顺，具有解热退热、镇静安神、生肌敛疮等功效。所以，直到今天，中药店里还有“龙骨”这味药。如此看来，李成及小屯村民所售卖的“龙骨”，其实并非真正的中药“龙骨”，只不过因偶然巧合可以对某些外伤具有一定疗效罢了。倘若不是剃头匠李成和药铺掌柜无知、贪财，也不至于对殷墟所埋藏的千年宝藏造成如此巨大且难以挽回的损害，留下无尽的历史遗憾。

然而，无论怎样，李成和中药铺对于安阳小屯所产“龙骨”的推销，在某种程度上也起到了很好的宣传作用。“龙骨”很快得以身价飞涨、名扬天下，引来了四面八方的古董商和淘宝客。清末光绪年间的彰德府（今安阳）不仅是个经济贸易中心，也是一个古器物（即古董）集散地，古玩铺、古董店随处可见，且多为北京、天津、山东等地的大古董商所设立的古物采购点。由于小屯村地处古代遗址上，所以村民们在耕作时经常会挖出青铜器、玉器、陶器、骨角器等古物。当他们将这些古物卖给古董商或古玩铺时，发现凡是带有“花纹”的则能卖个好价钱。因此，在李成及大多数小屯村民受药铺掌柜蛊惑而铲刮“龙骨”上的“画纹”时，个别有心人则将带“画纹”的“龙骨”悄悄留了下来，以期找机会能像带花纹的青铜器或玉器那样卖个好价钱。可是，事与愿违，当他们拿着这些刻有“画纹”的“龙骨”卖给古董商时，走南闯北、见多识广的古董商也不能辨识为何物，便勉强以低价收下。其中，敢于收购此类“刻纹龙骨”的古董商，有一位名叫范潍卿。此人为山东潍县范家庄人，常年以收购和贩卖古代器物为生，是个专业的古董商人。虽然范潍卿也不知“刻纹龙骨”到底为何物，但他知道哪里有“识货”的人。放在手里掂来掂去，他总感觉此物非同一般，于是立即启程赶往京城寻找有识之士和“鉴宝”之人。

参考文献：

1. 珠峰：《龙骨的发现与“人吞商史”》，《语言文字报》2010 年 9 月 29 日。
2. 杨军辉，韦中月：《甲骨文的传奇》，《中国纪检监察报》2019 年 12 月 10 日。

第四篇

辨识“龙骨”王懿荣，“甲骨之父”美名传

王懿荣

清末的北京城虽然政局不稳，社会颓废，经济萧条，民生凋敝，但也不乏贤能之士，王懿荣便是其中一位。王懿荣于1845年（清道光二十五年）出生于山东福山古现村（今山东烟台古现）的一个王姓大户人家，字正儒、正孺，一字廉生、莲生。其祖上曾官至户部尚书，其祖父王兆琛也曾高中进士，官至山西巡抚。等传至其父亲王祖源时就不如先辈们风光了，但也官至四川按察使。由于其祖父和父亲均为清廷高官，所以王懿荣从小的成长环境自然是生活富足、衣食无忧。但王懿荣不像一般的富家纨绔子弟，他自幼就勤奋好学，6岁时便被送进私塾学习。因为他头脑聪颖，阅读范围十分广泛，经、史、子、集无所不通，所以小小年纪就有过目不忘之誉。等长到15岁时，其父王祖源当时正在京城兵部任职，王懿荣就追随父亲从山东老家来到了京城。其父的打算是让王懿荣在京城寻访名师继续接受更好的教育，以便走科举的路子步入仕途。然而，王懿荣却不同于一般学生，自有心思。别人都是努力学习四书五经，用心学写八股文，一门心思想着有朝一日能考中进士，然后升官晋爵以光宗耀祖。但王懿荣却对这些呆板的八股文不感兴趣，而是嗜好研究金石之学，平时就喜欢搜集古籍旧书、古器碑帖等。自从来到京城后，王懿荣感觉如鱼得水，因为此地有多条街道都是专卖古董、专营古玩的。更令他欣喜的是，京城还有不少

与他兴趣相投的人，他们之间经常相互切磋，交流经验，各展其能。他时常去拜访当时享誉京城的著名收藏大家、金石学家潘祖荫、吴大澂等人，虚心求教。久而久之，王懿荣的知识大有长进，眼界大为开阔，对古器物的鉴赏水平自然也是“水涨船高”。然而，父命难违，醉心于金石古玩的王懿荣还得老老实实走科举之路。由于王懿荣无心科考，所以自 1862 年（同治元年）开始连续在顺天府参加了 7 次乡试，可惜均未考中。连个秀才都考不上，真是令其父大伤脑筋、着急万分。其实，多次未考中秀才并不代表王懿荣水平不够、能力不行，只能说明他根本没把心思用在这方面。因为在他考中秀才之前，他早已成为名满京城的金石学家了，他多年醉心于金石学研究的心血也算没有白费。

直到 1873 年，王懿荣终于考中了顺天府乡试副榜第一名。但此时距离他第一次参加乡试已过去了整整 12 年。没想到，王懿荣后起发力、“大器晚成”，6 年之后竟然考中了举人。其父王祖源看在眼里，乐在心中，这次总算放心了，因为按清朝规定考中举人就可以做官了。然而，好事还在后头，考中举人仅一年之后，王懿荣又高中进士，并被选入翰林院，为庶吉士，这真是意外之喜。虽说“福无双至，祸不单行”，但王懿荣却好运连连，开启了幸运模式。此后，“低开高走”的王懿荣官运亨通，在十几年内接连升官晋级，官至国子监祭酒。那么，“国子监”是什么机构？“祭酒”又是何官职？据专家研究，“国子监”相当于如今的高等学校，而“祭酒”就是大学校长。

当上高官的王懿荣实现了“父愿”，终于可以卸下科举的担子，而全身心投入自己所钟爱的金石学研究了。有了积蓄，他便经常利用闲暇时间光顾遍布京城的大小古董店，“鉴宝”“淘宝”愈加频繁。由于王懿荣既有地位又有声望，当时京城的古董商均深知他研究学问的功力之深和鉴别古物的水平之高，所以都不敢用假古董欺骗他，而是纷纷将各自收购和搜罗来的古董珍品拿出来，请他帮着“掌眼”、鉴定。王懿荣凭借勤奋好学的个人品格和广泛渊博的知识积累，终于打下了深厚扎实的金石学研究功底，也为后来破译“文明密码”奠定了坚实的基础。

俗话说：“机遇偏爱有准备的头脑。”据说，在 1899 年（清光绪二十五年）夏秋之际的一天，时任清南书房行走、国子监祭酒的王懿荣身染疟疾（也有说伤寒）。久治不愈，他让人请来了一位医术高明的老中医。老中医为其号脉后，开出了一张药方。等医生开完方子走后，略懂医道的王懿荣强撑病体，要过方子来瞧，只见上面写的都是苍术、白芷、甘草之类的中药。仔细一看，上面竟然还有一味药名为“龙骨”。看着“龙骨”二字，王懿荣不禁心生疑惑。“龙骨”是何物？难道世上真有龙吗？假如“龙骨”为真龙之骨，那么真龙到底是何形状？若是“龙骨”非真龙之骨，则为何以“龙骨”命名？带着诸多疑问，王懿荣嘱咐仆人到中药铺抓药时一定要单独包装“龙骨”，他倒要看看“龙骨”是何模样。不多时，仆人便到位于宣武门外菜市口的达仁堂中药铺（也有说菜市口“西鹤年堂”）按方将药抓了回来，急忙把碎片状的“龙骨”拿给王懿荣看。等王懿荣将药包中一块较大的“龙骨”拿起来一瞧，不禁大吃一惊，原来此物上面竟然刻有一些奇异的“图案”。他赶忙拿起其他刻有图案的“龙骨”碎片端详，揣摩再三，凭借深厚的金石学功底，他很快就意识到“龙骨”上面所刻的“图案”非同一般。只见这些“图案”结构奇特，似篆非篆，纯属“以刀代笔”刻画而成，和青铜器上铸刻的铭文倒是有些相仿。难道这些“图案”是一种失传已久的古老文字？那么，此种字体是什么时期的呢？

思索良久后，王懿荣连忙唤来抓药的仆人，让他赶紧返回药铺将药铺里的所有成块“龙骨”全都买回来，并让其他仆人分别到京城的其他中药铺收购“龙骨”。仆人们不明所以，只得按命照办，心想王大人买这么多“龙骨”干啥，又不当饭吃，但也不敢多问。等仆人们将各大药铺所藏的“龙骨”全部运回来后，王懿荣喜出望外，但还放心不下，于是抱病亲临药铺嘱咐各位药铺掌柜，如若再有商贩送来“龙骨”，请他们代为引荐。鉴于王懿荣在京城的地位和声望，药铺掌柜们自然也乐意为之。

王懿荣因生病偶然发现“龙骨”并到药铺收购“龙骨”的故事，最早见于1931年7月5日《华北日报·华北画刊》第89期上署名为“汐翁”的人发表的一篇名为《龟甲文》的文章，一直流传至今，致使不少人信以为真。然而，此事受到甲骨学界的普遍质疑，因此或为讹传。原因大致有三：首先，如前文所言，中药铺所购“龙骨”多为被铲刮去“图案”（即刻纹）的骨片，且入药时经常会被研磨成粉末。因此，王懿荣生病时即使派人去抓“龙骨”这味中药，那么拿回来的也只不过是粉末，即使有少量碎片状的“龙骨”，其上也很难留有“图案”（即刻纹）。如此，王懿荣即便真抓“龙骨”入药也决然不会从中发现“文字”的。其次，王懿荣所得之病，如果真为疟疾，那么也不会用到“龙骨”这味中药，因为水平再差的中医也懂得对症下药。如此，医生所开的药方里既然没有“龙骨”，那么王懿荣自然也不会见到。再次，经有关学者调查和研究，当时北京城的宣武门外菜市口根本就没有达仁堂中药铺。以上这些说明，“王懿荣因病购‘龙骨’而发现甲骨文”的故事应是有人编造、杜撰的。

王懿荣到底是如何见到和得到“龙骨”的呢？事实真相到底如何呢？正如前文所言，由于王懿荣自青年时代就嗜好金石之学，对古代器物颇有研究，炼就了一双“慧眼”，具有很高的鉴定水平，早已成为享誉京城、名闻朝野的著名金石学家、收藏家和鉴定家。在当时收藏界享有“得公一言，引为定论”的声望和影响力，所以遍布京城的大小古董店老板，以及来自全国各地的古董商一旦收购到新品器物或精品古董，一般都会请王懿荣帮忙鉴定，当然王懿荣也乐此不疲。

当时，来自山东潍县的古董商范潍卿由于经常到京城售卖从全国各地收购来的古器物，所以也是很早就名扬京城古玩界。一次，范潍卿到河南安阳、汤阴一带去收购青铜器，结果没有如愿，收获甚微。听当地人说中药“龙骨”对某些病具有奇特疗效，出于好奇，他也顺便收购了十几片，其实他所收的这些“龙骨”恰巧是中药铺不愿收购的“刻纹龙骨”，所以也没花多少钱就从小屯村民手中买下了。范潍卿心想，这些“龙骨”好歹也是古物，说不定能卖个好价钱，也算这次没白跑一趟。回到休息处，他拿起这些“刻纹龙骨”端详，不禁对上面的“画纹”着了迷。凭着直觉和多年的经验，他觉得这些“画纹”非同一般，但以他的学识难以破解这个谜，不过他知道去哪里寻找“识货”之人。于是，带着疑虑、怀着期望，范潍卿匆匆收拾行囊，风尘仆仆地赶往京城。

等到了北京后，范潍卿像往常一样，先找到各大古董店老板“验货”。由于都是多年的老朋友，他们彼此已非常熟悉，所以古董店老板们对范潍卿此次进京送来的“货”充满期待。结果，等他们看完范潍卿带来的“龙骨”后都傻了眼，谁也没见过，更别说认识。这些“龙骨”到底为何物，有没有价值？谁也说不清。忽然，有人想到了王懿荣，便建议范潍卿将这些“龙骨”送到王府，请王懿荣大人“掌掌眼”，帮忙鉴定下。于是，在这位古董店老板的引荐下，范潍卿带着“龙骨”前去拜访王懿荣。此时正是1899年（光绪二十五年）夏秋之际，一天傍晚，范潍卿悄然走进了位于北京东安锡拉胡同11号的王府。由于事先约好，所以王懿荣已在家中等候多时。两人见面一番寒暄后，分宾主落座。范潍卿简单说明来意后，便急忙将褡裢中的一个小包裹取出来放到王懿荣面前的桌上。等将包裹打开后，看着面前的这一小堆骨片，见多识广的王懿荣也犯了糊涂。这是啥？是古物吗？干吗用的？范潍卿连忙介绍这是一种名为“龙骨”的中药，看似有年头了，应是古物，但上面所刻的“图案”甚为奇特，不知是啥？听到此，王懿荣顺手拿起了一片较大的“龙骨”端详，不禁大吃一惊。猛然一看，似曾相识，但仔细观察，却不认识。由于天色渐晚，所以王懿荣让仆人点燃了蜡烛。借着烛光，王懿荣开始对这些“龙骨”逐一验看。凭着多年的知识积累和鉴定经验，王懿荣敏锐地觉得这些所谓的“龙骨”价值非同小可，其上所刻的“图案”很可能是一种失传已久的早期文字，并且其时代不会晚于青铜器铭文。那么，到底是不是文字呢？又是什么时代的文字？王懿荣不禁陷入了沉思。范潍卿也不好打扰，陪在一旁默默等待。过了良久，王懿荣忽然如梦方醒，赶忙告诉范潍卿这些“龙骨”他全都要了。王懿荣倒是十分大方，以“二两银子一个字”的高价买下了这十几片“龙骨”。范潍卿怀揣数百两银子的银票，真是喜出望外。万万没想到，没人看好的破骨片竟然让他发了一笔横财。王懿荣追问范潍卿手里还有此类“龙骨”吗？范潍卿连忙摇摇头，如实交代这次只收购了这些。临别前，王懿荣叮嘱范潍卿继续收购此类“龙骨”，但凡上面刻字的一定要给他送来，他仍然出价“二两银子一个字”。不过，王懿荣要求此事要“秘而不宣”，不能让其他任何人知道。范潍卿再三承诺，千恩万谢后辞别王懿荣，走出了王府。

有了王懿荣这样的“大客户”，范潍卿收购“龙骨”的动力更加足了。他在京城稍做停留后，便独自一人、马不停蹄地返回河南安阳。由于此次是专程而来，目的明确，所以抵达安阳后就开始广为搜罗“刻字龙骨”。他不仅到各大中药铺搜寻，也到民间去收购。尽管绝大多数“龙骨”都已被铲刮去了字迹，但依然有少数“幸存者”。早先因药铺不收而价格便宜的“刻字龙骨”一下又转变为“香饽饽”，顿时身价倍增。面对高额利润的诱惑，小屯村民开始肆意滥挖农田，将寻获的“刻字龙骨”全部卖给了范潍卿。范潍卿如获至宝，于1900年（清光绪二十六年）春又先后两次进京将大批“刻字龙骨”卖给了王懿荣，同样获利颇丰。就这样，在很长一段时期内，安阳小屯村的村民在挖得“刻字龙骨”后会全部卖给范潍卿，而范潍卿则将所收购的“刻字龙骨”只卖给王懿荣一人，外人对此一概不知。但“天下没有不透风的墙”，王懿荣高价收购“刻字龙骨”的消息还是传开了。不久，范潍卿的老乡和同行，山东潍县的古董商赵执斋、范春清、王绢等三人也先后进京，将所收购的“刻字龙骨”卖给王懿荣，也都发了一笔小财。此外，范潍卿的同族范春清（即范椿青，字寿轩或守轩）在进京途中路过天津时，还将所收购的一些“刻字龙骨”卖给了天津的两位“穷秀才”王襄和孟广慧（孟定生）。由此可见，范潍卿虽然与王懿荣“有约在先”，但其实他并未遵守诺言。他很可能是从王懿荣那里发了一笔意外之财后，回乡又买房子又置地的，惹人艳羡，引人怀疑，无奈之下便将因何发财之事如实告诉了自己的本家、同族以及老乡，好让生活艰辛、谋生不易的乡亲们也跟着一起“沾沾光”。当然，出于私心，范潍卿没有将此事广为宣传，因此在一定时期内外界仍不得而知。后来，当其他各地的古董商听说他们售卖“刻字龙骨”所得利润丰厚时，都十分眼馋，也想收购“刻字龙骨”卖给有钱有势的王懿荣，但可惜不知道“刻字龙骨”的出土地。范潍卿、范春清、赵执斋等人都是精明的商人，为了垄断“货源”，他们暗地里达成协议，打算“吃独食”，绝不向外人透露“刻字龙骨”的出土地。但有时碍于朋友情面，他们会谎称“刻字龙骨”出土于河南的汤阴一带。此消息以讹传讹，不仅导致很多古董商跑错了方向，白忙活了一通，而且也极大地迷惑了学者和收藏家。后来，直到著名金石学家、收藏家罗振玉亲自找到范潍卿询问时，被美酒灌醉的范潍卿才如实说出了“刻字龙骨”的真正出土地在河南安阳。

在范潍卿、范春清、赵执斋等古董商人的“专供”下，不到一年时间，王懿荣便购得数量不少的“刻字龙骨”。其实，除了从范潍卿、范春清、赵执斋等古董商手里收购“刻字龙骨”以外，王懿荣也没闲着，他经常让家人和仆人到京城各大中药铺里搜寻“龙骨”中的“漏网之鱼”，有时也亲自四处“淘宝”。就这样，日积月累，王懿荣搜集到手的“刻字龙骨”竟达1500片之多。

有了一定数量“刻字龙骨”的积累，嗜好金石学的王懿荣打算研究一下。他废寝忘食，通宵达旦，拿着放大镜逐块、逐字地深研细究。不久，他不仅成功释读出了“龙骨”上的几个较为简单的字（例如“雨”），而且还推断此种文字或为传说中的“殷商之文字”。一个埋藏三千多年的“文明密码”就这样被他破译了。随即，京城文化界为之轰动，中国文化界为之震撼，世界文化界为之注目，一片小小的“刻字龙骨”震惊了天下！然而，世事难料。就在王懿荣打算潜心深入研究“刻字龙骨”之时，“庚子国变”爆发了。1900 年 5 月底，英、美、德、法、俄、日、意、奥八国不顾清政府的反对，联合组织了军队，并在天津港口大量集结。6 月中旬，八国联军以“清政府剿办义和团不力，并在海口布设水雷为难各国”为由而攻占大沽炮台，从塘沽强行登陆，随即攻入天津，并进而向北京进发，京城面临着严重威胁。清政府被迫下令向各国宣战。在此危急关头，一介文人王懿荣临危受命出任京师团练大臣，负责督率兵勇，守卫京城。8 月，八国联军兵临北京，慈禧太后、光绪皇帝等仓皇出逃，离京奔赴西安避难。贪生怕死的文臣武将也纷纷敛财逃命，京城眼看难以保全。面临危局，王懿荣仍勉为其难，殚精竭虑地昼夜筹划保卫京城事宜。不久，侵略军从朝阳门、东便门、广渠门攻入外城。闻讯后，王懿荣怒不可遏，奋起率兵抵抗，但终因双方力量悬殊、寡不敌众而败退回家宅（锡拉胡同 11 号）。8 月 14 日半夜，侵略军攻入内城。王懿荣深知大势已去，无力回天，徘徊庭院，一夜未眠。次日清晨，王懿荣告诉家人京城失守，自己有辱使命，严重失职，故不能苟活于世，打算自杀。他写完绝命书后，先吞下金子（或金首饰），后又服下毒药，但均未死成，无奈跳进自家院中的水井，壮烈殉国，时年 55 岁。其夫人谢氏和大儿媳张氏见状，悲痛万分，也投入井中，追随王懿荣而去。可谓“忠贞孝义，萃于一门”。三个月后，清廷感念其卓越功绩和爱国之心，光绪帝下诏追封王懿荣谥号“文敏”。然而，就在王懿荣死后的次年（1901 年），清政府就派奕劻、李鸿章作为全权代表，与英、美、俄、德、日、奥、法、意、西、荷、比十一个国家的外交代表在北京签订了一份丧权辱国的不平等条约——《辛丑条约》，从此中国彻底沦为半殖民地半封建社会，中国人民陷入水深火热之中。

1989 年 10 月，在甲骨文发现 90 周年之际，为了缅怀王懿荣这位著名学者和爱国志士，纪念其辨识“龙骨”刻文之功，后人在其家乡山东烟台福山修建了一座“王懿荣纪念馆”，其中不仅存有王懿荣生前使用的各种遗物及其所留的手札、书信、著作、书法、甲骨片等，而且还有多位现代名人题写的纪念王懿荣的匾额、对联等。1999 年 6 月，王懿荣纪念馆迁至福山高新区盐场居民区大成栈旧址，并先后被山东省人民政府和烟台市人民政府公布为“优秀社会教育基地”“优秀爱国主义基地”。2014 年，当地政府投巨资在位于福山青龙山河滨南路与英特尔大道交会处的福山文博苑内，修建成一座规模更为宏大的新纪念馆。王懿荣纪念馆新馆已于 2014 年 8 月正式免费对外开放，馆中还设有“甲骨学发展史馆”（2016 年 8 月 19 日开馆）。2012 年 10 月 19 日，“王懿荣甲骨学研究会”在福山成立，为传承和弘扬甲骨文化，促进甲骨文化的交流与发展，搭建起了一个良好的平台。如今，福山已被打造成享誉全球的甲骨学基地，并已举办过多次甲骨学国际研讨会和国际性甲骨文艺术展览，因此成为甲骨学的“圣地”。王懿荣也因首先购藏和辨识甲骨文之功而被誉为“甲骨文之父”，为世人所敬仰，名扬天下，永载史册。

王懿荣纪念馆

王懿荣纪念馆新馆

参考文献：

1. 王宜训:《爱国学者王懿荣》,《山东师大学报》(哲学社会科学版)1984年第2期。
2. 王宇信:《关于殷墟甲骨文的发现》,《殷都学刊》1984年第4期。
3. 王宇信:《甲骨学通论》,中国社会科学出版社,1989年。
4. 翟如潜:《王懿荣的家世》,《烟台师范学院学报》(哲学社会科学版)1993年第2期。
5. 胡厚宣:《再论甲骨文发现问题》,《中国文化》1997年Z1期。
6. 陈炜湛:《从语言文字学的角度看王懿荣发现甲骨文的伟大意义——为纪念王懿荣发现甲骨文一百周年而作》,《汕头大学学报》2001年第3期。
7. 聂桂兰:《第一个发现并研究甲骨文的人——王懿荣》,《兰台世界》2007年第23期。
8. 吕伟达:《王懿荣发现甲骨文始末》,《殷都学刊》2009年第3期。
9. 曹定云:《从"龙骨"到甲骨的飞跃——王懿荣发现甲骨文110周年纪念》,《殷都学刊》2009年第3期。
10. 东方白:《甲骨文之父——王懿荣》,《语言文字报》2010年9月29日。
11. 东方白:《为何"甲骨文之父"是王懿荣》,《语言文字报》2011年6月29日。
12. 姚小鸥,王克家:《甲骨文发现的传闻与史实》,《人民政协报》2011年7月18日。
13. 为刚:《"千金易甲骨"的王懿荣》,《走向世界》2013年第9期。
14. 邓衍明:《国宝档案钩沉:甲骨片片惊世界》,《湖北档案》2014年第2期。
15. 王小琪:《甲骨文的发现与学者之功》,《光明日报》2014年8月19日。
16. 张淑贤:《王懿荣卒后封赠考》,《文艺评论》2015年第10期。
17. 苏扬剑:《王懿荣与庚子国难》,《鲁东大学学报》(哲学社会科学版)2017年第1期。
18. 郑千山:《拯救保护国宝甲骨文》,《云南日报》2018年5月21日。
19. 韩冰:《甲骨文与中药"龙骨"》,《上海中医药报》2019年10月11日。
20. 关山远:《沉重的隐喻:甲骨文发现第一人之死》,新华网,2019年11月9日。
21. 孟鸿声:《"甲骨文之父"王懿荣及其家世考略》,《中国书法》2019年第22期。

第五篇

首录甲骨刘铁云，客死边疆留遗憾

王懿荣在京城任国子监祭酒时，由于嗜好收藏古物和研究金石之学，所以结识了不少具有相同爱好的朋友，刘鹗便是其中之一。刘鹗，字铁云，江苏丹徒人，生于1857年（清咸丰七年）10月18日，因著有被誉为“晚清四大谴责小说”之一的《老残游记》而闻名于世。刘鹗早年曾在上海行医，后来到京城做官时转而投奔著名金石学家、收藏家吴大澂门下，涉猎金石学，由此结识了同在京城为官的王懿荣。因为两人兴趣相投，故此很快成为关系密切的朋友。据说，王懿荣从古董商手里高价收购“刻字龙骨”后，刘鹗还和他一起对这批“刻字龙骨”进行了研究，并共同推断为殷代遗物和文字。只可惜，两人还未来得及进行深入探讨和研究，王懿荣就因不敌八国联军入侵而悲愤自杀殉难了。作为多年的好友，对于老友王懿荣的突然离世，刘鹗既感悲痛又觉惋惜。由于王懿荣生前为官清廉，加之喜欢不惜高价收购古物，所以死后家中并无余财。1902年（光绪二十八年），为了还清旧债，王懿荣的次子王翰甫把其父生前所藏的1500余片甲骨中的1085片卖给了刘鹗，还将一部分甲骨片卖给了浙江定海的方若（字药雨），其余500多片则留给了后代。1987年，据王懿荣的三孙女王福重在其所撰《王崇焕传》中介绍，祖父王懿荣所藏甲骨片大多数被其二伯父王翰甫卖掉后，所剩部分由其母亲保管。她的母亲本打算将这批

刘鹗

甲骨传给她的二哥王福娗，但由于王福娗在抗日战争胜利后去美国纽约工作了，所以这批共计500余片甲骨就留在了她的手中。王福重在保管这批甲骨期间，还将其中2片赠予他人。20世纪60年代，经过再三考虑，王福重秉承先祖遗志和先母遗命，将这500余片甲骨上缴给国家，于是择机捐给了天津市文化局。此外，后来王家还捐赠给天津新学书院25片甲骨，经美国传教士方法敛摹写后，被美国学者白瑞华编入《甲骨卜辞七集》（1938年）。还有31片甲骨被美国传教士福开森买去，后被商承祚著录于《福氏所藏甲骨文字》（1933年）。另有少量甲骨在1939年被唐兰编进了《天壤阁甲骨文存并考释》中。

刘鹗得到这1085片甲骨后，自然也非常高兴，因为它们是其老友王懿荣生前的珍藏。但他还不满足于此，又让其子刘大绅继续去搜寻甲骨，后又得到1000余片。此外，山东潍县古董商赵执斋也为其四处奔波，先后购得3000多片。而此前山东潍县古董商范潍卿曾卖给浙江定海方若的300多片甲骨也流转为刘鹗的藏品。由此，刘鹗手中所藏甲骨的总数最终达到5000余片，成为继王懿荣之后当时收藏甲骨最多的人。

1902年（光绪二十八年）的一天，刘鹗的儿女亲家、著名学者、收藏大家罗振玉到他家，见到了他所收藏的甲骨后也非常好奇和兴奋，赞叹其为“汉以来小学家若张（敞）、杜（林）、扬（雄）、许（慎）诸儒所不得见之文字”。罗振玉当即建议刘鹗将其中的一些精品甲骨片做成拓本，编辑出版，刘鹗自然非常乐意。1903年（光绪二十九年）10月，刘鹗从所藏5000余片甲骨中选出1058片精品进行了拓印，然后在罗振玉的帮助下编辑成书，以《铁云藏龟》（全6册）之名由抱残守缺斋石印出版，罗振玉和吴昌绶还为该书作了序，刘鹗也写了篇自序。该书出版后，引起了轰动，因为它是殷墟甲骨文的首部著录，最早将甲骨文公之于世。不久，著名学者孙诒让又根据刘鹗所编这部《铁云藏龟》中的资料，写出了甲骨文研究

《铁云藏龟》

的第一部专著《契文举例》。此后，甲骨文研究才开始真正为世人所了解和重视，逐渐成为古文字研究领域的一门新学问。

可以说，《铁云藏龟》作为第一部甲骨文著录集，它的出版意义重大。它不仅使得甲骨文资料的流传范围大为扩展，让古文字学者获得了研究甲骨文的机会，而且还标志着甲骨文从藏家收藏的“古董时期”进入了学者研究的“金石时期”，因此在甲骨学发展史上具有不可磨灭的开创之功。著名学者胡适曾盛赞其为研究甲骨文的“开路先锋”。在该书自序中，刘鹗不仅记述了“龟甲兽骨文字”的发现以及王懿荣收藏甲骨的过程，还记述了文字从古籀到隶书的发展过程，并首次明确提出了甲骨文是“殷人刀笔文字”，对于世人认识甲骨文具有非常重大的意义。需要说明的是，通过《铁云藏龟》的书名可以看出，当时尚无“甲骨文”之名，而是称为“龟甲兽骨文字”，甲骨片则被称为“龟板”。由于没有统一的名称，所以学者们也无所适从，只得各命其名，常见的有“龟甲文”“殷契”“契文”“龟刻文”“甲骨刻文”“甲骨刻辞”“殷虚书契”“殷虚文字”“贞卜文”等多种称呼。而“甲骨文”之称则是在《铁云藏龟》出版20多年后才由著名史学家陆懋德首次提出来，在获得学界普遍接受和认可后，一直沿用至今。

据专家研究，刘鹗收集的甲骨多为1899年河南安阳小屯村民在村北洹水南岸挖得的龟甲碎片，基本上没有大片，更无完整者。他在编印《铁云藏龟》时所选的1058片精品，后经研究拓本证实，其中有3片重的、4片假的。不仅如此，书中所录字数较多、辞句完整的甲骨拓片更是极为罕见。尽管如此，刘鹗还是凭借有限的甲骨资料，试释了40余个易于辨认的甲骨文字，后经证实准确无误者有34个。所以，有学者曾评价刘鹗：“肩之辟之，以导先路，其功实不可没也。”

其实，除了收藏甲骨实物、编印甲骨著录、辨释甲骨文字以外，有学者认为刘鹗对甲骨学的最大贡献应在于积极向学者们及世人介绍甲骨文，从而引起了更多人对甲骨文研究的兴趣。正如罗振玉在其所编《铁云藏龟之余》自序中所言“予之知有贞卜文字也，因亡友刘君铁云”“殷虚遗宝由君得传于斯”。这恐怕也是刘鹗编印《铁云藏龟》的真正目的吧。罗振玉之所以对刘鹗如此感念，那是因为他们的关系非同一般。在1894年（光绪二十年），当38岁的刘鹗从河南返回家乡江苏淮安时，在当地一家碑帖店里偶遇了比自己小 9 岁的罗振玉。由于两人有着共同的爱好，所以初次见面便“一见如故”，由此开始了数十年的交往。1895 年，刘鹗将当时还比较穷困的罗振玉招到家中聘为家教，并给予丰厚待遇，对其非常器重。1910 年，当时在湖北任农局总理兼农校监督的罗振玉与王国维、樊炳清等人创办《教育世界》杂志时，刘鹗还特意汇款 500 元给予经济上的支持。此后，两人不仅在学术上密切交流，而且还成为儿女亲家，在学术史上留下了一段佳话。

刘鹗除了将甲骨文推荐给罗振玉等中国学者以外，还首先把甲骨文介绍给了外国学者。1899 年 8 月，日本学者内藤虎次郎（内藤湖南，1866—1934）首次来到中国，之后又连续 9 次到中国来进行学术交流，由此结识了刘鹗、罗振玉、王国维等不少知名学者。1902 年，因机缘巧合，内藤虎次郎见到了刘鹗收藏的甲骨片，始知甲骨文字的存在。1916 年，内藤虎次郎发表了一篇讨论甲骨文字的文章《王亥》，促进了国际文化界对甲骨文的关注和研究。

然而，就在刘鹗不遗余力地向国内外学者及世人推介甲骨文时，厄运同样降临到了他的头上。1900 年，八国联军侵华。在国难当头、民不聊生的情况下，刘鹗为了赈济灾民，私自向八国联军（俄军）以低价购得太仓（当时京城的官方谷仓）粟并以平价卖给京城百姓，救活了不少人。按理说他是做了件功德无量的好事，不料到 1908 年，直隶总督袁世凯等人为排斥异己、争权夺利，遂罗织“通洋”“盗卖太仓粟”“浦口购地”“垄断矿利”“私设盐运社”等罪名对刘鹗施加陷害，并密电两江总督端方逮捕刘鹗，然后将其充军发配到新疆迪化（今新疆乌鲁木齐）。在迪化期间，刘鹗住在一座寺庙的戏台底下，靠给人治病维持惨淡的生活。1909 年（宣统元年）8 月 23 日，被诬陷并流放边疆的刘鹗，怀着满腔怨恨，突发脑出血而凄凉地客死他乡，留下了无尽遗憾。

刘鹗死后，生前所藏的 5000 余片甲骨随即流散四方，并多次易主。据相关调查和统计，拥有刘鹗所藏甲骨的个人有罗振玉、叶玉森、端方，以及英国人哈同的夫人罗迦陵等。而藏有刘鹗甲骨的单位或团体则有诚明文学院、中央研究院历史语言研究所、中央大学、厦门大学、上海博物馆、浙江省文管会等。不过，为了感念刘鹗首藏这些甲骨之功，相关个人和单位在著录所藏甲骨时，大都仍以“铁云藏龟”为名。1915年，罗振玉从刘鹗生前赠送给他的未经著录的甲骨中精选出数十片，以《铁云藏龟之余》影印出版。1925年，刘鹗的同乡叶玉森从所得刘鹗旧藏甲骨1300片中精选出240片，为之墨拓石印，并附考释文字，然后以《铁云藏龟拾遗》出版。1931年，上海隐庐再版罗振玉的《铁云藏龟之余》时，与刘鹗的《铁云藏龟》合印在一起，《铁云藏龟》在前，《铁云藏龟之余》在后，还附有古文字学者鲍鼎的释文。20世纪30年代后期，上海的孔德图书馆获得会稽吴振平旧藏的一批甲骨片，经沈尹默、金祖同、李旦丘（李亚农）等人考证，确认为刘鹗旧藏，这批甲骨虽有一部分被《铁云藏龟》收录，但大多数未经著录，于是李旦丘从中选出93片并附加释文，编成《铁云藏龟零拾》一书于1939年出版。1959年，鉴于《铁云藏龟》的学术价值及重要性，台湾地区甲骨学者严一萍让艺文印书馆重印了该书。1975年，严一萍针对刘鹗编纂的不足，在对《铁云藏龟》进行重新整理后，以《铁云藏龟新编》由艺文印书馆出版。该书共计收录甲骨1043片，对《铁云藏龟》所录甲骨片进行了分期断代、选换拓本、缀合补背、去重汰伪等一系列修正，并在拓本旁附加摹本，从而极大地提高了《铁云藏龟》的学术价值。以上足以说明，刘鹗所编的《铁云藏龟》对当时及后世学术界的影响是何等巨大而深远，刘鹗也因首先著录甲骨文之功而万世流芳，永载甲骨学史册。

参考文献：

1. 李孝定：《甲骨文字集释》（全8册）序，台湾“中央研究院”历史语言研究所，1965年1月。
2. 刘德隆：《试论刘鹗对甲骨学的贡献》，《天津师大学报》（社会科学版）1989年第3期。
3. 王福重：《福山区志·王崇焕传》，齐鲁书社，1990年。
4. 张展：《刘鹗与甲骨文的开山之作〈铁云藏龟〉》，《书画艺术》1999年第5期。
5. 王宇信，杨升南等：《甲骨学一百年》，社会科学文献出版社，1999年。
6. 刘德隆，贺荫雄：《试论刘鹗对甲骨学的贡献》，《中国书法》1999年第12期。

7. 汪叔子:《近代史上一大疑狱——刘鹗被捕流放案试析》,《明清小说研究》2000 年第 4 期。
8. 吴振清:《刘鹗致祸原因考辨》,《南开学报》2001 年第 1 期。
9. 门艺:《刘鹗藏龟始年考》,《平顶山学院学报》2006 年第 6 期。
10. 聂桂兰:《第一部著录甲骨文的书——〈铁云藏龟〉》,《兰台世界》2009 年第 2 期。
11. 东方白:《刘鹗:出版我国第一部甲骨文著录》,《语言文字报》2010 年 10 月 13 日。
12. 珠峰:《〈铁云藏龟〉的后世余音》,《语言文字报》2010 年 10 月 13 日。
13. 祁建:《清末刘鹗流放冤案之谜》,《文史精华》2011 年第 1 期。
14. 郎慕中:《刘鹗:一代奇才含恨边城》,《档案春秋》2011 年第 1 期。
15. 边继芝:《刘鹗与甲骨文历史上第一部著录书〈铁云藏龟〉》,《语言文字报》2011 年 7 月 13 日。
16. 马源:《刘鹗——流放新疆的奇才》,《西部时报》2012 年 2 月 28 日。
17. 吴晓峰:《刘鹗与叶玉森的甲骨情结》,《语文学刊》2013 年第 23 期。
18. 刘素芬:《刘鹗罹祸原因再探》,《扬州大学学报》(人文社会科学版)2018 年第 5 期。

第六篇

一代鸿儒孙诒让，考释甲骨勇当先

孙诒让

1848年（清道光二十八年）9月16日，一名男婴诞生在浙江瑞安潘岱砚下的一户被称为“盘谷孙氏”的人家，其父孙衣言给他起名“孙诒让”，幼名效洙，又名德涵，字仲容，号籀庼。孙诒让幼承家学，聪颖好学。在13岁时便撰成《广韵姓氏刊误》一书，18岁时写成《白虎通校补》。青年时代，他曾因父亲官职调动而游历多地，博采珍本秘籍，广结学者名流，所以增长了不少见识。1867年（清同治六年），孙诒让考中举人。但其后屡次进京考进士却不中，遂绝意仕途，回乡兴办教育，专攻学术。穷其一生，孙诒让著书30余种，涉及经学、史学、诸子学、文字学、考据学、校勘学、目录版本学，以及地方文献学等诸多方面，可谓成就颇丰。其中，尤以《周礼正义》和《墨子间诂》二书为世所重，被公认为“礼学”与“墨学”的权威著作，为后世治“礼学”与“墨学”者所必备。此外，孙诒让在古文字研究方面的成就也是非常有影响的，代表作为《契文举例》和《名原》。

孙诒让是如何与甲骨文结缘的呢？这得从他少年时代说起。孙诒让在年少时就开始研习宋人薛尚功的《历代钟鼎彝器款识法帖》，积累深厚。17岁时，他曾因嗜好金文而登焦山手拓多份周代青铜鼎铭文。在此后30多年的时间里，他广泛搜集和阅览了两千多种青铜器铭文，著成《古籀拾遗》（三卷）和《古籀余论》（二卷），以校勘和订正薛尚功、阮元、吴荣光、吴式桊等前人著作之误。二书考证多有创见，推进了金文研究的方法，堪为清末金文研究的代表作。孙诒让也由此筑牢了精深的古文字研究功底，打下了扎实的金石学研究基础。1903 年（光绪二十九年），当刘鹗所编的《铁云藏龟》（六卷）出版以后，甲骨文遂公之于世。不久，孙诒让也幸运地获得了此书。

然而，当时的中国文化界对《铁云藏龟》并不是十分认可，不少人对甲骨文半信半疑，著名学者章太炎（1869—1936）在《国故论衡》中更是强烈质疑其为伪造。章太炎可是当时研究古文字学水平最高、成就最大的学者。他曾在日本讲授自己研究《说文解字》的心得，就连鲁迅（1881—1936）、钱玄同（1887—1939）等著名学者都认真听课、做笔记呢。其弟子也继承他的衣钵，在古文字学、音韵学等方面颇有建树。可是，就是这位在思想上力主革新的古文字学大师却拒不认可新发现的甲骨文。据著名甲骨学家董作宾在其所著《甲骨学五十年》中所载，章太炎不承认甲骨文的理由有四：其一，龟甲刻文不见于经史；其二，龟甲乃速朽之物，焉能埋于地下三千多年不腐烂；其三，甲骨文易作伪；其四，罗振玉非贞信之人，他流传的文字也不可信。现在来看，章太炎的这些理由根本站不住脚。然而，以章太炎在当时学界的地位和声望，他的观点和态度可是影响了不少学者。

幸好，孙诒让并未受章太炎及对甲骨文持怀疑态度的其他学者的影响。1904 年（光绪三十年），当他看到刘鹗的《铁云藏龟》后如获至宝，欣喜万分，认为这是研究商代文字的可靠资料。随后，他闭门谢客，把自己关在阁楼上日夜研读，甚至都顾不上下楼吃饭，连饭菜都是让人用篮子吊上去的。就这样，在苦思冥想、发奋钻研了两个月后，他终于写出了《契文举例》（二卷）一书。该书共分释月日、释贞、释卜事、释鬼神、释人、释官、释地、释礼、释文字、杂例等 10 篇。其中，上卷的《释月日》主要解释干支字及纪日纪月法；《释

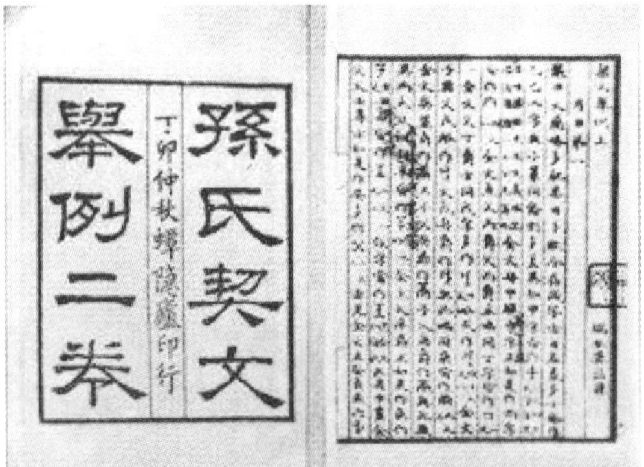

《契文举例》（二卷）

贞》考释甲骨占卜制度及辞例；《释卜事》考释甲骨占卜的内容范围；《释鬼神》考释甲骨卜辞中涉及的鬼神祭祀对象；《释人》考释卜辞中所涉及的人物；《释官》考释卜辞中所涉及的官名；《释地》考释卜辞中所涉及的方国及地名；《释礼》考释卜辞中涉及的典礼制度。以上各篇从标题来看好像是讨论甲骨卜辞所反映的内容和相关的商代文化制度，但事实上都是在考释文字的基础上来谈的，其中心和重点仍在于文字考释。而下卷的《释文字》以考释一般文字为主，其中有少数文字的考释已在上卷各篇中有所涉及；《杂例》为考释甲骨占卜之例。总体而言，《契文举例》算是一部考释甲骨文字的专著。此书既释文字又考制度，开古字考释与古史考证相结合之先例，故此被誉为甲骨文字研究的“开山之作”，孙诒让也由此成为后世公认的“甲骨文研究第一人”。

1905 年（光绪三十一年），在《契文举例》的基础上，孙诒让又进一步把金文、龟甲文（甲骨文）、石鼓文及贵州红岩古石刻文字与《说文》古籀互相校勘，举其歧异所在，明其省变之原，来探索古文、大小篆的沿革，撰成《名原》（二卷）。该书分上、下两卷，列原始数名、古章原象、象形原始、古籀撰异、转注揭櫫、奇字发微、说文补缺等七篇。书中的大多数讨论都是先举金文，然后再通过偏旁分析和文字形体的类比而涉及甲骨文字。各篇凡涉及对甲骨文字的考释，大都与《契文举例》相一致，但也有新的考释，有些地方还修正了《契文举例》中的失误。可以说，该书是一部纯粹的文字学著作，综贯音、形、义，对古文字学又提出了一些新见解，开辟了以甲骨文考证古文字之先河，开拓了古文字研究的新途径，把古文字研究推向了一个新高峰，被誉为“划时代的作品”。除了《契文举例》和《名原》以外，孙诒让在古文字研究方面的成果还有《札迻》《籀庼述林》等，均为古文字研究领域的经典之作。

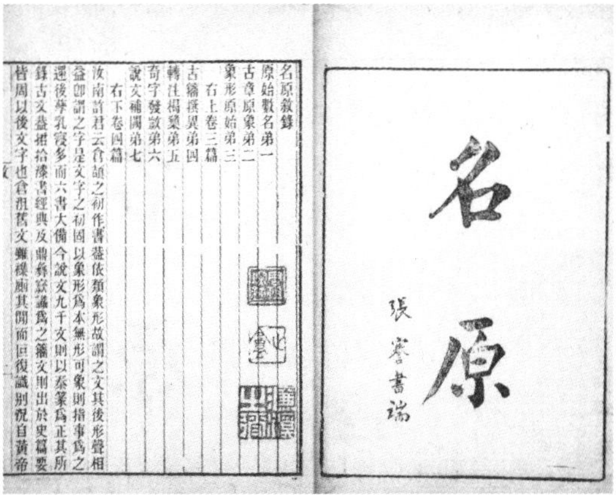

《名原》（二卷）

孙诒让之所以能成为“甲骨文研究第一人”，可以说既有必然性，又有偶然性，是两个因素相结合的结果。必然性是指孙诒让多年浸淫于青铜器铭文研究，具备坚实的古文字研究功底，并且对古文字有着浓厚兴趣，所以像王懿荣一样，一旦有新的古文字材料现世，他们都能敏锐地发现。偶然性则包含两方面，一是孙诒让在晚年恰逢甲骨文字的出土和发现，二是他及时得到了史上第一部甲骨文著录《铁云藏龟》。正因为如此，孙诒让才得以幸运地成为甲骨文研究的“开山鼻祖”。

如今来看，孙诒让所著的《契文举例》为第一部系统研究甲骨文的著作，地位重要、价值非凡、意义重大、影响深远。然而，在该书问世之初，当时的文字学家对其评价其实并不高。据说，《契文举例》撰成后不久，孙诒让便将数份手稿分别寄赠给刘鹗、罗振玉、端方等学界和收藏界的名流，可惜直到他病逝也未收到任何回复。1917 年，王国维在上海书肆获得了《契文举例》的手稿，但阅读后却认为此书谬误十之八九，全无可取之处。随后，王国维将此书稿寄给了罗振玉。罗振玉看后，认为孙诒让考释的甲骨文字有十分之九是错误的。所以，他曾在所撰《殷商贞卜文字考》自序中说：“惜（《契文举例》）亦未能洞析奥隐。”王罗二人虽然对孙诒让敢于“第一个吃螃蟹”、勇于率先考释甲骨文的精神赞赏有加，但是对其考释结论却是基本否定的。结果，这种态度对后世造成了很大影响，很多人误以为《契文举例》的文字考释错误比例很大。那么，果真是这样的吗？难道孙诒让的甲骨文研究成果真的毫无参考价值？

其实，按照学术发展的一般规律，后人都是在前人研究的基础上往前推进的。所以，作为甲骨文研究的开拓者和先行者，孙诒让的研究成果所出错误比后人多，也是理所当然的正常现象，无可厚非。

孙诒让在《契文举例》中对甲骨文字的考释，其正确与错误究竟各占多少？近年来，张静和黄德宽两位学者在《〈契文举例〉的再评价》一文中对此做了个详细的统计。他们对《契文举例》所凭借的《铁云藏龟》中的甲骨材料逐一进行了检查核对，并参考甲骨文研究的最新成果对《契文举例》考释的文字逐条梳理校对，然后将孙诒让考释的甲骨文字大致分为“基本正确的”“正确多错误少的”“正确错误各占一半的”“错误多正确少的”“基本错误的”“阙疑的”和“根据目前的学术水平还无法判断的”七种类别。根据这个分类标准，他们对孙诒让在《契文举例》中所考释的 300 多个甲骨文字分别进行了归类。最终结果是：基本正确的有 117 个，占了 1/3 强；正确多错误少的占 3%；基本错误的占 44.1%。

另外，有学者将孙诒让考释的 331 个甲骨文字分为“基本正确”“基本错误”“得失参半”和“考释未定”四种类型。按此标准，统计出了如下结果：基本正确的有 137 字，占总数 41%；基本错误的有 156 字，占总数 47%；得失参半的有 24 字，占总数 7%；考释未定的有 14 字，占总数 4%。统计结果显示，整体而言，《契文举例》的甲骨文字考释“得失参半”。

如此看来，当年罗振玉、王国维等学者对《契文举例》的评价过低，显然有失公允。他们也许只是凭一时印象而草率评价而已，并未仔细研读和深究过《契文举例》。实际上，虽然如今已经过去一个多世纪了，但是孙诒让在《契文举例》中所考释的甲骨文字仍有不少为学术界所认可和采用。

尽管《契文举例》中的错误不少，并不完美，但这并不影响其在甲骨学和古文字学发展史上的地位。孙诒让在甲骨文研究领域的开创之功和卓越贡献是不容磨灭的。

综观孙诒让的学术成就，其与著名学者俞曲园、黄以周合称为“清末三先生”。梁启超赞其“有醇无疵，得此后殿，清学有光”，章太炎誉其为“三百年绝等双”和“晚清特立之儒”，姜亮夫称其是“清儒主流中最后一位大师”，郭沫若尊其为“启后承前一巨儒”，称他是“甲骨文字研究亦为开山”。1964 年，郭沫若到孙诒让的故乡浙江瑞安视察时，曾为孙诒让生前的藏书楼——玉海楼（江南三大藏书楼之一）题词：“甲骨文字之学，创始于孙仲容，继之者为王观堂。饮水思源，二君殊可纪念。”

参考文献：

1. 董作宾：《甲骨学五十年》，艺文印书馆，1955 年。

2. 胡福畴，洪震寰：《试论孙诒让的生平及其思想》，《温州师范学院学报》（人文科学版）1963 年第 1 期。
3. 董朴垞：《孙诒让著述考略》，《温州师专学报》（社会科学版）1980 年第 2 期。
4. 董朴垞：《孙诒让著述考略（续）》，《温州师专学报》（社会科学版）1981 年第 1 期。
5. 董朴垞：《孙诒让著述考略（续完）》，《温州师专学报》（社会科学版）1981 年第 2 期。
6. 周立人：《孙诒让与章太炎》，《温州师范学院学报》（哲学社会科学版）1988 年第 1 期。
7. 杨向奎：《"三百年绝等双"的朴学大师孙诒让》，《社会科学辑刊》1992 年第 1 期。
8. 杨向奎：《"三百年绝等双"的朴学大师孙诒让（续完）》，《社会科学辑刊》1992 年第 2 期。
9. 杨渭生：《一代学人孙诒让》，《杭州师范学院学报》1994 年第 5 期。
10. 姜亮夫：《孙诒让学术检论》，《浙江学刊》1999 年第 1 期。
11. 詹鄞鑫：《孙诒让甲骨文研究的贡献》，《南阳师范学院学报》（社会科学版）2003 年第 8 期。
12. 程邦雄：《孙诒让文字学之研究》，华东师范大学博士学位论文，2004 年。
13. 李济：《安阳》，上海人民出版社，2007 年。
14. 张静、黄德宽：《〈契文举例〉的再评价》，《孙诒让研究论文集》，百花洲文艺出版社，2007 年。
15. 黄丹华：《孙诒让〈名原〉的文字学理论研究》，福建师范大学硕士学位论文，2010 年。
16. 张立鑫：《孙诒让的学术研究》，苏州大学硕士学位论文，2010 年。
17. 闻述之：《〈契文举例〉：第一部系统研究甲骨文的著作》，《语言文字报》2010 年 10 月 13 日。
18. 章太炎：《国故论衡》，商务印书馆，2010 年。
19. 沈宏：《孙氏父子与"玉海楼"藏书》，《图书馆研究与工作》2015 年第 1 期。
20. 王兴文，苏颂：《论孙诒让的个人素养对甲骨学研究的推动——以〈契文举例〉为中心的考察》，《湖北文理学院学报》2015 年第 10 期。
21. 邹渊：《甲骨文研究开山之作——孙氏〈契文举例〉》，《兰台世界》2015 年第 30 期。

22. 王飞:《章太炎与甲骨文》,《安阳日报》2016年12月14日。
23. 邱林:《孙诒让的生平与学术》，华东师范大学博士学位论文，2018年。
24. 李海英:《乡贤孙诒让》,《光明日报》2018年10月27日。
25. 谭飞:《孙诒让古文字研究的贡献与局限》,《古汉语研究》2020年第1期。

第七篇

收藏甲骨几千片，王襄最早编字典

前文说过，山东潍县的古董商范潍卿在无意中获得“刻纹龙骨”后，敏锐地觉得这些古物非同一般，于是打算进京找有识之士鉴定。他想如果有人“识货”，也可顺便卖点钱，未曾想却遇到了非常“识货”的王懿荣，从而发了一笔横财。当范潍卿高高兴兴地回到家乡山东潍县范家庄后，他的一位同族长辈范春清（即范椿青，字寿轩或守轩）见他又买房子又置地的，甚是羡慕，就向他打听是如何发财的。因为他们既是本庄同族又是同行，范潍卿倒也不瞒他，就如实把真相告诉了他，怕他不信，还特意拿出来京城高官王懿荣给他写的一副对联炫耀。范春清不禁心里犯嘀咕，难道连中药铺都不愿意收的“刻纹龙骨”真的这么值钱？其实，范春清此前在河南安阳、汤阴一带收购青铜器、玉器等古董时，早已注意到当地盛传的“刻纹龙骨”了，只是因为不明何物、不知价值，所以不敢收购。据说，1898 年（光绪二十四年）10 月，当他到天津兜售古董时，遇到了当地一位饱学之士王襄。范春清告诉王襄，他在河南见到一些“刻纹龙骨”，但不知是何物，有无价值。当时，恰巧另一位天津文人孟广慧（即孟定生）也在场。根据范春清所描述的形状和样貌，他们觉得这些所谓的“刻纹龙骨”应为古代遗物，可能是“古简”（古代的简册），便嘱咐范春清下次来津时拿一些过来验看。于是，次年（1899 年）10 月，范春清便带着在安阳以低价收购的一些“刻纹龙骨”

王襄

来到天津，其实他这次是打算奔京城的，因为他已从范潍卿口中得知京城高官王懿荣舍得出高价买，想去碰碰运气。但是当他路过天津时，想起了去年与王襄、孟广慧二人的约定，于是把他们约到了天津西门外的马家店，想让他们"掌掌眼"。当王、孟二人见到"刻纹龙骨"后，均被上面的"刻纹"深深吸引了，推测很可能是一种古代文字，于是打算购买一些带回去研究。范春清见两人也"识货"，奇货可居，便故意抬高价格。无奈两人当时均为"穷书生"，经济拮据，只得挑了一些比较便宜的小片买下，孟广慧甚至为此还挪用了其叔父寄给他赴湖北探亲的钱。王、孟二人就这样眼睁睁地看着范春清带着让他们眼馋的大片、好片进了京城，虽然不舍，但也无可奈何。范春清到北京后，在当地朋友、一位古董店老板的引荐下，带着在天津卖剩下的"刻纹龙骨"拜访了享誉京城的鉴赏家、国子监祭酒王懿荣，没想到王懿荣果然"识货"，竟然主动出高价买下了所有"刻纹龙骨"，这让范春清大感意外，也发了笔横财。范春清心想，看来范潍卿所言不虚啊。同样，在王懿荣的再三嘱托下，此后范春清只要收购到"刻纹龙骨"就只卖给王懿荣，而不再售与他人，也成了王懿荣的专属供货商。尽管如此，王襄、孟广慧还是与王懿荣一起，成为殷墟甲骨文的最早一批收藏者。只不过，在王襄和孟广慧从范春清手中购买甲骨之时，王懿荣早已于当年数月前从范潍卿手中买到一批甲骨了。只是因为王懿荣要求范潍卿保守秘密，所以才不为外界所知罢了。

自 1899 年秋从范春清手里买到一些小片甲骨后，王襄对此也陷入了痴迷。尽管家境贫寒，囊中羞涩，他还是力所能及地坚持收藏甲骨。日积月累，其甲骨藏量竟达到了 4000 余片（也有说 5000 余片）。由于来之不易，所以他对这些通过节衣缩食购入的甲骨视若至宝，爱护备至。

王襄所藏的这批甲骨经历了数次"劫难"。1900 年 6 月，八国联军占领大沽炮台，攻陷天津。伴随着隆隆的炮声，王襄在东门里仓门口孙家胡同的住宅因不幸被炸而顷刻之间化为乌有。匆匆赶回家中的王襄，望着面前的一片狼藉，非常伤心，好好的一个家竟变成了遍地残砖碎瓦的废墟。猛然间，他想起一事，不由得擦掉泪水，赶紧在废墟上刨挖起来。不多时，他便从自己睡觉的床底下挖出了一个用被子包裹得严严实实的箱子。打开一看，王襄欣喜不已，尽管床都被压塌了，但是箱子里面所藏的甲骨竟然完好无损，真是老天有眼。

此前，当接到外敌入侵而携家眷逃难时，王襄因来不及转运这箱甲骨，故只得仓促间用被子包起而塞在了床底下。没想到，房子都塌了，但甲骨还在，真是不幸中的万幸。等到战乱平息后，王襄移居到天津城内东门里的大刘家胡同，为了保险起见，他把这箱甲骨埋在了其母亲的坟旁。

1934 年夏，当时正供职于盐政系统的王襄打算乘火车由湖北沔阳返回天津休假。当火车路过河南郑州时，为了前去参观河南博物馆正在展出的“新郑出土晚周文物展览”，王襄便将随身携带的行李和一个装有甲骨的木箱托交给铁路部门先运回天津。临行前，王襄对火车押运员千叮万嘱，让他一定要倍加小心。然而，当王襄随后赶回天津提取行李时，意外却发生了。其他行李都在，唯独那个装有甲骨的木箱却不见了踪影。王襄顿时大惊失色、惊慌失措，急忙去车站询问、查找、交涉，可是怎么也找不到。就这样反复折腾了 50 多天，但仍然毫无结果。就在他彻底绝望之际，忽然有一天，有人将一个木箱送到了他家里。王襄见到木箱失而复得，手捧箱子，欣喜若狂。他急忙把木箱打开，仔细审视检查。虽然木箱的上盖前额已被撬开，但是里面的甲骨竟然完好无损。这让他在高兴之余又感到不可思议。这到底是怎么回事呢？原来，当王襄办理托运行李时，火车上的盗贼就看上了他所带的这个用细铁丝捆扎、包裹得十分结实的木箱，断定其中必装有值钱的珍贵物品。然而，当盗贼偷到手后打开一看却傻了眼，哪有什么“金银财宝”，只见木箱里面竟然装的是一些用破纸、烂棉花包裹着的“朽骨败甲”。盗贼大失所望，懊恼至极，随手便把木箱扔在了一节车厢的隐蔽处。后来，这个木箱随车被运到了河北张家口的一个车站，才被铁路工作人员发现。因为木箱上贴有王襄的姓名和地址，所以车站才派人送到了他家里。面对失而复得的这箱“宝贝”，庆幸之余，王襄也不禁深感后怕。自此之后，他再也不敢轻易将所藏甲骨随身携带至外地了。

中国人民抗日战争胜利后，王襄将埋在他母亲坟旁的那箱甲骨挖了出来，打算为这些“宝贝”找个新归宿。1953 年，天津文史馆成立，王襄被任命为该馆的首任馆长。1956 年，王襄毅然决定将自己珍藏了一辈子的甲骨全部捐献给国家，从而为这批甲骨找到了最为安全可靠的理想归宿。

据专家统计和研究，王襄所藏的这 4000 余片甲骨，不仅品相较好，而且内容重要。根据国家相关文物定级标准，其中一级品有80余片，二级品有300余片。这些甲骨的内容，有的非常重要、极为珍贵。例如两片记录有关三千多年前日食、月食天象的甲骨，堪称极品。

其实，王襄不仅是一位甲骨收藏家，而且是一位整理和研究甲骨文的学者。在甲骨文整理和研究方面，他所取得的成就不亚于同时期的其他学者。早在1920年，由王襄所编著的《簠室殷契类纂》就由天津河北第一博物院石印出版了。该书共有30卷，包括正编14卷、附编1卷、存疑14卷、待考1卷。其中，正编收录可释文字873字，重文2110字，共计2983字；附编收录合文243字，重者98字；存疑收录1852字；待考收录142字。到1929年增订再版时，释字达957个。全书按照《说文解字》部首顺序排列，检索极为方便。在每一辞条下，既有考释文字，又有整句卜辞，犹如现代字典的编排。该书是王襄多年研究甲骨文的重要成果，具有较高的学术价值，被公认为是我国第一部甲骨文字汇，开创了编纂甲骨文字典之先河。该书对学者的影响极大，著名甲骨学家陈梦家认为它是“值得我们重视的创作性的字汇”，而日本甲骨学家岛邦男在编著《殷墟卜辞综类》时，更是借鉴了该书的编纂体例和方法。

《簠室殷契类纂》

1925年，王襄的另一部甲骨文专著《簠室殷契徵文》（附考释）由天津河北第一博物院石印出版。该书共有24卷，包括图版12卷和考释12卷。其中，图版部分共收录王襄所藏精品甲骨1125片。全书按天象、地望、帝系、人名、岁时、干支、贞类、典礼、征发、游田、杂事、文字等12大类划分，

《簠室殷契徵文》（附考释）

基本上概括了甲骨卜辞的全部内容，依据甲骨文中所占卜的事项分门别类地加以著录。此后，历代学者著录甲骨时，虽方法多样，编排不同，但内容门类基本上未能超出该书所划分的范围。该书的考释部分，则多以文献古籍记载为依据，将金文与甲骨卜辞相互印证，论说有据，且富有独特的见解，便于检索，利于研究，至今仍为甲骨学界诸多学者所参考和引用。除了《簠室殷契类纂》和《簠室殷契徵文》（附考释）以外，王襄在考古、文物等方面也取得了卓越成就，研究成果颇丰。

有趣的是，由于王襄与王懿荣几乎在同一时期接触了“刻纹龙骨”，均为第一批甲骨购买者、收藏者和研究者，所以后世在讨论“谁是第一个发现甲骨文的人”时，据说天津和山东两地的甲骨学界为争夺“甲骨文之父”的头衔还打了十年的“官司”呢，甚至至今仍未“结案”。自20世纪80年代以来，在天津的一些报刊上就时常有人发表文章提出“王襄首先发现甲骨文说”，但主要依据大都来自王襄自述。那么，究竟是谁最先发现了甲骨文呢？除了王懿荣发现说和王襄发现说以外，还曾存在安阳小屯村民发现说、剃头匠李成发现说、古董商范潍卿发现说、端方发现说、刘鹗发现说等诸多说法。

著名历史学家、古文字学家李学勤在所写《王懿荣集·序》中说：“殷墟地方农民掘出甲骨，以及甲骨为古董商人所见，都不是学术意义上的‘发现’，因为他们对甲骨的文物性质和价值都不能有所认识。”1999年8月20日至23日，“纪念甲骨文发现100周年国际学术研讨会”召开后，甲骨学界基本认可了李学勤的这一说法。按此标准，安阳小屯村民发现说、剃头匠李成发现说、古董商范潍卿发现说等说法均被排除。然而，王懿荣、王襄和孟广慧（即孟定生）都在1899年接触了甲骨文，应当是最早发现甲骨文的人，这是甲骨学界的基本共识。那么，这三人中，到底哪位才是“甲骨文发现第一人”呢？

据刘鹗《铁云藏龟》自序中所言，王懿荣在1900年收购了甲骨，但并未说自己是第一个发现甲骨文的，所以“刘鹗发现说”可排除。其实，刘鹗连王懿荣收购甲骨的时间都弄错了。

据罗振玉在1910年所出版的《殷商贞卜文字考》自序中所说，在1899年第一个购藏甲骨文的人是王懿荣。

在1930年出版的《甲骨年表》中，董作宾认为首先发现甲骨文者是端方，而王懿荣是在1900年才得到甲骨文的，为时较晚。之后，陈梦家对董作宾的这一说法进行了研究，得出结论：端方并非第一个购藏甲骨者。故“端方发现说”，亦可排除。

1933年，由加拿大传教士明义士所著的《甲骨研究》出版。明义士在该书的序中明确记载，王懿荣于1899年从范姓古董商手里高价收购了一批甲骨，应是研究甲骨文的第一人。但是，王懿荣研究了什么，无任何记载。

1933年，王懿荣的三儿子王崇焕（即王汉章）在《古董录》中指出，王懿荣“细为考订，始知为商代卜骨，至其文字，则确在篆籀之前”。此后，郭沫若、胡厚宣、王宇信等学者均认同此说法。王宇信更是明确表示，王懿荣是第一个将甲骨文时代断为商代的，这一声音主导了甲骨学界。王宇信为了考证甲骨文的发现时间和第一人做了大量扎实的工作。他认为，加拿大人明义士的记载“最为准确、详赡和具有权威性”。之后，王宇信在《甲骨学通论》《甲骨学导论》《中国甲骨学》等一系列重要甲骨学史著作中系统地坚持这一考证，逐渐得到了甲骨学界的普遍认可。最终，“甲骨文之父”的桂冠落在了山东福山人王懿荣头上。

尽管王襄没有获得“甲骨文之父”的头衔，但并不影响他在甲骨学史上的地位和声望。因其对甲骨文研究所作的突出贡献，而被誉为“甲骨文研究的先驱”，为世人所称道。他将因最早编纂甲骨文字典而永载甲骨学史册。

参考文献：

1.　崔志远：《王襄及其甲骨文研究》，《天津社会科学》1982年第5期。
2.　李先登：《关于甲骨文最初发现情况之辨正》，《天津师大学报》1984年第5期。
3.　李鹤年：《最早知道、鉴定和收购甲骨的是谁》，《历史教学》1988年第10期。
4.　王成：《谈甲骨文的发现者》，《山西档案》1989年第3期。
5.　玉光：《再谈甲骨文的发现者问题——兼与王成同志商榷》，《山西档案》1990年第6期。
6.　倪金荣：《王襄与甲骨文》，《文史杂志》1992年第4期。
7.　胡厚宣：《再论甲骨文发现问题》，《中国文化》1997年Z1期。

8. 阴春枝:《谁发现了甲骨文》,《档案管理》1998年第3期。
9. 吕伟达主编:《王懿荣集》, 齐鲁书社, 1999年。
10. 赵兴彬:《百年发现谁为先——评甲骨文发现者之争》,《泰山乡镇企业职工大学学报》1999年第1期。
11. 邓华:《甲骨文发现史上的另一桩公案》,《寻根》2002年第5期。
12. 王国贞:《王襄与殷墟甲骨》,《中国文化遗产》2005年第2期。
13. 朱彦民:《近代学术史上的一大公案——关于甲骨文发现研究诸说的概括与评议》,《邯郸学院学报》2008年第2期。
14. 温洁:《甲骨文研究的先驱——记天津市文史研究馆首任馆长王襄》,《世纪》2009年第2期。
15. 闻述之:《王襄——甲骨的最早发现者与收藏者》,《语言文字报》2010年9月29日。
16. 边继芝:《天津最早的甲骨收藏记录》,《语言文字报》2010年9月29日。
17. 边继芝:《〈簠室殷契类纂〉: 甲骨学史上的第一部字汇》,《语言文字报》2010年10月13日。
18. 宋兴晟, 周宝宏:《王襄的学术成就浅议》,《山西高等学校社会科学学报》2015年第12期。
19. 刘立士:《王襄与甲骨文的发现、收藏与研究》,《书法》2018年第1期。
20. 任光宇:《"王刘联合发现说"和甲骨文发现研究新论》,《广西师范大学学报》(哲学社会科学版)2018年第6期。

第八篇

精心藏骨孟广慧，衷心护宝李鹤年

孟广慧

如前文所言，最早从山东潍县古董商手中收购甲骨的人，除了王懿荣和王襄以外，还有一位孟广慧。此人为天津人，生于1868年（清同治七年），卒于1941年，字定生，号白云山人、君子泉，是一位著名的收藏家、书法家、文物鉴赏家和相声创作家。其书法造诣颇高，与华世魁、严修、赵元礼并称为“津门四家”。冯骥才称其为“一代书坛大家，百年依旧雄风”。

1899年（光绪二十五年）秋，穷书生孟广慧与王襄一起在天津西门外的马家店见到了潍县古董商范春清带来的“刻纹龙骨”，并断定为古代的“简册”，于是打算买一些带回家研究。怎奈囊中羞涩，只能买下一些小片。此后，像王襄一样，孟广慧也继续收藏甲骨。日积月累，其甲骨藏量最终达到430片。尽管数量没有王襄所藏的多，但是其中不乏精品。

与王襄一样，孟广慧对自己所藏的这批甲骨视若珍宝。据说，1939年夏，天降暴雨致使天津洪水泛滥，老城一片汪洋。危急关头，孟广慧顾不上所藏其他珍贵文物了，连忙雇人把所藏甲骨运到了地势较高的安全之处，从而使得这430片甲骨幸免于难，并完好无损地保存下来。抗日战争时期，一些外国收藏家听说孟广慧藏有甲骨后，也多次想打这批甲骨的主意，意欲以高价收购。但孟广慧均不为所动，多以“所藏甲骨被拿到外地让人制作拓片”为由而婉言谢绝，从而避免了这批珍贵甲骨流失海外。

1941 年 12 月，孟广慧因病去世。由于家境窘迫、经济拮据，他的家人为了殓葬，只得忍痛割爱，将其生前所收藏的古钱、字画、碑帖等文物相继卖掉。就连孟广慧珍藏多年的这 430 片甲骨也未能幸免，被其学生李鹤年以 200 元的价格购得，也算是不幸之中的万幸了。与王襄不同，孟广慧并未对所藏的这批甲骨进行著录和研究，因而充其量只能算是个甲骨收藏家。

李鹤年，字鸣皋，1912 年生于天津海口西大沽，祖籍浙江绍兴。5 岁习字，18 岁拜孟广慧为师，主攻汉隶。20 岁师从王襄，学习篆书。1935 年师从吴玉如，学习书法、经史、古文、小学和音韵学先后达五十年之久。李鹤年不仅是津门的著名书法家，还是一位极具眼光与水平的收藏家。自从购得其师孟广慧生前所藏的 430 片甲骨后，他打算将这些甲骨拓印出版，以纪念自己的恩师。然而，对于李鹤年的甲骨情缘，其实世人所知并不多，只有少数“圈里人”了解他为保存这批珍贵甲骨曾忍辱负重，历尽艰辛。

李鹤年

据说，在中华人民共和国成立之前，瑞宝斋古玩店老板曾先后两次介绍英国人和日本人去找李鹤年购买其所藏甲骨。两名老外都愿意出高价，当时李鹤年手头并不宽裕，但他像其师孟广慧一样，也依然不为所动。李鹤年以各种理由推脱，甚至都没让外国人看上一眼，从而再次避免了这批珍贵甲骨流失海外的厄运。

中华人民共和国成立以后，李鹤年打算将所藏甲骨捐献给国家。1951 年，经郭沫若介绍，李鹤年在 6 个孩子张嘴等饭吃的情况下，拒绝了私人高价，将所藏 400 片甲骨以极低的价格半捐半卖给文化部，后入藏北京图书馆（今国家图书馆）。他自己则留下了 30 片甲骨用以继续观赏和研究。“文化大革命”查抄退回的 20 片一直珍藏终生。

2000 年，李鹤年去世后，这 20 片甲骨交由其夫人和子女收藏。

2004年，在上海希尔顿酒店举行的“崇源2004春季拍卖会”预展上，首度亮相拍卖市场的20片殷墟甲骨成了展厅中最耀眼的“明星”。而这20片甲骨正是李鹤年生前所留的最后一批甲骨。据说，在将这批甲骨交由上海崇源艺术品拍卖公司进行拍卖之前，李鹤年的夫人曾特意在李鹤年的遗像前点燃了三炷香，祈祷这20片甲骨一定要找个好归宿。其情形就像送闺女远嫁一样，感人至深。

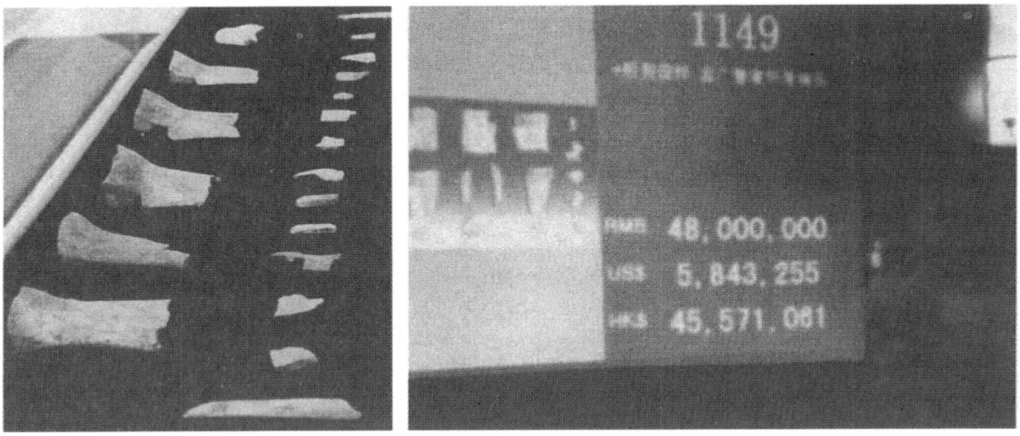

2004年拍卖的甲骨（部分）

在拍卖会现场，这20片甲骨被分装在精致的锦盒中，形状各异。从品相上看，保存比较良好。从大小来看，有6片较大，14片较小。从质地观察，有19片为牛肩胛骨，1片为龟甲。因为这批甲骨为最早被发现和被收藏的殷墟出土的第一批甲骨，并且上面的文字较多，所以十分珍贵。由于它们是世界范围内首次被公开拍卖的殷墟甲骨，因而有着非同一般的纪念意义。此次甲骨拍卖，吸引了如潮的“拍客”，引起了社会广泛关注。经过37轮的激烈竞价，这20片甲骨最终以5280万元的天价落槌，轰动了古玩界和学术界，在世界拍卖史上留下了浓墨重彩的一笔。

可以说，津门名流孟广慧生前所藏的430片甲骨，经过其弟子李鹤年的传承，虽然如今已分散各地，但大都找到了理想的归宿。师徒二人衷心护宝的精神将为世人所敬仰，他们珍藏甲骨的事迹将永世流传，广受颂扬。

参考文献：

1. 王襄，王翁如：《〈孟定生殷契〉序》，《历史教学》1993年第9期。
2. 李文瑞：《寓枯劲于清秀——李鹤年先生和他的书法艺术》，《中国书法》1998年第4期。
3. 刘亚军，董凡，李先登，秦杰：《甲骨拍卖能创出天价吗？》，《收藏界》2004年第6期。
4. 木子：《37轮激烈竞价争国宝 5280万元甲骨落新家——全球首拍甲骨文实录》，《艺术市场》2004年第8期。
5. 汪伟：《甲骨拍卖：民间的伤情与兴奋》，《中国商界》2004年第9期。
6. 金风：《中国嘉德》，《收藏家》2005年第9期。
7. 李先登：《孟广慧旧藏甲骨的传奇》，《中国艺术》2007年10月26日。
8. 边继芝：《天津最早的甲骨收藏记录》，《语言文字报》2010年9月29日。
9. 叶静思：《拍出天价的孟广慧旧藏甲骨》，《语言文字报》2010年9月29日。

第九篇

藏宝最丰数端方，时运不济把命丧

清朝末年，在金石学大行其道的形势下，收藏之风大为兴盛，涌现出陈介祺、潘祖荫等一大批收藏家，其中一位清朝贵族、朝廷重臣也尤为嗜好收藏古物，不仅收藏中国古代文物，还收藏外国古代文物，有不少收藏大家所藏的文物精品后来都流转到他的手中，使其成为清末收藏文物最为丰富的收藏家之一，此人就是端方。

端方，姓托忒克，字午桥，号匋斋，正白旗人。他于 1861 年（咸丰十一年）4 月 20 日出生于一个书香门第，幼年时被过继给伯父桂清为嗣子。1882 年（光绪八年），端方考中举人，开始步入仕途，任国子监郎中。1898 年（光绪二十四年）3 月，在翁同龢与刚毅的保荐之下，端方第一次被光绪帝召见，由此获得了年轻皇帝的青睐，被任命为直隶霸昌道。当年，光绪帝正在推行新政，下诏筹办农工商总局，就召回端方任命其为督办。对当时“志大心切”的端方来说，这既是一个机遇，也是一个厄运。戊戌变法期间，端方全身心投入到新筹办部门的工作中。他曾于一天之内连上三道奏折，其工作热情与办事效率之高，可见一斑。但是没过多久，慈禧太后发动政变，光绪帝被拿下，戊戌变法也失败了。除京师大学堂

端方

予以保留外，其他新政措施包括农工商总局一律撤销，端方被革职。在危急时刻，端方作了《劝善歌》呈给慈禧，没想到居然受到慈禧赏识，被赐三品顶戴。此后，端方出任陕西按察使、布政使，并代理陕西巡抚。1900年（光绪二十六年）8月，八国联军入侵北京，慈禧和光绪帝仓皇逃往陕西西安避难。端方因接驾有功，被调任河南布政使。此后，有慈禧太后罩着，端方可谓官运亨通。1901年（光绪二十七年），端方升任湖北巡抚，随即办起了60余所新式学堂，并派出大批学生出国留学（其子也赴美国留学），还建了很多小学堂和幼儿园，开中国幼儿教育之先河。1902年（光绪二十八年），端方代理湖广总督。1904年（光绪三十年），端方出任江苏巡抚、两江总督，在南京鼓楼创建了暨南学堂（今暨南大学）。据说，端方在调任江苏巡抚时，上任伊始便革除了各州县例送红包给新任巡抚大人的陋习，并将红包的钱选派两名学生出国留学，一时传为美谈。1905年（光绪三十一年），端方被召回北京，升任闽浙总督，但未及上任，便被派遣了更为重要的任务。当年，清政府受立宪运动影响，打算派端方、载泽、戴鸿慈、徐世昌和绍英五位大臣出使西方考察宪政，预备制定宪法。在出发之前，慈禧太后特意召见了端方，并赏赐了一些宫廷御用点心以示鼓励。慈禧太后问他："立宪有什么好处？"端方说："立宪后，皇位可以世袭罔替。"慈禧太后听后，若有所思。但在五位大臣出发之日，革命党人吴樾以"自杀式炸弹"在正阳门火车站行刺，致使启程之日推迟，徐世昌、绍英也被李盛铎、尚其亨替换下。同年12月7日，端方和戴鸿慈秘密出发，率领正式团员33人，先从秦皇岛乘海圻号军舰赴上海，后于12月19日下午转乘美国邮轮赴日本。端方一行在历访日本、美国、英国、法国、德国、丹麦、瑞典、挪威、奥地利、俄国等十国后，于次年8月返回。回国之后，端方总结考察成果，上奏《请定国是以安大计折》，力主以日本明治维新为学习蓝本，尽快制定宪法。此外，端方还献上自己所编的《欧美政治要义》，以进一步推动中国立宪运动的进程。1908年（光绪三十四年）底，光绪皇帝与慈禧太后相继去世。溥仪尚年幼，其父载沣任摄政王。因为载沣跟袁世凯有仇，所以在上台执政伊始便以"足疾"为借口将直隶总督袁世凯革职。1909年（宣统元年），接替袁世凯担任直隶总督的杨士骧暴卒，端方在两江总督任上干了三年后便被调往京城，接任直隶总督，从而一举登上了个人仕途的最高峰。同年 10 月，曾多次承办过皇室婚丧庆典及陵墓工程的端方被命筹办慈禧太后梓宫移陵及相关事宜。端方认为此乃大事，一定要记录下如此重要的瞬间，于是便偷偷安排了摄像师对慈禧下葬的过程进行拍摄。这原本并非什么大事，但是李鸿章之孙趁机弹劾他“大不敬”，端方因此被载沣革职。其实，载沣之所以罢免端方，并非因为他让人拍摄慈禧的葬礼，而是由于端方与袁世凯为儿女亲家。当时，朝中以载沣为首的满族亲贵正在试图剪除袁世凯等汉臣的势力，而失去慈禧太后和光绪皇帝这两座靠山的端方自然沦为牺牲品。1911 年（宣统三年），在盛宣怀的主持下，清廷决定将全国的铁路干线都收归国有，还与美、英、法、德四国银行签订了借款合同，相当于公开出卖了川汉、粤汉的铁路修筑权。此事激怒了四川民众。更让四川民众气愤的是，清政府并不打算把股东们亏损的钱立即偿清，而是打算把之前的股票全都换成国家股票，等铁路修好了再慢慢还。于是，忍无可忍的四川立宪派乡绅们发起倡议，成立了“四川保路同志会”，开始与朝廷抗争。就在四川民众与朝廷矛盾不可调和之际，端方临危受命，被清廷起用。同年 5 月 18 日，端方被委任为川汉、粤汉铁路督办大臣，奉命入川镇压保路运动。然而，令端方始料不及的是，他面对的将是四川民众越烧越旺的怒火，担任此差事不仅费力不讨好，还有可能危及生命。不久，四川保路运动发展规模越来越大，逐渐形成了以成都为中心的全川爱国联合阵线，各行各界开始了有规模的罢市罢课、抗粮抗捐斗争。同年 9 月 7 日，四川总督赵尔丰屠杀请愿群众，激起四川人民更大愤怒。9 月 10 日，清廷将办事不力的赵尔丰免职，命端方署理。为了安抚四川民众，当时身在湖北汉口的端方急忙率领湖北新军第八镇第十六协第三十一标及三十二标一部，途经宜昌进入四川。同年 11 月 13 日，端方率领借来的湖北新军进驻四川资州，以东大街天上宫为指挥部。然而，端方很快就感受到了资州城内四处弥漫的紧张气氛，满街行走的已剪掉辫子或者未剪掉辫子的湖北新军士兵让他深感恐慌。11 月 27 日，湖北新军哗变，资州起义爆发。当天夜里，端方与其弟端锦被起义的新军士兵抓获，没等其辩解，兄弟两人便被起义新军军官刘怡凤砍掉了头颅，做了“刀下之鬼”。端方这个清廷钦差大臣的项上人头，便成了同盟会和共进会成员所率起义新军入鄂的“通行证”和“投名状”。后来，清廷追赠端方“太子太保”衔，谥号“忠敏”。1912 年 1 月 10 日晚，端方兄弟二人的头颅被放在装洋油的铁盒里，由重庆民军代表李某押解上船，运抵湖北武昌。鄂军都督黎元洪下令将两颗头颅游街示众，以致武汉万人空巷，纷纷前来围观。袁世凯窃取中华民国临时大总统职位后，才得以派人把供在洪山禅寺的亲家头颅取回，并与尸身连接起来，由端方长子端继先运回北京安葬。

端方之所以在盛年惨遭横祸而未得善终，民间传言是因为他中了巫师的“诅咒”。为何这么说呢？这恐怕得源于其喜欢收藏古物的爱好，尤其是收藏了载有殷商巫师占卜记录的“圣物”——甲骨片。当然，这只是毫无根据的迷信说法。事实上，端方的死只是因为“时运不济”而已。作为清末满人的翘楚和“旗人三才子”之一（另外两人是荣庆和那桐），端方可不仅喜欢当官，还酷爱结交中外各界的名人雅士，并醉心于古物收藏。在政治方面，端方可谓履历辉煌，两江总督和直隶总督这两个清朝最重要的封疆大吏职位，他都当过，可谓慈禧太后和光绪皇帝面前的“红人”，深得清廷的青睐和赏识。在古物收藏方面，端方堪为金石学领域的行家里手，一生收藏甲骨、青铜器、字画、古籍等颇为丰富，著名的毛公鼎、柉禁、仇十洲的《蜡梅水仙图》、陈鹤的《紫云出沙浴图》等价值连城的稀世珍品均为其藏品。此外，他在奉命出洋考察期间，还借机收集了不少古埃及文物，成为近代中国“收藏外国文物第一人”。

世人皆知王懿荣、王襄、孟广慧等是最早购买和收藏甲骨的一批人，其实端方接触甲骨也不比他们晚。据说，当年王懿荣以“每字二两银子”的价格从古董商手中购买甲骨时，端方也曾喊出“每字二两半银子”的高价，为此范潍卿等古董商也瞒着王懿荣而将大批甲骨悄悄卖给端方。仅在 1904 年一年中，端方就从古董商手中买到了 1000 多片甲骨。他最终到底收藏了多少片甲骨虽已无从可考，但数量肯定比王懿荣多。为此，甲骨学家董作宾还称其为“收藏甲骨第一人”。然而，无论端方和王懿荣到底谁是真正的“收藏甲骨第一人”，都已不重要了，因为他们的人生结局都惊人的相似——非正常死亡，并且都死得十分凄惨。与他们一样，刘鹗、王国维等早期接触和研究甲骨文的人，也是悲愤而亡。真可谓生不逢时，不禁令人叹息。

端方的人生结局不仅与王懿荣相似，而且其在当官之余之所以能成为闻名中外的收藏家和金石学家，据说还是因为受到了王懿荣的刺激和启发呢。在古玩界流传着“王懿荣一语激发端午桥”的故事，话说在清光绪年间，按照规定，清廷各部衙门都要按期派员将玉牒（记载帝王谱系、历数及政令因革的文书）恭送到盛京（今沈阳故宫）收藏保管。1884 年（光绪十年），恭送玉牒的有国子监祭酒王懿荣（字廉生）、侍郎盛昱（字伯熙）和郎中端方（字午桥）。当时，王懿荣已是名满天下的著名金石学家，清宗室贵族、进士出身的镶白旗人盛昱也已是誉满海内的金石学者，而初入仕途的端方尚未开始收藏古物和研究金石之学。当他们三人在送玉牒途中夜宿某驿站时，盛昱和王懿荣纵谈鼎彝、碑碣、石刻等金石之学，聊得热火朝天，而一旁的端方则听得一塌糊涂，不明白他们说的是什么，便好奇地询问。但王懿荣却不屑地看了他一眼，直言不讳地说他只知道喝酒、玩乐，没资格问他们说的是什么。没想到，这句话激怒了端方。端方拍案而起，不服气地对王懿荣说道：“三年后再见！”等回到京城后，端方在著名收藏家、金石学家潘祖荫的介绍下到琉璃厂拜师访友，开始学习金石之学。他广泛搜罗和收藏钟鼎彝器、碑碣石刻、书画法帖、古籍珍本等，并加以潜心研究，终于成为享誉中外的收藏家和金石学家。

端方并非心胸狭窄、嫉恨如仇之辈，三年之后（即 1887 年），当他在收藏古物和研究金石学方面稍有成就和名声之时，就专程去拜谢王懿荣当年对自己的激励。王懿荣笑道：“士别三日，当刮目相看呀！午桥兄如今研习金石学取得成功，真是可喜可贺！”后来，当端方升任直隶霸昌道时，王懿荣介绍了一位年轻的古董商孙秋飒给端方做金石研究助手。端方深感王懿荣的情义，对其愈加感激。1899 年（光绪二十五年）夏秋之际，端方在去陕西上任布政使兼陕西巡抚之前，得知王懿荣生病了。由于自己圣命在身不能亲去辞行，所以就委托孙秋飒代表自己前去探望王懿荣。孙秋飒拜见王懿荣时，王懿荣让他看了刚从山东潍县古董商范潍卿手中买来的“刻字龙骨”，并告知自己认为可能是殷商时代的古文字，还让他帮忙搜集此类龟甲和兽骨以便于自己进一步研究和考证。回去复命时，孙秋飒便将王懿荣高价收购“刻字龙骨”并推断其为殷商文字之事告诉了端方。痴迷金石学研究的端方自然也不会放过此类新发现的古物，便开出比王懿荣更高的价格收购“刻字龙骨”。在高利润的诱惑下，垄断“刻字龙骨”买卖生意的潍县古董商自然不会固守与王懿荣的秘密约定，在卖“刻字龙骨”给王懿荣的同时，也悄悄卖给端方一大批。所以，端方实际上也是最早购藏殷墟甲骨的人之一。然而，未曾想到的是，王懿荣在发现甲骨文的第二年（1900 年）便因抵抗八国联军入侵北京不力而自杀殉国了。端方惊悉噩耗后，甚为悲痛。1904 年（光绪三十年），端方升任两江总督，而孙秋飒则在北京琉璃厂开设了“式古斋”，专营古董生意。虽然此时王懿荣的灵柩已被运回故乡山东福山安葬，但其家人也在北京东安锡拉胡同 11 号王懿荣生前的故居建起了家祠，端方、孙秋飒曾先后前往家祠凭吊王懿荣。更让人唏嘘的是，端方虽然也收藏了不少甲骨，但是像王懿荣一样，都还未来得及进行研究，就惨死异乡。

其实，端方生前不仅与王懿荣、陈介祺、潘祖荫等收藏大家关系笃厚，还结交了一些著名学者，被誉为“甲骨四堂”之首的罗振玉便是其中的一位。当时，端方是封疆大吏，而罗振玉则为学界翘楚。那么，两人是如何结识的？他们之间又存在什么样的交情呢？这得源于清末光绪帝实行的戊戌变法和维新运动。维新运动时期，罗振玉比较关注农业，于 1896 年（光绪二十二年）联合蒋伯斧在上海创办了“学农社”，同时设立农报馆，并于次年刊行一份传播农业科学知识的专业刊物——《农学报》。当时，清廷在北京筹建农工商总局，始得光绪帝赏识的端方被任命为督办。因为早就关注到罗振玉关于农学发展的成就，所以端方在赴任伊始即函询罗振玉兴农之策。这次书信往来，为端方与罗振玉以后的交往打下了基础。1902 年（光绪二十八年）春，在结束日本学务考察归国后，罗振玉前往湖北拜谒湖广总督张之洞，并首次与湖北巡抚端方相见。这次会面，端方进一步了解了罗振玉的水平和能力，从而埋下了之后两人学务合作的伏笔。1904 年（光绪三十年）夏，时任江苏巡抚的端方聘请罗振玉为江苏教育顾问。罗振玉到苏州后，在端方支持下创办江苏师范学堂，并出任学堂监督，此为他们在新政事业方面的首次合作。端方对罗振玉极为信任，而罗振玉也深孚众望，把学堂办得有声有色、富有朝气。然而，不久，罗振玉却因学堂招生问题而被迫离职。罗振玉离开江苏后，一度产生退隐之心，端方积极为其在京城学部谋求职务。最终，罗振玉奉调进京到学部任职。1905 年 7 月，清廷派端方、载泽等人率团出洋考察宪政。出于与端方的交情，罗振玉特意撰写了《调查政治管见》一文，为考察团提出了若干具体建议。后来从考察团出洋考察的实际情况来看，罗振玉的这些建议几乎全被采纳。端方嗜好收藏金石字画，罗振玉精于金石研究，两人皆对中国传统文化有着浓厚兴趣和深厚感情，所以他们之间的交往与交流尤为密切。自 1902 年罗振玉与端方首次见面至 1911 年端方去世，罗振玉尽览端方丰富的文物藏品，不仅开阔了眼界，而且揭开了不少学术疑团。可以说，在罗振玉一生的著述中，有不少是以端方藏品作为重要研究依据的。但不知何故，罗振玉见过端方所藏的秦权、石刻、铜镜、瓦当、敦煌遗书等，却唯独未见端方所藏的甲骨。按理说，既然端方藏有不少甲骨，对甲骨有着浓厚兴趣和深入研究的罗振玉不可能不看，那么到底为何罗振玉对于端方的甲骨藏品没有任何记载呢？难道是因为端方所藏的甲骨多为王懿荣、刘鹗的旧藏，罗振玉之前早已见过？还是端方在与罗振玉结识之前就已将所藏甲骨全部赠予或卖给他人了？现已无从查证。不过，在端方死后，其甲骨藏品却有 7 片转入罗振玉的儿子罗福颐手中，后来入藏中国历史博物馆（今属中国国家博物馆）。1914 年，罗振玉在上海从沈曾植处听到端方被杀经过，甚为悲痛。1918 年，为了给老友端方正名，并表示对他的缅怀和纪念，罗振玉撰成《端忠敏公死事状》一文，将端方描绘成忠烈之士，了却了一桩心愿，由此反映出两人的交情之深厚，也留下了清末政学关系的一段佳话。

世事变幻莫测。端方死后，其家人因生活窘迫、经济拮据，便将其生前所藏的各类文物相继出售，其丰富的藏品由此开始分散。其中，在 1924 年，经端方生前好友、美国学者福开森介绍，其家人将一套著名的商代青铜器“柉禁”以 20 万两白银的价格卖给了美国纽约大都会艺术博物馆。端方生前所藏的珍贵甲骨也全都散失，其中 42 片在 1913 年被英国学者叶慈购得而成为英国外交官金璋的藏品，还有一部分流转到袁克定、罗福颐、徐宗元、陈侃如、易忠箓等人手中，如今已成为中国社会科学院历史研究所的藏品。而其他大部分则不知所终，留下了莫大遗憾。

尽管端方由于某些原因，并没有在甲骨文研究领域有所成就而成为真正的甲骨学家，但是其购藏甲骨、呵护国宝之功却是不能忽视和抹杀的。正是由于端方、王懿荣、孟广慧等博学多识的收藏家的“慧眼识宝”，才使散落在黄壤沟壑之间的这些曾被弃如草芥、沦为“龙骨”的甲骨得以变身为“人间瑰宝”，避免了“零落成泥碾作尘”的厄运，从而为后世留下一大笔宝贵的民族文化遗产。世人皆赞赏甲骨学者的研究成果，殊不知，如果没有端方、王懿荣、孟广慧等早期收藏家的精心收藏和悉心呵护，甲骨学者恐怕是很难见到如此丰富的甲骨材料的，也就难以形成“甲骨学”这门国际性显学。可以说，学者们的甲骨文研究成果大都是建立在收藏家们所藏甲骨基础之上的（当然有些学者本身也是收藏家），在甲骨学的形成与发展史上，收藏家们功不可没。所以，在甲骨学发展史册上，端方有资格占据独立的一页。

参考文献：

1. 刘高葆：《端方与清季预备立宪》，《学术研究》1996 年第 6 期。
2. 张海林：《端方与清末新政》，南京大学出版社，2007 年。
3. 潘崇，贾鸽：《清末新政时期政、学关系初探——以端方、罗振玉交往为中心的考察》，《长春工业大学学报》（社会科学版）2008 年第 6 期。
4. 闫长丽：《端方研究综述》，《满族研究》2009 年第 2 期。
5. 潘崇：《端方与清末留学教育》，《徐州师范大学学报》（哲学社会科学版）2010 年第 1 期。
6. 丁振华：《记鄂军杀端方与回援武昌》，《武汉文史资料》2011 年 Z2 期。
7. 潘崇：《清末端方的古物收藏及藏品著述》，《中国国家博物馆馆刊》2011 年第 7 期。
8. 王学斌：《清末重臣端方的“非正常死亡”》，《文史天地》2011 年第 12 期。
9. 武志文：《端方其人及其死》，《文史精华》2012 年第 1 期。
10. 尹传刚：《端方与四川保路运动》，暨南大学硕士学位论文，2012 年。
11. 刘娜：《端方收藏研究》，中央美术学院硕士学位论文，2012 年。
12. 柳和城：《辛亥端方之死新说》，《世纪》2012 年第 5 期。
13. 尹传刚：《端方的“拍照门”及其“革职案”》，《文史春秋》2012 年第 6 期。
14. 魏小虎：《晚清第一收藏大家——端方》，《收藏》2012 年第 13 期。
15. 胡茂胜，杨虎：《端方与清末两江农业的近代转型》，《河南科技大学学报》（社会科学版）2013 年第 2 期。

16. 王志刚:《论盛宣怀与四川保路运动的发展》,《史学集刊》2014 年第 4 期。
17. 黄华平:《署理川督端方：有学有术无力回天》,《档案天地》2014 年第 6 期。
18. 康瑞林:《清末宪政改革——清政府最后的尝试》,《兰台世界》2014 年第 10 期。
19. 汪秀枝:《端方对文化教育事业的贡献》,《文教资料》2014 年第 15 期。
20. 陈重远:《收藏逸话》之《一语激发端午桥病中发现甲骨文》，北京出版社，2015 年。
21. 李宏旭:《论端方对四川保路运动态度之转变——兼谈资州起义若干问题》,《西南交通大学学报》(社会科学版)2015 年第 6 期。
22. 张建斌:《端方收藏与晚清士风》,《档案春秋》2016 年第 8 期。
23. 潘崇:《日常生活视域下政治人物的人际关系——端方收藏及其与文化界的交往》,《满族研究》2018 年第 2 期。
24. 潘崇:《清末时期端方与罗振玉的交谊》,《团结报》2018 年 6 月 21 日。
25. 潘崇:《清末五大臣出洋与教育考察》,《团结报》2019 年 11 月 28 日。

第十篇

晚清遗臣罗振玉，考订甲骨出安阳

罗振玉是刘鹗的儿女亲家。1903 年，刘鹗所编的《铁云藏龟》一书正是在罗振玉的建议和帮助下才得以石印出版的。由于他们关系亲密，所以刘鹗生前曾赠送给罗振玉不少甲骨。刘鹗死后，其毕生所藏 4000 余片甲骨也随之分散各处，流落四方，其中一部分甲骨到了罗振玉手中。

罗振玉，字叔言、式如、叔蕴，号雪堂，晚号贞松老人、松翁，1866 年（清同治五年）8 月 8 日出生于江苏淮安山阳（今江苏淮安淮安区），祖籍为浙江上虞永丰。清末时，他曾担任过学部参事官、京师大学堂农科监督等职。中华民国成立以后，他以清朝遗老自居，时刻谋划复辟事宜，并于 1933 年出任伪满洲国“监察院长”。虽然罗振玉在政治上和思想上守旧落后，因一时“失足”而饱受后人诟病，但其一生对学术的贡献却是有目共睹，功不可没的。罗振玉学识渊博，涉猎广泛，在甲骨学与古文字学、金石学与古器物学、汉晋简牍、敦煌写本与敦煌学、内阁大库档案、经学等诸方面，均造诣精深。其平生著述颇丰，达 130 余种，校刊书籍 642 种，对近现代有关学科的建立和发展贡献颇多，尤其是在甲骨文研究方面，他不仅奠定了甲骨学科的基础，也推动了该学科的长足发展，因此被誉为“甲骨四堂”之首。

罗振玉

罗振玉 5 岁时入私塾，跟随乾嘉朴学的传人李岷山读书。15 岁学作诗词，16 岁中秀才。自幼对经史、训诂潜心学习，留意金石名物，尤倾心于经史考据之学，研究经史文字。20 岁时，他专门研读古碑帖，写成《读碑小传》，由此开始著书立说。1890 年，他在乡间教私塾。1894 年，中日甲午战争爆发，次年 2 月，日军攻占威海卫军港，清北洋舰队覆没。清政府失败，他深受震动，认为只有学习西方才能增强国力。他首先提出中国是农耕国家，国人吃饭问题是关系国家发展的一个至关重要的大问题，于是潜心研究农学。1896 年，他与蒋伯斧在上海联合创立了“学农社”，后在两江总督刘坤一的支持下设立“农报馆”，创办《农学报》，专译日本农书，自此与日本人交往渐多。他关于农学发展的成就，引起了农工商总局督办端方的关注，此后被端方予以重用，创造了清末政学合作的一段佳话。1898 年，罗振玉在上海创立了“东文学社”，教授日文，翻译书籍，学习日本先进的农业技术，王国维受其吸引而成为东文学社的首批学生之一。1900 年秋，受到湖广总督张之洞的器重，罗振玉先后出任湖北农务局总理兼农务学堂监督、武昌江楚编译局帮办、上海南洋公学虹口分校校长等职，并赴日本考察教育。1903 年，他被两广总督岑春煊聘为教育顾问。1904 年夏，罗振玉被江苏巡抚端方聘请为江苏教育顾问，并在苏州创办了江苏师范学堂，出任学堂监督。1906 年，在端方的极力推荐下，罗振玉奉召入京，任学部二等咨议官，后补参事官兼京师大学堂农科监督。可以说，罗振玉在农学研究和推广领域所作的贡献是很大的，堪称中国近现代农学的奠基人。

罗振玉是如何与甲骨文结缘的？取得了哪些成就呢？罗振玉自青年时代就喜欢并擅长考古，精通各类古物，具有丰富的金石学知识。后来因机缘巧合，罗振玉在刘鹗家当了家庭教师，由此与刘鹗结下了深厚的友谊。罗振玉把自己的女儿嫁给了刘鹗的儿子，成了儿女亲家。1902 年的一天，罗振玉到刘鹗在上海新马路陈家桥安庆里的家中做客。刘鹗高兴地将所藏甲骨拿出来让罗振玉欣赏，罗振玉见此“宝物”大开眼界，极力建议刘鹗将所藏甲骨拓印出版。1903 年，在罗振玉的帮助下，刘鹗所编的《铁云藏龟》出版。罗振玉为该书撰写了序，其中写道：“今山川效灵，三千年而一泄其密，且适我之生，所以谋流传而悠远之，我之责也。”

自从在刘鹗家中见过甲骨之后，罗振玉就一直致力于甲骨材料的搜集、整理与研究工作。1906年，当他在端方的推荐下到京城学部任职后，便开始积极收购甲骨，并陆续从琉璃厂一带的古董商手中买到不少。不久，他从古董商手中买到一大批甲骨，便留意打听甲骨的真实来历。因为他深知若想搜集到更多的甲骨，就得去甲骨的出土地。但是，甲骨的出土地到底在哪儿？谁也说不清。因为早期的甲骨收藏家多是坐在家中等待古董商上门出售，并未有人亲自去甲骨出土地察看，所以大都听信了古董商们的说法。古董商们为了垄断甲骨“货源”，专卖专营而从中获利，于是编造谎言以混淆视听，致使甲骨收藏家所获悉的关于甲骨出土地的说法有多种。例如：据王崇焕（即王汉章）在《古董录》中所言，其父王懿荣听古董商说甲骨出自河南汤阴境内的小商屯；而刘鹗在《铁云藏龟》自序中则说甲骨出土于“河南汤阴县属之古羑里城”；孙诒让在《契文举例》序中也说“迩年河南汤阴故羑城掊土得古龟甲”；端方据古董商所言，认为自己所藏的甲骨为河南洛阳出土的。此外，罗振玉还听古董商说甲骨是河南卫辉古朝歌城出土的。那么，到底哪里才是甲骨的真正出土地呢？罗振玉斟酌再三，终于弄清楚问题的关键，怀疑是古董商搞的鬼。为了查清真相，找到真正的甲骨出土地，罗振玉在数年中经过多方征询，终于在1908年的一天，从喝醉酒的山东潍县古董商范潍卿口中套出了实话：甲骨的出土地在河南安阳洹河之滨的小屯村。而此时距甲骨文发现已过去9年。

搞清楚甲骨的真正出土地以后，罗振玉便于1909年和1910年两次派自己的胞弟罗振常和妻弟范兆昌前往河南安阳小屯村寻找并代为收购甲骨。罗振玉为此不惜重金，当地村民及古董商见有利可图，纷纷将所得甲骨售与罗振常、范兆昌二人。于是，在短短两个多月的时间内，罗振常和范兆昌就收购到了12500余片甲骨并运回北京交给了罗振玉。后来，罗振常写成《洹洛访古记》一书，详细记载了其在安阳收购甲骨的经历。此外，仅在1910年一年内，罗振玉还从山西和北京琉璃厂的一些古董商人手中买到了10000多片甲骨。经过其弟的收购和古董商的出售，罗振玉的甲骨收藏量很快就达到三万余片，成为当时国内最大的甲骨收藏家，由此奠定了甲骨文研究的基础。

有了一定数量的甲骨材料的积累，罗振玉打算潜心研究。正当他准备着手进行研究时，1909年末，日本学者林泰辅将所著《清国河南省汤阴县发现之龟甲兽骨》一文寄给了他，请他指教。罗振玉认真看完后，觉得林泰辅的文章援引赡博，论证精当，足以补正他当年为《铁云藏龟》作序时的疏漏。为此，罗振玉深受启发和刺激，他觉得是时候开始研究甲骨文了。

与林泰辅相比，罗振玉可谓优势独具，既具有深厚的金石学基础，又拥有数量众多的甲骨实物材料。因为通过之前所见刘鹗所编《铁云藏龟》及甲骨实物，罗振玉已对某些甲骨单字进行了揣摩思考，所以他决定从考释甲骨文字开始着手研究。经过三个多月的潜心研究和精心构撰，他终于写成了《殷商贞卜文字考》一书，随即寄给林泰辅一本作为答复。林泰辅阅读此书后，深受启发，自愧不如，对罗振玉甚为佩服。

罗振玉的这本《殷商贞卜文字考》，1910 年 6 月由玉简斋石印出版。该书前有序、后有跋，主体内容共分考史、正名、卜法、余论等四篇。其中，第一篇“考史”分“殷之都城”和“殷帝王名谥”二节；第二篇“正名”分“籀文即古文”“古象形字因形示意，不拘笔画”“与金文相发明”“纠正许书之违”四节；第三篇“卜法”分“贞”“契”“灼”“致墨”“兆坼”“卜辞”“䵼藏”“骨卜”八节；第四篇未分节。全书篇幅不大，仅有 30 多页，但已粗具甲骨学的框架和规模，显露出甲骨学的雏形。

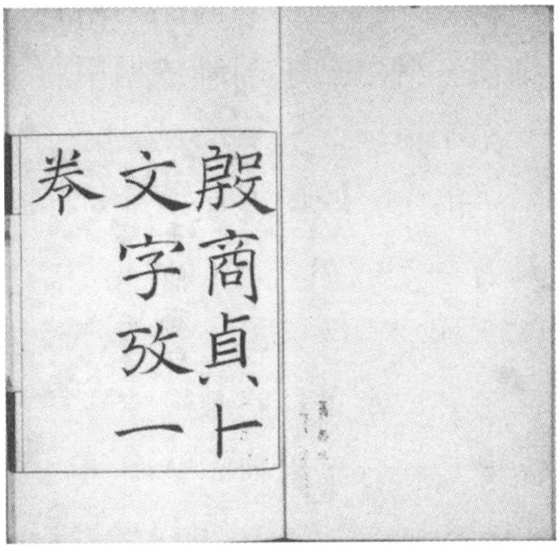

《殷商贞卜文字考》

虽然该书内容不多，但是价值重大。首先，罗振玉在该书中订正了包括林泰辅在内的当时所有学者和收藏家对于甲骨出土地的错误看法。他不仅在文中明确指出甲骨的真实出土地并非传闻中的河南汤阴、卫辉、洛阳等地区，而是在河南安阳的小屯，而且系统考证了安阳小屯就是《史记・项羽本纪》等文献所载的洹水南之“殷墟”。尽管他判断殷墟为商王“武乙之虚”是不准确的，但其论证方法却开创了以甲骨卜辞证史的先河。单凭考订出甲骨的出土地，罗振玉就为甲骨学的发展立下了不朽功勋，作出了卓越贡献，可谓功不可没。考订出甲骨的确切出土地，至少有三方面的重要意义：其一，扩大了甲骨的搜求范围，使学者和收藏家不再局限于从古董商手中购买，而是可以直接或派人到甲骨出土地大量收购。其二，减少了甲骨材料的损失，有利于研究工作的开展。因为此前古董商为了获得高价，多搜集骨大字多者，对于片小字少的则大都遗弃不顾，从而损失了不少珍贵的甲骨材料。明确甲骨的出土地以后，学者和收藏家们就可直接到小屯去收购，他们对片小字少者并不嫌弃，甚至对于无字者也一并兼收，从而使甲骨材料的损失率降到最低。其三，甲骨出土地的明确，为后来考古工作者科学发掘殷墟奠定了基础，全面揭开了殷商历史与考古研究的序幕，对中国近现代考古学的形成和发展意义重大。

其次，除了考订甲骨的出土地以外，罗振玉还根据出土地对甲骨卜辞的时代作出了正确的判断。他认为甲骨卜辞为“殷商王室之遗物”，并且在书中指出自成汤至帝辛的商王“名谥”有 17 个见于卜辞，纠正了《史记》中的某些错误，为之后王国维依据甲骨卜辞全面、系统、详尽地考证殷商“先公先王”开拓了道路。

再次，罗振玉在书中对商代的占卜之法及占卜过程做了大致无误的推测，具有一定的参考价值。此外，近 300 个甲骨文字，尤其是一些最基本的关键字，如“王”“灾”等，被罗振玉准确地考释出来。其实，这本《殷商贞卜文字考》原本只是罗振玉为答复日本学者林泰辅的赠文，目的在于补正林泰辅之文的疏缺，没想到无意中却成为甲骨学史上的一部重要奠基之作。

1911 年，辛亥革命爆发后，在日本本愿寺教主大谷光瑞、京都大学教授内藤虎次郎等人的力劝下，经藤田剑峰安排，罗振玉同王国维等举家前往日本避难，并定居京都。1913 年，罗振玉编著的《殷虚书契前编》经重新修订后，在日本影印出版（1932 年修订再版）。该书分八卷，共收录自藏及别家所藏甲骨拓片 2229 片。其实，此书原名为《殷虚书契》，早在移居日本之前，罗振玉就已编辑完成，并将全书 20 卷中的前三卷以石印方式相继发表在《国学丛刊》第一、二、三册上。罗振玉流亡日本以后，因《国学丛刊》停刊，故《殷虚书契》的刊行暂时停止。据说，罗振玉流亡日本之时，曾将他的全部甲骨藏品一起带走，但因途中几经波折，

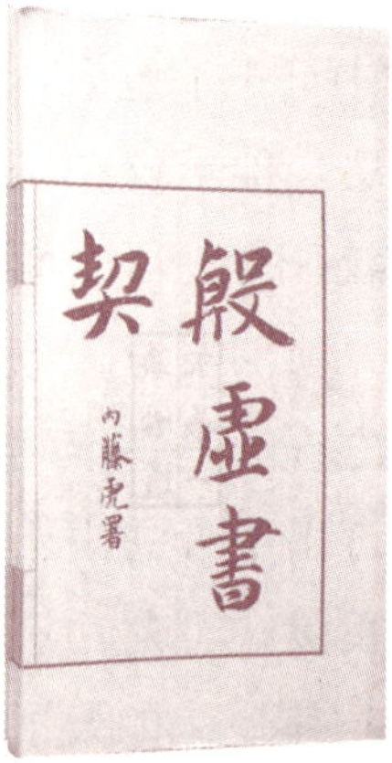

《殷虚书契》

导致甲骨损坏了一半多。

1914 年，身在日本的罗振玉有感于庄子“吾生有涯”之言，于是打算继续考释甲骨卜辞以完成自己的一个心愿。历经 40 多天的发奋努力后，他在《殷商贞卜文字考》和《殷虚书契前编》两部著作的基础上，写成《殷虚书契考释》一书。该书于 1914 年 12 月由王国维手抄石印出版。

《殷虚书契考释》

初版为线装一册，前有罗振玉自序和沈曾植、柯劭忞的题诗各一首，后有王国维写的后序。1923 年 10 月，著名甲骨学家商承祚在编纂《殷虚文字类编》时，将该书的前四章编为一卷收入其中。1927 年 2 月，《殷虚书契考释》被东方学会增订再版，由罗福颐校订后，被改为线装二册，前面增加了王国维所写的序言，内容增删较多。

从《殷虚书契考释》的初版来看，该书正文共分为都邑、帝王、人名、地名、文字、卜辞、礼制、卜法等八章，有的是对《殷商贞卜文字考》的删订，有的则是在其基础上所作的修改和补充。第一章主要论述安阳小屯为“武乙之墟”，以纠正方志所载“河亶甲城”之讹误。第二章列举了 36 个甲骨卜辞所见的殷先王先妣之名，订正并补充了《史记·殷本纪》所载的“商王世系”，从而为后来王国维进一步系统考证商王世系以及纠正《史记》阙误奠定了坚实的基础。第三章列举了甲骨卜辞所见的 78 个人名。第四章列举了甲骨卜辞所见的 193 个地名。第五章列举了 485 个形声而可考的甲骨文字。第六章列举了 655 条甲骨卜辞，并将其分为祭祀、征伐、田猎、风雨、出入、卜告、卜年、卜敦等八类。第七章主要是以甲骨卜辞考证殷商之礼制，计有授时、建国、祭名、祀礼、牢鬯、官制等六端。第八章主要介绍甲骨形态的凿、钻、灼、兆等，认为商周卜法无大差别。

可以说，《殷虚书契考释》相比之前的《殷商贞卜文字考》，不仅内容愈加丰富，而且水平大有长进。最为明显和重要的是，罗振玉在书中所考释的甲骨文字，无论是数量还是准确性，都比之前有了很大提高。究其原因，主要在于罗振玉的甲骨藏品量已达三万余片，而且仅字数较多、内容完整者就超过了三千片，所以他有足够的条件仔细研究和考释更多的甲骨文字。罗振玉在书中多采用字形比较和偏旁分析的方法尽量考证、释读每个字，并考察其在卜辞文句中的位置和用法，不少甲骨文字得以辨识，从而使学术界对甲骨卜辞的释读、通读成为可能。除了考释甲骨文字，罗振玉还在此基础上总结出了极有价值的文字学理论。总之，《殷虚书契考释》这部对甲骨文分类推求的通论性之作，可谓罗振玉平生最为重要的学术著作，不仅奠定了他在甲骨文研究领域的地位，也标志着甲骨学研究已由“古董时期进入了文字考释阶段”。正如郭沫若所盛赞：“甲骨自出土后，其搜集、保存、传播之功，罗氏当居第一，而考释之功也深赖罗氏。”至于该书，则“使甲骨文字之学蔚然成一巨观。读甲骨者，固不能不权舆于此，即读中国古学者，亦不能不权舆于此”。

1914 年，除了《殷虚书契考释》以外，罗振玉还从自己所藏甲骨中选取最为精美且具有重要价值的一部分进行了墨拓，并编成《殷虚书契菁华》一书。该书只有一卷，收录自藏精品甲骨 68 片，印制非常讲究。1915 年春天，罗振玉从日本回国，并亲自到安阳小屯了解甲骨的出土情况，这是中国学者首次到殷墟进行实地考察。他不仅特别注意收集甲骨，而且十分重视收集与甲骨同时出土的各种器物，从小屯回来不久便将此次考察殷墟的所见所闻写成《五十日梦痕录》一书，并把自己所收集的殷代遗物汇编成《殷虚古器物图录》。同年，他还编著、出版了《铁云藏龟之余》，对已故老友刘鹗表示深切缅怀。1916 年，罗振玉到日本将以前未拓印的甲骨再加挑选，然后编为《殷虚书契后编》一书印行。该书共收录自藏及别家所藏甲骨拓片 1104 片。同年，罗振玉将未被识别的千余个甲骨文字编为《殷虚书契待问编》，并交给王国维，希望他能进一步做深入研究。可以说，这些著作都是研究殷墟甲骨文的重要资料。

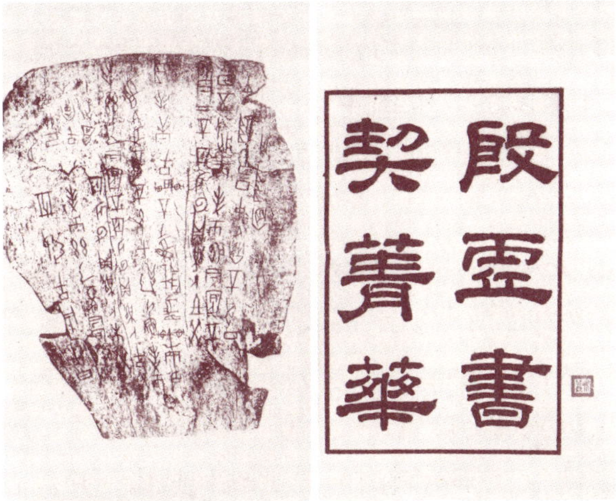

《殷虚书契菁华》

《殷虚书契》

由于罗振玉的不少甲骨文研究著作都是在日本居留期间完成的，并且与王国维在日本京都进行了许多卓有影响的学术活动，所以在客观上也对日本汉学的发展起到了推波助澜的作用。他们以甲骨卜辞等大量出土文物资料为依据，采用实证主义方法所作的甲骨文、古简牍、敦煌文书等学术领域的研究，给了日本学者极好的示范。

1919 年春，罗振玉回国。1920 年，在寓居天津期间，随着对甲骨文研究的逐渐深入，罗振玉的书法风格也随之转变，不仅临摹甲骨卜辞，而且还利用已考释出的甲骨文字撰写了一百多副对联。1921 年，他将这些楹联整理后编为《集殷虚文字楹帖》一书，由此开创了近现代甲骨文书法。同年，他还参与发起组织了“敦煌经籍辑存会”。1924 年，他应清废帝溥仪所召，入职南书房。同年 11 月，冯玉祥将清废帝溥仪逐出紫禁城。罗振玉与陈宝琛将溥仪偷送到了日本使馆。1925 年 2 月 23 日深夜，在日本使馆的护送下，罗振玉陪同溥仪秘密迁至天津日本租界地张园，后因“护驾有功”而被溥仪委任为顾问。

1928 年，政治上失意的罗振玉举家迁居旅顺，并专门建造了一座藏书楼“大云书库”以存放自己所藏的丰富文物。据说，楼内藏有罗振玉数十年搜集来的碑碣墓志、金石拓本、法帖、书画、古籍等 30 余万册，其中尤以六朝人写本《大云无想经》最为珍贵，藏书楼也因而命名“大云书库”。1932 年 3 月，罗振玉参加了溥仪就任伪满洲国“执政”典礼，并代表溥仪向外宾致答词。伪满洲国任命他为参议府参议，后改为临时赈务督办。1933 年 6 月，他出任伪满洲国“监察院院长”，并任满日文化协会常务理事。同年，他所编著的《殷虚书契续编》出版。该书分六卷，共收录别家所藏甲骨 2016 片。1934 年，伪满洲国改行帝制，他被邀为大典筹备委员会委员，并受到“叙勋一位”的封赏。同年，叶玉森据罗振玉的《殷虚书契前编》所撰著的《殷虚书契前编集释》（八卷）出版。1936 年，罗振玉出任满日文化协会会长。1937 年 3 月，他返回旅顺寓所，继续整理和刊行自己所藏的古代文物资料。1940 年 5 月 14 日，罗振玉在旅顺病逝。

罗振玉死后，其“大云书库”的藏书及文物，便由其家人共同守护。1945 年 8 月，日本宣布无条件投降。8 月 22 日，苏联红军伊万诺夫中将率领 250 名空降兵军事接管了旅顺。其后，罗振玉的私人住宅和藏书楼“大云书库”便被苏军强行征用，罗家人也被迫带着少量金银细软搬出。当时因急于驻军，苏军就把“大云书库”里所藏的甲骨、青铜器、古籍等文物从楼顶窗户扔到了楼后的山坡上，这些文物便顺着山坡滚落下去。由于天寒地冻，附近的一些居民就从中捡拾一些线装书的函套和夹板来引火取暖。函套和夹板烧完了，就开始烧线装书。据说，其中的一些旧藏甲骨就被人当破烂一样，随意捡拾和踩踏。罗振玉毕生所藏的甲骨自此流散了。

那么，罗振玉生前所藏的数万片甲骨到底去哪儿了？据著名甲骨学家胡厚宣考证，罗振玉的甲骨藏品有一部分分散在国内各处，有一部分流落到了日本。因为罗振玉的大多数甲骨文著作都是在侨居日本期间完成的，所以说明他当时应该将自己所藏的一部分甲骨带到了日本（或托人送到了日本），后来不知为何流散了。据统计，日本目前共藏有 5745 片罗振玉旧藏甲骨，其中京都大学人文科学研究所 3599 片、天理大学参考馆 819 片、东京国立博物馆 225 片、东京大学考古研究室 113 片、富冈谦藏 800 片等。这些甲骨是罗振玉私下卖给他们的，还是捐赠的，已无法得知。至于分散在国内各处的罗振玉旧藏甲骨大概有 6000 余片，其中山东博物馆 1219 片（84 盒）、国家图书馆 461 片（32 盒）、吉林省博物馆 206 片（11 盒）、吉林大学历史系 484 片（8 盒装 107 片，377 片未装盒）、故宫博物院 15 片（1 盒）、旅顺博物馆 2925 片（未装盒）、辽宁省博物馆 394 片（未装盒）等。此外，还有 6 盒共计 323 片甲骨几经流转后成为中国社会科学院历史研究所的藏品。著名收藏家刘体智手中曾藏有一些罗振玉旧藏甲骨，或为从古董商手中收购的。

既然罗振玉晚年一直居住在辽宁旅顺，那么他所藏的甲骨怎么会流散到北京和山东呢？据考证，入藏国家图书馆的 461 片甲骨是原北平图书馆在 1959 年从“兴记文玩”古董店收购的，这说明罗振玉及其家人曾为生计所迫而将家中所藏部分甲骨卖给了古董商。至于山东博物馆所藏的 1219 片（84 盒）罗振玉旧藏甲骨，其来历可就更具传奇性了。

早在 20 世纪 30 年代，日本人就在中国东北地区开办了大量工矿企业，大肆掠夺中国的矿产资源，“远东炼油厂”便是其中之一。1945 年，中国人民抗日战争胜利后不久，山东胶东行政公署奉命派高兢生等人去东北地区接收敌产，巩固地方政权。当高兢生带领十几人到大连“远东炼油厂”执行任务时，发现一名日籍工程师接连几天在厂区内徘徊，并且说自己的私人物品尚未收拾完，迟迟不肯随日本侨民撤离，于是引起了他们的注意和怀疑。高兢生发现这个日本人在不经意间总是神色慌张地瞅着不远处的一个院子，于是跑进院子查看情况。在院子里转了几圈后，他发现除了放在院子一角空地上的一个破旧的大铁箱子以外，再无什么特别之处。他走近铁箱仔细一看，发现这个铁箱很奇怪，因为它的四面都被焊死了。难道这个日本人之所以迟迟不肯走，是因为在意这个破铁箱子？高兢生心想其中必有古怪，于是赶紧喊来了几名同志。此时，一直两眼直勾勾瞅着这边的那个日本人也下意识地跑了过来，但他突然又停下了脚步，然后转身快速跑出了院子。高兢生见状顿时明白，原来迟迟不走的日本人就是为了这个大铁箱子。那么，里面到底藏着什么秘密？高兢生决定打开看看。但是他们鼓捣了半天，也无法弄开铁箱，于是便找来了一把大铁锤和一把铁凿。几锤子下去后，大铁箱终于被凿开了。他们急切地打开箱盖一看，原来里面装的是一些抽屉和盒子。经查点，共有 73 个木制小抽屉和 11 个布制小盒。等将这些抽屉和小盒全部打开验看后，发现里面竟然都装满了甲骨。经清点，这些抽屉和小盒里共嵌装有 1219 片甲骨。看着甲骨上密密麻麻的刻画文字，他们心生疑惑，难道这就是传说中的甲骨文？高兢生知道此事非同一般，于是立即写信向上级领导汇报。胶东行署各界抗日救国会会长张修己见信后迅速回信作出批示：“务必妥善保管，待机秘密运往胶东。”因为当时的大连已被苏军占领，如果立即用船直接从大连运回胶东的话，一旦走漏消息就会惹来麻烦。高兢生等人瞅准机会，见机行事，最终将这批甲骨安全运到了胶东。当这批甲骨被运到胶东时，山东胶东行政公署指示由胶东图书馆①负责接收和保管。胶东图书馆馆长王景宋接到接收这批甲骨的通知后，既高兴又担心。高兴的是国宝终于到达了根据地，相对安全了；担心的是胶东图书馆保存条件有限，加之在数年间因战事频发、兵荒马乱而被迫多次迁徙，恐无法保证这批国宝的绝对安全。经请示上级后，胶东图书馆就派人把这批甲骨偷偷埋到了栖霞陶家村的地下。王景宋原本以为将这批甲骨偷埋在胶东根据地的地下就足够安全了，岂料没过多久，风云突变，他所担心的事真的发生了。1947 年，国民党军队对山东发动了重点进攻，栖霞地区成了战争前线。当时，胶东行政公署的各个机关都在忙着组织人力将物资和财产转移到相对安全的海阳。但王景宋却时刻惦记着如何转移埋在栖霞陶家村地下的这批甲骨，并为此着急万分。因为胶东图书馆的人手有限，加之藏品众多，仅凭一己之力是绝对不可能安全转移这批甲骨的。于是，王景宋将此情况尽快向上级领导做了汇报，胶

① 胶东图书馆成立于 1943 年，以收集胶东根据地内的古籍和金石古物为己任。

东行政公署相关领导见情况紧急，便连夜挨家敲门，组织了几百名民兵将这批甲骨从地下挖了出来。将它们装箱后，便分别放在马车和小推车上，然后急匆匆赶往海阳。经过三天三夜的日夜兼程，才得以安全抵达海阳。到海阳后，王景宋借鉴在栖霞的经验，再一次将这批甲骨埋入地下。1948 年，当山东根据地的形势缓和以后，胶东图书馆把这批甲骨挖了出来，然后运到了海阳行村司马庄，之后转运到了莱阳。1951 年，胶东文物管理委员会撤销时，将所藏文物全部转交给了山东省古代文物管理委员会（1948 年 8 月成立），胶东图书馆所藏的这批甲骨也一同移交。当这批甲骨被运抵济南时，被暂存在省文管会一处名为“文光阁”的小楼里。1954 年，山东博物馆成立。1955 年，这批甲骨入藏山东博物馆，找到了最后的归宿。后来，经过胡厚宣等专家鉴定，这批甲骨被认为是罗振玉旧藏甲骨中最为珍贵的一部分，不仅数量较多，而且都是精品。可以说，正是罗振玉、明义士、柏尔根等中外收藏家的甲骨藏品，才得以为山东博物馆增添了一类珍贵的“镇馆之宝”。据统计，山东博物馆共藏有 10588 片甲骨，数量仅次于国家图书馆（35651 片）和故宫博物院（22463 片），在全国名列前茅，在省级文博单位中独占鳌头。这批甲骨不仅保存较好、内容重要，而且价值珍贵、意义非凡，堪为国宝级的历史文物。而那些在战火纷飞的年代曾冒着生命危险保护这些国宝的人，绝对值得纪念和敬仰，因为他们不仅使这些国宝得到了有效保护，也书写了一段甲骨传奇。

综观罗振玉的一生，他不仅搜集、保存和刊行了大批原始甲骨材料，而且率先考订并寻访了甲骨的出土地安阳殷墟。他不仅正确判定了甲骨刻辞的性质，而且考释出了大量甲骨文字。他不仅首创了对甲骨卜辞进行分类研究的方法，而且考证了甲骨文中的“合书”现象。他不仅引导和造就了王国维这位国学大师，而且培养了容庚、商承祚、唐兰、柯昌济、关百益、孙宝田，以及他的儿子罗福葆、罗福颐等一批著名学者。此外，受其影响，他的孙辈和重孙辈里也出现了延续其“血脉”、承继其“衣钵”者。无论如何，罗振玉在甲骨文研究方面所取得的成就是有目共睹的，他在甲骨学史上的地位是不可撼动的。正如郭沫若所言：“他的殷代甲骨的搜集、保藏、流传、考释，实是中国近三十年来文化史上所应该大书特书的一项事件。”

参考文献：

1. 刘鹗:《铁云藏龟》之罗振玉序，抱残守缺斋，1903年石印。
2. 郭沫若:《中国古代社会研究》，人民出版社，1982年。
3. 朱先立:《罗振玉与〈农学报〉》，《中国科技史料》1986年第2期。
4. 郭旭东:《罗振玉确知甲骨真正出土地时间考》，《殷都学刊》1999年第2期。
5. 阎谷:《罗振玉与甲骨文》，《山西文史资料》2000年第6期。
6. 李彤:《试论罗振玉在甲骨文字学方面的贡献》，《贵州大学学报》(社会科学版)2004年第2期。
7. 胡源，王旭:《初论罗振玉对甲骨学研究的贡献》，《绍兴文理学院学报》(哲学社会科学)2005年第3期。
8. 陈爱民:《甲骨的终结与甲骨文书法的艺术转换——论罗振玉〈集殷虚文字楹帖〉的书学意义和价值》，《艺术百家》2006年第5期。
9. 龚鹏程:《罗振玉心迹新考——兼论与王国维的关系》，《中国文化》2008年第2期。
10. 赵畅:《一代文化宗师——罗振玉》，《文史春秋》2008年第7期。
11. 罗福颐:《罗振玉的学术贡献》，《紫禁城》2008年第8期。
12. 谢崇宁:《罗振玉与日本汉学界之关系考述》，《社会科学战线》2008年第12期。
13. 李晓林:《略论罗振玉对近代学术的贡献》，东北师范大学硕士学位论文，2008年。
14. 蔡文静:《罗振玉的甲骨学研究》，西南大学硕士学位论文，2009年。
15. 罗琨，张永山:《罗振玉评传》，百花洲文艺出版社，2010年。
16. 刘洋:《论罗振玉在甲骨学方面的贡献》，《时代文学》(双月上半月)2010年第1期。
17. 谭飞:《罗振玉文字学之研究》，华中科技大学博士学位论文，2010年。
18. 金阳秋:《罗振玉对甲骨学的第一大贡献》，《语言文字报》2010年10月13日。
19 东方白:《罗振玉：首开以甲骨卜辞证史的先河》，《语言文字报》2010年10月20日。
20. 边继芝:《考证殷墟都城》，《语言文字报》2010年10月20日。
21. 易益文:《把甲骨文推进到文字考释阶段》，《语言文字报》2010年10月20日。

22. 李星建，李敏：《罗振玉与大云书库背后的故事》，《文史春秋》2012 年第 5 期。
23. 谭飞：《罗振玉古文字研究的特点与得失》，《宁夏大学学报》（人文社会科学版）2015 年第 1 期。
24. 刘建平，华静，王玉斌：《中国现代农学的开创者——记京师大学堂农科大学首任监督罗振玉先生》，《中国农史》2015 年第 5 期。
25. 王瑛：《近代藏书第一人——罗振玉》，《书屋》2016 年第 3 期。
26. 刘立丽，毕爽，凌凤：《罗振玉与旅顺博物馆》，《大连日报》2017 年 9 月 8 日。

第十一篇

《邺中片羽》谁人编，尊古斋主黄伯川

1906年，在端方的大力推荐下，罗振玉被调入京城任学部参事。由于此前罗振玉曾在亲家刘鹗家中见过刻有文字的甲骨，并协助其编辑出版了《铁云藏龟》一书，所以对甲骨文产生了浓厚兴趣。到北京之后，在闲暇之余，他像王懿荣、端方、宝熙等收藏家一样，也经常到位于京城西南的一条蜚声海内外的文化街——琉璃厂去“寻宝”。年轻的罗振玉由此成为西琉璃厂上一家古玩铺的常客，并从中购买到了不少甲骨。正是得益于这家古玩铺两位老板的帮助，罗振玉才有了丰富的甲骨藏品，并据此编成了自己的第一部甲骨著作《殷虚书契前编》。那么，这二位成就罗振玉的古玩铺老板是谁？原来他们就是尊古斋的主人黄兴甫和其侄子黄伯川。叔侄二人中，黄兴甫是位比较纯粹的古董商人，而黄伯川不仅继承了叔父的生意，积累了殷实的财富，而且还编著了多部古器物及古文字书籍，为学界提供了一大批价值重大的研究资料，从而成为一位著名学者。

黄伯川于1880年（光绪六年）出生在湖北江夏（今湖北武汉江夏），原籍湖北云梦。名濬或浚，别署“衡斋”，人称“黄百万”。因其生父早亡，便由其叔父黄兴甫扶养成人。1876年（光绪二年），清廷开科举试，当时已身为湖北云梦举人的黄兴甫也进京赶考。然而，没想到却“出师不利”，揭榜时名落孙山。心有不甘的黄兴甫不肯回乡，便在京城西南琉璃厂附近的安澜营开设了一家私塾馆，专门教一些古董商的子弟读书习字，因此和古董商们交往密切。闲暇之时，黄兴甫经常到各个古玩铺去赏玩古董，观赏字画。文化水平不高的古董商们遇到字画、铜器等古董上不认识、看不懂或不解其意的文字

时，一般都会向有学问的黄兴甫请教。其实，黄兴甫讲述古诗文还行，至于铜器上铭文，他也不认识，只是根据字形猜测而已。不过，时间一久，黄兴甫接触和鉴赏的古董多了，便对一些古董尤其是青铜器的造型、纹饰、铭文、锈色等时代特征有了一定了解，鉴定真伪的水平自然也随之水涨船高。在与古董商人交往和鉴赏古董的过程中，黄兴甫收藏和经营古董的兴趣被逐渐激发了。于是，在观摩和鉴赏各个古玩铺所藏的各类古董之余，他也开始利用自己的微薄积蓄购买一些古董以收藏、玩赏。1897 年，已积累了不少行业经验的黄兴甫在西琉璃厂开了一家古玩铺——尊古斋，开始经营古董生意，王懿荣、宝熙、端方等著名金石学家和收藏家逐渐成为他的常客。然而，在开张的第二年（1898 年）正赶上了戊戌变法。尽管在慈禧太后的强力干预下，维新运动最终失败了，但是黄兴甫对一些维新主张颇为赞同。他认为要维新就必须学习外国的先进知识，所以将自己的侄子黄伯川送入洋务学堂“京师同文馆”读书。京师同文馆是中国最早的一所洋务学堂，创办于 1862 年（同治元年），起初只招收十三四岁的八旗子弟，1876 年开始满、汉学生皆收，学制八年。1901 年（光绪二十七年），京师同文馆并入京师大学堂，辛亥革命后又改称北京大学。

黄伯川在京师同文馆读书八年后，以优异成绩毕业。因其通晓英、法、德三国语言，所以曾进入德国奇罗佛洋行当译员。工作之余，他时常到尊古斋帮着叔父黄兴甫经营古董生意，还不时带着洋人到尊古斋购买古董，逐渐积累了不少买卖技巧和鉴定经验。1910 年（宣统二年），黄伯川正式接替其叔父掌管和经营尊古斋，成为古董商中具有大学毕业文凭且精通外语的第一人。他像著有《古玩指南》的金石学家赵汝珍一样，边做买卖边记录过手的各类古玩。由于他眼快手勤、识鉴精准，并且过眼经手的古玩数量极大，所以不仅练就了过硬的鉴定本领，而且逐渐在行业内声名鹊起。他不仅善于经营，而且还注重对金石古玩进行研究和考证，对商周秦汉青铜器上的铭文（“钟鼎文”“金文”）尤为感兴趣。当他将王懿荣于 1899 年所发现的殷墟甲骨上的文字与商代青铜器上的铭文进行比较后，发现甲骨文与金文近似，于是又被神秘的甲骨文深深吸引。当时，正在清廷学部任参事之职的罗振玉也对甲骨文颇有兴趣和研究。罗振玉受端方、宝熙（时任学部侍郎，为罗振玉的上司）等人的影响，时常光顾尊古斋，所以很快便与兴趣相投的黄伯川熟络起来。一位善研金石古董的老学究和一位精通外语的洋学生竟然成了“忘年交”（罗振玉比黄伯川年长14岁）。他们经常在一起探讨甲骨文、金文等，交流相关学术问题。1911年辛亥革命爆发后，罗振玉携家带口流亡日本，并在日本对殷墟甲骨文进行研究和著述。据说，罗振玉的《殷虚书契》（即《殷虚书契前编》）之所以能够问世，还得益于黄伯川帮忙提供资料呢。1919年，罗振玉回国后住在天津，后在大连也开了一家字号为“墨缘堂”的古玩铺。从1919年至1924年间，罗振玉曾多次光顾琉璃厂，还与黄伯川交换了不少青铜器等古物铭文的拓片。后来罗振玉在编辑《三代吉金文存》一书时，也收录了不少黄伯川所赠“尊古斋”青铜器铭文的精选拓片。受罗振玉的影响，黄伯川由此也开始积累各种文物拓片资料，为后来编撰各类文物书籍奠定了基础。

说起尊古斋的另一位常客宝熙（1871—1942），他与尊古斋及其老少两位掌柜之间还有不少趣事呢。这位宝熙像端方一样，也是正宗的八旗子弟出身，当时已官至学部侍郎。由于他也喜好金石古物，所以经常来逛琉璃厂古玩街，由此便与尊古斋的掌柜黄兴甫、黄伯川以及其他古董商熟悉了，被大家尊称为“宝二爷”。民国初年，宝熙曾将自己所藏的一尊西周时期的青铜提梁卣送到尊古斋寄卖。此器为椭圆口、深腹、圈足，有盖和提梁，造型端庄，花纹清晰，盖内还有四字铭文。尤为显眼的是，其通体色泽纯青如翠，莹润如玉。经鉴定，这件国宝级的青铜卣应出自西周帝王之陵墓，可惜不知出土于何地。1921年前后，晚清贵族及遗老遗少们的生活逐渐困难了。为了谋生，宝熙也被迫做起了古玩生意，但他与众不同，遇到看上眼的古玩就买，玩腻了就卖，还颇要面子，当别人面绝不说“买卖”二字。假如他有件古玩想卖，就跟古董商说：“这玩意儿我玩腻了，你给我换一件。”或者说：“玩腻了！给你吧，要不要？”古董商则回答：“宝二爷玩腻的东西，我们看着也新鲜。我这里的东西，您喜爱哪件换哪件，玩腻了我再给您换。”或者说：“您赏给我的东西我不能白要，您需要多少用项，只管说，我孝敬您。”如此这番，宝熙的日子倒也依然过得比较舒坦。然而，辛亥革命爆发后，社会形势发生了很大变化，人们对晚清贵族的客套话也就渐渐没了。但是，宝熙凭着较好的人缘儿，仍旧和古董商们处得不错、打得火热。颇有学问的他还会给古玩铺题写匾额，其所写的“悦古斋”匾额如今还在琉璃厂东街中间路南挂着呢。

其实，在1921年前后，生活难以为继的清皇室贵族可不止宝熙一位，就连溥仪的弟弟溥伒（全名为“爱新觉罗·溥伒”，人称“伒贝子”）也被迫依靠变卖家藏古玩、珠宝、字画等来维持生计。这位溥伒像宝熙一样，好面子，依旧放不下皇亲国戚、王公贵族的架子，不肯亲自出面卖古董，于是便委托宝熙代劳，因为宝熙不仅为人厚道，人缘儿较好，而且在古玩界里朋友特多。一天，溥伒让人将宝熙请到家中，拿出一件商代青铜山尊，求宝熙帮他卖了。不久，宝熙就将这件青铜山尊拿到了尊古斋，交到掌柜黄伯川手中。宝熙告诉黄伯川：“这件青铜山尊是溥伒的，皇上赏给的，他玩了几年，玩腻了。最近他有笔用项，你给他换点儿钱用吧。”黄伯川问：“伒二爷要用多少钱？”宝熙抬手伸出了五指。黄伯川心领神会，满口应承：“好吧！明天我就把钱给他送去。”如此，只花了五千大洋，这件珍贵的青铜山尊就到了黄伯川的手中。其实，溥伒卖便宜了，但身隐大宅、久居不出、消息闭塞的清皇室贵族又怎能了解中国青铜器在当时国际市场上的行情呢？当时，美国从第一次世界大战中大发横财，成为世界上最富有的国家，而中国古玩也随之从英、法市场转向出口美国。由于中国的夏商周三代青铜器和宋代钧窑瓷器在美国文物市场上最为吃香，价格昂贵，所以一些日本古董商见有机可乘，便在中国四处收购青铜器、瓷器等古物，然后转手卖到美国以获取丰厚的利润。事也凑巧，宝熙将青铜山尊交给黄伯川，替溥伒做成这笔交易后，高高兴兴地从尊古斋出来，日本的一位大古董商山中乘坐的小汽车便停在了尊古斋的门前。山中下车后，带着保镖和会计径直走进了尊古斋。这位山中是国际知名的古玩珠宝商人，曾于清末在北京专门开设了“山中商会”以便于倒卖中国的古玩、珠宝等各类文物，并从中获利颇丰。这位干瘪、瘦小的日本老头儿，别看其貌不扬，但气派和架子却不小，一般古董商他根本就瞧不到眼里，但来到琉璃厂，他可就不敢摆架子了，因为此地藏龙卧虎、名流雅集，这里的古董商甚至都和清朝皇帝的老师“平起平坐”，就连状元进古玩铺都得拱手尊称掌柜的为“年兄”，所以山中对这一带的古董商不敢小觑，至于在尊古斋主黄伯川面前，他自然就更为恭敬和客气了。因为黄伯川不仅颇有学问和鉴定水平，而且还是罗振玉的好友。而罗振玉曾侨居日本多年，其学术理念和研究成果对日本汉学界的影响尤为广泛而深远，故被日本人视为中国学术界和文化界的“圣人”。因为罗振玉对“故交”黄伯川非常推崇，所以山中对黄伯川便格外恭敬。其实，这位中文流利的山中也算是尊古斋的常客了。当他率领随从走进尊古斋，黄伯川见后也起身笑脸相迎。由于宝熙送来的这件青铜山尊算是“新货”，尚未来得及登记上架，所以黄伯川便顺手拿起来请山中鉴赏。山中对这件青铜器的名称、造型、纹饰、铭文等颇为好奇，便一一向黄伯川请教。在听了黄伯川的一番究根探源式的讲解后，山中对此器产生了浓厚兴趣。接着，黄伯川向山中介绍说这件山尊原为古时天子或诸侯祭祀天地、山川、神祇之礼器，乃清廷皇室传世之珍宝，是溥仪在宣统年间赏赐给其弟溥伒的，如今溥伒想委托他卖掉山尊以补充生活费用。山中听完此言，顿觉此器非同小可，堪为稀世珍品，便当即表示想买下山尊。但黄伯川毕竟是商人，假意告诉山中：“愿为先生效劳，但唯恐出价低了，伒贝子不肯出让。”山中激动地说：“钱的大大的有！两万够吗？可以马上开支票。请先生代为转告伒贝子，钱是山中送给他的，请他多关照。”黄伯川一听，心中暗喜。他心想，这件山尊是我花五千大洋从宝熙手中买的，钱还没来得及付给卖主呢，就净赚了一万五千大洋。虽然稍有动心，想立即出手，但转念一想不能操之过急，于是沉心静气，对山中微微点头，若有所思地说：“请给我三天时间，可先将钱款给我，我给伒贝子送到府上，他若收下，这事就办成了；如不收，我们再商量。”山中满口应承，并深表谢意，立即让会计开了两万支票。三天之后，黄伯川乘坐马拉轿车来到位于麻线胡同的山中商会（北京分会），亲手将青铜山尊交给了山中，山中再三道谢，但他哪知自己多花了不少冤枉钱。然而，山中毕竟也是精明的商人，他将青铜山尊带回日本东京以后，便把他与黄伯川鉴赏和评论山尊的话整理成文，然后广泛进行宣扬，引得不少日本文人、学者以及各界名流前来山中商会观赏这件“中国皇家世代相传”的青铜山尊。青铜山尊由此名声大噪，身价倍增。后来，山中将这件山尊带到了美国纽约，据说以五万美元的高价卖给了大都会艺术博物馆。

由此可见，在晚清和民国时期，由于官方没有制定明确禁止文物流通和出口的相关法律、法规，且对古玩行业也缺乏有效的管理，所以琉璃厂等古玩市场可以自由买卖各类文物，由此吸引中外古董商纷至沓来，形成了一个可观的文化消费群体，使琉璃厂一带呈现出一派车水马龙、熙来攘往的热闹氛围和繁荣景象。因为黄伯川不仅博学多闻、慧眼如炬，而且极具商业头脑，所以敢于和善于经营各类古董器物。他所经手的古器物品类繁多，凡青铜器、陶瓷器、玉器、玺印、碑刻、造像、砖瓦等，几乎无所不售。加之在1921年前后，清皇亲国戚、王公贵族、遗老遗少们为生计所迫也经常变卖家藏古玩字画、珠宝玉器等，并且多委托尊古斋经手转卖，故此使得尊古斋逐渐成为清末和民国年间名声最显、影响最大、交易最频繁、收藏金石器物最多的一家古玩铺，黄伯川成为当时琉璃厂一带名气最盛和财力最大的古董商，许多达官贵胄、收藏大家、金石学者、西方洋人等都成为他的常客，经常光顾尊古斋赏玩、“淘宝”，以解好古之癖。黄伯川也因此大发横财，积累了巨富家资，成为琉璃厂的三大财主之一，人称“黄百万”。除了罗振玉以外，著名金石学家和收藏家溥儒、马衡、郭沫若等人也都成为黄伯川的朋友。尊古斋也成为他们鉴赏、购买古玩器物和探讨、交流金石之学的重要场所。

在当时的京城古玩界和老一辈古董商们的眼中，黄伯川的胆大可是出了名的，因为他竟然敢买卖一些“来历不明”的东西。那时候，太监的东西往往都是从皇宫或王府里偷拿出来的。如果买了他们拿来的东西，很容易吃官司，所以绝大多数古董商都不敢赚这样的钱，但聪颖过人、胆大心细的黄伯川却不怕。据说，在1925年冬季的一天，有位操陕西口音的人来到尊古斋。他见到黄伯川后，从身上拿出来两件青铜器，一件是权（秤锤或秤砣），另一件是衡（秤杆）。黄伯川将两件器物拿在手中端详，不禁大吃一惊，因为这两件器物上均铸刻有“始建国”三字铭文，而“始建国”正是王莽建立新朝时的年号。此前，无论是学界还是古玩界，都还从未在出土青铜器中发现秦汉时期的权和衡。这两件王莽时期的青铜器虽已历经近两千年却依然保存完好，实属难得之珍品。因此，黄伯川毫不犹豫地出了数千元将此二器买下。一天，当著名考古学家马衡光顾尊古斋时，黄伯川便将新收的这两件王莽时期的权衡给他看。马衡饶有兴趣地赏玩了一番后，说：“我的名字虽叫衡，但还没见过秦汉时代的权衡。既然是王莽时代的权衡，就叫莽权、莽衡吧！”然而，不久，马衡受命当上了故宫博物院的院长。当他无意中看到“关于陕西历史博物馆失窃王莽时代权衡”的文件时，他才恍然大悟，立即派人前往尊古斋将黄伯川所收的“莽权”和“莽衡”没收充公，成为故宫博物院的藏品，并一直珍藏至今。当时，黄伯川因不好意思直接找马衡面谈、交涉此事，便委托他们两人共同的好友孙伯衡（时为商务印书馆经理）前去找马衡索要收购二器的本钱。经孙伯衡从中调和，马衡付给了黄伯川收购本钱，此事算是私了了。不过，对于这件不太光彩的“丑事”，黄伯川秘而不宣，从不外露。每当有老朋友问起莽权、莽衡之事时，他总是笑着说：“我送给马衡了，因为他的名字叫衡，马衡把它们收藏在故宫里了。”

其实，黄伯川的胆大可不仅体现在敢于收购太监偷拿自皇宫或王府的古董、国有单位失窃文物等“来路不明”的古物，就连盗墓分子偷掘的赃物他都敢要呢。1928 年 7 月，在军阀孙殿英（时任国民革命军第 12 军军长）的策划和指挥下，谭温江奉命率部以军事演习之名控制清东陵，使得清东陵惨遭盗掘，慈禧太后的普陀峪定东陵和乾隆皇帝的裕陵均被盗掘一空。事后，孙殿英“论功行赏”，每位参与盗墓的官兵都分到了一些价值不菲的古玩和财宝。当然，孙殿英自己理所当然地分得了大头，拿到了绝大部分价值连城的古玩和珍宝，据说整整装了 11 个大箱子。为了获利以充当军费，孙殿英先后派出了多名亲信和部下前往北京[①]、天津、上海、青岛等地销赃。因为这些地方的洋人比较多，所以能卖出很高的价钱。一天，受孙殿英委派，当时在孙殿英部下当师长的谭温江（字松艇）带着几箱盗窃财宝来到了北京。刚到京城，他就直奔尊古斋，因为店铺里有位从事文物修复的谭师傅是他的本家兄弟。在谭师傅的引荐下，谭温江见到了黄伯川，随即拿出一些珍珠、翡翠、钻石之类的珠宝让黄伯川掌眼，一项秘密交易就此展开了。然而，天下没有不透风的墙，黄伯川、王月波（恰宝斋经理）等古董商不久便因非法收购和倒卖清东陵被盗文物而被阎锡山派人拘捕后投入陆军监狱，成了孙殿英、谭温江等人的“替罪羊”。

1930 年，商震（曾任清东陵被盗案审判长）接任河北省政府主席。黄伯川的好友孙伯衡等人向商震申述了情况，请求释放黄伯川。不久，黄伯川、

① 注：北京，古代称蓟，春秋、战国时为燕国都。辽时建为陪都，称燕京。金时正式建都，称中都。元为大都。明、清称京师，通称北京。民国初期亦都于此。1928 年设北平特别市，1930 年改北平市。1949 年 10 月 1 日中华人民共和国成立，建为首都，改设北京市。行文中一般不区分“北京”“北平”称说，通称“北京。”

王月波等曾参与倒卖清东陵被盗文物的古董商就都被释放了。黄伯川出狱后便将尊古斋关闭，并由西琉璃厂搬迁到东琉璃厂。而原尊古斋所在的店面则转让给酷爱古玩的赵汝珍，赵汝珍出资一万元开了一家新的古玩铺——翠珍斋（1938 年开业）。1931 年，黄伯川接手东琉璃厂的一家面积最大的旧书铺“宝铭堂”后，进行了一番改造和装修，随即重新开起了古玩铺，并改字号为“通古斋”。通古斋比原来的尊古斋要宽大得多，沿街有九间门面，院里有一百多间房子，后院还有花园，大院后门直通琉璃厂双鱼胡同，因此显得比较阔气。尽管如此，黄伯川也无心继续经营这个全新的“通古斋”，而是让自己的徒弟乔振兴（字友声）当经理，代为打理。因为当时正值九一八事变前夕，之前和黄伯川关系不错的罗振玉甘当清朝遗老，极力鼓吹借日本势力复辟清王朝，并且身在天津的清废帝溥仪也与日本人交往密切，所以黄伯川担心将来溥仪如借日本势力返回北京，会继续追查“盗陵案”，恐怕到时还会把自己牵连进去。故而他才关闭尊古斋，搬了家，改了店铺字号，并让徒弟乔振兴当经理代为经营新开设的通古斋，还让正在读书而尚未毕业的儿子黄金鉴（字镜涵）进入通古斋管账，同时学习金石鉴定。当时，乔振兴在鉴定金石方面水平已不低并颇有名声，为琉璃厂古董商中辨识金文最多的一位。从 1945 年起，通古斋开始交由已成为著名金石学家、鉴定家的黄金鉴经营，直到 1956 年参加公私合营。1952 年，黄伯川因病逝世。1951 年，他的徒弟乔振兴被故宫博物院从乡间请出，进入故宫从事青铜器鉴定工作。1956 年，他的儿子黄金鉴在通古斋加入公私合营后，则被中国历史博物馆（今属国家博物馆）聘为顾问。据说，在 20 世纪 50 年代初，郭沫若还曾拜访过黄金鉴，与其探讨金石文字，并翻看了其父黄伯川所编撰的一些文物书籍。1955 年、1958 年和 1962 年，黄金鉴先后三次向故宫博物院捐赠了共计 106 件文物，包括商周时期的青铜器、玉器、陶片以及汉代铜印等。1986 年，故宫博物院给其后人补发了捐赠文物凭证书。其实，黄伯川生前曾捐献给国内各大博物馆和大学多件文物，原本存有汇集成册的受赠单位的感谢信函，只可惜后来散失了。

综览黄伯川的一生，可谓充满了传奇。一位洋务学堂毕业的高才生却偏偏喜欢上了中国传统的金石之学，一位经营古董生意的商人却自学成为一代著名金石学家。尽管古玩铺是各类文物商品化后的集散中转站，追求商业利润为其最重要的目的，但是黄家三代人（黄兴甫、黄伯川、黄金鉴）所创立与经营的“尊古斋”和“通古斋”却与众不同，因为它们不仅是买卖和交易各类文物的古玩店铺，也是探讨与交流金石之学的重要场所。在黄伯川的朋友圈中，不仅有很多古董商人、达官贵人、西方洋人，还有不少文人墨客、古物藏家、学界名流。他的一生，不仅积累了雄厚的物质财产，也留下了大量的精神财富。尤为难得的是，身为古董商的他不仅自己成为金石学家，而且还培养出了黄金鉴、乔振兴等一批金石鉴定高手，为国家储备了不少文博专业人才。在与罗振玉、马衡、郭沫若等著名学者的交往过程中，黄伯川不仅为他们提供了不少甲骨文拓本、青铜器铭文拓本等珍贵资料，而且自己也编辑、出版了《尊古斋古钟集林》（不分卷，订十二册）、《尊古斋古鉥集林》（不分卷，订六册）、《衡斋藏印》（不分卷，订十六册）、《衡斋金石识小录》（二卷）、《衡斋吉金识小录》（二卷）、《衡斋藏见古玉图》（二卷）、《尊古斋所见吉金图》（四卷）、《尊古斋陶佛留真》（二卷）、《古玉图录》（初集四卷）、《邺中片羽》（初集二卷，二集二卷，三集二卷）、《尊古斋集印》（六集六十卷）等多部共计 112 卷文物书籍。不过令人惋惜和遗憾的是，这些著作大都早已散失。其中，他所编辑的三集《邺中片羽》，除了收录殷墟出土的各类器物以外，还收录了 553 片殷墟甲骨。据说，早在黄兴甫经营尊古斋之时，就曾购得 600 片甲骨，但后来又转手卖掉，幸而被细心的黄伯川及时进行了拓印，所以才使得这批珍贵甲骨的拓本被保留下来。1935 年，黄伯川从中选取了 245 片甲骨拓片，收录进自己所编的《邺中片羽》（初集）中。之后，他于 1937 年 8 月和 1940 年 1 月相继编辑成《邺中片羽》（二集）和《邺中片羽》（三集），并分别收录甲骨拓本 93 片和 215 片。这部《邺中片羽》也由此成为在甲骨学史上具有重要地位和深远影响的甲骨著录集。值得一提的是，黄伯川在自己所编的《邺中片羽》初集和二集中还著录了三方（初集二方，二集一方）

三集《邺中片羽》

出自安阳殷墟的商代晚期铜玺（被称为“殷商三玺”），有意或无意之中将我国古代印章的起源从原先认定的春秋战国时期又往前推了六七百年，堪称印学史上的传奇。总之，一生极富传奇色彩的尊古斋主黄伯川，不仅曾是北京著名古玩街琉璃厂的一位声名显赫的古董商人，也曾是清末民国时期一位享誉京城的金石学家。他好金石、嗜印玺、善甲骨，仅凭和著名学者、甲骨学大师罗振玉、郭沫若等人的交谊以及一部《邺中片羽》就足以不朽于甲骨学史。

参考文献：

1. 陈重远:《富于传奇的尊古斋收藏》,《中国书画》2005 年第 12 期。
2. 韩天衡，张炜羽:《尊古斋主黄伯川》,《新民晚报》2015 年 5 月 23 日。
3. 陈振濂:《“殷商三玺”与古董商黄百川的历史定位》,《杭州日报》2016 年 12 月 15 日。

第十二篇

甲骨学者林泰辅，日本研契之开山

1903 年，刘鹗所编的《铁云藏龟》出版后不久，当时身为日本东京高等师范学校教授的文学博士林泰辅就见到了此书。但是，在粗略阅览后，他觉得书中所录的甲骨片可能是伪造之物。1905 年，东京文求堂的老板从中国古董商手中买了 100 片甲骨，并放在店中出售。林泰辅偶然见到后甚为吃惊，便从中选购了十几片。在仔细揣摩和认真审视这些甲骨实物后，他感觉自己之前对《铁云藏龟》所录甲骨拓片的怀疑是错误的，这些甲骨片上所刻的应是真正的古代文字。1909 年，林泰辅为了宣传这种新出之物，率先撰写了《清国河南汤阴县发现之龟甲兽骨》一文，并寄给罗振玉指导。在该文中，林泰辅旁征博引，详细论证了新出土甲骨材料的可信度，充分肯定了其作为史料对中国文字学和上古史研究的重大学术价值，并对罗振玉所写的《铁云藏龟》序言有所补益。罗振玉阅读林泰辅的这篇文章后深受刺激和震动，开始发奋研究起甲骨材料来，不久便以《殷商贞卜文字考》一书回敬林泰辅，明确指出甲骨文的出土地并非河南汤阴而是安阳小屯，林泰辅读过此书后也是收获颇丰、欣喜不已。他们由此结下了深厚的友谊。

林泰辅于 1854 年生于日本。1887 年 7 月，他从东京大学古典讲习科汉书课毕业后，历任一高和山口高中教授、东京高等师范学校教授，主攻中国历史、经学、金石文字，著有《上代汉字的研究》《周公及其时代》等。19 世纪末中国甲骨文的发现使他转变了研究方向，开始转攻甲骨文。

然而，尽管林泰辅极力宣传甲骨文这种新发现的史料，但是当时的日本学术界尤其是京都的关西学派均对甲骨文持怀疑态度。东京的大多数学者从一开始就不相信甲骨文，将其视为伪造之物，甚至林泰辅的不少友人也对其加以怀疑和否定。虽然林泰辅研究甲骨文的文章被视为邪说，但是他对甲骨文仍坚信不疑，并以自己的学术研究证明了甲骨文的真实存在及其学术价值。后来，他竭尽财力，又购买了600多片甲骨，拿回去继续研究，渐渐对甲骨文有了不少心得。受其影响，日本的一些学者开始收集甲骨，有的藏量甚至达到3000多片。

其实，比林泰辅稍早或者与其同时期购买殷墟甲骨的日本人还有西村博、三井源右卫门、田中救堂、河井荃庐、堂野前种松等。其中，最早从中国购买甲骨的日本人是曾在天津“日日新闻”报担任主笔的西村博，三井财阀的三井源右卫门紧随其后。据说，早在罗振玉派人到安阳搜集甲骨之前，他们就已经派专人去安阳收购到了3000余片甲骨。在这两人的影响和带动下，与鲁迅、郭沫若等人交往密切的日本东京文求堂主人田中救堂于1905年到中国购买了100块甲骨残片，并放在自家店中售卖。不久，林泰辅在文求堂偶然见到了这批甲骨，便从中买了十几片。后来，侵华日军占领华北后，日本人取得了大量偷盗殷墟出土文物的便利条件，从而使更多甲骨流散到日本。

1914年，林泰辅以《上代汉字的研究》作为博士学位论文顺利通过了答辩，此文仅比孙诒让的《契文举例》晚10年。1915年，林泰辅又写了一篇名作《周公及其时代》，王国维看后亲笔回信，予以高度赞扬。此后，林泰辅与罗振玉、王国维等中国学者交流频繁，王国维在1916年所作的《与林浩卿博士论洛诰书》和罗振玉于1917年所作的《与林浩卿博士论卜辞王宾书》就充分表明了他们的关系之密切。他们的交往对以后中日学术交流产生了深远的影响。

1918年，怀着对甲骨文的痴迷和对甲骨出土地的向往，为了获得更多甲骨材料，林泰辅专程来到中国。他效仿罗振玉，亲赴河南安阳小屯村调查和收购殷墟甲骨，结果仅购得甲骨20片。他之所以买不到更多甲骨，那是因为当时在安阳传教的加拿大传教士明义士也在疯狂地搜集甲骨，当地村民将挖出的甲骨大都卖给了明义士。回国之后，林泰辅写成了《殷墟遗物研究》一书，记述了他到安阳调查、收购甲骨的经过以及当地的风土人情。同年，受罗振玉和王国维所倡导实证主义的影响，林泰辅发表了《龟甲兽骨文中所见之地名》，以甲骨文作为古史新证的研究逐渐在日本学术界开展起来。1921 年，在罗振玉的帮助下，林泰辅搜罗了商周遗文会、榷石斋、听冰阁、继述堂等处所藏的甲骨拓片，并连同自己的收藏汇编成《龟甲兽骨文字》一书。林泰辅在该书中对甲骨材料进行了系统分类，由此成为国际甲骨学界、日本汉学界进行科学化甲骨文研究的先驱。此外，林泰辅对甲骨文研究的贡献集中体现在其所编著的六卷本《龟甲兽骨文字表》里。不过令人遗憾的是，不知何故，该书至今未能正式出版，现由日本庆应义塾大学斯道文库保管。

《龟甲兽骨文字》

林泰辅凭着对甲骨文的坚信、痴迷和孜孜不倦的研究，不仅使自己在甲骨学界占据了一席之地，成为学界公认的日本研究甲骨文的“开山鼻祖”和“日本甲骨文研究第一人”，而且造就和影响了贝冢茂树、岛邦男、白川静等数位日本甲骨学大师。

贝冢茂树，日本著名历史学家、京都大学教授，在甲骨文和金文方面有较深的造诣，著有《古代殷帝国》《京都大学人文科学研究所藏甲骨文字》《甲骨学的新发展》《古代的精神》《中国古代国家》《中国历史》《中国文明的再发现》等，合编为《贝冢茂树著作集》（10 卷），与吉川幸次郎、桑原武夫并称为“京都大学三杰”，为日本学术界京都学派的领袖。1904 年 5 月 1 日，贝冢茂树生于日本东京市麻布区灵南坂町二十六番地的一个知识分子家庭，原姓小川。其父小川琢治是日本著名的地质地理学家。其兄小川芳树是东京大学的工科教授。其弟汤川秀树为日本著名的原子物理学家，曾获诺贝尔物理学奖。其弟小川环树为京都大学的文学教授。贝冢茂树从六岁起就跟随祖父小川驹桔学习四书、五经等汉文书籍，由此对中国古代历史和文献产生了浓厚兴趣，并下定决心在这方面要有所成就。1925 年，贝冢茂树考入京都帝国大学（即今京都大学）文学部史学科，跟随日本老一代史学家内藤虎次郎、羽田亨、桑原骘藏、滨田耕作等人学习东洋史。1928 年，贝冢茂树从京都帝国大学东洋史学科毕业，并于当年随从日本学者狩野直喜访问中国，在北京有过短期逗留。回国后，他进入京都帝国大学研究院继续学习深造，专攻中国古代史。1932 年，他进入东方文化学院京都研究所任研究员。1934 年，他以《中国古代史学之发展》一书获得朝日新闻社颁发的文化奖，并获得文学博士学位。1935 年，他开始在羽田亨的指导下从事甲骨文研究工作。用了三年时间把中国学者刘鹗、罗振玉、王国维、李济、董作宾、郭沫若等人的著述学习了一遍，熟悉了甲骨文的整理、释读、分期方法等。1942 年，他被聘为京都大学文学部讲师，将甲骨文、金文与历史文献有机结合起来继续从事殷周史研究。1945 年，他入赘改随妻姓“贝冢”。1948 年，京都大学人文科学研究所成立，他被任命为该所研究员。1949 年，他被京都大学聘为教授，并担任人文科学研究所所长。1951 年开始，他多次被选为日本学术会议会员。1953 年，他兼任京都大学评议员，与他的学生、助手伊藤道治共同撰写了《甲骨文断代研究法的再探讨——以董氏文武丁时代为中心》一文，对中国学者董作宾的甲骨文断代法提出了补充和修正。1954 年，他作为日本学术代表团的团员访问了新中国，并与中国考古工作者、历史研究者进行了广泛的接触和学术交流。1957 年 12 月，他的专著《古代殷帝国》出版。1958 年，他应邀到美国哥伦比亚大学任客座研究员，并于次年离开美国，到英国、法国、意大利、希腊等欧洲国家讲学和访问。1959 年，他的专著《京都大学人文科学研究所藏甲骨文字》出版，该书集中了其多年研究甲骨文的成果。该书图版部分影印了京都大学人文科学研究所收藏的 3246 片甲骨，这批甲骨主要来源于黑川幸七的旧藏、上野精一的旧藏和贝冢茂树的搜集。该书文字部分主要介绍这批甲骨文的收藏和整理研究过程、甲骨文时代区分的基础和标准、关于贞人的意义、殷墟卜辞的分类等。1960 年 3 月，他出版了《京都大学人文科学研究所藏甲骨文字释文篇》。1961 年，他发表了《甲骨文时代区分的基础研究》一文，受到了学术界的广泛重视。1962 年，他的著作《诸子百家》获每日出版文化奖。1968 年，他编著的《京都大学人文科学研究所藏甲骨文字索引》出版。同年，他从京都大学退休，被聘为名誉教授。1984 年，他以卓越的成就和忠厚的人格博得声望，荣获日本文化勋章。1987 年，病逝于日本京都。

岛邦男，日本著名甲骨学家和日本甲骨文研究的先驱者之一，发表及出版了《祭祀卜辞之研究》《殷墟卜辞研究》《殷墟卜辞综类》《卜辞中先王称谓》《甲骨文地名》《贞人补正》《亚的官职》等数十篇（部）文章和书籍。其中，《殷墟卜辞研究》《殷墟卜辞综类》两部著作堪为甲骨学领域的重要专著，影响深远。1908 年，岛邦男生于日本青森县青森市浦町野协 14 号，其父为岛银藏。1930 年 3 月，他毕业于官立弘前高等学校文科甲类（今国立弘前大学，当时的日本高等学校相当于大学预科），并发表论文《从四书管窥孔夫子思想》。1933 年，他毕业于东京帝国大学文学研究科，并到北海道厅立札幌第一中学任教。在东京帝国大学读书期间，他曾师从当时的日本甲骨学家宇野哲人学习、研究甲骨文，开始对甲骨文产生浓厚兴趣。1935 年，他进入东方文化学院东京研究所任助教。1938 年至 1942 年，他利用假期曾多次到中国大量搜集甲骨文及金文资料。1942 年，他到伪满洲国的新京（长春）师范学校任教，并于次年被聘为教授。1950 年至 1954 年，他先后被国立弘前大学文理学部聘为副教授、教授。1961 年，他以所著《殷墟卜辞研究》一书在甲骨学界引起巨大反响，并获得东京大学文学博士学位。1966 年至 1967 年，他兼任弘前大学附属图书馆馆长和学生部部长。1967 年 11 月，他编纂的《殷墟卜辞综类》由日本汲古书院出版，1971 年 7 月出版增订本。该书共收录甲骨文单字 3324 个，在每一个字头之下均收录有相关卜辞，书后还附有多种附录和字形索引，为学者检索甲骨文字和卜辞提供了极大便利。1974 年，他退休后被弘前大学聘为名誉教授。1977 年，病逝于日本弘前市国立弘前医院。尽管岛邦男生前在偏居一隅的弘前大学所

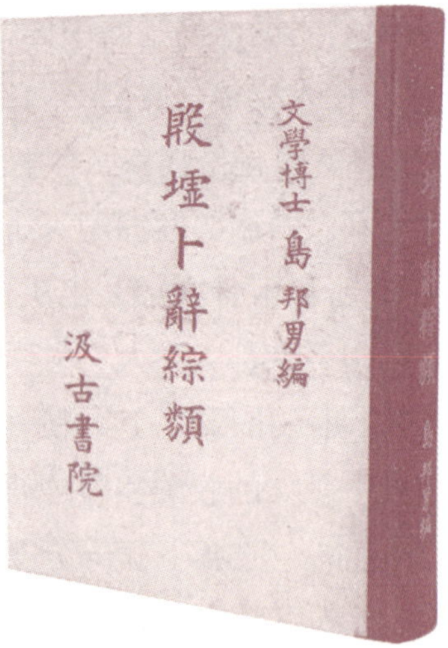

《殷墟卜辞综类》

从事的甲骨文研究冷僻高深，鲜有人问津，但其仍凭着对甲骨文的热爱和执着，用 30 多年的时间和心血完成了两部足以代表其一生学术成就的著作，奠定了其在甲骨学史上的地位。

白川静

白川静，日本著名汉学家、汉字学者，曾担任京都立命馆大学名誉教授、文字文化研究所所长。其研究立足汉字学，并涉及考古学、民俗学、文学、神话等诸多领域，其代表性著作主要包括《说文新义》（15 卷）、《金文通释》（9 卷）、《白川静著作集》（12 卷）以及《字统》《字训》《字通》等字书“三部曲”。因其在中国古代文化与汉字研究方面的卓越贡献，在日本有着“现代最后的硕学”的美誉。1910 年 4 月 9 日，白川静生于日本福井县福井市。1943 年，毕业于日本京都立命馆大学。1948 年，发表首篇论文《卜辞的本质》。1962 年，以论文《“兴”的研究》获京都大学文学博士学位。1969 年至 1974 年，陆续发表了《说文新义》（15 卷），其间编著、出版了《汉字：形成及背景》《甲骨文的世界——古代殷王朝的构造》《金文的世界》《中国古代的文化》《中国古代的民俗》等一些普及性读物。1984 年，他编著的首部辞书《字统》由日本平凡社出版，主要集中于甲骨文、金文等古文字的解释。1987 年，编著的第二部辞书《字训》由日本平凡社出版，主要内容是汉字的日语训读。1996 年，编著的第三部辞书《字通》由日本平凡社出版，主要收录了汉字在中国古代文献中的用法。2004 年，他因在古文字研究领域的杰出成就而被日本政府授予“日本文化勋章”。2006 年 10 月 30 日，病逝于日本京都。可以说，白川静一生致力于汉字学研究，几乎达到了痴迷程度。在汉字的体系与文化源流方面，他根据已出土的甲骨文、金文以及其他资料，系统地、创造性地提出了许多独特而又生动的见解。

总之，正是得益于林泰辅对甲骨文及日本汉字学研究的“开山”之功，才直接或间接影响和带动了高田忠周、贝冢茂树、岛邦男、白川静、藤堂明保、加藤常贤、伊藤道治、松丸道雄、高岛谦一、平势隆郎等一大批日本学者从事汉学研究，在各自取得卓越成就的同时，共同推动了甲骨学及汉字学的持续推广和深入发展。

据统计，如今流失日本的殷墟甲骨共有1.2万余片，分别藏在23家（也有说31家）单位和30余位私人藏家手中。这些中华民族瑰宝在成就一代又一代日本甲骨学者的同时，也成为中华民族永远的痛。

参考文献：

1. 冯佐哲：《日本著名史学家贝冢茂树》，《国外社会科学》1979年第4期。
2. 松丸道雄撰，宋镇豪译：《日本收藏的殷墟出土甲骨》，《人文杂志》1988年第4期。
3. 李树成：《外国收藏甲骨档案以日本为最多》，《档案与建设》1994年第8期。
4. 崔大庸：《日本近十年间关于甲骨文的研究》，《殷都学刊》1995年第4期。
5. 林少华：《为汉字争“生存权”的人——日本汉文字学家白川静先生》，《出版广角》1997年第5期。
6. 刘海宇：《日本汉学家白川静及其文字学思想》，《汉字文化》2007年第4期。
7. 东方白：《林泰辅——日本现代甲骨学先驱》，《语言文字报》2010年10月27日。
8. 何英：《岛邦男〈殷墟卜辞综类〉研究——兼论甲骨文索引类工具书的编纂》，西南大学硕士学位论文，2011年。
9. 刘思婷：《林泰辅史学研究——以尧舜禹抹杀论、周公研究、甲骨文研究为中心》，广东外语外贸大学硕士学位论文，2015年。
10. 陈曲：《日本庆应义塾大学所藏殷墟甲骨的整理与研究》，吉林大学硕士学位论文，2018年。

第十三篇

金璋退休研甲骨，库、方传教喜收藏

19世纪末20世纪初，甲骨文的出土和发现，可谓文化界与学术界的一大盛事，不仅吸引了中国学者和日本学者的目光，同样引起了欧美一些学者和收藏家的关注。其中，法国的沙畹，英国的金璋、库寿龄，美国的柏尔根、福开森、方法敛，加拿大的怀履光、明义士，德国的威尔茨、卫礼贤等都是竞相收藏和研究甲骨文的西方代表性人物。

如前文所言，1910年，罗振玉为了回复日本学者林泰辅，历时三个多月写成《殷商贞卜文字考》一书。此书出版后，不仅对包括林泰辅在内的日本学者带来了很大影响，而且漂洋过海到了法国汉学泰斗、“西方汉学研究第一人”沙畹的手中。沙畹是一位精力充沛、兴趣广泛的学者，对中国古代的历史、文物、艺术、民俗等情有独钟，在诸多领域造诣颇深，取得了很高的学术成就。他不仅自己搜集材料进行研究，还能及时吸纳中国同行的研究成果并将之介绍到西方。1911年，他看到中国学者罗振玉所著的《殷商贞卜文字考》一书后，开始关注中国新发现的出土史料——甲骨文，并撰写了《中国上古时代之龟卜：以罗振玉的著作为根据》一文。该文发表不久，一位英国老人看到后欣喜不已，因为他晚年的唯一爱好就是收藏和研究甲骨文。这位英国老人是谁？原来此人就是Lionel Charles Hopkins（莱昂内尔·查尔斯·霍普金斯），中文名为金璋，是位英国驻华外交官。那么，一位西方政客为何对甲骨文产生了浓厚兴趣呢？这还得从头说起。

金璋1854年3月20日出生在英国伦敦北部的汉普斯特的奥克希尔。1871年底，他跟随英国大使团来华。1874年，他以见习翻译的身份进入英国驻

金璋

华公使馆。1886年，他出任公使馆助理。1895年，他被擢升为英国驻上海副领事。1897年，他出任英国驻登州（今烟台）领事。1901年，他被任命为英国驻天津总领事。1908年，他退休后返回英国，被授予英国皇家勋章。

然而，就是在金璋即将任满退休之前的1906年，他偶然看到了当时美国长老会驻山东潍县传教士方法敛所著的《中国原始文字考》（或《中国古代文字考》）一书，并对书中介绍的甲骨卜辞产生了浓厚兴趣。随后，金璋主动与方法敛取得了书信联系，不仅发表了自己对方法敛著作的评价，而且表达了自己对甲骨卜辞的兴趣。由于志趣相投、爱好相近，他们很快就建立起了深厚的友谊。金璋由此与甲骨文结下了不解之缘，踏上了收藏和研究甲骨文之路。

1908年，金璋退休返回英国后，一直居住在英格兰城镇黑斯尔米尔。他除了继续与方法敛保持密切的书信联系以外，还多次让方法敛代为收购甲骨。据学者统计，从1908年至1912年间，方法敛先后17次为金璋购买了共计970片甲骨（含伪刻）。此外，受金璋所托，英国著名学者叶慈也曾于1913年在北京先后3次为其购买了42片甲骨（为端方旧藏）。这两部分甲骨使金璋的甲骨藏量达到1013片，除去所谓的“贝壳”“凤凰”“护身符”等明显的伪刻以外，实际甲骨藏量应为784片，但其中仍含有伪刻。

有了一定数量的甲骨收藏，金璋便开始潜心研究起甲骨文来，结果一发不可收拾，从1908年退休至1949年，他发表了与甲骨文研究有关的论文共计50余篇，用40余年的时间致力于甲骨文的收藏与研究，从而成为20世纪前半叶西方甲骨学界所出成果最多的学者。从他的论文内容来看，明显是受到了中国学者罗振玉的影响。正如前文所言，金璋正是通过法国著名汉学家沙畹的《中国上古时代之龟卜：以罗振玉的著作为根据》一文而开始了解罗振玉的研究成果《殷商贞卜文字考》的。据说，金璋设法获得罗振玉的这本书后，不仅自己看，而且还寄给了身在中国的好友方法敛一本，因为此书印量少，即使在中国也很难买到。之后，通过与方法敛的书信交流，金璋逐渐加深了对罗振玉的了解和对《殷商贞卜文字考》的认识。不过，此时金璋对罗振玉将甲骨卜辞定为殷商文字的看法并不认同，他于 1911 年发表了《最近发现之周朝文字》一文，认为甲骨卜辞应该是周代文字，此观点与方法敛不谋而合。尽管如此，金璋对罗振玉的其他大多数研究成果还是比较认可的。他委托当时在中国传教的英国朋友库寿龄帮忙买罗振玉研究甲骨文的书籍，大概在 1915 年，他就买到了罗振玉的《殷虚书契前编》《殷虚书契菁华》《殷虚书契考释》《铁云藏龟之余》等几部最新的甲骨学著作。仔细阅读这些书后，金璋对罗振玉这位中国同行更加崇敬和仰慕。他于 1915 年发表的《占卜档案记录》一文和 1916 年发表的《中国数字和计数体系》一文，显然是受到了罗振玉的启发和影响。难能可贵的是，1917 年，他终于在《商代之帝王》一文中纠正了此前认为安阳甲骨是周代遗物的错误观点，承认它是商代遗物，认同了中国学者刘鹗、罗振玉等人的观点。此后的研究中，金璋更是大量引述和译介罗振玉在商王世系、甲骨数字、甲骨形态、占卜制度、文字考释等方面的研究成果，并陆续介绍给西方甲骨学界，例如他于 1919 年发表的《占卜之方法》一文，主要内容就是介绍罗振玉对商代占卜制度的研究成果。

当然，除了从事理论研究和译介罗振玉的研究成果以外，金璋在甲骨文字考释方面也做了诸多有益的尝试。据学者统计，在《象形文字研究》《中国古今文字考》《中国古文字专题研究》《中国古文字研究拾零》等著作中，金璋一共考释了 129 个中国古代文字，其中包括 119 个甲骨文。而在他考释的这 119 个甲骨文字中，引述罗振玉说法的就有 88 个。但金璋并非照搬照抄，也提出了不少自己的新观点和新看法。在罗振玉研究的基础上，他也进行了一些独立思考和阐发，不仅提高了自己研究甲骨文的水平，也扩大了罗振玉在西方甲骨学界的影响。

1952 年 3 月 11 日，金璋因病去世。令人遗憾的是，由于某些原因，他至死也未能与曾为自己购买甲骨的美国好友方法敛见上一面，更无缘与其仰慕已久的中国学者罗振玉谋面，而只留下了 140 余封与方法敛的往来信件。不过，在去世之前，金璋就已将包括甲骨在内的全部收藏捐赠给了剑桥大学图书馆，至今仍珍藏在剑桥大学图书馆中文部。1939 年，由白瑞华编辑的《金璋所藏甲骨卜辞》（摹本集）出版，该书著录了方法敛为金璋所购甲骨中的478片（白瑞华在序言中误记为484片），但其中仍混有一些伪刻。20世纪50年代，李棪对剑桥大学图书馆所藏的金璋甲骨进行了整理，除去伪刻后，选出了600余片，这应是金璋生前所藏甲骨真品的实际数量。1985年9月，由中国学者李学勤、齐文心，美国学者艾兰联合编著的《英国所藏甲骨集》（拓本集）出版，该书著录了金璋甲骨604片（也有伪刻），其中600片甲骨实物现藏剑桥大学图书馆。此外，《海外甲骨录遗》《怀特氏等收藏甲骨文集》等书中，收录了金璋所藏少量甲骨。虽然金璋收藏的甲骨都是非科学发掘品，但是因其所买的每批甲骨都留有详细的收购记录，所以对于研究早期非科学发掘甲骨的来源情况有着重要意义。

综览金璋的后半生，可谓著述颇丰。在1949年之前的西方甲骨学界，如果说法国汉学家沙畹是最早发表有关殷墟甲骨文章的西方学者的话，那么金璋则是甲骨文研究成果最多的一位。他的研究虽有不足之处，但却足以奠定其在西方甲骨学界的地位。他不仅在甲骨学史上留下了自己的身影，占据了一席之地，而且在一定程度上也增强了罗振玉在甲骨学发展史和东西方甲骨学交流史上的影响。

正当金璋在英国驻华公使馆做见习翻译之时，他的一位英国老乡也来到了中国。不过，此人并非外交官，而是奉命来传教的。他就是Samuel Couling，中文名为库寿龄，也正是前文所言帮金璋购买罗振玉著作的那位。那么，库寿龄与甲骨文有何缘分呢？也得从头说起。

库寿龄于1859年生于英国伦敦，为家中最小的孩子，其父是一位不信奉英国国教的新教牧师。由于家庭经济拮据，库寿龄十几岁时，其父就让他进入了一家保险公司工作。数年后，其父又将他安排进了布里斯托浸会学院。之后的五年里，库寿龄不仅在布里斯托浸会学院专修了神学课程，还在布里斯托大学学院（今布里斯托大学）学习了艺术课程。1883年1月，库寿龄成为德文郡托特尼斯镇的浸会教堂牧师。1884年6月，他应英国浸礼会之聘而被派往中国从事传教工作。当年12月，当他抵达中国后，被分到山东青州府传教。经过一段时间的语言学习后，他开始负责管理一所新建的寄宿学校——广德书院（中学班）。广德书院是英国基督教浸礼会于

1866年（同治五年）在山东益都（今青州）伙巷街创办的新式学堂，最初只有小学班。1876年（光绪二年），英国传教士李提摩太将其规模进一步扩大。1884年（光绪十年），初到青州传教的库寿龄便靠募捐在东华门街购置地基，新建了一所广德书院的校舍，并开设中学班。1897年，广德书院增设大学班。大学班先后共开办了7届，毕业生有白玉璋、宋传典等26名，另有40名学生修满7年课程后未获得毕业证书。为了便于工作，库寿龄于1902年获得了爱丁堡大学的文科硕士学位。1904年，广德书院（大学班）与登州文会馆合并，英、美教会在潍县联合成立广文学堂（原齐鲁大学前身之一），库寿龄也随之搬到潍县任教。在潍县工作期间，他结识了一位"同行"——美国长老会驻山东潍县的传教士方法敛（时为广文学堂道学教授）。当时，对中国古代文物有着浓厚兴趣的方法敛正在收购古董，因囊中羞涩而找到了兴趣相投的库寿龄，在库寿龄的引荐下，方法敛加入了财力更为雄厚的英国浸礼会，两人由此开始合伙从潍县古董商手中大量收购中国古代各类文物，然后转卖给英、美多家博物馆以从中获利。因为他们深知甲骨珍贵，所以尤其偏好古董商从河南安阳转运来的甲骨，库寿龄因此接触到了甲骨文。

然而，库寿龄搬到潍县工作后，学校合并以及教会教育政策的重大变化让他感到非常不满，于是萌发了辞职的念头。1906年，他向英国浸礼会总部提交了辞呈，但浸礼会极力挽留他，将他调往青州神学院继续工作。但是在1908年，他再度提出辞职并终获批准。辞去教会职务后，库寿龄搬迁到上海居住，在一个名门家庭中当了两年家庭教师。1909年，他将自己搜购并摹写过的760片甲骨转卖给了苏格兰皇家博物馆。1910年5月，他返回英国伦敦后，继续在当地做家庭教师。出于对甲骨文的浓厚兴趣，他打算买下提供给美国卡内基博物院的一批甲骨藏品中属于方法敛的那部分，然后专心做甲骨文方面的研究。几经协商后，方法敛同意将属于自己的那部分甲骨转让给他。然而，事实上，库寿龄并未在伦敦常驻，也没有专注于甲骨文研究，而是在将全部甲骨藏品（483片）转让给大不列颠博物馆后，又返回了上海。

到达上海后，库寿龄于1911年当选为亚洲文会中国北部支会的委员会成员。1914 年至 1916 年，他担任亚洲文会中国北部支会的秘书（或名誉干事）和会刊主编。其间，他于 1914 年 2 月在支会会议上宣读了一篇有关甲骨文的论文《河南之卜骨》，并刊登在当年的会刊上，这是他公开发表的第一篇关于甲骨文的论文。1917 年，他编著出版了其汉学研究的代表作《中国大百科全书》（英文版），并于 1919 年荣获法兰西科学院颁发的“儒莲奖”。1919 年，在身体状况不佳的情况下，他仍接受了上海麦伦书院代理校长一职。但可惜到年底时，一场大病又迫使他离职。1919 年 3 月，他开始主编《新中国评论》（1922 年 12 月停刊）。1920 年，库寿龄接受了上海市政委会的邀请，承接前人未完之工作，继续编纂三卷本的《上海志》。然而，令人遗憾的是，他仅完成了《上海志》第二卷，便于 1922 年 6 月 15 日在上海因病逝世了。

1935 年，库寿龄生前亲自摹写的甲骨片被编成《库方二氏藏甲骨卜辞》一书而由商务印书馆出版，他也由此成为“欧美著录中国甲骨文的第一人”而载入甲骨学史册。

无论是金璋还是库寿龄，他们之所以与甲骨文结缘，其实均源于同一个人，此人就是美国学者 Frank Herring Chalfant，中文名为方法敛。方法敛于 1862 年 5 月出生于美国宾夕法尼亚州匹兹堡。1887 年，他作为传教士被美国基督教长老会派到中国，并到山东潍县传教，任乐道院道学教授。由于方法敛酷爱中国文化，曾热衷于收藏和研究中国古钱币，所以自从听当地古董商说甲骨文是中国三千多年前的文字遗物且价值珍贵后，便转而决定收购甲骨。据著名甲骨学家陈梦家统计，从 1903 年至 1908 年间，库寿龄与方法敛二人仅从山东潍县古董商赵执斋手中买到的甲骨就多达 2700 片。可以说，在这一时期，河南安阳小屯所出甲骨，几乎都被转运到了山东潍县，几乎全部被库、方二人收购而成为他们的藏品。1903 年，方法敛和库寿龄合伙从山东潍县古董商赵允中、李茹宾手中陆续买到大批甲骨，并把其中 400 片高价转卖给英国人在上海所办的亚洲文会博物馆，还将另外 79 片卖给了英、美教会在潍县合办的广文学堂（原齐鲁大学前身之一）的校长柏尔根，这 79 片甲骨后来又转到英、美教会在济南所办的广智院。幸运的是，这两批甲骨材料均未流落到海外。亚洲文会博物馆的 400 片甲骨中仅存的 192 片被英国人吉卜生摹写后于1934年发表在《中国杂志》第二十一卷六期上，柏尔根所藏的79片甲骨被加拿大传教士明义士整理为《柏根氏旧藏甲骨文字》于1935年发表在《齐大季刊》上（另出版单行本）。后来，这两批甲骨在方法敛整理的基础上，被美国学者白瑞华收入所编的《甲骨卜辞七集》（1938年出版）中。1904年冬天，河南安阳小屯村地主朱坤私自盗挖出一批甲骨，之后卖给了山东潍县的古董商，库、方二人不久便将这批甲骨收入囊中。1906年春天，方法敛把他所买到的119片甲骨转卖给了美国普林斯顿大学，拉开了中国出土的珍贵甲骨开始大规模流失海外的序幕。自1908年至1912年间，方法敛先后17次为原英国驻天津总领事金璋代购了970片甲骨（含伪刻）。1909年，方法敛将438片甲骨转卖给了美国卡内基博物馆。同年，库寿龄将760片甲骨卖给了苏格兰皇家博物馆。1911年，库、方二人将合买的485片甲骨卖给了英国大不列颠博物馆。同年，方法敛在青岛遭遇事故后导致半身瘫痪。1912年，方法敛返回美国。1913年，方法敛将4片较大的甲骨卖给了美国菲尔德博物馆。1914年1月14日，方法敛在家乡匹兹堡因病去世。据说，经库、方二人之手走私到海外的殷墟甲骨，有记录可查的就有5200多片，其中英国3355片、美国1882片。而美国的这些甲骨片如今已分别被23家单位（总数为1832片）和几位私人藏家所收藏，大都是经方法敛之手转卖到美国的。

与库寿龄一样，方法敛在收藏、买卖甲骨的同时，也进行了一些研究，并亲自摹写了大量甲骨片。其甲骨学研究主要以文字考释为主，并涉及甲骨缀合、甲骨辨伪、家谱刻辞、干支纪日等诸多方面。1906年，方法敛写成《中国原始文字考》（或《中国古代文字考》）一书，并于当年在美国匹兹堡出版。而时任英国驻天津总领事的金璋正是因为看到了此书而对甲骨文产生兴趣，才与方法敛取得了书信联系，并与其成为莫逆之交。从出版时间来看，该书比刘鹗的《铁云藏龟》仅晚三年。从内容来看，该书是较早利用甲骨文资料进行研究的专著之一。该书的出版，在当时国际史学界引起了巨大轰动，使中国的甲骨文迅速得到国际学术界的关注和认可。因此可以说，方法敛是最早收购和收藏甲骨的传教士，也是最早研究和传播甲骨文的西方学者。1911年10月，方法敛在《英国皇家亚洲文会杂志》上发表了《最近发现之周朝文字》一文，认为安阳所出甲骨刻辞是周朝文字。1911 年 12 月，方法敛获得金璋从英国寄来的罗振玉所著的《殷商贞卜文字考》一书后如获至宝，逐条评述了罗振玉的观点，但他与金璋一样，都不认同甲骨文为“殷室王朝之遗物”的观点，只是把罗振玉释读的甲骨文字与自己所编的《甲骨字表》进行了对照。据统计，方法敛一生共探讨和研究过 163 个甲骨文字，还总结出一套自己考释文字的基本方法。只可惜，由于方法敛既未与同时代的中国甲骨学者进行交流，也未能接受中国学者的一些正确观点，而是仅靠自己所藏的甲骨“闭门造车”，以致他对甲骨文的年代、性质等一些基本问题的判断错误百出，甚至到死也未能醒悟，仍坚持认为甲骨文是周代文字。

除了论文和著作以外，方法敛还留下了数量可观的遗稿，其中比较重要的一部为《甲骨卜辞》(或《甲骨文》)。该书在方法敛生前就已完稿，为其摹写和研究甲骨文 10 年心血的结晶。书稿共有 423 页，书前不仅有一篇长达 60 页的引论，而且附有一个 3300 字的甲骨文字表，书后附有两种索引及一篇书目提要。这部珍贵的遗稿原由方法敛的生前好友、美国芝加哥菲尔德自然历史博物馆的劳佛（Berthold Laufer，又译作劳费、劳费尔或罗佛，美国人类学家和东方学家）代为保管，劳佛曾筹划将遗稿出版，可惜因第一次世界大战爆发而搁置，直至于 1934 年逝世也未能如愿。之后，这部遗稿又转入时任纽约大学教授的白瑞华（Roswell Sessoms Britton，1897—1951，美国汉学家）手中保存。1935 年至 1939 年，白瑞华从遗稿中精选甲骨材料，并相继编辑出版了《库方二氏藏甲骨卜辞》《甲骨卜辞七集》《金璋所藏甲骨卜辞》等三部甲骨文著作，为甲骨学界提供了一批难得的研究资料。在方法敛留下的遗稿中，除了《甲骨卜辞》以外，还有不少也极具研究价值，尤其是他生前写给金璋的 140 多封书信（不含缺失的 8 封），因为内容涉及甲骨的收藏和研究，所以均成为研究早期殷墟甲骨收藏、流传、学术交流等情况的珍贵资料。尽管方法敛的甲骨文研究存在诸多不足之处，但是其编纂的甲骨字形表却具有开创意义，在甲骨文字的释读方面更是具有开拓精神。此外，他竭力收藏甲骨，努力摹写甲骨片，为后世留存大量珍贵甲骨学研究资料等贡献也是不可磨灭的。

参考文献：

1. 齐文心：《关于英藏甲骨整理中的几个问题》，《史学月刊》1986年第3期。
2. 肖琴：《金璋在中国收购甲骨的概况》，《殷都学刊》1991年第2期。
3. 李学勤：《记美国飞尔德博物院所藏甲骨》，《收藏家》1995年第1期。
4. 桦子：《流散在国外的甲骨》，《上海师范大学学报》（哲学社会科学版）1996年第2期。
5. 李凤勇：《最早收藏研究甲骨文的外国人》，《中国档案报》2010年5月14日。
6. 郅晓娜：《金璋甲骨的收藏始末》，《甲骨文与殷商史》（新三辑），上海古籍出版社，2013年。
7. 郅晓娜：《金璋的甲骨文研究》，《甲骨文与殷商史》（新四辑），上海古籍出版社，2014年11月。
8. 夏含夷：《契于甲骨——西方汉学家商周甲骨文研究概要》，《甲骨文与殷商史》（新四辑），上海古籍出版社，2014年。
9. 苗双：《方法敛的甲骨收藏和研究》，北京第二外国语学院硕士学位论文，2015年。
10. 郅晓娜：《金璋所藏甲骨的著录情况》，《南方文物》2016年第3期。
11. 郅晓娜：《罗振玉对金璋甲骨文研究的影响》，《旅顺博物馆学苑》（2016），吉林出版集团股份有限公司，2017年。
12. 郅晓娜：《一位早期的英国甲骨学者——库寿龄传》，《甲骨文与殷商史》（新八辑），上海古籍出版社，2018年。

第十四篇

柏根、福氏办教育，二人曾把甲骨藏

当方法敛于1887年被美国长老会派往中国山东传教时，他的两位老乡和同事也在中国传教，一位是先于他来华的Bergen Pane（中文名为柏尔根），另一位是比他早一年来华的John Calvin Ferguson（中文名为福开森）。

柏尔根于1860年出生于美国，1915年去世。1883年，年轻的柏尔根作为传教士被美国长老会派往中国山东传教。1904年，英、美教会在潍县联合成立了广文学堂（原齐鲁大学前身之一），柏尔根被任命为校长，而此时同为美国传教士的方法敛也入该校工作。如前文所言，当时对中国古代文物具有浓厚兴趣的方法敛正在与英国传教士库寿龄合作，在潍县大肆收购和买卖甲骨，此事也引起了柏尔根的关注。出于与库、方二人相同的兴趣，柏尔根也开始收购甲骨等中国古物。1903年，方法敛和库寿龄合伙从山东潍县古董商手中买到大批甲骨后，除了将其中的400片卖给英国人在上海所办的亚洲文会博物馆以外，还把79片卖给了柏尔根。1904年，英、美教会在潍县联办广文学堂以外，还将在青州所办的博古堂迁到了济南内城外西南角。1905年，博古堂新址落成以后改称“济南广智院”，英国传教士怀恩光被任命为院长，院内收藏并陈列有古物、天文、矿物等13类藏品。同年，柏尔根将自己所藏的74片甲骨捐赠给了广智院。1917年，广智院并入齐鲁大学，成为其社会教育部。后来，身在安阳的加拿大传教士明义士被聘入齐鲁大学任教，由于他对甲骨颇有兴趣和研究，所以就对这批柏尔根旧藏甲骨进行了摹写、考释，然后编成《柏根氏旧藏甲骨文字》一书于1936年石印出版，但书中仅著录了72片甲骨。据说，柏尔根旧藏甲骨曾于20世纪30年代在济南广智院展出，当时这批甲骨均被用麦糊粘在了涂墨的厚纸上，并且密封于玻璃柜内，可能是为了防止折断和损坏。1941 年 12 月，侵华日军接管了齐鲁大学，并将广智院改名为“科学馆”。中国人民抗日战争胜利后，广智院被英国浸礼会收回，并脱离齐鲁大学而独立。中华人民共和国成立以后，广智院先划归山东省自然科学博物馆筹备处，后并入山东博物馆，柏尔根旧藏的 72 片甲骨也随之成为山东博物馆的藏品。此外，据山东博物馆工作人员查阅旧账，还有一包共 51 片甲骨也接收自广智院，或为广智院于早年在青州（即“博古堂”时期）收购的。虽然柏尔根旧藏的这批甲骨数量不多，仅有 70 余片，但由于它们均为早期的殷墟出土之物，所以研究价值弥足珍贵。

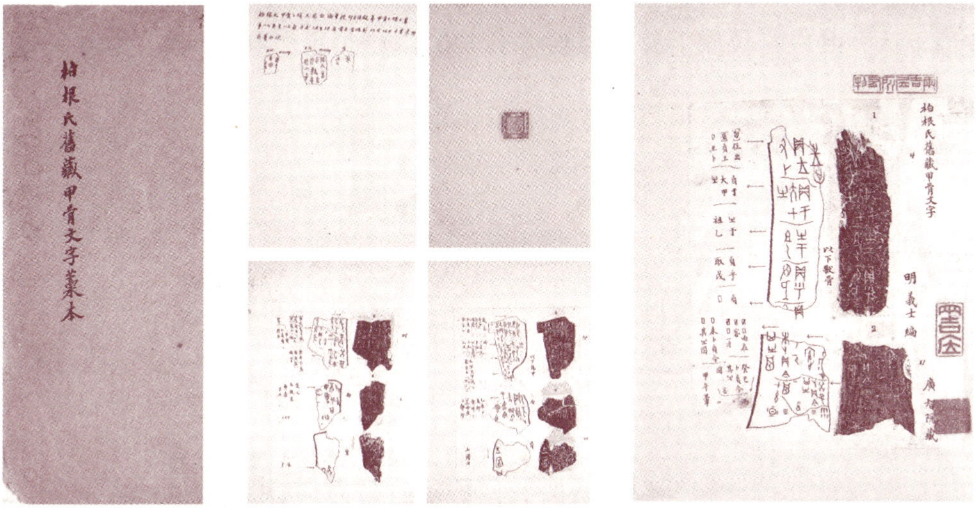

《柏根氏旧藏甲骨文字》

至于福开森，他当时在中国的影响可比方法敛和柏尔根大多了。福开森于 1866 年出生于加拿大安大略省多伦多市附近的朗斯代尔镇，其父为教会牧师。他出生不久后便随家人移居美国。1884 年，18 岁的福开森谋得了一份助理牧师的职位。1886 年，他从美国波士顿大学毕业，并获文学学士学位。福开森在当年便偕新婚妻子不远万里来到中国。抵达中国后，他先在江苏镇江学习了一年汉语。1887 年，他被美国教会派往南京。1888 年，美国美以美

福开森

会传教士傅罗（Flower）在南京创办了该市的第一所西式大学——汇文书院，应傅罗之邀，福开森出任首任院长。汇文书院是南京第一所高等学府，内设博物院（文理科）、医学院（医科）、圣道馆（神学）及附属中学、附属医院等，也是中国创建最早的大学之一。1896年，为了培养新式技术人才，清末洋务派大臣盛宣怀打算在上海创办“南洋公学”，并获清政府批准。作为督办的盛宣怀打算聘请一流的外国教育专家来负责筹建事宜，几经考量后相中了南京汇文书院院长福开森。应盛宣怀之邀，福开森前往上海参与筹建南洋公学（后改为南洋大学，为今上海交通大学和西安交通大学的前身）工作，并受聘出任监院。1897年，福开森辞去汇文书院院长之职，出任南洋公学监院（相当于教务总长或常务副校长），直至1902年。福开森上任伊始，先把学校校址选定在徐汇区，并以官价向上海道台购买了120亩土地用于学校扩建。为方便师生

汇文书院

出行，他自费修建了一条马路。起初这条路并没有名字，后来因法租界与宁波同乡会“四明公所”发生冲突，与英、美、俄等国发生矛盾，福开森便出面调和，并最终将矛盾妥善化解。所以，为答谢福开森的协调之功，并感念他的办学精神，法租界当局便将此路命名为“福开森路”（即今徐汇区的武康路）。福开森路位于上海繁华地带徐汇区，到1943年被改名为“武康路”。

它曾是旧上海法租界花园住宅区的代表性路段，民国时期的达官贵人、社会名流，如宋庆龄、黄兴、巴金等人都曾在此居住过。此外，这条路上还发生过著名的“唐绍仪遇刺案”。可以说，福开森路浓缩了旧上海近半个世纪的历史。

因学识和声望，福开森多次受到中国政要的重用。1898 年，福开森受聘为两江总督刘坤一的顾问。1900 年起，兼任湖广总督张之洞的顾问，参与策划东南互保。1901 年，盛宣怀委派福开森赴美，交涉有关铁路事务。1902 年，福开森取得了波士顿大学的哲学博士学位。1903 年至 1906 年，福开森被盛宣怀聘为督办铁路公所的顾问，并出任中国铁路总公司秘书长。1908 年，他被聘为邮传部顾问，而移居北京，并担任华洋义赈会会长。1910 年，中原大旱，因时任华洋义赈会会长的福开森赈灾有功（凭其影响力募得赈灾资金约 100 万美元），故清廷特封赐其二品顶戴。同年，他曾参与创建的汇文书院与宏育书院合并，扩充为金陵大学（今南京大学前身之一）。民国初年，福开森曾历任总统府、总理府的政治顾问。1921 年，他作为中国代表团的成员与顾问，被派往美国参加以遏制日本在华扩张为重要议题的华盛顿会议。此外，福开森在新闻界也小有名气。1899 年，他买下《新闻报》的产权，从此开启了福开森时代。直到 1929 年，福开森主宰《新闻报》长达 30 年，把新闻的重点放在经济方面，吸引了大批读者，成为可以与《申报》齐名的大报。1943 年 12 月，福开森及其女儿乘上美国接俘船回国。1945 年，他在美国波士顿去世。

综览福开森的一生，其人生经历较为复杂。自 1886 年来华至 1943 年被日本遣送回美国，他前后在中国生活了 57 年之久。在华期间，他先后以传教士、教育家、新闻出版商、慈善家及文物收藏家等身份跻身于上流社会，不仅与清朝、北洋及民国政府的政要盛宣怀、刘坤一、张之洞、端方、袁世凯、黎元洪、段祺瑞、冯国璋、徐世昌等人交情深厚，而且与马衡、容庚、唐兰等中国学者关系密切。他在中国的传奇经历使得他名列《影响中国历史的一百个洋人》一书。

福开森既对中国社会颇具影响，又对中西文化交流卓有贡献。这不仅体现在他兴办现代教育、服务中国政府上，也反映在他保藏中国文物、传播中国文化上。因为在他的一生中，最让人津津乐道的还是其丰富的中国文物藏品。福开森来华之初在南京生活时，就对中国文化产生了浓厚兴趣，不仅能说一口极流利的南京话，而且还特别热衷于鉴别与收藏中国古董、字画。1908 年，他因出任邮传部顾问而移居北京后，开始著书立说，专心研究中国文化，并对中国艺术品和古代文物多有论述。可以说，其后半生主要致力于中国文化和艺术的传播与推广。1918 年，福开森曾在美国芝加哥艺术学院作了 6 次关于中国艺术的演讲，并将演讲内容集为《中国艺术讲演录》一书于次年出版。在该书中，他对 20 世纪初西方研究中国艺术中存在的“重陶瓷而轻书画”的误区进行了纠正，分别介绍了青铜、玉器、石刻、陶瓷、书法与绘画，大致涵盖了中国艺术的主要类别，对中国艺术进行了全面深入的分析探讨。他对西方学界的纠偏，同样开阔了中国人的视野。2013 年，美国出版了一本研究福开森的博士论文——《永恒的热情：福开森及其对中国文化和艺术的追求》，对福开森传播和研究中国文化艺术的卓越贡献做了高度评价。

在京城生活期间，福开森也是著名的文化街——琉璃厂各大古玩店的常客。每当遇到自己喜欢的古玩，往往不惜重金收购，由此所获甲骨、青铜器、书画、瓷器等古物甚丰。在其所住的东城喜鹊胡同 3 号大宅内，收藏的历代中国文物可谓琳琅满目。其实，福开森不仅喜欢收藏和鉴赏古玩，而且对中国古代文物的研究造诣极深，所以很快成为享誉京城的知名文物鉴定家和收藏家，被誉为来华外国人中“中国古物收藏第一人”。1925 年 10 月 10 日，故宫博物院在乾清门举行开幕典礼，首次对外开放。原为古物陈列所[①]文物鉴定委员会委员的福开森应邀加入了新成立的“文物鉴定委员会”。作为唯一的“洋委员”，他与廉泉、郭葆昌、马衡、容庚、唐兰等中国学者一同鉴定书画、青铜器、陶瓷器等文物藏品。

收藏之余，福开森曾利用中华文化教育基金聘请和资助唐兰、马衡、容庚等多位中国著名学者和文物专家共同编撰了《校注项氏历代名瓷图谱》《历代著录画目》《西清续鉴乙编》《历代著录吉金目》《艺术综览》《紫窑

---

① 该所于 1914 年在故宫文华殿和武英殿成立，是我国第一个以皇家藏品为主的博物馆，后并入故宫博物院。

出土记》《得周尺记》等多部著作。这些著作既为学者研究中国文物提供了方便，也为西方国家了解中国文物提供了导向。如今来看，仍有一定参考价值。

1934年，年近古稀的福开森接受了金陵大学校长陈裕光的建议，本着“得之于华，公之于华”的心态，将自己数十年收藏的1000余件中国名贵文物全部无偿捐赠给自己当年参与创办的金陵大学（汇文书院的后身）。福开森捐赠文物的善举得到中国政府、媒体和社会舆论的一致好评，当时的《大公报》对此事作了全程的大篇幅报道，并给予高度评价。据清查，他所捐赠的这批文物主要包括殷墟甲骨、商周青铜器、古陶瓷器、古书画等几类，其中比较重要的有殷墟甲骨、西周小克鼎、周尺、东晋书法家王羲之的《大观帖》、南唐画家王齐翰的《挑耳图》等。关于福开森所藏的殷墟甲骨，数量约为31片，均为王懿荣和刘鹗的旧藏（已被刘鹗收入《铁云藏龟》）。当时，时任金陵大学教授的甲骨学家商承祚曾对这批甲骨进行了整理和研究，并著成《福氏所藏甲骨文字》（1933年由金陵大学出版）一书。小克鼎是西周孝王时期的青铜礼器，属于原本成套的“克鼎”之一。克鼎由1件大鼎和7件小鼎组成，因规格上的差异，被分别称作“大克鼎”和“小克鼎”。大克鼎与其中一件小克鼎现藏于上海博物馆，为该馆的镇馆之宝。而福开森捐赠的这件小克鼎如今则成为南京大学考古与艺术博物馆的镇馆之宝，因其铸有70余字铭文，所以有着极高的历史研究价值。周尺是于1933年在河南洛阳金村周墓中出土的，后被福开森购得。东晋书法家王羲之的《大观帖》是北宋徽宗大观年间将淳化阁帖中王羲之真迹摩勒上石后的原拓本，为传世碑帖中的精品。南唐画家王齐翰的《挑耳图》为传世画卷中的绝品，原本为清末重臣端方的藏品，端方死后，此画辗转流入福开森之手。

《福氏所藏甲骨文字》

然而，当福开森向金陵大学捐赠自己所藏文物时，由于当时的金陵大学尚不具备保管条件，所以福开森就与北京古物陈列所（今故宫博物院前身）协商，由其先行代为保管。中华人民共和国成立后，福开森捐赠的这批文物才由金陵大学图书馆馆长李小缘率人运回南京，经清点和登记后入藏金陵大学，并做了公开展览。1952 年，金陵大学与南京大学合并，这批文物又转入南京大学，但一直未对外开放。直到 2002 年南京大学百年校庆之时，福开森所捐赠的这批文物才得以在新成立的南京大学考古与艺术博物馆（2002 年 5 月成立）中公开展出，受到中外学者和观众的高度关注。

俗语说："金无足赤，人无完人。"福开森的一生也留有"败笔"。他曾将所藏的一些中国文物卖给或捐赠给美国的一些博物馆，在客观上造成了中国文物的流失。但是，瑕不掩瑜，福开森不仅将自己的一生献给了近现代中国的教育、新闻、慈善、文物收藏等事业，而且在晚年还将自己的毕生所藏慷慨地捐赠给金陵大学，使这批珍贵文物留在了中国。此外，他对中美文化交流所作的贡献也是有目共睹的，堪为中美两国友好交往的榜样和典范。仅凭其精心保藏和慷慨捐赠刘鹗旧藏甲骨之功，就为他在甲骨学发展史上赢得了一席之地。

参考文献：

1. 宁树藩：《福开森控制下的〈新闻报〉》，《新闻业务》1961 年第 12 期。
2. 肖黎，马宝珠，吕延涛：《影响中国历史的一百个洋人》，广东人民出版社，1992 年。
3. 茅铨：《〈新闻报〉易主风波》，《民国春秋》1995 年第 2 期。
4. 蒋伟国：《美国人福开森与中国文物》，《民国春秋》1997 年第 5 期。
5. 章玲苓：《福开森与南洋公学》，《上海档案》2001 年第 3 期。
6. 钱好：《穿马褂的洋人如何在美国讲中国艺术》，《文汇报》2015 年 2 月 13 日。
7. 曹晨：《福开森其人其事》，《文史天地》2016 年第 3 期。
8. 聂婷著，郑涛译：《福开森与中国艺术》，上海书画出版社，2017 年。
9. 张春岭：《逛琉璃厂的外国人》，《金融博览》（财富）2017 年第 10 期。
10. 郑涛：《福开森——中西文化交流的使者》，《美术报》2018 年 2 月 3 日。

11. 骆贡祺:《福开森其人其事》,《新民晚报》2018 年 11 月 26 日。
12. 司开国:《〈福氏所藏物品清册〉与福开森中国艺术品收藏之路》,《美术研究》2020 年第 2 期。
13. 时文甲，史梅:《美籍汉学家福开森的故宫交游圈——以南京大学所藏文献档案为基础》,《文献》2020 年第 2 期。

第十五篇

甲骨大家明义士，情系齐鲁梦难圆

19 世纪末，尤其是甲午战争后，由于晚清政府腐朽无能，中国国门被帝国主义列强强迫打开。西方列强纷纷在中国取得“租借”海港和筑路、开矿等重要投资特权，并且竞相划分“势力范围”，激烈争夺和瓜分在中国的利益。随之而来的不仅有西方政客、军人、商人，而且还有学者、科学家、探险家，其中有一类人比较特殊，他们就是传教士。在当时来华的西方传教士中，比较著名的不仅有英国的库寿龄和美国的柏尔根、福开森、方法敛，还有来自加拿大的明义士和怀履光。

1885 年 2 月 23 日，一个小生命诞生于加拿大安大略省克林顿镇的一个基督教新教家庭，父母为其取名 James Mellon Menzies（詹姆斯 · 梅隆 · 明义士）。父母希望他将来能考上大学，为家庭带来更大的经济效益。明义士没有辜负父母的期望，于 1903 年考入多伦多大学应用科技学院攻读土木工程专业。1907 年，明义士读大学四年级。在毕业实习时，他被安排做国土测量员，负责加拿大西部萨斯克彻万和阿尔伯塔两省省界的勘定工作。这段野外工作经历，为他日后进行考古工作和学术研究奠定了良好的基础。实习结束后，他以优异的成绩完成学业并获得多伦多大学土木工程学士学位。因为父母都是虔诚的基督教新教教徒，受此影响，明义士自然也信仰新教。在多伦多大学学习期间，除了土木工程专业之外，他对神学与哲学也颇有兴趣和研

明义士

究，经常利用业余时间从事与宗教有关的活动，还担任了多伦多大学基督教青年会理事兼秘书、应用科技学院基督教青年会主席等教会职务。从应用科技学院毕业后，他进入多伦多大学诺克斯神学院继续深造，系统学习神学专业。1910年，明义士从诺克斯神学院毕业后，由于受到一些人的影响，他萌发了到古老而神秘的东方国度的念头，没想到这一决定影响了他的一生，使他与中国及甲骨文结下了不解之缘。1914年，他被调往河南彰德府（今河南安阳），任教会学校的教员。在安阳传教期间，明义士不仅荣升为牧师，还入乡随俗地为自己取了个颇具中国味道的名字——明义士。因为他被当地厚重的文化底蕴深深吸引，绚烂的中国文化和古代文物使其着了迷，于是开始疯狂地学习汉语和中国传统文化，并积极地拜当地一位乡间老秀才为师。当时，安阳出土甲骨的消息早已风起，小屯村民见有利可图便大肆挖掘，尽管如此仍供不应求。在获悉甲骨的“秘密”后，明义士对其产生了极大兴趣，也开始抢购甲骨。尽管自己就身处安阳，但他不知甲骨的确切出土地。经过多方打听，他终于了解到甲骨就出土于安阳的小屯村。其实，明义士所在的教会就位于北距洹河不远的安阳老城以北的铸钟街，沿河向西约2.5千米就是小屯村。于是，在1914年春的某一天，身着中国传统长袍的明义士骑着一匹老白马，打算亲自到洹河边搜寻甲骨，碰碰运气，但他转悠了半天未有任何发现。忽见几个正在玩耍的当地小童，明义士便上前询问、打听，但是小童看到这位穿着长袍、说着汉语的外国人也颇为警惕。于是，明义士掏出一些铜钱作为诱惑，小童便答应带路。在小童的指引下，明义士终于如愿以偿，找到了传说中的神秘甲骨。一来二去，明义士很快便与当地村民熟络了。当地村民每当挖到甲骨都会第一时间卖给明义士。明义士由此成为第一个获悉和实地考察甲骨文出土地殷墟的外国人。

1915年，加拿大长老会设在安阳的教会学校改称为“斌英高初两级小学校”，明义士被任命为校长。学校设有历史、地理、音乐、体操等多门课程，圣经课自然不可或缺，传教讲道依然是明义士最热衷的本职工作。1916年，明义士的次子亚瑟出生了。为了给儿子取个中国特色的名字，明义士翻遍了古代典籍，最终从《大学》中取“大学之道，在明明德”之语而给孩子起名“明明德”。其实，明义士是到安阳之后才结婚的，他的四个孩子中有三个是在安阳出生的。

虽然明义士比起英国人库寿龄和美国人方法敛收购甲骨的时间要晚一些，但是占尽地利优势的他却后来居上。在1914年之后的十余年间，明义士时常带着儿子出入田间村头，搜集和收购甲骨，他骑着老白马的镜头永远定格在不少老一辈安阳人的记忆里。就这样日积月累，明义士在当地总共收集到5万余片刻字甲骨，成为当时数量最大的甲骨收藏家，堪称“甲骨收藏第一大户”。当然，他所收集的这5万多片甲骨并非全都是真品。据说，明义士每当买到甲骨都会把它们当宝贝似的小心收藏在箱子内。一天，他忽然感觉房间内的空气不对劲，仔细查找后才发现这股刺鼻的浓臭味儿是从存放甲骨的箱子里散发出的。他急忙打开箱子，拿出放大镜一探究竟，原来是一些甲骨发霉变质了。明义士恍然大悟，他可能是买到了有人用新骨头伪刻的假甲骨。其实，他买到假甲骨也是在所难免的事。因为当地村民多为食不果腹的贫苦农民，他们万没想到埋在地下的这些老祖宗留下的朽骨败甲竟然这么值钱，不仅能够靠其养家糊口，而且还让一些人大发横财。可是，地下哪来那么多甲骨让他们去挖，再说也不是随便就能挖到的。于是，某些见钱眼开的人就想到了造假，他们先在新鲜的牛骨头上仿刻文字，然后再将其埋入地下，过段时间后再挖出来冒充真甲骨卖给古董商和明义士之类的收藏家以获利。当然，这些假甲骨或许就出自当时的甲骨造假高手蓝葆光之手，因为后来明义士声称自己曾亲眼见过蓝葆光所做的上千片伪刻。但蓝葆光并非只用新牛骨造假，而是多在没有文字的殷商甲骨实物上仿刻文字，因此能够以假乱真，以致不少藏家手中和文博单位里都收有此类甲骨，至于历代甲骨著录集中所收录的伪刻那就更多了。发现自己上当受骗的明义士真是又恼又恨，不过这也让他受了教训，长了心眼儿，从而迫使其痛下苦功，逐渐掌握了辨别真假的诀窍，炼就了一双辨别甲骨的“火眼金睛”。

工作之余，明义士开始临摹自己所藏甲骨上的文字，并查找和翻阅相关材料，以图从这些神秘的古文字中寻找中国古代文明的蛛丝马迹。1917年，明义士编撰出自己的第一部甲骨文研究著作《殷虚卜辞》(在该书序言中，他详细记录了自己在小童指引下与甲骨文不期而遇的神奇经历)。然而，就在明义士潜心研究甲骨文之时，他却在1917年初随“中国劳工团”奔赴法国前线，致使其甲骨收藏和研究工作被迫中断。1921年春夏之交，服役期满后，明义士又来到了中国安阳，继续负责教会学校的工作，并重新开始了其钟爱的甲骨收藏和研究。1924年，小屯村民在筑墙取土时偶然发现了一坑甲骨，随即全被明义士购藏。1926年，小屯村民在地主张学献家的菜园里挖出了一坑甲骨，全部成为明义士的藏品。这为其深入研究甲骨文提供了可靠的第一手材料。1927年4月，明义士被迫离开安阳，到北平华北联合语言学校（简称“华语学校”，后改名“华文学校”）任教。在北京逗留期间，他不仅继续从事学术研究，而且还广交朋友，结识了马衡、容庚、商承祚等著名中国学者。然而，当他于1928年7月返回安阳时，却发现家中收藏的文物和书籍已被士兵损坏殆尽，所藏部分甲骨也惨遭浩劫。1928年9月，他因休假离开了中国。正是在这一年，他在助手曾毅公的协助下，完成了自己的第二部甲骨文研究著作《殷虚卜辞后编》。1930年秋，当他再次返回安阳时，受河南大学委托，恢复了在战乱中停办的斌英中学。

1932年秋，明义士应齐鲁大学之邀，离开了他生活和工作多年的河南安阳，来到了山东济南。临行前，他把自己在安阳多年收集的甲骨及其他藏品分装到几辆马车中，全部运到了济南齐鲁大学（今山东大学趵突泉校区）。齐鲁大学是由英、美、加三国基督教会联合创办的一所教会大学，前身是1904年由潍县广文学堂、青州共合神道学堂和济南共合医道学堂合并而成的山东基督教共合大学。1917年，教会筹款在当时的济南市新建门外创办新校后，学校定名为“齐鲁大学”，下设文理学院、神学院和医学院，主要为教会培养神学和医学方面的

PREHISTORIC CHINA

PART ONE

ORACLE RECORDS FROM
THE WASTE OF YIN
殷虛卜辭

BY
JAMES MELLON MENZIES, B.A.Sc. (Toronto)
明義士(子宜)著
Dominion Land Surveyor; Junior Member Canadian
Society of Civil Engineers; Missionary of
the Presbyterian Church in Canada,
at Changteho, Honan, China

SHANGHAI:
KELLY & WALSH, LIMITED,
HONGKONG—SINGAPORE—YOKOHAMA

《殷虚卜辞》

人才。明义士在齐鲁大学任教期间，被聘为国学研究所考古学教授，并被委以哈佛燕京学社项目负责人的重任。尽管齐鲁大学属于教会学校，明义士仍是传教士，但是热衷于甲骨文研究的他却丝毫没有向学生们传教的兴趣。给学生授课答疑之外，他不仅一心扑在甲骨文研究上，还在校园里办了个小型古物博物馆以展示自己丰富的藏品。因其终日与甲骨为伴而过于痴迷，所以得了个“老骨头”的绰号。据说，在齐鲁大学任教期间，明义士一家五口就居住在位于济南南新街56号的一栋花园式洋房里，与著名文学家老舍所住的四合院相邻。明义士与老舍既是同事又是邻居，因而私交不错，老舍还赠送他一本自己所作并亲笔题名的长篇小说《离婚》，明义士视若至宝。

齐鲁大学

据学者研究和统计，在齐鲁大学任教期间可谓明义士学术研究成果最多产的时期。他不仅完成了《甲骨研究》《考古学通论》讲义的写作，而且还相继发表和出版了《商代文化》、《甲骨研究》（初编）、《表校新旧版〈殷虚书契前编〉并记所得之新材料》、《中国商代之卜骨》、《柏根氏旧藏甲骨文字》、《商代的美术》（英文）、《商代的文化与宗教思想》（英文）等一系列研究甲骨文的论著，攻克了诸多甲骨文研究的难题，使齐鲁大学成为当时在甲骨文研究领域处于国际领先地位的重要阵地之一。此外，除了已发表的成果，明义士还有数种未能完成的研究计划。在研究甲骨文之余，他还对城子崖遗址及济南附近地区进行了多次考古调查，收集到数以千计的陶片，并对这些古代遗址及遗物进行了初步研究。

1936 年 6 月，明义士回到加拿大多伦多休假。然而，令他意想不到的是，这次例行休假却成为他与中国的永别。此后，因第二次世界大战等种种原因，他终未能再回中国，只能隔海遥望令他魂牵梦绕的东方。

明义士在加拿大休假期间，得知返回中国无望后，便选择到安大略皇家博物馆的远东部工作。虽然他心爱的甲骨藏品大都留在了齐鲁大学，但他并未放弃对于甲骨文的研究。在 1936 年至 1943 年供职于皇家安大略博物馆期间，他于 1942 年以论文《商戈》获得了自己母校多伦多大学的哲学博士学位。1943 年起，他到美国国务院战时新闻局任职，直到 1946 年因心脏病发作才被迫退休。此后，明义士一直赋闲在家休养，直到于 1957 年 3 月 16 日在多伦多病逝。然而，出乎明义士意料的是，他在中国的一些同事（留在中国的加拿大传教士）不知何故，竟然在 1948 年 9 月将其留在中国的包括甲骨在内的一批文物藏品（共 6 箱，原藏于天津加拿大长老会）私自从天津运回了多伦多。此事明义士之前并不知情，之后也并不认可其同事的做法。而他的同事也并非故意为之，只是由于战争原因而与明义士失去了联系，后来就当作明义士的私人物品而帮其运回了加拿大。不过，也正因为此事，明义士才被误解多年，背上了“盗窃中国文物的帝国主义分子”“披着宗教外衣对中国进行文化侵略的帝国主义分子”的骂名。其实，早在 1947 年 7 月，明义士曾给在中国的格兰斯通小姐写过一封信，信中说：“在天津麦克尼士先生的阁楼上存放着一批很有价值的甲骨和其他文物。除了佛朗西斯和埃尔文以外，我谁也没有告诉过，因为我一直希望能回中国，这些东西应该留在中国。”而他在信中所说的“这些东西”就是被他同事私自运回多伦多的 6 箱文物。实际上，晚年的明义士虽然生活清贫，仅靠微薄的退休金维持生活，但却从未想过变卖手头的文物藏品，即使一片甲骨都未卖过。因为他收藏甲骨有一个原则，仅供个人收藏和研究，绝不转手买卖。所以，他曾把这批甲骨长期存放在港口，梦想着有朝一日能亲自带着它们返回中国，因为他从心里认为只有中国才是他和这些甲骨的真正归宿。临终前，他唯一的心愿就是将这些凝聚其一生心血的甲骨送回中国，让它们回到故乡。他再三叮嘱其子明明德，让他一定要将甲骨物归原主。可惜事与愿违，这批甲骨未能如其所愿回归中国。

1961 年，明义士的夫人和儿子明明德将这批甲骨中的 4700 片及未发表过的 2812 件甲骨拓片悉数捐赠给了明义士生前工作过的皇家安大略博物馆。后来（1989 年），明义士的子女还将一部分甲骨片（5 片）捐赠给了维多利亚艺术博物馆。1972 年，著名甲骨学家许进雄应邀对皇家安大略博物馆的这批明义士旧藏甲骨进行了整理和研究，并编著成《明义士收藏甲骨文字》一书，由皇家安大略博物馆出版。该书共著录甲骨拓片 3176 片，缀合 6 例、背文 2 片，以及与其他著录所收拓片的缀合 42 例。

入藏加拿大皇家安大略博物馆的这批明义士旧藏甲骨难归故土，令人叹惋。那么，明义士留在中国的其他甲骨的情况如何呢？据了解，早在 1946 年 6 月，重病缠身的明义士就曾给其子明明德写过一封信，信中说："我不久前收到 W.B. 彼特斯 5 月 11 日发自北平的信，他说我当年存放在北平华北联合语言学校地下室中的藏品安然无恙……我已经写信请求他将这些甲骨妥善地运到齐鲁大学杜儒德博士那里……而且，我希望把它们捐赠给齐鲁大学。"当时，中国人民抗日战争刚结束不久，为了躲避战乱而搬至四川成都华西坝的齐鲁大学计划迁回济南，时任齐鲁大学教授的著名甲骨学家胡厚宣曾打算专程回济南搜寻明义士所藏甲骨，因故未果。待齐鲁大学搬回济南后，学校立即派人寻找明义士当年所留藏的甲骨，可惜毫无所获。据说，在第二次世界大战期间，明义士的大女儿玛丽安娜代表联合国战时救济署来到华北解放区进行抗日活动时，曾悄悄打听过这些甲骨的下落，但依然毫无结果，一度以为被占据济南的侵华日军掠走了。直到 1951 年初，明义士所留藏在中国的一部分甲骨才得以重新现世。当年 2 月，著名翻译家杨宪益（1915—2009）让人转交给南京博物院一只装有甲骨的箱子，并附有一封信。信中介绍说这箱甲骨是加拿大外交官 Chester Ronning（切斯特 · 朗宁，中文名穰杰德，又名应杰德，为前加拿大驻华使馆代办）临回国前在整理大使馆财产及私人物品时发现的，为朗宁以前的一位朋友留存在他那里的，因不知如何处理便交给了他，他想请南京博物院研究一下。当时，南京刚解放，措手不及的西方国家纷纷关闭驻华使馆。朗宁在撤离南京前告诉杨宪益，他在收拾和整理使馆物品时在一间储藏室里发现了一只旧木柜，柜内藏有用纸包裹的甲骨片，是其旧友明义士曾经托人暂存在使馆的。由于知道这是中国文物，不能带回国，所以就问杨宪益如何处理。杨宪益验看后确认是殷墟甲骨无疑，便叫了一辆三轮车将其送交南京博物院，院长曾昭燏为此还专门致信感谢他“赠宝”之意。南京博物院收到箱子后，经过清点、整理和查证，发现箱内共有 2148 片甲骨，和明义士于 1917 年所著的《殷虚卜辞》一书中所收甲骨摹片图录正好相符，但是数量却比《殷虚卜辞》著录的 2369 片少 221 片，而这 221 片至今仍不知所终。1951 年 5 月，供职于南京博物院的著名考古学家尹焕章在《南博旬刊》上发表了《本院新获卜辞喜讯》一文，这批明义士旧藏甲骨才始为外界所知。那么，这箱珍贵的甲骨精品为何会突然出现在加拿大驻华使馆的储藏室里呢？据专家考证，原来明义士在回国之前曾将这箱重要甲骨单独藏在齐鲁大学的某个地方（据说在其朋友罗维灵医生的房子里），后于太平洋战争（1941 年 12 月）爆发前夕被其同事和朋友转移至齐鲁大学金库保管。中国人民抗日战争胜利以后，明义士的同事和朋友在返回齐鲁大学后，将包括这箱甲骨在内的一批明义士藏品转移至济南南新街 52 号的花园洋房（明义士旧居）内保存。1947 年 6 月，身在加拿大的明义士听闻中国人民解放战争爆发，为了保障自己藏品的安全，便致信在齐鲁大学任教的朋友赖恩源（Lair，美国传教士）教授，委托赖恩源将藏在自己旧居里的包括这箱甲骨在内的一批文物藏品（110 箱）运往上海加拿大使馆（其实当时加拿大使馆设在南京，所以“上海”应为“南京”之误）保存。于是，1948 年 7 月，这箱甲骨在赖恩源的安排下，被先期秘密运到了位于南京的加拿大驻华使馆。不过，其他 100 多箱明义士藏品却并未送交加拿大驻华使馆，而是暂存在了奥古斯丁图书馆的地下室内。这箱珍贵的甲骨自从被运到加拿大驻华使馆后，就一直静静地躺在仓库里，被人遗忘了。1949 年 4 月，明义士的这箱旧藏甲骨才被加拿大外交官朗宁发现。

除了入藏加拿大皇家安大略博物馆和南京博物院的两批甲骨以外，明义士在信中（1946 年 6 月 11 日）所言存放在北平华北联合语言学校地下室的甲骨和留存在齐鲁大学的甲骨又在哪里呢？1952 年，终于出现了新线索。当年，在齐鲁大学所派寻找明义士藏品的工作人员的软磨硬泡下，曾任齐鲁大学代理校长的英国人林仰山（又名林森或林深）被迫交出了一张难以辨识的英文草图，原来这正是明义士的同事所手绘的“藏宝图”（原由安德鲁·托马逊保管）。工作人员从林仰山手中查获此图后欣喜不已，便按图索骥，终于在齐鲁大学（今山东大学趵突泉校区）一位教师住宅的地下室里找到了明义士所留藏的 140 多箱文物，经清点，仅甲骨就多达 8080 片，其中刻字甲骨 3668 片。这批甲骨被山东省文物管理委员会接手后，不久转交给山东博物馆，成为该馆的“镇馆之宝”。

1965 年，著名甲骨学家胡厚宣在故宫博物院里发现了 870 片甲骨，因为其中有一个 1924 年 2 月 18 日从天津寄给明义士的信封，所以推断这批甲骨应是明义士旧藏甲骨的一部分。1974 年，故宫博物院工作人员在清理仓库时，发现了 167 箱甲骨，上面仍然贴着明义士当年亲手所写的封条。工作人员一查点，竟有 19494 片。其实，这两批共计 20364 片的甲骨正是明义士存放在北平华北联合语言学校地下室的那些，可能是他于 1927 年为避战乱而到北平华北联合语言学校任教时从安阳带去的。明义士本来打算将这些甲骨请 W.B. 彼特斯派人运回山东济南捐赠给齐鲁大学的（见 1946 年 6 月 11 日他写给儿子明明德的信），但这些甲骨由文化部接收了，随后交给故宫博物院保管。正是由于明义士的这些旧藏甲骨，才使得故宫博物院成为甲骨藏量仅次于国家图书馆的藏家。

如果明义士当年收集的甲骨确有 5 万片，那么以目前国内已发现的 3 万余片是远不够的，除了已入藏加拿大皇家安大略博物馆和维多利亚艺术博物馆的近 5000 片甲骨以外，其他的至今都未找到。是明义士夸大其词，还是其他的流散到海外了？抑或是仍藏在国内某个地方？有待后人找寻答案。

1976 年，时年 60 岁的明明德（明义士次子）出任加拿大驻华大使，成为加拿大第二任驻华大使。1999 年 6 月，明明德来到济南，将其父亲生前收集的 3 箱有关中国考古学的研究资料和图书捐赠给山东大学，并交由与明义士后人关系密切的当代著名考古学家方辉教授负责整理与研究（方辉教授曾到加拿大多伦多大学访学，著有《明义士和他的藏品》一书），从而为这批浸润明义士心血的甲骨拓片、金石拓片、照片、书籍、信件、日记、手稿等珍贵资料找到了最佳归宿，完成了其父明义士的一桩心愿。

明明德（第一排左一）

综览明义士的一生，他年轻时原本是打算来华传播基督教文化的，没想到却为博大精深的中国古代文化所感染和折服，最终为中国古代文化尤其是甲骨文研究作出了不可磨灭的贡献，成为一位著名的汉学家。他不仅因以学者身份率先造访殷墟而被称为“第一位实地考察殷墟的外国学者”，而且还因收藏和研究甲骨文之功以及对中国甲骨学发展作出的卓越贡献而被誉为“甲骨文研究西方学者第一人”。据甲骨学家王宇信研究和总结，明义士对甲骨学的贡献是多方面的，例如甲骨著录、甲骨断代、甲骨缀合、甲骨校重、甲骨辨伪等。其中，在甲骨著录方面，明义士生前完成的有三种，即《殷虚卜辞》《殷虚卜辞后编》和《柏根氏旧藏甲骨文字》。《殷虚卜辞》（1 册）出版于 1917 年，是明义士的第一部甲骨文著作，也是西方学者研究甲骨文的第一部著作，该书收录了甲骨摹片 2369 片，甲骨原物现藏于南京博物院。《殷虚卜辞后编》（2 册）完成于 1928 年，于 1972 年由艺文印书馆出版发行，该书共收录甲骨拓片 2819 片。据说，明义士当时将每片甲骨都拓印了 5 份，除自留一份稿本外，其他 4 份分赠给了其好友马衡、容庚、商承祚等中国学者。《柏根氏旧藏甲骨文字》（1 册）最初发表于《齐大季刊》1935 年第六期和第七期上，后以线装单行本发行，著录甲骨 74 片，原物现藏于山东博物馆。

在甲骨断代方面，明义士经过对“历组卜辞”问题的研究提出了“五期说”，他认为 1924 年小屯出土的一坑甲骨分属于武丁、祖庚、祖甲、康丁、武乙时期。此说虽然目前在学术界仍有争议，但已被不少学者认同。以“字形”作为甲骨文断代依据，正是他首次提出的。在甲骨缀合方面，因明义士早年在安阳收集甲骨之时，曾积累了大量甲骨碎片，由此使他成为较早从事甲骨缀合的学者之一，其成就得到了学界首肯。在甲骨校重方面，明义士于1933年6月发表在《齐大季刊》上的《表校新旧版〈殷虚书契前编〉并记所得之新材料》一文，就是较早涉足这一领域的成果之一。后来，他把《殷虚书契前编》与《龟甲兽骨文字》《铁云藏龟》《殷虚书契后编》等甲骨著录互相校勘，并从中发现重见拓片37例，为后世学者提供了极大便利。在甲骨辨伪方面，明义士因早年收购甲骨时曾上当受骗，买到不少伪片而深受其害，迫使他刻苦钻研、悉心考究，终成为甲骨辨伪的高手。事实证明，明义士的辨伪功夫非常深厚，他在1917年所编的《殷虚卜辞》一书中，收录了2369片甲骨却只有1片伪刻，后来还被他自己识别出来。此外，在商代世系的研究上，明义士几乎与郭沫若站在了同一条起跑线上。他对甲骨卜辞中“商祖名甲者之次序”的独特研究，和郭沫若当时对“沃甲”“阳甲”的研究几乎得出了完全相同的结论，甚至连两人引用的论据也没有太大差别，堪称甲骨学史上的一段佳话。

明义士生前一直梦想回到齐鲁大学继续研究甲骨文的心愿虽未实现，但其所藏的数万片甲骨不仅成为国内外多家文博单位的珍贵藏品，也成就了数代甲骨学者。他为中加两国文化交流所作的卓越贡献，历史不会忘记。他在甲骨文收藏和研究方面所取得的非凡成就，更使其跻身著名甲骨学家行列。

参考文献：

1. 富善著，黄然伟译：《明义士先生传略》，1961年，《中国文字》(第五十册)。
2. 胡厚宣：《关于刘体智、罗振玉、明义士三家旧藏甲骨现状的说明》，《殷都学刊》1985年第1期。
3. 阿瑟·明义士，苏秀菊：《詹姆斯·M·明义士传——他的兴趣在于中国的考古和艺术》，《殷都学刊》1992年第4期。
4. 方辉：《明义士的甲骨收藏与甲骨学研究》，《殷都学刊》1994年第1期。
5. 桦子：《流散在国外的甲骨》，《上海师范大学学报》(哲学社会科学版)1996

年第 2 期。
6.　方辉:《有关明义士藏品的一封信》,《殷都学刊》1996 年第 3 期。
7.　王宇信:《踏破铁鞋无觅处——祝方辉博士整理明义士〈甲骨研究〉出版》,《殷都学刊》1997 年第 4 期。
8.　方辉:《明义士和他的藏品》，山东大学出版社，2000 年。
9.　方辉:《明义士在皇家安大略博物馆》,《殷都学刊》2000 年第 1 期。
10.　刘志庆，尚海丽:《加拿大传教士在安阳四进四出及其影响》,《世界宗教研究》2000 年第 4 期。
11.　钱益汇，禚柏红:《“明义士学术研讨会”综述》,《文史哲》2000 年第 6 期。
12.　王宇信:《明义士殷商文化研究的成功及对我们的启示》,《文物天地》2001 年第 5 期。
13.　王宇信:《明义士殷商文化研究的成功及对我们研究的启示（续)》,《文物天地》2001 年第 6 期。
14.　方辉:《谈几件有关明义士的书信及其他》,《殷都学刊》2003 年第 4 期。
15.　赵启斌:《殷墟国粹——记南京博物院藏甲骨文珍品展》,《收藏家》2004 年第 10 期。
16.　董延寿:《明义士与甲骨文研究》,《中州学刊》2005 年第 6 期。
17.　廖忠:《切斯特·朗宁——一个加拿大外交官在中国的传奇故事》,《重庆与世界》2005 年第 12 期。
18.　魏敬群:《明义士甲骨收藏始末》,《春秋》2010 年第 2 期。
19.　金阳秋:《明义士：第一个系统研究甲骨的西方学者》,《语言文字报》2010 年 10 月 27 日。
20.　尚海丽:《研究甲骨文的“西方学者第一人”——明义士牧师》,《安阳师范学院学报》2011 年第 3 期。
21.　赵彦昌:《甲骨档案流失海外的原因、经过及具体分布》,《山西档案》2011 年第 6 期。
22.　贾双喜:《川流汇海　搜藏不辍——国家图书馆甲骨收藏纪事》,《中国书法》2012 年第 6 期。
23.　陈巨慧，钟倩:《明义士：甲骨研究“西方学者第一人”》,《大众日报》2012 年 12 月 18 日。
24.　邹芙都，樊森:《西方传教士与中国甲骨学》,《国际化学习与探索》2013 年第 9 期。

25. 刘志伟:《揭开谜团，明义士不是“坏蛋”》,《安阳日报》2014 年 6 月 3 日。
26. 李彦:《甲骨文与明义士家族》,《厦大中文学报》2015 年第 1 期。
27. 沈辰，何鉴菲:《海外博物馆收藏中国文物的主旨演变及时代挑战》,《中国博物馆》2015 年第 4 期。
28. 邹芙都，樊森:《西方传教士与中国甲骨学》，科学出版社，2015 年。
29. 王素:《故宫博物院藏殷墟甲骨文整理与研究项目缘起》,《故宫博物院院刊》2016 年第 3 期。
30. 郅晓娜:《介绍一封明义士写给金璋的书信》,《甲骨文与殷商史》(新七辑)，上海古籍出版社，2017 年。
31. 朱冬梅:《传教士明义士齐鲁生活考》,《人文天下》2019 年第 2 期。

第十六篇

河南主教怀履光，购藏甲骨亦痴狂

1910 年，年轻的明义士初到中国河南传教时，他的一位同乡正担任河南教区的主教，算是他的领导。后来（1942 年），明义士到多伦多大学攻读博士学位时，此人正在该校任教。据说，明义士还受到此人的指导。此人是谁呢？他便是明义士的同乡、领导和老师——William Charles White（威廉·查尔斯·怀特），中文名为怀履光。

怀履光

怀履光于 1873 年 8 月 22 日出生于英格兰德文郡的艾维布里奇，在兄妹 10 人中排行第一，为家中长子，其父是一位石匠和建筑承包商。1881 年，年幼的怀履光跟随父母移居加拿大，定居在安大略省诺伍德镇。由于父母都是虔诚的圣公会教徒，要求孩子严守教规，所以怀履光从小就接受了基督教教育。1891 年，怀履光高中毕业后便离开家乡到了外地，进入加拿大基督教青年会工作，他的愿望是将来能从事神职工作。1894 年，他进入加拿大基督教圣公会开办的威克里夫神学院（Wycliffe College）学习。在校期间，他学习刻苦、成绩优异，获得了“鲍德温传教士纪念奖”。专业之外，他的兴趣非常广泛，最吸引他的是医学。为此，他经常去多伦多大学医学院听课，还常到诊所观摩治疗、研究病例，从而掌握了一定的医术。1896 年 5 月，刚从威克里夫神学院毕业不久的怀履光被按立为副牧师，进入多伦多三一教堂工作，并于当年加入英国圣公会差会。1897 年初，时年 24 岁的怀履光受加拿大圣公会所派，以英国圣公会的名义来到中国福建建瓯地区（古属建宁府建安县、瓯宁县）传教。初到建瓯，为了入乡随俗，他便为自己起了个中文名字“怀履光”，取其“走向或寻找光明”之意。在福建建瓯传教期间，他的汉语尚未过关，所以只能依靠华人教士布道。但是他利用所掌握的一些医术为人拔牙、补牙、割痈排脓等一系列善行，却也为其赢得了不少信徒。不久，他与未婚妻安妮雷（Annie Ray）在上海三一教堂举行了婚礼。

为了补习汉语，怀履光可谓痛下苦功，因其聪颖过人，所以进步很快，不久便编成《建宁方言英语词典》并于1901年在福州出版。1899年，怀履光在福州不列颠公众教堂由香港主教按立为牧师。1901年，他被派往福建闽侯传教。在闽侯传教期间，他不仅在教区大院里建立了一所男子寄宿小学，而且为附近麻风病人居住区的病人子弟开办了一所学校。此外，他还与其他传教士合作，继续行医，不仅诊治麻风病人，还帮助鸦片吸食者戒烟。1907年，怀履光转到福建福州工作，其传教对象由基层群众改为政府官员、学者和社会上层人士。他由此开始欣赏并接受博大精深的中国传统文化。1909年11月，怀履光在多伦多市圣詹姆斯大教堂被加拿大大主教按立为主教。36岁的怀履光不仅成为加拿大大主教按立的第一位主教，也是当时最年轻的主教之一。1910年5月，怀履光偕夫人进入河南省会开封，先在开封城内行宫角租赁房屋设置布道所和阅报室，继而兴建三一教堂，成为河南教区的首任主教。随即他委派华人牧师魏亦亨主持会务，并在开封南关购地创办了圣安得烈中学和圣玛利亚女中。就在他到达开封几个月后，河南发生了严重的灾荒。因此，怀履光在传教之外，还积极从事社会活动。1911年5月，他出任“华洋义赈会”会长，积极从海外募集救灾资金，组织食品分发，热情参与救助因天灾、战乱而流离失所的民众。1920年至1921年，他出任“河南救灾基金会”会长，不仅从加拿大民间募集到60万加元的赈灾资金，而且还通过加拿大圣公会向加拿大政府寻求援助，从而帮助不少灾民渡过了难关。1922年至1934年，他先后担任“河南公共卫生协会”会长、“开封红十字会”会长，并建立“国际反鸦片协会河南分会”且自任会长，与政府合作开展戒毒运动。此外，他还主持创办了多所小学、中学、女中，并积极参加乡村建设活动，为河南的教育事业和乡村建设事业作出了一定贡献。

在怀履光创建河南教区后，受其影响，20 多名加拿大传教士在此后的数年中相继来到开封，其中就包括明义士。

然而，在河南传教期间，怀履光在发展传教事业、热心社会公益等善行之外，也做了几件不光彩的事。

首先，当加拿大传教士明义士于 1914 年被调到河南彰德府（今安阳）传教时，正在其麾下工作。由于明义士喜欢中国传统文化和古物，且尤为嗜好收集殷墟出土的甲骨，所以也引起了身为主教的怀履光的关注和兴趣。怀履光听闻甲骨的珍贵价值后，便要求明义士坐庄安阳专门为其倒卖甲骨以牟利。由于与怀履光的价值取向不同，所以明义士断然拒绝了他的无理要求。因为明义士收集甲骨的目的和收藏甲骨的原则只有一个，就是只用作研究而绝不卖钱牟利。结果明义士的态度无意中“得罪”了怀履光，从而为后来他们同在加拿大皇家安大略博物馆共事时相处得很不愉快埋下了伏笔。不过，即便明义士当时不同意帮其倒卖甲骨，也未影响怀履光对甲骨的疯狂搜集。据说，怀履光先后搜集到 2686 片甲骨，并于 1934 年离任返回多伦多后全部捐赠给了加拿大皇家安大略博物馆，从而造成了中国珍贵文物的流失。

其次，在河南期间，怀履光利用主教的身份，不仅在开封、商丘、洛阳等地建教堂、办学校、开医院，开展了一些慈善和社会救济工作，而且还大肆攫取河南文物，留下了黑暗的一笔。1928 年，河南洛阳孟津平乐镇的金村发现了一片战国时期的王陵和贵族墓地。在怀履光、美国人华尔纳等西方传教士以及国内不法古董商的威逼利诱下，当地农民同意为他们盗墓。1928 年至 1934 年间，盗墓贼共盗掘了 8 座战国王陵大墓，从中挖出了青铜器、玉器等数千件各类文物。这些珍贵文物被盗墓贼用马车运到洛阳后，很快便由古董商走私转卖到了海外。其中，一部分文物到了怀履光手中，后来也被其捐赠给加拿大皇家安大略博物馆。据统计，金村古墓被盗文物后来流散到美国、加拿大、法国、日本等十多个国家。金村古墓的盗掘致使大量珍贵文物流失海外，对中国文化及文物造成了极大破坏。正如著名学者沈辰在《金村传说：怀履光与洛阳文物之谜》中所言：“纵观怀履光在中国的活动，他是一个喜欢中国文化的文明传播者，同时又是中国文明的破坏者。在同中国文化的接触中，他感受到了中国文化的深邃魅力，不自觉地为之吸引并产生了将其介绍到西方的强烈愿望。但与此同时，不容忽视的是，怀履光肆无忌惮地掠夺中国文物，在盗窃和贩卖中国文物的过程中，虽然打着‘把东方介绍给西方的旗号’，但无法掩盖其掠夺的本质，这种行为是对中国文化的严重破坏。”

1934 年，年满 60 岁的怀履光退休回到了加拿大。因其在中国传教时曾搜集了大量中国古代文物并颇有研究，所以于同年 10 月被聘为多伦多大学中国考古副教授兼皇家安大略博物馆远东收藏部主任。1942 年，怀履光晋升为中国考古学教授，而此时明义士正在多伦多大学攻读博士学位，还得到了他的指导。1943 年，怀履光在多伦多大学领导创建了中国研究系，并担任该系主任。在多伦多大学任教期间，他不仅讲授中国文化，还举办夜校班教授中文。自 1944 年至 1945 年间，怀履光以“壮观的中国生活和文化”为题举办了一系列关于中国的讲座，颇受欢迎。

从 1934 年到 1956 年，在授课之余，怀履光还致力于研究和介绍中国的历史与文化，著述颇丰。其中，影响较大的著作主要有《洛阳古墓考》《墓砖图集》《墨竹画册》《中国庙宇壁画》《中国犹太人》《中国古代甲骨文化》《中国青铜文化》等。此外，他还时常把一些中国古代诗词译成英文发表。值得一提的是，他不仅收藏了两千多片甲骨，还撰写了 *Bone Culture of Ancient China*（《中国古代甲骨文化》，1945 年由多伦多大学出版）一书。1979 年，著名甲骨学家许进雄对怀履光捐赠给加拿大皇家安大略博物馆的 2686 片甲骨进行了整理和研究，并编成《怀特氏等收藏甲骨文集》一书由皇家安大略博物馆出版。

1946 年 6 月至 1947 年 5 月，怀履光应邀返回中国河南开封，帮助河南圣公会恢复先前中断的工作。当他再次回到加拿大多伦多以后，鉴于年事已高，便于 1948 年辞去多伦多大学中国研究系主任和皇家安大略博物馆远东收藏部主任之职。1960 年 1 月 24 日，怀履光在多伦多去世。

如今，加拿大皇家安大略博物馆共收藏有 7402 片殷墟甲骨，主要来源于明义士的旧藏（4700 片）和怀履光（即怀特氏）的旧藏（2686 片），加之维多利亚艺术博物馆所藏甲骨（5 片），使加拿大收藏的殷墟甲骨数量达到 7407 片，在除了中国之外的世界其他 12 个甲骨收藏国家或地区中位居第二（仅次于日本的 1.2 万多片）。如此多的中华民族瑰宝流失海外，真是令国人痛心和叹惋。怀履光对中国文化的损害和贡献，自待后人评判。

参考文献：

1. 董延寿:《加拿大传教士怀履光与洛阳文物被盗》,《中原文物》，2005 年第 6 期。
2. 吴浩坤，潘悠:《中国甲骨学史》，上海人民出版社，2006 年。
3. 邹芙都，樊森:《西方传教士与中国甲骨学》，科学出版社，2015 年。
4. 沈辰:《金村传说：怀履光与洛阳文物之谜》,《美成在久》2017 年第 3 期。

第十七篇

国学大师王国维，钻研甲骨证殷商

当罗振玉考订甲骨出土于河南安阳并着手研究甲骨卜辞之时，他的一位老乡正沉浸在中国古代诗词中难以自拔。此人研究古代诗词颇有心得，因从中总结并提出“三种人生境界”而享誉中国学术界，他便是王国维。王国维，初名国桢，字静安，一字伯隅，初号礼堂，晚号观堂，又号永观。他是一位集史学家、文学家、哲学家、美学家、甲骨学家、金石学家、考古学家、翻译理论家等于一身的多才学者。其一生著述有60余种，批校古籍逾200种，涉及哲学、文学、甲骨学、古文字学、敦煌学、古器物学、戏曲史、中国古代史以及西北历史地理等诸多学术领域，成为不少领域的开拓者和奠基人，也是现代中国学术传统的重要奠基人和具有广泛国际声誉的一代学术大师。

王国维

王国维是怎样与甲骨文结缘的？他在甲骨文研究方面取得了哪些成就，对甲骨学的贡献如何？还得从头说起。

1877年（清光绪三年）12月3日，王国维出生于浙江杭州府海宁州城（今浙江嘉兴海宁）盐官镇双仁巷的一户书香门第人家，其父王乃誉是宋安化郡王三十二世裔孙。王氏家族世代书香，因抗金名将王禀和袭封前爵、赐第盐官的王沆而受到海宁当地民众的长期敬仰。家学渊源及学人辈出的海宁乡风，对王国维的成长和人生道路产生了深远影响。其父王乃誉博学多才，善攻书画、篆刻、古文诗词。受父亲的影响，王国维自幼聪颖好学，尤为喜欢中国古代诗词。1883 年，七岁的王国维进入私塾，师从潘紫贵（字绶昌）和陈寿田就读，接受塾师的启蒙教育。同时，他还在父亲王乃誉的指导下博览群书，涉猎了中国传统文化的许多领域，并初步接触近代先进的科学文化知识和维新思想，逐步形成了读书的志向和兴趣。1886 年，王国维全家迁居海宁城内西南隅的周家兜新宅（此处后成为“王国维故居纪念馆”）。1892 年 7 月，王国维进入州学，参加海宁州岁试，并以第二十一名考中秀才。当时，他与陈守谦、叶宜春、诸嘉猷被誉为“海宁四才子”。同年，他赶赴杭州参加府试，但未被录取。1893 年，他再次赴杭参加府试，仍没考上。1894 年，他考入崇文书院。其实，王国维自从考入州学后，并未把主要精力用在准备应试上，而是从博览群书中产生了对史学、校勘、考据之学及新学的兴趣，所以他连考两次都没考上。1894 年，甲午战争以后，大量的西方科学文化向中国输入，王国维接触新的文化和思想，产生了追求新学的强烈愿望，只可惜因为家贫而不能出国留学。1895 年 11 月，王国维与莫氏成婚。1897 年，他在同乡陈枚肃家担任塾师，其间曾撰成 20 首咏史诗，但他不甘心为人做家庭教师，一心向往着出国留学。同年底，他与同乡张英甫等人打算创办海宁师范学堂，但向相关部门呈上筹款缘由后并未等到结果。1898 年正月，王国维在其父王乃誉的陪送下，踏上了赴上海求学的航程。抵达上海后，他进入由汪康年、梁启超主办的《时务报》馆，找到了一份文字抄写和校对工作。当时他的生活十分简朴，面黄肌瘦，衣着打扮仍是家乡的风格，头戴一顶瓜皮小帽，身着蓝长衫和青马褂，身后拖着一条小辫子，除吸烟外无其他嗜好，行动稍显迟慢，不善言谈和交际。同年 2 月，罗振玉在上海创办的东文学社开课，王国维便利用工作之余到东文学社学习日文，由此成为东文学社的首批学员，并结识了罗振玉。不过，二人认识的机缘并非因王国维听了罗振玉的课，而是罗振玉无意中看到了王国维给一个同学写的扇面。扇面上写的一首咏史诗引起了罗振玉的兴趣，诗曰：“西域纵横尽百城，张陈远略逊甘英。千秋壮观君知否？黑海东头望大秦。”此诗正是王国维所作 20 首咏史诗中的第 12 首。罗振玉看后大为赞赏，开始给予王国维极大关注。当时，穷困潦倒的王国维为诸多杂事所累，日文学得并不好，罗振玉因欣赏其才华，所以打算资助他去日本留学。同年，戊戌变法失败，“六君子”遇害，王国维为此而深感不平。1900 年 12 月，他在罗振玉的资助和东文学社的藤田、田岗两位日本教师的帮助下，赶赴日本东京物理学校学习。后因病于 1901 年 5 月被迫放弃学业而返回国内家中养病。王国维从日本归国后，罗振玉仍一如既往地在经济上给予他支持，并且经常邀请王国维一起参加各种活动。时间久了，二人之间的友谊逐渐加深，于是罗振玉把自己的三女儿嫁给了王国维的大儿子，二人由此结成了亲家。1901 年 8 月，王国维到湖北武昌农学校任译授，先后在罗振玉主办的《教育世界》上发表了大量译作，并成为该刊的主笔和代主编。通过编译，并加以自己的论述，王国维介绍了大量近代西方学人及国外科学、哲学、教育学、美学、文学等领域的先进思想。1903 年，应著名教育家张謇之聘，王国维出任通州师范学堂（今南通师范学校）教习，教授心理学和伦理学，并醉心于中西方哲学与文学的研究和宣传。1906 年，王国维跟随罗振玉赴京城，任学部总务司行走等职。1908 年，经过数年的查访和探究，罗振玉终于弄清了甲骨的真正出土地就在河南安阳小屯村，并派人前去收购甲骨，而此时的王国维仍沉浸在诗词和文学研究中。同年 4 月，王国维与家人北上进京，并在宣武门内新帘子胡同租房住下。11 月，王国维在《国粹学报》上刊出了《人间词话》前 21 则，提出了风靡一时的“三种人生境界说”。

1911 年，辛亥革命爆发。为了躲避战火，王国维携带家人跟随罗振玉一家于当年 12 月一同流亡日本，此后一直侨居在京都的田中村达 5 年之久。1912 年，罗振玉的数十万册藏书被运抵日本，暂存京都大学，邀王国维与其一同整理。罗振玉丰富的藏书成为王国维钻研学问的重要资料来源。在整理藏书期间，王国维博览了大量书籍，逐渐沉浸于中国古代经、史、小学的研究中，学术方向也随之发生变化。当然，王国维的学术兴趣和研究方向之所以发生改变，主要是受到罗振玉的教导和启发。当时王国维感念于罗振玉的恩情，对罗振玉可谓言听计从。罗振玉告诉王国维，在时代大变迁时期，中国文化传统被各种异说冲击得都快没有了，知识分子做学问的最佳出路应是返回到中国古代经典中。对此，王国维感同身受，在听了罗振玉的一番话后，竟然把留存的一百多册自己早期介绍西方哲学和美学思想的《静安文集》付之一炬。

在京都居留期间，王国维不仅博览了罗振玉的丰富藏书及文物藏品，还与日本学者进行了广泛交流。这一时期，他的生活相对比较安定，可以静下心来做学问，所以在不少学术领域都取得了重要成就，值得一提的是他的甲骨文研究。1912 年 10 月，王国维研究文字学的重要著作《简牍检署考》定稿。1914 年 2 月，罗振玉认为西方学者所写的《汉晋木简文字考释》一书的考释内容不妥，于是邀王国维对该书加以重新分类和考订，由此形成又一部文字学著作《流沙坠简》。其实，自从知道罗振玉收藏和研究甲骨文，并看过罗振玉所编著的考释甲骨文字的书籍后，王国维就对甲骨文所记载的殷商历史产生了极大兴趣。1915 年，王国维在日本撰写成了《三代地理小记》，首次把甲骨文引入中国古史的研究。1916 年，王国维因不愿再以全家生活拖累罗振玉，所以在同乡邹安的邀请下打算回国谋生。同年，罗振玉将不可遽释的一千多个甲骨文字汇辑为《殷虚书契待问编》，并交由王国维，希望他带回国内能进一步做深入研究。1917 年 2 月，王国维携带家人从日本归国。回到上海后，王国维到英籍犹太人哈同（S. A. Hardoon，1851—1931 年）创办的“广仓学会”刊物《学术丛编》担任编辑主任，同时兼任上海仓圣明智大学教授，主要从事甲骨文字及商周历史研究。当他看完《殷虚书契待问编》后，在罗振玉研究的基础上，依据其他古文献记载进一步考订出甲骨卜辞中的 13 位殷先公先王的名字。罗振玉获悉后，大喜过望，接连给王国维写了两封信，对王国维的治学态度予以充分肯定，并认为王国维在甲骨文字考释方面必将大有作为。王国维深受鼓舞，研究甲骨文的兴趣也大为增加。1917 年 3 月，王国维写成《太史公年谱》。之后，他用三个月的时间搜集了大量新的甲骨材料，撰成了后来被学术界誉为“金字塔式的论文”的《殷卜辞中所见先公先王考》。在这两篇文章中，王国维根据甲骨卜辞中所见的商王名字，大体排出了一个可靠的商代世系，从而使甲骨文的研究达到了一个崭新阶段，开创了甲骨文与商代史研究相结合的先河。

所谓“先公先王”，其实就是指商朝的历代祖先。“先公”与“先王”是以商王朝的开国之君成汤为界限划分的，成汤之前的历代商王直系祖先称为“先公”，成汤及以后的在职商王的历代直系祖先则被称为“先王”。司马迁在《史记·殷本纪》中详细记载了殷商王朝的“先公先王”：“先公”有契、昭明、相土、昌若、曹圉、冥、振、微、报丁、报乙、报丙、主壬、主癸；“先王”有成汤（天乙）、太丁、外丙、仲壬、太甲、沃丁、太庚、小乙、雍己、大戊、仲丁、外壬、河亶甲、祖乙、祖辛、沃甲、祖丁、南庚、阳甲、盘庚、小辛、小乙、武丁，而武丁之后的商王有祖庚、祖甲、廪辛、康丁、武乙、文丁、帝乙、帝辛。

那么，司马迁所载的是否为真实可靠的历史呢？千百年来，学者大都深信不疑。但是，当时以顾颉刚（1893—1980）、钱玄同（1887—1939）等人为代表的学派则掀起了一股“疑古之风”。他们认为古代的很多问题都需要重新看、重新探讨，很多被当作信史的东西其实都是传说。这股疑古思潮使许多学者对中国上古历史的记载产生了怀疑，包括《史记·殷本纪》。那么，《史记·殷本纪》是否值得信任？如果不可靠，那么《史记》所载的其他王朝世系也就称不上信史了。

为了验证《史记·殷本纪》所载商王朝世系的真伪，王国维从考释甲骨文“王”字开始着手。他首先认定甲骨卜辞中有“王亥”一名，随即与《山海经》《竹书纪年》中所载的“王亥”相互比较，认为王亥实为殷人先公。不仅如此，他还继续考证甲骨卜辞中的“王亥”与《世本》之“胲”、《帝系篇》之“核”、《楚辞·天问》之“该”、《吕氏春秋》之“王冰”、《史记·殷本纪》之“振”、《汉书》之“垓”，实为一人。接着，他认出了商人始祖“契”及其父亲“喾”（即甲骨文“夒”）。之后，除了“昭明”（契之子）以外，“土”（相土）、“冥”（季）、“微”（上甲微）、“报乙”“报丙”“报丁”等殷先公先王的名字均被他从甲骨卜辞中找了出来，使甲骨文与文献记载一一对应起来。最后，他以《殷卜辞中所见先公先王考》和《殷卜辞中所见先公先王续考》二文，证实了司马迁《史记·殷本纪》所载的商王世系是大致可信的。同时，他纠正了《殷本纪》中的一些错误。例如关于殷“先公先王”的次序，王国维认为“报丁”应在“报乙”“报丙”之后，而《史记》则将其放在二者之前。其实，这个错误是王国维通过甲骨缀合发现的。他首先发现《戬寿堂所藏殷虚文字》中的第一页第十片与《殷虚书契后编》中的第八页第十四片为一骨之折，并予以缀合，不仅纠正了《史记·殷本纪》所载殷“先公先王”的世次之误，也由此成为以称谓判断卜辞年代和进行甲骨缀合的第一人，开辟了一条研究甲骨文的新途径。再如《殷本纪》以“祖乙”为“河亶甲”之子，而王国维则考证“祖乙”应当为“中丁”（即仲丁）之子。此外，王国维认为文献中所载的“主壬”和“主癸”就是甲骨卜辞中的“示壬”和“示癸”。由此证明，司马迁应是一位严谨的历史学家，其《史记》所排上古帝王世系虽然简略且有错误，但绝非胡编乱造，显然是有依据的，所以《史记》仍不失为一部可以放心使用的信史。既然王国维验证《史记·殷本纪》是可信的，那么《史记·夏本纪》也同样值得信赖，但仍需考古发现去证明。

除了《殷卜辞中所见先公先王考》和《殷卜辞中所见先公先王续考》以外，王国维在 1917 年还撰写了《殷周制度论》，并编成《戬寿堂所藏殷虚文字》一书。《殷卜辞中所见先公先王考》与《殷卜辞中所见先公先王续考》的发表，标志着甲骨文研究从“文字时期”进入了“史料时期”。而《殷周制度论》则是对甲骨卜辞进行综合比较研究的发端。自此之后，甲骨卜辞不再仅仅是“文字”，学者的研究视野也不再局限于文字考释和训诂了。《戬寿堂所藏殷虚文字》一书虽然署名为“姬佛陀”，但实际上是王国维编著的一部甲骨文字著录与考释之作。该书所收录的 605 片刻辞甲骨，都是王国维从罗迦陵（上海英籍犹太人哈同的妻子）所购的千余片刘鹗旧藏甲骨中精选出来的。

1921 年初，马衡受北京大学委托，邀请王国维出任北大文科教授，但为其所拒。1922 年初，王国维同意担任北京大学研究所国学门通讯导师，但没有接受酬金。1923 年春，溥仪要选海内硕学之士为其所用，王国维经升允推荐，到北京充任溥仪的南书房行走，参与检理景阳宫藏书，得以一览大内珍藏。同年 3 月，他将自己从辛亥革命以来的重要研究成果汇编为《观堂集林》（二十卷），其中《艺林》八卷、《史林》十卷、《杂林》二卷。该书的出版和问世，成为我国近代学术史上的一个重大事件，不仅让王国维的学术成就得到学术界的公认，而且也标志着“罗王之学”的诞生，对后世学人产生

《戬寿堂所藏殷虚文字》

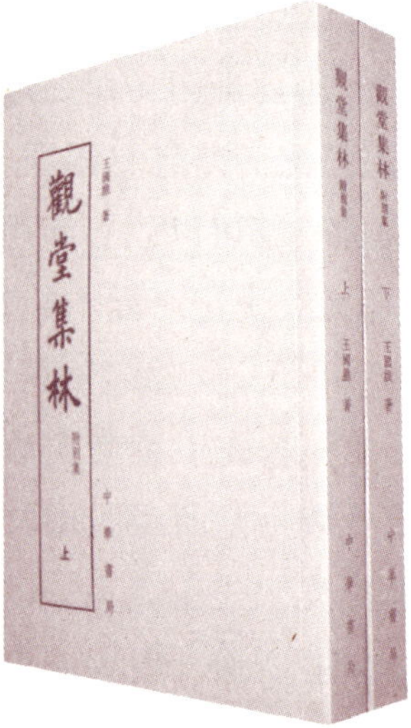

《观堂集林》

了深远的影响。1924 年冬，冯玉祥发动北京政变，将所部改组为国民军，电邀孙中山北上，并将清废帝溥仪驱逐出紫禁城。王国维引以为奇耻大辱，愤而与罗振玉等清朝遗老相约投金水河殉清（清朝），因家人极力阻拦而未果。1925 年 2 月，清华大学委任吴宓筹办国学研究院，并拟聘王国维为导师。胡适、顾颉刚等人极力推荐王国维出任院长。王国维在请示溥仪后同意到清华大学国学研究院就任教职，随后举家迁居清华园西院。在清华大学任教期间，他与梁启超、陈寅恪、赵元任、李济（一说吴宓）被称为“五星聚奎”的“清华五大导师”。他先后讲授“古史新证”及“说文”“尚书”等课程，并从事《水经注》校勘及西北地理、蒙古史、元史的研究，以其精深的学识、笃实的学风、科学的治学方法和朴素的生活影响着清华学人，培养和造就了一批文字学、历史学、考古学等方面的专家、学者。同时，他自身的学术愈益精进，学术成果丰硕，达到了炉火纯青的地步，其释甲骨、研钟鼎、论殷周，处处卓绝，语语精到，观点新颖，创获颇多，对古代历史、古代地理等研究作出了重大贡献，博得海内外学人的一致推崇和尊敬。在新印讲义《古史新证》（1925 年出版）第一章总论中，王国维首次提出了以地下实物（“地下之新材料”）和纸上遗文（“纸上之材料”）互相释证的“二重证据”为特征的历史学研究方法，让世人重新审视《山海经》《天问》《晏子春秋》《墨子》《吕氏春秋》《竹书纪年》等古代文献的历史价值。陈寅恪把王国维的学术内容和治学方法概括为“三证”：第一，是地下的实物和纸上的遗文互相释证；第二，把异族的故书和本国的旧籍互相补正；第三，外来观念和固有材料互相参证。因此可以说，“二重证据”是以跨越民族本位的立场和融汇中西的视野为基础的，包含了超越常人的学术见识和理论境界，绝非一般考据者所能达到的。王国维所开创的新的史学研究方法将古文字研究与历史研究巧妙结合起来，极大地推动了中国历史研究的发展，成为 20 世纪中国学术史上的一个界标和里程碑。正如郭沫若所言：“我们要说，殷墟的发现是新史学的开端，王国维的业绩是新史学的开山，那是丝毫也不算过分的。”

1925 年 7 月，王国维在清华大学国学研究院做了题为《最近二三十年中中国新发现之学问》的演讲，其内容分为殷墟甲骨文字、敦煌塞上及西域各地之简牍、敦煌千佛洞之六朝唐人所书卷轴、内阁大库之书籍档案、中国境内之古外族遗文等五个方面，此五方面其实存在着紧密联系。除了第五方面，罗振玉和王国维在其他四个方面皆分别有研究、著录和创获，从而引领了中国学术界的新潮流。一代代学人紧跟罗、王的脚步，释字研史、考古证典，推动中国学术研究不断深入、持续向前。

1927 年 6 月 2 日，王国维吃完早饭后就到办公室对即将毕业的研究生的试卷及论文进行了认真评定。随后，他与同事侯厚培商谈了下学期的招生事宜。言毕，王国维便向侯厚培借了 5 元钞票，然后走出办公室，雇了一辆人力车前往颐和园。这是他第一次来颐和园，也是最后一次到颐和园。因为在当天上午 11 时左右，王国维在吸完一根烟后在园中昆明湖鱼藻轩跳入水中自杀而亡了。事后，人们在其内衣口袋内发现了一封遗书，遗书中写道“五十之年，只欠一死。经此世变，义无再辱”。短短数言，却给后人留下了一个扑朔迷离的死亡之谜。王国维死后，清废帝溥仪赐其谥号“忠悫”。1927 年 6 月 3 日，王国维入殓，停灵于成府街的刚秉庙。当罗振玉听到噩耗后，沉痛地说道：“静安以一死报知己，我负静安，静安不负我。”此前，二人结为亲家后儿女生活琐事上的纷争，致使二人之间保持多年的关系出现了裂痕，这对知己、故交最终分道扬镳。6 月 7 日，罗振玉怀着沉痛的心情来京主持操办了王国维的丧事。6 月 16 日，举办悼祭。同年 8 月 14 日，王国维被安葬于清华园以东二里许西柳村七间房之原。王国维的突然自杀令时人和后人唏嘘不已，人们猜测他的死因大致有三：一是为清朝殉节，尽遗臣之忠；二是与罗振玉的绝交，于心至寒；三是惧怕北伐军攻入北京，身遭辱杀。然而，这些莫衷一是的猜测，至今仍无任何定论。可以说是众说纷纭，群疑莫解。不管真相如何，王国维终究是选择在壮年时期了结了自己的生命。如果不是这样，他在甲骨文研究领域肯定能取得更多的成就，不过以其生前的著述就已经足以奠定其在甲骨学史上的地位了。正如“昙花一现”，虽仅绽放了短暂的瞬间，却留住了永恒的美丽。

综观王国维的一生，可谓博学多才，学富五车。青年时期，他醉心于中国古代诗词的研究，热衷于西方哲学和美学的传播，开创了学术的新境界。中年以后，他在甲骨学、简牍学、敦煌学等“五大新发现”的三个方面均辛勤耕耘并卓有成就，被公认为这些国际性新学术领域的奠基人和开拓者。其中，在甲骨文与殷商史研究方面，他撰写了《殷卜辞中所见先公先王考》《殷卜辞中所见先公先王续考》《殷虚书契考释后序》《殷周制度论》《殷虚卜辞中所见地名考》《三代地理小记》《鬼方昆夷猃狁考》《殷礼征文》《殷祭》《古史新证》以及《观堂集释》中的“诸释”等论著。在这些论著中，王国维依据甲骨材料论证了殷都迁徙、殷商地名等若干问题，并试图探讨殷商制度，由此登上了甲骨文研究的巅峰。正如前文所言，罗振玉之所以与甲骨文结缘，那是源于其亲家刘鹗的甲骨收藏与研究。而王国维之所以与甲骨文结缘，则是源于其亲家罗振玉的甲骨收藏和引导。其实，王国维间接受到了刘鹗的影响。因为王国维不仅与刘鹗的四儿子刘大绅友情深厚，而且二人还曾一同跟随罗振玉游学日本。所以，在甲骨学史上赫赫有名的“甲骨四堂”中的“二堂”，他们的甲骨文研究都直接或间接受到了刘鹗的影响。著名学者陈寅恪等人曾指出，近世罗振玉与王国维的学术研究开百代之学风，启后学之法门，为当时国际汉学界的先驱主流，故被后人誉为“罗王之学”。

可以说，王国维首次提出的“二重证据法”这种新型历史研究和考证方法，既继承了乾嘉学派的考据传统，又运用了西方实证主义的科学考证方法，使两者有机地结合起来，在古史研究上开辟了新的领域，取得了巨大成就。他利用“二重证据法”不仅纠正了古代文献所载的不少错误，而且对关于殷商史的诸多问题也都做了不少有益的探索和考证，从而推动甲骨学由单纯的文字学领域拓展到史学领域。他抓住时代契机，不仅找到了自己的学术方向，也为整个学术界指明了新路。他因首创学术研究的新方法而被誉为“中国近三百年来学术的结束人，最近八十年来学术的开创者”。郭沫若曾盛赞曰：“王国维……遗留给我们的是他知识的产品，那好像一座崔巍的楼阁，在几千年来的旧学的城垒上，灿然放出了一段异样的光辉。”

参考文献：

1. 郭沫若：《中国古代社会研究》，人民出版社，1982 年。
2. 商承祚：《关于王国维先生之死》，《晋阳学刊》1983 年第 3 期。
3. 季羡林：《从中国文化特点谈王国维之死》，《群言》1991 年第 1 期。
4. 刘梦溪：《吴宓眼里的王国维之死》，《读书》1992 年第 12 期。
5. 刘烜：《王国维评传》，百花洲文艺出版社，1996 年。
6. 唐小华：《王国维之死及其文化意义》，《深圳大学学报》（人文社会科学版）2001 年第 6 期。
7. 黄波：《从梁启超家书看王国维之死》，《社会科学论坛》2006 年第 7 期。
8. 吴忠良：《经此世变，义无再辱——弟子眼中的王国维之死》，《嘉兴学院学报》2007 年第 4 期。
9. 高健行：《解析王国维之死》，《世纪》2008 年第 1 期。
10. 吴婷婷：《王国维的甲骨文研究》，《思想战线》2008 年 S1 期。
11. 金阳秋：《甲骨文的考释与新史学的开山》，《语言文字报》2010 年 11 月 3 日。
12. 易益文：《“二重证据”的现代学术意义》，《语言文字报》2010 年 11 月 3 日。
13. 东方白：《甲骨学第一个研究高峰如此铸就》，《语言文字报》2010 年 11 月 3 日。
14. 徐子黎：《王国维甲骨文研究得失论》，广西大学硕士学位论文，2012 年。
15. 聂桂兰：《王国维与甲骨文研究》，《兰台世界》2012 年第 10 期。
16. 王开林：《清华四导师冠绝一时：王国维甲骨文无人能出其右》，《今晚报》2012 年 11 月 13 日。
17. 杨中兴：《王国维之死》，《文史杂志》2014 年第 5 期。
18. 王本兴：《国学大师王国维与甲骨文》，《中国书画报》2014 年 12 月 9 日。
19. 贺根民：《一代大师王国维》，《文史春秋》2015 年第 8 期。
20. 刘昕：《开创甲骨文研究的四大晚清学者》，《北京晚报》2015 年 11 月 24 日。
21. 宋平明：《王国维自沉于昆明湖前后》，《团结报》2017 年 6 月 1 日。
22. 杨诗云：《内藤湖南与中国知识人的交流——以与王国维的交流为中心》，广东外语外贸大学硕士学位论文，2017 年。
23. 张家康：《王国维在清华国学研究院的日子》，《红岩春秋》2017 年第 12 期。
24. 许逸云：《自学成才的一代大师王国维》，《工会信息》2018 年第 2 期。

25. 钱丹红:《王国维：清华国学院第一位导师》,《中国档案》2018 年第 3 期。
26. 徐国:《胡适力荐王国维入职清华》,《档案记忆》2019 年第 1 期。
27. 雷家宏:《王国维：中国学术史上的奇才》,《华中国学》2019 年第 1 期。
28. 陈鸿祥:《独上高楼：王国维传》，团结出版社，2019 年。

第十八篇

叶、陈钻研契文精，原与刘鹗是同乡

1909年（宣统元年）8月，首部甲骨著录《铁云藏龟》的作者刘鹗怀着满腔怨恨客死新疆，留下了无尽遗憾，其生前所藏的5000余片殷墟甲骨也随之流散。除了一部分被其家人卖给诚明文学院、中央研究院历史语言研究所、中央大学、厦门大学、上海博物馆、浙江省文管会等单位以外，更多的则流入私人手中。如前文所言，由于罗振玉和刘鹗为儿女亲家，罗振玉曾建议并帮助刘鹗编印《铁云藏龟》，所以刘鹗也曾赠送给罗振玉不少甲骨片。刘鹗死后，其所藏的一部分甲骨也转入罗振玉手中。罗振玉由此对甲骨产生浓厚兴趣，并寻找到甲骨出土地而广为搜罗，其甲骨藏品达到3万余片，罗振玉不仅成为国内收藏甲骨最多的人，也成为一代甲骨学大师。其实，除了罗振玉，还有一人也得到了不少刘鹗旧藏甲骨，因此与甲骨文结下了缘分。此人便是刘鹗的同乡叶玉森。

叶玉森

叶玉森于1880年（光绪六年）5月13日出生在江苏丹徒（今江苏镇江丹徒）九如巷，原字宝书，后改字杏衫、荇衫、红于、茳渔、镔虹，号中泠亭长，别署驷渔、蒖渔、五凤楼主、梦颉庵主、瘦叶、袖东等。其祖先为满族人，曾被顺治皇帝封为镇国公。据说，有一次乾隆皇帝南巡到镇江时，有位随行太监向叶玉森的祖先索贿。因贿赂不足，被太监诬陷而被开除出旗，并被发配到苏北莫家庄（原属东台，今属海安），后改姓叶，逐渐与汉族同化，加入汉籍。

自少年时代，叶玉森就在家乡学习诗文、经史、数学、音乐等，当地悠久繁茂的地域文化给了他许多滋养。他天资聪颖，刻苦好学，所以深得师长喜爱。1896 年，16 岁的叶玉森和柳诒徵（字翼谋）、赵声（字伯先）、吴庠（又名清庠，号眉孙）等人同科考取了秀才。当时的镇江，由于受到《马关条约》“开埠”的影响，所以被植入了不少近代西方文明的因素，不仅洋楼林立，而且出现了电报业、邮政业、轮船业、电气照明业、自来水等新兴公共事业。由于所住之处距离银山门的英租界不远，所以识文断字的叶玉森也深受西方文化影响。他不仅经常阅读各类报刊，也尝试着撰稿，并以笔名“叶中泠”向报馆投稿，因而名声渐起。1897 年 11 月 24 日，《字林沪报》的副刊《消闲报》（中国最早的报纸文艺副刊）在上海创刊。该报支持维新变法运动，倡导富国强民的政治主张，常采用诙谐的杂文形式嘲讽时弊和社会丑恶现象。年轻的叶玉森成为该报的主要撰稿人之一。

早在 1882 年，美国基督教美以美会的沙德纳女士就在南京创办了一所女子学校——“汇文女学”。1884 年，美以美会在叶玉森的家乡九如巷西北侧建立了一座教堂——福音堂。不知是受到美国教会的影响，还是机缘巧合，考取秀才后的叶玉森竟然到南京汇文女子书院（汇文女学的后身）谋得一教职。当时，西方教会在中国所办的教会学校聘请中国秀才任国文教员是常事，但年轻的叶玉森却担任音乐教员，教学生们唱歌。这段时期，叶玉森对儿童音乐教育兴趣浓厚，不仅创作了不少令时人耳熟能详的“学堂乐歌”，而且翻译了一些美国歌曲。他在音乐教育领域可谓成果显著，编有《手风琴唱歌》（商务印书馆，1906 年初版）、《小学唱歌教科书三集》（商务印书馆，1907 年版）等教科书，由此奠定了他在中国近代学校音乐教育史上的地位。

1905 年，因慕江阴缪荃孙之名，叶玉森考取了江苏著名学府——江阴南菁书院（即南菁学堂，已由“江苏全省高等学堂”改办“高等文科第一类学堂”），深得缪荃孙的赏识。当年 9 月 2 日，清政府发布谕令，废除科举，称自丙午科始，所有乡试、会试一律停止，各省岁科考试亦即停止。科举制的废除与终结，意味着传统仕进之路的断绝与社会制度的彻底变革。但谕令规定："凡学堂出身的，比照科举办法，分别给予举人、副举人、拔贡、优贡等奖励。""十年三科之内，各省优贡照旧举行，己酉科拔贡亦照旧办理。"因此，到 1909 年（己酉科），学堂肄业的叶玉森被幸运地录为"优贡"。获取优贡身份后，叶玉森本可以照例获得功名。但当时清政府开始大量选派公费留学生到外国留学，并给予归国留学生举人或进士的待遇，授予高级官职。此项举措在当时的中国青年中引起了极大反响，促使有志青年纷纷前往外国留学。叶玉森决定自费去日本留学，以考察资本主义政治，探索强国富民的救国之路。从 1909 年底至 1911 年，叶玉森先后在日本早稻田大学、明治大学学习法律，使他对当时的世界新思潮和西方文化有了进一步的接触和了解。在日本游学期间，叶玉森由于增长了见识，开阔了眼界，对清廷的腐败看得更深、更透，所以极力拥护孙中山"驱除鞑虏，恢复中华，建立民国，平均地权"的政纲，并毅然加入了中国同盟会。

1911 年（宣统三年）的一天，叶玉森忽然接到其兄长寄来的一封家信，获悉其老父中风、幼子阿麟夭折（仅 12 岁）的噩耗，因而匆匆回国。回国后，他曾在南京宁属师范学校做过短期教师。此后，他在上海某大学当过一段时期的兼职教师。1912 年，他在镇江担任县议会议员，不久调任苏州高等法院推事兼检察庭长，后因反对袁世凯搞暗杀活动、要求严惩凶手而被罢官。此时，他与柳亚子结识，并加入进步文学团体南社，开始文艺创作。1913 年，他先担任安徽和县厘金局局长，后出任叶州、舒城等地的税务局长。1916 年，经柳亚子介绍，他到蚌埠充任长江巡阅使兼安徽督军倪嗣冲的文学秘书。倪嗣冲离职后，他继续担任新任安徽督军马联甲的文学秘书。1918 年，叶玉森正式步入仕途，被任命为滁县知事。1920 年，他被调任为颍上县县知事。1923 年秋，他出任当涂县县知事。1924 年底，他被调到芜湖市政筹备处任秘书长。

1925 年，因机缘巧合，叶玉森购得刘鹗旧藏甲骨 1300 片，并从中精选出 240 片为之墨拓，再附以考释文字，然后以《铁云藏龟拾遗》之名由五凤砚斋石印出版，由此步入甲骨文研究之门。其实，叶玉森与甲骨文的缘分，始于在滁县县知事任上。因为他的同乡刘鹗不仅因所著《老残游记》而享誉当时的文坛，也以所编《铁云藏龟》而轰动当时的文化界，所以叶玉森对其十

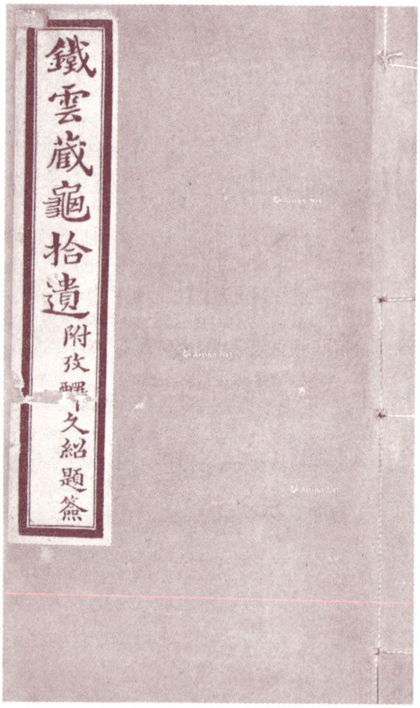

《铁云藏龟拾遗》

分仰慕，由此开始关注殷墟出土的“遗契”。到1925年春，刘鹗的遗孀郑安香迫于生计，打算出售一批刘鹗旧藏甲骨。在好友柳诒徵（1880—1956）和王伯沆（1871—1944）的介绍下，叶玉森购得甲骨1300片（其中精品800片），由此著成《铁云藏龟拾遗》。该书共著录甲骨240片，每页十余片，但均未编号，所附《考释》主要征引罗振玉、王国维等人之说，间或有自己的观点和见解。其实，早在1923年，叶玉森就写成《殷契钩沉》（二卷），并刊于《学衡》第24期上。该书分为甲乙两卷，共考释甲骨文字142条，其中甲卷57条，乙卷85条。柳诒徵不仅为之作序，而且评价叶玉森用“经生家法，故能契学宗师”，还称赞他与罗振玉、王国维为鼎足而三的契学大师。1924年，叶玉森相继撰写了《说契》及《研契枝谭》各一卷，并刊于《学衡》第31期上，从而奠定了其在甲骨学界的地位和影响。其中，《说契》共考释了甲骨文字83条，以补《殷契钩沉》所未及，而《研契枝谭》似为未竟之作，因为只标明甲卷，却无乙卷，共收录其考释甲骨文字之论29则。1929年，《说契》《研契枝谭》连同《殷契钩沉》一并由北平富晋书社影印出版。

尽管叶玉森在《学衡》上先后发表了3篇关于甲骨文的文章及一些诗词，但其实他还算不上“学衡派”人物，因为当时《学衡》的主编吴宓（1894—1978）主张“论究学术，阐求真理。昌明国粹，融化新知”，所以他对叶玉森等人研究甲骨、金石、版本学等方面的论作根本不感兴趣。吴宓认为这些方面的研究“直如糟粕”，故此非常讨厌发表此类文章，只是碍于面子等因素才勉强收入。然而，让他始料未及的是，等叶玉森的3篇文章（《殷契钩沉》《说契》《研契枝谭》）发表后，前来编辑部访求、邮购刊物的海内外读者竟然络绎不绝，其中就包括掠走大量敦煌文书的法国人伯希和（Paul Pelliot，1878—

1945）。更有甚者，还专门前来订购《学衡》第24期和第31期，并仅将吴宓所认为的“糟粕”（即叶玉森的3篇文章）留存下来，然后重新装订成册。还有好事者见有机可乘，就把叶玉森在《学衡》上发表的这3篇文章专门放大石印了单行本，并售价几块银圆（当时一期《学衡》的售价才仅为5角），居然大赚了一笔。意外之余，吴宓认为这是他主持《学衡》笔政“结果最痛心之一事”。

1927年4月12日，蒋介石在上海发动反革命政变，18日在南京另立“国民政府”，叶玉森的家乡镇江成为江苏省会。鉴于叶玉森的才华和学问，慕名前来请他当幕僚的政客很多。当时，立法院长孙科聘请他担任助手，江苏省长顾祝同想聘任他为省政府秘书长，就连杜月笙也曾想聘请他当文学秘书，但都被他婉言拒绝。

1930年，辞去行政职务后，郁郁不得志的叶玉森决定回到曾于少年时期闯荡过的上海。初到上海，举目无亲的叶玉森暂居在一品香旅社（旧上海最早建立的大型多层旅馆）。时过境迁，他当年的文友大都已去世或另攀高枝，只有一位同乡好友正在交通银行总行担任事务处长，此人便是吴清庠（1878—1961）。吴清庠和叶玉森既是同乡，也是南社同道，他们二人还与丁传靖号称“铁瓮三子”（也说“丹徒三子”）。叶玉森约见吴清庠后，告诉他自己打算久居上海并以卖字为生。吴清庠告诉他交通银行的秘书白中垒刚去世，想介绍他继任此职位。叶玉森初来乍到，别无选择，只得勉强答应，出任了上海交通银行总管理处的秘书长，并寄宿于交通银行职员宿舍。由于叶玉森的一妻一妾、3个儿子以及弟妹一家人的生活都由他负责供养，曾在安徽为官清廉的他又没有多少积蓄和资产，所以仅靠银行职员的收入根本难以维持开支。于是，叶玉森到劳动大学、上海大学谋得一份兼职教授的工作。工作和授课之外，他写字卖画以贴补家用。尽管如此，还是捉襟见肘。

1932年，一·二八事变爆发，日军占据车站，大肆焚掠。当天晚上，天气寒冷，叶玉森在逃离寓所躲避之时，由于仓皇中没来得及穿厚衣服，导致受寒得病。吴清庠为他重新找了一处房子，让他养病。没想到这次叶玉森一病就十多天，竟然病得不能说话了。医生检查后断为肺病（肺气肿），从此叶玉森日渐消瘦，用了多种药也不见效。尽管如此，他仍然坚持白天工作，晚上做学术研究。当时中央研究院历史语言研究所暂迁上海梵王渡小万柳堂，专职研究员、甲骨文专家董作宾曾专程登门拜访他，商量筹建“中国契学会”之事。二人虽相谈甚欢，但可惜病重的叶玉森已无力参与此事。1933 年 3 月的一天，长期积劳成疾的叶玉森在贫病交迫中辞世。临终前，叶玉森告诫自己的大儿子叶以粹（字粟如）说：“你搞学术教育有希望，千万不要学我误入仕途，宦海沉浮，为北洋军阀工作，悔恨莫及。”

然而，关于叶玉森之死，还有另一种说法。据说，在叶玉森 50 岁以后，由于生活窘迫，家庭负担较重，所以他曾托安徽大学校长程演生帮其介绍，试图向中央研究院出售自己所藏的甲骨，但因故未果。当时，日本驻芜湖领事馆代理领事藤村愿以高价购买，但被叶玉森坚决回拒。1932 年，一・二八事变后，叶玉森担心自己的藏品毁于战火，于是把所余 1100 片甲骨寄存于当时住在租界内的吴清庠之处。等战事结束后，当他找吴清庠取回甲骨之时，不料吴清庠却说东西不知哪里去了。此事让叶玉森又气又急，痛心疾首，加之积劳成疾，不久便因病去世了。叶玉森死后不久，有人向上海某博物馆出售了一批甲骨，随后这批甲骨被转卖给在上海图书馆任职的周连宽（1905—1998），现收藏于上海博物馆。

叶玉森死后，不仅其所藏甲骨被人售卖了，而且所藏数万卷遗书也被他的小儿媳论斤卖给了家乡镇江的图书馆（今镇江市图书馆）。如今，镇江市图书馆古籍部还收藏有叶玉森的几十种著作手稿，成为国内收藏叶玉森文献最多的机构。而叶玉森的《天衣集》（集 100 副甲骨文对联）则被南京图书馆收藏。在叶玉森的遗作中，尤为值得一提的是《殷虚书契前编集释》和《殷虚书契后编集释》。此二书在叶玉森生前就均已完稿，但可惜未来得及出版。叶玉森去世后，在秦更年（上海中南银行总银文书主任、总务课长）、吴静庵（即吴清庠之弟吴定）等人组成的“叶葒渔遗著整理同仁会”的帮助下，《殷虚书契前编集释》（八卷）于 1934 年 10 月由上海大东书局石印出版。令人惋惜的是，《殷虚书契后编集释》的手稿却被叶玉森的仆人刘麻子偷卖到了扬州书肆，至今下落不明。

1934 年 11 月，刚出版不久的《殷虚书契前编集释》就到了著名甲骨学家董作宾的手中。董作宾看着这部已逝故人的遗作，甚为悲痛。为了以示缅怀

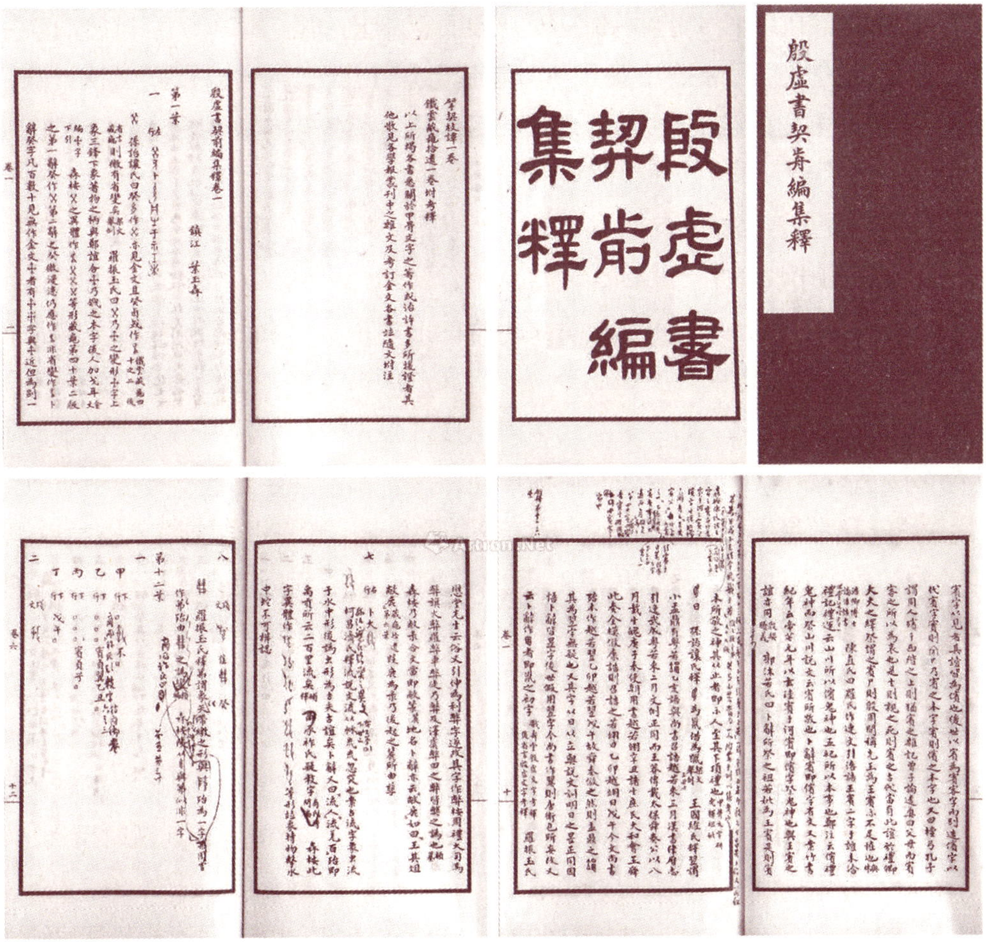

《殷虚书契前编集释》

之情，他在扉页上题记：“荭渔于契文多创获，贡献功伟，余所夙佩，廿二年春，史言所（即中央研究院历史语言研究所）迁沪，得与往还，相交日深，荭渔且有邀集同人创设契学会之议，余方联络故旧，从事组织，而是年秋（注：当为“春”）荭渔遽以瘵殁，会亦中辍。悲夫！今披览遗稿，犹不禁为之扼腕太息也。”除了《殷虚书契前编集释》以外，叶玉森的其他一些遗稿也被陆续发表。例如在 1939 年，叶玉森的弟子金祖同就在由卫聚贤主编的《说文月刊》第一期上刊发了叶玉森的遗诗《梦颉庵咏事乐府》7 首，以至于当时的学术界仍有人认为叶玉森还在世。

综览叶玉森的一生，他不仅精通音乐、数学等，而且能诗会文善书画，还尤善甲骨文。在甲骨文的收藏和研究方面，不仅获得了1300片刘鹗旧藏甲骨，还相继撰写、发表或出版了《殷契钩沉》《说契》《研契枝谭》《铁云藏龟拾遗》《殷虚书契前编集释》《殷虚书契后编集释》等著作。他在考释甲骨文字上更是设想大胆，颇有创获，其考释方法可总结为六种：第一，注重字形分析，特别是据偏旁考察释字。第二，注重从辞例文义考察释字。第三，注重与其他古文字的比较释字。第四，注重从甲骨文的初形溯义，通过理解古人造字意图进行释字。第五，注重从甲骨文本身的谐声系统出发，利用古音学知识释字。第六，注重分析甲骨文中的合文、析文、倒书释字。这些考释方法对后世学者产生了一定影响，如今来看仍值得借鉴。但由于他考释甲骨文字出现的错误颇多，所以也有学者认为他是“射覆（猜谜）式的释字”或“将考释看成射覆”。研究和考释甲骨文之余，叶玉森还像罗振玉一样将甲骨文字入书、入印，其《天衣集》汇聚了自写的甲骨文集字对联100副，堪为近现代甲骨文书法领域的代表作。至于治印，他也极具功力，被誉为“在印坛上用甲骨文刻章开先河者之一”。此外，叶玉森不仅自己研究甲骨文，而且与当时的王襄、罗振玉、董作宾、郭沫若等著名甲骨学家均有书信往来，保持着密切联系。总之，叶玉森在甲骨文研究方面的成就，虽有不足和缺陷，但也有突破和创见，正如其好友柳诒徵所赞“精摹殷契，所著释例，远轶时贤”。叶玉森由此载入甲骨学史册，名垂青史。

陈邦怀

叶玉森的家乡丹徒县城（今镇江市区）虽是“弹丸之地”，但是却出了不少甲骨文及古文字研究人才。除了叶玉森和刘鹗以外，比较有名的还有柳诒徵、鲍鼎、陈邦福、陈邦怀等人。其中，陈邦福与陈邦怀是亲兄弟。陈邦福（1892—1977），字墨迻，比叶玉森小12岁，精通《后汉书》，尤善金石甲骨，撰有《殷墟薶契考》《殷契辨疑》《殷契说存》等多篇研究甲骨文的论文。叶玉森因此特别赏识他，曾将自己所藏的一些刘鹗遗拓送给他。比起陈邦福，陈邦怀更为有名。陈邦怀于1897年出生于江苏东台，字保之，祖籍江苏丹徒

（今江苏镇江）。虽家境贫寒，但他自幼就勤奋好学。20 世纪 20 年代初，他曾担任近代著名实业家、教育家张謇的秘书。1921 年至 1922 年，受张謇委托，他参与了《张季子九录》文稿的编校工作。同时，他还执教于东台达德学校和无锡国学专修学校，并受聘于南通女子师范学校，担任国文教员。出于对商周古文字的浓厚兴趣和对甲骨文的深入研究，他先后于 1925 年和 1927 年撰写并出版了《殷虚书契考释小笺》与《殷契拾遗》两部著作，在甲骨文字考释方面创见颇多，其研究成果得到了著名学者王国维的肯定，对当时尚处在草创与开拓阶段的甲骨学作出了一定贡献。

有趣的是，1925 年，叶玉森所编著的《铁云藏龟拾遗》在交付出版社印刷时，不知何故，出版商竟然误把陈邦怀的肖像装订在了该书的扉页上，以至于不少读者把陈邦怀当成了叶玉森。也算叶玉森无意中给既为老乡又是同好的陈邦怀送上的一份大礼吧。

1931 年，陈邦怀离开家乡，北迁至天津，到中国银行担任文书，并于 1952 年离任。其间，他与著名甲骨学家商承祚关系笃厚，交往频繁。1954 年，他受聘为天津市文史研究馆馆员。1959 年，他撰写并出版了《甲骨文零拾》和《殷代社会史料征存》两部著作，在甲骨文字考释以及商代四方风名、宫寝制度、先公旧臣等方面多有创见。1979 年，他受聘为天津社会科学院历史研究所研究员、顾问，同时兼任天津文史研究馆副馆长。此外，他还兼任中国考古学会名誉理事、《甲骨文合集》编委会委员、天津市文物保管委员会委员、中国书法家协会天津分会主席、天津口岸文物出口鉴定组顾问等职。1986 年 4 月 22 日，他因病在北京逝世。凭借在甲骨文研究领域所取得的非凡成就和所作出的杰出贡献，陈邦怀像叶玉森一样，在甲骨学史册中留下了精彩的一页。

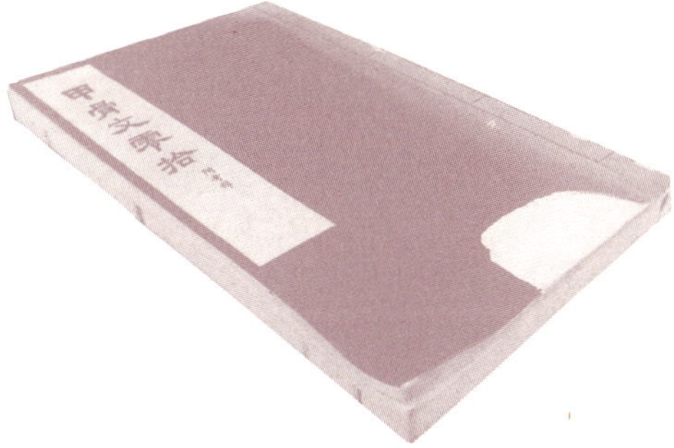
《甲骨文零拾》

参考文献：

1. 王世民：《悼念陈邦怀先生》，《考古》1986年第9期。
2. 李先登：《怀念陈邦怀先生》，《天津师大学报》1987年第3期。
3. 吴宓：《吴宓诗话》，商务印书馆，2005年。
4. 叶正渤，陈荣军：《叶玉森古文字考释方法浅论》，《江苏大学学报》（社会科学版）2006年第3期。
5. 马奔腾：《陈邦怀致王国维信辑注》，《嘉兴学院学报》2007年第2期。
6. 贺琼：《叶玉森甲骨文论著研究》，西南大学硕士学位论文，2007年。
7. 叶正渤：《叶玉森与甲骨文研究》，《镇江高专学报》2008年第2期。
8. 叶正渤：《叶玉森甲骨学论著整理与研究》，线装书局，2008年。
9. 殷光中：《晚清以来的镇江籍甲骨文研究学者》，《镇江高专学报》2012年第2期。
10. 吴晓峰：《刘鹗与叶玉森的甲骨情结》，《语文学刊》2013年第23期。
11. 王业奇：《陈邦怀和他的古文字学研究》，《汉字文化》2017年第1期。

第十九篇

善斋主人刘体智，所藏甲骨悉捐献

据统计，国家图书馆现藏有殷墟甲骨35651片，数量在全世界上百家收藏甲骨的单位中雄踞首位。那么，如此多的甲骨片是从何而来的？其实80%的甲骨都来源于同一人的收藏，此人便是刘体智。

刘体智

刘体智，字晦之，又作惠之、慧之，晚号善斋老人，安徽庐江（今安徽合肥）人，生于1879年（光绪五年），卒于1962年。其父是赫赫有名的晚清重臣（四川总督）、中法战争的功臣刘秉璋。刘体智是刘秉璋的四儿子，自幼就聪慧好读。因为刘秉璋与李鸿章为至交，且两家又是姻亲，所以刘体智从小就得以进入天津李鸿章的家塾，与李氏诸子弟一起读书。刘体智勤奋好学，不仅结交了李氏诸子弟及门生故吏，而且还饱览了各家秘不示人的收藏和典籍，为以后的事业打下了良好的基础。

成年后，刘体智步入仕途，曾于清末出任大清银行安徽总督办，民国后则先后担任中国实业银行董事及上海分行经理、中国实业银行总经理等职。从政之余，刘体智爱好文物、古籍，其收藏以甲骨、青铜器、书画，各种古籍版本和旧抄本而闻名于世。他为保护藏品，专门建立"藏宝室"，取名"善斋""小校经阁""远碧楼"。

刘体智的文物收藏堪称海内一流，尤其是甲骨片和青铜器的收藏，世罕其俦。那么，他到底收藏了多少甲骨片呢？据著名甲骨学家胡厚宣统计，至今存世的甲骨总量约为 16 万片，而仅刘体智一人就藏有 2.8 万余片。由此可见，在国内藏家中，其所藏甲骨的数量仅次于罗振玉（收藏甲骨 3 万余片），故被称为“罗振玉第二”。这么多的甲骨是从何而来的呢？据著名学者容庚所言，刘体智所藏甲骨的一部分其实就来源于罗振玉的旧藏。罗振玉在将所藏甲骨进行拓印、研究并出版一系列著作后，便将其中一部分甲骨转让给刘体智了。另据著名甲骨学家陈梦家考证，刘体智所藏甲骨中还有 300 余片属徐乃昌“随庵”的旧藏。后来，北京图书馆（今国家图书馆）工作人员在整理馆藏甲骨时，曾对比罗振玉的《殷虚书契前编》和刘体智的旧藏甲骨而发现了一些罗、刘二人共同收藏过的甲骨，不仅证明了刘体智所藏甲骨的一部分的确是来源于罗振玉旧藏，而且还发现了这部分甲骨转到刘体智手中后往往缺失贞人“𣪊”的有趣现象。更有意思的是，其中一片（编号为“国图 10716 号”，属刘体智旧藏）所缺失“𣪊”的部分（编号为“国图 2339 号”）竟然也在国家图书馆所藏其他甲骨中找到了，而它恰巧是罗振玉的旧藏。这片原本完整的甲骨之所以一分为二，可能是被唯利是图的古董商故意掰断的。另据甲骨学家曾毅公在《五十年来之甲骨学》（国家图书馆藏稿本）中记载，罗振玉在 1926 年 5 月从上海返回天津时，曾将自己所藏甲骨中的一些小片卖给了刘体智。其实，罗振玉并未直接与刘体智进行交易，而是先卖给了古董商，古董商后来将这些甲骨卖给了刘体智。因为据学者考证，这些甲骨直到 1931 之后才流转到刘体智的手中。此外，据档案记载，国家图书馆所藏的罗振玉旧藏甲骨中有 461 片是在 1945 年至 1946 年先后从古董店“舆记文玩”购买的，这也说明罗振玉当年的确曾将一些甲骨卖给了古董商。即便如此，也不能说明刘体智所藏的甲骨多为罗振玉转让给他的。那么，刘体智所藏的大部分甲骨到底从何而来？难道都是从古董商手里收购的吗？这成了一个待解之谜。

或许因为刘体智是位银行家，只是喜欢收藏古物和整理古籍，所以并未对自己所藏如此丰富的甲骨进行研究和著述，而只是像刘鹗一样，编辑了一套拓本集《书契丛编》（20 册，包括 18 册拓片和 2 册释文）。但他并未让这批珍贵的史料藏在善斋里荒废着，而是像端方成就罗振玉一样，他也成就了另一位甲骨学大师、位列“甲骨四堂”之一的郭沫若。据说，郭沫若 1928 年起流亡日本后，尽管日子过得很窘迫，但仍然坚持潜心研究自己所喜欢的甲骨文、金文，并发表和出版了一系列论著，一时轰动海内外学界。刘体智对博学多才的郭沫若非常赞赏和佩服，便于1936年春委托中国书店的金祖同（1914—1955，刘体智所藏甲骨的拓印者，叶玉森与郭沫若的弟子）携带自己所编的一套《书契丛编》到日本，将其转交给郭沫若，并请郭沫若对自己所藏的甲骨进行研究。郭沫若见后叹为观止，对刘体智赠书之美意自是非常感激，并将同样喜好甲骨文的金祖同收为弟子。在随后的一年内，郭沫若从中选取了1595片精品甲骨拓片，先期进行研读和考释，并据此撰成了在甲骨学史上具有重要意义的巨著《殷契粹编》，然后由日本东京文求堂书店根据自己的手迹影印出版。该书出版时，郭沫若特在书上亲笔大书："庐江刘氏善斋所藏甲骨文字之一部分。"该书也是郭沫若自1929年研究甲骨文以来的第4部专著，在序言中，他盛赞道："刘氏体智所藏甲骨之多而未见，殆为海内外之冠。"

中国人民抗日战争胜利后，著名甲骨学家胡厚宣来到上海，并受聘为复旦大学教授。在复旦大学任教期间，他曾慕名前往位于上海新闸路上的小校经阁（即善斋）拜访刘体智，几经往来，两人很快成为关系密切的朋友。这段时期，胡厚宣不仅亲手摩挲过刘体智所藏的甲骨实物，而且还借用过刘体智的甲骨拓片，他于1951年编辑出版的《战后宁沪新获甲骨集》（全2册）和1954年编辑出版的《战后京津新获甲骨集》（全4册）中均收录有刘体智所藏甲骨的拓本。胡厚宣不仅自己尽览刘体智种类丰富的藏品，而且曾安排复旦大学历史系和中文系的学生前去参观刘体智收藏的甲骨片。这些甲骨片被规规整整地分装在150个拉盖式楠木盒子中，盒盖一开，满目粲然。另外，刘体智存有自己所编的甲骨拓本集《书契丛编》（18册，此18册是在原20册的基础上改装的），每册后面均附有简单释文。书内收录的这套拓本与盒内所装的甲骨实物的先后次序是相互对应的。据胡厚宣查对，刘体智所藏的甲骨数量实为28192片，而并非传言的28450片。

中华人民共和国成立后，为了响应国家政策，年过七旬的刘体智像其他不少收藏家一样，打算将自己的文物藏品捐献给国家。1953年夏，他将自己最为得意且珍藏多年的2.8万余片甲骨全部捐赠给国家，由文化部文物管理局接收。1958年8月，文化部文物管理局将这批甲骨拨交给北京图书馆（今国家图书馆），从而使其成为全球最大的"甲骨藏家"。就在文化部文物管理局接收这批甲骨的当年秋天，中国科学院考古研究所（今属中国社会科学院考古研究所）组织人员对这批甲骨全部重新进行了墨拓，然后将其编成28册共计1343页的《善斋所藏甲骨拓本》。这次比当年刘体智请金祖同拓印的那套（见《书契丛编》）有不少改进之处，不仅将甲骨拓片按照种属、时代、内容作了分类，而且补拓了金祖同当初漏拓的有字骨背和骨臼部分，使这批甲骨带字的正面、背面和臼部全部被拓下。等这批甲骨被文物局拨交给北京图书馆（今国家图书馆）后，图书馆又开始组织人员对这批甲骨进行第三次传拓。

1956年底，胡厚宣任中国科学院历史研究所研究员。他与夫人桂琼英一起提出倡议并策划出一套《甲骨文合集》，此事得到中国科学院院长郭沫若的大力支持，郭沫若担任主编，胡厚宣为总编辑。胡厚宣为编辑这套甲骨文著录的集大成之作，耗费多年心血。为了搜集材料，他跑遍了全国多家藏有甲骨的单位，访寻了多位拥有甲骨的藏家，当然已入藏今国家图书馆的这批刘体智旧藏甲骨自然仍是重中之重。当年，郭沫若根据刘体智所编《书契丛编》而撰著《殷契粹编》时，虽然收录了不少刘体智所藏的甲骨精品，但也遗漏了不少如“四方风名刻辞”等经典甲骨片，所以刘体智的旧藏甲骨仍具有潜在的巨大价值。然而，不知为何，著名甲骨学家董作宾却认为刘体智所藏的甲骨中“片大字多者”多为伪刻。为了验证董作宾所言是否属实，胡厚宣在从刘体智旧藏甲骨中重新挑选精品时，又对全部甲骨重新梳理和辨别了一遍，最终认定刘体智所捐献的甲骨只有112片是伪刻，占不到总数的1/250，说明善斋所藏甲骨的质量其实还是很高的。

对善斋甲骨进行过系统研究的学者，除了郭沫若、胡厚宣以外，还有陈梦家。陈梦家不仅是位诗人、收藏家，还是卓有成就的甲骨学家。1952年，陈梦家从清华大学来到中国科学院考古研究所任研究员。他历时两年对50年来的甲骨学研究进行了系统整理，写成70万字的巨著《殷虚卜辞综述》，并于1956年出版。在写作过程中，陈梦家曾大量阅读和研究已面世的甲骨文资料，其中就包括刘体智的善斋甲骨和其所编的《书契丛编》。此外，陈梦家对郭沫若所编著的《殷契粹编》也多有引用。所以，刘体智的旧藏甲骨也在某种程度上成就了陈梦家的甲骨学代表作《殷虚卜辞综述》。

当然，除了将心爱的甲骨捐献给国家以外，刘体智把所藏的青铜器、古籍、书画等其他珍贵文物也悉数捐给了国家相关单位。关于善斋（即小校经阁）里所藏的青铜器，号称“中国通”的美国学者福开森在编辑青铜器工具书《历代吉金目》时，曾评价“刘体智是民国以来收藏青铜器最多者”。然而，在那个战争频发的乱世，为了维持生计，加之难以承受“护宝”的压力，刘体智被迫出售了不少青铜器，但所幸他每获一新器都会及时进行拓印，并予以编纂、出版，从而留下了《善斋吉金录》（1934 年）、《小校经阁金文拓本》（1935 年）、《善斋彝器图录》（1936 年）等一批青铜器研究的珍贵资料。到了晚年，刘体智手中的青铜器其实早已所剩不多，在容庚、傅斯年等人的鼓动下，他将仅剩的青铜器或卖、或捐给了一些文博单位和个人。其中，有 103 件青铜器在 1936 年卖出，后收藏于台北故宫博物院。刘体智还与李经方合作将一批青铜器以 28 万英镑的高价卖给了瑞典太子。1951 年 9 月，刘体智将 130 件青铜兵器捐献给上海市文物管理委员会，后拨交给上海博物馆保存至今，其中一件“吕不韦戈”可谓稀世珍宝，成为上海博物馆的重点展品之一。为此，上海市市长陈毅还曾颁发嘉奖令，表彰刘体智的爱国精神。此外，刘体智还捐赠给中央研究院历史语言研究所一批青铜器拓片。

除了甲骨片和青铜器以外，刘体智的藏书也颇为丰富，有 10 万册之多，其中以明清精刻本为主，不乏宋元古本。1951 年初，上海市西区人民法院租用了刘宅，刘体智从自己心爱的藏书楼小校经阁迁出，移居淮中大楼。由于新住所难以存放如此巨量的书籍，所以他打算捐赠给政府。随后，他将自己所有的藏书装入 500 只特制的箱子，且每只箱子都用细细的铁丝网罩住，然后分三批捐赠给了上海市文物管理委员会，之后文管会拨交给上海图书馆珍藏至今。据相关档案记载，刘体智所捐的第一批古籍有 326 箱，共计 67873 册，其中善本达 1928 册，并附清册二本；第二批所捐古籍共计 436 册，为 282 种历代碑刻拓本，包括汉魏名碑 50 种、晋至隋名碑 79 种、唐名碑 185 种、宋金元明名碑 122 种以及杂帖 36 种，并附《庐江刘氏捐赠石刻拓本记目》一册；第三批所捐书籍共 34 箱，包括宋版 9 部，书籍、碑帖之外，还有大量地图。

总之，刘体智在晚年将其收藏一生的所有文物藏品和古籍碑帖全部捐献。其中，甲骨全部入藏今国家图书馆，青铜器虽有散失，但大都留在国内且主要重器皆已被拓印出版，部分器物则入藏上海博物馆、台北故宫博物院等单位，古籍、碑帖等藏书则进入上海图书馆和故宫博物院图书馆继续为广大读者服务，还有大批古墨、古砚则成为安徽省博物馆的藏品。

1962年，为了感念刘体智倾其所有、捐献“善斋藏宝”之功，上海市文史馆将其聘为馆员。但令人惋惜的是，不久他就病逝了。虽然刘体智生前已将全部藏品捐献，但却留下了《书契丛编》《善斋吉金录》《善斋玺印录》《善斋墨本录》《小校经阁金石文字》《远碧楼书目提要》《远碧楼经籍目录》《元史会注》《异辞录》《说文谐声》《说文切韵》《说文类聚》《礼记注疏》《尚书传笺》等一大批著作。其收宝、藏宝的世纪情缘将广为传颂，其护宝、献宝的爱国精神将永世流传。

2006年12月，在上海市被国务院命名为“国家历史文化名城”20周年之际，上海市静安区政府为坐落在本区新闸路1321号的刘体智旧居（即小校经阁）郑重地挂上了纪念兼保护的铜牌，使其成为上海文物收藏事业的胜地，这是对这位收藏大家、甲骨功臣的最好缅怀与纪念。

小校经阁

小校经阁保护牌

参考文献：

1. 董作宾：《甲骨学五十年》，艺文印书馆，1955 年。
2. 胡厚宣：《关于刘体智、罗振玉、明义士三家旧藏甲骨现状的说明》，《殷都学刊》1985 第 1 期。
3. 贾双喜：《刘体智和他的甲骨旧藏》，《文献》2005 年第 4 期。
4. 李培栋：《刘体智小校经阁藏宝追踪》，《世纪》2007 年第 5 期。
5. 贾双喜：《中国国家图书馆珍藏甲骨之往事》，《中国历史文物》2009 年第 6 期。
6. 郑玲：《收藏世家：庐江刘氏的藏弆述略》，《大学图书情报学刊》2011 年第 6 期。
7. 贾双喜：《川流汇海　搜藏不辍——国家图书馆甲骨收藏纪事》，《中国书法》2012 年第 6 期。
8. 韦力：《刘体智小校经阁：藏书宏富，青铜甲骨》，《收藏》2017 年第 4 期。
9. 黄沂海：《银行家与藏书楼》，《文汇报》2017 年 4 月 14 日。
10. 张涛：《从胡厚宣写给刘体智的两封短札谈起》，《中国文化》2018 年第 1 期。
11. 刘耋龄，张涛：《祖父刘体智先生和他的收藏》，《世纪》2018 年第 3 期。
12. 赵爱学：《甲骨为啥缺个“殻”》，《经济日报》2018 年 7 月 8 日。
13. 黎文：《读书人的梦：藏书第一与重编四库》，《文汇报》2019 年 8 月 9 日。

第二十篇

殷墟发掘十五次，首功当属董彦堂

1921年4月，瑞典地质学家安特生在河南三门峡渑池仰韶村无意中发现了以彩陶文化为特征的“仰韶文化”。由于这些彩陶与安诺等近东和欧洲出土的彩陶非常相似，可能同出一辙，而西方的彩陶年代要早于仰韶文化，安特生便在《中华远古之文化》一文中据此推断中国中原地区的彩陶文化可能是从西方传播而来的，由此兴起了一股“中国文化西来说”之风。西方学者自是得意扬扬，而国内的一些爱国学者则为此饱受困扰和迷惑。他们虽然坚持认为中华文明是独立起源的，但可惜缺少证据。在此背景下，当时中国最高的学术机构——中央研究院于1928年6月9日在上海成立了，首任院长为蔡元培（1868—1940）。同年10月，经过大半年的筹备，历史语言研究所（以下简称“史语所”）也在广州东山柏园成立了，傅斯年（1896—1950）被聘为首任所长。该所初设历史、语言、考古三个组，分别由陈寅恪、赵元任、李济任主任，1934年增设第四组——人类学组。史语所的成立，标志着中国有了国家考古机构，所中的有志之士开始寻找中国文化的本源，他们将目光聚集到了出土甲骨的河南安阳殷墟遗址。

其实，早在史语所筹备期间的1928年8月，傅斯年就派了一位年轻人前往安阳小屯调查殷墟的情况。因为当时以罗振玉为首的大多数学者均认为小屯地下所埋藏的甲骨已被挖掘殆尽，但是傅斯年心有不甘、将信将疑，所以就派人去殷墟实地察看情况是否属实，了解殷墟是否还有发掘的必要。傅斯年所派的这位年轻人是谁呢？他就是后来赫赫有名的甲骨学大师、位列“甲骨四堂”的董作宾。

董作宾

董作宾于1895年（光绪二十一年）3月20日出生在河南南阳宛城长春街（今解放路）的一个小店主家庭，祖籍河南温县董杨门，原名作仁，字彦堂，又作雁堂，号平庐。1901年，6岁的董作宾进入私塾学习。他聪颖过人，又刻苦努力，博览《四书》《五经》及诸子百家学说。当时，甲骨文刚被发现不久，年幼的董作宾丝毫不知，更未想到他与甲骨文之间有何缘分。但冥冥之中似乎早有安排，他遇到了人生中的第一位引路人。当时与他家杂货店为邻的是一家名为“吉祥斋”的刻字店，店主周文金技艺高超，闻名宛城。年少的董作宾经常在课余时间到这家刻字店里玩耍，出于好奇，他总是趁店主周文金工作时，细心观察各种雕刻技法，并琢磨刻字的章法与要领。之后，董作宾开始“手痒”，便打算亲自实践下。由于没有石料和玉料，他就将捡到的一些比较厚实的瓦片磨成小方印形状，然后拿着母亲纳鞋底的铁锥子“剜之”，竟然能“粗成文理”，颇有点意趣。久而久之，店主周文金喜欢上了这个与自己拥有相同爱好的孩子，便尽力多教他一些雕刻技法。周文金将自家所藏的一本《篆字汇》借给他，董作宾认真翻阅后逐渐沉浸其中。在周文金的热情指导下，董作宾迷上了篆刻，并对古文字和篆刻艺术产生了浓厚兴趣，从而为之后研究甲骨文打下了良好的根基。

1907年，董作宾转了个私塾，与比他年长两岁的郭宝钧成为同学。两个孩子一见相悦，结交为最好的朋友。后来董作宾到安阳殷墟做第一次考古发掘时，时在河南教育厅工作的郭宝钧还曾出面帮他协调地方官员，并与他一起进行发掘，由此成为著名考古学家。

1909年，年仅14岁的董作宾的刻章技艺逐渐娴熟，并已在附近小有名气。因家境窘迫，他便经常利用课余时间帮助父亲干活，还在家门口支摊给人刻印章，每个字收四个铜板。每逢腊月，他还写春联卖钱以贴补家用。

1910年，董作宾进入当地元宗小学堂读书。一年后，他的弟弟董作义不幸夭折。父亲担心家里的生意后继无人，便令他辍学经商。董作宾虽有些失落，但很快又找到了新的乐趣。由于掌握了自家杂货店的进货权，他便趁机进些寿山石经营。卖钱之外，他也可以从中挑选好的石料用以试手。除了经营寿山石以外，他还开辟了一项新业务——卖书。不过，他买卖书籍也是别有目的，因为每逢买进新书，他都是自己先读完后再卖掉。当时，在南阳长春街上来往的人，常可以在街头看到这位既刻章又卖书的青年。有生意时，他就潜心刻章；没生意时，他便埋头读书。好学上进的董作宾，不久引起了一个人的注意，人生轨迹由此改变，此人便是张嘉谋。这位张嘉谋也是长春街人氏，1874 年（清同治十三年）出生，为清末民初河南著名教育家，名列“中州八大名流”。1905 年，新式学堂兴起，张嘉谋在家乡创办南都小学堂和敬业小学堂，并担任宛南中学堂（南阳市第一高中的前身）总教习。1907 年，张嘉谋被清廷委以内阁中书，并出任河南学务公所议绅，协助李时灿议长掌管河南教育行政。当年，他和李时灿共同创办了河南省第一所女子中等学堂——中州女学堂。三年后（1910 年），与同仁一起将该学堂改办为河南女子师范学堂，为推动河南女子教育事业的发展作出了重大贡献。民国初年，张嘉谋主要在河南省会开封生活，也偶尔回乡探亲。正是在一次回乡探亲时，他偶然发现了聪明勤奋、好学上进的董作宾，于是顿生爱才之心。1915 年春，张嘉谋出面劝说董作宾报考南阳县立师范学校，结果董作宾以第二名的成绩考取。1916 年冬，董作宾以“最优等第一”的成绩毕业，被留在学校任教。这时他的父亲董士魁已病逝，董作宾便将家里的杂货店委托给别人经营，自己则专心当起了教师。

1917 年春，张嘉谋认为董作宾应该有更大的空间和更大的作为，便将他带到了省会开封，并安排他在张家管书房兼做家务，为他提供了一个临时落脚点。不久，经张嘉谋的指导和引荐，董作宾进入开封育才馆读书。育才馆是当时河南督军赵倜开办的，目的主要是为地方政府培养文秘。没想到，在育才馆的教师队伍中竟然有一位“尤嗜金石之学”的时经训（1874—1919）先生。时经训当时担任地理教师，在讲授河南地理时详细介绍了他所喜欢和擅长的殷墟甲骨文。正是在时经训的课堂上，董作宾第一次知道了甲骨文，并初步产生了兴趣，由此便与甲骨文结缘。

从开封育才馆毕业后，董作宾并未回乡谋个一官半职，而是与同学一起在开封创办了《新豫报》，一度颇有影响。当时，张嘉谋因被选举为国会议员而已携全家移居北京。1922 年，他致信董作宾邀他前往北京发展，董作宾再次听从了恩师的召唤。初到京城，董作宾就吃住在张嘉谋家里。张嘉谋知其学过篆刻，并写得一手好字，便托人给他介绍了一份誊录讲义稿的差事。正是在张嘉谋家中，董作宾结识了著名考古学家、北京大学教授、河南南阳唐河人徐旭生（1888—1976）。几经接触，徐旭生发现董作宾天分极高，且忠厚老实、聪明勤奋，还能吃苦会办事，所以就请他为自己创办的《猛进》杂志做校对和发行，并请他到自己家辅导儿女功课。后来，经徐旭生介绍，董作宾进入北京大学旁听。旁听期间，董作宾对沈兼士（1887—1947）和钱玄同（1887—1939）两位先生所讲授的文字学课尤感兴趣，便用一年时间自修了他们所有的课程。

1923 年，北京大学研究所国学门招生。在徐旭生的引荐下，董作宾顺利考取了该所的研究生。由于当时中国学术界非常重视民间歌谣，蔡元培、胡适、周作人、刘半农等发起在全国征集歌谣的号召，并创办《歌谣周刊》。受这种潮流的影响，董作宾选择将民歌民谣和地方方言作为研究方向，并兼任《歌谣周刊》的编校，以半工半读的方式在北大学习。在专业学习之外，甲骨文开始在他心中显现出巨大的魅力。当时罗振玉的《殷虚书契前编》刚出版不久，董作宾对此书爱不释手，常用油纸影印摹写甲骨文字。由于有着扎实的篆刻功底，所以他很快就学会了那些甲骨文字。一个新的梦想，在他心中逐渐清晰起来。

1925 年春，董作宾从北京大学研究所国学门毕业，获史学硕士学位，被福建协和大学破格聘任为国文系教授。1926 年，他回到河南，受聘中州大学（今河南大学前身）文学院教授，讲授“语言学”和“史学”两门课程。1927 年暑假过后，董作宾应聘为北京大学研究所国学门干事，从事地方方言和民歌民谣的收集、整理和研究。当时，反动军阀的暴虐统治遭到北京大学和京城各校师生的强烈反对，各校教授纷纷南下另谋生路。董作宾也随师友南下广州，并被中山大学聘为教授，由此结识了中山大学文学院代院长傅斯年。然而，没过不久，他突然接到同乡捎来的一封书信，信中说他的母亲因病瘫痪，卧床不起。董作宾心急如焚，立即请假返乡照顾母亲。在此期间，董作宾应聘担任南阳第五中学的国文教员，一边照顾母亲，一边教课。1928 年 4 月，正在筹建中央研究院历史语言研究所的傅斯年给董作宾写了一封信，聘他为通信员。同年 7 月，董作宾母亲的身体有所好转，并且他在南阳第五中学的学期教学任务也已完成。于是，他便接受了恩师张嘉谋之约，利用暑假一起去洛阳调查三体石经，并经温县、辉县等地转赴安阳，调查殷墟甲骨的出土情况。同年 10 月，史语所在广州正式成立后，出任首任所长的傅斯年又聘董作宾为编辑员。虽然董作宾具有扎实的国学研究功底，但他当时其实并不擅长考古。傅斯年对他颇为信任，于是便派他去安阳小屯实地考察殷墟。

时年 33 岁的董作宾受傅斯年委派赶到安阳后，先找到了一位他曾在开封上学时结交的老友、河南省立十一中校长张天骥，并告知自己此行的目的。由于张天骥之前也曾带领学生到殷墟一带考察过，所以他告诉董作宾小屯周边农田里的有字甲骨已很少见，但如掘地一尺则还可见到不少无字的甲骨碎片。随后，董作宾在另一位好友徐静轩的陪同下，来到了小屯村东北洹水西岸的一个沙丘上。在一个个由当地村民新挖的土坑中，他见到了很多新出土的甲骨。董作宾非常兴奋，当即断定此地并非如罗振玉所言"宝藏已空"，也不是人们普遍认为的殷墟甲骨"所剩无几"，而是仍具有很大的发掘潜力和考古价值。他认为对殷墟的发掘已经到了刻不容缓的地步，随即给傅斯年写信汇报，建议由中央研究院主持对殷墟进行系统发掘，并呼吁："迟之一日，即有一日之损失，是则由国家学术机关，以科学方法发掘之，实为刻不容缓之图。"不久，董作宾便向史语所作了《中央研究院十七年度总报告·历史语言研究所安阳调查》的报告。此报告得到了史语所负责人的高度重视，经过研究，傅斯年便决定委派董作宾全权负责殷墟的发掘工作。

后来，此事得到中央研究院院长蔡元培的支持，他特批了 1000 银圆用作发掘经费。董作宾利用这笔费用购置了必要的设备和资料，组织了 6 人的考古工作组，还雇用了一些民工。当时的河南省政府对此也很重视，派出郭宝钧（董作宾的老同学）、王湘（董作宾的表弟）等人参与发掘。一切准备工作就绪后，便于 1928 年 10 月 13 日早晨开始了对殷墟遗址的第一次试掘。董作宾一锹下去，开启了中国考古学的新时代，对殷墟及甲骨文的科学考古发掘与研究由此开始了。

此次试掘，董作宾将小屯遗址划分为三个区：一区在小屯村东北洹水南岸的沙丘上，二区在小屯村北地，三区在小屯村中部。他在三个区各开了一些探坑，并将参与发掘的工作人员分为四组，依据"轮廓求法"展开发掘工作。所谓轮廓求法，即假定某地为甲骨集中地，先在“周围打四坑以探求其轮廓”，然后再向中心挖掘。然而，发掘工作并不如意，一天下来，除了一堆堆黄沙土，几乎没有什么发现。于是在次日发掘时，董作宾便改用“集中求法”，即集中力量在地面暴露甲骨较多处挖掘，以图一次挖尽。结果他们开挖了六个探沟，仍是一无所获。为此，董作宾大失所望，心急如焚，傅斯年了解情况后还写信安慰他不要着急和气馁，因为即使找到新的甲骨片也未必包含新知识。此次试掘在不理想的情况下持续 18 天后，于当年 10 月 31 日匆匆结束了。

据统计，此次试掘共开探坑 40 个，发掘面积为 280 平方米，从中出土了 784 片甲骨，其中龟甲 555 片、牛肩胛骨 229 片。此外，还有千余片无字骨头及一些青铜器、陶器、玉器、石器、蚌器等。由于从三个区探坑中所出甲骨上的文字各不相同，所以董作宾认为可能是它们所属的时代不同，但到底如何区分和证明它们各自的时代，却一时无从着手。后来，董作宾手抄了有字甲骨 392 片，并做了不少考释，写成《新获卜辞写本》（1928 年 12 月，收录甲骨 381 片），并与其报告一起发表在《安阳发掘报告》上。尽管此次殷墟发掘所获甲骨数量不多，并不尽如人意，但是傅斯年仍予以高度评价：“董君试掘十余日，知其地甲骨文字之储藏大体已为私掘者所尽，所余多属四下冲积之片，然人骨、兽骨、陶片、杂器出土甚多。如以中国历来玩古董者之眼光论之，已不复可以收拾。然以近代考古学之观点论之，实尚为富于知识之地。”可以说，首次殷墟发掘虽获甲骨不多，但却意义非凡，不仅通过科学发掘证明了甲骨文的真实性（此前学术界有一部分人一直对甲骨文持怀疑态度），也为甲骨文的辨伪提供了可资借鉴的标准。

其实，早在董作宾科学发掘殷墟之前，此地就已被私掘者、盗掘者肆意滥挖过多次了。据《甲骨年表》（1937 年）和《甲骨学六十年》（1965 年）记载，自 1899 年甲骨文被发现至 1928 年春，小屯村民就有 9 次规模较大的私自挖掘甲骨的行动。其中，第一次约在 1899 年至 1900 年。王懿荣从潍县古董商范维卿和赵执斋手中购买的一批甲骨，以及范维卿为端方收购的一批甲骨，可能均为小屯村民所挖掘的。第二次是在 1904 年冬，小屯村地主朱坤率领佃农在村北洹河南岸的自家土地里搭棚垒灶，挖掘甲骨。此次私掘历时较久，直到因与霍文元、刘金声等人发生争执、械斗而被县衙下令禁止才被迫停止。朱坤此次挖掘的甲骨数量颇丰，后来全部卖给古董商而被装入数辆马车运到了山东潍县，随即大部分被美国传教士方法敛和英国传教士库寿龄收购，还有一部分成为罗振玉、黄伯川、徐枋等人的藏品。第三次是在 1909 年春，小屯村村长张学献在位于村南的自家地里挖山药沟时发现了甲骨。村民们闻讯后纷纷到此挖掘，所获刻辞胛骨（俗称“骨条”）较多。第四次是在 1920 年，当时因为包括河南在内的北方 5 省遭遇了严重旱灾，所以深知甲骨价值的小屯村民迫于生计，便不约而同地到村北洹河岸边挖掘甲骨出售，借以度日。在他们的影响和带动下，周边不少村的村民也都参与到挖掘甲骨的队伍中。第五次是在 1923 年春，小屯村村长张学献雇用何国栋在位于村中的自家菜园内挖掘甲骨，获得 2 块带字的大骨板。第六次是在 1924 年，小屯村民在筑墙时发现了一坑甲骨，其中有不少大块，全被在安阳传教的加拿大人明义士买走。第七次是在 1925 年，小屯村民在村前大路旁挖掘出了数筐甲骨，大都卖给了上海古董商。第八次是在 1926 年 3 月，因为小屯村村长张学献被土匪绑票，需要巨款才能将人赎回，所以一些村民便趁机与张家商量在其菜园内挖甲骨以出售，然后将所得钱财对半分，张家无奈应允。当时参与挖掘者有数十人，不过因遭遇塌方有 4 人差点被活埋。此次发掘所获的甲骨都先后卖给了加拿大传教士明义士。第九次是在 1928 年春，当时正逢军阀混战，由于驻守安阳的冯玉祥部队与前来反攻的奉军在此交战，小屯村及周边村的村民无法按时耕作播种。等 4 月份战事结束后，无以为生的村民便相约到小屯村南路旁及麦场中大肆挖掘甲骨，并将所获甲骨大都卖给了上海和河南开封的古董商。以上九次甲骨挖掘均为村民的私自挖掘，因此可谓殷墟甲骨的“非科学发掘时期”，直到 1928 年 10 月 13 日董作宾等人的到来，才开启了科学发掘殷墟的新阶段。

李济

1928 年冬天，史语所考古组主任李济来到了河南开封。经与董作宾会面协商，他们决定春节过后再进行一次试掘。到时所获遗物，甲骨文由董作宾负责整理和研究，而其他遗物则由李济负责整理和研究。李济可是个专业的考古学家，他于 1896 年（清光绪二十二年）7月12日生于湖北钟祥郢中镇（今郢中街道办事处）双井街，字受之，后改济之。1911年，他考入留美预科学校清华学堂。1918年，官费留学美国，入麻省克拉克大学攻读心理学和社会学。1920年，他获得社会学硕士学位后，转入美国哈佛大学攻读人类学及考古学专业，并获哲学博士学位。1922年，他从哈佛大学毕业后返回中国，先后受聘于清华大学、南开大学，并担任国学研究院讲师。1926年，他带领考古组与美国费利尔美术馆合作发掘了山西夏县西阴村遗址。西阴村发掘的第一锄，为李济赢得了“工作方法现代化的、兴趣广泛的、超越历史时代的中国第一个考古学家”的好名声。1929年初，在丁文江、杨杏佛、李四光等人的推荐下，李济应傅斯年之聘出任中央研究院历史语言研究所考古组主任。此后，他因主持并参与了河南安阳殷墟、山东济南城子崖等遗址的田野考古发掘，造就和培养了中国第一批水平较高的考古学者，使得考古发掘工作走上科学轨道，故此被誉为“中国考古学之父”。李济所创造的“三点记载”“层叠”“探沟探坑”等比较科学的田野考古工作方法，至今仍被考古学界沿用。

20世纪初，中国的传统学术研究受到了西方学术思潮的猛烈冲击。当时因中国古文字学研究从未超越书本阅读的范围，故而被称为“考据学”。甲骨文的出土使人们看到了获取新材料的新途径，而如何从田野中发掘出科学的新材料，则完全属于新兴学科“考古学”的范畴。正因为傅斯年认清了这种学术发展的新趋势，所以在创建历史语言研究所时，便提出了“上穷碧落下黄泉，动手动脚找东西”的口号。很显然，他就是号召和鼓励学者们走出书斋，到田野中用手和脚去获取第一手科学资料。尽管董作宾主持的殷墟第一次发掘工作取得了不俗的成绩，但因其并非田野考古专业出身，所以傅斯年为了保障对殷墟的考古发掘工作能够持续、顺利开展下去，只得忍痛割爱、“临阵换帅”，决定更换殷墟发掘的领导人，而从美国学成归来并掌握现代田野考古方法的李济成为最佳人选。

李济受聘史语所考古组主任后便来到安阳从董作宾手中接过了殷墟发掘的“指挥棒”。当然，二人之间有个约定，即以后凡是他们从殷墟发掘出的甲骨文都交由董作宾整理和研究，由此造就了一位名扬四海的甲骨学大师。

1929年3月7日至5月10日，出任史语所考古组主任不久的李济便迫不及待地主持了对殷墟的第二次发掘工作。通过此次发掘，他初步弄清了小屯地下的堆积物分层情况，最底层为殷商时期的文化堆积，其上为隋唐墓葬，而覆盖隋唐墓葬的则是现代堆积物。这也说明，早在隋唐时期，古人在此地掘土修墓以埋葬死者时，很可能就已发现了刻有卜辞的甲骨片，只可惜当时没有“识货”之人，不然甲骨文在隋唐时期就已被发现了。

1929年10月7日至12月12日，在对殷墟的第三次发掘中，李济开始采用“卷地毯”的方式对整个殷墟遗址进行全面揭露。他带领考古工作人员在小屯村东北麦田里挖了1条南北向的长纵沟和6条平行的东西向横沟，进而探索整个遗址的文化堆积分布情况。然而，此次发掘没进行多久便遭到了河南地方政府的层层阻挠，原因是中央研究院为了研究之便，在未和河南地方政府事先达成共识的情况下，就将发掘所获器物运出了河南，由此引起地方政府的强烈不满。双方为此争执不下，互不相让。安阳县县长知道此事后也不敢偏袒，只能站在双方中间予以协调。协调未果后，双方只好各自向自己的上司发电报以争取支持。当时，李济和董作宾亲自前往北京，将此情况向傅斯年所长做了汇报，傅斯年随之和他们一起来到安阳进行调解。同时，中央研究院院长蔡元培获悉此事后，呈请国民政府电令河南省政府保护中央研究院对殷墟的发掘工作。后来，经过双方的共同努力，河南省政府与中央研究院以科研为重，从大局出发，彼此达成了几项共识，并签署了协议，才使得这次发掘工作得以继续进行。正是在此次发掘中，李济凭借科学的工作方法迅速发现了一个殷商文化的重要堆积——“大连坑”。李济亲自指挥了此坑的发掘工作，在从地面到地下3.3米之间发现了11个连续叠压的土层。令人欣喜的是，在该坑南段底部向下3米处的一个长方坑内竟然发现了一堆甲骨，其中有4块比较完整的刻有卜辞的龟腹甲。因为这4块龟腹甲体型巨大、字迹众多且属于同一时代，所以一出土便引起了考古学界的关注，被称为“大龟四版”。后来，经董作宾研究，“大龟四版”上共存21条卜辞，全是卜询的记录。其中有个字出现频率最高，但谁也不认识，有人认为它是官名，也有说是地名，但是无论哪种解释，放入句子中都不通顺，难解其意。董作宾经过仔细对比和研究后，认为此字应为“贞”，其前面的字应是商王自己或为商王占卜的史官名，可称为“贞人”。在其中一块龟板（编号2122）上，董作宾找出了中、宫、品、允、争、宾等六位贞人，说明他们六人曾共同使用这块龟甲占卜过。董作宾据此认为他们应在一段时期内（占卜内容显示为9个月）同时生存过，也就是说他们应为同代人。后来，经过对“大龟四版”文例的精心研究后，董作宾于1931年撰成《大龟四版考释》一文并发表在《安阳发掘报告》第三期上。“贞人”的发现，被郭沫若誉为“顿若凿破鸿蒙”。它不仅让“卜”与“贞”之间的字在甲骨学史上得到首次确定，使甲骨卜辞得以正确释读，也使学者找到了解决甲骨文分期断代难题的一把钥匙，确立了“因贞人以定时代”的甲骨文分期断代标准。正是这个极为重大的发现才推动甲骨学跨入了一个新阶段，促成了甲骨学从金石学之蛹内向外的蜕变。此后，董作宾据此逐渐摸索出一套甲骨文分期断代的科学方法。同时，自“贞人”被学界认可后，一条完整的甲骨卜辞就可以被释读出来。有学者总结出一条完整的卜辞大体上是由叙辞（前辞）、命辞（问辞）、占辞、验辞四部分组成的，而“贞人”就在叙辞（前辞）中。叙辞（前辞）一般记录占卜时间和占卜者（即“贞人”，有的省略），有些还有占卜地点；命辞记录占卜的具体事情，是卜辞的核心内容；占辞是视兆坼（即兆纹）判断所占事情的吉凶，属于占卜的结果；验辞记录占卜之后的应验情况，是事情应验的追记。不过，从目前所发现的殷墟卜辞来看，四部分完整者很少，大多数只有叙辞（前辞）和命辞（问辞）两部分。

1931年3月21日至5月12日，在对殷墟的第四次考古发掘中，李济制定的科学发掘方式已经日渐成熟，即在大面积发掘前，先做点的探找，次做线的观察，再做面的揭开，最后做体的发掘。李济的最终目的不是寻找更多的甲骨片，而是通过殷墟出土遗物复原已被遗忘的殷商王朝历史。也正是在这次发掘中，考古人员不仅首次从一座殷代大墓中发现了殉人遗迹，而且著名考古学家梁思永（1904—1954）还在后冈遗址中发现了仰韶文化、龙山文化、殷代文化直接叠压的“三叠层”，从而确定了这三种文化的时代发展序列，奠定了考古地层学（或称“层位学”）的基础。此后，一直到1937年6月19日，中央研究院历史语言研究所又先后派人对殷墟进行了11次考古发掘（其中第5次和第9次发掘由董作宾主持），后因抗日战争爆发、日军侵入华北而被迫停止。

在此期间，董作宾在参加殷墟考古发掘工作之余，一直没有停止对殷墟出土甲骨文的研究。他受之前所发现“贞人”的启发和激励，又翻检已出版的甲骨著录及科学发掘的甲骨文材料，遂将见于同板的贞人搜集在一起作为“贞人集团”，再按照称谓等标准定出了卜辞所见贞人的先后时代。1932年3月，他将此研究成果写成《甲骨文断代研究例》一文，并于1933年发表。在该文中，董作宾依据“世系、称谓、贞人、坑位、方国、人物、事类、文法、字形、书体”等十项标准将自盘庚迁殷至帝辛亡国这273年间的殷墟甲骨文划分为五个不同时期。其中，第一期为武丁时期（包括之前的盘庚、小辛、小乙），第二期为祖庚、祖甲时期，第三期为廪辛、康丁时期，第四期为武乙、文丁时期，第五期为帝乙、帝辛时期。如此就使得一团混沌的十余万片甲骨有条不紊地划归五个不同时期，隶属八世十二王的名下，从而各归其主。不久，董作宾便将自己所写的《甲骨文断代研究例》三校稿寄给了当时流亡于日本的郭沫若。郭沫若看后欣喜不已，遂取消了自己原在《卜辞通纂》后面附加卜辞断代表的设想，并在《卜辞通纂·后记》中对董作宾及其文章予以高度评价。他认为董作宾是继王国维之后在此方面贡献最大的学者，使甲骨卜辞的史料价值大为增加。可以说，董作宾的《甲骨文断代研究例》揭开了甲骨学研究的新篇章。“贞人”的发现和甲骨文分期断代“五期说”的确立，均为董作宾对甲骨学研究所作的划时代的重大贡献。

在董作宾、李济、梁思永等人先后主持的15次殷墟科学考古发掘中，最值得一提的是第13次发掘的一个重大发现。1936年3月18日，由李济主持的第13次殷墟发掘正式开始，到6月12日这天就到了此次考古发掘预定结束的日子。因为安阳的夏天炎热，所以考古队打算避开这种天气进行休整。可就在6月12日下午4时左右，即将收工的考古人员却意外发现了一个甲骨坑（编号为“YH127”）。欣喜和兴奋之余，考古人员立即着手对此坑进行发掘和清理。未曾想在一个半小时内竟然从这个不到半立方米的土坑中清理出了760块龟板，尽管数量已极为可观，但似乎还没有清理完毕的迹象。由于天色渐晚，没有照明设备，所以发掘工作不得不暂停，而负责发掘此坑的王湘凭借长期的发掘经验立马决定将发掘时间再延长一天。随后，考古人员便将已挖开的坑位遮盖好，并派专人整夜看守。然而，次日天亮，当考古人员打算继续发掘此坑时，仔细一瞧，却惊奇地发现坑中的埋藏物排列得整齐有序，和之前

YH127 甲骨坑

所见的情况有所不同。可能由于昨日挖得比较匆忙，所以大家均未仔细观察，以致没发现这种奇特的现象。尽管王湘和石璋如二人又忙活了一天，也只不过仅取出了坑中埋藏物上层的一小部分（总计约有 3670 片）。考古人员面对此种状况，觉得一块一块地提取甲骨并非上策，应该采用特殊的方法来处理。后经商量，出于安全考虑，参与发掘的全体考古人员一致认为应该将此甲骨坑完整地挖出来。于是，自 6 月 14 日起，经过全体发掘队员连续四昼夜的奋战，终于将一块混杂着泥土的 6 吨多重的“地下档案库”整体挖了出来。那么，这么个庞然大物是如何提取出来的呢？原来发掘队员先将甲骨坑周围的泥土掏空，然后从上面套入一个用厚木板制成的无盖无底的硕大箱子，并用铁丝将木箱捆绑结实，再从底部封上箱底，最后靠人力用粗木杠将装着甲骨块的木箱整体抬了出来。据说，当时为了将这个木箱装运到火车上，动用了 64 个壮小伙子。他们用粗木杠肩挑背扛，直到 6 月 24 日在整整折腾了三天后才把这个庞然大物运到了火车站。8 天以后，该木箱被火车安全运抵南京，又经卡车转运于 7 月 12 日才安放进中央研究院图书馆的大厅里，并交给历史语言研究所进行室内整理和研究。由于木箱中的这坑甲骨在地下堆积了 3000 多年，所以它们彼此已经紧密地粘连在一起。室内整理的首要工作就是要将它们分离，一片一片地单独提取出来，此项工作就交给了时任董作宾助手的胡厚宣。经过 8 个多月的辛勤劳动和精心清理，胡厚宣和两名技工竟然从中提取出了 300 多板完整的刻辞龟甲，其中最大的一片龟甲竟有 40 厘米之巨，堪称奇迹。清理完毕后，经过清点和统计，此次殷墟发掘仅 YH127 坑就出土了 17096 片甲骨，包括 17088 片龟甲和 8 片牛骨。再加上其他坑所出甲骨，此次发掘出的刻辞甲骨共计 17804 片，包括字甲 17756 片和字骨 48 片。由此可见，第 13 次殷墟发掘可谓收获颇丰，单从出土的刻辞甲骨数量来看，就创造了一项历史记录。中华人民共和国成立以后，尽管考古工作人员在对殷墟的发掘中，又有几次较大规模的甲骨发现，但所出刻辞甲骨的数量均未超过此次，这项记录至今仍未被超越。当然，从单坑出土甲骨数量来看，YH127 坑更是雄踞首位，成为甲骨发掘史上的最大发现和最高成就。该坑所出甲骨不仅数量巨大，而且特点鲜明，例如甲多骨少、契刻卜兆、朱书墨书、涂朱涂墨、改制背甲、特大龟甲等罕见现象，都增进了学者对殷墟甲骨和殷商历史文化的认识。此外，该坑甲骨时代单纯、甲骨来源多处等现象也颇受学者关注。总之，YH127 坑的发现虽是偶然，但也是以李济、董作宾为代表的中国老一辈考古工作者坚持科学发掘的必然结果，在甲骨学史上的价值和意义无可替代。

1942 年 4 月，中央研究院院务会议在重庆召开。由于当时傅斯年所长生病了，便委托董作宾代表自己出席会议。当时，与董作宾神交已久的郭沫若正在国民政府军事委员会政治部任职，所以董作宾便借到重庆开会之机专程拜访了郭沫若。郭沫若深感意外，当然也欣喜异常。他设宴盛情款待了董作宾，并挥毫泼墨、赋诗相赠：“卜辞屡载正尸方，帝乙帝辛费考量。万蟠千牛推索遍，独君功力迈观堂。”此诗给予了董作宾极高评价，赞誉他超过了王国维（号观堂）。董作宾连忙谦让说：“过誉了，不敢当。”郭沫若笑曰：“当之无愧！”

1945年4月，董作宾经过无数个寂静长夜的勤奋工作，耗费十年心血，终于根据甲骨卜辞所载日、旬、月、年的资料编纂成了一部在甲骨学史上颇具影响的皇皇巨著——《殷历谱》。该书分上、下两编，共十四卷，是用时最长、费力最多、苦心经营的一部著作。在该书中，董作宾通过对甲骨记录中六十干支日程的检验，编成了35个历法表。在这35个历法表中，他认为有5组最为重要，因为依靠这5组数据就能大致计算出商王朝的统治时间和历代商王的在位时间及年代。他所计算出的自盘庚起历代商王（8世12王）的在位时间及年代分别为：盘庚28年（公元前1398年—公元前1371年）、小辛21年（公元前1370年—公元前1350年）、小乙10年（公元前1349年—公元前1340年）、武丁59年（公元前1339年—公元前1281年）、祖庚7年（公元前1280年—公元前1274年）、祖甲33年（公元前1273年—公元前1241年）、廪辛6年（公元前1240年—公元前1235年）、康丁8年（公元前1234年—公元前1227年）、武乙4年（公元前1226年—公元前1223年）、文丁13年（公元前1222年—公元前1210年）、帝乙35年（公元前1209年—公元前1175年）、帝辛63年（公元前1174年—公元前1112年）。再从总年数287年中减去盘庚在原来都城奄（今山东曲阜）所统治的14年，即推算出殷商王朝在殷墟的统治时间为273年。

《殷历谱》

《殷历谱》出版后，立即引发了学界的热烈讨论。尽管至今仍有学者对董作宾的研究成果和结论持有异议，但都无法否定其在研究殷商历法方面的敏锐眼光、卓越才能和艰辛付出。其实，早在1930年，董作宾就开始关注殷商历法这一问题，并对甲骨卜辞所载的历法资料做了笔记。1931年，他撰写并发表了《卜辞中所见之殷历》。1934年，他已被明显具有年代意义的重要甲骨文资料所吸引，因而写了关于《殷历中几个重要问题》一文。由于研究历法需要天文学知识，所以他还经常向不少天文学家请教历法计算所依赖的星占等与天文学有关的知识。到1935年时，关于殷历的整理和计算，董作宾已初步理出了头绪。1937年全民族抗日战争开始后，董作宾随史语所从南京迁到武汉、长沙、桂林、昆明等地。1938年，当史语所由广西桂林迁至云南昆明时，董作宾寄居在昆明郊外的龙头镇。1940年，当新居落成，董作宾搬家之时便请傅斯年所长为之题词。傅斯年特用篆书题写"平庐"，并题长跋相赠。在跋中，傅斯年列举了董作宾多年来在甲骨文研究、文献典籍考证、天文历法等方面的成就，将其与东汉张平子（即张衡，字平子，河南南阳人）相提并论。董作宾对此颇为看重，自此便以"平庐"作为自己的书斋名，伴随终生。后来，董作宾自号"平庐老人"，还以此刻成印章用于自己创作的甲骨文书法作品中。

1940年冬，日军封锁滇缅路，云南告急，史语所被迫迁至四川南溪李庄板栗坳。接连不断的大迁徙让学者们疲惫不堪、心神难定，再加上战时生活异常清苦，致使很多人难以把精力集中到学术研究上。当时，董作宾尽管薪水少，家庭人口多，生活压力较大，但他仍没放弃研究殷历。不管迁到哪里，无论环境如何，他都能坚持对殷历的研究工作。在迁到四川李庄后，董作宾基本完成了《殷历谱》的写作准备，开始进入计算和写作阶段。由于当时没有电脑，并且他又不习惯使用手摇机械式的计算机，所以只能凭着笔或算盘来计算一切数据。有关历法的计算量极大，每一算题数字多到20多位，为了减少错误，每道题往往需计算三遍到五遍，常常把人弄得晕头转向。董作宾却不以为苦，每次算清楚一个日期，他都兴奋异常。因为计算量实在太大了，所以他常常抓住史语所的年轻同事帮他演算。由于董作宾的家乡（即河南南阳）多把"老天爷"三个字当口头禅，所以董作宾也习惯于此，乡音难改，往往一张口就是"老天爷呀！……"久而久之，史语所的年轻人悄悄给他起了个外号"老天爷"。"老天爷"安排的活儿，年轻人自然也乐于从命，大家经常拿着算盘噼里啪啦地算着，以至于董作宾常开玩笑说："我们史语所都快成了数学研究所了。"在之后的无数个夜晚，董作宾借助傅斯年赠送的一盏煤油灯，伏案疾书，彻夜工作。"功夫不负有心人"，经过十年的精心研究和艰辛付出，董作宾终于完成了《殷历谱》这部巨著。《殷历谱》出版后，国民政府为董作宾颁发了嘉勉令，胡适、傅斯年、陈寅恪、马衡、徐旭生、李济等学界名流纷纷致函道贺并给予很高的评价。陈寅恪将《殷历谱》称为“学术著作第一”，并感叹“唯有合掌赞叹而已”。傅斯年说《殷历谱》使“中国信史向上增益300年”。李济称《殷历谱》为“一部划时代的大贡献”“是学术界的一件伟大的创举”，还曾评价说：“其目的是用科学分析把数量惊人的甲骨材料和现代日期联系起来，为此他下了很大的功夫，成为抗战时期中国知识分子现代化成就的代表。”

其实，当历史语言研究所南迁避难时，包括甲骨在内的大批殷墟发掘材料并未整理完毕，而是全部被匆忙装箱运走。到云南昆明安定下来后，董作宾就组织人着手整理这些珍贵文物。他们当初离开南京时，甲骨都是被精心放置在纸盒内然后再放入木箱中的。但由于在万里迁徙途中遭受了数年潮气侵蚀和无数次震荡，所以箱内甲骨已破损混杂、面目全非。此后，艰难琐碎的整理工作持续了一年多。董作宾带领胡厚宣、高去寻和杨若芝连续奋战，昼夜工作，胡厚宣和高去寻负责清理、编号，杨若芝负责传拓甲骨，而董作宾则亲自摹写甲骨。1936年，董作宾将殷墟第1至9次发掘所获甲骨精华编为《殷虚文字甲编》，并开始着手编辑《殷虚文字乙编》。从1940年起，董作宾开始代理史语所所务。因为1937年全民族抗日战争开始后，傅斯年所长就把主要精力放在了参政议政上，无暇顾及所务，所以就委托董作宾代理。因此可以说，在抗日战争期间，董作宾大多时候都是行政、科研“双肩挑”。只是因为他长期坚持白天办公，晚上“干活”，所以其科研质量丝毫没有降低，由此才有了《殷历谱》这一重大成果。

在研究甲骨卜辞内容、编著甲骨著录集之外，董作宾还曾试验过甲骨的钻灼过程，研究过甲骨文的刻法和刻辞笔画的先后次序，并在甲骨的缀合、甲骨文字的考释与解读、甲骨文书法创作等方面贡献良多。正如李济所言：“能够像董先生这样寻问题寻得紧，抓题目抓得扼要，并想办法解决他所抓的问题的人并不多见。所以，他不但是能找问题的人，也是能想出种种聪明的方法以解决问题的人。”

1947年，董作宾应美国芝加哥大学之邀到该校讲学，并被聘为客座教授，在该校讲授“甲骨文”及“金文”等课程。在美国的两年时间，除了讲学以外，他还到处游历，并留下了大量甲骨文书法作品。因为在研究甲骨文之余，他像罗振玉、叶玉森一样，喜欢将甲骨文字入印、入书，原本就写得一手好字的他，写起甲骨文书法来更是得心应手。之后，每逢朋友来访或拜访朋友，他都会以自己的甲骨文书法作品相赠，成为“专属礼品”。著名学者胡适在美国游历时曾感叹：“从太平洋走到大西洋，几乎没有一家中国朋友或美国的中国学者家中没有董作宾的甲骨文。”美国芝加哥大学教授钱存训在他的《董作宾先生访美记略》中说道：“此（胡适之言）乃实情，并非过甚其词。”

《殷虚文字甲编》

1948 年 3 月，凭借在甲骨学和考古学领域所作的卓越贡献，董作宾当选为中央研究院第一届院士。同年 4 月，他所编著的《殷虚文字甲编》由中央研究院历史语言研究所出版。该书由董作宾自序，李济作跋，共收录 3942 片甲骨拓本（少数为朱书影印），包括 2513 片龟甲刻辞、1425 片牛骨刻辞、3 片兽头刻辞以及 1 片鹿角器刻辞的拓片，每片后面都附有发掘次数及原编号，因为这些拓片的甲骨实物均是殷墟第 1 至 9 次发掘所获的。其实，该书早在 1936 年就已编成，但由于受到战乱影响，所以拖延了 12 年才得以出版。同年 10 月，同为董作宾编著的《殷虚文字乙编》（上辑）也由中央研究院历史语言研究所出版。其实，该书共分上、中、下 3 辑。因为不久之后，董作宾随中央研究院历史语言研究所去了台湾。所以，中、下两辑分别于 1949 年 3 月和 1953 年 12 月在南京和台北由“中央研究院”历史语言研究所出版。该书 3 辑共收录 9105 片甲骨拓片（极少数为朱书影印），每片后面都附有发掘次数及原编号，并且编号下皆附有坑位登记号，因为其甲骨实物是殷墟第 13 至 15 次发掘所获的。《殷虚文字甲编》和《殷虚文字乙编》总共收录自 1928 年至 1937 年殷墟 15 次发掘所获的刻辞甲骨 13047 片，囊括了史语所当年发掘殷墟所获的绝大多数刻辞甲骨。1957 年 8 月，《殷虚文字丙编》（上辑）在台湾由“中央研究院”历史语言研究所出版，不过该书并非董作宾编著的，而是张秉权编著的。其实，《殷虚文字丙编》共分 3 辑 6 册，直到 1972 年才陆续出完。该书是张秉权对《殷虚文字乙编》及其编余的甲骨进行拼对复原（缀合）、重新传拓、编辑整理，并加以考释而成的。

《殷虚文字乙编》

1949 年初，年过半百的董作宾从美国回国后不久，便奉命随中央研究院和自己相伴多年而不忍心分开的大批文物迁往台湾地区。到台湾后，他没有经济来源，家徒四壁，但因需要养活一家八口而被迫先后到台湾大学、香港大学任教。在台湾大学任教期间，他为该校中文系讲授古文字学，为历史系讲授殷商史。难能可贵的是，无论物质条件多么匮乏，生活多么艰辛，他都始终坚持白天忙于工作和应酬，晚上仍醉心于自己热爱的甲骨文研究。1949 年，在甲骨文发现五十周年之际，他专门写了《甲骨学五十年》一文，对自己曾经所做的甲骨文分期断代工作进行了总结和反思。尽管他当年提出的甲骨文“五期说”在学界影响很大，被不少学者奉为圭臬，但董作宾自己却并没有拘泥于此，“没有躺在功劳簿上睡大觉”，而是不断地补充和修正自己的观点。他在《甲骨学五十年》一文中对自己之前的观点修正了多处，从而推动甲骨文的分期断代研究持续深入发展，这也成为他对甲骨学发展所作的又一大贡献。

1950年，董作宾和友人一起创办了《大陆杂志》，由此引来了他的爱徒严一萍。同年12月20日，台湾大学校长傅斯年因突发脑出血去世，董作宾连夜含泪用甲骨文书写了一副长达180字的挽联以表哀悼之情。1951年，董作宾接替傅斯年，正式出任“中央研究院”历史语言研究所所长。同年，他发表了《武王伐纣年月日考》一文。1952年，他编著出版了《西周年历谱》。1953年，他应邀参加了在菲律宾召开的“第八次太平洋科学会议”。1955年，他应邀赴韩国汉城（今首尔）讲学，并被汉城大学授予名誉博士学位。同年8月，他辞去“中央研究院”历史语言研究所所长职务，应香港大学之聘担任东方文化研究院研究员，从事中国年历的编写工作，同时担任香港大学历史系名誉教授和崇基、新亚、珠海三所书院的教授。不久，他编著成中英文对照的《中国年历总谱》，并由香港大学出版部印行。同年，他所著的《甲骨学五十年》(后被其弟子严一萍扩编为《甲骨学六十年》）由艺文印书馆出版。1957年，他撰写、出版了《中国上古史年代》。1958年，他重回台湾大学，担任该校考古人类学系的专职教授。其实，自从董作宾到台湾地区后，无时无刻不怀念故土，原本打算找机会回大陆看看，但天不遂人愿，还没等到回家乡的机会便于1963年11月23日在台北病逝了。1964年初，在印度举行的“第26届东方学会年会”上，德国汉学家福安柯提议为在甲骨文研究方面卓有成就的董作宾默哀一分钟，此提议得到与会者的普遍响应。会场气氛庄严肃穆，大家怀着沉痛的心情悼念这位举世闻名的甲骨学大师。

关于董作宾一生的主要学术贡献，著名考古学家石璋如（1902—2004）曾总结和概括为一副对联“侯测周总论文集，断谱甲乙六十年”。其中，“侯”是安阳殷墟发掘中侯家庄出土的文物；“测”是《登封周公测影台调查报告》；“周”是《西周年历谱》；“总”是《中国年历总谱》；“论文集”是《董作宾学术论文集》；“断”是《甲骨文断代研究例》；“谱”是《殷历谱》；“甲”是《殷虚文字甲编》，“乙”是《殷虚文字乙编》；“六十年”是《甲骨学六十年》。可谓非常贴切。

综上所述，在1928年至1937年由董作宾、李济等人先后主持的15次殷墟科学考古发掘可谓成果显著，不仅找到了殷商王朝的宫殿区、宗庙区和王陵区，证实了《竹书纪年》所载商代晚期都邑地望的正确性，而且还收获了

24918片甲骨以及数以万计的陶器、青铜器等古物。可以说，这15次发掘对甲骨文研究产生了巨大影响，使其从原有的单纯文字考释和历史考证阶段进入依靠现代科学方法和先进手段进行全面研究的新阶段。此外，殷墟的15次发掘还催生了中国现代考古学，并使得这门新兴学科自此步入科学发展轨道。主持殷墟发掘的两位头等功臣由于专业背景和关注重心不同，而分别成为各自研究领域的代表性人物。李济凭着对考古事业的热爱和执着，终于成为中国考古学的奠基人，被誉为“中国考古学之父”；而董作宾凭着对甲骨文研究的痴迷与勤奋终于成为甲骨学的一代巨匠，名列大师级的“甲骨四堂”。可以说，殷墟的15次发掘算是他们走向成功的天梯。正是得益于他们对殷墟的发掘与研究，才使得殷墟于2006年7月13日成为“世界文化遗产”，才使得甲骨文于2017年10月30日入选《世界记忆名录》，从而为中华文明发展史，乃至人类文明发展史增添了亮丽多彩的一页。

参考文献：

1. 董作宾，胡厚宜:《甲骨年表》，商务印书馆，1937年。
2. 董作宾:《甲骨学六十年》，艺文印书馆，1965年。
3. 聂玉海:《董作宾与安阳殷商都城的科学发掘》，《殷都学刊》1991年第2期。
4. 郭胜强:《河南大学对殷墟科学发掘的贡献》，《河南大学学报》(社会科学版)1999年第1期。
5. 聂玉海:《董作宾与安阳殷商都城的科学发掘》，《殷都学刊》1991年第2期。
6. 王学春:《豫籍甲骨学专家董作宾》，《开封大学学报》1995年第1期。
7. 徐奕昌:《董作宾》，《南都学坛》1996年第1期。
8. 孙心一:《董作宾先生在开封》，《河南大学学报》(社会科学版)1996年第2期。
9. 郭胜强:《董作宾先生对甲骨学的贡献》，《殷都学刊》1996年第4期。
10. 陈炜湛:《读〈甲骨文断代研究例〉小记——为纪念董作宾先生百年诞辰而作》，《中山大学学报》(社会科学版)1997年第4期。

11. 孙心一：《董作宾先生与开封之缘》，《江苏纪念甲骨文发现100周年甲骨文与商代文明国际学术研讨会论文选集》，1999年。
12. 李宏，南海森，夏志峰：《一代宗师 学术巨擘——董作宾在甲骨学上的贡献》，《中原文物》1999年第2期。
13. 周艳文，豫民：《董作宾对民俗学的贡献》，《中州今古》2001年第3期。
14. 朱彦民：《巫史重光——殷墟甲骨发现记》，百花文艺出版社，2001年5月。
15. 郭胜强：《河南大学与甲骨学》，河南大学出版社，2003年。
16. 郭旭东：《河南学人与甲骨学研究》，《郑州大学学报》（哲学社会科学版）2003年第1期。
17. 张道森：《董作宾甲骨文书法探论》，《中国书画》2006年第3期。
18. 李宗焜：《当甲骨遇上考古——导览YH127坑》，“中央研究院”历史语言研究所，2006年6月。
19. 岱峻：《史语所在李庄》，《中国文化遗产》2007年第2期。
20. 董作宾：《走近甲骨学大师董作宾》，上海大学出版社，2007年。
21. 郭胜强：《董作宾传》，江苏文艺出版社，2010年。
22. 章秀霞：《记录学术人生 彰显大师风范——郭胜强著〈董作宾传〉评介》，《中国历史文物》2010年第4期。
23. 金阳秋：《现代科学方法领航甲骨学》，《语言文字报》2010年11月10日。
24. 东方白：《殷墟甲骨的最大发现——YH127》，《语言文字报》2010年11月10日。
25. 易益文：《李济：在挖掘中确立新方法》，《语言文字报》2010年11月10日。
26. 边继芝：《董作宾：主持殷墟第一次发掘》，《语言文字报》2010年11月10日。
27. 金阳秋：《甲骨断代的五个时期与十个标准》，《语言文字报》2010年11月17日。
28. 东方白：《“大龟四版”与“贞人”的发现》，《语言文字报》2010年11月17日。
29. 闻述之：《十年心血写成〈殷历谱〉》，《语言文字报》2010年11月17日。
30. 易益文：《勇于修正五期说》，《语言文字报》2010年11月17日。
31. 彭秀良：《安阳殷墟发掘的前前后后》，《文史精华》2011年第2期。
32. 暴希明：《一部真实再现董作宾先生学术人生的传记佳作——郭胜强著〈董作

宾传〉评介》，《殷都学刊》2011 年第 4 期。
33. 陈莹：《甲骨文书手刻手与贞卜人物浅论——以董作宾五种书风期学说为线索》，浙江工商大学硕士学位论文，2011 年。
34. 姚伟：《一盏煤油灯照亮〈殷历谱〉》，《大河报》2012 年 6 月 21 日。
35. 蔡震：《郭沫若与董作宾：十年神交，握手言欢》，《文史杂志》2013 年第 1 期。
36. 夏诗荷：《试论董作宾先生对甲骨学的贡献》，《科学咨询》（科技·管理）2013 年第 3 期。
37. 杨瑾琪：《董作宾：纸为龟甲笔代刀》，《中国书法》2013 年第 7 期。
38. 王本兴：《甲骨趣闻》，北京工艺美术出版社，2014 年。
39. 徐峰：《傅斯年：我们不是读书的人》，《大众考古》2015 年第 1 期。
40. 董作宾，董敏：《甲骨文的故事》，海南出版社，2015 年。
41. 陈艳群：《甲骨文研究的一代宗师——董作宾》，《文学自由谈》，2017 年第 3 期。
42. 苏晓涵：《董作宾与 20 世纪中国古史重建》，华东师范大学硕士学位论文，2018 年。
43. 苏晓涵：《董作宾与历史语言研究所殷墟发掘（1928—1937）》，《史学理论与史学史学刊》2018 年第 2 期。
44. 崔志坚：《科学发掘 90 年，殷墟告诉我们什么》，《光明日报》2018 年 10 月 29 日。
45. 付文志：《以笔代刀纸作甲——董作宾的甲骨学成就与书法创作》，《书法》2019 年第 10 期。

第二十一篇

流亡日本研甲骨，自学成才郭鼎堂

在享誉甲骨学界、名震四海的“甲骨四堂”中，除了罗振玉、王国维、董作宾三位甲骨学大师以外，还有一位与他们齐名。不过，此人与其他三位不同，因为他既没有可资倚仗的家学与师承，也没有丰富的收藏与深厚的金石学根基，更没有进入专业院校及相关学术机构学习与深造过。他之所以能在甲骨文研究领域取得令人瞩目的成就，完全是凭借自己的聪明才智与刻苦努力而自学成才的结果。此人是谁？因何能跻身甲骨学大师的行列？他就是郭沫若。

郭沫若于1892年（清光绪十八年）11月16日出生于四川乐山沙湾镇（今四川乐山沙湾镇）一个地主兼营商业的家庭，学名开贞，乳名文豹，字鼎堂，号尚武。1916年，他取故乡的两条河沫水（即大渡河）和若水（即青衣江）的头一个字而自名“沫若”，并将其作为笔名。此外，还用过郭鼎堂、麦克昂、石沱、高汝鸿、羊易子等笔名。

郭沫若

1896年，4岁多的郭沫若便开始在家塾“绥山山馆”读书，并显现出不寻常的记忆力。在塾师沈焕章先生的严格要求下，他白天读经，晚上读诗，同时接触了一些新学知识。启蒙时期所受的教育对其今后文学艺术观和文化理念的形成产生了深远影响。1906年，郭沫若离开沙湾，先后到乐山和成都读书，相继完成了小学与中学的学业。1906年2月，郭沫若考入乐山高等小学堂（今乐山草堂中学）。1907年秋，他升入嘉定府中学堂（今乐山一中）。1909 年，郭沫若因代表学生伸张正义，要求校方与打伤学生的军方理论而被懦弱的学校领导开除。1910 年春，郭沫若被迫离开嘉定府中学堂而插入成都高等学堂的分设中学丙班。1912 年春，分设中学并入成都府中学堂（今成都石室中学）。1912 年正月十五日，奉父母之命，郭沫若与一个没有读过书的旧式女子张琼华草草完婚。也正是这场不幸的婚姻坚定了郭沫若远离故乡的决心。1913 年春，郭沫若考入成都高等学堂的理科。同年 6 月，他考取了天津陆军军医学校。由于学校的复试使他不满，他于 12 月底在大哥郭开文的资助下，带着自由奋飞的强烈愿望经朝鲜东渡日本留学。1914 年 1 月，初到日本时，他抱着科学救国的理想，选择了学医。他相继进入东京第一高等学校预科、冈山第六高等学校学习，后考入福冈的九州帝国大学医学部。同年 7 月，他考上东京第一高等学校预科。1915 年夏，他以优异的成绩升入冈山第六高等学校，踏上了学医的道路。学医期间，他于 1916 年 8 月结识了在东京圣路迦医院工作的一位护士佐藤富子，后将其接到冈山同居，并为其取名“安娜”。1918 年秋，郭沫若进入九州帝国大学医科学习。在日本学习期间，除了学习医学以外，郭沫若还接触了大量德国、英美和印度的文学作品以及西方哲学著作，特别是泰戈尔、海涅、歌德等人的作品，唤醒了他长久被压抑的人性和沉睡的诗情。

1919 年 5 月，五四运动爆发。郭沫若在日本福冈组织救国团体——夏社，并投身于新文化运动，写出了《凤凰涅槃》《地球，我的母亲》《炉中煤》等诗篇。同年 9 月，他首次在上海《时事新报》副刊《学灯》上发表了诗作《抱和儿浴博多湾中》，受到主编宗白华的赏识，鼓励他常投稿。从 1919 年冬至 1920 年，一发不可收拾的郭沫若连续在《学灯》上发表了多篇诗作，并将这些洋溢着强烈的浪漫主义气息的诗结集为《女神》，于 1921 年 8 月由上海泰东图书局印行。

1921 年 7 月，留学日本的郭沫若与成仿吾、郁达夫、田汉、张资平等人在东京组织成立了一个文学社团——“创造社”（属于上海文学学社），并相继创办了《创造季刊》（1922 年 3 月 15 日创刊）《创造周报》《创造日》《创造月刊》等十余种刊物。1923 年 3 月，郭沫若获得九州帝国大学的医学学士学位后回到上海。同年，他出版了自己的第二本诗集《星空》。此后，郭沫若先后出版了《瓶》《前茅》《恢复》等多部诗集，成为中国现代文学史上的一位著名诗人。

1926年3月，郭沫若应邀赴广州就任广东大学文科学长，并担任武昌中山大学筹备委员会的委员，其间结识了一批中国共产党的早期领导人。同年7月，郭沫若投笔从戎，随国民革命军北伐，历任北伐军总政治部宣传科长、副主任等职。1927年，在四一二反革命政变前夕，郭沫若在武汉《中央日报》上发表了《请看今日之蒋介石》一文，揭露了蒋介石"背叛国家，背叛民众，背叛革命"的行径，在人民群众中产生了巨大影响。郭沫若因此遭到国民政府通缉，随即参加了南昌起义，并于途中加入中国共产党。1928年2月，他被迫流亡日本，蛰居千叶县市川町的须和田，并化名"佐藤和夫"，过起了半隐居的生活。在日本宪兵和警察厅的监视下，他开始从事中国古代社会和甲骨文、金文的研究，并迅速取得了令人瞩目的成果。

为了进一步弄清中国古代社会的性质，郭沫若开始通过《易经》《尚书》《诗经》等古文献研究中国古代社会的情况。但在写了几篇文章后，他却对所研究的资料产生了疑惑。因为《易经》的创作年代不清楚，假如用年代不明的资料去研究古代社会，那么得出的结论必然会大打折扣。于是，他打算寻找第一手资料，便想到了新出土的材料——甲骨文。他认为甲骨文既然是从地下出土的，那么应是相当可靠的研究资料，于是开始四处查找和搜求甲骨文拓片与甲骨学著作。他先到上野图书馆搜寻，但发现该馆的甲骨文资料非常有限，于是想起了自己在东京求学时期曾经光顾过的一家书店——文求堂。1928年6月，郭沫若在文求堂中终于找到了自己梦寐以求的《殷虚书契考释》（罗振玉编著、王国维手书），粗略翻阅后便对书中的内容产生了浓厚兴趣，于是打算买下来。可是，这本书定价12元，在当时相当于一个普通职员一个月的工资。郭沫若翻遍口袋却只有6元，思索再三后，他向书店老板田中庆太郎（田中救堂之子）提出了一个大胆的请求，打算以6元作为抵押而将此书借回家看几天。田中庆太郎略一踌躇，委婉地表示拒绝。但他告诉郭沫若"东洋文库"里有很多此类书籍，可以随时去借阅。在田中庆太郎的指点下，郭沫若辗转联系上了藏书颇为丰富的"东洋文库"，并利用假名"林守仁"顺利进入馆中查阅资料。在之后的一段时期内，郭沫若经常去"东洋文库"查阅资料，并将其所藏的所有甲骨文、金文著述都认真研读和学习了一遍，包括王国维的《观堂集林》。最终，通过刻苦钻研，他于1929年8月写出了《甲骨文字释》（初名《甲骨文字研究》），由此步入了甲骨文研究之门。据说，书稿完成后，在未经任何人介绍的情况下，郭沫若就冒昧地寄给了《燕京学报》主编容庚，并写信求其帮忙出版。郭沫若先后给容庚写了56封信，容庚均一一回应。正是通过与容庚的书信往来，郭沫若才获悉了董作宾正在河南安阳殷墟发掘甲骨文的新信息。当郭沫若得知“大龟四版”出土的消息后，便立即写信给容庚，让其帮忙索要拓片。之后，容庚找了傅斯年，傅斯年找了李济，李济又找了董作宾。因为当时根据李济与董作宾之间的协议，殷墟出土甲骨都归董作宾负责整理和研究。董作宾由于赞赏和敬重郭沫若的才华，所以毫不犹豫地把全部甲骨拓片都送给了他。郭沫若收到“大龟四版”的拓片后大喜过望，在无法与董作宾直接沟通的情况下，立即将这些拓片都编进了自己的书中，这不禁让董作宾、李济等人感到有些意外。不过，也正源于此事，郭沫若与董作宾之间开始建立起联系。

《甲骨文字研究》

1930年1月，出于“对未来社会的待望”，郭沫若深入研究了中国古代社会，并撰成《中国古代社会研究》一书，由上海联合书店出版。这是一部运用“新兴科学的观点”（即历史唯物主义观点）对包括甲骨文在内的古代史料加以系统分析和研究的著作，它通过引用古代历史文献资料与

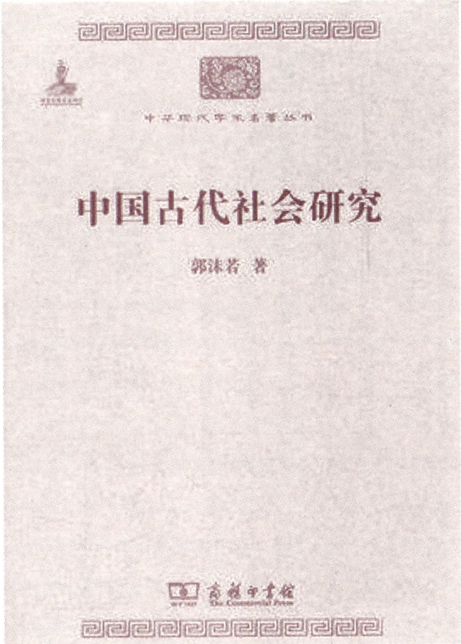

《中国古代社会研究》

马克思主义关于人类社会学发展规律的论断，对中国古代社会进行了全面探讨，证明中国同样经历过原始社会、奴隶社会、封建社会等发展阶段。书中的《卜辞中之古代社会》一章，是以历史唯物主义观点研究甲骨文与商代史的第一篇论作，其中的“谓中国之旧学自甲骨之出而另辟一新纪元，自有罗、王二氏考释甲骨之业而另辟一新纪元，决非过论”一句，可谓给予甲骨文及其研究价值以极高的评价，为甲骨文做了很好的宣传。

1933 年 5 月，饱含郭沫若心血的一部甲骨文研究著作《卜辞通纂》在日本东京由文求堂出版。该书共四册，分为五卷，包括卜辞一卷、考释三卷和索引一卷。其中的索引卷是由日本学者田中震二所编的。该书可谓一部分门别类地解释甲骨文字的著作。在书中，郭沫若将从《殷虚书契前编》《殷虚书契后编》等甲骨著录中精心选取的 800 余片传世甲骨卜辞，按内容分为干支、数字、世系、天象、食货、征伐、畋游、杂纂等 8 类进行编排，并对每片甲骨上的文字进行了考释。郭沫若不仅在甲骨文整理上首创了一个比较科学的体系，而且还将甲骨卜辞各项内容的内在联系交代得一清二楚，并为初学者指明了入门途径，即先判读卜辞的干支、数字、世系，确定卜辞的年代，再进一步探究卜辞所显示的社会内容。在甲骨文释读方面，郭沫若还创造性地使用“断片缀合”和“残辞互足”两种释读方法，取得了突破性成就。其文字考释多有创见，不少是罗振玉、王国维等诸家所未知或遗误的。此外，在甲骨文分期断代方面，郭沫若也做了深入研究，原本打算将自己的研究成果附在《卜辞通纂》之后，但是董作宾在此方面的研究改变了他的想法。当时正在安阳从事殷墟考古发掘的董作

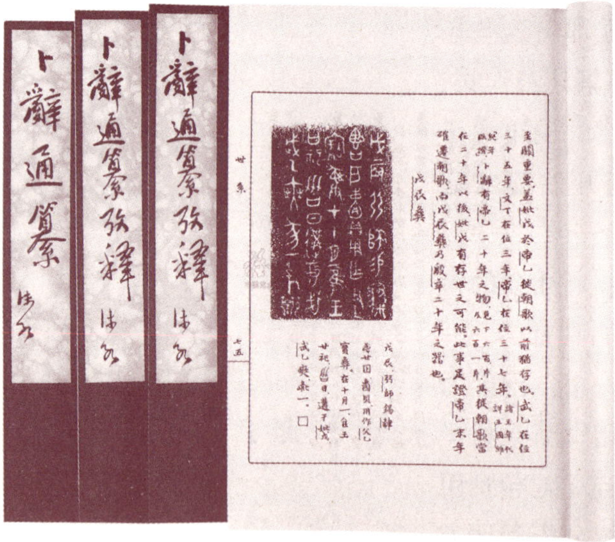

《卜辞通纂》

宾，于1933年发表了《甲骨文断代研究例》，并将此文的三校稿寄给了郭沫若。郭沫若看后欣喜不已，顿觉找到了知音，因自认董作宾的研究成果水平很高，遂取消了在《卜辞通纂》后面附加卜辞断代表的设想，他甚至还在后记中评价董作宾是继王国维之后在此方面贡献最大的学者。

其实，奠定郭沫若在甲骨学史上地位的《卜辞通纂》不仅是他个人的研究成果，也是中日两国甲骨学者和有识之士共同的心血凝结。因为这部著作不仅得到了田中庆太郎（日本文求堂老板）、田中震二、中村不折、内藤虎次郎等日本友人和学者的大力支持，也得到了董作宾、李济、容庚等中国学者的热心帮助。早在《卜辞通纂》出版之前，郭沫若在历史和考古研究方面的成果和贡献，就引起了文求堂老板田中庆太郎的关注。1932年1月，郭沫若编著的《两周金文辞大系》就是由文求堂出版的。1932年8月，田中庆太郎在与郭沫若面谈时，打算让郭沫若编撰一部有关甲骨卜辞的著作。次日，经过考虑的郭沫若给田中庆太郎写了一封信，同意编写一部兼具启蒙性与学术性的甲骨卜辞读物，并拟名《卜辞选释》，还请求田中庆太郎借《殷虚书契前编》《殷虚书契后编》等书给他参考，并让其帮忙找河井仙郎与中村不折两位先生协商将他们所藏未曾著录的甲骨一并录入书中之事。因为当时流入日本的殷墟甲骨不在少数，所以郭沫若也想趁自己寓居日本之便，集日本诸家所藏甲骨于一书，编纂一部日本所藏甲骨文的精粹。1932年夏秋之交，郭沫若在东京全力查找殷墟出土甲骨及相关资料之时，除了向田中庆太郎借阅以外，先后寻访了东京帝国大学考古学教室、上野博物馆、东洋文库等单位和中村不折、中岛蠔山、田中子祥等日本学者及藏家。据他统计，这些单位和个人共藏有2200余片甲骨。其中，东京大学考古学教室藏有近百片，上野博物馆藏有20余片，东洋文库藏有500余片，中村不折收藏约千片，中岛蠔山收藏200余片，田中子祥收藏400余片。搜寻完东京各处所藏甲骨之后，郭沫若打算前往京都继续搜寻，并将此事写信告诉了田中庆太郎。田中庆太郎见信后，决定派自己的次子田中震二陪同郭沫若去京都。因为田中震二当时正跟着郭沫若学习甲骨文，所以欣然同意。他们到京都后，拜访了京都帝国大学的考古学教室，并结识了内藤虎次郎、梅原末治等一批京都学派的学者。此次京都之行，郭沫若搜寻到殷墟甲骨近千片。其中，京都帝国大学考古学教室藏有50余片，内藤虎次郎收藏20余片，富冈谦藏收藏七八百片。加上之前在东京所找到的2200余片，郭沫若此时共在日本访得3000余片殷墟甲骨。

在编撰《卜辞选释》（后改为《卜辞通纂》）的过程中，除了在日本东京和京都两地搜寻流散各处的殷墟甲骨以外，郭沫若与当时正在殷墟发掘甲骨的中国学者董作宾保持着频繁的书信往来，并得到董作宾的不少帮助。董作宾不仅送给郭沫若“大龟四版”的拓本，而且还将收录381片精品甲骨摹本的新作《新获卜辞写本》寄给了他。后来，均被郭沫若录入《卜辞通纂》的“别录一”中。

尽管在日本访寻到了3000余片殷墟甲骨，但是因为当地没有拓工，并且有些藏家也不允许传拓，所以无法得到这些甲骨的拓片。另外，郭沫若听闻还有不少收藏有大宗甲骨的日本藏家，但可惜因难以寻访而不能亲见这些材料。遗憾之余，郭沫若被迫调整了最初的编纂方案。既然不能选录未曾著录的日本各处所藏甲骨，那么就只得从已被著录的传世甲骨拓本中挑选精品了。于是，他将《卜辞选释》改名为《卜辞通纂》。1933年1月10日，郭沫若致信田中庆太郎，告知释文初稿（即《卜辞通纂》第三卷）已完成。1月11日，郭沫若为《卜辞通纂》写好了序言。1月13日，他致信田中震二，指导他为《卜辞通纂》编辑索引。直到同年5月，《卜辞通纂》才得以由文求堂石印出版。该书出版后，很快引起了中国学术界的极大反响，并得到了傅斯年、李济、董作宾等学者的一致认可和好评。它作为甲骨学与殷商史的入门读物，时至今日仍具有重要的参考价值。

由于郭沫若与田中庆太郎交情笃厚，所以此后的不少著作也都是由文求堂出版的。据统计，郭沫若在流亡日本时期有关中国古代史及古文字研究的14部著作，有9部是由文求堂出版的。这也说明，田中庆太郎曾给予郭沫若莫大帮助，很多文稿未等正式出版就预支稿酬，从很大程度上解决了郭沫若的后顾之忧，从而使其能够集中精力专事研究和著述。

1937年4月，经过一年多的努力，郭沫若撰成了一部在甲骨学史上具有重要意义的巨著《殷契粹编》，并于当年5月由文求堂影印出版。如前文所言，该书主要得益于甲骨收藏大家刘体智。刘体智因赏识郭沫若的才华，曾于1936年委托金祖同将自己所编的一套《书契丛编》（20册）赠给了郭沫若。郭沫若从中选取了1595片精品甲骨拓本进行研究和考释，并据此编撰成了《殷契粹编》(1965 年由科学出版社再版)。该书共分 2 册，上册为甲骨拓本，按卜辞内容分为干支、数字、世系、天象、食货、征伐、畋游、杂纂等八类，并对甲骨残片多有缀合；下册为考释，依照拓本次序逐片进行释读和考证，其中或纠史书之误，或发史实之隐，或释读新字，或阐明通假，创获甚多。

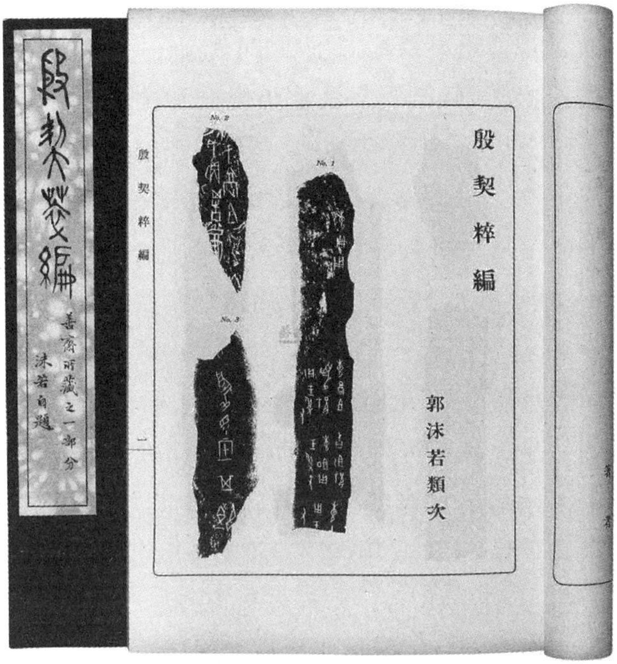

《殷契粹编》

1937 年，全民族抗日战争开始。郭沫若于 7 月 25 日凌晨“别妇抛雏”，秘密回到国内，投身于抗战的滚滚洪流之中。1938 年 1 月，他与《救亡日报》报社成员于立群结合，开始了长达 40 年的共同生活，随即从广州辗转到武汉。同年 4 月，他出任国民政府军事委员会政治部第三厅厅长，负责有关抗战的文化宣传工作。之后担任文化工作委员会主任，在抗战文化宣传和统一战线方面发挥了重要作用。从 1941 年到 1943 年，郭沫若创作了《屈原》《虎符》《棠棣之花》《孔雀胆》《南冠草》《高渐离》等六部历史剧。这一时期，在历史研究方面，郭沫若有“偏于考证”的《青铜时代》和“偏于批评”的《十批判书》问世。

1948年3月，郭沫若因为在考古学和甲骨文研究方面的巨大成就而当选为中央研究院第一届院士。据说，郭沫若之所以能够当选，还是因为董作宾专门给有关部门写信极力推荐的呢。1949年7月，郭沫若当选为中华全国文学艺术工作者联合会主席。

中华人民共和国成立以后，郭沫若主要从事繁忙的国务活动和社会活动。尽管政务繁忙，郭沫若在历史学、文学和甲骨文研究方面仍有不少建树。其中，在历史学方面有《管子集校》《奴隶制时代》《中国史稿》（主编）等著作，在文学方面有《蔡文姬》《武则天》两部历史剧和《新华颂》《百花齐放》《长春集》《东风集》《骆驼集》《沫若诗词选》等诗集及诗歌选集。值得一提的是，他主编了甲骨学史上有关甲骨文著录的集大成之作——《甲骨文合集》，并亲自题写书名，为书的编纂和出版事宜耗费了大量心血，只可惜他还没等到这部巨著出版，便于1978年6月12日在北京病逝。其留下千余万字的著作，汇编成《郭沫若全集》38卷（包括文学编20卷、历史编8卷、考古编10卷），另有500多万字的译著及佚文尚待出版。

综观郭沫若的一生，其研究甲骨文的成就大都是在流亡日本期间取得的。从1928年到1937年，寓居日本的郭沫若凭借聪明才智和刻苦勤奋，相继撰写、编纂了《甲骨文字释》（即《甲骨文字研究》）《卜辞通纂》《两周金文辞大系》《古代铭刻汇考》《殷契粹编》等十余部著作。他以地下出土实物为出发点，创造性地把古文字研究、古器物研究与古代社会及历史研究结合起来，不仅开创了唯物史观历史学研究的新路径，开辟了史学研究的新天地，确立了认识甲骨文和两周青铜器的科学系统，而且还综合“古史辨派”与“考古证史派”的最新成果，确立了自己独特的中国古代历史文化研究体系。他对甲骨学的贡献主要体现在甲骨文字的搜集、整理、著录、考释、分期断代、断片缀合、残辞互补、卜法文例等方面，并且多有创见。著名文字学家唐兰曾感叹，在甲骨文研究方面，“雪堂导夫先路，观堂继以考史，彦堂区其时代，鼎堂发其辞例，固已极一时之盛”。可以说，郭鼎堂在甲骨文研究领域“自学成才”“异军突起”，其所取得的令世人瞩目的成就，足以奠定其在甲骨学史上的地位，使其跻身于“甲骨四堂”之列，成为甲骨学界的“风云人物”和一代宗师。

参考文献：

1. 胡厚宣：《郭沫若同志在甲骨学上的巨大贡献》，《考古学报》1978 年第 4 期。
2. 曾宪通，陈炜湛：《试论郭沫若同志的早期古文字研究——从郭老致容庚先生的信谈起》，《学术研究》1978 年第 4 期。
3. 王宇信：《试论郭沫若的甲骨文和商史研究》，《人文杂志》1980 年第 3 期。
4. 王贵民：《勇于创新 独辟蹊径——试论郭沫若早期的甲骨文字研究》，《人文杂志》1981 年第 3 期。
5. 王宇信：《郭沫若与〈甲骨文合集〉》，《学习与研究》1982 年第 6 期。
6. 谢济：《郭沫若〈卜辞通纂〉对甲骨学的重大贡献》，《郭沫若研究》1986 年第 2 期。
7. 谢济：《试说郭沫若〈殷契余论〉对甲骨学的贡献》，《殷都学刊》1986 年第 2 期。
8. 龚济民：《郭沫若传》，北京十月文艺出版社，1988 年。
9. 韩宝丰：《郭沫若与甲骨学》，《郭沫若学刊》1990 年第 2 期。
10. 曾宪通：《友谊的象征 探索的实录——记郭沫若在日本致容庚论学书简》，《中山大学学报》（哲学社会科学版）1990 年第 4 期。
11. 王宇信：《试论郭沫若的甲骨学研究》，《郭沫若学刊》1991 年第 2 期。
12. 王宇信：《试论郭沫若的甲骨学研究（续）》，《郭沫若学刊》1991 年第 3 期。
13. 谢济：《开辟殷代史研究的新天地——郭沫若甲骨文与殷代史研究创造性结合述评》，《郭沫若学刊》1991 年第 3 期。
14. 郭沫若：《郭沫若自传》，江苏文艺出版社，1996 年。
15. 谢济：《〈甲骨学一百年〉评介郭沫若在甲骨学发展史上的重要地位和影响》，《郭沫若学刊》2000 年第 3 期。
16. 陈仕益：《需要向事实的真相进一步靠近——谈两部工具书对郭沫若甲骨文考释成果的评价》，《郭沫若学刊》2008 年第 1 期。
17. 徐明波：《唯物史观视野下的甲骨学——郭沫若的甲骨文研究》，《郭沫若学刊》2008 年第 4 期。
18. 曾宪通：《从“未知友”到古文字研究的知音——郭沫若与容庚论学书简述论》，《中山大学学报》（社会科学版）2010 年第 2 期。
19. 东方白：《郭沫若：甲骨学史上的亮丽风景》，《语言文字报》2010 年 11 月 24 日。

20. 易益文:《甲骨学中的唯物史观派》,《语言文字报》2010 年 11 月 24 日。
21. 边继芝:《〈卜辞通纂〉全面了解商代社会的入门读本》,《语言文字报》2010 年 11 月 24 日。
22. 何刚:《“耻不食周粟”?——郭沫若〈甲骨文字研究〉出版前后》,《新文学史料》2011 年第 1 期。
23. 郝雯雯:《郭沫若的甲骨学研究》,西南大学硕士学位论文,2011 年。
24. 陈方:《郭沫若:运用卜辞彝铭论断古代社会的开辟者》,《档案》2014 年第 2 期。
25. 冯时:《郭沫若早期甲骨学研究的弃中之得》,《郭沫若学刊》2015 年第 3 期。
26. 冯雷:《郭沫若何以跻身“甲骨四堂”》,《郭沫若学刊》2017 年第 3 期。
27. 刘琳珊:《郭沫若甲骨文字考释研究》,山东师范大学硕士学位论文,2017 年。
28. 李斌:《郭沫若:从甲骨文研究到新文化写作》,《文摘报》2018 年 6 月 14 日。
29. 李斌:《郭沫若靠什么位列“甲骨四堂”》,《解放日报》2018 年 6 月 19 日。

第二十二篇

甲骨著录集大成，头等功臣胡厚宣

1934年春，当第9次殷墟考古发掘正在如火如荼地进行之时，一位年轻人从北京大学史学系毕业了。他因为成绩优异、表现极佳而获得中央研究院历史语言研究所（以下简称“史语所”）所长傅斯年的赏识，并被傅斯年选拔入史语所考古组工作。不久，傅斯年便派他跟随著名考古学家梁思永前往河南安阳，投入到轰轰烈烈的殷墟第10次发掘中。那么，这位年轻人是谁？他就是后来成为著名甲骨学家的胡厚宣。

胡厚宣

胡厚宣于1911年（清宣统三年）12月20日出生于河北保定望都大王庄村一个生活清苦的教师之家，幼名福林。1917年，6岁的胡厚宣进入保定第二模范小学读书。小学毕业后，他以优异的成绩考入保定培德中学，因其在中学四年的八个学期中科科考试均名列第一，所以学校破例拨下专项资金作为学费以供他上大学。1928年，胡厚宣考入北京大学预科，并于两年后顺利升入史学系。1934年，他从北京大学史学系毕业后，因傅斯年的“拔尖主义”政策而被选入史语所考古组工作。当时，史语所已在河南安阳对殷墟进行了9次考古发掘，收获颇丰，尤其是通过第8次和第9次发掘发现了商代贵族墓。曾参与发掘的石璋如和刘燿（即尹达）据此坚信殷墟必定遗留有商王陵墓，并前往各处调查，最终认定侯家庄西北冈必有大墓，应予寻找和发掘。就这样，在1934年10月，胡厚宣和石璋如、刘燿、祁延霈、尹焕章便跟随梁思永（1931 年春开始参加殷墟第 4 次发掘）来到了安阳，加上时在河南省政府任职的马元材，一行 7 人进驻殷墟开始了第 10 次发掘。初到安阳的胡厚宣对环境比较生疏，所以就由刘燿和祈延霈负责引导和照顾。在之后的日子里，这帮年纪相仿的青年人因共同发掘殷墟而结下了深厚的友谊，结拜为著名的“殷墟十兄弟”①。由于胡厚宣排行第七，所以就被称为“老七”。多年之后，当胡厚宣去台湾地区讲学时还专门拜访了已年过九旬的石璋如，他称石璋如为“石二哥”，而石璋如则依旧叫他“胡老七”，关系之密，由此可见。

当胡厚宣和大家一起进入殷墟遗址后，经过勘查，他们确认西北冈地区为殷代墓地，然后决定以西北冈冈顶为起点，分东、西两区进行发掘。后来，他们在西区发现了 4 座大墓（分别编号为 1001、1002、1003、1004），在东区则发现了一批分布密集的小型墓。因为胡厚宣在北京大学上学时，并没有参加过田野考古发掘，缺乏挖掘大墓的经验，所以梁思永便带领他和石璋如二人到侯家庄西北约 3 里多的秋口同乐寨遗址进行发掘。令他们感到意外和惊喜的是，竟然在此清理出了轰动考古学界的“文化三叠层”，从而为发现于山东济南城子崖遗址的龙山文化找到了直接源头，以实物证据有力反击了风行一时的“中国文化西来说”。胡厚宣由此认识和掌握了考古地层学理论，上了毕业以后的第一堂实践课。随后，根据安排和分工，胡厚宣负责 1004 号殷代大墓的发掘工作，而 1001 号、1002 号、1003 号 3 座大墓则分别由刘燿、祁延霈、石璋如负责发掘。由于这 4 座殷代大墓的面积较大，深近 10 米，所以出土量很大，每天都需要 300 多名民工帮忙清理。据说，当地百姓听闻殷墟发掘招工后便纷纷涌到工作站报名，由于被录用的民工多为青壮年，所以工资开支较大（每人每天 4 角钱），幸好傅斯年同当时掌管中华教育文化基金会的胡适私交不错，才得以获得 4 万元拨款用作此次殷墟发掘的经费，从而保证了殷代大墓发掘工作的顺利开展。经过一段时间的发掘和清理，他们发现这 4 座殷代大墓的方向大体相同，并且曾被屡次盗掘，但种种证据显示它们非殷代王陵莫属。由于它们的规模实在太大，一次发掘根

① 依年龄大小排列，分别为李景聃、石璋如、李光宇、刘燿（即尹达）、尹焕章、祁延霈、胡厚宣、王湘、高去寻、潘悫。

本无法完成，加之经费不足，所以只得暂停对1003号和1004号两座大墓的发掘。

1935年春，在梁思永的带领下，胡厚宣等人开始对殷墟进行第11次发掘。此次发掘主要是为了完成第10次发掘未做完的工作，也就是继续清理4座殷代大墓，尤其是因故暂停的1003号和1004号。除了原有的工作人员以外，此次增加了李光宇、王湘和夏鼐三名考古队员。经过一段时期的发掘，4座大墓的墓室终于全部清理完毕，出土了数量众多、种类丰富的遗物，使人领略到商代王陵的雄伟风采。其中，由胡厚宣负责的1004号大墓出土遗物可谓此次发掘的重要收获之一。该墓的墓室面积虽然比其他3座小，但是所出遗物却是最丰富的，集中展现了殷墟出土文物的精华，尤以铜牛鼎和铜鹿鼎最为精美。据说，60年后（1994年），当胡厚宣到台湾地区进行学术交流时，曾到史语所历史文物陈列馆进行参观。等看到他亲手发掘出的牛鼎和鹿鼎后，不禁站于其前久久发呆，仿佛回到20多岁的青春时代。

在第11次殷墟发掘中，除了清理完4座大墓以外，在1002号墓的西侧又发现了一座商代王陵（编号1217）。然而，1004号大墓的发掘工作刚结束，胡厚宣就被调回史语所从事殷墟历次发掘所获甲骨的整理工作，从此不再下田野，只主持和参与了一次“室内发掘”。

1936年春，在殷墟第13次发掘中，考古人员在即将结束的最后一天意外发现了一个甲骨坑（YH127）。出于安全考虑，考古人员套入木箱并连坑带土将其整体挖了出来，然后又费了九牛二虎之力才将其运到了南京史语所图书馆楼下的大厅里。当时，胡厚宣正在史语所协助董作宾编辑《殷虚文字甲编》，于是，YH127坑就交由他负责室内发掘与清理。之后，在董作宾的领导下，胡厚宣带着关德儒和魏善臣两位技工对YH127坑进行了室内清理。1937年七七事变以后，胡厚宣随史语所一路向西南撤离，YH127坑的甲骨材料也被仓促装箱，先运抵湖南长沙，再途经广西桂林，后运至云南昆明。在昆明期间，胡厚宣和高去寻二人又对这批历经长途跋涉而破损严重、混乱不堪的甲骨进行了清理、编号和登记。经过8个多月的精心剥剔、清洗、绘图、拼合、编号等一系列工作，此项重大任务才得以完成。经过清点和统计，该坑共清理出了17906片刻辞甲骨，仅完整的刻辞龟甲就有300余片，成为整个殷墟发掘最为重要的收获之一和20世纪中国最重大的考古发现之一。在整理这批甲骨的过程中，细心的胡厚宣对一些甲骨片上所刻的“用”“兹御用”“吉”“大吉”之类的字样产生了兴趣，并于不久后发表了自己研究甲骨文的首篇论文《释兹用兹御》。待整理完YH127坑甲骨后，胡厚宣相继撰写和发表了《第十三次发掘所得甲骨文字举例》《殷墟127坑甲骨的发现和特点》等文章。同时，他还根据拓本并对照实物，撰写了《〈殷虚文字甲编〉释文》一书，并作有简单的考证。中国人民抗日战争胜利后，重返南京史语所的胡厚宣本打算将此书出版，但因时局动荡而未能如愿。1961年，著名学者屈万里出版了《〈殷虚文字甲编〉考释》。

1939年9月，著名史学家顾颉刚应避难四川成都的齐鲁大学校长刘世传之聘，出任该校国学研究所主任。上任后，顾颉刚便极力邀请胡厚宣、杨向奎、钱穆等人任研究员。为了吸引对甲骨文兴趣浓厚并具有一定研究水平的胡厚宣，顾颉刚告知齐鲁大学现藏有加拿大传教士明义士所搜集的大批甲骨可供其研究。为了能够研究这批明义士所藏甲骨，胡厚宣欣然接受了顾颉刚的邀请，并于1940年离开了工作7年之久的史语所而转入齐鲁大学任教。他先后担任中文系主任、中国历史社会学系主任等职，并给学生讲授“甲骨学”“商周史”“考古学通论”等课程。当时，躲避战乱的史语所刚从云南昆明迁至四川南溪，尽管所长傅斯年多次派人劝说和挽留，但出于对甲骨文的痴迷，胡厚宣还是选择到藏有明义士甲骨的齐鲁大学任教。据说，多年之后，胡厚宣还对当年辜负了傅斯年极力挽留的美意而深感愧疚，因为在史语所工作的7年中，不仅使他开阔了视野，增长了才干，得到了很好的锻炼，也让他首次接触甲骨实物，从而坚定了毕生从事甲骨文研究的决心和信念。

然而，等胡厚宣到齐鲁大学任教后，却没有见到明义士所藏的甲骨，因为当时齐鲁大学因战乱而临时迁到四川成都，但明义士的甲骨却依然留在山东济南的老校区，并且不知所终，胡厚宣深感遗憾，甚至有种“上当受骗”之感。但胡厚宣并未死心，仍对明义士藏在济南齐鲁大学老校区内的甲骨抱有很大期望，希望将来有机会能亲自去寻找。1945年8月，中国人民抗日战争胜利后，胡厚宣终于等来了寻找明义士甲骨的机会。不久，他便与接收北平图书馆的袁同礼一起乘飞机从成都飞往北京。下飞机后，他本打算立即前往济南寻找明义士甲骨，但可惜由于当时济南不通飞机和火车，所以只得暂留在北京，并趁机搜集流散在北京和天津一带的新出甲骨材料。因为在抗日战争期间，安阳一带沦陷，所以殷墟遗址再次遭到劫难，又有一大批甲骨被盗掘出来（据说有 1 万多片），并经古董商之手而流散到全国各地，包括京津地区。在 40 多天内，胡厚宣访遍了北京琉璃厂、前门、东四、西单和天津天祥商场、文庙一带的古书铺、古玩铺、碑帖铺、旧货摊等，凡是战后新出或未经著录过的甲骨材料，无论实物还是拓片、摹本，都有见必收。另外，对于一些单位或私人所藏的珍品甲骨和拓片，他也想方设法借阅或勾摹。当时，由于战争刚结束，古董大都很便宜，而甲骨因懂的人少则更便宜，所以胡厚宣收获不小，先后买到了 2000 多片甲骨实物、6000 张甲骨拓本和 2000 张甲骨摹本，共获得了 10000 余件新材料，出乎他的意料。不过，正是因为胡厚宣的“疯狂”搜罗和购买，才促使古董商们纷纷涨价，有些甲骨材料的涨幅甚至达到数十倍。值得一提的是，在北京琉璃厂的庆云堂碑帖铺（专卖碑帖的老字号），胡厚宣见到了两片稀有甲骨，一片为人头骨刻辞，另一片是牛肋骨刻辞，均为甲骨中的珍品，内容重要，实属罕见。其实，最令他感到意外和欣喜的是刻有“四方风名”的半块龟板，因为此前他曾研究过甲骨文中的“四方风”，所以对此片尤为关注，特感兴趣。在朋友的帮助下，店主终于允许他从中挑选了 500 片甲骨。后来，等胡厚宣回到成都后，就把那半块刻有“四方风名”的龟甲拿出来仔细观察和研究，没想到它竟然与殷墟第 13 次发掘时所获的半块龟甲正好吻合，此事令他兴奋不已，真是个意外发现。但同时也表明 YH127 坑所出甲骨有一部分因故流散到社会上了。同年（1945 年）7 月，胡厚宣所编的《甲骨六录》出版，共收录甲骨 659 片。

在北京访寻私人甲骨藏家时，最令胡厚宣感动的莫过于著名甲骨学家于省吾。当时，于省吾把自己所藏的全部甲骨实物和甲骨拓片都借给胡厚宣，让他逐一抄录和摹写。难能可贵的是，于省吾慷慨允诺，胡厚宣可以自由引用和发表这些甲骨材料，二人由此结下了深厚的友谊。

据说，胡厚宣在京津地区搜寻甲骨材料期间，已出任北平图书馆馆长的袁同礼给了他一份聘书，想邀请他去图书馆担任编纂委员，但被他婉言谢绝，因为他是齐鲁大学中国历史社会学系的主任，还得回成都任教。最主要的是，他还惦记着藏在齐鲁大学老校区内的明义士甲骨呢。1946 年 3 月，国民政府教育部在重庆召集全国各大学开了复员会议。会后，各大学纷纷准备复员事宜。等胡厚宣回到成都后，正赶上齐鲁大学也要复校回济南本部，但此时顾颉刚、周谦冲、常乃德等人都已先后离开齐鲁大学，中国历史社会学系的 4 位专任教授中就只剩下了胡厚宣一人。不久，胡厚宣便带着学生们回到了济南。当时，他的一位前同事、原在史语所工作的著名考古学家吴金鼎（1901—1948）也应齐鲁大学之邀来到了济南，主持学校复原工作。同年秋，胡厚宣获悉明义士所藏甲骨还留在齐鲁大学的校园内，并由医学院的外籍院长 Ernest Black Struthers（中文名杜儒德，为加拿大医学传教士）代管。于是，胡厚宣找到杜儒德表明自己想参观明义士所藏甲骨的心意，但杜儒德不能做主，告诉胡厚宣得先致信已回加拿大的明义士，在征得其同意后方可参观。其实，杜儒德手中仅保管了明义士所藏的少量甲骨，而明义士的其他绝大多数藏品则被悄悄埋在了校园某处的地下室内。明义士的同事和朋友们将藏品所在处的两份英文手绘图寄给了明义士一份，另一份则交由传教士安德鲁·托马逊保存（后又转交给时任齐鲁大学代理校长的英国人林仰山）。当然，后来身在加拿大的明义士曾给其子明明德写信交代，他当初存放在北平华北联合语言学校地下室的一批甲骨可请人从北京运到济南，交给杜儒德，然后由其捐献给齐鲁大学。可惜明义士的这一愿望并未实现，因为这批甲骨根本就没回到齐鲁大学，而是被文化部接收了，随后交给了故宫博物院，所以杜儒德压根儿就没收到从北京运来的明义士所藏甲骨。不明真相的胡厚宣在焦急地等候了几个月后，未曾想，没有等到明义士的回信，却等来了隆隆的炮声。此时，解放战争爆发。胡厚宣只得再次放弃寻找明义士甲骨的打算，继而乘飞机南行。在南京、上海一带停留期间，胡厚宣像之前在北京、天津一样，依然四处搜寻散落在民间的甲骨材料。他先后在上海昭通路禹贡古玩行和中国古玩社买到八九百片甲骨，加之其他一些零星的购得，总共获得了 1000 多片甲骨（多为抗战期间被从殷墟盗掘出土的），也算收获不小。这些甲骨材料相当重要，其中两板比较完整的牛肩胛骨为研究殷人整治甲骨的方法和程序提供了很好的样本。另外，在第四期甲骨中，少见“妇好”之名，而在这批甲骨中就出现了 4 次之多，这为 1976 年发现妇好墓而引起的有关问题的研究提供了重要资料。

1947 年，胡厚宣在去上海暨南大学拜访自己的老友丁山和陈述两位教授时，二人约他一同去复旦大学看望历史地理系主任周谷城教授。周谷城（1898—1996）与胡厚宣虽是初次见面，但二人相谈甚欢，于是想把胡厚宣留在复旦大学。之后，周谷城说服了文学院院长伍蠡甫，并找到校长盖了章，终将胡厚宣留在了复旦大学。从此，胡厚宣离开了齐鲁大学。令他颇为遗憾的是，曾吸引他去齐鲁大学的明义士所藏甲骨，他始终未能得见。虽然没有见到明义士所藏甲骨，但是在齐鲁大学工作的 7 年间，胡厚宣仍未放松对甲骨学和历史学的研究，他利用自己曾整理的 YH127 坑丰富的甲骨材料，以超越常人的毅力写出了《殷代封建制度考》《殷代焚田说》《殷代婚姻、家庭、宗法、生育制度考》《甲骨文四方风名考证》《武丁时五类记事刻辞考》《卜辞所见殷代之农业》《气候变迁与殷代气候之检讨》《殷非奴隶社会论》《殷代卜龟之来源》《殷代年岁称谓考》《卜辞下乙说》《殷代舌方考》《殷代之天神崇拜》《殷人占梦考》《论殷代五方观念及中国称谓之起源》《卜辞地名与古人居丘说》《殷人疾病考》等一系列甲骨学与商史研究方面的论文，并编辑成论文集《甲骨学商史论丛》。这部论文集共分 4 集 9 册，于 1944 年至 1946 年陆续出版，共收录论文 33 篇，内容几乎涉及了甲骨学与商史研究所能扩展到的每个方面。它不仅是胡厚宣的成名作，也被誉为“甲骨学划时代巨制”，被日本甲骨学者称许为“这一学科空前的金字塔式的论文集”。据说，1942 年，故宫博物院院长马衡到成都讲学时，当时在齐鲁大学任教的胡厚宣就曾带着刚印出的《甲骨学商史论丛》（初稿）请他指教。马衡看后大为称赞，并将其带回重庆推荐给了教育部，胡厚宣因此获得了国民政府教育部全国学术审议委员会的科学发明奖，并获奖金 8000 大洋。可以说，《甲骨学商史论丛》这部甲骨学与商史研究的百科全书式巨著，不仅影响了当时的学者，也为此后甲骨学与商史的研究奠定了坚实的基础。后来，此书被上海书店收入《民国丛书》，并被河北教育出版社编入《二十世纪中国史学名著选》。时至今日，它仍然具有不可替代的重要参考价值。

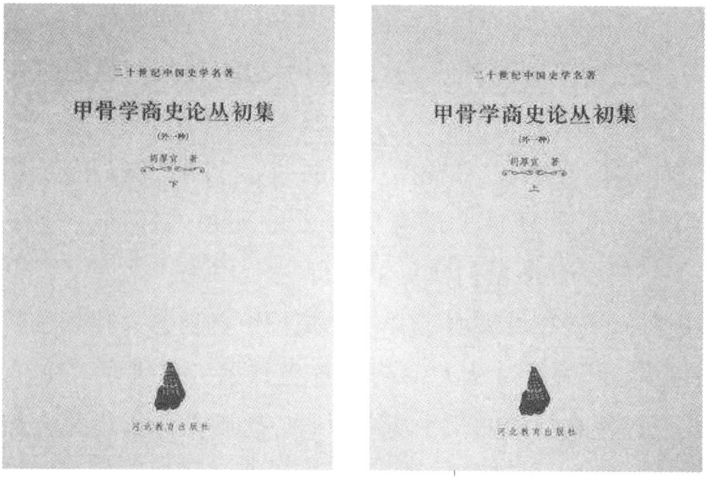

《甲骨学商史论丛》

胡厚宣到复旦大学不久，便迎来了中华人民共和国的诞生。在复旦大学工作期间，他在历史地理系（后改称历史系）任教授兼中国古代史教研室主任，给学生讲授“考古学”“先秦史”“商周史”“春秋战国史”等课程，在中文系开过“文字学”“古文字学”“甲骨学”等课程。1953 年，胡厚宣先后到华北、东北、华东等地搜寻甲骨，收获颇丰。在上课之余，胡厚宣还将此前在北京、天津、南京、上海以及华北、东北、华东等地搜集的甲骨材料编为《战后宁沪新获甲骨集》（1951 年由来薰阁书店出版，收录甲骨 1141 片），《战后南北所见甲骨录》（1951 年由来薰阁书店出版，收录甲骨 3276 片），《战后京津新获甲骨集》（1954 年由上海群联出版社出版，收录甲骨 5642 片），《甲骨续存》（1955 年由上海群联出版社出版，上编 2 册为拓本，著录甲骨 2755 片，下编 1 册为摹本，收甲骨 998 片，全书共著录甲骨 3753 片）四部书，这些书共著录甲骨 13812 片，占殷墟所出全部甲骨的近十分之一。此外，他还相继出版了《古代研究的史料问题》（1950 年）、《五十年甲骨文发现的总结》（1951 年）、《五十年甲骨论著目》（1952 年）等著作。

1952 年，明义士当年藏在齐鲁大学校园内的甲骨终于被人找到。经清点，在地下室所藏的 140 多箱文物中，仅甲骨就多达 8080 片，其中刻辞甲骨 3668 片。这批甲骨后来交给山东博物馆保管，成为该馆重要藏品。胡厚宣获悉后，真是又惊又喜，当年“踏破铁鞋无觅处”的明义士甲骨，终于找到了。1953

年，他专程到访山东博物馆，才得以一睹令其朝思暮想多年的明义士旧藏甲骨的真容。

1956 年 3 月，国务院成立科学规划委员会，起草科学研究 12 年远景规划。在“向科学进军”号召的鼓舞下，胡厚宣在上海举行的工作会议上提出了编撰出版《甲骨文合集》（以下简称“《合集》”）的设想，并被哲学社会科学规划组采纳而列入中国科学院 12 年科学远景规划和历史科学资料整理重点项目。周恩来总理亲自打电话给当时的高等教育部部长杨秀峰，指名调胡厚宣进京主持这项工作。

同年 8 月，胡厚宣被调进北京，入中国科学院历史研究所第一所工作。他的夫人桂琼英（时在上海师范学院任教）和学生裘锡圭（刚从复旦大学毕业并考上胡厚宣的研究生）一同被调入历史研究所，参加《合集》的编辑工作。胡厚宣原计划仅由他们 3 人合作编辑《合集》，历史研究所副所长、著名考古学家尹达（即刘燿）建议除参加编纂《中国史稿》的人员外，所内先秦史组的其他工作人员都要参加《合集》的编辑工作，目的是多培养人才。因此，胡厚宣便组织成立了《合集》编辑委员会，并聘请中国科学院院长郭沫若担任主任委员，全国 10 余位老一辈甲骨学家为委员。编辑委员会之下又成立编辑工作组，胡厚宣担任组长，王宇信、杨升南、张永山、孟世凯等 10 余名刚从大学历史系毕业的青年学生也加入了《合集》的编辑工作。这些从未接触过甲骨的大学毕业生在胡厚宣的指导下，边干边学，很快就学会了校对重片、缀合残片、识字断句、墨拓甲骨、辨伪、分期断代及文例等基本知识。这样，编纂《合集》就由胡厚宣的个人计划变成了集体的工作。

经过几年的精心筹备，《合集》的编辑工作于 1961 年 4 月正式启动。胡厚宣所面临的首要工作就是搜集甲骨材料，除了已经面世的 100 多种著录、专著和论文以外，还得想方设法搜罗分散在国内外各单位和私人藏家手中的甲骨材料。于是，胡厚宣迅速调集力量，开始了大规模的甲骨材料搜集和整理工作。为了尽可能多地搜集甲骨材料，胡厚宣煞费苦心、呕心沥血，在交通食宿方面吃尽了苦头。在之后的数年间，他身先士卒，带领工作组成员“东伐西讨”“南征北战”，几乎跑遍了全国各大中城市（25 个省、自治区、直辖市的 44 座城市），先后探访了 98 家单位和 47 位私人收藏家。每到一处，他都马上带着工作组成员对所见甲骨进行鉴别、筛选、墨拓，最终获得未经著录的甲骨拓本20余万件。可以说，在国内所藏的甲骨，胡厚宣都曾一片一片地亲手摩挲过。据说，在搜集甲骨材料期间，胡厚宣曾先后4次造访山东博物馆，因为该馆藏有一批曾让其牵挂多年却一直无缘相见的明义士旧藏甲骨。经过精挑细选，他最终将山东博物馆藏的1400片精品甲骨收录到《合集》中。到20世纪90年代，在胡厚宣的指导下，山东博物馆保管部原部长刘敬亭历时两年完成了对馆藏1970片精品甲骨的墨拓，并汇编成《山东省博物馆珍藏甲骨墨拓集》。该书于1998年由齐鲁书社出版，胡厚宣为之作序，著名书法家蒋维崧为之题写了书名。该书成为中华人民共和国成立后山东的第一部甲骨著录集。除了包括山东博物馆在内的藏有甲骨的90多家单位以外，还有不少单位主动提供甲骨线索，并将所藏甲骨材料无私地贡献出来。

尽管胡厚宣在齐鲁大学任教期间始终未找到明义士藏在济南本部校园内的甲骨，但是并不代表他与明义士旧藏甲骨无缘。1965年，四处搜罗甲骨材料的胡厚宣在故宫博物院里意外发现了870片甲骨，因为其中有一个1924年2月18日从天津寄给明义士的信封，所以他推断这批甲骨应是明义士旧藏甲骨的一部分。不过，这还不算完。到1974年，故宫博物院工作人员在清理仓库时，竟然又发现了167箱甲骨，上面依然贴着明义士当年亲手所写的封条。工作人员一查点，竟有19494片。其实，这两批共计20364片的甲骨正是明义士当年存放在北平华北联合语言学校地下室的那些。中华人民共和国成立后，这些甲骨由文化部接收后交给故宫博物院保管，没想到却被人遗忘在了角落里，直到等来了胡厚宣才得以重见天日。也正是由于《合集》的编辑，才让胡厚宣与明义士旧藏甲骨重新结缘。利用编辑《合集》之机，他将所见到的明义士旧藏甲骨全面系统地研究了一遍，总算梦圆。

除了分散在国内各单位和藏家手中的甲骨材料，还有不少流散在海外。对于那些流落异乡的甲骨材料，编写组或利用出国访问和讲学的机会借机搜集，或托人代为办理，也是竭尽所能地广泛搜罗。当时，著名甲骨学家商承祚总是在第一时间把海外新出版的甲骨著录寄给编辑组，这让胡厚宣无比感动。

材料搜集完后，胡厚宣便带领编辑组成员对这些甲骨材料进行了校重、缀合、复拓、换片、选用、聚群、分期、分类等一系列科学整理工作。但由于当时受到连年不断的政治运动的冲击，所以《合集》的编辑工作时断时续。1966年5月“文化大革命”开始后，此项工作被迫完全停止，全部甲骨材料被运往山里保存。“文化大革命”后期，在郭沫若的关心和支持下，《合集》的编辑工作得以恢复，由郭沫若担任主编，胡厚宣任总编辑。1976年，粉碎“四人帮”以后，《合集》的编辑工作进展迅速。1978年，《合集》的编纂工作基本完成，并开始付印。直到1982年12月，这部饱含多人心血的13册皇皇巨著全部出版完毕。从提出设想到搜集材料，再到最终成书，胡厚宣为之耗费了二十余年的时间和精力，厥功甚伟。

这部收录41956片（包括重片、伪刻）甲骨拓本的《甲骨文合集》，堪为古籍整理的一项巨大成就。一经出齐，便受到国务院古籍整理出版规划小组的表彰和奖励，称“这部书是建国以来文化上最大的一项成就”。它凝聚了几代甲骨学家的心血，反映了甲骨文研究的最新成果和最高成就，成为甲骨学史上的集大成之作，被誉为“自清末发现殷墟甲骨文以来划时代的一部甲骨文汇编”和“甲骨学史上里程碑式的著作”。此项工程的“头等功臣”胡厚宣曾言：“《甲骨文合集》是全国各方面热情协作的产物，是全国各单位专家支持的成果，是我们编辑组全体同志长年劳动的结晶。”《合集》出版后，很快得到中外学术界的广泛赞誉，并荣获“全国首届古籍整理图书特别奖”“首届全国图书奖荣誉奖”等多种奖励。1987年，日本著名学者、汉学家白川静向胡厚宣赠诗盛赞：“合集书成蔚似林，遗珠十万采华新”，充分表达了海内外学者的共同心声。胡厚宣在《合集》中所开创的“先分期，后分类”的编排体例，对以后大型甲骨文著录的编纂和出版产生了巨大而深远的影响。此后，以此为基础的著录和著述不断问世，推动了甲骨学的持续发展。《合集》的编纂培养出裘锡圭、王

《甲骨文合集》

宇信、杨升南、张永山、孟世凯、彭邦炯等一批甲骨学、商代史研究领域的著名专家。薪火相传，至今未有间断。

在对《合集》的编纂作出卓越贡献的人中，除了胡厚宣以外，还有一人尤为值得一提。此人可谓“女中豪杰”“巾帼英雄”，她便是胡厚宣的夫人桂琼英。据说，当年编纂《合集》的计划其实是由她和胡厚宣一起提出来的，只是让胡厚宣作为代表在会上提了出来。后来，她不仅全程参与了《合集》的编纂工作，而且还在《合集》中编入了2000多板由她自己亲自缀合的甲骨。甲骨缀合（即将分散在不同处而原属同板的甲骨碎片拼接复原）是甲骨文研究的一项重要基础性工作，与文字考释一样，并非易事。在甲骨学界，通常是缀合一两板就可以写一篇论文发表，缀合几十板就可以出部专著，而桂琼英虽然缀合了2000多板，但是她没有以自己的名义发表过一篇论文，而是将全部缀合成果毫无保留地奉献给了《合集》。其认真踏实的科研作风和无私奉献的可贵精神，值得后人颂扬和学习。

作为《合集》的负责人，胡厚宣曾多次应邀赴苏联、美国、加拿大、日本，以及中国香港等地出席学术会议和讲学，并以其渊博的学识、严谨的学风和精湛的造诣而博得国内外学术界的广泛赞誉，被誉为“大陆甲骨研究第一人”，有力推动了国际甲骨学研究的交流与发展。据说，在1958年，根据中苏两国文化合作协定，胡厚宣曾应邀访问莫斯科苏联科学院中国学研究所。在莫斯科苏联国立东方文化博物馆的中国艺术陈列部里，胡厚宣看到了17块龟板。当时苏联著名的中国研究学者拿出了他们新近出版的一部多卷本的巨著《世界通史》，其中载有《中国古代文字的龟甲》。此书专门在彩色插页上刊印了这批整板的甲骨文字。胡厚宣一看，这哪是什么甲骨精品，龟甲全部是现代的，而文字都是后刻的。他立即明确地说：“这些都是伪片！”当时，苏联学者都怔住了。后经胡厚宣指点，该书的总编辑、苏联科学院院士茹科夫决定换上几片真正的甲骨。在苏联访问期间，胡厚宣到彼得格勒参观了爱米塔什博物馆，并特意查看了该馆东方部所藏的一批甲骨。据介绍，该馆所藏的殷墟甲骨共有199片（实为201片），多为碎片，是在苏联卫国战争期间不幸牺牲的苏联研究院布那柯夫教授收集的，但可惜它们不为苏联学者所重视，甚至还有人认为这些甲骨碎片全是假的。胡厚宣告诉他们，这些碎片才是真正的甲骨精品。参观之余，胡厚宣不顾旅途劳顿，把这些碎甲骨一片一片地描摹下来。据此，胡厚宣写出了《苏联国立爱米塔什博物馆藏甲骨》一文，后被收入《苏德美日所见甲骨集》（1988 年）一书。

1981 年，胡厚宣应邀访问日本期间，专门参观了奈良的天理参考馆。因为此前一直有传言，说该馆藏有 3000 多片甲骨。但经过胡厚宣仔细清点后，却发现只有 819 片，其中就包括罗振玉旧藏甲骨 36 盒和王国维旧藏甲骨 250 片。

1983 年 9 月，胡厚宣前往香港中文大学参加国际中国古文字学研讨会时，见到了德国西柏林民俗博物院所藏甲骨摹本。胡厚宣将这些甲骨摹本与《合集》所录甲骨照片仔细对比了一番，最后确定这批甲骨是德国人威尔茨和卫礼贤从中国盗出的。1909 年，在德国侵占青岛期间，德国人威尔茨从当地古董商手中先后买到了 711 片甲骨，带回德国后转卖给了德国西柏林民俗博物院（今柏林人种学博物馆）。另一名德国人卫礼贤于 1910 年左右在青岛从古董商手中买到了 72 片甲骨，到 1913 年通过白斯威・萨拉辛将其中 70 片转卖给了瑞士的巴赛尔人种志博物馆（今瑞士民族艺术博物馆），将其中 1 片卖给了德国的法兰克福中国学院（后因战争损毁），而另 1 片则不知在何时通过何人之手到了台北故宫博物院原副院长庄严（又名庄尚严，字慕陵）手中。

1987 年 9 月 10 日至 16 日，“中国殷商文化国际学术研讨会”在河南安阳召开，海内外 120 多位学者出席会议，学者们提交的 120 篇论文被编为《殷墟博物苑苑刊》（1989 年由中国社会科学出版社出版）。16 日上午，“中国殷商文化学会”宣布成立。周谷城被推举为名誉会长，胡厚宣被推选为首任会长，副会长有田昌五、李学勤、李民、邹衡、郑振香 5 人，秘书长由田昌五兼任，常务副秘书长为王宇信。1995 年 4 月 15 日，胡厚宣在北京逝世。

综览胡厚宣的一生，其与甲骨文的缘分可谓不浅。他从 1934 年大学刚毕业便参加了殷墟第 10 次和第 11 次考古发掘，亲自发掘了侯家庄西北冈殷代王陵 1004 号大墓，为殷墟第 1 至 9 次发掘所获的 3942 片甲骨作过释文（即《〈殷虚文字甲编〉释文》），还参加了著名的 YH127 坑甲骨的整理工作，与甲骨文结下了不解之缘。在此后的 60 余年学术生涯中，他一直痴迷和执着于甲骨文研究，即便步入耄耋之年犹笔耕不辍，在甲骨学与商史领域取得了令人瞩目的辉煌成绩。终其一生，他总共发表、出版了170余种学术论著，包括7部甲骨文著录和7部甲骨文研究专著，给后人留下了一笔丰厚而珍贵的文化财富。著名史学大师顾颉刚曾盛赞其论著是“一声裂帛惊天下”，对其在甲骨学研究领域所作的卓越贡献予以充分肯定。在甲骨文研究领域，他建树颇多，解决了商代卜龟的来源、记事刻辞的类别与意义、商代的农业生产与气象、商代的宗法制度、商代的疾病状况等一系列有关甲骨学与商代史上的重要问题。其有关“四方风名”的考证和“一甲十癸”说法的考辨，尤为学界所称道。在甲骨材料的搜集、整理与著录方面，他所取得的成就更是超越前人，不仅凭个人之力搜集和刊布了近20000片战后各地新出甲骨材料，而且还耗费20多年的心血组织编纂了甲骨著录的集大成之作《甲骨文合集》，有力地促进了甲骨学的发展。因此有人认为，在罗振玉之后，苦心孤诣搜寻甲骨的甲骨学家，就只有胡厚宣了。总之，胡厚宣以毕生精力专门从事甲骨文研究，凭其卓越贡献而成为继“甲骨四堂”之后的甲骨学领军人物。正如著名文学史专家陈子展（1898—1990）在所作《题战后南北所见甲骨录》一诗中谈到对殷墟甲骨文研究作出巨大贡献的人物时所说：“堂堂堂堂，郭董罗王，观堂沉渊雪堂化，彦堂入海鼎堂忙。君不见，胡君崛起四君后，丹甲青文弥复光。”其中，“胡君”就是指胡厚宣。如今，“胡君”早已仙逝，但其甲骨研究之功青史永驻，其商史研究之绩永世长存。

参考文献：

1. 潘悠：《甲骨学研究述评》，《华东师范大学学报》（自然科学版）1980年第4期。
2. 孙心一：《访甲骨学专家胡厚宣教授》，《中州学刊》1985年第1期。
3. 胡振宇：《胡厚宣教授的甲骨学商史研究》，《殷都学刊》1990年第4期。
4. 郭胜强：《胡厚宣先生对甲骨学的贡献》，《中原文物》1990年第3期。
5. 宋镇豪：《记著名甲骨学家胡厚宣先生》，《文物天地》1990年第5、6期。
6. 王宇信：《甲骨学研究的发展与胡厚宣教授的贡献——为胡厚宣师八十寿辰而作》，《郑州大学学报》（哲学社会科学版）1991年第4期。
7. 王宇信：《传经还望君——为庆祝著名甲骨学家胡厚宣教授八十寿辰而作》，

《中州学刊》1991 年第 4 期。
8. 郭小武:《胡厚宣先生学术述论》,《史学史研究》1992 年第 1 期。
9. 纪露:《胡厚宣先生谈〈甲骨文合集〉》,《中国典籍与文化》1992 年第 2 期。
10. 张世林:《虚怀若谷　和蔼可亲——深切怀念胡厚宣先生》,《民主》1995 年第 9 期。
11. 国务院学位委员会:《中国社会科学家自述》之《胡厚宣先生自述》，上海教育出版社，1997 年。
12. 张永山:《胡厚宣先生纪念文集》，科学出版社，1998 年。
13. 韩增寿:《甲骨学研究巨匠胡厚宣先生》,《文史精华》1999 年 S1 期。
14. 王宇信:《缅怀前辈，继往开来》,《寻根》1999 年第 4 期。
15. 李民，李雪山:《薪火相传 继往开来——百年甲骨文研究概述》,《河南社会科学》1999 年第 5 期。
16. 胡辉平:《国家图书馆藏甲骨整理札记》,《文献》2005 年第 4 期。
17. 东方白:《胡厚宣：总编〈甲骨文合集〉26 年》,《语言文字报》2010 年 12 月 8 日。
18. 易益文:《苦心孤诣收藏甲骨》,《语言文字报》2010 年 12 月 8 日。
19. 闻述之:《〈甲骨学商史论丛〉：甲骨学、商史研究的百科全书》,《语言文字报》2010 年 12 月 8 日。
20. 边继芝:《推进甲骨学的海外交流与研究》,《语言文字报》2010 年 12 月 8 日。
21. 金阳秋:《桂琼英：〈甲骨文合集〉的缀合大师》,《语言文字报》2010 年 12 月 8 日。
22. 张世林:《想念胡厚宣》，新世界出版社，2012 年。
23. 傅杰:《前辈写真》,《中国文化》2016 年第 2 期。
24. 王素:《故宫博物院藏殷墟甲骨文整理与研究项目缘起》,《故宫博物院院刊》2016 年第 3 期。
25. 朱斌:《民国学术史上被湮没的一页——齐鲁大学国学研究所述论》，山东大学博士学位论文，2017 年。
26. 张涛:《从胡厚宣写给刘体智的两封短札谈起》,《中国文化》2018 年第 1 期。
27. 王宇信:《守护中华民族基因，传承弘扬甲骨绝学》,《殷都学刊》2018 年第 3 期。

第二十三篇

史学大师陆懋德，命名甲骨永流芳

通过前文可知，无论是刘鹗、罗振玉、王国维还是董作宾、郭沫若、胡厚宣，不管是中国学者还是林泰辅、金璋、明义士等外国学者，他们对出土于安阳殷墟的龟甲和兽骨上的文字都曾有着不同的称呼。总体而言，有按甲骨质料命名为“龟”“龟甲”或“龟甲兽骨”者，有按甲骨出土地命名为“殷虚书契”“殷虚文字”者，有按文字书写方法命名为“契文”“殷契”或“书契”者，有按文字用途命名为“贞卜文字”“贞卜文”或“卜辞”者，也有将质料与文字结合起来命名为“骨刻文”或“龟甲兽骨文字”者。总之，叫法不一。然而，这些命名都不能准确反映此种殷商文字的本质和特征，直到“甲骨文”的出现，才一锤定音。那么，“甲骨文”是谁命名的呢？

1923 年 12 月，一篇名为《甲骨文之历史及其价值》的文章发表在《清华周刊》第 299 期上，引起了广泛关注，因为该文创造性地使用了“甲骨文”这一名称。不过，令人略感意外的是，该文的作者并非甲骨学家，而是一位历史学家。此人便是中国现代著名史学家和现代法学的开创者之一陆懋德。

陆懋德

陆懋德于 1888 年（一说 1885 年）出生在山东历城（今山东济南历城），字用仪，别号咏沂。少年时期，他曾在山东高等学堂师从朴学大师姚永朴（1861—1939）学习朴学（即考据学，乃清代学术思想的主流）。1911 年 3 月，他进入刚刚创立的清华学堂。在美籍教师的指导下，他经过三个多月的学习后，于当年6月参加了甄别考试，并顺利通过。同年8月，他与姜立夫、杨光弼等63人作为清廷的第三批赴美留学学生踏上了越洋留学的行程。到美国后，他先后在威斯康星大学和俄亥俄州立大学学习，并相继取得了文学学士和政治学硕士学位。1914年，他学成回国后，曾历任总统府礼官、教育部视学和编审、华盛顿会议中国代表团成员等职。1919年前后，他担任北京政法专科学校教授。1922年，他受聘于清华学校，主讲周秦哲学史，其讲义于1923年由京华印书局以《周秦哲学史》为名出版，成为其代表作。

1923年12月的一天，陆懋德在清华学校华员公会演讲，题目是《甲骨文之历史及其价值》，后来发表在12月21日第299期《清华周刊》上，随即被12月25日的北京《晨报》副刊转载，在当时的考古界和史学界引起强烈反响，为其赢得了良好的学术声望。1925年，民国外交部通过的《北京清华大学部暂行章程》规定设置校务会议，除校长、各科主任外，由教授互推4人及校长选派职员2人组成。同年秋，在一次新校务会议上，陆懋德与梅贻琦、赵元任、孟宪承被选为教员代表，增加了他在参加校务改革等工作中的发言权。1925年9月，清华学校正式设立大学部，开始由一所留美预备学校逐步向完全的综合性大学过渡。1926年4月，清华学校召开评议会，决定在大学部设立17个学系，其中11个系先行设立专修课程，4个系暂不设立专修课程，2个系仅设普通课程。同年，在第三次教授会议上，陆懋德凭借在校务活动中发挥的积极作用和良好的学术声望而当选为历史系主任，成为清华大学首位历史系主任。作为首任系主任，陆懋德对清华大学历史系的课程设置和学科发展作出了规划，为后来的发展壮大奠定了基础。

受1923年后期兴起的一股复古读经风潮的影响，从1926年10月开始，陆懋德与吴亦、梁家义等人组织"读经团"，并定期集合讲学。在清华大学历史系任教期间，他在哲学系讲授中国哲学史，在国文学系讲授中国政治书选读。授课之余，他还给由吴宓主编的《学衡》杂志撰稿，成为"学衡派"的重要一员。学衡派是一个反对新文学运动的复古文化流派，主要代表人物有南京东南大学教授胡先骕、梅光迪、吴宓等人。1925年，吴宓担任清华大学国学研究院主任时，梁启超、王国维、陈寅恪、张荫麟、陆懋德等均成为

《学衡》杂志的主要撰稿人。学衡派多为归国留学生、中国南北著名学府任教的名教授，而且多出任系主任、院校长等职，故对于中国教育问题多有所思考，将教育制度改革纳入视野，矢志“创立我国独立之教育制度”。而陆懋德早在1920年就翻译了英国学者巴德雷所作的《战后教育论》，开学衡派先河。

1927年11月，陆懋德离开清华大学，被北平师范大学[①]聘为教授兼历史系主任。从1929年至1932年7月间，他在北京大学历史系兼职任教，讲授考古学，与当时在北京大学任教的傅斯年、梁思成等名家成为同事。此外，他还在辅仁大学、燕京大学兼职任教，讲授“考古学”“上古史”等课程。1932年8月，他担任北平师范大学事务委员会委员。1933年8月，他辞去北平师范大学历史系主任之职，专心从事学术研究。

1937年2月，北平师范大学史学会创办《历史教育》杂志，他与李飞生、齐思和等5人受聘为编审委员。七七事变后，日寇攻占北平，形势危急。9月，陆懋德被迫随北平师范大学西迁，先后到达长沙、兰州、西安等地，历任西安临时大学、西北联合大学、西北师范学院、西北大学等高校的历史系教授兼系主任。

1938年7月至9月，西北联合大学历史系考古委员会在何士骥、周国亭的主持下组织了对张骞墓、樊哙墓等古墓的调查和发掘，陆懋德、许寿裳等人参与了对张骞墓的发掘与研究工作。陆懋德不仅发现了“博望侯印”封泥、绿釉陶器座等一批珍贵文物，而且还撰写并发表了《发掘张骞墓前石刻报告书》。1939年，西北大学历史系成立考古室，组织师生对汉中地区的文物古迹进行了全面调查。陆懋德撰写并发表了《沔县访古记》《汉中各县诸葛武侯遗迹考》《汉中地区的史前文化》等一批论文。同年8月，西北师范学院从西北联合大学中独立出来，校址设在陕西城固。在授课之余，陆懋德仍著述不辍，撰写了《史学方法大纲》《中国上古史》等论著。在所著《史学方法大纲》自序中，他首次提出了自己的治学宗旨“盖学问之道，无所

① 注：北京师范大学前身是1902年（光绪二十八年）京师大学堂所设的师范馆。1908年改为京师优级师范学堂。1931年与北京好师范大学校合并，成立“国立北平师范大学”。1937年抗日战争开始后迁往西北。抗战胜利后，大部分迁回北平复校，称北平师范学院，1948年底复称北平师范大学。1952年与辅仁大学及中国人民大学、燕京大学两校的教育系合并为北京师范大学。

谓中西，但取其长而求其是而已”，并在中国史学界产生了重大而深远的影响。

1940 年初，在著名史学家顾颉刚的主持下，陆懋德与吕思勉、何炳松、蒙文通等 70 余人发起创办了齐鲁大学国学研究所的《史学季刊》，第一卷第一期于 1940 年 3 月在成都由史学季刊社出版。1941 年，其所著《中国上古史》获得国民政府教育部著作发明三等奖。1944 年，陕西师范专科学校成立后，应校长郝耀东教授之邀，陆懋德出任该校史地科教授，主要讲授“中国上古史”“中国中古史”“考古学”“历史教材教法”等课程。

1945 年，中国人民抗日战争胜利后，陆懋德随北平师范大学返回北京，仍担任该校历史系教授，主讲“秦汉史”“魏晋南北朝史”“考古学”等课程。1949 年，中华人民共和国成立后，他在北京师范大学任教，并于 1951 年担任中国通史教学小组副组长，讲授秦汉史和魏晋南北朝史。1959 年，他从北京师范大学退休。

1962 年 7 月，东北文史研究所（今吉林社会科学院）成立后，年已 78 岁高龄的陆懋德被该所聘为研究员，为所内人员讲授《左传》、经学、史学、考古学等。1965 年，陆懋德因病去世。

综览陆懋德的一生，其学贯中西、涉猎广泛、术业精深、著述宏丰，不仅在教育学、哲学史、历史学、甲骨学、考古学、法学等诸多学术领域取得了卓越成就，留下了《周秦哲学史》《史学方法大纲》《中国上古史》《中国文化史》《中国史学史》《甲骨文之历史及其价值》《由甲骨文考见商代之文化》《中国上古铜兵考》《中国发现上古铜犁考》《瑚琏考》等大量经典论著，还曾任教于清华大学、北平师范大学、北京大学、西安临时大学、西北联合大学、西北师范学院、西北大学、陕西师范专科学校等多所高等院校的历史系，培养了一大批史学人才。

综观其学术研究，尤以在历史学方面的贡献为多。他在所著《史学方法大纲》中首次提出的史学“无所谓中西，取其长而求其是”的观点，可谓对王国维“史学无中西论”的一种发展。他的这种治史宗旨，既看到了中国古代史学的优点和缺点，又指出了中西史学的联系和区别，从而避免了二者的优劣比较，为中西史学的交融提供了一种可供选择的途径。他所著《史学方法大纲》

一书在史学理论领域作了可贵的探索，尽管字数不是很多，但却凭质量和水平在该领域占据了重要一席。而其所撰《中国史学史》讲义则是中国较早以“史学史”命名的著作，被著名史学家金毓黻（1887—1962）称为“古史名家”。他在中国上古史领域也作出了不少开拓性贡献，其所作《中国发现上古铜犁考》一文为青铜农具的研究开辟了道路，堪为中国研究青铜农具和史前史的先驱。

除了历史学以外，在中国近现代哲学史上，陆懋德也占有一定的地位。其所著《周秦哲学史》被认为是最早对胡适的哲学体系提出挑战的重要学术著作，曾获得著名史学大师柳诒徵的高度评价。陆懋德在该书中首次提出并实践了文化史的理论，在哲学史的意义、中国哲学之精神、先秦哲学的特点等有关哲学史的基本问题上均另立新说，颇有与胡适的《中国哲学史大纲》一比高下之意。其实，他在自己的不少著述中都提出了独到见解，代表了当时相关领域取得的最高水平，故颇为时人所赞誉。此外，因在法学方面所作出的重要贡献，他被认为是中国现代法学的开创者之一。

值得称道的是，虽然王懿荣最早辨识了甲骨文，但是“甲骨文”这一名称却是由一代史学大师陆懋德首先提出的。正如前文所言，陆懋德曾在1923年12月以《甲骨文之历史及其价值》为题发表了一次演讲，之后于12月21日发表在《清华周刊》第299期上。他在该文中首次提出了“甲骨文”这一名称，由此终结了殷墟出土甲骨称呼多样的历史。因为“甲骨文”被认为是最简洁、最准确的称呼，它不仅包含了卜用龟甲和兽骨上的文字（即卜辞），也包含了非卜用龟甲和兽骨上的文字（即记事刻辞）；它既包含了甲骨上的契刻文字（即契文），又包含了甲骨上的朱书文字和墨书文字。所以，著名甲骨学家胡厚宣认为一切名称都不如“甲骨文”或“甲骨文字”恰当。自此以后，“甲骨文”这一名称被学术界广为接受和普遍认可，并一直沿用至今。例如1924年容庚的《甲骨文之发现及其考释》、1925年王国维的《最近二三十年中国新发现之学问》、1930年董作宾的《甲骨文研究之扩大》、1931年郭沫若的《甲骨文字研究》等文章和著作中都沿用了“甲骨文”这个称呼和叫法，时至今日“甲骨文”依然是最响亮的名称。“非专业甲骨学者”陆懋德也因首先命名“甲骨文”之功而载入甲骨学史册。

参考文献：

1. 郭福生:《陆懋德学术研究》，华东师范大学硕士学位论文，2007 年。
2. 叶建:《略论陆懋德的史学思想》,《史学集刊》2007 年第 6 期。
3. 陈默:《陆懋德〈史学方法大纲〉之渊源探析——以所受伯伦汉的影响为中心》,《理论界》2009 年第 5 期。
4. 武树轻:《陆懋德的综合史观》,《宜宾学院学报》2011 年第 11 期。
5. 吴兴星:《清华历史系的早期发展》(1926—1935)，华中师范大学硕士学位论文，2012 年。
6. 刘永祥:《陆懋德〈中国史学史〉的特点和价值》,《史学理论与史学史学刊》2013 年第 11 期。
7. 陈卫平:《陆懋德、钟泰的两部著作有何意义》,《中国社会科学报》2016 年 11 月 22 日。
8. 楚轲:《〈周秦哲学史〉：在学术史构成了中间环节》,《中华读书报》2019 年 12 月 11 日。

第二十四篇

河大骄子朱芳圃，“甲骨学”名由其创

甲骨文自从被王懿荣发现后，很快就引起了不少中外学者的关注。在罗振玉、王国维等人的努力下，终于使专门研究甲骨文的学问从传统金石学中独立出来，“脱胎换骨”“蜕变化蝶”。如今世人皆知这门学问叫“甲骨学”，然而鲜有人知道最早提出这一概念的是曾任河南大学教授的朱芳圃。

朱芳圃于1895年（光绪二十一年）6月25日出生于湖南醴陵株洲渌口镇，号耘僧，在兄妹6人中排行第二。其父朱宗熠，人称“熠四皮匠”，世居株洲南阳桥乡周家埠村，以耕种为业。后为生计所迫，于1889年带全家移居渌口镇经营碓坊生意，才逐渐走出困境。1902年，7岁的朱芳圃进入私塾读书。1906年，渌口镇办起了初级小学校，朱芳圃被父亲送入该校读“白话文”。1909年，朱芳圃转入长沙明德小学。该校校长刘师陶是个思想比较进步的同盟会会员，经常向学生们讲述世界大势。年轻的朱芳圃初步认识到腐败无能的清政府造成了国势衰微，于是决心发奋读书以救国救民。1912年，他考入湖南长郡中学。1915年毕业后，他本想继续学工科成为一名实业家，但因家庭经济困难而作罢。当时，湖南高等师范学校正好开办了文史专修科，且免收一切学膳费，迫于经济压力，好学上进的朱芳圃只好报考进入该校。大学毕业后，他进入湖南第一师范学校担任文牍员及中学教员，与毛泽东成了同事。1926年夏，他考入

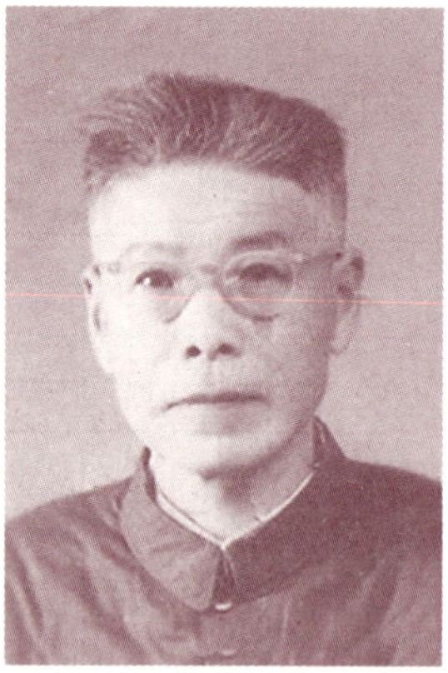

朱芳圃

清华大学国学研究院，师从梁启超、王国维、陈寅恪、赵元任、李济等学界宗师，系统地研习训诂学、音韵学、史学、梵文、考古学。在清华求学期间，他在王国维的影响与指导下，开始学习和研究甲骨文、金文，并先后撰写了一系列有影响的论著。1928 年，他从清华大学国学研究院毕业后，在董作宾等人的推荐下，受聘于河南大学，担任该校国文系、历史系教授。

自 1931 年起，在此后的数十年中，他的大多数时间主要在河南大学度过，这成为他一生中教学和研究最辉煌的时期。在教书育人方面，他为河南大学的学生开设了“文字学”“训诂学”“甲骨学”等内容新颖的课程，对日后成为史学大家的石璋如、尹达（即刘燿）等学生产生了重要影响。在学术研究方面，他于 1933 年 12 月和 1935 年 2 月先后出版了《甲骨学文字编》与《甲骨学商史编》两部学术著作，不仅开创了甲骨文工具书的新类型，也反映了甲骨学、殷商史早期的发展情况和研究成果，奠定了其在学术界的地位，使其跻身于著名甲骨学家行列。

《甲骨学文字编》共两册，十七卷，分正编十四卷、附录二卷（上下）和补遗一卷，收录甲骨文单字 925 个，于 1933 年 12 月在上海由商务印书馆石印出版。该书中，朱芳圃将学者们在甲骨文字考释方面发表于各处的论点、论述汇集在一起。其中，正编所收甲骨文字，均依照《说文》部首编排，不仅辑录了诸家对文字考释的正确见解，而且校正了诸书刊本中因各种原因而造成的谬误。附录上卷所收为甲骨文中的合书（包括数名、人名、地名、常语、偶语等五类）、分书、倒书，附录下卷所收是罗振玉、王国维、郭沫若等几位学者所作的几篇书序以及容庚、董作宾两位学者一些文章的节选。该书在当时开创了甲骨文工具书的一种新类型，影响颇大。

《甲骨学商史编》共两册，十卷，分民族、世系、人物、都邑（附山川）、方国、文化、制度、产业、卜法等九编及附录，于 1935 年 2 月在上海由中华书局出版。该书中，朱芳圃将学者们根据殷墟出土文物考证商代史实的著作分类后，再予以错综排比，校正了诸家著述中的讹误，以按语的形式标明了诸家考证的错误之处。该书正编内容涉及商民族起源、殷商世系、甲骨文中所见到的一些重要人物、商都屡迁以及商朝的律历、宗教、文字、宫室、婚媾、官制、祀典、渔牧农工、卜法等诸多方面的商史问题。附录则收入了殷墟沿革、甲骨年表、甲骨出土坑位等内容。总体而言，该书是一部汇总商代史研究资料的重要工具书，对学术界的影响不小。

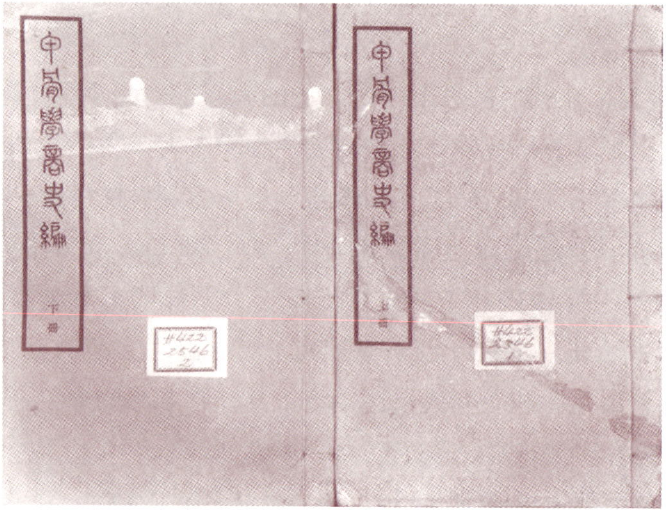

《甲骨学商史编》

尤为重要的是，朱芳圃在这两部著作中率先使用了“甲骨学”这一名称作为标题（见胡厚宣《五十年甲骨学论著目》），首次创造性地提出了“甲骨学”这一学术概念，并很快获得国内外学术界的普遍认可，从而使专门研究甲骨文的这门新兴学科终于有了正式名称。与此同时，李星可于 1934 年在《中法大学月刊》上发表的《甲骨学目录并序》和郑师许于 1935 年在复旦大学《文学期刊》上发表的《我国甲骨学发现史》也都较早地使用了“甲骨学”这一名称（见李学勤《甲骨学一百年的回顾与前瞻》）。此后，“甲骨学”作为学科名称便广泛流行开来。此外，在河南大学任教期间，朱芳圃于 1928 年至 1937 年和董作宾、李济等学者一起参加了由中央研究院历史语言研究所主持的对殷墟的多次考古发掘工作。

1937 年，全民族抗日战争开始后，朱芳圃与同事们随河南大学辗转迁徙到信阳鸡公山、镇平石佛寺、嵩县潭头镇。在艰难的抗战岁月里，在嵩县山区极其艰苦的条件下，他一边教书育人，一边研读甲骨文字。1941 年，他在

《河南大学学术论丛》（抗战时期创办的一个公开学术刊物）第 1 卷 1 期上发表了《殷契卜叹考》。此外，他还与丁乃通、张长弓、张邃青、任访秋等学者一起在河南大学开拓了民俗学研究的新领域。中国人民抗日战争胜利后，朱芳圃与河南大学的师生又一起返回开封，并全身心地投入到教学与科研之中。在“文字学”“训诂学”“甲骨学”等原有课程之外，他开设了“商周史”“说文研究”“青铜器铭文研究”等新课程。他运用王国维首创的“二重证据法”研究殷商史，撰写并发表了《阳甲考》（《儒效月刊》第 2 卷 1 期，1946 年），《曹圉考》（《儒效月刊》第 2 卷 2、3 期，1946 年），《殷卜辞中所见先公先王再续考》（《新中华复刊》第 5 卷 4 期，1947 年）等一系列有重要影响的学术论文。

中华人民共和国成立以后，朱芳圃继续研究甲骨文、金文。他与郭晓棠、张邃青、宋泽生、刘绍盈、孙海波、孙作云、毛健予、史苏苑、郭人民、王存华、王云海等学者一起创办了史学刊物——《新史学通讯》（《史学月刊》前身）。1958 年，他被调入河南省历史研究所（即河南省社会科学院历史研究所的前身，现为河南省社会科学院历史与考古研究所）任研究员。1961 年 12 月，他撰成《殷周文字释丛》（三卷），并于次年 11 月由中华书局出版。该书凝聚了其十余年的心血，是其潜心研究甲骨文、金文的成果，书中共考释古文字 181 个，其中包括新释甲骨文 41 个、金文 18 个，其余则是纠正旧说，另创新解。他在考释某个文字之前，都是首先列出该字的甲骨文或金文字形，并在字形下面标注其出处，以使读者对该字有个直观印象，然后再引用《说文解字》对该字的解释，接着列出古文字学者们对该字的解释，最后以按语的形式表明自己对该字的看法。可以说，他在该书中考释古文字的方法是非常科学的。因为他在解说文字时，能够把地下出土文字材料与传世历史文献相结合，充分运用了王国维所首倡的“二重证据法”。尽管他对某些文字的解释如今看来有待商榷，但这并不影响该书的学术价值。该书问世之后，不仅受到了国内学术界的广泛好评，而且后来还被翻译成日文在日本发行，至今仍是甲骨文、金文研究方面的重要参考书。

此外，朱芳圃还著有《孙诒让年谱》（1934 年由商务印书馆出版）一书，对清末著名文字学家、一代名儒孙诒让的生平活动与学术事迹做了系统的研究，为后人全面了解孙诒让一生的主要活动和学术成就提供了比较全面系统的材料。

1963 年，朱芳圃因患白内障而回到故乡养病，但仍坚持学术研究，笔耕不辍。1973 年 9 月 24 日，他因突发脑出血而在长沙逝世。

1981 年，朱芳圃的遗作《殷顽辨》由其弟子王珍整理后，发表在当年的《中州学刊》第 1 期上。该文依据古文献中的记载，运用音韵学、文字学的知识对离、献民、献臣、顽民等关系古代史实及史料真伪等重大问题的名词进行了考辨。1982 年 11 月，朱芳圃的遗著《中国古代神话与史实》经王珍整理后由中州书画出版社出版。该书以古文献所载的神话传说为依据，运用文字学、音韵学、训诂学、考古学、民俗学等方面的知识，对夏禹以前古代神话传说的产生、发展与史实进行了详细的考证。然而，令人遗憾的是，在朱芳圃的遗著中，目前尚有《殷墟卜辞丛考》《山海经补注》《古史新铨》等书未能整理出版。2005 年 5 月，在朱芳圃 110 周年诞辰之际，河南省社会科学院组织召开了"朱芳圃与甲骨学殷商史研究学术座谈会"，四方学者汇集中原，齐聚一堂，隆重纪念这位饮誉海内外的甲骨学与殷商史研究大家。

综上所述，尽管罗振玉和王国维开创了影响深远的"罗王之学"，但"甲骨学"这一新兴学科的概念却是由"河大骄子"朱芳圃首创的。他不仅命名"甲骨学"而使这门独立学科有了自己的专属名称，而且在甲骨学与殷商史研究领域取得了丰硕成果。他一生辛勤耕耘、治学严谨、学识渊博、功力深厚、著述颇丰、成绩斐然，凭借在古文字考释、甲骨学与殷商史、音韵、训诂等诸多学术领域所取得的卓越成就而在甲骨学史上留下了浓墨重彩的一页。

参考文献：

1. 胡厚宣：《五十年甲骨学论著目》，中华书局，1952 年。
2. 王宇信：《甲骨学通论》，中国社会科学出版社，1989 年。
3. 李学勤：《甲骨学一百年的回顾与前瞻》，《文物》1998 年第 1 期。
4. 张新俊：《朱芳圃：甲骨学殷商史大家》，《河南日报》2012 年 4 月 20 日。

5. 王梦笔:《朱芳圃甲骨学研究与书法艺术》,《中国书法》2014年第6期。
6. 马立明:《朱芳圃：渌口走出的甲骨学、殷商史大家》，株洲网，2016年4月15日。
7. 齐航福:《朱芳圃学术成就回顾》,《中国文物报》2016年11月18日。

第二十五篇

释字考典于省吾，古文巨擘出奉天

1945年，中国人民抗日战争胜利后，胡厚宣在京津地区搜集流散各处的新出甲骨材料时，曾造访过一位私人甲骨藏家，没想到此人十分慷慨，不仅将自己所藏的全部甲骨实物和甲骨拓片借给了胡厚宣，而且还允许胡厚宣自由引用和发表这些甲骨材料。如此胸襟，在古物收藏界绝无仅有。此人是谁呢？他便是著名古文字学家于省吾。

于省吾于1896年（清光绪二十二年）12月23日出生在奉天海城（今属辽宁海城）西十五里的西柳镇中央堡村，字思泊，号双剑誃主人、泽螺居士、夙兴叟。1903年，于省吾进入私塾读书，其父为塾师。1913年，于省吾考入海城县中学。1916年，他又考入奉天教育会国学专修科。两年后，国学专修科并入沈阳高等师范。1919年，于省吾毕业后进入安东（今丹东）县署从事县志编辑工作。三个月后，转任奉天交通银行职员。1920年，他先后担任西北筹边使署文牍委员和奉天省教育厅科员兼临时视学。1924年秋，他被江苏督办杨宇霆任命为秘书。1926年，他被奉天省长兼奉天财政厅厅长莫德惠任命为奉天省城税捐局局长。1928年，他获得张学良器重，并被张学良任命为东北边防司令长官公署咨议。同年，张学良在奉天重建了专门研究国学的萃升书院。他认为于省吾既有国学底子，又有管理才干，值得信任，于是就任命于省吾做了院监。由于于省

于省吾

吾之前就与北京的多位国学大师比较熟悉，所以便借此机会亲去北京邀请国学诸老前往萃升书院讲学。其中，王树楠主讲经学，吴廷燮主讲史学，吴闿生主讲古文，高步瀛主讲《文选》。一时间，萃升书院成为东北地区国学宣讲的一座重镇。然而，好景不长，时局急转直下。1931 年九一八事变后，东北形势急剧恶化，萃升书院无法维系，被迫停办。于省吾因感到形势危急，遂移居北京。

于省吾到北京后，其父将在沈阳的房产全部卖掉，然后将卖房款及家中旧藏的 30 多箱书籍先后派人辗转送至北京。当时，于省吾阅读了大量由罗振玉、王国维等学者编撰的古文字学著作，这些学者关于古文字的考释及一些新发现让他十分着迷。受此影响，他逐渐喜欢上古文字和古器物，于是打算从事这方面的研究。为了掌握鉴别古器物和古文字真伪的技能，他先后搜罗到商周青铜器、古玺、古钱币、陶瓷等古代器物及殷墟甲骨共计 200 多件，在客观上也使得这些珍贵的历史文物免于流失海外。由于其所藏古器物精品多为吴王夫差剑、少虡错金剑、吴王光戈、楚王酓璋错金戈、秦商鞅镦、秦相邦冉戟等兵器，遂以“双剑誃”作为斋名。

从 1929 年到 1949 年，于省吾先后在辅仁大学、北京大学、燕京大学任教，在给学生讲授“古文字学”“古器物学”之余，一直潜心于古文字、古器物、古籍等整理和研究工作。在古文字研究方面，他阅读了罗振玉、王国维等学者的一些论著后深受启发、感触颇多，同时对一部分学者所宣称的“考释古文字如同猜谜”（“若射覆然”）非常不屑，遂有志于研究古文字，以证明这门学问是极具科学性的，并非猜谜游戏。他认为古文字是客观存在的，其形、音、义是可识、可读、可寻的，只要方法得当，深入钻研，对文字的点画或偏旁以及形、音、义的关系做实事求是的科学分析，并探究每一字同一时期的相互关系，以及先后时期的发生、发展和变化的规律，就能准确识读多数古文字。他以《韩非子》所载“无参验而必之者，愚也；弗能必而据之者，诬也”为信条，潜心研究，相继编撰和出版了《双剑誃殷契骈枝》（1940 年由大业印刷局出版）、《双剑誃殷契骈枝续编》（1941 年由大业印刷局出版）、《双剑誃殷契骈枝三编（附古文杂释）》（1943 年由大业印刷局出版）、《双剑誃吉金文选》（1932 年由大业印刷局出版）、《双剑誃吉金图录》（1934

年由北京来薰阁书店出版）、《双剑誃古器物图录》（1940年由大业印刷局出版，1962年由中华书局再版）等一系列研究古文字和古器物的专著。其中，三部《殷契骈枝》共收录其考释甲骨文字的文章30篇，创获颇多。在先秦文献的研究方面，他利用古文字的研究成果来考订和训释先秦典籍，撰成并出版了《双剑誃尚书新证》（1934年由大业印刷局出版）、《双剑誃诗经新证》（1936由大业印刷局出版）、《双剑誃易经新证》（1937由大业印刷局出版）、《双剑誃诸子新证》（1940年由大业印刷局出版，1962年由中华书局再版）、《论语新证》（辅仁大学讲演集1941年第2辑，《社会科学战线》1980年第4期）等多部（篇）论著。他认为研究先秦古籍应充分利用地下发现的新资料，常常根据甲骨文、金文等出土古文字来订正和诠释先秦古籍里的文字，所以他研究先秦古籍的著作均以“新证”为名。因此，近代著名文字训诂学家胡朴安（1878—1947）在所著《中国训诂学史》中推许于省吾为“新证派”的代表人物。

中华人民共和国成立后，全国高等学校院系调整，于省吾曾一度中止教学，而专心在家从事研究工作。1952年，他被聘为故宫博物院专门委员。1955年，应匡亚明（1906—1996）之聘，他到位于长春的东北人民大学（今吉林大学）任教。说起此事，还有点“三顾茅庐”的味道呢。据说，在1954年，时任中共华东局宣传部常务副部长的匡亚明放弃了组织上让他到北京清华大学任职的安排，而毅然决定远赴东北人民大学创办一个自己理想中的教育基地。经过组织批准，匡亚明于1955年5月来到了长春，出任东北人民大学党委书记兼校长。入校伊始，雄心勃勃的匡亚明就在一次全体教职工大会上直言不讳：“学校没有校长可以，没有教授就办不成。标志一所大学的水平，是教授的数量与学术水平。”立志要“办一个像样大学”的匡亚明首先想到的是寻找、聘请和培养“像样子的老师”，于是便把目光对准了北京。经过精挑细选，他觉得著名古文字学家于省吾是位不错的教师人选，于是专程登门访贤。当时，于省吾正在故宫博物院担任专门委员，但基本是闲职，大多时候都是在家从事一些自己喜欢的研究工作。然而，令匡亚明没想到的是，他虽诚心邀请，却被于省吾毫不犹豫地婉拒了。因为已到花甲之年的于省吾觉得“繁华落尽”，不期望人生再有什么波澜，再说他也舍不得自己研究大半生的古文字、古器物和古文献。虽然首次拜访就“碰了钉子”，但匡亚明并未气馁。不久，他带着主管人事和组织工作的副校长佟冬来到北京，再次登门邀请于省吾到东北人民大学任教。此次，匡亚明将自己办大学的所思所想和教育理念“全盘托出”，一股脑儿全都告诉了于省吾。虽然于省吾在听他讲的同时也偶有回应，但每当谈到去留的关键问题，于省吾总是态度不明朗。一番长谈后，匡亚明失望地离开了于家。出乎于省吾意料的是，没过多久，匡亚明竟然又来了，目的依然很明确，就是要请他“出山”。匡亚明费尽口舌，反复告诉于省吾，可以满足他在研究方面的任何要求，会给他提供更好的科研条件。在匡亚明的“软磨硬泡”下，于省吾终于被感动，于是打点行装，奔赴东北。

到长春后不久，于省吾就发现匡亚明所言非虚，其教育理念正在被实施，其教育理想正在这方黑土地上逐渐变为现实。于省吾被聘为历史系教授以后，一面继续从事古文字和古文献的研究，一面培养研究生及进修教师。从此，在东北人民大学家属区里，有一盏灯每天凌晨三点左右准时亮起，晨读和写作早已成为于省吾的习惯。正是在这盏灯下，于省吾开始努力阅读马克思列宁主义原著，学习历史唯物主义和辩证唯物主义，同时对田野考古的新发现和民族学知识下了一番功夫。通过学习，他逐渐意识到古文字学这一学科应该为研究古代历史服务。他曾集中精力利用古文字材料去研究商周时期的社会制度、阶级斗争、经济生活等领域的问题，并先后发表了有关商代军事联盟、商周的奴隶制、商代的农业和交通、夏商图腾、古代岁时制等方面的一系列学术论文。在研究过程中，他深切体会到研究古史单靠文献典籍是远远不够的。他认为王国维提出的“二重证据法”虽然比之前的历史研究方法有了很大进步，但是仍没有充分认识到地下出土资料的重要性。因为他觉得地下资料和文献典籍不仅是互相参证、相辅相成的关系，而且还应有主次之分、主辅之别，只有以地下资料为主、文献典籍为辅，才能得出真正符合客观实际的结论。毕竟从地下出土的古文字资料及其他考古资料都是原封未动的最可靠的历史资料，这是辗转传讹、不可尽据的文献典籍记载所无法相比的。例如关于我国成文历史始于何时这一重要问题，典籍记载和各家之说都不够确切。于省吾通过对甲骨文所记商人祖先“上甲六示”庙号的系统研究，明确提出我国的成文历史开始于武丁时代所追记的殷人先公中的示壬、示癸。确切地说，就是夏代末期，距今 3700 年左右（见《甲骨文字释林》之《释上甲六示的庙号以及我国成文历史的开始》）。

这一研究成果是中国古代历史研究领域的又一声“巨响”。

在学习新知识的过程中，于省吾进一步认识到不应孤立地研究古文字，还需要从社会发展史的角度，从研究世界古代史和少数民族志所保存的原始民族的生产、生活、社会意识等方面来追溯古文字的起源，才能对某些古文字的造字本义有正确的理解，同时有助于去正确释读某些古文字材料。例如关于“羌”字的造字本义，一直众说纷纭，其中很多是没有什么根据的猜测，而于省吾通过对少数民族社会所保存的原始风俗习惯的研究，在大量少数民族志材料参证的基础上，提出“羌”字本象人戴羊角形，并以为声符，属于他所提出的“具有部分表音的独体象形字”范畴，突破了传统的“六书”说。再如商代后期的玄鸟妇壶铭文中的“玄鸟妇”三字，旧误释为“鵗妇”，或误认为是鸟篆。于省吾从原始氏族社会中图腾崇拜的角度去研究，并结合文献典籍中有关“玄鸟生商”的记载，发现壶上铭文的正确释读应为“玄鸟妇”，它标志着作壶的贵族妇人是以玄鸟为图腾的商人后裔。这一研究结果不仅正确释读了壶上的铭文，更重要的是为研究商人图腾找到了实物依据，从而使过去一向被认为是荒诞不经的“玄鸟生商”传说得到了合理解释。

1958年8月，东北人民大学改为吉林大学。在该校工作期间，于省吾在教学授课之余，仍倾心于自己喜欢和擅长的古文字研究和古文献考证，并撰写和发表了一系列研究成果。在古文字研究方面，他编著的《商周金文录遗》（考古学专刊乙种第六号）一书于1957年由科学出版社出版。该书共收录金文拓本466种，是一部研究金文的重要参考资料。同年，他受中国科学院考古研究所委托，对郭沫若所编著的《殷契粹编》和《卜辞通纂》两部书进行校订。他耗时两个月将二书通校一遍，不仅改正了书中的错误，还提出了一些修正意见，其中有些意见后被郭沫若采纳并用眉批形式录于书中。另外，在继《双剑誃殷契骈枝》（初编、续编、三编）之

《甲骨文字释林》

后，于省吾又陆续考释了不少甲骨文字，并将多年的研究成果集为《甲骨文字释林》一书于1979年由中华书局出版。该书共收录论文190篇，绝大多数是对某个或某几个甲骨文字或甲骨文资料中的词语的考释，少数几篇具有综论性质。据统计，他共考释了前人所未识或虽释而不知其造字本义的甲骨文约300字，占当时全部已识甲骨文字的四分之一还多。他研究古文字一向以考文释义精审周密而著称，因此在撰写论文和编辑成书过程中，他将自己早期研究中的误释或尚有疑问者一律删除，意在宁缺毋滥。可以说，该书不仅是于省吾的代表作，也是继罗振玉、王国维以来甲骨文字考释方面的最重要的著作之一。在古代文献典籍考证方面，这段时期，他主要致力于《诗经》和《楚辞》的研究，撰写并出版了《泽螺居读诗札记》，《泽螺居诗义解结》(《文史》1963年第2辑)，《泽螺居楚辞新证》(《社会科学战线》1979年第3、4期，1982年由中华书局出版)，《泽螺居诗经新证》(1982年由中华书局出版)等论著。

在进行学术研究的同时，于省吾招收和培养了姚孝遂、陈世辉、林沄、张亚初、何琳仪、汤余惠、曹锦炎、黄锡全、吴振武等多名硕士和博士研究生。他要求学生治学要科学严谨、实事求是，不能望风捕影、牵强附会；要敢于探索、勇于攀登，不要迷信。他培养的研究生在毕业后或从事教学工作，或从事科研工作，都在各自工作岗位上取得了不俗的成绩，如今大都已成为国内古文字研究领域的骨干力量、领军人物和著名专家。然而，正当于省吾不遗余力地为国家培养人才，并立志继续为国家建设添砖加瓦、为人民多作贡献之时，他却于1984年7月17日在长春溘然长逝了，不禁令人痛心和叹惋。

综览于省吾的一生，他不仅喜欢收藏甲骨文、青铜器等古代历史文物，而且尤为擅长研究古文字、古器物和考证古文献。他将王国维首倡的“二重证据法”重新做了诠释，认为地下资料和文献典籍并非相互参照、相辅相成的关系，而是以可靠的地下出土资料为主，以传世的文献典籍为辅，如此研究中国古代历史问题得出的结论才是比较可靠的。他一生治学严谨周密，在中国古文字和古器物研究、古籍校订与考证等领域均取得了卓越成就，尤其是在甲骨文和金文的考释方面，贡献极大。一部《甲骨文字释林》，不仅成为其代表作，

《甲骨文字诂林》

也奠定了他在甲骨学界的地位。他晚年时原本打算将自己已发表和未发表的多篇金文考释文章汇编成《吉金文字释林》一书，可惜未等完成就去世了，留下了一大遗憾。不过，他生前所主编的一部甲骨文研究的大型工具书《甲骨文字诂林》（全4册）于1996年由中华书局出版，在甲骨学史上再添一座里程碑，助推甲骨学发展“更上一层楼”。难能可贵的是，他在生前就已把自己收购和珍藏多年的古代文物分别捐赠给了故宫博物院和中国历史博物馆（今属中国国家博物馆），其中就包括一片珍贵的牛骨刻辞（见胡厚宣《甲骨续存》下919）。这片牛骨刻辞不仅字数较多（为目前所见殷墟甲骨中字数最多者之一），而且内容重要，其反面是一个完整无缺的干支表，正面是一篇178字的记事刻辞，记录了帝乙帝辛时期的一次战争情况，可谓一篇关于商代末年战争的重要文献。于省吾逝世后，家属将其所藏的图书全部捐赠给了吉林大学图书馆。鉴于他生前对吉林大学所作的重要贡献，该馆特开辟“于省吾图书专藏纪念室”以示纪念。据说，于省吾的藏书之名在整个东北三省号称第一，其藏书楼（名“双剑誃”“未兆庐”“泽螺居”等）所藏图书不仅种类丰富，涉及经、史、子、集、丛书、期刊等各方面，而且数量众多，共计1110种4461册，其中不乏明清善本。总之，在半个世纪的研究与教学工作中，于省吾取得了令人叹服的成果，为中国古文字和古代史的研究作出了突出贡献，成为享誉海内外的著名古文字学专家。其治学方法为学者所称道，其科研精神为世人所赞颂。

参考文献：

1. 胡厚宣：《甲骨续存》，群联出版社，1955年。
2. 于省吾：《甲骨文字释林》，中华书局，1979年。

3. 于省吾:《于省吾自传》,《晋阳学刊》1982 年第 5 期。
4. 陈公柔，周永珍，张亚初:《于省吾先生在学术方面的贡献》,《考古学报》1985 年第 1 期。
5. 黄锡全，于德偶:《于省吾先生及其学术贡献述略》,《社会科学战线》1995 年第 2 期。
6. 陈公柔:《怀念于省吾先生》,《社会科学战线》1997 年第 4 期。
7. 赵诚:《于省吾甲骨文字考释方法探索》,《励耘学刊》(语言卷)2005 年第 1 辑。
8. 乐游:《于省吾先生文章目录》，复旦大学出土文献与古文字研究中心网站，2010 年 6 月 28 日。
9. 闻述之:《于省吾：考释卜辞在同辈中成绩最好》,《语言文字报》2010 年 12 月 15 日。
10. 何景成:《泽螺居士夙兴叟——于省吾先生传略》,《东北史地》2011 年第 1 期。
11. 方继孝:《耿介敢言忠诚于学术的一代学人——于省吾与陈梦家》,《关东学刊》2017 年第 10 期。
12. 鲍盛华:《匡亚明与于省吾："三顾茅庐"只为先生向北来》,《光明日报》2018 年 4 月 28 日。

第二十六篇

容庚治学承罗王，精于学术善收藏

说起研究甲骨文的著名学者，很多人第一时间都会想到赫赫有名的“甲骨四堂”，然而鲜有人知道还有“甲骨四少”。“甲骨四堂”是四位著名甲骨学大师字号的合称，即罗振玉号雪堂、王国维号观堂、董作宾字彦堂、郭沫若字鼎堂。那么，“甲骨四少”又是怎么回事呢？难道也是四位学者字号的合称？其实非也。而是唐兰（字立庵）、容庚（字希白）、商承祚（字锡永）、柯昌济（字纯卿）四位著名甲骨学家的合称。之所以称他们为“甲骨四少”是源于著名国学大师王国维在1923年为商承祚的《殷虚文字类编》所作的序，文中言：“今世弱冠治古文字学者，余所见得四人焉：曰嘉兴唐立庵兰，曰东莞容希白庚，曰胶州柯纯卿昌济，曰番禺商锡永承祚。”由于当时这四人皆20多岁，均在古文字研究方面年少有为，故此被誉为“甲骨四少”。如今，“甲骨四少”也都已作古，他们在甲骨文及古文字研究领域所取得的成就丝毫不逊于“甲骨四堂”，均给后人留下了宝贵的精神财富。那么，他们与甲骨文是如何结缘的，又和“甲骨四堂”有什么关系呢？

容庚

由于在“甲骨四少”之中，容庚年龄最大，所以就从他说起。容庚于1894年（清光绪二十年）9月5日出生在广东东莞（今广东东莞）莞城镇的一个书宦世家，原名容肇庚，字希白，号颂斋。幼年时，他的祖父和父亲相继过世，家道中落、日渐衰微。其舅父邓尔雅（1884—1954）是近代岭南著名诗人和书法篆刻家，容庚自幼就跟随舅父研读《说文解字》《说文古籀补》，并在学习之余研习书法和篆刻。在邓尔雅的熏陶与指导下，容庚对金石、书画产生了浓厚兴趣，从而为他此后一生的事业奠定了基础。1913年，容庚在研习清代学者吴大澂的《说文古籀补》和桂馥的《缪篆分韵》之时，萌发了辑补之意。1917年，他中学毕业后，留在母校东莞中学任教，在教授“文字学”课程之余，仍继续研习篆刻和古文字。1919年，他以“容斋”之名在《小说月报》（十卷三、四号）上发表了自己的首篇论文《雕虫小言》。该文近万字，详细论述和介绍了学篆、学篆与治印之关系、治印之方法及参考书籍等。1922年，容庚北上求学。当路过天津时，他携带着自己所编的三册《金文编》稿本拜会著名学者罗振玉，并深得罗振玉的赏识，因为这部《金文编》正是罗振玉想做但未做成之事，所以一再叮嘱容庚一定要努力完成此事。同年6月，在罗振玉的推荐和介绍下，只有初中学历的容庚被破格录取为北京大学研究所国学门的研究生，师从马衡、沈兼士等著名学者研习金石之学。

1923年，容庚在北京大学《国学季刊》（第一卷第四号）上发表了《甲骨文字之发现及其考释》一文，成为其所作的第一篇关于甲骨文研究的论文。该文约万字，为容庚在研读孙诒让、罗振玉、王国维等学者的甲骨学著作后所撰写的一篇综述性文章，不仅介绍了甲骨文发现的历程和意义，而且还简述了学界历年研究和考释甲骨文的主要成果。其中，关于学界考释甲骨文的主要成果，容庚从小学和历史两个角度分别加以论述，而且先小学、后史学，由此指出了甲骨文研究的两个方面或两条主要途径，即语言文字学和历史考古学。后来，朱芳圃所编纂的《甲骨学文字编》与《甲骨学商史编》即采用了这一基本思路和框架。可以说，《甲骨文字之发现及其考释》的性质虽为综述，但是文中也屡见新说、颇有创见，堪为容庚在甲骨学界的成名之作。

1925年，容庚所编的《金文编》终于完稿并由贻安堂印行，罗振玉、王国维、马衡、沈兼士、邓尔雅等诸学者都为之校订并作序。此后，该书历经数次修订，畅销不衰。1939年，《金文编》修订本由香港商务印书馆出版。1959年，《金文编》增订本由科学出版社出版，共收录铜器铭文18000多字。商周时期与秦汉时期的铜器铭文中的已识和未识之字，从中可尽览无遗。1985年，第四版《金文编》由中华书局出版。可以说，容庚所编的《金文编》是继吴大澂的《说文古籀补》之后在编纂体例和方法上有新突破的第一部金文大字典。它更加详备和严谨，所以深得学术界的推崇，至今仍是古文字研究者学习和研究金文的必备工具书之一。

1926 年，研究生毕业后，容庚留在北京大学当讲师。同年 7 月，他转入燕京大学任襄教授（即副教授）、教授，同时兼任《燕京学报》的主编。在燕京大学任教期间，容庚在治金石文字的同时，继续致力于甲骨文研究。由于其住处离王国维的寓所较近，所以与王国维过从甚密，交流频繁。

从 1927 年起，容庚兼任古物陈列所鉴定委员会委员，因而得以有机会接触故宫所藏丰富的青铜器实物。尽管年轻的容庚鉴定水平尚未成熟，但他自有学习妙招。除了亲自眼观手摩青铜器实物以外，他还经常故意混淆器物真假，把一件青铜器真品说成是赝品，或把赝品说成是真品，然后细心倾听老一辈资深专家们的讨论争辩，并默默记下他们鉴别青铜器的方法和技巧，从而使自己的鉴定水平得到很大提升。当时，他有感于清代金文真伪杂糅，于是开始有计划地整理传世铜器。此后，他编印了《宝蕴楼彝器图录》（1929 年）、《秦汉金文录》（1931 年）、《颂斋吉金图录》（1934 年）、《武英殿彝器图录》（1934 年）、《海外吉金图录》（1935 年）、《善斋彝器图录》（1936 年）、《秦公钟簋之年代》（1937 年）、《兰亭集刊十种》（1939 年）等多部青铜器及金文的著录书。其中，《武英殿彝器图录》首次以花纹与文字并重而影拓印行，开创了著录青铜器花纹之先例，为青铜器纹饰的研究提供了极具价值的参考资料。《海外吉金图录》收录了日本所藏青铜器 158 件，为国内学者提供了一批流失海外的珍贵青铜器资料。除了青铜器及金文图录以外，容庚在这一时期于其他领域多有创获，编著有《中国文字学形篇》（1931 年）、《中国文字学义篇》（1931 年）、《殷契卜辞》（1933 年）、《金文续编》（1935 年）、《古竟影》（1935 年）、《伏庐书画录》（1936 年）、《汉武梁祠画像录》（1936 年）等多部著作。其中，《殷契卜辞》可谓容庚在甲骨文研究领域的代表作。该书于 1933 年 5 月由哈佛燕京学社影印出版，共分 3 册。上册为甲骨拓本集，共收录了 874 片精品甲骨（选自容庚于 1929 年从德宝斋为燕京大学所购买的 1200 片徐坊旧藏甲骨），并逐片编号；中册为释文和考释，由容庚与其学生瞿润缗合编，不仅依甲骨拓本原序与各片刻辞原式写出了释文，而且对其中不少字进行了考证；下册为文字编，由瞿润缗编，内容是将上册所录全部甲骨拓本上的文字（共 361 字）以释文为依据，按《说文》部次加以编排，后附笔画检字，开创了著录甲骨拓本上的单字之先河。该书的出版，不仅为学界呈现了一批难得的甲骨材料，也为学者研究提供了极大便利。在编撰《殷契卜辞》的同时，容庚还悉心指导嗜好甲骨的孙海波，由此才有了《甲骨文编》这部甲骨学巨著的问世。

除了从事学术研究以外，容庚在当时也是屈指可数的收藏家。不过，与清末民国时期其他财力雄厚的收藏家不同，容庚既无高官厚禄，也无丰厚家底，而是仅凭自己微薄的薪水来购藏古玩艺术品。从 1926 年至 1945 年，容庚在北京学习、工作和生活期间，曾被聘为古物陈列所鉴定委员会委员，得以有机会与故宫所藏的丰富青铜器藏品亲密接触，这不仅使他在学术研究方面取得了巨大成就，而且还激发了他对青铜器鉴赏与收藏的兴趣。除了研究故宫所藏的传世青铜器以外，容庚还四处搜寻古玩市场上和私人手中所藏的出土青铜器。据说，他的个人收藏就是从京城著名的古玩一条街琉璃厂起步的。1928 年 4 月 28 日，对容庚来说，可谓极具纪念意义的一天。因为当天他与明义士（当时因中原战乱而从安阳迁居北京避难）、范天祥（燕京大学中文系会计主任）等人一起逛琉璃厂“淘宝”时，在黄伯川的“尊古斋”购得昜兒鼎（后转卖给商承祚）、宗妇簋、三羊镜、得志玺等 4 件青铜器，这是容庚购藏青铜器之始。此后，一发而不可收，容庚很快成为琉璃厂、隆福寺、海王村等地古玩市场的常客。虽然他当时收入不高，囊中羞涩，但在收购青铜器、金石拓片、古籍、字画等古物方面却从不吝啬。为此，他生活极为节俭，每月除了拿出一半工资留作生活之用，其余的全部用于收购古物。除了用工资购买古物以外，他还凭借自己的非凡眼力和经营头脑“以藏养藏”，即他常说的“生财有大道，成名有捷径”。就这样，日积月累，他手中的各类藏品竟达到 1300 多件（套），不仅数量众多，而且不乏国宝级精品。单从青铜器来看，他大概收藏了 200 余件商周青铜器，其中多数源自山西一位收藏家的藏品。据说，在 1930 年，山西有一位大收藏家逝世，其后人打算将其生前所藏的数百件古铜器整批出售，索价万余大洋。尽管对容庚来说不啻为“天文数字”，但他还是想方设法、竭尽所能地筹措了5000大洋作为订金，买下了这批古铜器。等这批古铜器被运到北京后，他便召集京城收藏界的同道前来选购，然后凭借卖出去的半数器物的收入来支付剩余的5000多大洋价款及还债，而所剩另一半器物则全被他自己收藏。容庚由此跻身于古铜器收藏家之列，声名鹊起。他之所以收藏青铜器，不仅出于爱好，也是为了研究，更是出于其强烈的爱国情怀而不忍心让这些国宝流失海外。在他所藏的青铜器中，最负盛名的当属“栾书缶”（曾以3000多元购得，后捐赠给中国历史博物馆，今属中国国家博物馆）。此器为春秋中期晋国大夫栾书所铸，是一件上乘之作，不仅使用了错金工艺，而且还铸有48字铭文，因此价值非凡，成为容庚的心爱之物。“生财有大道，成名有捷径”其实是由于其工资有限、财力不足，所以只能凭自己的眼力“捡漏”。遇到别人看走眼的器物时，他就先以平价购入，再以数倍的价格卖出，然后用从中获取的利润来购买其他器物，此即所谓“以藏养藏”。然而，尽管他的鉴定水平很高，但也有看走眼的时候。据说1931年秋的一天，容庚在琉璃厂“淘宝”时，从著名的古玩店“式古斋”中购得一柄长55厘米的古剑，剑格上有鸟书错金铭文，两面共八字，其中左右各作“王戉”二字。当时，由于他对“王戉”二字并不十分理解，误以为是《史记·秦始皇本纪》中的“卿王戉”，所以对此剑并不十分在意，并在1933年1月用这柄剑和古文字专家于省吾交换了藏品。直到有一天，容庚无意间在日本学者、考古学家原田淑人（1885—1974）所著的《周汉遗宝》一书中看到了“戉王矛”后才恍然大悟，原来此剑中的“王戉”二字应倒读为“戉王”，它竟然是一把春秋时期的“越王剑”！然而，当他找到于省吾提出要换回珍贵的“越王剑”时，于省吾却不肯。毕竟世上无后悔药，既已出手也就无法要回，容庚只得扼腕叹息，就此作罢。不过，世事难料，此事后来又出现了新的转机。1937年春，因机缘巧合，容庚购得极具收藏价值的“师旂鼎”（现藏故宫博物院），于省吾见到后十分眼馋，希望容庚割爱，将此器转让给他。容庚心想机会难得，于是又趁机提出以“师旂鼎”来换“越王剑”。其实，于省吾早已将“越王剑”视若珍宝，当作自己的心爱之物，但“师旂鼎”又实在太过诱人，几经踌躇和权衡后，于省吾最终同意以“越王剑”作为交换。同年1月20日，二人交换了藏品，容庚手持失而复得的“越王剑”，真是喜出望外。1956年，容庚将包括“越王剑”在内的88件（套）青铜器捐赠给了广州市博物馆，如今已成为该馆的“镇馆之宝”。

虽然容庚素以青铜器收藏而闻名，但他收藏的书画也是蔚为大观，不容小觑。由于他有自知之明，深知宋元书画名迹绝非他这样的一般工薪阶层所能担负得起的，所以他经常到琉璃厂购买明清时期的书画作品，且以小名家的作品为主，全凭借自己的眼力去“淘宝”或“捡漏”。此种追求冷门书画的独辟蹊径的方式，加之精湛的辨伪能力，他淘到了不少古代书画珍品。例如南宋佚名的《云山图》、明代董其昌与冯起震合画的《枯木竹石图卷》、明代董其昌的《仿李成山水图卷》、明代林良的《秋树聚禽图》、明代文徵明的《草书诗卷》和《醉翁亭图记卷》、明代戴进的二十余米长卷《山高水长图卷》、明代王世贞的行书《西湖近稿诗卷》、清代章谷的《八景图册》、清代恽寿平的《山水册》等。

在藏书方面，容庚的藏书以金石、丛帖最具特色，也最为丰富。据说，当年郭沫若在流亡日本期间有志于古文字研究，但苦于资料奇缺和无人讨论，便致函容庚求借书籍、金文拓片并与其讨论相关学术问题。容庚如其所愿，不仅将自己所藏的珍贵金文拓片赠给他，还将日本难以见到的罗振玉著作《殷虚书契前编》给他寄去。可以说，郭沫若的不少著作之所以能够顺利成书，有赖于容庚的无私帮助。容庚与郭沫若之间的交谊，堪为学术界的一段传奇。

1941年3月，凝聚容庚八年心血的《商周彝器通考》终于完成并由哈佛燕京学社出版。该书分上、下两编，共30多万字，附图500幅，是一部关于商周青铜器的综合性专著，也是一部对商周青铜器进行系统的理论阐释并加以科学分类的著作。其中，上编为通论，分15章，详述了青铜器的基本理论与基础知识。容庚在“时代”一章中关于青铜器时代的“四期分法”（商代时期、西周前期、西周后期、春秋战国时期）就是郭沫若最早提出来的。下编是分论，将青铜器按用途分为4大类。该书取材宏富，图文并茂，征引详博，考据详备，可谓青铜器研究领域的开创性之作，标志着青铜器研究从旧式金石学迈向近代考古学的新里程。如今，该书依然是学者们研究青铜器的重要参考书之一。

1941年12月7日，日本偷袭珍珠港，次日英、美对日宣战，太平洋战争爆发。侵华日军随即接收并封闭了燕京大学，校长美国人司徒雷登被日本宪兵逮捕入狱，容庚也结束了在燕京大学的工作生涯。当时容庚出于某些原因并未随燕京大学的多数师生迁往西南，而是选择继续留在北京。1942年4月，容庚被日伪北京大学聘为教授，讲授“甲骨文”“金石学”“文字学概要”“说文”等四门课程。据说，在日伪北京大学任教期间，容庚还编有讲义《卜辞研究》，可惜未能留存于世。然而，没想到在日伪北大任教之事却给容庚带来了无穷“后患”。

1945年8月15日，日本宣布投降，中国人民抗日战争胜利结束。1946年，北京大学复校，迁回原址。原校长司徒雷登虽然被从日本监狱中释放出来，但很快就被遣送回美国。同年9月，著名学者胡适被国民党当局任命为北京大学校长。因为当时胡适尚在美国，所以就由时任中央研究院历史语言研究所所长的傅斯年代理北京大学校长。傅斯年上任伊始，就制定了清理和驱逐服务于日伪北大教员的政策，容庚自然也在被驱逐之列。同年11月，容庚在《正报》上发表了一封致傅斯年的公开信（“万言书”），解释当年自己未随校南迁的原因，还在报纸上发表了一份请愿书，呼吁对曾在日伪控制下的北大服务过的教员实行宽大处理，但傅斯年却不为所动，坚决将容庚、周作人等人开除。当时，李宗仁正在筹办广西大学，想邀请容庚前往广西教书，“走投无路”的容庚便接受了这一聘任。

1946年1月，容庚正式离开北京大学，打算举家南归。同年2月27日，容庚搭乘白崇禧的专机飞往重庆，准备南下任教。同年4月，容庚到广西大学后却发现因校务停顿，无课可上，于是仅停留不到半年就离开了桂林。同年7月，岭南大学送来聘书，聘请容庚为中国文学系教授兼主任，同时出任《岭南学报》的主编。

1947年7月，容庚在《岭南学报》（第七卷第二期）上发表了《甲骨学概况》一文。全文共分三章：第一章为“发现”，简述了自1899年至1937年期间殷墟甲骨文的历次出土时间、地点及流传情况；第二章为“作家”，介绍了孙诒让、罗振玉、王国维、王襄、叶玉森、商承祚、董作宾、郭沫若、唐兰、孙海波、于省吾、胡厚宣等12位学者的学术成就和主要著作，并对这些学者作出了客观而精彩的评价；第三章为“著作”，对当时已出版的55种代表性甲骨学著作分文字、考释、杂著、字书、目录等五类进行了评述。此文可谓容庚在甲骨文研究领域的“收官之作”，算是对甲骨学发展近50年概况的一个总结，虽不全面，但提纲挈领，颇具价值。

1952年，全国高校院系调整，岭南大学并入中山大学，容庚任中山大学中文系教授。在教书授课之余，他仍然继续从事古文字和古铜器的研究，并相继撰写和出版了《殷周青铜器通论》（与张维持合作，于1958年由科学出版社出版）、《清代吉金书籍述评》（1962年）等论著。

1954年6月，容庚致函郭沫若，建议增订自己所编著的《金文编》和《商周彝器通考》二书。当时学者出书相当不易，在郭沫若的支持和帮助下，第三版《金文编》于1959年由科学出版社出版。然而，《商周彝器通考》就没那么幸运了，它的修订再版工作更为曲折。容庚为了改编和增订此书曾两次北上到各地去搜集资料，虽耗时近一年时间，但可惜终未能再版。由于南方地区有关青铜器铭文的资料较为匮乏，致使《商周彝器通考》的改编工作遇到许多困难，所以容庚不得不中途停辍，把研究兴趣转移到书画法帖上来，著有《记竹谱十四种》《倪瓒画之著录及其伪作》等。20世纪60年代以后，他将主要精力集中到《丛帖目》《历代名画著录目》和《颂斋所藏所见书画小记》这三部大型工具书的编纂上。

1979年，郭沫若去世后，容庚命其弟子曾宪通将郭沫若信札结集由广东人民出版社出版。2009年，文物出版社将容庚与郭沫若之间的所有往来书信结集并影印出版。

1983年3月6日，一代国学大师容庚病逝于广州。中山大学老校长黄焕秋在悼词中讲道：“在十年动乱期间，他身处逆境，备受迫害，依然刚正不阿，不讲违心之话，不做悖理之事。”之所以如此评价，那是事出有因的。在1974年初，江青等发动所谓“批林批孔”运动。据说，一位“批林批孔”的干将跑来劝容庚，让他认清形势，参加批判孔子。当时对孔子的评价是百分之百的否定，只要有半点不同的意见便会落得悲惨的下场。但容庚始终坚持自己的观点，认为不能全部否定和打倒孔子，孔子还是有他应该肯定的地方，公开表示要正确评价孔子，不能断章取义。面对不断地被强迫批孔，他横眉以对，大声说："我宁可去跳珠江，也不批判孔子。"

人生有聚就有散，收藏亦是如此。容庚秉持"聚实不易，散则何难"的理念，陆续将个人收藏悉数捐献给了国家。在容庚的藏品中，最早散出的是青铜器。早在1956年4月和6月，时在中山大学任教的容庚就分两次将自己所藏的95件（套）古铜器捐赠给了广州市博物馆，其中仅商周青铜器就有88件（套），包括著名的"栾书缶"。这批器物后来被评定为一级文物的就有9件，价值之高，世所罕见。此外，他还向华南师范学院捐赠了一批青铜器，包括著名的"十年陈侯午敦"。据统计，容庚先后共捐赠了200余件古铜器珍品，只可惜这些器物均非科学考古发掘所得，而属于社会流散文物，留下了些许遗憾。20世纪70年代，容庚将所藏的一批珍贵字画捐给了广州市博物馆。1980年，他将1万多册古文字、金石、考古、书画方面的书籍捐献给中山大学图书馆，其中许多是难得的拓本和罕见的珍品。容庚逝世后，其家人遵照遗愿，将其生前所藏的最后一批著作手稿、名人信札、金石拓片、古籍图书等共计400余种、2000多件全部捐赠给了广东省中山图书馆。

综览容庚的一生，他曾任教于燕京大学、北京大学、广西大学、岭南大学、中山大学，不仅培养了大批古文字学、历史学、考古学等方面的专业人才，而且在诸多学术领域均取得了不俗的成就，相继编撰并出版有《金文编》《商周彝器通考》等专著30多种，并发表论文70余篇，可谓著述颇丰，成为享誉海内外的学术大家。此外，他在文物鉴定、书法篆刻等方面造诣颇深，给后人留下了一笔极为宝贵的精神财富。学术研究之外，他还是一位著名的收藏大家，毕生珍藏有200多件（套）青铜器、1000余件（套）古今书画字帖和10000余册古籍图书。难能可贵的是，他还将一生所藏全部无偿捐献给了国家。在其一生中，于北京学习、工作和生活的20多年时间，可谓其人生的黄金时期，不仅成就了他的收藏喜好和学术研究，而且还让他有机会结交了中外学术界和艺术界的诸多名流，罗振玉、王国维、董作宾、郭沫若、胡适、傅斯年、于省吾、商承祚、孙海波、徐中舒、明义士、伯希和、福开森、安特生、顾立雅、叶慈、叶理绥、葛维汉、戴闻达、鸟居龙藏、内藤虎次郎、平冈武夫等甲骨学、古文字学、历史学、考古学等领域的诸多学术名家，以及黄宾虹、齐白石、张大千、司徒乔、周怀民、蒋兆和等一批艺术大师都留在了他所写的《容庚北平日记》里。尽管他在古文字研究方面侧重于金文（正如他在所作《甲骨学概况》中谦言“愧余专事金文，于甲骨文尚茫然无所知”），于甲骨文研究领域的成果和创见并不多，但是他与罗振玉、王国维、董作宾、郭沫若、于省吾、商承祚等多位甲骨学大师却有着非同一般的关系，仅凭让其在甲骨学界“一炮打响”的《甲骨文字之发现及其考释》和《殷契卜辞》便可跻身甲骨学殿堂，载入甲骨学史册，在甲骨学发展史上留下了独具特色、别有风味的篇章。

参考文献：

1. 容庚:《甲骨学概况》,《岭南学报》1947 年第 2 期。
2. 刘雨:《悼念著名考古学家和古文字学家容庚先生》,《考古》1983 年第 8 期。
3. 许伟建:《容庚先生的学术贡献和治学方法》,《开放时代》1984 年第 1 期。
4. 曾宪通:《友谊的象征 探索的实录——记郭沫若在日本致容庚论学书简》,《中山大学学报》(哲学社会科学版) 1990 年第 4 期。
5. 容肇祖:《容庚先生的治学与为人》,《齐齐哈尔师范学院学报》(哲学社会科学版) 1991 年第 5 期。
6. 曾宪通:《容庚先生的学术成就与治学特点》,《古籍整理研究学刊》1993 年第 4 期。
7. 陈炜湛:《容庚先生与甲骨文研究》,《殷都学刊》1994 年第 3 期。
8. 蒋志华:《关于容庚先生的收藏》,《图书馆论坛》1999 年第 3 期。
9. 吴灏:《怀念容庚教授》,《岭南文史》2006 年第 1 期。
10. 曾宪通:《从“未知友”到古文字研究的知音——郭沫若与容庚论学书简述论》,《中山大学学报》(社会科学版) 2010 年第 2 期。
11. 易新农，夏和顺:《容庚传》，花城出版社，2010 年。
12. 闻述之:《容庚：写出第一篇卜辞研究小史的论文》,《语言文字报》2010 年 12 月 29 日。
13. 张颖:《北上时期的容庚与他的良师益友》,《广州社会主义学院学报》2013 年第 4 期。

14. 陈炜湛:《论容庚精神——为纪念容庚师一百二十周年诞辰而作》,《古文字研究》(第30辑),中华书局,2014年。

15. 陈运成:《学养与性情:容庚先生的鉴藏之道》,《广州日报》2017年6月5日。

16. 容庚著,夏和顺整理:《容庚北平日记》,中华书局,2019年。

第二十七篇

罗王传人商承祚，名作出自贻安堂

商承祚

其实，在“甲骨四少”中，真正继承罗振玉和王国维的“衣钵”而专心从事甲骨文研究者只有一人，他便是商承祚。商承祚于1902年（光绪二十八年）3月7日出生在广东番禺（今广东广州番禺）纸行街莲花巷的一家书香仕宦门第，字锡永，号驽刚、蠖公、契斋。商家可谓岭南地区的著名书香世家，商氏的祖籍为辽宁铁岭，为当地八大姓之一。1682年（康熙二十一年），商氏先人随八旗汉军前往广州驻防，从此商家在广州开枝散叶、繁衍生息。商承祚的祖父商廷焕（1840—1887）是个穷秀才，也是商家的第一位读书人，可惜曾七次参加科考皆不中。绝望之余，他将一切希望寄托在两个儿子商衍瀛（1870—1960）和商衍鎏（1874—1963）身上。二子均很争气，没有辜负老父商廷焕的期望，经过一番发奋努力后，于1890年（光绪十六年）同科考中秀才，之后两人考中举人。1903年（光绪二十九年），老大商衍瀛中三甲进士入翰林。1904年（光绪三十年），老二商衍鎏参加清朝最后一次科举考试，中殿试一甲第三名进士，成为“末代探花”。由此，商家在广东科举史上留下了“禺山双凤”（即商衍瀛、商衍鎏两个进士）的美誉。而商承祚正是“末代探花”商衍鎏的次子，他还有个哥哥商承祖（曾任南京大学外文系主任）。其伯父商衍瀛是位著名的书法家，曾任翰林院侍讲兼京师大学堂预科监督。其父商衍鎏则擅长诗词书画，并有《商衍鎏诗书画集》《清代科举考试述略》《太平天国考试纪略》等书传世。商衍鎏虽是通过参加科举考释而步入仕途，但他不想让商承祚和商承祖走他的老路，勉励儿子们钻研学术，著书立说做个学者。商承祚在这样的氛围熏陶下，幼承家学，从小就酷爱古董文物及古文字，决心向这方面努力发展。八九岁时，他在自家书斋和亲朋家见到悬挂的篆书对联时，就对此种字体产生了浓厚兴趣，虽不认识，但仍为之痴迷。1912 年，他跟随伯父商衍瀛在青岛居住期间，于某日在邻居家书架上看到了清代学者段玉裁（1735—1815）的《说文解字注》和阮元（1764—1849）的《积古斋钟鼎彝器款识》，取下来反复检阅后却发现二书中的很多内容看不懂。尽管如此，但他还是看得津津有味。1913 年，为了躲避战乱，他跟随伯父一家迁居曲阜。某天，当他跟随伯父商衍瀛参观孔庙时，见到累累的汉碑及篆书，甚为喜欢。他看到当地一些人家住宅的墙基石、台阶石上刻有人物、鬼神、鸟兽等图像，感到非常诧异，询问后才得知那是垒砌汉墓的“画像石”，可惜因他当时不懂椎搨，所以没有采集下那些珍贵的研究资料。后来，他听说当地东门外田里有不少陶豆，便急忙前往察看，只见遍地残豆柄，有些上面还刻有文字，豆盘则均已破碎不堪，于是捡拾了数枚豆柄带回家放到桌上，未曾想却遭到了哥哥、姐姐的嘲笑，他们不理解商承祚为何喜欢这种无用的东西。在曲阜居留期间，受其伯父商衍瀛和周围环境的影响，商承祚逐渐萌发了研究金石之学的念头。1915 年和 1916 年，其父商衍鎏和其兄商承祖先后从德国讲学回来。商衍鎏认为只有掌握外语这种工具才能学到西方国家的先进科学，以改变中国的落后现状，遂命商承祖教商承祚学习德文，但商承祚却对德文不感兴趣，学习了数月也毫无长进，因为他心里一直对古文字及古文物念念不忘。后来当商承祚将自己打算毕生从事古文字研究的想法告诉其父商衍鎏时，商衍鎏虽认为干这一行不能谋生、没有前途，但也只好遵从儿子的意愿。

1921 年秋，为求深造，在伯父商衍瀛的引荐下，商承祚到天津拜著名学者罗振玉为师，开始研习甲骨文、金文。看到罗振玉“殷礼在斯堂”中所藏的大量甲骨文和青铜器后，如饥似渴的商承祚真是如鱼得水，喜出望外，兴奋得有些手足无措。考虑再三后，他决定先古后今、先难后易，从研究甲骨文着手。此后，在罗振玉家学习期间，商承祚白天传拓青铜器铭文或摹勒旧铭文拓本，晚上则研读罗振玉所著的《殷虚书契考释》。在阅读此书时，他觉得检阅不大方便，因为它是用天象、地理、人事等来分类的，所以就按《说文解字》的编次对其进行了重新整理，并补入异体字，如对某字有自己的想法和体会，则加“祚案”二字附之于后。就这样，他每天晚上九点开始学习和工作，一直到次日鸡鸣时分才入睡。经过一年多的辛勤付出和刻苦努力，商承祚终于编成了《殷虚文字类编》（十四卷）一书。他将书稿呈交给罗振玉审阅后，罗振玉为之轩然首肯，对后继有人觉得甚为欣慰。罗振玉鼓励他再接再厉，并委托王国维为该书作了序。

1923 年，经著名金石考古学家马衡（1881—1955）推荐，20 岁的商承祚成为北京大学研究所国学门的研究生。巧合的是，董作宾在徐旭生的引荐下也于当年考取了该所的研究生。而在罗振玉的引荐下，广东东莞人容庚已于 1922 年 6 月被北京大学研究所国学门破格录取为研究生，商承祚由此与容庚成了同学。由于两人志趣相投，又是同学加同乡，所以很快就成为至交，来往甚密。难能可贵的是，后来他们将这份友谊保持了一辈子。

1923 年，商承祚放暑假后回到南京的家中，将《殷虚文字类编》的书稿交给父亲商衍鎏过目。商衍鎏见儿子学有所成，自然非常高兴，于是慷慨解囊，花费了 800 多元将此书付梓。商衍鎏比较具有先见，为了自由掌握印数，他决定不采用石印而选择“刻木”，这样既省工又避免浪费。该书前后共印制了约 500 部，其中有百余部销往日本。由于该书的刻板、印刷、装订等工作都是在罗福成（罗振玉长子）的“贻安堂书店”完成的，所以印书的木板也存放在该店。后来，商承祚将书板运回南京存放于家中。然而，在抗日战争时期，其家被占，书板被人当柴烧了，留下了莫大遗憾。

“贻安堂”印制的《殷虚文字类编》（木刻本）可谓商承祚的第一部甲骨文研究之作。该书分 14 卷，收录文字共计 4184 个，包括重文 3394 个和甲骨独体文 790 个。该书体例仿《说文解字》而制，按偏旁部首编次，从文字、音韵、训诂 3 个方面进行分析，从而使其成为当时最完备、最详尽的一部甲骨文字典。该书的出版，使商承祚年少成名，得到学术大师罗振玉和王国维的赞赏，王国维曾盛赞曰：“如锡永此书，可以传世矣。”王国维在为该书所作的序中，首次将商承祚与唐兰、容庚、柯昌济并列，称：“今世弱冠治古文字学者，余所见得四人焉。”由此才有了“甲骨四少”之名。

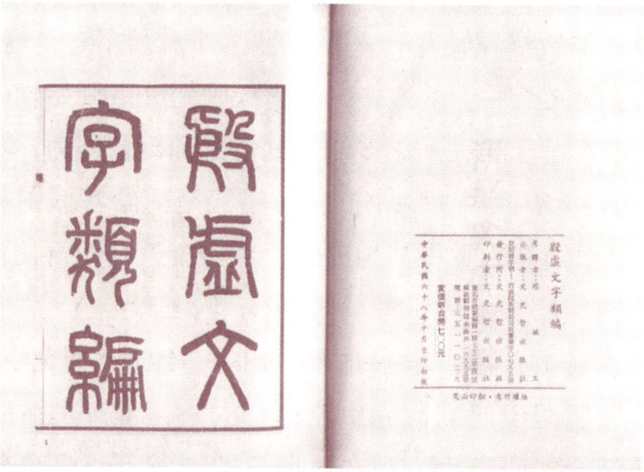

《殷虚文字类编》

1925 年，鉴于商承祚在学界声名鹊起，所以在商承祚尚未毕业的情况下，东南大学（后改名中央大学，今南京大学前身）就聘请他担任讲师，主讲甲骨文字，月薪 100 元。其父商衍鎏获悉后非常意外和兴奋，高兴地说：“真想不到，如此冷门之学，居然可以谋生，令人从何说起？”因为其父万没想到如此冷门之学竟然成了一个“铁饭碗”。1926 年，商承祚被北京师范大学聘为教授，同时在北京大学、清华大学兼任讲师。1927 年，应中山大学史学系主任兼筹办中山大学语言历史学研究所主要成员顾颉刚之聘，商承祚到中山大学担任史学系和筹备中的语言历史学研究所的教授，并在史学系开设了“殷周古器物研究”“殷周古器物铭释”“殷墟文字研究”“三代古器物研究”“《说文解字》部首笺巽”等多门课程。同年 11 月《语言历史学研究所周刊》创刊后，商承祚陆续在该刊上发表了多篇学术论文。他还在以顾颉刚为总编辑的《语言历史学丛书》中负责考古学专栏，并陆续出版了自己所编撰的《殷虚文字类编》（十四卷）《石刻篆文类编》《金文萃编》等著作。

1928 年夏，商承祚曾利用暑假期间与同事容肇祖（容庚之弟）一起“赴北路调查瑶民、考察古物”。同年 12 月，中山大学语言历史学研究所成立考古学会，商承祚被聘为主席。他以本所古物不够研究之用为由，特与顾颉刚主任一起呈请校长筹拨一笔款项用以购买古物。随后，他亲自到北京收购古碑、古造像等 200 余件，还专门开设了古物陈列室。

1929 年，顾颉刚离校后，商承祚继任语言历史学研究所代主任。在主持日常所务的同时，仍继续从事学术研究工作。1930 年 7 月，他辞职离校，返回京城，并先后到北京师范大学、清华大学、北京大学任教。由于他身兼数职，月入 500 多元，所以有足够的财力收购古物。除了生活费用以外，他几乎将自己的全部积蓄都“送入”琉璃厂的各大古玩铺。1933 年，他赴南京任金陵大学教授兼中国文化研究所研究员。当时，美国学者福开森将全部藏品捐给了金陵大学，其中就包括一批殷墟甲骨。商承祚对这批甲骨进行了整理和研究，并编撰成《福氏所藏甲骨文字》（1933 年）一书予以出版。书中收录了福开森旧藏甲骨 37 片，他从形、音、义三方面对这些甲骨上的文字进行了考释、研究和探讨。同年，他还集多家所藏甲骨材料而编撰成《殷契佚存》（1933 年）一书。该书著录了 6 家所藏甲骨实物和 3 家所藏甲骨拓本，共 1000 片，并附以考释，不仅内容丰富，保存了大量珍贵史料，而且论述精到，考释创获颇多，因而学术价值较高，可谓商承祚的又一部甲骨文研究代表作，也成为甲骨文研究者的必备参考书之一。在金陵大学任教期间，应是商承祚的学术多产时期。除了《福氏所藏甲骨文字》《殷契佚存》以外，他还陆续发表了《殷虚文字考》《殷虚文字用点之研究》《立字质疑》《释武》《释申》《殷商无四时说》《殷虚文字》《甲骨文字研究》《甲骨文及钟鼎文字研究》等一系列研究甲骨文的论文。除了研究甲骨文以外，他还像容庚一样，也致力于青铜器及其铭文的收集与研究，相继编著并出版了《古代彝器伪字研究》（1934 年）、《十二家吉金图录》（1935 年）、《评宝蕴楼彝器图录》（1935 年）、《古代彝器伪字研究补篇》（1936 年）、《浑源彝器图》（1936 年）、《契斋古印存》（1936 年）等著作。其中，《十二家吉金图录》是商承祚集海内外 12 家所藏 169 件青铜器编撰而成的，不仅为每件器物绘制图形并加以描述（尺寸、色泽等），而且还附注铭文并加以考证。该书可谓其金文研究的代表作，成为金文研究者的必备参考书之一。除了甲骨文和金文，商承祚在战国文字和秦汉文字研究领域也倾注了大量心血，并取得了丰硕成果，编撰有《说文中之古文考》（1934 年）、《石刻篆文编》（1957 年）、《鄂君启节考》（1963 年）、《战国楚帛书述略》（1964 年）、《战国楚竹简汇编》（1995 年）等论著。

1937年，全民族抗日战争开始后，商承祚跟随金陵大学西迁。1941年，他赴重庆，担任重庆盐务总局、贵州盐务总局分局帮办秘书，同时兼任齐鲁大学教授。当时，他的老同事顾颉刚和著名甲骨学家胡厚宣也正在齐鲁大学任教。1937年和1941年，商承祚相继撰写并出版了《长沙古物闻见记》（1938年）和《长沙古物闻见续记》（1941年）二书，被考古学界誉为“楚文化研究的开拓性名著”。中国人民抗日战争胜利后，他又先后到重庆大学、重庆女子师范学院任教。1948年秋，他回到广州，被聘为中山大学文学院语言学系教授。当时，容庚正在广州的岭南大学任教。在此期间，商承祚对佛山石湾陶器产生了浓厚兴趣，尤为嗜好，并先后在文德路古玩铺买到130余件。1952年，全国高校院系调整后，岭南大学并入中山大学，容庚从此与商承祚共事于中山大学中文系。两人既是同学和同乡，又志趣相投，所以关系更加亲密，不仅共处一校，而且不久又同在古文字研究室“并肩战斗”，均成为国内屈指可数的著名古文字学家。1956年，两人还联名招收研究生，使中山大学中文系成为当时古文字学研究的一座重镇。两人之间的关系之亲密，使这份友谊保持了长达60年的时间，在学术界留下了一段佳话。

从1956年起，商承祚和容庚开始联名招收古文字学研究生。直至“文化大革命”前，两人先后招收了4届共9名研究生。“文化大革命”后又招了一届6名研究生。他们指导研究生不仅注重因材施教，而且教学方法特殊，既不开课也不考试，而是通过谈话聊天的方式为研究生们答疑解惑，并让研究生们撰写论文然后择其优者推荐发表。1956年，商承祚加入了中国民主同盟，后相继担任民盟中山大学支部委员、民盟全国中央委员、广东民盟副主委及顾问等职。1957年，他编著并出版了《石刻篆文编》（14卷）一书，是研究文字形体演变的一部极具价值的参考书。

商承祚不仅是一流的古文字学者，而且还是享誉中外的书法家。他最擅长篆体，所写小篆极其精美。到了晚年（75岁以后）又钟情秦隶，创造出既浑穆雄奇而又婉通流畅、意趣盎然的书体风格，在隶书领域里独树一帜。他所创的极富个性的秦隶体书法，被广东书坛称之为“商体”，曾吸引了众多书者仿效，风靡一时，在国内书法界产生了很大影响。其书法作品多次入选国内外重大书法展览，并在报刊上发表，被不少博物馆、纪念馆等单位收藏，他还出版有《商承祚秦隶册》《商承祚篆隶册》等作品集。1958 年 1 月，在日本东京、大阪等城市展出的中国一流书法作品中，商承祚的作品备受推崇。

1963 年，商承祚参加广东书法篆刻研究会筹委会，并担任副主任委员，做了大量组织工作。1965 年 12 月和 1973 年 5 月，他先后两次将所藏 22 件陶瓷类文物无偿捐赠给故宫博物院。“文化大革命”结束后，他著书立说的劲头更大，并频频参加各种学术活动，还将自己所藏的近 400 件明清书画条幅、扇面和 4 盒明清旧墨捐赠给广东省博物馆，将所藏百余件明代至民国期间的石湾陶器捐赠给广东民间工艺博物馆。

1977 年夏，商承祚到河北省平山县中山王墓葬的发掘工地参观时，曾耗时三天亲手拓印了新出中山王鼎和中山王壶的铭文各两份，一份留在当地，一份由他带回研究。1978 年 11 月，他携带自己珍藏多年的一块龟尾甲（即“契斋藏甲之一”），赴吉林长春出席中国古文字研究会成立大会暨第一次学术讨论会，并被推举为理事会召集人，在会上就甲骨文辨伪问题与有关专家商榷。1979 年秋，他赴陕西西安出席中国考古学会成立大会，并被推举为名誉理事。同年冬，他在中山大学主持召开了中国古文字研究会第二次年会。1981 年 1 月，中国书法家协会广东分会成立，他出任副主席。1983 年，他担任主席，为推动广东书法事业的发展作出了突出贡献。同年秋，他赴中国香港出席第一届国际中国古文字学研讨会。1983 年 3 月，他与王贵忱、谭棣华合作，编辑出版了《先秦货币文编》（书目文献出版社）。该书是中国第一部货币文字典，首次以字典的形式总结了百年来货币文字的研究情况。

1991 年 5 月 12 日，商承祚在广州逝世。子女将其生前所藏文物分别捐赠给了深圳博物馆、湖南省博物馆，并将其所藏图书全部捐赠给中山大学。

综览商承祚的一生，他在古文字研究方面成就显著，著述颇丰，不仅在甲骨文研究领域成为甲骨学科的拓荒者之一，而且还涉足商周金文、战国文字、秦汉文字、货币文字等多个领域，为中国古文字学科的发展作出了突出贡献。关于他对甲骨学的贡献，主要体现在甲骨材料的搜集与整理、甲骨文字典编纂、甲骨文字考释、商史研究等几个方面。其所编著的《殷虚文字类编》《殷契佚存》等均成为甲骨文研究方面的经典代表作，为后世学者研究甲骨文的必备参考书。在甲骨文的教学和人才培养方面，商承祚也用力颇多，毕生注入了大量心血，不仅编撰了《殷虚文字》和《甲骨文字研究》（二卷）两部甲骨文教材，而且还培养出了陈炜湛等一批著名甲骨学家和古文字学家。除了研究古文字和教书育人以外，商承祚和容庚一样也喜欢收藏古物，凡金、石、陶、瓦、竹、木以及书画之类的古物皆在其网罗之列，因而藏品颇丰。难能可贵的是，他晚年秉承“藏宝于国，施惠于民”的理念，将所藏数百件精品文物分别捐赠给了故宫博物院、中国历史博物馆（今属中国国家博物馆）、广东省博物馆、广东民间工艺博物馆等单位。他逝世后，其子女又将所剩藏品和图书分别捐赠给了深圳博物馆、湖南省博物馆和中山大学。其毕生所藏全部无偿捐献给国家，从而为后世留下了一笔宝贵的文化遗产和精神财富。学术研究和收藏古物之余，商承祚致力于书法篆刻艺术的研究和创作，不仅擅长小篆，而且独创了被誉为“商体”的秦隶。其所留墨宝和所编书法篆刻集，不仅为书家们所竞相效仿，也有力地推动了中国书法艺术事业的发展。在其学术生涯中，除了研究成果以外，最为世人所称道的是他和容庚的友谊，两人自1922年经罗振玉介绍相识，再到1952年共事于中山大学，直至去世，亲密的关系一直延续了近60年，堪为文人楷模和学界传奇。商承祚主攻甲骨文，而容庚专治金文，两人在古文字研究领域各自开辟出了一片天地。在他们的影响、引导和栽培下，甲骨学及古文字研究事业已后继有人，将永世传续。

参考文献：

1. 商承祚：《“平正”才见真实工夫》，《书林》1981年第5期。
2. 陶刘：《商承祚教授谈他的古文字研究》，《学术研究》1987年第5期。
3. 邬和镒：《古文字学大师商承祚教授》，《高教探索》1988年第4期。
4. 陈炜湛：《商承祚先生学术成就述要》，《古籍整理研究学刊》1993年5月。
5. 国务院学位委员会：《中国社会科学家自述》之《商承祚先生自述》，上海教育出版社，1997年。
6. 张永山：《商承祚教授与甲骨学研究》，《湖南省博物馆文集》第4辑，《船山学刊》杂志社，1998年。

7. 李延保：《商承祚先生生平及其主要学术成就——在纪念商承祚先生诞辰 100 周年座谈会上的讲话》，《中国文物学会通讯》，2001 年 6 月 30 日。
8. 商承祚：《我与金陵大学》，《东南文化》2002 年第 9 期。
9. 陈炜湛，谭步云：《商承祚先生与甲骨学、简帛学》，《中山大学学报》（社会科学版）2009 年第 6 期。
10. 金阳秋：《商承祚 21 岁编成传世甲骨文字典》，《语言文字报》2010 年 12 月 29 日。
11. 吴敏，汪道霞：《商承祚：甲骨学泰斗 楚文化鼻祖》，《南方日报》2011 年 9 月 8 日。
12. 王祥：《商承祚》，岭南美术出版社，2012 年。
13. 陈永正：《商承祚先生的书法和书论上的成就》，《岭南文史》2013 年第 1 期。

第二十八篇

唐兰特立创“孤学”，柯氏兄弟承“二堂”

在“甲骨四少”中，只有商承祚比较倾心于甲骨文研究，其他三人虽以研究甲骨文“起家”，但研究范围比较宽泛，学术兴趣均发生了转移。除了容庚以外，还有两人也不以研究甲骨文为主，他们就是唐兰和柯昌济。

唐兰

唐兰于1901年（清光绪二十七年）出生在浙江嘉兴秀水兜，原名张佩，又名佩兰、景兰，字立厂，又作立庵、立盦，笔名曾鸣。1917年，他曾跟随中医陈仲南学医，随后在城区项家漾开设了景兰医院。曾在上海轫园编译社跟从主办者陈蝶仙学习诗文。1920年，他进入无锡国学专修馆学习，精研了《说文解字》《尔雅》等古代典籍，并著有《说文注》（四卷）。他之所以走上甲骨文研究之路，可以说是与罗振玉、王国维两位甲骨学大师的赏识分不开的。上学期间，他曾对罗振玉的甲骨文考释进行订正，并得到罗振玉的赏识。1923年，唐兰从无锡国学专修馆毕业以后，在罗振玉的引荐下结识了王国维，并在研究甲骨文和金文方面得到了王国维的指导。正如他在所著的《天壤阁甲骨文存并考释》自序中回忆：“于时初知有甲骨文字，取罗氏所释，依说文编次之，颇有订正，驰书叩所疑，大获称许，且介之王国维氏，余每道出上海，必就王氏请益焉。”

从1924年至1930年，唐兰北上天津后在周馥（周家渊）家中当家庭教师，讲授文字训诂，并于1929年在天津主编《商报》文学周刊及《将来》月刊。1930年，他离开天津到沈阳担任辽宁省教育厅编辑，协助编纂《辽海丛书》。1931年5月，他被东北大学聘为讲师，首创用自然分类法整理古文字。同年，九一八事变后，他到北京大学、燕京大学代顾颉刚讲授《尚书》，之后又代董作宾讲甲骨文字。其间，他在《东方杂志》上发表了第一篇学术论文《白石道人歌曲旁谱考》。1935年，他被北京大学聘为教授，并于次年代理中文系主任。1936年，他受聘为故宫博物院专门委员。

1937年七七事变后，北京沦陷，他只身逃离京城，又取道香港、河内，后辗转至云南昆明，并于1939年进入西南联合大学担任中文系副教授。抗日战争时期，虽然物质条件和环境很差，但是唐兰在授课之余仍坚持不懈地进行学术研究，并出了不少成果，《天壤阁甲骨文存并考释》便是其中之一。该书1939年由辅仁大学出版，2000年由北京图书馆出版社重印，2016年由上海古籍出版社再版，成为后世甲骨学者的重要参考书之一。

1940年，唐兰升任中文系教授，同时担任西南联大中的北京大学文科研究所导师，讲授“六国铜器”“甲骨文字”“古文字学”“说文解字”“尔雅”“战国策”“唐宋诗词”等课程。1945年，中国人民抗日战争胜利后，北京大学回迁，他继续担任北大教授，并代理中文系主任。1949年中华人民共和国成立以后，他仍担任北京大学教授兼中文系代理主任。1952年全国高校院系调整后，他被调入故宫博物院，曾先后任设计员、研究员、学术委员会主任、陈列部主任、美术史部主任、副院长等职，并兼任中国科学院历史研究所学术委员（自1954年起）、北京史学会理事、北京市政协委员等社会职务。1956年，他受文化部委派访问芬兰和瑞典，并在芬兰以《中国艺术的发展》为题发表了讲演。同年，他组织五省市出土文物展览，指导工作人员编

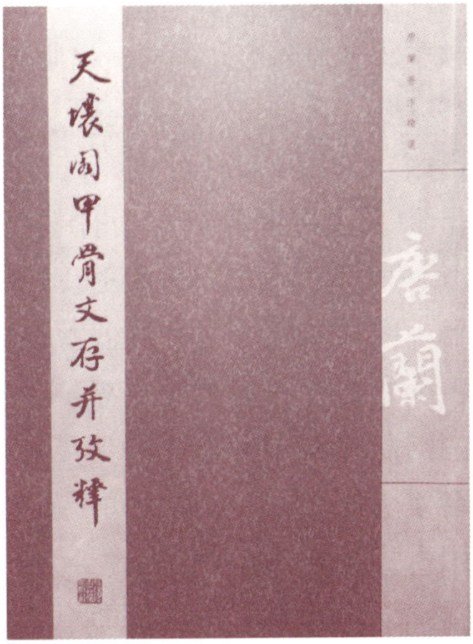

《天壤阁甲骨文存并考释》

制展览图录，并撰写了前言。1959 年，故宫博物院将原陈列于东六宫的历代艺术综合陈列馆与“三大殿”里的古代艺术陈列合并为历代艺术馆，移置于紫禁城的中心部位——保和殿及东西两庑，他亲自撰写了陈列大纲和总说明。1961 年，他当选为北京市历史学会理事。1963 年，他加入中国美术家协会。1974 年，他相继撰成并发表了《黄帝四经》《战国纵横家书》《春秋事语》《西周青铜器铭文史征》等论著。1978 年 11 月，他任中国古文字研究会理事，曾随中国出土文物展览团到香港地区，与当地文化界进行学术交流。同年，他被选为全国政协第五届委员会委员。1979 年 1 月 11 日，病逝于北京。

综览唐兰的一生，他从事教学和学术研究 50 余年，在甲骨文、金文、古文字学、音韵学、训诂学、古代史学、古器物学等诸多领域均造诣很深，且治学严谨，学术创见甚多，对所涉领域均有很大贡献。在“甲骨四少”中，只有他出身于一般商贾家庭，不似容庚、商承祚、柯昌济等其他三人有家学渊源。虽然他曾有幸得到罗振玉、王国维的指点和提携，却不以“罗王”的传人自居。他在生活上不拘小节，常不修边幅、豪放不羁，但对待工作和学术研究却是一丝不苟、极其认真。在学术研究上，他以“孤学”闻名，能够自成一派，多有创见。正如王国维所言：“立庵孤学，于书无所不窥。”他一生建树颇多、著述颇丰，撰写、出版了《古文字学导论》（1935 年北京来薰阁初版，1981 年 1 月齐鲁书社再版），《中国文字学》（1979 年 9 月，上海古籍出版社出版，2005 年 4 月再版），《殷虚文字记》（1981 年 5 月中华书局出版，2016 年 12 月上海古籍出版社再版）等多部著作，相继发表了《白石道人歌曲旁谱考》《敦煌所出汉人书太史公记残简跋》《切韵中所见隋唐以前韵母考》《古乐器小记》《理想中之商周器物著录表》《陈常陶釜考》《论古无复辅音凡来母字古读如泥母》《智君子鉴考》《虢季子白盘的制作时代和历史价值》《郏县出土的铜器群》《在甲骨文中所见的一种已经遗失的中国古代文字》《中国古代社会使用青铜农器问题的初步研究》《西周铜器断代中的“康宫”的问题》《中国古代历史上的年代问题》《春秋战国是封建割据时代》《从大汶口文化的陶器文字看我国最早文化的时代》等 180 余篇具有重要价值和重大影响的学术论文。其中，在古文字研究方面，他不仅考释了很多难识之字，而且还建立了对照（或比较）法、推勘法、偏旁分析法、历史考证法等一整套比较科学系统的古文字研究方法。他在其代表作《古文字学导论》中提出了研究古文字的“六条戒律”，即戒硬充内行、戒废弃根本、戒任意猜测、戒苟且浮躁、戒偏守固执、戒驳杂纠缠等，从而促使古文字研究摆脱了过去那种“猜谜式”的主观臆想，走上了比较科学的轨道。在文字学方面，他反对将文字学仅作为其他学科研究的一种辅助工具，主张把文字学从音韵学和训诂学中分离出来，成为一门独立发展的学科。他在其所著《中国文字学》一书中提出了“三书说”，将汉字分为象形文字、象意文字、象声文字三类，从而打破了《说文解字》中的“六书说”。关于古文字的分类，他提出了较为科学的自然分类法，打破了《说文解字》归纳的540部分类法。这些文字学理论均在学界产生了重大影响。在中国古代史研究方面，他主张奴隶社会与封建社会的分期应在西周、春秋之交，还对夏、商、周纪年的推算和青铜器的起源与发展等问题均提出自己独到的见解和观点。总之，他主张运用辩证唯物主义的观点把文字学、历史学、音韵学、训诂学、考古学等学科有机联系起来。除了文字学、历史学等学术研究领域，唐兰在诗词、书法、绘画等方面也均有很深的造诣。尤为可贵的是，他在1953年至1972年间，将自己所珍藏的青铜器等文物陆续捐赠给了故宫博物院，不仅给后人留下了一批珍贵的历史文物，也留下了一笔宝贵的精神财富。

在“甲骨四少”中，出生最晚的是柯昌济。柯昌济于1902年（清光绪二十八年）出生于山东胶县（今山东胶州）大同村的一个书香门第，字纯卿，号息庵，祖籍为浙江黄岩。柯氏家族在当地可谓名门望族，柯昌济的远祖是元代著名学者和书画家柯九思，本为浙江台州临海人，后迁居黄岩。到明代时，柯九思的三世孙柯忠卿与堂兄柯夏卿均为东林党人。明亡后，柯夏卿随唐王南迁，而柯忠卿则因经商开始定居山东胶县。清代时，柯忠卿的孙子柯培元曾参加抗击英军的鸦片战争，后来柯培元

柯昌济

的儿子柯衡又迁居山东潍县，并娶掖县李图之女李长霞为妻，生下柯劭忞。柯劭忞（1848—1933）曾于清末担任京师大学堂经科监督，并著有《新元史》一书，由此获得日本东京帝国大学授予的名誉文学博士学位。而柯昌济正是柯劭忞的次子。

柯昌济的哥哥柯昌泗（1899—1952）曾与商承祚一同拜入罗振玉门下。由于柯昌泗聪慧过人、过目不忘，所以在罗振玉眼中，他比商承祚更加聪明。但可惜柯昌泗迷恋仕途，没有一心向学，因此并无学术成果传世。

柯昌济自幼受到其父柯劭忞与其兄柯昌泗的影响及家庭文化的熏陶，所以也对金石学、古文字等产生了浓厚兴趣。1921 年，年仅 19 岁的柯昌济就撰写并出版了《殷虚书契补释》一书。他在该书中共考释了 65 个甲骨文字、词，虽然多为罗振玉及前人所未释者，但可惜错误较多。据后世学者考证，他释读正确的仅有十几个。尽管如此，此书也算是其研究甲骨文的成名作和代表作。1922 年，柯昌济进入清华大学文史学院（1925 年转入新成立的国学研究院），师从著名学者王国维继续深造。王国维在为商承祚之《殷虚文字类编》所作的序中夸赞他说："纯卿为凤荪学士次子，年最小读书亦最多，尝以书问字于余，余叹其逸足，每思所以范之。"能得到王国维如此的首肯与高度评价，足见柯昌济小小年纪就已学识渊博，水平非凡。

1925 年，柯昌济从清华大学国学研究院毕业。1927 年，他被聘任为北京东方文化会研究员。1930 年至 1944 年间，他先后被北京大学历史系和北京师范大学历史系聘为讲师。1945 年至 1947 年，他被北京大学聘为教授。1955 年至 1959 年，被聘为山东省历史研究所研究员。1979 年至 1984 年，他被上海社会科学院历史研究所聘为特约研究员。1990 年逝世，身后留有《殷虚书契补释》《殷墟卜辞综类例证考释》《甲骨文字解谊》《韡华阁集古录跋尾》《金文分域编》《金文分域续编》《读金文编札记》《殷金文卜辞所见国名考》《散氏盘为氐羌族器考》《读山海经札记》等多部（篇）论著。另有《中华古代国族史》《中华姓氏源流考》《殷周氏族考》《殷周史料三代地名辑证》等几部著作因故未能刊行。

与商承祚一样，在学术研究之余，柯昌济也喜好书画艺术，并造诣颇深，尤擅长工笔画。在书法方面，其笔力苍劲有力，笔意精神飞扬。在绘画方面，

《韡华阁士女图》（105 幅）可谓其晚年的一部力作。他的笔姿细腻，笔路清晰，画风工整，黑白分明，笔下的仕女均栩栩如生，性格鲜明。她们或温文尔雅，或飒爽英姿，寥寥数笔便显现出个性的不同，足见柯昌济的绘画功力之深厚。

尽管柯昌济被王国维誉为中国古文字研究领域极具实力的“四少年”（唐兰、容庚、商承祚、柯昌济）之一，也是较早从事甲骨文及古文字研究的学者之一，但不知为何，其个人名声与学术影响却没有其他三位大。但从其研究成果和学术成就来看，不亚于其他三位，可见他是被世人忽视，被历史埋没了。虽然学界对其研究不多，社会对其宣传不广，以至于无法了解他的详细信息，但这些均不影响他在甲骨学发展史上的独特地位。他在甲骨文及古文字研究领域所取得的成果虽有不足之处，但其贡献却不能抹杀，应被后代学者永世铭记。

参考文献：

1. 唐复年：《忆父亲唐兰》，《故宫博物院院刊》1985 年第 3 期。
2. 梁东汉：《唐兰先生轶事》，《语文建设》1993 年第 8 期。
3. 范常喜：《从〈殷虚书契补释〉看柯昌济早期的甲骨文研究》，《图书馆杂志》，2006 年第 6 期。
4. 娄博：《唐兰之甲骨文研究》，河北师范大学硕士学位论文，2006 年。
5. 金阳秋：《唐兰：着力构建古文字学理论体系》，《语言文字报》2010 年 12 月 15 日。
6. 娄博：《唐兰先生的甲骨文研究》，《飞天》2011 年第 8 期。
7. 刘雨：《唐兰先生的治学之路》，《故宫博物院院刊》2015 年第 5 期。
8. 黄益飞：《天下谁人不识君——唐兰先生生平及学术贡献》，《大众考古》2015 年第 8 期。
9. 董然然：《柯昌济古文字学成就初探》，安徽大学硕士学位论文，2016 年。

第二十九篇

耿介拔俗数丁山，释字考史堪巨匠

1924 年，当董作宾、容庚、商承祚等人正在北京大学研究所国学门攻读研究生之时，一位贫苦出身的年轻人也考取了该所，成为著名学者沈兼士的爱徒。后来，此人在甲骨文、金文等古文字研究领域取得了卓越成就，成为一代文史巨匠。那么，此人是谁呢？他就是丁山。

丁山于 1901 年（清光绪二十七年）9 月 15 日（亦说 10 月 26 日）出生在安徽和县城南乡沈家门一个贫苦的农民家庭，原名丁增熙，字山，号山父、山甫。原本一家人依赖耕种二亩半薄田尚能艰辛度日，未曾想其父丁华梓却于 1904 年累病而亡，使贫苦交迫的家庭生活雪上加霜。年仅 3 岁的丁山顿失依靠，生活陷入困境。尽管其母赵氏刚强正直、勤劳能干，靠替人做鞋、剪花样等获取微薄的收入，但是根本不足以贴补家用，幸而得到其舅父的热心资助，母子俩的日子才得以勉强维系。由于童年时代的丁山常以南瓜为主食，导致营养不良，所以身体非常羸弱。身为乡间名医的舅父是位热心肠，不仅为丁山服药调理身体，而且资助他上了学。虽然日子过得异常清苦，但是聪颖勤奋的丁山在其舅父资助下仍得以进入乡间私塾读书。6 岁时，他读《三字经》《千字文》，皆能过目成诵。10 岁时，丁山读《四书》《五经》，已能体认经义，同窗学童无人能及。其母和舅父颇为欣慰，都对他寄予厚望。童年时期的艰辛生活，炼就了丁山坚强独立、吃苦耐劳、耿直倔强的品性。

1913 年，12 岁的丁山拜同乡名儒李郭为师，研经读史，学问稍有长进。因读《说文解字》《尔雅》等书而对语言文字产生了浓厚兴趣。1917 年，丁山辞别母亲，离开家乡，独自一人前往南京，进入一所中学读书，开始接受新式教育。因他深知自己背负着母亲的全部希望，所以特别珍惜来之不易的求学机会。在母亲的全力资助和舅父的热心接济下，起初他在南京的求学生活还算勉强为继。由于他学习非常刻苦，常常废寝忘食，所以很快就自学完成了乡间私塾未曾开设的全部课程。然而，正在丁山刻苦用功之时，不幸却降临到他头上。其舅父突然辞世，他的生活再度陷入困境。失去了强有力的后盾和依靠，没有经济来源，丁山面临着被迫辍学的命运。幸而得到同学郭君的好心资助，丁山才勉强完成了学业。中学毕业以后，丁山原本打算回到家乡当一名小学教员以缓解生活压力，但是因故未能如愿。当时，他的一位堂舅赵凤喈（1896—1969）正在北京教书，遂前往投奔，由此得以有机会到北京大学旁听文科课程，与董作宾走了相同的道路。在北大旁听期间，他凭着聪明勤奋、刻苦用功而很快获得了著名学者沈兼士的赏识。后来，在沈兼士的推荐和关照下，丁山得以进入北京大学图书馆半工半读。他如鱼得水，学问遂日渐长进。1924 年 8 月，他考取了北京大学研究所国学门的研究生（比容庚晚两年，比董作宾和商承祚晚一年），师从沈兼士，主攻文字学、音韵学。从此，他潜心治学，走上了学术研究之路。不久，他便有论著发表，因而深得老师嘉许。

1926 年 9 月，在沈兼士和鲁迅的推荐下，尚未毕业的丁山便随同二位恩师一起应聘到厦门大学。他起初在厦门大学国学研究院任助教，教授古文字，旋即升任为史学部教授，并撰有《说文阙义笺》等论著。据说，在厦门大学任教期间，丁山与鲁迅的关系尤为密切，交往频繁。当时，鲁迅住在集美楼。丁山在闲暇时经常到集美楼找鲁迅聊天，两人性情相投，由此成为忘年交。学术探讨与交流之余，他们还经常一起和友人到普陀寺、鼓浪屿等当地名胜游玩，结下了深情厚谊。1927 年 1 月，丁山得知鲁迅将要离开厦门，前往广州的中山大学任教。当晚，他和友人怀着依依惜别的心情，邀请鲁迅到南普陀共进晚餐，并频频举杯向鲁迅敬酒饯行。鲁迅情意难舍，在临行之前将自己于 1926 年冬留影于厦门的一张照片赠送给了丁山。照片中的鲁迅端坐在一座坟的祭桌前，他的后面全是坟。照片正面的左上边题写“丁山兄”，中间是“我在坟墓中”，右下边落款“鲁迅”和“一九二七年一月十三日”字样。这张照片曾长期保存在丁山长女丁吉娥处，可惜后来丢失了。

1927年，鲁迅离开厦门到广州中山大学赴任，随后丁山也回老家安徽和县探亲。丁山对鲁迅十分崇敬，并且两人关系笃厚，所以自从鲁迅走后他便一直心神不安，幸而两人仍然保持着书信往来。

1927年8月，经鲁迅推荐，丁山也来到中山大学任教，并被该校文学院聘为教授，与鲁迅、顾颉刚、陈功甫等名家成为同事。在中山大学任教期间，丁山撰有《羲和四宅说》《费誓题解》《唐写本切韵残卷跋》《切韵逸文考》《汉字起源考》等多篇论文。当时，甲骨文、金文研究方兴未艾，名家辈出。受此种学术风气影响，他的研究兴趣逐渐转向甲骨文和金文研究。1928年，《历史语言研究所集刊》创刊。他在《历史语言研究所集刊》上发表了《殷契亡尢考》《数名古谊》《说冀》（附《释疾》《释梦》《释蒙》）等数篇重要论文，成为甲骨文与金文研究领域的后起之秀。

1929年8月，丁山被中央研究院历史语言研究所聘为专职研究员，参与《安阳殷墟发掘报告》的编辑工作，与董作宾、李济、梁思永、石璋如等人成了同事和朋友。他们之间过从甚密，经常讨论一些有关甲骨文及殷墟考古等方面的问题。当时，历史语言研究所正在对安阳殷墟进行大规模的科学考古发掘工作，前后6次发掘已出土了大量甲骨卜辞及其他商代晚期遗物。由于接触了新发现的甲骨文、金文等第一手材料，先后撰写并发表了《召穆公传》等论文。

1932年8月，丁山被中央大学聘为教授，担任“商周史”课程教学，遂计划对商周史进行系统研究，编写一本《商周史记》讲义，但不久便因故离任。1933年9月，他被山东大学聘为教授。到山东大学以后，他潜心于商周历史与文化的研究，并将甲骨文、金文的考释贯穿其中，取得了显著成果。当时，由于时局动荡，国难当头，所以丁山的生活很不稳定。尽管环境复杂、条件艰苦，但是他仍不忘从事学术研究，撰写并发表了《郦学考序目》《宗法考源》等多篇极具影响的论文。

1934年至1936年，受“古史辨”派的影响，丁山的学术研究方向发生转变，开始研究古代神话与民族宗教问题，撰有《辨殷商》《由三代都邑论其民族文化》《蚩尤考》《明堂五帝论》《五行考原》《星空神话与商周历算学》等论文。后来，这些论文被丁山加以补充和修订后编为《古代神话与民族》一书。1936 年 1 月，丁山被四川大学历史系聘为教授。

1937 年，全民族抗日战争开始，炮火连天，致使研究工作无法继续正常开展。丁山先后从北京、南京等地将自己多年苦心搜集和精心珍藏的 50 余箱图书、古籍善本全部运回安徽老家，以躲避战祸。当时，战乱频仍，民不聊生，丁山四处漂泊，居无定所，先后辗转青岛、上海、香港、武汉、重庆等地。尽管环境恶劣、条件艰苦，但他仍锲而不舍地从事学术研究。

1937 年冬，在青岛沦陷的前夕，丁山带着几本书流亡到上海，暂居青年会宿舍。1938 年 10 月，受“中英庚款”董事会之聘，他到避难于四川省三台县的东北大学史学系讲学，并成立了一个小型研究所，打算编辑《历代艺文志》(即《中国图书志》)。1940 年 7 日，因其寓所遭到日机轰炸，他从残砖败瓦中抢救出累年积稿，遂迁居西郊灵峰寺下避难。因学术工作无法继续开展，他的研究所也陷入停顿而解散，丁山被迫踏上了漂泊之路。1941 年 8 月，丁山被西北大学史学系聘为教授兼系主任。1942 年 8 月，他被中央大学史学系聘为教授。1944 年 1 月，他再次被东北大学史学系聘为教授。这段时间，他发表了《禹平水土本事考》《开国前周人文化与西域关系》《新殷本纪》《聚珍本牧巷集跋》《河出昆仑说》《吴回考——论荆楚文化所受印度之影响》《九州通考》《周武王克殷日历》《文武周公疑年》《论小雅六月于征于王》《帝系发疑》《齐叔弓钟铭跋》《班簋铭跋》《论炎帝太岳与昆仑山》等论文。

1945 年春，经过辗转流徙到达当时避难四川成都的齐鲁大学（今山东大学前身之一）国学研究所后，丁山得以见到很多甲骨文方面的书籍，并与时在齐鲁大学任职的甲骨学家胡厚宣交流甚多。之后，他从蒙文通、徐中舒两位朋友手中借到不少金文书籍。“久旱逢甘霖”的他“如获至宝”，借助这些宝贵的材料对此前在三台县所写的各类文章进行了补充和修订，方成定稿。

1945 年 12 月，丁山被南京临时大学聘为历史系教授兼主任。1946 年 8 月，丁山被暨南大学聘为史地系教授兼系主任。1947 年 8 月，丁山被山东大学聘为中文系教授，生活稍稍安定，遂开始整理旧作，完成了《卜辞所见先帝高祖六宗考》《甲骨文所见氏族及其制度》《殷商氏族方国志》等论著。1948 年至 1949 年，他依据甲骨文和金文记载，并参以古代典籍，旁及诸家解说，对商周历史中的一些关键性问题进行了考证，写成了《商周史料考证》一书。

1949年6月初，丁山回到青岛，在山东大学迎来了青岛的解放。他遂以愈加饱满的学术热情，全身心地投入到中国古代宗教与神话的研究中，仅用一年多时间就完成了52万字的《中国古代宗教与神话考》一书。1950年12月，此书脱稿，成为他人生中最后一部学术专著。1951年，他应山东大学文史系古代史教研组之请，抱病完成了《姓与氏》《半亚血族群婚制——媵》二文，并刊于《新建设》杂志上，成为其辞世前的最后论著。

1952年1月18日，丁山病逝于青岛的山东大学。在山东大学的在校教职工调查表（1951年）中，对丁山有如下评述："在学术上很有地位，为国内有数之甲骨文专家……他有点旧社会的学究味道，又颇'耿介拔俗'"。

由于丁山一生漂泊不定，没有一个相对安逸稳定的客观环境让他安心从事学术研究，所以其成果多以论文为主，但也有少数著作。

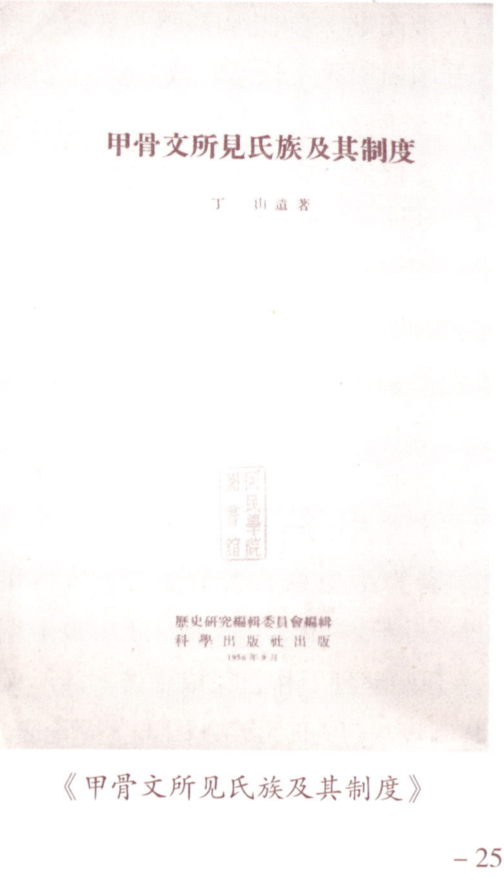

《甲骨文所见氏族及其制度》

1956年，在中国科学院院长郭沫若的关心和推荐下，丁山所著的《甲骨文所见氏族及其制度》由科学出版社出版。由于该书的原稿内容不多，所以将其与丁山所著的《殷商氏族方国志》（未完稿）合刊。后来，《甲骨文所见氏族及其制度》不仅被中华书局于1988年重印，而且还被收入《甲骨文献集成》（全40册，2001年由四川大学出版社出版）之专题分论《方国地理》分册。该书是关于殷商氏族制度和方国地理研究的开山之作，首开商代宗族形态研究之先河，为殷商社会结构及国家形态的研究开辟了一条新途径。

1961 年，在顾颉刚的关心和帮助下，丁山生前所著的《中国古代宗教与神话考》一书得以由上海龙门联合书局出版。2011 年，由上海书店出版社重印。该书为丁山计划编写的《商周史》前编，在其生前已手写刊定。该书是一部依据文献记载，并佐以甲骨文、金文材料，全面探讨上古诸神起源及发展变化的论著，其内容广博，观点新颖，论证独到，意在探寻中国文化的本源，可谓从史学角度研究中国古代宗教与神话的集大成之作。

1988 年，丁山遗稿《商周史料考证》由中华书局出版。2008 年，由国家图书馆出版社再版。该书共分 12 个专题，以甲骨文、金文资料与文献典籍相互参证，从不同角度论证了商周尤其是殷商史料中的一些问题，不仅扩大了商周史料的搜集范围，也推动了对商周年代学等问题的深入研究。然而，因该书在丁山生前未能定稿，内容基本完整，但是文中引证尚存在一些疏漏。

2005 年，丁山遗稿《古代神话与民族》由商务印书馆出版。2011 年，由江苏文艺出版社再版。该书为一部论文集，收录了丁山在古代神话与民族史研究方面已发表和未发表的多篇论文，曾由丁山生前亲自选编成册。其中，《卜辞所见先帝高祖六宗考》《禹平水土本事考》《由鲧堙洪水论舜放四凶》《后土、后稷、神农、蓐收考》《句芒、高禖、防风、飞廉考——风神篇》等诸篇都是他早年研究古代神话的代表作，主要致力于考证古史系统中所载炎帝、黄帝、太皞、少皞、颛顼、帝喾、祝融、尧、舜、鲧、禹等著名帝王的宗教原型以及上古自然崇拜体系。

然而，丁山生前所著的《金文集成》（即《商周金文集成》）一书可就没这么幸运了。据说，该书稿曾于 1954 年就送交给了当时的中国科学院历史研究所，原本希望能够推荐出版，但此后却一直下落不明。2011 年，《丁山子学研究未刊稿》经人整理后由凤凰出版社出版。

综览丁山的一生，尽管童年时期的生活与经历非常凄苦和悲惨，但也磨炼了他坚强独立、坚忍不拔的性格和意志。幸而他在青年时期得到了“贵人”相助，命运得以扭转。然而，由于他生不逢时，适逢时局动荡之乱世，所以一生漂泊、四海为家，一直未找到一个让他静心从事学术研究的安定环境。由于其性情“傲上而亲下”（顾颉刚语），所以频繁更换工作单位，曾任职或执教于厦门大学、中山大学、中央研究院历史语言研究所、中央大学、山东大学、同济大学、四川大学、东北大学（三台）、西北大学、齐鲁大学、南京临时大学、暨南大学等高校或科研机构，并开设了“文字学”“尚书学”“商周史”等20余门课程，培养了一大批学术人才。尤为值得一提的是，他曾两次进入山东大学任职，前后工作了近十年，并在此度过了人生的最后时光。山东大学也由此成为其一生中任职时间最长的单位，当然他也留给山东后学一笔丰厚而宝贵的精神财富。尽管他性情孤傲，但是他对自己的学生却尤为关心、倍加爱护。在教学方法上，他要求学生研究问题要“读书知之”，而不要“翻书知之”；主张循序渐进，反对希图侥幸；提倡踏实勤奋，厌恶华而不实、欺世盗名。关于他的英年早逝，丁山的爱徒、著名考古学家刘敦愿（1918—1997）曾说：“五十之年，在今天看来，正是盛年，像丁山先生这样的老辈学者，往往由于身体素质较差，工作非常勤奋认真，生活工作条件却十分艰苦，在学问成熟，正准备向更高的学术境界攀登的盛年谢世，不能不说是中国历史、考古界的重大损失，且这种损失，也必然随着时间的推移，而日益使人感觉到短期内难以弥补。”

教书育人之外，丁山最喜欢和最擅长的还是学术研究。沿着“由小学入经学，由经学入史学”的研究之路艰难探索，在甲骨文和金文考释、商周史料与史实考证、古代神话传说与宗教研究等方面均造诣精深，著作宏富，硕果累累，取得了令人瞩目的成就，为中国近现代学术的发展作出了不可磨灭的贡献。其中，在甲骨文、金文的考释和研究方面，其考释文字的专论尽管不多，但是他所考释的文字有不少已成为定论，一些精到的见解还被收录于《甲骨文字诂林》《金文诂林》《金文诂林附录》等书的引录中。其实，他考释甲骨文和金文主要是为了论证历史问题所需。他一般能够从大处着眼、小处着手，注意从微观与宏观的结合上研究并解决一些商周历史中的疑难问题。具体而言，他的《商周史料考证》《甲骨文所见氏族及其制度》《殷商氏族方国志》《宗法考源》《卜辞所见先帝高祖六宗考》《新殷本纪》《由三代都邑论其民族文化》《周武王克殷日历》《文武周公疑年》《召穆公传》等一系列论著，研究范围涉及了商族起源、殷商方国地理与宗族结构以及商周时期的都邑制度、宫室制度、祭祀制度、宗法制度、诸王积年、境内民族关系、中外文化交流等诸多方面。其中，《新殷本纪》的发表使他成为自王国维提出“二重证据法”之后利用地下材料补写《史记·殷本纪》的第一人。

在古史研究方面，丁山最大的成就和贡献体现在对史前神话与古代宗教的研究上。他的《中国古代宗教与神话考》《古代神话与民族》《明堂五帝论》《五行考原》《帝系发疑》《星空神话与商周历算学》等一系列论著，在传统考据学的基础上，运用比较语言学和比较神话学等方法，既对山川诸神、风云雷雨、日月天地等神话原型以及五行思想、尊祖观念的发展演变进行了考证，又对夏、商、周、秦各代的世系传说作了探讨，不仅初步厘清了中国古代宗教祭祀体系的形成与变化，而且揭示了隐藏在古代宗教与神话中的若干历史真相，从而极大地改变了中国古代宗教神话资料歧异混乱的状态，确定了中国古代宗教与神话研究的内容和方向，为建立中国神话学的独特体系作出了重要贡献。综观之，丁山研究古史的基本方法就是王国维首倡“二重证据法”的具体运用与实践。如果说以顾颉刚为代表的“古史辨”派通过“疑古”为古史的科学研究清理了前进道路上的障碍，那么丁山、徐中舒、胡厚宣等人则是继王国维之后，通过“释古”（即利用甲骨文、金文资料与文献相互释证）而重建古史的代表。

除了甲骨文、金文和以中国古代神话与宗教为核心的古史研究以外，丁山在音韵学、训诂学、版本目录学、历史地理学、世界古代史、中外文化交流史等方面也颇有建树，有《说文阙义笺》《汉字起源考》《唐写本切韵残卷跋》《切韵逸文考》《郦学考序目》《中国图书志》等论著传世。

在丁山的一生中，除了学术研究和教书育人以外，最让人津津乐道的还是其“朋友圈”。虽然其出身贫寒，但也是“名门之后”（为著名学者沈兼士的弟子），学识渊博，声名远播，当时很多学界名流和文化界领军人物都曾是他的老师、同学、同事或朋友，可谓“谈笑有鸿儒，往来无白丁”，例如沈兼士、鲁迅、老舍、李济、郭沫若、董作宾、顾颉刚、梁思永、石璋如、胡厚宣、陈梦家、徐中舒、蒙文通、周予同、童书业、沈从文等学者都与他关系密切，交流频繁，并且多有书信往来，一部“中国近现代学术大师交往史”浓缩在了他自己所写的《丁山日记》里。他一生颠沛流离、四处漂泊，尽管环境复杂、条件困难、体弱多病、生活艰辛，但他却仍然孜孜不倦地致力于综合运用甲骨文、金文和传世文献等材料，重建中国古代神话与宗教体系，试图为中国古史研究重新铺路开道，终以其卓越贡献而在中国神话学史上获得了不可磨灭的地位，在古文字和古史研究领域中赢得了很高的声誉。作为继罗振玉、王国维之后的第二代著名学者之一，丁山凭借在甲骨文研究方面的非凡成就而名载甲骨学史册。

参考文献：

1. 吴承木，王耀恕：《丁山与鲁迅的忘年交》，《江淮文史》1995 年第 3 期。
2. 雒有仓：《丁山先生的古史研究》，《安徽文献研究集刊》（第 1 卷），黄山书社，2004 年。
3. 雒有仓，辛田：《丁山先生的甲骨金文考释与古史研究》，《榆林学院学报》2008 年第 1 期。
4. 雒有仓：《丁山先生学术评传》，《安徽文献研究集刊》（第 4 卷），黄山书社，2011 年。
5. 陈栋：《丁山古文字研究初探》，安徽大学硕士学位论文，2015 年。
6. 刘宗迪：《丁山的神话研究》，《民俗研究》2016 年第 6 期。
7. 朱斌：《“耿介拔俗”的一代史学巨匠——丁山先生生平与学术》，《文史哲》2016 年第 5 期。
8. 丁山：《丁山日记》，国家图书馆出版社，2018 年。

第三十篇

“龙门”专家关百益，甲骨成果被淡忘

1928 年，受中央研究院历史语言研究所所长傅斯年的委派，董作宾主持对河南安阳殷墟遗址进行了第一次考古发掘，当时河南省政府也派人参与了此次发掘。虽然此次发掘所获甲骨并不多，但意义重大，证明殷墟尚有发掘潜力和考古价值。1929 年 3 月 7 日至 5 月 10 日，考古专业科班出身的李济被聘为历史语言研究所考古组主任后，来到安阳代替董作宾主持了对殷墟的第二次考古发掘工作。然而，1929 年 10 月 7 日至 12 月 12 日，在结束对殷墟的第三次考古发掘后，直到 1931 年 3 月 21 日，李济才再次来到安阳对殷墟进行了第四次考古发掘。那么，为何第三次和第四次殷墟发掘要间隔两年时间？历史语言研究所在 1930 年时怎么没派人对殷墟进行发掘呢？这恐怕与河南当地政府的干扰和当时爆发的中原大战有关。不过，尽管当时历史语言研究所没有派人对殷墟进行继续发掘，但在河南当局的指使下，河南本地的考古机构及何日章（原河南省图书馆馆长兼河南民族博物院院长）、轩仲湘、邱耀亭等人却私下于 1929 年 10 月至 1930 年 4 月对殷墟进行了 3 次抢夺性发掘。这几次“盗掘”收获也不小，仅刻辞甲骨就出土了 3656 片。那么，这批甲骨去了哪里？后来又被何人进行了整理？有一位精通“龙门石窟”研究的学者虽然没有亲身参与这批甲骨的发掘，但却与它们缘分匪浅，他便是被誉为“近代考古学先驱”和“博物馆奠基人之一”的关百益。

关百益

关百益于1882年（清光绪八年）出生于河南开封，原名葆谦，字百益，号益斋，祖籍吉林长白，满族。1907年，关百益毕业于京师大学堂速成科师范馆，曾师从著名学者罗振玉。从1908年至1917年，他先后担任北京第三中学堂、第一中学堂校长兼任八旗高等学堂校长。其间，北京内务部古物陈列所成立，他被该所聘为参事。1913年，利用工作之便，他开始从事龙门石窟资料的搜集和整理工作。同年，他编撰并出版了《龙门四品》（线装本）一书，成为民国时期最早出版的魏碑字帖。之后，他又赴辽宁省锦县（今凌海市）出任商埠局第一科科长。

1917年，关百益回到家乡河南开封，受聘于河南省教育厅，初任河南省教育厅科员，随后历任河南优级师范学校校长、河南省立高等师范学校校长、河南省立第一中学校长、河南省省长公署秘书等职。从20世纪20年代起，他开始致力于金石研究，并于1922年撰写了《龙门二十品释证》。1927年至1929年，关百益担任重修河南通志处纂修。1929年，他编纂并出版了《石华》（2集8册）一书。1930年，他又编著出版了《南阳汉画像集》一书。

1930年12月至1935年10月，关百益出任河南省博物馆（原河南民族博物院，今河南博物院）馆长。在此之前，河南省政府曾于1929年10月至1930年4月派遣河南省图书馆的何日章到小屯与中央研究院历史语言研究所组织的殷墟考古队抢挖甲骨，也收获颇丰，不仅获得了3656片刻辞甲骨（包括刻辞卜甲2673片和刻辞卜骨983片），而且还挖出了不少其他古物。这批文物出土后一并移交给当时的河南古物保存委员会保管。1931年春，这批文物又被移交给河南省博物馆。于是，时任该馆馆长的关百益便带领专业技术人员对这批文物进行了分类编排、摄影、墨拓等一系列整理工作，并编辑出版了《殷虚器物存真》《殷虚文字存真》《殷虚器物征存初稿》等三部书。其中，《殷虚器物存真》（3集）共3册，成书于1929年12月，并于1930年出版，书中收录了殷墟出土的青铜器、陶器、玉器、石器、骨角牙器、贝壳等各类器物。而《殷虚文字存真》（8集）共8册，为16开线装本，于1931年出版，宣纸印刷，装帧精美。该书共收录了800幅甲骨拓片，每册100片，包括600幅龟甲卜辞拓片和200幅兽骨卜辞拓片。每片甲骨拓印一纸，拓片全部根据甲骨原片大小精工细拓，字迹清晰，保留了原甲骨片的真迹。为了便于研究者识

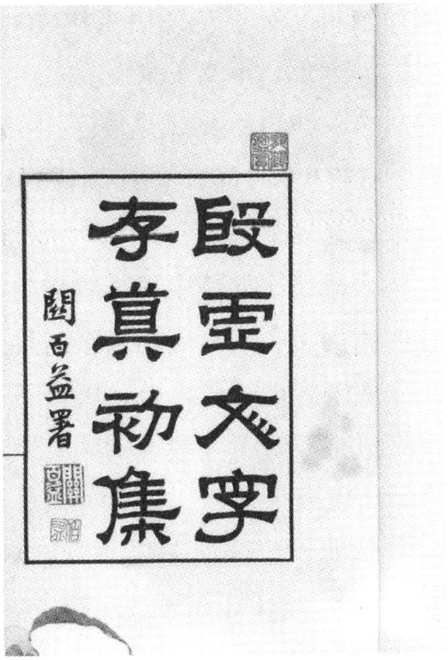

《殷虚文字存真初集》

别，书中将龟甲片简称“甲”，将兽骨片简称“骨”，并分别标注于每页的右上角。另外，在书页上还署有“拓者田玉芝”的字样。其实，这800片甲骨实物均是从所获3656片刻辞甲骨中选出的精品，而所有甲骨卜辞的墨拓工作则都是由关百益的夫人田玉芝独自一人完成的。田玉芝在1929年前后就已进入河南省博物馆工作，她的拓印技艺十分高超，当时河南省博物馆的许多出版物中所使用的器物拓片均出自其手。由于《殷虚文字存真》所录甲骨拓片制作精细，图版印刷清晰，所以成为研究甲骨文的宝贵资料。后来，该书所收录的800片甲骨拓片中的486片被胡厚宣编入《甲骨文合集》中。可以说，该书是河南学术机构主动发掘殷墟并公开发表所获甲骨的一部时代较早的甲骨文著录，尽管因缺少发掘坑位和编号记录而稍欠科学性，但由于所录甲骨片均为殷墟出土的真品实物，所以仍具有重要的学术研究价值。

河南省博物馆（今河南博物院）创建于1927年7月，关百益担任该馆馆长近5年时间（自1930年12月至1935年10月），是当时任职时间最长，并对该馆事业所作贡献最大的一位馆长。关百益不仅有着渊博的学识和丰厚的研究成果，还有着科学的组织管理才能。他确定了馆址，明确了性质，健全了机构，丰富了藏品，举办了许多陈列展览，取得了丰硕的科研成果，从而使河南省博物馆名声大振。在他的影响和带动下，馆内许多人在自然、考古、历史等多个方面也都取得了丰硕成果。关百益任馆长期间，不仅成立了博物馆理事会，还制定了《河南省博物馆组织条例》，这是河南省博物馆建馆后的第一个条例，亦是中国文博领域较早的法规之一。他不仅关注专业人员的培养，还重视文物的征集和收藏工作。当时，河南省博物馆的馆藏文物之丰富仅次于故宫博物院。此外，他对文物藏品的陈列展览工作也非常重视。鉴于当时的条件所限，他将文物标本库房当作陈列室，并让保管员担任讲解员。馆内共设19个专题陈列部，丰富的文物藏品和古代艺术品吸引了如潮的观众。据统计，仅在1931年一年中，参观人数就达36万多人次。值得一提的是，在1935年10月至1936年1月间，关百益曾将馆藏8件新郑青铜器精品运往英国参加了“伦敦中国艺术展览会”。这是河南省博物馆的馆藏文物第一次出国展览，也是西方国家第一次接待中国文物展览。这批文物曾在上海展览6个星期，自英国伦敦返回后又在南京展出4个星期，深受国内外观众的赞誉。

从事管理工作之外，关百益在担任河南省博物馆馆长期间也出了不少学术研究成果。除了《殷虚器物存真》《殷虚文字存真》《殷虚器物征存初稿》等研究甲骨文及殷墟出土器物的著作以外，他还对分布于河南省各地的重要石刻及河南省博物馆馆藏石刻进行了系统考证和研究，并相继编撰《河南石志》《响堂石刻志》《宝山石刻志》《山泉石刻志》《河南石志分类说略》《河南石志序例及说明》《审美堂藏石录》《石刻存稿》《繁塔石墨撷英》《老君洞石墨撷英》等著作。1931年后，关百益编写了《伊阙石刻志》（40卷），因当时资金所限，未能及时付梓，致使如今手稿已不知去向。所幸其同期编写的《伊阙石刻图表》于1935年得以出版。该书中的造像图皆采自1904年（光绪三十年）法国著名汉学家沙畹所摄的百余幅照片，有文字著录2200余品之多。该书图文并茂，保存了龙门石窟遭受破坏和洗劫前的面貌，成为研究伊阙图像原貌的孤本。此外，关百益对如意、古代货币等文物也颇有研究。河南省博物馆珍藏有安南赠给清廷的9柄如意（现保存于台湾），关百益于1931年对这批如意逐件进行了研究，并编成《登封如意图考》。至于对古代货币的研究，他编著了《东亚民族国币举要》《泉景目录》《泉景》《方城币谱》《跋抄本武露谷钱谱》等书。

在担任河南省博物馆馆长期间，为了使全国各地的文物得到有效保护，关百益还于1933年3月18日和田玉芝、顾鼎梅、刘海粟、滕固、王济远等人在上海联合提议并发起成立“中国艺术考古学会”（后改为“中国考古会”）。同年3月29日，关百益和蔡元培、叶恭绰、刘体智、刘海粟、田玉芝、顾鼎梅、王济远、滕固等人在上海辣斐德路海庐召开了中国考古会第二次筹备会议，蔡元培被推选为主席，王济远负责记录。此次筹备会议讨论了创立中国考古会的意义，并确定以“搜考历代遗物，发扬吾国文化”作为成立宗旨。经过两个月的精心筹备，中国考古会于当年 5 月 14 日在上海亚尔培路中国科学社明复图书馆举行了成立大会，并通过章程及议决提案，推举蔡元培等人为理事。《申报》对中国考古会的筹备和成立进行了详尽报道。中国考古会的成立，为促进中国考古事业的发展，保护全国各地的文物古迹作出了积极努力和重大贡献。

1936 年至 1938 年 5 月，关百益转任河南通志馆纂修，相继编纂并出版了《河南通志·金石志》《河南金石志》（40 卷）《河南金石志图》《金石书目》《金石史》《关斋金石文存》《河南金石志谱》等一系列金石学著作。其中，《河南金石志图》分为正编和附编，所录器物均是《河南金石志》中辑录的精品。正编 4 集，收录的器物以金石为主；附编 2 集，以陶、玉、砖瓦、角、骨、龟甲兽骨文字为主。

在传统金石学之外，关百益还致力于考古学的研究，并撰有《金石学》《考古浅说》《考古津梁》等考古学著作。1936 年，他应河南博物晨光读书会的邀请，主讲《考古学大意》，对考古学的定义、范围、方法等做了比较全面系统的论述。之后，《考古学大意》在 1936 年《河南博物馆馆刊》第一期和第二期上连载发表。他将中国考古学的历史分为汉代、宋代及现代三期，丰富了中国近代考古学理论。1936 年冬，关百益再次赴龙门石窟考察。他按山逐洞摄影，共拍摄了 300 余幅照片，还发现了一些新佛像和唐碑。随后，他以这些照片为基础编著成《伊阙古迹图》一书，并于 1937 年出版。

1938 年 6 月，开封沦陷，关百益为保护文化珍品而滞留在开封，日伪曾任命他为盐务局税务会计科科长。1941 年至 1944 年，他任河南通志馆编纂。其实，对于出任日伪控制下的职位，关百益开始是坚辞不受的，后来由于日本宪兵队特务绑架其亲属，所以他只得在被逼无奈下就任。

1945 年，中国人民抗日战争胜利后，经张钫（1886—1966）介绍，关百益被西北大学聘为历史系教授，主讲“考古学”“先秦史”“民俗学”等课程。1956 年 1 月 16 日，关百益在陕西西安因病去世。

综览关百益的一生，他多才多艺，知识渊博，兴趣广泛，著述颇丰，不仅在金石学、甲骨学、考古学、史学、古器物学、方志学等诸多学术领域取得了卓越成就，而且在书画艺术方面也造诣颇深。其中，在龙门石窟的调查与研究方面，他堪为调查最细致、研究最全面、著述最丰富、成绩最突出的学者。他不仅为河南省博物馆的发展作出了积极努力和重要贡献，而且还发起成立了“中国考古会”，有效保护了全国各地的重要文物古迹，有力推动了中国文物保护事业的发展，因而被誉为中国“近代考古学先驱”和“博物馆奠基人之一”。在学术研究之外，他还擅长书画艺术，只是由于其学术成就过于显著，所以掩盖了其在书画艺术方面的名气。他的书法受汉隶和魏碑的影响很大，擅长篆书、行书、楷书、隶书，风格雄厚质朴、洁净雅正，是当时河南书法界的代表人物之一。他的绘画颇有宋元之风，人物、山水、花鸟无不精湛，画风清新劲健、超凡脱俗，影响极大。因为在不少学术研究领域和书画艺术方面均成绩显著，颇有贡献，所以关百益在20世纪40年代被作为“文化名人”列入《中国文化界人物总鉴》。如今，时过境迁，关百益在甲骨文研究方面的成果虽已逐渐被世人乃至学者淡忘，但其所编《殷虚文字存真》却永载甲骨学史册，成为无法抹去的一页。

参考文献：

1. 孙传贤，刘朴：《关百益先生在学术上的贡献》，《中原文物》1987年第2期。
2. 王瀛三，姜秀琴，宋庆元：《关百益与河南博物馆》，《中原文物》1987年第2期。
3. 张勇，苏岩：《关百益〈殷虚文字存真〉分期分类的初步探索》，《中原文物》1987年第3期。
4. 刘朴，王瀛三：《近代河南文博考古事业的先驱——关百益》，《河南大学学报》（哲学社会科学版）1988年第4期。
5. 李立新：《论河南运台甲骨》，《中国社会科学院研究生院学报》2003年第2期。
6. 王伟佳：《殷墟考古初期（1929—1930）的古物所有权之争》，中国美术学院硕士学位论文，2014年。
7. 李奕青：《从关百益画像论“中国考古会”的创立》，《中国国家博物馆馆刊》2018年第9期。

第三十一篇

民国大师杨树达，晚研卜辞亦在行

在民国时期从事汉语语法和文字学研究的著名学者中，有一人被著名学者陈寅恪赞为“赤县神州文字、音韵、训诂学第一人”，就连当时被称为“狂人”的著名学者章太炎都称赞其“湖南前辈于小学多麤觕，遇夫独精审，智殆过其师矣”。著名甲骨学大师郭沫若也曾给他写信说：“就整个言之，我兄于文字方法体会既深，涉历复博，故所论列均证据确凿，左右逢源，不蔓不枝，恰如其分，至佩至佩！”那么，“遇夫”是谁？此人是何方神圣？他就是杨树达。

据相关资料记载，杨树达于1885年（清光绪十一年）6月1日出生于湖南省长沙县（今长沙市）的一个教师家庭，字遇夫，号积微，晚号耐林翁。他自幼便受到良好的家庭教育，于1898年进入长沙时务学堂，师从湘潭人叶德辉，攻读《说文解字》《四库提要》。1900年，他转入长沙求实书院学习经史、算学、地理、英文等新知识，初步打下古文基础，并受到梁启超、谭嗣同“革政救亡”思想的影响。1905年，他官费东渡日本留学，先入东京弘文学院大冢分校，后就读于京都第三高等学校，进修外国语言学。1911年，他学成回国后，先在湖南省教育司任职，后任湖南省图书馆编译兼楚怡工业学校英语教员。从1913年起，他先后担任湖南省立第四师范学校、湖南省立第一师范学校、湖南省立第一女子师范学校的

杨树达

国文教员。1919年6月，他与朱剑凡、徐特立等人在长沙发起成立了一个学术性团体——健学会。1920年，湖南各界人士发起驱逐湖南督军张敬尧的运动，杨树达以在教育界的名望而被推选为教师代表，与毛泽东有所接触（毛泽东被推为公民代表）。同年起，他到北京出任教育部国语统一筹备会辞典编辑，并先后兼任北京政法专门学校教授、北京高等师范学校国文系教授、教育部主编审员等职。1924年，他撰成了《古书疑义举例续补》一书。1925年，他被清华大学聘为教授，之后担任清华大学国文系和历史系教授，讲授“中国文字学概要”“甲骨文”“金文”“国学要籍”“修辞学”等课程，颇负盛名。1928年至1930年，他到武汉大学文学院任教。在清华大学和武汉大学任教期间，杨树达曾撰写并出版了《中国语法纲要》（1928年由商务印书馆出版）、《词诠》（1928年由商务印书馆出版）、《高等国文法》（1930年由商务印书馆出版）、《马氏文通刊误》（1931年由商务印书馆出版）、《积微居文录》（1931年由商务印书馆出版）、《中国修辞学》（1933年由世界书局出版，后经增订改名为《汉文文言修辞学》于1954年由科学出版社再版）等多部著作，其中《汉文文言修辞学》是一部具有民族性、科学性、创造性的文言修辞学名著。杨树达凭借这些学术成果已蜚声海内外，获得中外学术界的广泛赞誉。

1937年，全民族抗日战争开始后，杨树达回到长沙，受聘为湖南大学中文系主任、文学院院长。在教学过程中，他将教学、研究和著述三者紧密结合，每教一门课都有自编讲义，讲述自己多年的研究心得，最后形成著作。同年，他所著的《积微居小学金石论丛》由商务印书馆出版。此前，他所撰写的《周易古义》（1934年由商务印书馆出版）、《老子古义》（1934年由商务印书馆出版）、《论语古义》（1934年由商务印书馆出版）、《古声韵讨论集》（1934年由好望书局出版）、《古书句读释例》（1934年由商务印书馆出版）等著作也相继出版。

1941年，杨树达被国民政府教育部聘为“部聘教授”。1942年，他荣获国民政府教育部二等学术奖。1947年，他荣获国民政府教育部古文字学研究二等奖。1948年3月，他当选为中央研究院第一届院士。1949年中华人民共和国成立后，他与吴玉章、马叙伦等人组织“中国文字改革协会”，并担任理事会副主席。1952 年，因全国高校院系调整，他转入湖南师范学院任教授。同年，杨树达所著《积微居金文说》由科学出版社出版。1953 年，其所著《积微居金文余说》也由科学出版社出版。自 1953 年起，杨树达兼任湖南省文史研究馆馆长。1954 年 11 月，毛泽东到长沙视察工作时，特邀他前来会见，听取了他对政府工作的意见，并邀其一起登岳麓山。

在湖南师范大学和湖南省文史研究馆任职期间，杨树达开始研究甲骨文，并相继撰写和出版了《积微居甲文说·卜辞琐记》（1954 年由科学出版社合册出版）、《耐林庼甲文说·卜辞求义》（1954 年由群联书店合册出版）等著作。其中，《积微居甲文说》分上下两卷，共收文 53 篇，上卷 33 篇侧重于说字，分为识字、说义、通读、说形等 4 类，下卷 20 篇侧重于考史，分为人名、国名、水名、祭祀、杂考等 5 类。《卜辞琐记》共收录其考释甲骨文字和词的短文 49 篇。《耐林庼甲文说》共收录 6 篇其考释甲骨文的文章。《卜辞求义》则收录了 217 篇考释甲骨文字的短文。这四种著作在 1986 年又被上海古籍出版社合编为一册，作为《杨树达文集》之五出版，为学者提供了极大方便。

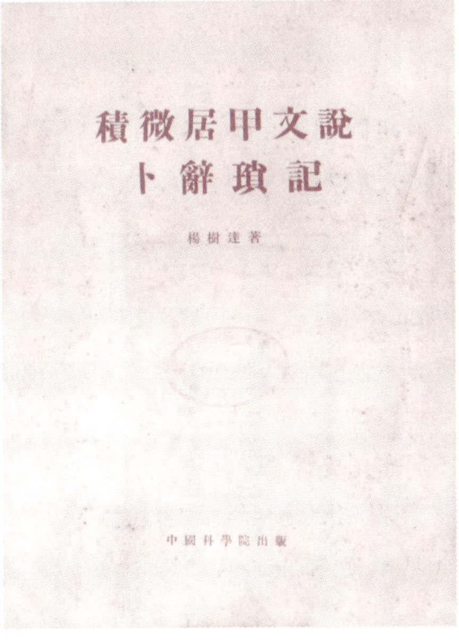

《积微居甲文说·卜辞琐记》

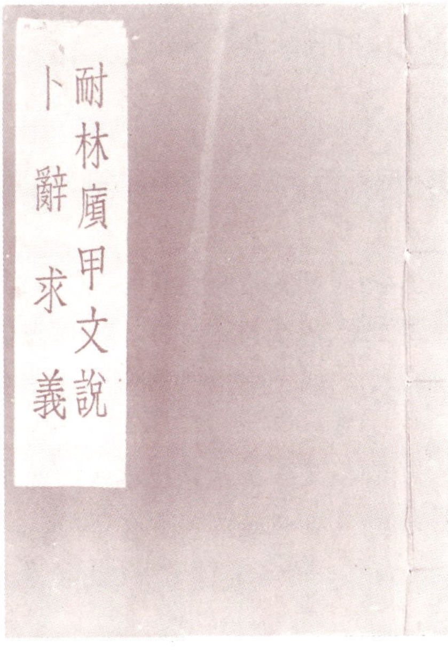

《耐林庼甲文说·卜辞求义》

1955年6月，杨树达当选为中国科学院哲学社会科学部学部委员，还是苏联科学院通讯院士。1956年2月14日，杨树达于长沙逝世，毛泽东致唁电，周恩来送了花圈，湖南省党政领导参加追悼会，护送其灵柩至岳麓山安葬。

综览杨树达的一生，他在语法学、修辞学、训诂学、词源学、文字学、文献学、考古学等诸多学术领域均卓有建树，留下了不少经典之作，以其渊博的学识和精深的造诣而在20世纪中国学术史上享有极高的地位和声誉。他熟读古籍，精于校雠，毕生从事语言文字和历史文献的研究、整理和教学工作。在历史文献研究方面，除了传统的经、史、子、集以外，杨树达还嗜好青铜器铭文与甲骨卜辞。其所著《积微居金文说》考释了314件青铜器的铭文，堪为金文整理与研究方面的代表作，既为学者提供了大量珍贵史料，也为金文初学者提供了一部重要的参考工具书。杨树达研究甲骨卜辞虽然起步较晚，但所出成果却不少，其代表作《积微居甲文说·卜辞琐记》和《耐林庼甲文说·卜辞求义》均为考释文字与历史研究相结合的经典著作。可以说，他在甲骨文字的考释、词义探析等方面也作出了突出贡献，尤其是在甲骨文字的考释方面，可谓方法独到，创获颇多。杨树达也由此载入甲骨学史册，成为承前启后、举足轻重的一位甲骨学者。

参考文献：

1. 佚名：《杨树达先生传略》（1885—1956），《考古通讯》1956年第2期。
2. 白吉庵：《杨树达传略》，《文献》1984年第3期。
3. 沈光海：《简论杨树达对语言文字学的贡献》，《湖州师专学报》1989年第1期。
4. 杨荣祥：《杨树达先生学术成就述略》，《荆州师专学报》1999年第1期。
5. 赵诚：《杨树达的甲骨文研究》，《古汉语研究》2005年第1期。
6. 孙海林，孙琦：《杨树达生平及著作述略》，《湖南第一师范学报》2006年第4期。
7. 东方白：《杨树达：尽小者大　积微者著》，《语言文字报》2010年12月29日。

8. 符岚:《国学大师杨树达》,《书屋》2012 年第 6 期。
9. 刘超:《蒋廷黻与杨树达的“过节”——兼及陈寅恪》,《书屋》2014 年第 8 期。
10. 杨德娴:《我的父亲杨树达》,《湘声报》2017 年 9 月 1 日。
11. 杨逢彬:《祖父杨树达的遗稿去哪了?》,《文史博览》2018 年第 1 期。
12. 常立军:《杨树达是谁? 文科生不可不知的大师》,《潇湘晨报》2019 年 8 月 31 日。

第三十二篇

精研契文李亚农，上海文史之顶梁

提起“孔德图书馆”，可能不少人会觉得陌生，不过这个图书馆在20世纪30年代的上海可是非常有名，因为这家图书馆不仅藏有丰富的古籍和文物，而且还汇聚了沈尹默（1883—1971，沈兼士之兄）、金祖同等多位著名学者。金祖同曾于1935年供职于孔德图书馆。正如前文所言，金祖同在1936年春曾奉著名收藏家刘体智之命，携带刘体智所编的《书契丛编》（20册）东渡日本，赠予郭沫若研究。随后，金祖同便师从郭沫若搜寻和拓印流散在日本各地的甲骨文，成为郭沫若的私淑弟子。后来，金祖同虽然在甲骨文研究领域也小有成就，但可惜英年早逝。不过，在金祖同离开孔德图书馆不久，有一位年轻人也进入该馆工作，并被该馆所藏的甲骨文深深吸引，最终亦成长为一代古文字学大家。那么，此人是谁？他便是李亚农。

李亚农

李亚农于1906年（清光绪三十二年）6月26日出生在四川江津，原名李祚贞，又名李旦丘。1916年，10岁的李亚农跟随其三哥李初梨到日本求学，后考入京都帝国大学学习哲学。在大学期间，他曾与人合作建立了“社会科学研讨会”，并广泛阅读马列主义著作。1927年，他加入中国共产党，在中共日本支部的领导下从事革命活动。1929年，世界经济危机爆发，处于危机中的日本，军方势力大为抬头，致使政府于当年冬发动凡与“皇道主义”意识形态有违即予检举的全国性行动。因此，在日本的中国共产党组织遭到破坏，李亚农、史存直等30多位中国留学生被日本政府逮捕，并遭受了严刑折磨。在其兄李初梨等人的营救下，李亚农在被关押3年后才得以取保释放。1932年，出狱后的李亚农几经辗转，从日本神户搭乘邮轮回到了上海。当时，他已与中国共产党组织失去了联系。回国后，通过京都帝国大学校友沈尹默的介绍，李亚农前往北方谋生，后在北平中法大学担任哲学教师。

1937年，李亚农重返上海，进入沈尹默主持的孔德图书馆工作。不久，他改名"李旦丘"，"旦"为后世政者楷模周公旦之名，而"丘"为儒学圣人孔子之名。李亚农之所以改名"旦丘"，是表明治学的决心，希望自己能在学术研究上干出一番大事业。孔德图书馆是由法国人出资创办的中法文化出版委员会下属的一个汉学研究机构。李亚农进馆后，在浏览版本目录类书籍之余，还涉猎甲骨文、金文。他原本是想通过甲骨文、金文等古文字了解和研究中国古代社会的一些情况，没料到却被这些古文字深深吸引，转而研究起中国古文字学来。此后，他利用孔德图书馆所藏的古文字资料（包括一部分刘鹗旧藏甲骨），撰写并出版了《铁云藏龟零拾》（1939年）、《殷契摭佚》（1941年）、《殷契摭佚续编》（1950年）、《金文研究》（1941年）等4部古文字学著作，并发表了《殷契杂释》等一些高水平研究论文。其中，《铁云藏龟零拾》所录93片甲骨拓本均为李亚农的朋友吴振平所藏，这批拓本的甲骨实物均系刘鹗旧藏，有数片已见于《铁云藏龟》中，但大多数未经著录。李亚农对这93片甲骨上的文字逐一进行了考释，并提出了自己的看法。《殷契摭佚》所录118片甲骨拓本原为罗振玉所藏的甲骨墨拓，是沈尹默于1939年春从一个书商手中购买的，共千余片。李亚农从中选取118片文辞较完整者和文字价值较高者，并按内容分为祭祀、贞夕贞旬、用牲、田猎、征伐、杂卜等六类，编为《殷契摭佚》。《殷契摭佚续编》完成于1941年，但因战乱而未能及时付印，故直到1950年才得以出版。该书共收录349片甲骨拓本，文字内容包括祭祀、用牲、食货、田游、征伐、天象、贞夕贞旬、杂卜等八类。李亚农也凭此三部著作跻身甲骨学界，成为古文字研究领域的一颗"新星"。

其实，早在1937年七七事变后，李亚农就已逐渐厌烦了在孔德图书馆的平静书斋生活。1941 年冬，他前往苏北抗日民主根据地，找到了他在日本京都帝国大学学习哲学时的学长、时任中共华中党校副校长的彭康。在抵达苏北阜宁县陈集乡停翅港的新四军军部后，李亚农受到了时任新四军代军长陈毅的热情接待。当时，新四军在对敌作战中俘获了不少日本战俘，需要有精通日语、熟悉日本国情的人去做宣传工作，于是在 1943 年，新四军军部决定委任李亚农为政治部敌工部副部长，负责日本战俘的感化和教育工作。因工作成绩显著，不久，李亚农重新加入中国共产党。此后，他随部队征战十余年，其间未做学问。

1946 年，李亚农出任中共华中局领导下的华中建设大学校长兼党委书记。在国民党发动全面内战后，他奉命带领师生撤至大连，创办文物商店和咖啡馆，一面保存文物，一面作为党的联络据点。1948 年，淮海战役爆发前夕，中共华东局不失时机地决定，以原临沂山东大学的一些教师为基础，会同华中建设大学的部分干部教师，在潍县组建华东大学。同年 9 月，在东北解放军发起辽沈战役之前，李亚农又被召回华东解放区，先在山东担任华东研究院院长，同时为日后接管上海的科学文化事业做好准备。1949 年 5 月上海解放后，他代表上海军事管制委员会接管并主持上海市的科学文化工作，先后担任中国科学院办公室副主任、中国科学院华东办事处主任、上海市文物管理委员会主任委员、高等教育处副处长等职，专门管理学术研究，领导上海的科学文化事业。

1949 年 6 月，上海军事管制委员会市政教育处接管了上海市立图书馆。该馆是由位于江湾的上海市图书馆、位于南市文庙的上海市立图书馆和位于福州路前工部局的公众图书馆等三座图书馆合并而成的。尽管从 1950 年起，社会各界知名人士及其后人纷纷向新生的上海市立图书馆捐献私人藏书，但是藏书总量仍然很少。鉴于上海市立图书馆的硬件设施和保存环境有限，李亚农决定另行成立上海图书馆，并使其成为华东地区最大的图书馆。在积极网罗人才的同时，他主持的文管会又拨出专项经费用以搜集和收购图书，从而使上海图书馆的藏书大为丰富。1950 年 2 月，他将位于南京西路黄陂北路处的原上海跑马总会大楼租下来，作为上海图书馆（当时还包括上海博物馆）的馆舍，时任市长陈毅还为之题写了馆名。到 1952 年时，上海图书馆的藏书量已达到

70 多万册，并吸引了越来越多的人前来借书、看书，成为名副其实的大型图书馆。

除了上海图书馆以外，上海博物馆也是由李亚农一手操办创建的。其实，在解放前，上海虹口的横浜桥就有一个规模不大的上海市博物馆。另外，还有一座法国人创办的震旦博物院和英国人创办的亚洲文会博物馆。然而，这些博物馆虽有其名，藏品却很单调，大都是些动植物标本，鲜有上乘文物精品。早在 1949 年 5 月，解放上海的枪声刚停下就有人报告，说海关码头仓库里的一批珍贵文物正被装船起航，运往美国。解放军立即前往封锁，将这批文物扣留下来。原来这批文物是上海“雪耕斋”古玩店老板张雪耕代人保管的，正打算运往美国出手，其中就包括山西大同浑源东坊城乡李峪村出土的牺尊等十余件珍贵青铜器。而最早披露这一消息的是杨宽（1914—2005），他的消息使这批珍贵文物避免了流失。鉴于此，李亚农便委托杨宽负责筹建上海市博物馆。之后，除了从海关截留的文物以外，文管会还接收了一大批外国人为汉学研究所保存的中国文物，如孔德图书馆及研究所收购的刘鹗旧藏甲骨、安特生收集的仰韶文化彩陶等。上海解放后，又收购了不少私人收藏的传世文物，加之私人藏家捐赠的（如清末收藏大家潘祖荫孙媳潘达于捐赠的“大盂鼎”“大克鼎”等），这些文物全部交给于 1952 年新成立的上海市博物馆，从而使该馆的文物藏品得到极大丰富。

1952 年，在上海市博物馆建立之后，中国史学会上海分会（即上海历史学会）也成立了。该会是由郭沫若委托周谷城筹划的，为上海哲学社会科学界最早成立的学术团体。成立之初，李亚农被推举为会长，周谷城任副会长。李亚农很好地行使了职权，团结了 50 多位有一定学术成就和影响的史学研究工作者或教学工作者，使当时的上海史学会仅次于北京史学会。

1955 年 6 月，在中国科学院第一次学部成立大会上，李亚农当选为哲学社会科学部学部委员。1956 年，中国科学院成立上海历史研究所筹备处，他出任主任。1959 年，上海历史研究所划归上海社会科学院，他又担任所长。在担任研究所所长期间，他不仅精心搜集和严格选聘具有真才实学的人才，而且还筹建图书资料室和创办研究集刊以为科研人员创造更好的环境和条件。对于科研人员，他主张排除对他们的一切干扰，让他们静心研究，从而培养出一大批学术研究人才。

但是，从1949年到上海工作后不久，李亚农就相继患了风湿性心脏病和肺癌，健康状况日趋恶化。然而，在忙于政务的同时，他仍然坚持学术研究，笔耕不辍，经常是一边吐血、一边写作，氧气瓶和急救药不离身边。直到1962年9月2日病逝，在十余年间，他不畏病魔、克服万难，撰写并出版了《中国的奴隶制与封建制》（1954年）、《周族的氏族制与拓跋族的前封建制》（1954年）、《殷代社会生活》（1955年）、《西周与东周》（1956年）、《中国的封建领土制和地主制》（1956年）等5部学术专著。在重病缠身的情况下，他仍将过去的著作加以综合整理，并和他人合编成《欣然斋史论集》（1962年）。即使在病逝前不久，他还完成了最后一篇论文《论钱舜举在中国美术史上的地位》。在学术研究方面，每当遇到不同的学术观点，他不予回避，总是开门见山、直截了当地表明自己的看法和主张。关于他研究甲骨文的成就和对甲骨学的贡献，正如著名史学家顾颉刚所言："在这一学科上，郭老有开山之功，李氏有精密研究之力。"

参考文献：

1. 《史林》编辑部：《光辉的一生——李亚农同志传略》，《史林》1986年第3期。
2. 张玫：《关于〈李亚农同志传略〉》，《史林》1987第1期。
3. 姜义华主编：《史魂——上海十大史学家》，上海辞书出版社，2002年。
4. 何泉达：《历史学家李亚农》，《文汇报》2002年6月28日。
5. 马军：《李亚农：有古文字学精密研究之力》，《社会科学报》2020年12月16日。

第三十三篇

钻研文史从王、梁，爱国文人吴其昌

著名古文字学家容庚曾对当时研究甲骨文和金石学的几位名家作了如下评价：“目光锐利，能见其大，吾不如郭沫若；非非玄想，左右逢源，吾不如唐兰；咬文嚼字，细针密缕，吾不如于省吾；甲骨篆籀，无体不工，吾不如商承祚；操笔疾书，文不加点，吾不如吴其昌；若锲而不舍，所得独多，则彼五人似皆不如我也。”在容庚所说的“五人”中，除了吴其昌以外，其他四位均已在前文做过介绍。那么，这位“操笔疾书，文不加点”的吴其昌是谁？他何以能与郭沫若、唐兰、商承祚、于省吾、容庚等学者齐名？又与甲骨文有何缘分？

吴其昌于 1904 年（清光绪三十年）出生在浙江嘉兴海宁硖石镇，字子馨，号正厂，在姐弟六人中排行第四。他自幼父母双亡，经受了不少磨难。虽然生活艰辛，但他刻苦好学，8 岁时就能每日识记数百字。1921 年，他考入无锡国学专修馆，师从唐文治（1865—1954）学习宋明理学。由于他博闻强记、才思敏捷，故与王蘧常、唐兰被合称为“国专三杰”。他勤奋好学，经常怀揣烧饼在图书馆中攻读终日。在无锡国学专修馆读书期间，他曾感慨于国是日非，并写下洋洋数千言而上书政府，因此得到老师唐文治的高度赞赏。唐文治改杜牧诗赞其曰：“吴生拔剑斫地歌莫哀，我能拔尔抑塞磊落之奇才。”

吴其昌

1924年，吴其昌从无锡国学专修馆毕业后，经老师唐文治介绍，前往广西容县中学任教，并扶助弟妹求学。当时，他已写出《二程年谱》及《朱子著述考》等初稿若干卷。1925年，他以第二名的优异成绩考入清华大学国学研究院，成为该院第一届学生之一，师从王国维治甲骨文、金文及古史，师从梁启超治文化学术史及宋史。由于他钻研不辍，并时有论作发表，故深得王国维、梁启超两位先生的器重。他与王、梁的关系笃厚，两位先生的讲课内容，如王国维的《古史新证讲授记》《尚书讲授记》《古金文字讲授记》等和梁启超的《读书法》《读书示例》《政治家的修养》等，也多是由其记录和发表的。1926年，吴其昌参加了三一八北京学生反帝大游行，并扛着大旗走在队伍最前面。当惨案发生时，枪弹从他耳旁飞过，他立即扑倒在地才幸免于难。1927年，在王国维自沉昆明湖的前天晚上，吴其昌和同乡赵万里还在王国维家中与其畅谈学术问题。次日上午，当王国维投湖自杀的消息传出后，吴其昌是最早赶到颐和园的弟子。吴其昌与梁启超的关系更是情同父子，他曾住在梁启超家中，协助梁启超处理文案。1929年梁启超病逝后，他曾代表清华大学国学研究院全体同学在其墓前致辞。

从1928年起，吴其昌先后担任南开大学和清华大学的讲师。1931年九一八事变后，他偕夫人和弟弟吴世昌乘车南下。当年11月20日，他们毅然宣布绝食，并在北京和南京先后向张学良与蒋介石请愿，要求抗日，一起在南京中山陵哭灵。吴其昌还愤然在孙中山灵前宣读了《昭告总理文》。吴氏兄弟绝食抗议共历经84个小时，此番爱国壮举曾震动朝野，在全国产生了很大影响。当时，为了声援他们的行动，清华大学学生会还组织请愿团开赴南京，随后各地的请愿活动纷至沓来，此即“名倾天下”的“吴氏兄弟哭灵案”。事后，清华大学迫于国民政府的压力而将吴其昌解聘。

1932年，吴其昌被武汉大学历史系聘为教授。他在武汉大学所开设的课程明显表现出王国维、梁启超的学术流脉，当时的学术界称其“研究学术，继承王国维先生的衣钵；发为文章，则一秉梁启超先生的文心”。1937年，全民族抗日战争开始后，他又随校迁至四川乐山，随后出任历史系主任。在国难当头之际，他抛却书本，大声呐喊，先后发表了大量文章，并频繁进行讲演，成为当时舆论界的重要人物。他曾主动请缨上阵杀敌，因病未能如愿。尽管当时已重病缠身，但他仍坚持讲课、笔耕不辍。正如他所言："国难严重，前方将士效命疆场，后方教授当尽瘁于讲坛。"1943 年，已病入膏肓的吴其昌还发表了《王国维先生生平及其学说》的演讲。1944 年 2 月 23 日，他因肺痨而病逝于乐山，在其临终前的一个月仅完成了半部为纪念恩师所作的《梁启超传》，成为绝笔。

由于吴其昌是王国维与梁启超的嫡传弟子，所以曾被学界认为是王国维、梁启超学术事业的"接班人"。他在学术上的成果主要集中在古文字研究领域，于甲骨文、金文等方面造诣很深、颇有建树。在甲骨文研究方面，其代表作《殷虚书契解诂》堪为甲骨学史上的一部重要著作。该书先于 1934 年起在武汉大学《文哲季刊》第三卷二、三、四号，四卷二、四号，五卷一、四号，六卷三号上连载，后于 1960 年由艺文印书馆出版，2008 年由武汉大学出版社再版，主要内容是吴其昌对从罗振玉所编《殷虚书契前编》中的一些珍贵甲骨材料进行了字句解析，不仅细致精密，而且多有创见。此外，吴其昌对于甲骨的残片缀合和残辞互补也做了大量卓有成效的工作。至于在金文研究方面，他投入的精力则更多。他在所著《金文历朔疏证》（1936 年由商务印书馆出版）的序中曾自述有编著《金文历朔疏证》《金文方国疏证》《金文氏族疏证》《金文名象疏证》《金文习语疏证》《金文职官疏证》《金文礼制疏证》等书的系统计划，但可惜因故未能如愿完成，只有《金文历朔疏证》（1936 年）、《金文世族谱》（1936 年）、《金文年表》、《金文氏族疏证》等少数著作得以面世。其中，《金文历朔疏证》和《金文世族谱》于 2004 年又被辑入《国家图书馆藏金文研究资料丛刊》。而其他多种著作则被吴其昌的后人吴令华收录进《吴其昌文集》（2009 年由三晋出版社出版）中，以便于后世学者参考。可以说，吴其昌研究古文字是完全继承了王国维的方法与途径，并有所推进和发展，不愧为王国维的嫡传。不过，除了古文字研究以外，吴其昌在其他学术

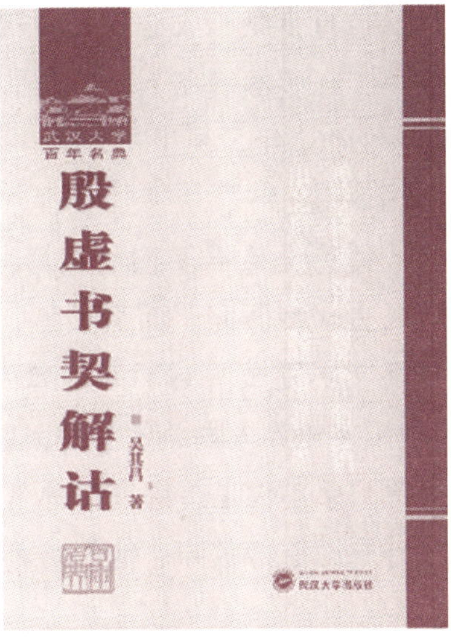

《殷虚书契解诂》

领域也有所贡献，还撰写了不少有关音韵训诂、目录校勘、土地制度、宋明哲学史、上古史、边政史、东亚史及科学史等方面的论著，例如《朱子著述考》《宋元明清学术史》《北宋以前中国田制史》《三统历简谱》以及时论、杂文集《子馨文存》等。

上文曾言吴其昌在1931年九一八事变后，曾带妻子和弟弟南下绝食抗议国民政府不抵抗日本侵略者的政策，引起了全国轰动，吴氏兄弟的爱国行为被广为传颂。而他的这位弟弟正是著名红学家吴世昌。吴世昌在吴家兄弟姐妹六人中排行最末，于1908年（清光绪三十四年）出生，比吴其昌小四岁。他不仅幼失双亲，还伤了左眼以致失明，所以童年过得非常凄苦悲惨。父母亡故后，因为家里穷困，其兄吴其昌无力升学，所以曾经伯父介绍到杭州教孩子读书，而他自己连小学都没念完就被送去当学徒。幸而吴其昌没有放弃，一直勉励他勿忘读书，以后会想法让他再进学校读书。之后，在其兄吴其昌的资助和支持下，吴世昌如愿考入燕京大学。像吴其昌一样，吴世昌也有着浓厚的爱国热情。1931年九一八事变后，他不仅跟随吴其昌南下绝食抗议国民政府的不抵抗政策，而且还率先在燕京大学校园内贴出要求抗日的大字报，并被选为燕大学生抗日会的第一任主席。他积极组织请愿、募捐、慰问等活动，并主办《火把》杂志，鼓吹抗日。此外，在抗日战争期间，他还写过多篇时论、杂文，鼓吹抗日，激励人心，其中部分文章后来被收录进《中国文化与现代化问题》专集。在学术研究上，吴世昌也不甘落后，其诸多著作后集为《罗音室学术论著》。1962年，吴世昌放弃牛津大学的续聘和美国名校的邀约，毅然带着全家回国效力。

吴氏兄弟不仅感情甚笃，而且在学术研究领域也堪称“双璧”，吴其昌擅长古文字研究，而吴世昌则专攻红学，两人均在各自领域取得了卓越成就，都在文史领域留下了不可磨灭的痕迹。1936年，日本汉学家桥川时雄在编著《中国文化界人物总鉴》时，曾为吴其昌和吴世昌兄弟两人分别立传。可以说，吴氏兄弟不仅是造诣高深的著名学者，也是爱国知识分子的楷模典范，他们的精神永远值得敬仰，他们的著作将永世流传。

参考文献：

1. 散木:《海宁“二吴”——吴其昌、吴世昌兄弟简记》,《书屋》2006年第11期。
2. 吴令华主编:《吴其昌文集》(全5册)，三晋出版社，2009年10月。
3. 陈荣军:《吴其昌古文字研究与二重证据法》,《常熟理工学院学报》2011年第11期。
4. 吴佩剑:《大师风范永存——吴其昌档案简介》,《浙江档案》2012年第12期。

第三十四篇

大师嫡传徐中舒，所编“字典”影响广

在清华大学国学研究院于1925年招收的首届学生中，除了吴其昌以外，还有一人同样也师从王国维、梁启超等国学大师，并且之后在古文字研究领域也取得了卓越成就，此人就是徐中舒。

徐中舒

徐中舒于1898年（清光绪二十四年）10月15日出生在安徽怀宁（今安庆市）月形山徐家畈，初名道威，字中舒。他3岁时丧父，5岁时随母亲入安庆清节堂。1905年，他就读于育正小学。1914年，他考入安庆第一师范学校。在该校学习期间，他接触桐城派古文，逐渐对其产生了浓厚兴趣。1916年，他毕业后留在该校的附小任教。1918年至1919年，他又先后考入武昌高等师范数理系和南京河海工程学校继续读书。后因其母生病而返回故里照顾，同时充任家庭教师以养家。1921年，经人介绍，他到桐城方家任家庭教师。1922年，他又到上海李国松家任教，讲授《左传》。李家藏书丰富，他得以饱览群书。除了经史、诸子、小学等方面的书籍以外，他还接触到了甲骨文和金文。1925年，他考入清华大学国学研究院，师从王国维、梁启超、陈寅恪等著名学者。在学习期间，他尤其喜欢王国维的古史考证，所以决心献身于这门学术研究领域。1926年，他从清华毕业后返回家乡，先在合肥六中任教半年，随后又受聘于上海立达学园。在上海立达学园任教期间，他在《立达》季刊第一期上发表了《古诗十九首考》一文，引起了时任复旦大学中文

系主任刘大白的注意，同时也受到了暨南大学的重视和陈寅恪的赏识。1928年，他先后被复旦大学和暨南大学聘为中文系教授。1930年，在陈寅恪的推荐下，他到中央研究院历史语言研究所任专职编辑员，并于两年后升任研究员，跟随陈寅恪从事史学与古籍校勘学等方面的研究工作。在历史语言研究所工作期间，徐中舒参加了清代内阁大库所藏明清档案的整理工作，并撰写、发表了一系列学术论著，取得了一系列研究成果，逐渐受到学术界的重视，被学术界公认为一流学者。此外，他还在北京大学历史系兼职讲授“殷周史料”课程。1934年，他与容庚等人共同发起成立考古学社。1937年，全民族抗日战争开始后，应中英庚款董事会（于1931年4月8日在南京成立）和四川大学协聘，他辞去历史语言研究所的工作而到四川大学历史系任教。此后，他还先后在乐山武汉大学、成都燕京大学、华西协合大学、南京中央大学等高校兼职任教。1947年，他出任四川大学历史系主任直至解放。

1949年，中华人民共和国成立以后，徐中舒担任四川大学历史系教授。1952年，他兼任西南博物院院长，并于1953年重任四川大学历史系主任。1955年6月，在中国科学院第一次学部成立大会上，他当选为哲学社会科学部学部委员。1956年，他又被评定为一级教授。1957年后，他历任中国科学院哲学社会科学部学部委员、全国人大代表、全国政协委员、四川省历史学会会长、中国先秦史学会理事长、中国古文字学会常务理事、中国考古学会名誉理事、《中国大百科全书·中国历史》编辑委员会委员等职。“文化大革命”期间，他受到了迫害和冲击。中共十一届三中全会之后，他的名誉得到恢复。1978年，他在担任四川大学历史系教授的同时又兼任四川省博物馆馆长。1981年，他又兼任四川省文化管理委员会副主任。1982年5月24日—29日，“中国先秦史学会成立大会暨第一届年会”在四川成都召开，徐中舒当选为首任会长，之后连任两届。1989年5月，他主编的《甲骨文字典》由四川辞书出版社出版。该书像《甲骨文合集》一样，也是甲骨学史上的一座重要里程碑，至今仍是甲骨文研究领域的经典代表作和必备工具书。

1991年1月9日，徐中舒在四川大学逝世。

综览徐中舒的一生，除了本分厚道的品行以外，最为学者和世人称道的还是其学术研究。他不仅因品德高尚而受人敬仰，而且在古文字学和史学研究方面也作出了重大贡献。他献身教育事业70余载，先后在复旦大学、暨南大学、北京大学、四川大学、乐山武汉大学、成都燕京大学、华西协合大学、南京中央大学等8所高校执教，师德高尚，诲人不倦，为国家培养了一大批科研人才，可谓桃李遍天下。他从事学术研究60多年，不仅以先秦史和古文字学为主攻方向，而且对明清史和四川地方史也颇有研究，成绩斐然。在先秦史研究方面，他撰写并发表了《耒耜考》《殷人服象及象之南迁》《殷周文化之蠡测》《殷周之际史迹之检讨》《黄河流域穴居遗俗考》《井田制度探源》《论东亚大陆牛耕的起源》《论周代田制及其社会性质》《论西周是封建社会——兼论殷代社会性质》等40余篇极具创见和影响力的论文。

在古文字的研究和整理方面，除了诸多专著和论文以外，他还主持编纂了《汉语古文字字形表》（1980年）、《殷周金文集录》（1984年）、《甲骨文字典》（1989年）、《汉语大字典》（1986—1990年）等多部大型古文字工具书及汉语辞书。其中，《甲骨文字典》可谓其杰出代表作，不仅是一部甲骨文研究领域的划时代巨著，也成为甲骨学史上的一座重要里程碑。该书不仅兼采各书之长，而且独创了最先进的编纂体例。书中共收录甲骨文单字2852个（其中重文71个），并且对每个甲骨文字的解释都分为字形、解字、释义三部分，而所收甲骨文字形则均采用董作宾的“五期说”，按时代先后排列，以便于读者能通过此书对甲骨文有一个较为全面深入的了解。书中既广泛吸收了诸家的最新研究成果，也融入了徐中舒自己数十年研究甲骨文的创获和心得。他运用独创的古文字研究方法，不仅成功释读出许多新甲骨文字，而且还纠

《甲骨文字典》

正了不少前人考释的谬误，因此代表了20世纪甲骨文研究的最新水平。该书面世后，很快就饮誉中外，受到学术界的高度赞赏和社会各界的一致好评。如今，该书依然畅销不衰，成为一代代甲骨学人的必备工具书，以其权威性、科学性而广受各界赞誉，成为甲骨文入门的经典之作。除了《甲骨文字典》以外，徐中舒在甲骨文研究方面的重要成果还有《甲骨文中所见的儒》《周原甲骨初论》等论文，均在学术界产生了重大而深远的影响。《金文嘏辞释例》（1936年）为徐中舒在金文研究方面的重要论著和经典代表。他在该文中对青铜器铭文中的“祝嘏之辞”做了比较全面系统的归纳和研究，并充分结合古代典籍所载，深入考释了金文中各种嘏辞的含义。他不仅对各种嘏辞的时代做了有益探索，而且还准确无误地解决了许多前人尚未弄清的问题。由于该文考释精到，论证翔实，因而饮誉学界，成为治金文者的必读参考资料。此外，他在金文研究方面的重要论著还有《驫氏编钟图释附考释》《陈侯四器考释》《禹鼎的年代及其相关问题》《西周墙盘铭文笺释》《西周利簋文笺释》等。

考释古文字是古文字学最基本、最重要的工作，而掌握正确的考释方法则为该项工作的核心。徐中舒根据自己多年来研究古文字的心得体会，逐渐总结出了一套自己考释古文字的科学方法，并撰成《怎样考释古文字》一文公诸学界。他认为：“古人造字，决不是孤立的一个一个地造，每个字的形、音、义，都有它自己的发展历史。因此考释古文字，一个字讲清楚了，还要联系一系列相关的字，考察其相互关系。同时还要深入了解古人的生产、生活情况，根据考古资料、民俗学、社会学及历史记载的原始民族的情况，和现在一些文化落后的民族的生活情况，来探索古代文字发生时期的社会生产力和生产关系。根据这些东西，探索每个字的字源和语源。这样考释古文字，才有根据，也才比较正确。”

古代典籍是古史研究的一个重要基础，徐中舒考证古籍的功力也十分深厚，《九歌九辩考》《木兰歌再考》《论〈战国策〉的编写及其有关苏秦诸问题》《豳风说》《〈左传〉的作者及其成书年代》等均为其在古籍整理与研究方面的代表作，受到了学术界的广泛关注和普遍重视。此外，他在四川地方史方面也作出了突出贡献，撰写并发表了《巴蜀文化初论》《巴蜀文化续论》《论〈蜀王本纪〉成书年代及其作者》《〈交州外域记〉蜀王子安阳王史迹笺证》等一系列论文，其代表作《论巴蜀文化》（1982年由四川人民出版社出版）内容广博，见解深透，对四川地方史的研究具有不可磨灭的开拓之功。

徐中舒经过长期的学术研究和探索，在继承前人治学方法的基础上，逐渐形成了一套独具特色的科学治学方法。自国学大师王国维首次提出古史研究的“二重证据法”以来，传统的史学研究发展到了一个崭新阶段。但由于时代的局限，王国维的“二重证据法”所依据的地下材料只是出土古文字资料，而徐中舒则充分吸收了考古学成果，除了古文字以外，还有其他许多出土实物材料。他所发表的论文大都是将地下出土材料与古代史料典籍充分结合起来进行古史研究的良好范例。徐中舒不仅充分继承了“二重证据法”，而且还创造性地将其发展为“多重证据法”。在古史研究过程中，他经常使用历史学、古典文献学、古文字学、考古学、民族学、民俗学、人类学、社会学、工艺学等相关学科的丰富资料及研究成果，将诸方面的知识加以联系，相互补充，反复论证，以力求结论的准确性与科学性。可以说，他所创造的“多重证据法”使中国古史的研究方法更加完善，让后世学者受益颇多。

2019年11月2日，在四川大学古文字与先秦史研究中心揭牌仪式上传出一个重大消息：《徐中舒全集》被列为四川省2019—2020年度重点出版规划项目，并将由巴蜀书社出版。本套书为徐中舒一生所著全部作品的首次整理出版，由四川大学的徐亮工教授（徐中舒之孙）负责收集、整理和编辑，分为10册，共计350余万字。该套书是徐中舒留给世人的一笔宝贵精神财富，其高尚的品德风范为后人景仰，其丰富的学术成果将永垂不朽。

参考文献：

1. 耿葆：《中国先秦史学会成立大会在成都举行》，《历史教学问题》1982年第4期。
2. 何峭：《徐中舒传略》，《晋阳学刊》1984年第4期。
3. 魏学峰：《徐中舒教授的治学之道》，《文史杂志》1989年第3期。

4. 徐中舒:《怎样考释古文字》,《徐中舒历史论文选辑》(上下),中华书局,1998年。
5. 彭裕商:《徐中舒先生在古文字学上的贡献》,《中华文化论坛》1998年第3期。
6. 罗世烈:《徐中舒先生与先秦史研究》,《中华文化论坛》1998年第3期。
7. 彭裕商:《高山仰止——徐中舒先生百年诞辰纪念》,《历史研究》1998年第6期。
8. 胡振宇:《静安一贯有薪传——徐中舒先生百年诞辰感言》,《中国文化》2001年Z1期。
9. 陈玲玲:《徐中舒先生与夏商史研究》,《殷都学刊》2002年第3期。
10. 徐百柯:《徐中舒:从不说假话》,《中国青年报》2004年12月22日。
11. 徐百柯:《民国那些人》,中央编译出版社,2007年。
12. 徐亮工:《徐中舒先生的新史学之路》,《四川大学学报》(哲学社会科学版)2009年第4期。

第三十五篇

命运跌宕陈梦家，研古证史功力强

2007年5月，美国著名记者、作家彼得·海斯勒（Peter Hessler，中文名“何伟”）所著的《甲骨文：一次占卜当代中国的旅程》（*Oracle Bones: A Journey Trough Time in China*）正式出版，该书是其“中国三部曲”［另外两部为《江城》（*River Town*）和《寻路中国》（*Country Driving*）］中的第二部，也是最重要的一部。书中，他通过多方采访和调查，总结和讲述了一位中国新月派诗人、著名古文字学家和考古学家陈梦家的历史事实，为世界各国读者提供了一个了解陈梦家及其人生经历的新线索和新视野。那么，在诸多研究甲骨文的中国学者中，海斯勒为何单选陈梦家作为“主角”？陈梦家到底有着怎样的人生经历和“神奇魅力”？他与甲骨文又有着怎样的缘分？让我们来一起探寻。

陈梦家

陈梦家于1911年（清宣统三年）4月20日（或16日）出生在客居江苏南京的一个牧师家庭，在兄弟姐妹10人中排行第七，祖籍浙江上虞（今上虞市）。由于其父陈金镛后来到上海任基督教文化机构“广学会”的编辑，所以他和两个弟弟、一个妹妹都由当时在南京当中学教师的三姐陈郇磐抚养。1916年，陈梦家进入南京四根杆子礼拜堂附设的小学读书。1919年，其父陈金镛遭仇敌诬陷，被赶离了神学院，便举家迁居上海。陈梦家又进入上海的圣保罗小学读书。1920年春，他跟随三姐陈郇磐返回南京，并于次年升入中学。1927 年夏，他高中尚未毕业就以同等学力考取南京第四中山大学（后改名中央大学）法律系，并且开始写诗。当时，闻一多（1899—1946）正在中央大学担任外文系主任，讲授英美文学。自幼就受西方文化熏陶的陈梦家便经常跑到外文系蹭课，由此与闻一多逐渐熟悉起来，并被闻一多视为自己的得意门生。因为闻一多发现了陈梦家在诗歌方面的潜质与才华。一年后，闻一多离开了中央大学，而“接棒”继续讲授欧美诗歌的是著名诗人徐志摩（1897—1931）。徐志摩同样也把陈梦家当成了自己的得意门生，并彻底发掘了陈梦家在诗歌上的天赋。可以说，在闻一多和徐志摩的影响和引导下，陈梦家才华尽展，开启了诗歌之旅。1929 年夏，安徽桐城人方苞后裔方玮德考入中央大学外文系学习英国文学。由于兴趣相投，陈梦家与方玮德结为诗友。1930 年前后，陈梦家与方令孺、方玮德商议，打算继当年《晨报副刊》的《诗刊》后，再办一个《诗刊》。1931 年初，不到 20 岁的陈梦家便出版了自己的首部作品《梦家诗集》（由新月书店出版），很快就销售一空，从而使其名声大噪、一举成名。同年 1 月 20 日，由徐志摩主编、陈梦家承担实际编辑工作的《诗刊》季刊在上海以“诗社”名义出版，撰稿人除闻一多、徐志摩、饶孟侃、梁镇、沈祖牟等前期新月诗人和南京诗人群成员外，还有林徽因、卞之琳、孙毓棠、曹葆华等新加入的北京青年诗人，标志后期新月诗派的正式形成。而在这一过程中，年轻的陈梦家已成为新月诗派的一员主将。1931 年夏，陈梦家从中央大学毕业后，获得律师执照，并从南京小营移住市郊兰家庄。7 月，他应恩师徐志摩之邀赶赴上海。他在天通庵中编选了包括徐志摩、闻一多、饶孟侃、林徽因、卞之琳和自己在内的 18 位诗人所作的 80 首诗，并集为《新月诗选》，成为新月诗派的主要代表作。同时，他的成名作《梦家诗集》经增选后也再版发行。9 月，徐志摩将《诗刊》交与陈梦家主编。11 月 19 日，徐志摩因遭遇飞机失事而不幸遇难，陈梦家在徐志摩逝世后的第四天创作了一首新诗《致一伤感者》。此外，他所作的中篇小说《不开花的春天》也于当年由上海良友图书印刷公司出版。总之，在大学毕业后，虽然陈梦家拿到了一张律师执照，但却没有当过一天律师，而是继续从事心爱的文学创作活动，表现了年轻诗人的浪漫主义性格和淳朴爱国热情。

1932年1月，陈梦家搜集了徐志摩的诗歌遗稿并编为《云游集》，还毅然停办了后期新月诗派的刊物《诗刊》，从而结束了交织着迷惘与痛苦的学生时代。同年一·二八事变发生后，侵华日军发起攻击，上海周边形势危急，隆隆的炮声震醒了深埋诗人心底的爱国激情。陈梦家获悉后，毅然决定投笔从戎。2月13日，他和三位同学一道，从南京奔赴上海近郊的南翔前线，参加了爱国名将蒋光鼐任总指挥的十九路军，英勇抗击日本侵略军，抢救伤患，并积极从事抗日宣传工作。在作战期间，他触景生情，写下了不少诗篇。一个多月后，战事缓解，陈梦家离开军队，从淞沪前线返回家中。当时，正好闻一多在青岛大学任教并担任文学院院长，于是邀请陈梦家去当助教。同年3月上旬，陈梦家到青岛大学任助教，并在闻一多的影响和指导下，开始研究甲骨文，逐渐实现了由诗人向学者的转型。陈梦家以诗人的敏锐思维切入研究文字，很快就发现甲骨文是研究中国语法史最具经典性和历史性的材料，可以从中寻求汉语语法发展的规律。4月，他将自己在淞沪前线所作的诗结集为《陈梦家作诗在前线》。然而，就在陈梦家任职不久，青岛大学就因管理混乱而被教育局电令解散了。原因是在1932年春夏之交，青岛大学为让学生安心读书而实行了严格的学分淘汰制，此举却引起了学生的强烈反对和不满。当时闻一多因站在校方立场，所以也受到了学生的攻击。同年7月中旬，陈梦家陪同闲居无聊的闻一多到泰山游览，因逢下雨而被困灵岩寺3天。之后，两人在泰安车站分手。陈梦家南归上海，而闻一多则返回青岛。在经历了愤怒、抗争和无奈之后，闻一多最终选择离开青岛。同年9月，闻一多被清华大学中国文学系聘为教授，约陈梦家一同前往北京。而陈梦家此次并未跟随老师闻一多进入清华大学，而是在燕京大学宗教学院教授刘廷芳的推荐下，进入宗教学院学习。因陈梦家才华出众而被时任宗教学院院长赵紫宸（1888—1979）看中，并将爱女赵萝蕤（1912—1998）许配给他。赵萝蕤比陈梦家小一岁，也是一位“校花级”的才女，不仅能诗会文，还会弹钢琴。她于1930年考上清华大学外文系研究生，学习西洋语言文学，并于1935年任教于燕京大学。

1933年初，华北战况危急，陈梦家再次决定去前线为国效力，打算自行出榆关到前线参加抗日宣传工作。1月15日，他离开北京经古北口奔赴关外。

但没过多久，热河不战而失，悲愤的陈梦家只得返回京城。同年 9 月，他前往安徽芜湖任广益中学的国文教员，暂居在狮子山青阳庐。他一边教书，一边写诗。经过一番战火洗礼之后，他的诗歌风格从清新婉约转变成了大气磅礴。

1934 年 1 月，陈梦家的诗集《铁马集》由上海开明书店出版。当月，他又返回京城进入燕京大学研究院，师从著名学者容庚教授专攻古文字学。其间，陈梦家写出了十几篇学术论文，在学术界初具名气。1935 年 8 月，他从自己历年所作的 100 余首诗中精选出 23 首，并结集为《梦家存诗》，以作为自己“七年写诗的结账”。他在诗集的《自序》中总结了自己创作道路的成败得失，倾诉了自己心目中的审美理想。

1936 年 1 月，陈梦家和赵萝蕤在燕京大学校长司徒雷登的办公室里举行了婚礼，喜结良姻，成为终身的知己与伴侣。同年 6 月，陈梦家发表了“梦甲室商代地理小记”系列的第一篇论文《隼夷考》，这是他一改诗人的恣意挥洒而全身心倾注于严谨的古史和古文字学研究的早期论文。同年 9 月，他硕士毕业后留校当助教，主讲“古文字学”“《尚书》通论”等课程，从此走上专治中国古文字学和古史学的学术研究之路。

1937 年春，由中央研究院历史语言研究所傅斯年、李济、梁思永等人主持的殷墟第 15 次考古发掘工作开始了，一时成为热门新闻。在闻一多的带领下，陈梦家也一起到发掘现场进行了观摩和考察。看到殷墟出土的甲骨文及其他器物，他们都很兴奋，流连忘返。七七事变以后，陈梦家被迫离开北京，后经闻一多推荐，到迁至湖南长沙的清华大学（当时是临时大学的一部分）任国文教员。

1938 年春，临时大学迁至云南昆明，成为“西南联合大学”，陈梦家又到西南联大任教，并讲授“中国文字学”和“《尚书》通论”，不久晋升为副教授。在讲课之余，他继续从事宗教、礼俗、神话等方面的研究，并发表了《五行之起源》《商王名号考》《射与郊》等一系列论文。自从燕京大学研究院毕业后，他在两年时间内所写的十几篇论文的主要内容都是根据甲骨文、金文探讨商周时代的宗教、神话、礼俗及地理。这些都是他从事古文字研究的初步成果，在当时学术界产生了很大影响。

从1939年起，陈梦家又着手全面整理和研究中国古代青铜器，其实他是从1935年开始接触商周青铜器实物的。当时，他应迁至昆明的北平图书馆约请，将时任馆长袁同礼从国外带回来的一批青铜器照片汇编为《海外中国铜器图录》一书。该书原本有三集，但在送交香港印刷时，却因日军侵占而仅出一集。该书所附载的《中国铜器概述》一文，内容共分为时期、地域、国族、分类、形制、纹饰、铭辞、文字、铸造、鉴定等十部分，是一篇极具参考价值的殷周青铜器概论。

1944年9月，在美国哈佛大学费正清教授与清华大学金岳霖教授的联合介绍和推荐下，陈梦家到美国芝加哥大学东方学院讲授古文字学，为期一年，但当时选读他这门课的美国学生却寥寥无几。不过，陈梦家此次来美国讲学却另有目的。他打算遍寻散落在美国各处的中国古代青铜器，然后编辑一部美国所藏中国青铜器图录。于是，在随后的3年中，他长途跋涉，不顾疲劳，历尽艰辛，费尽口舌，走遍了美国各地的博物馆，寻访了藏有中国青铜器的许多古董商和收藏家，并对所有能接触到实物的藏器进行了照相、拓印铭文、测量尺寸、记录流传情况等一系列工作，然后回到芝加哥大学的办公室整理出了一套详细资料。在搜集青铜器材料期间，他不仅与所有受访的博物馆、私人藏家、古董商建立了通信联系，而且还用英文撰写并发表了《中国铜器的艺术风格》《周代的伟大》等一些文章。1946年，闻一多不幸遇难，噩耗传至美国，陈梦家夫妇不胜悲痛。此后，陈梦家的书房里就一直悬挂着闻一多的照片。

1946年，陈梦家和美国芝加哥艺术馆的凯莱合编了《白金汉所藏中国铜器图录》。同年，他所著的《海外中国铜器图录考释第一集》也由北京图书馆和商务印书馆出版。陈梦家以执着的精神和丰硕的成果而得到美国文物界人士的赞赏。据说，当时美国洛克菲勒基金会的一位负责人劝他永久留在美国，要为他谋一份适合的工作，但被他婉言谢绝了。

1947年6月，陈梦家将在美国收集到的青铜器资料汇编为《美国所藏中国铜器集录》，收录了845件青铜器精品，并对数量较多的器物做了详细分类，但当时因条件所限并未正式出版，而是仅将英文说明稿打印了数份。其间，他还曾到加拿大多伦多的皇家安大略博物馆收集并记录了安阳和洛阳两地出土的商周青铜器信息。同年夏，他又飞渡大西洋，游历英国、法国、瑞典、丹麦、荷兰等国，收集了流散在欧洲各地博物馆和私人藏家手中所藏的中国青铜器资料。面对祖国文物的大量流失，他感到极为痛心，愈加激发了爱国热忱，坚定了回国决心。同年10月，陈梦家留下正在芝加哥大学攻读英美文学博士的妻子赵萝蕤，独自先行回到了陷于内战中的祖国，并继续在他曾工作过多年的清华大学任教。在授课之外，他打算做的第一件事就是为清华大学筹建“文物陈列室”。为此，他先后为学校购买了不少文物，经过短短半年时间便初具规模，使“文物陈列室”成为国内大学中藏品可观的一处博物馆，并于1948年4月对外开放。

中华人民共和国成立初期，陈梦家在清华大学任教，而他的夫人赵萝蕤在从美国归国后则进入燕京大学任教，小两口的生活安谧而祥和。陈梦家除了讲授他尤为擅长的中国文字学以外，还新开设了“现代中国语言学”这门课程。当时，他从自己数年来从事青铜器断代的研究中受到启示，深感对甲骨文的全面系统研究也需要从断代着手。于是，从1949年开始，他便利用业余时间撰写了《甲骨断代学》四篇。

1952年，全国高校院系调整后，陈梦家被调到中国科学院考古研究所（今属中国社会科学院考古研究所）任研究员，并兼任考古所学术委员会委员、《考古学报》编委、《考古通讯》副主编等职。此后，他开始对甲骨文、金文及年代学进行系统的研究。经过数年的艰辛付出和不懈努力，他搜集和整理了4万多片甲骨拓片，并于1954年底完成了一部70余万字的甲骨学巨著《殷虚卜辞综述》。该书不仅是陈梦家在甲骨文研究方面的代表作，也是甲骨文研究领域的权威著作之一，更是甲骨学史上少见的大型综合性研究著作和最有分量的通论性著作。该书于1956年7月以《考古学专刊》甲种第二号由科学出版社出版，共分20章。该书的前5章总结了殷墟甲骨文本身的一些基本问

《殷虚卜辞综述》

题，包括甲骨文的发现和研究简史、考释甲骨文字的过程和基本方法、甲骨卜辞的词位和句子结构、甲骨断代等。后面15章为陈梦家在前人基础上对甲骨文所作的全面研究，论述了甲骨材料所反映的殷代社会各方面的情况。单从语言文字学角度来看，其中的“文字”和“文法”两章最为重要。在“文字”一章中，他不仅概述了之前多位甲骨学者关于甲骨文字的考释方法，而且还对汉字的起源及构造提出了自己独特的看法。在“文法”一章中，他提出甲骨卜辞是研究中国语法史的最早材料，可以从中探求汉语语法的发展规律。在全书末尾的总结中，他概括了书中所述可以肯定的史实和结论，并扼要说明了自己对殷代社会及历史文化的认识。在该书附录中，“有关甲骨材料的记载”包括早期收藏甲骨的情况、出土甲骨的统计、甲骨大事简表等部分，而“甲骨论著简目”则按该书的章次，有选择性地列举了一些甲骨论著，以便于读者检索。总之，该书集中反映了陈梦家在甲骨文研究方面的成就和贡献，内容相当丰富，论述比较全面。陈梦家以实事求是的治学态度，认真总结了甲骨文研究和有关考古发现的客观情况，既可供专门研究者参考借鉴，又能为初学者指点门径。因此，该书的面世，对学者研究甲骨文及语言文字、殷代历史和地理、考古学等均具有重要的参考价值，在国内外学术界产生了巨大、广泛而深远的影响。

在考古研究所工作期间，陈梦家在编著《殷虚卜辞综述》的同时，还以自己在西南联大时期的西周金文讲稿为基础加以补充、修改，开始写作另一部巨著《西周铜器断代》。该书为陈梦家在青铜器研究方面的代表作，曾分6期连载于1955年至1956年的《考古学报》上，对西周青铜器进行了比较详细的断代研究。书中详细记述了西周时期不同时代的各类青铜器98件，每件都记录了器物的铭文及释文，并加以详尽的诠释，有的甚至是逐字逐句地讨论。该书对研究金文、上古汉语及汉语史具有重要的参考价值。此外，陈梦家于1956年还将自己之前在欧美各国所搜集和整理的青铜器资料汇编为《中国铜器综录》。他原定将此书分为五集，但因故只完成了北欧、美国和加拿大三集，而英国和法国二集则未及着手就被迫停止了。

1957年，陈梦家虽被错划为“右派”，但他忍受着精神上的极大创伤和心理上的巨大痛苦，仍然坚持不懈地埋头工作，继续将心志寄托于学术研究。当年7月，他的名作《尚书通论》由商务印书馆出版。而所著《西周铜器断代》和《中国铜器综录》（已编成三集）却因故未能出版。

1960年6、7月间，在“新中国考古学奠基人”、时任中国科学院考古研究所所长夏鼐（1910—1985）的关照下，陈梦家被派往甘肃兰州，协助甘肃省博物馆整理武威磨嘴子汉墓出土的《仪礼》简册，由此开始对汉简进行研究。1962年，经过反复修改，他所写的《武威汉简》一书终于定稿，1964年由文物出版社出版。同年8月，他此前所编著的《中国铜器综录》（五集）中的“美国”部分被改名为《美帝国主义劫掠的我国殷周青铜器集录》，并由科学出版社出版。该书共收录了845件散落在美国各处的中国古代青铜器，内容包括“器物的图像”“器物的铭文”“记录各器尺寸、铭文、年代、著录等方面信息的说明”等三部分。在撰著《武威汉简》的同时，他还负责《居延汉简甲乙编》的编纂工作，因而研究汉简的兴趣陡然大增，以致暂时中断了对西周青铜器断代的研究工作。从1960年开始研究汉简到1965年，他还撰写了14篇汉简研究论文，并汇集为《汉简缀述》（1980年由中华书局出版）一书。另外，在这段时期，他还写了《战国楚帛书考》《越兵考》《编钟堵肆考》《叔夷钟鎛考》《编钟鎛磬考》《宋大晟编钟考述》等一些文章，可惜大部分因故未能完成和发表。

1963年4月上旬，考古研究所打算着手进行《殷周金文集成》的编纂工作，时任所长夏鼐委派陈梦家主持此事。陈梦家为此极为兴奋，立即挥笔草拟了编纂计划，并指导青年同志从本所藏拓的对重入手，进行具体的资料准备。然而，后来由于受到政治运动的干扰而被迫停止。

1964年初，根据考古研究所的计划和要求，陈梦家重新启动自己中断五年之久的西周青铜器断代研究工作。在此后两年多的时间内，他赶写了50多篇器铭考释之文。此外，还撰写了《战国盟誓与载书》《汉代铜器工官》《战国货布总述》《〈博古图〉考述》等一些其他方面的论文，可惜也多为“半成品”。

1965年，出于研究汉简的需要，陈梦家又着手进行历代度量衡的研究。他原计划在1966年底完成《西周青铜器断代》（其余二集）和《历代度量衡研究》的写作，可惜也因故未能如愿。

1966 年 8 月，“文化大革命”开始了，当年 9 月 3 日，陈梦家不堪受辱而含恨自缢，年仅 55 岁。

1978 年 12 月 28 日，在陈梦家去世 12 年后，中国社会科学院考古研究所在北京举行了“陈梦家先生追悼会”，对他热爱祖国、热爱社会主义事业的精神给予了高度评价。陈梦家所受的不白之冤得以昭雪。

1996 年，中华书局打算出版陈梦家的《西周铜器断代》。已 84 岁高龄的赵萝蕤痛哭不止。或许直到这时，她才觉得是给陈梦家真正正名了。

2006 年 7 月 3 日，中国社会科学院考古研究所、中华书局和北京国际汉字研究会联合举行“纪念陈梦家先生学术座谈会”，以纪念这位著名诗人和爱国学者诞辰 95 周年和逝世 40 周年。

综览陈梦家的一生，其人生经历可谓跌宕起伏。年少时，他才华横溢，因受闻一多、徐志摩等著名诗人的影响而成为“新月诗派”的骨干和中坚。青年时，在闻一多、容庚等人的影响和指导下，他又转型为学者，实现了从感性到理性、由诗人到学者的转变。因此，他不仅留下了大量激情四射的诗作，也留下了一批堪为经典的著述。写诗和做学问之外，他还喜欢收藏古物，尤为嗜好明清家具，曾经家中满堂皆是稀世奇珍的明清家具，如今都已成为上海博物馆、故宫博物院等单位的藏品。他曾经因大量中国古代文物流失海外而深感痛心，并怀着一颗赤诚的爱国之心断然放弃了留美的机会，毅然回到国内。

在学术研究方面，陈梦家兴趣颇多，涉猎广泛，在语言文字学、历史学、考古学等方面均有精深的造诣。他对语言文字学和历史学领域所作的贡献主要集中在对甲骨文与殷商史、青铜器铭文（即金文）与西周史、汉代简牍与汉代史、古代典籍文献的综合研究方面，留下了《殷虚卜辞综述》《西周铜器断代》《汉简缀述》《尚书通论》等一大批被学界奉为圭臬的经典著作。单从甲骨文研究方面来看，其最主要的贡献是推动了甲骨分期断代理论的发展。经过精心研究，他对董作宾于 1933 年在《甲骨文断代研究例》一文中所提出的甲骨断代的“十项”标准和“五期”分法作了补充与修正，提出了分期断代的“三个”标准（世系、称谓、占卜者）和“九期”分法（即从武丁起每位商王为一期），取得了在甲骨学史上具有划时代意义的重大突破。其次，为了更加准确地判定甲骨的年代，他耗费很大精力对甲骨卜辞中所见的占卜者（即“贞人”或“卜人”）进行了比较全面而彻底的清理和断代，并将所发现的120名贞人（比董作宾《甲骨文断代研究列》所录多四倍）按时代分为若干组。他所首倡的“贞人分组说”，不仅促进了甲骨分期断代研究的深入发展，也是后来李学勤提出卜辞分组和分期断代“两系说”的起点。再次，他通过对武丁时期典型的“宾组卜辞”的研究和对比，推测董作宾所谓的“文武丁卜辞”应属武丁时期。他关于“午组”“自组”“子组”卜辞属于武丁时期的考订，也为学术界破解“文武丁时代卜辞之谜”提供了新的思路。后来，在学者们的继续探讨和深入研究下，他首先提出的“文武丁卜辞属于武丁时期”一说被逐渐证实是可信的，目前已为大多数甲骨学者所接受。可以说，在破解“文武丁时代卜辞之谜”这一甲骨学难题上，陈梦家可谓功不可没。此外，他对甲骨文字的考释以及对甲骨卜辞中涉及殷代礼俗方面内容的考证也多有创见。尤为值得一提的是，他当年（20世纪50年代）在考古研究所工作时曾费尽心血、精心搜集的4万多片甲骨拓本和上万张金文拓本等一大批研究资料，不仅催生了自己的几部著作，也成就了当时由历史研究所胡厚宣所编纂的甲骨学巨制《甲骨文合集》（全13册），而且后来考古研究所还在这些资料的基础上编纂成了另一部金文巨著《殷周金文集成》（全18册）。

广为人知而又“不为人知”、貌似熟悉而又有些神秘的陈梦家，必将在甲骨学史上留下一片另类的痕迹、一抹别样的风采、一段特殊的传奇。

参考文献：

1. 周永珍：《怀念陈梦家先生》，《考古》1981年第5期。
2. 陈清泉等：《中国史学家评传》，中州古籍出版社，1985年。
3. 皮远长：《陈梦家小传》，《武汉大学学报》（人文科学版）1985年第6期。
4. 史玉辉：《陈梦家研究综述》，《山东师大学报》（社会科学版）1999年第2期。
5. 王宇信：《陈梦家先生对甲骨学的贡献》，《汉字文化》2006年第4期。
6. 王世民：《陈梦家对殷周铜器研究的卓越贡献》，《汉字文化》2006年第4期。
7. 李敏生：《不能忘却的纪念——陈梦家反对汉字拉丁化的历史意义》，《汉字文化》2006 年第 4 期。
8. 何伟:《甲骨文:一次占卜当代中国的旅程》,哈珀·柯林斯出版社,2007 年。
9. 边继芝:《对卜辞分期断代作出重要贡献》,《语言文字报》2010 年 12 月 22 日。
10. 东方白:《从卜辞的现实出发研究文法》,《语言文字报》2010 年 12 月 22 日。
11. 金阳秋:《汉字构成理论新的“三书说”》,《语言文字报》2010 年 12 月 22 日。
12. 闻述之:《推进殷墟卜辞的地理研究》,《语言文字报》2010 年 12 月 22 日。
13. 李昕:《王世襄:明式家具里“玩”和“学”》,《城市住宅》2011 年第 8 期。
14. 李豪东:《陈梦家:从诗人到古文字学家》,《中国书法》2013 年第 7 期。
15. 朵渔:《陈梦家:生当乱世如浮萍》,《同舟共进》2014 年第 10 期。
16. 叶辉:《陈梦家的稿费及珍藏古家具》,《中华读书报》2015 年 8 月 12 日。
17. 胡一峰:《陈梦家:被传记遗忘的大师》,《科技日报》2016 年 9 月 10 日。
18. 欧阳云:《陈梦家,可惜了的大才子》,《文汇报》2016 年 10 月 3 日。
19. 方继孝:《家具传奇共劫波——记陈梦家与王世襄》,《读书》2018 年第 1 期。
20. 方继孝:《五十年代初期的陈梦家与夏鼐》,《读书》2019 年第 2 期。
21. 贾鹏涛:《陈梦家著述编年》,《现代中国文化与文学》2019 年第 2 期。
22. 翟广顺:《陈梦家在青岛:枕着波涛与钟声从梦中醒来》,《青岛晚报》2019 年 9 月 9 日。
23. 张卫东:《尘封的历史:〈甲骨文〉中的陈梦家》,《北方文学》2019 年第 24 期。

第三十六篇

潢川才子孙海波，精研甲骨纂《文编》

容庚当年在各大学任教期间，除了从事学术研究以外，还培养了郑德坤、杨明照、周一良、陈梦家、王世襄、孙海波等一批青年才俊，他们大多数后来都成为著名学者。其中，在甲骨文研究方面颇有成就者，除了陈梦家以外，还有一位被誉为“潢川近现代第一才子”的人，此人便是孙海波。

孙海波于1911年（清宣统三年）出生在河南光州（今潢川县），字铭思。1928年，他毕业于潢川省立第七中学。在中学时期，他就对古文字学产生了浓厚兴趣。1929年，他考入燕京大学国文专修科。毕业后，又于1931年考入北平师范大学研究院，在容庚的指导下从事甲骨文、金文研究，并发表了《说弃》《释采》《释眉》《说十二月》等一系列考释甲骨文字和考证商代历史、地理、历法的论文。1933年，他的第一部专著《古文声系》由来薰阁书店出版。

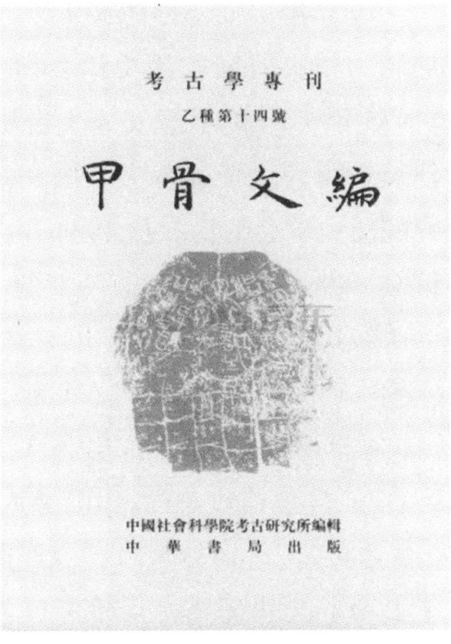

《甲骨文编》

1934年10月，孙海波编纂的《甲骨文编》（18卷）由哈佛燕京学社石印出版。该书参照商承祚所编的《殷虚文字类编》，并按《说文》的体例分部编排当时所能见到的8种甲骨文著录资料，只排列各字，不引用卜辞，算是一部甲骨文字典。全书共分18卷，包括正编14卷、合文1卷、附录1卷、检字1卷和备查1卷，前有唐兰、容庚、商承祚所作的序言和编者自序各一篇，共收录甲骨文单字2116个，其中经过考释的甲骨文单字有1006个。1956年8月，鉴于古文字学在学术研究领域内的地位和价值，需要为学者提供一批此方面的工具书，所以中国科学院考古研究所组织了专家座谈会，打算在原有基础上对容庚的《金文编》和孙海波的《甲骨文编》进行改编。容庚的《金文编》（改订本）于1959年以“考古学专刊乙种第九号”由科学出版社出版，而孙海波的《甲骨文编》（改订本）则于1965年以“考古学专刊乙种第十四号”由中华书局出版。之后，《甲骨文编》又于1982年、1989年、1992年、2004年再版了多次。其中，在1978年，改编后的《甲骨文编》在香港由中华书局香港分局出版。《甲骨文编》（改订本）比起1934年的初编本有着很大不同，不仅在材料上更趋完整，而且在考订上也采纳了不少最新研究成果。该书所据甲骨文著录资料增为41种，正编和附录共收录甲骨文单字4672个（正编1723个、附录2949个），其中有些字可以归并。它与1959年出版的由金祥恒所编的《续甲骨文编》（收甲骨文单字2500个）互为补充，至今仍然是研习甲骨文的常用工具书和重要参考。

1934年7月，孙海波从北平师范大学研究院毕业，获史学硕士学位，并被聘为中央研究院历史语言研究所助理员，撰写并发表了《卜辞历法小记》（1935年）、《读王静安先生古史新证书后》（1935年）等文章。1935年7月，他又被聘为北平师范大学国文系讲师，并兼任东北大学中文系教授和北平研究院历史学会编辑。从1934年至1937年，他应聘参与了《河南省通志稿》的编纂，并主编《文物志》中的《吉金编》。其间，他相继编撰、出版或发表了《续殷文存》（1935年由来薰阁书店出版），《卜辞文字小记》（1935年），《甲骨文中说文之逸文》《卜辞文字小记续》（1936年），《释吕》《新郑彝器》（1936年由河南通志馆出版），《濬县彝器》（1936年由河南通志馆出版），《三字石经集锦》（1936年由考古学社出版），《簠室殷契征文校录》（1937年），《浚县彝器》（1937年），《魏正始三字石经集录》（1937年考古学社专集第十七种），《古器物拓片残集》（1937年）等一批论著。

1937年，孙海波被聘为北平私立中国大学（由孙中山于1912年创办，初名国民大学，1917 年改名为中国大学）中文系教授。1938 年，他从河南省博物馆所藏甲骨中选录 930 片编为《甲骨文录》，并由河南通志馆出版。从 1938 年 8 月起，他在日伪控制下的东方文化委员会做《续四库全书总目提要》中的金石和杂物部分考证，并兼任国学书院第二院讲师。1940 年，他所编著的《诚斋殷虚文字》（收录杨天锡购藏甲骨拓本 500 片）与《河南吉金图誊稿》分别由修文堂和考古学社出版。1941 年，他的第三部重要著作《中国文字学》出版。1942 年 12 月，他出任北平师范大学代秘书长，后复任北平私立中国大学中文系教授，直至 1946 年 7 月。其间，他撰写并发表了《甲骨文录》（1938 年由河南通志馆出版），《评〈殷虚书契续编校记〉》《评〈甲骨地名通检〉》《评〈殷契遗珠〉》《评〈铁云藏龟〉》《评〈金璋所藏甲骨卜辞〉》等一系列论著。

1946 年 7 月至 1948 年 7 月，孙海波被聘为长白山师范学院文史系教授兼系主任。1948 年 8 月，他又被聘为云南大学中文系教授兼昆明五华学院历史系主任。1951 年 1 月，他进入华北大学政治研究院学习。同年 11 月，他被分配到重庆北碚西南师范学院图博科任教授兼系主任。任教期间，他与吴宓、凌道新等学者交往密切。1954 年 8 月，他被调往河南新乡师范学院历史系任教授。1955 年 8 月，他又被调到河南开封第一师范学院（1956 年改名为开封师范学院）任历史系教授，并兼任该院学报和《史学月刊》的编委。1957 年，他被划为右派，受到“撤销职务、劳动教养”的处分。1961 年，他调任河南省历史研究所研究员。1963 年 6 月，他被摘掉右派帽子。1965 年 9 月，他所编《甲骨文编》经修订后由中华书局出版。

1972 年 2 月 24 日，孙海波病逝于河南开封。临终前，他将所藏的 1700 余册书籍、24 幅字画、416 张文物图片及 107 件甲骨残片、古钱等文物，全部无偿捐赠给了自己所在的工作单位河南省历史研究所。1981 年 10 月，经复审后，孙海波获得平反。

综览孙海波的一生，他术业专精，毕生浸淫于甲骨文研究。他以严肃认真、实事求是的治学态度，不仅编著并出版了多部甲骨文研究方面的论著，而且还撰写并发表了上百篇高水平学术论文。在甲骨文和先秦史的教学与科研方面，他长期居于全国领先地位，著名甲骨学大师、时任中国科学院院长的郭沫若对其教学科研水平给予了很高评价。他所编著和修订的《甲骨文编》为其在甲骨文研究领域的代表作，也是他一生中最重要的三部学术专著（即《古文声系》《甲骨文编》《中国文字学》）之一。著名古文字学家商承祚称他的《甲骨文编》："其释字既谨严，而于商代用字之例，尤为易检，其有功于学人非浅鲜也。"凭借在甲骨文研究领域所取得的卓越成就和丰硕成果，"潢川近现代第一才子"孙海波也承续前贤而载入甲骨学史册。

参考文献：

1. 杨峰:《光州漫忆：潢川近现代第一才子孙海波》，潢川在线，2016年7月18日。
2. 杨峰:《光州记忆：孙海波与〈甲骨文编〉》，潢川在线，2019年3月1日。

第三十七篇

经学大师屈万里，甲骨学界名声响

如前文所言，当年胡厚宣在中央研究院历史语言研究所协助董作宾工作期间，曾根据殷墟发掘出土的甲骨片的拓本并对照实物，撰写了《〈殷虚文字甲编〉释文》一书，且作有简单的考证。中国人民抗日战争胜利后，重返南京史语所的胡厚宣本打算将此书出版，但因时局动荡而未能如愿，结果后来被时在台湾“中央研究院”史语所的学者屈万里以相同书名（《〈殷虚文字甲编〉考释》）出版了，留下了些许遗憾。那么，屈万里为何许人也？其实，屈万里不仅曾是董作宾和胡厚宣两位甲骨学大师的同事，也是中国现当代学术史上的一位蜚声海内外的著名学者，只不过令人遗憾的是，如今很多人已经不了解甚至不知道他了。屈万里以经学研究而著称于世，同时他在甲骨学界的名声也很响，他与甲骨文有着非比寻常的深厚渊源。

屈万里，1907 年（清光绪三十三年）出生在山东济宁鱼台王鲁乡东华村，字翼鹏。1922 年，他考入省立第七中学读书。1925 年，他又考入济南私立东鲁中学。1928 年“济南惨案”（又称“五三惨案”）发生后，他返回家乡鱼台，出任县图书馆馆长兼师范讲习所教员。不久之后，他去北京进入私立郁文学院深造。1930 年冬，经著名学者、墨学大师栾调甫（1889—1972，齐鲁大学国学研究所创始人）推荐，尚未毕业（肄业）的屈万里被聘入山东省立图书馆任职，后出任编藏部主任，而时任馆长正是著名学者王献唐（1896—1960）。1937

屈万里

年，全民族抗日战争开始，济南形势危急，为了保护馆内所藏的古籍和文物，他协助王献唐馆长护送馆内所藏的金石器物、图书古籍、书法绘画、金石拓本等齐鲁文物精华辗转南迁，立下了汗马功劳。在“护宝”南迁途中，屈万里和馆长王献唐、工友李义贵可谓历尽艰险，受尽了磨难。据说当他们三人到达宜昌时，险些丧生于敌机的狂轰滥炸之中。而当他们乘船从重庆至乐山途中，在转运书箱时，屈万里还不慎失足跌下船，所幸及时自救，才没有遇难。在历时近一年，行程 7000 余里后，直到 1938 年 11 月，他们才得以将这批珍贵的古籍和文物转运到四川乐山大佛寺妥善保存。中国人民抗日战争胜利后，这批古籍和文物又“完璧归赵”，如今完好无损地保存在山东省图书馆。这段可歌可泣的事迹后被屈万里载入自己所著的《载书飘流记》一书中。

在乐山期间，由于经费断绝，屈万里和王献唐、李义贵的生活异常艰辛，难以为继。1939 年 5 月，屈万里被迫离开乐山独自南下另谋生路，后于 1940 年冬任职于中央图书馆善本书库。1942 年，他又转入由著名学者傅斯年领导的中央研究院历史语言研究所考古组工作，与李济、董作宾等人成为同事，由此也与甲骨文结下了不解之缘。1945 年，他跟随中央图书馆迁回南京，历任编纂及特藏组主任。

解放战争爆发后，国民政府的形势江河日下，打算溃退台湾。1949 年初，屈万里受命以中央图书馆台湾办事处主任身份先期到达台湾，不久进入由傅斯年主持的台湾大学任教，被聘为副教授兼文书组主任，此后专心致力于学术研究和教学工作。1953 年，他升为教授。1957 年，兼任“中央研究院”历史语言研究所研究员、代理所长。1967 年，他出任“中央图书馆”馆长。从 1968 年至 1973 年，他出任台湾大学中国文学系及中国文学研究所主任，并于 1972 年膺选“中央研究院”院士，其当选理由是：“对先秦资料之考订、中国古代经典（《诗》《书》《易》等）及甲骨文研究均有成就，尤精于目录校勘之学。”从 1972 年至 1978 年，他担任台湾教育部门学术审议常务委员，并先后兼任台湾师范大学国文研究所及东吴大学中国文学研究所教授。自 1973 年 1 月至 1978 年 7 月，他还兼任“中央研究院”历史语言研究所所长，并先后应聘为美国普林斯顿高深研究所研究员、普林斯顿大学客座教授、加拿大多伦多大学东亚系访问教授、新加坡南洋大学客座教授等。然而，自 1949 年踏上台湾岛，他就再也没有机会回归大陆，从此便与家中的亲人天各一方，失去了联系，直到 1979 年 2 月 16 日因病逝世，长眠于台湾，留下了无尽遗憾。

屈万里辞世后，其学生感念师恩浩瀚，遂搜罗其遗作汇集为《屈万里全集》（22 册），并将其遗文辑为《屈万里先生文存》（6 册），交由联经出版事业公司出版。而所存信札遗篇则由其子屈世钊捐赠给山东省图书馆典藏，其中 200 余封后被编为《屈万里书信集纪念文集》刊布。此外，其诸多亲友弟子所作的缅怀性文章和纪念性文章也分别被编入《"中央研究院"院士屈翼鹏先生哀思录》和《屈万里院士纪念论文集》二书中。2006 年 9 月 15 日至 16 日，适逢屈万里百岁诞辰，台北"国家图书馆"、台湾"中央研究院"历史语言研究所、台湾大学中国文学系联合举办了"屈万里先生百岁诞辰国际学术研讨会"，邀请海内外专家学者齐聚一堂，以寻绎屈万里之治学方法、图书文献方面之成就及经学思想内涵等，对其学术贡献及影响予以充分肯定。

综览屈万里的一生，其学植深厚、学思浩博、著述宏富、桃李芬芳。教书育人之外，他在甲骨学、目录学、版本学、校勘学、训诂学、辨伪学、经学、史学、图书馆学等方面均卓有成就，留下了《诗经释义》《尚书释义》《古籍导读》《尚书今注今译》《〈殷虚文字甲编〉考释》《汉石经尚书残字集证》《汉魏石经残字校录》《图书版本学要略》等一大批著述，堪为享誉海内外的国学大师。他曾在济南大明湖畔的山东省立图书馆工作过 7 年，对济南有着良好的印象和浓厚的感情，若不是因战乱而被迫南迁，他原本打算在济南这座风景秀丽、如诗如画的城市终老一生呢。他对山东的深厚感情已深深印刻在自己所著的《载书飘流记》里。在台湾度过的余生中，他无时无刻不在思念着家乡和留在大陆的亲人。其面朝大陆的墓门，萦绕着一股挥之不去的乡愁。

这位被誉为"台湾经学第一人和领航者"的屈万里是如何与甲骨文结缘的呢？

如前文所言，在 1942 年时，屈万里由中央图书馆转入中央研究院历史语言研究所工作。当时，他在中央图书馆已享受副教授的待遇，而中央研究院历史语言研究所空缺的只是一个助理员的职位。那么，屈万里为何会心甘情愿地“自降身价”呢？原来在之前的学术研究中，他敏锐地发现古文字对解读古代典籍特别是先秦史料非常有帮助，所以就想系统学习古文字，而中央研究院历史语言研究所当时所空缺的这个助理员职位的主要任务恰巧是帮助整理甲骨文。因此，为了所钟爱的学术，屈万里决定应聘这个职位，并请王献唐给时任历史语言研究所所长傅斯年写信推荐自己。王献唐起初同意屈万里到历史语言研究所工作，并极力向傅斯年推荐，但后来又改变了主意，真心劝屈万里不要离开中央图书馆。中央图书馆馆长蒋复璁（1898—1992）对屈万里非常倚赖和看重，也执意挽留。尽管如此，求知若渴的屈万里最终还是以“借调”名义进入了历史语言研究所，自此便与甲骨文“亲密接触”，结下了不解之缘。在历史语言研究所工作的三年中，他对甲骨文、金文进行了系统学习，为之后的学术研究奠定了愈加坚实的基础。正如他自己所言：“在史语所这三年的学习，是生平最得力的时机。”

1955 年，已迁居台湾的屈万里再次进入历史语言研究所，被聘为副研究员，主要任务就是对之前出版的《殷虚文字甲编》进行考释。其实，此前曾协助董作宾工作的胡厚宣已经对《殷虚文字甲编》进行过考释，并已撰成书稿，但可惜因战乱一直未能出版。当第一至九次殷墟发掘所出土的甲骨材料全被转运到台湾后，对这批甲骨片进行缀合和考释的任务就落到了屈万里的身上。在之后的数年中，屈万里不怕枯燥、甘守寂寞，不仅成功缀合了 223 版甲骨，而且还对多个甲骨文字进行了研究和考释，终于写成 40 万字的《〈殷虚文字甲编〉考释》一书，并于 1961 年由“中央研究院”历史语言研究所出版。屈万里在该书中考辨字义、诠释文辞，其中新识及订正旧说达 70 余字，从而奠定了其在甲骨学界的重要地位，也进一步确立了“中央研究院”历史语言研究所在考古学界和古文字学界的领先地位。

屈万里治学的一个独特方法，就是把古文字学和经学结合起来，《汉石经周易残字集证》《汉石经尚书残字集证》《汉魏石经残字》等著作都是其“以字解经”的代表。其实，除了《〈殷虚文字甲编〉考释》等古文字学著作以外，屈万里还撰写并发表了《文字形义的演变与古籍考订的关系》《字义的演变和学术资料的解释与鉴别》《谈谈甲骨文》《甲骨文简介》《“河”字意义的演变》《“仁”字含义之史的观察》《“岳”义稽古》等多篇解读古文字字形和字义的文

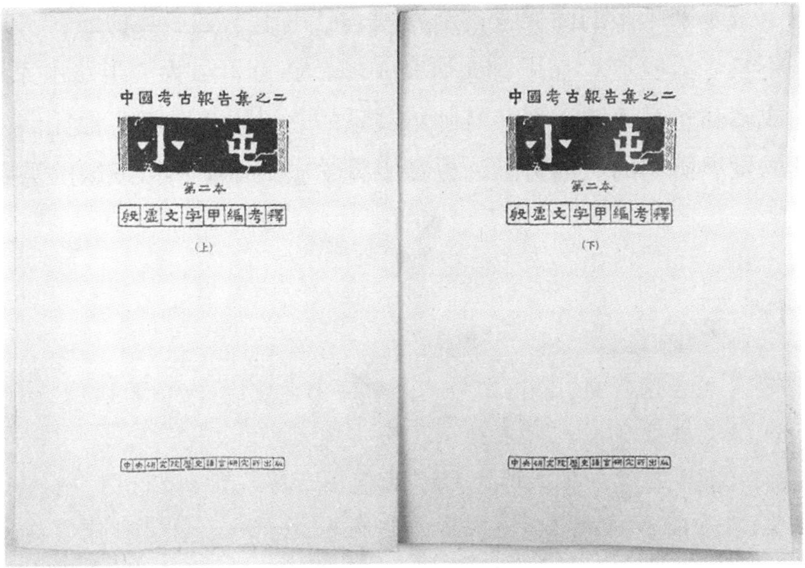

《〈殷虚文字甲编〉考释》

章，充分显示出其深厚的古文字学功力。受其影响，他的不少弟子（硕士、博士生）也以古文字学作为研究方向，并成长为相关学术研究领域的名家。正是由于屈万里在甲骨文、古文字、经学等方面的卓越成就和杰出贡献，才使他不仅得以升任历史语言研究所代理所长、所长之职，成为该所为数不多的“终身研究员”之一，而且还荣膺“中央研究院”院士称号。

对于甲骨文，屈万里有着自己独到的认识和理解，他曾在所作《从殷墟出土器物蠡测我国古代文化》一文中说：“一提起殷代的文字，马上就使人想到甲骨文，有人认为殷代只有甲骨文一种文字，其实不然。殷代的青铜器、陶器、玉器和石器上都有文字，时隔三千年，我们仍然可以看见它们的真面目。不过它们的数量，比甲骨文少得多。而我们常说中国在黄帝的时候就有了文字，但这种说法并没有地下挖出来的东西可以证实。但从甲骨文发展的情形推断，大概殷商以前约一千年中国已有了文字，是没有问题的。又如甲骨文是先写后刻，有些写了以后还没有刻的文字，留在甲骨上。从那些没刻的字来看，如果不是用毛笔写的，绝不会有那样的锋芒。因此，可以证明殷时已有了毛笔，而一般人以为毛笔是蒙恬发明的，由于甲骨文字的出土，证明旧说是错误的，这是纠正历史记载的又一例证。”如今来看，他的这番话言之有理，使人信服。近年来越来越多的商代考古新发现，已出土了更多实物证据。其敏锐的洞察力，不禁令人叹服。在甲骨文研究领域，屈万里虽为“半路出家”，但其所取得的成就却丝毫不亚于那些有师承关系的著名甲骨学者。他凭借为推动中国甲骨学的发展所作的杰出贡献，也在甲骨学史上留下不可或缺的重要一页。

参考文献：

1. 冯庆东：《屈万里研究》，山东师范大学硕士学位论文，2004年。
2. 屈万里：《载书播迁记》，《春秋》2008年第6期。
3. 徐有富：《屈万里成长模式研究》，《山东图书馆学刊》2009年第3期。
4. 荣方超：《齐鲁苦读有志士 执着为学树风范——〈苦学自修的屈万里〉读后》，《山东图书馆学刊》2009年第3期。
5. 何淑苹：《台湾经学的领航者——屈万里先生》，《山东图书馆学刊》2009年第3期。
6. 冯建国：《书香生涯——学术大师屈万里学行考述》，《山东图书馆学刊》2009年第3期。
7. 冯庆东：《略论屈万里先生的学术渊源和师友往来》，《山东图书馆学刊》2009年第3期。
8. 骆伟：《屈万里先生著述辑补》，《山东图书馆学刊》2009年第3期。
9. 屈世钊：《不可一日无此君》，《山东图书馆学刊》2009年第3期。
10. 赵飞鹏：《屈万里先生之石经研究及其现代意义》，《第五届世界儒学大会学术论文集》，文化艺术出版社，2013年。
11. 魏敬群：《苦读成才的国学大师屈万里》，《春秋》2018年第1期。

第三十八篇

“艺文”掌门严一萍，倾心殷契承彦堂

1950年，甲骨学大师董作宾和友人一起创办了学术性期刊《大陆杂志》。不久，一位大陆年轻人在香港看到了《大陆杂志》的创刊号。当得知该期刊的发行人是董作宾时，他喜不自胜、欣喜万分，急切地通过各种关系寻找门路，打算前往台湾谒见董作宾，后来如愿拜在董作宾门下，成长为一代甲骨学大家。那么，这位年轻人是谁？他在甲骨文研究方面又取得了哪些成就？此人就是严一萍。

严一萍（左）与董作宾

严一萍于1912年5月13日出生在浙江嘉兴新塍镇东栅村，原名城，又名志鹏，字大钧，以号行，晚号萍庐，又号鸳湖散人。严一萍的祖辈以务农为生，其父严乐山以经营肥料行为业。他自幼聪颖，喜文学，能诗文。1921年，

他从新塍正蒙小学毕业后，因感染肺病，便跟随许锦城学习中医。自疗之余，亦能助人，还曾治好了他的小学同学沈德基的病。在其学习和钻研中医的过程中，他不仅治好了自己的肺病，而且还开始研究起甲骨文字来，从而间接开启了他以后从事甲骨文研究的志向。正是此时期积累的医学知识，才为其日后撰写关于殷代疾病与医疗的《殷契徵医》奠定了基础。不久之后，他又到上海东亚大学攻读政治经济专业，后因学校停办而辍学，但他仍在乡间自学不辍，继续研究医学与古文字学。青少年时期，他思维活跃、追求进步，受新塍早期共产党人沈选千、朱亮人等影响，喜欢阅读进步书刊。他不仅与同学许明农、沈德基合作组织“春雷社”，编印和发行《春雷》月刊，还为《少年新塍》撰稿。

1935 年，经新塍同乡张木舟（1903—1976）介绍，严一萍到陕西省长安县政府担任县长翁柽的秘书。工作之余，他经常利用休假期间外出考察古代遗址，并搜集古代遗物，乐此不疲。全民族抗日战争初期，他回到家乡，曾担任浙江省政工队二队中队长，还一度为日军所俘。1939 年，他出任新塍区区长。1941 年，日伪发起“清乡运动”，他被迫躲进临安市天目山。1943 年，他又被任命为嘉兴县政府主任秘书，筹谋长期抗敌的工作。1945 年，中国人民抗日战争胜利后，当他得知自己的授业恩师沈春晖在上海任职，便前去投奔，随即被任命为书记室总干事。工作之余，他开始搜集散落文献，以备从事学术研究。1946 年，他因政府机构实施宪政、缩编人员而转入实业界，到中纺建设公司担任稽核之职。

从 1947 年起，严一萍开始四处搜求和收购古籍，而且特别留意乡邦文献，还据此编纂成《新塍新志初编》(1948 年)。其中，“大事年表”和“建置沿革”二卷均已付印，但可惜包括“人物”卷、“艺文”卷在内的其他部分则于“文化大革命”期间被其家人焚毁。1948 年底，他还编成《陆宣公年谱初稿》，可惜因逢战乱亦未能出版。在上海居住期间，他与时在复旦大学任教的著名甲骨学家胡厚宣时有联系，仍倾心于甲骨文的收藏与研究，并打算拜师学艺。然而到 1949 年，在甲骨文研究领域作出重大贡献且颇有影响的“甲骨四堂”就只剩下了董作宾和郭沫若。醉心于甲骨文研究的严一萍，出走香港，欲拜已在台湾的董作宾为师。因为他自十几岁时就看过《歌谣周刊》《安阳发掘报告》等书，对董作宾早已崇拜至极，仰慕已久。

严一萍抵达香港后，获悉其同乡好友张木舟和同学沈德基二人正在同乡张子良于香港所开设的长丰公司供职，于是前去向他们探寻去台湾的路径。1950 年，他在香港看到了台湾发行的学术性期刊《大陆杂志》创刊号。阅读之后，他不仅了解到自己的一位同乡、原国民政府嘉兴县县长兼国民党县党部书记长王梓良服务于该杂志，而且还惊喜地发现该杂志的发行人竟然是令其“朝思暮想”的董作宾，于是他赴台的心情愈加急切。他随即致函在台湾的王梓良（时任大陆杂志社经理）等人，请求他们帮助办理入台事宜。后来，经王梓良和原国民党浙江省省党部委员谈益民二人具保，严一萍才得以进入台湾。

1951 年，严一萍到达台湾后，在王梓良的引荐下，第一时间就带着自己的甲骨文研究成果《殷契徵医》手稿求见董作宾，并得到董作宾的肯定和赏识。董作宾还以自己所著的《殷历谱》一书相赠。由此，严一萍开始出入台湾大学董作宾的研究室，执弟子之礼，为其在甲骨文及文史研究方面创造了极佳的条件，打下了良好的基础。

1952 年，面对台湾文化及文化产业显现断层的形势，严一萍决定向此方面发展。他邀请同乡张木舟和顾乃登出资，在台北市重庆南路创建成立了艺文印书馆。张木舟任董事长，友人高佐良任总经理，董作宾任发行人，而严一萍自己则任总编辑。1953 年，严一萍因高佐良受到牵连而被台湾当局拘押，两个月之后才获释。刚成立的艺文印书馆经此波折，被迫停业。然而，致力于文化事业的严一萍义无反顾，很快就重整旗鼓，恢复了艺文印书馆的经营，并且自己兼任总经理。从此，在他和诸位同仁的共同努力下，艺文印书馆步入了快速发展的轨道，相继出版和发行了一系列在颇具影响的书籍，为中华文化向海外传播作出了巨大贡献。作为商人，在经营艺文印书馆的同时，他还涉足建筑业、房地产等领域。

当然，在经商之余，严一萍的主要兴趣和多数精力还是在甲骨文研究上。1951 年底，他所写的第一部甲骨文专著《殷契徵医》在台湾出版。他在该书中考释和研究了 400 余条关于疾病的甲骨卜辞，将中医渊源追溯到殷商时期。据说，刚到台湾之时，严一萍在拜读了董作宾的《殷历谱》之后，便依据董作宾所建立的殷商历法对书中的一些问题进行研究，并着手对《殷虚文字甲编》中所录的甲骨拓片进行缀合，创获不小，深得董作宾赞赏。从此以后，在工作之余，严一萍便致力于甲骨的缀合，尽管时断时续，但他始终坚持不懈，终于在 1975 年 6 月辑成了《甲骨缀合新编》一书，收录诸家及自己所缀合的甲骨 684 版，成为该领域的经典代表作。在钻研甲骨的过程中，为了解决甲骨分期与缀合等问题，他还经常向当年参与殷墟发掘的石璋如询问有关甲骨发掘时的出土情形及坑位信息等，可谓刨根问底。据说，董作宾等人曾邀请严一萍到“中央研究院”历史语言研究所和台湾文化大学任教职，但严一萍因公司业务繁忙而婉言谢绝了。

《甲骨缀合新编》

1973 年，严一萍在美国旧金山开设了艺文印书馆分公司，随即全家移居美国。其实，这一“西行拓展业务”的计划源于他在 1968 年冬应邀访问日本期间与日本汉学家梅原末治的交流。迁居美国后不久（1975 年），严一萍便从艺文印书馆“退休”，此后愈加潜心于甲骨文的研究和著述。1978 年，他所著的《甲骨学》一书出版，对甲骨文的传拓、缀合、辨伪、钻凿、占卜、断代、文字艺术、辨字识字、文例、前途与展望等相关问题都作了详尽阐述，产生了广泛而深远的社会影响。在美国期间，他与美国研究汉学的学者也多有接触、交往频繁。1981 年，他与同样旅居美国的学者魏乐堂结识，因志趣相投，二人便时常聚首谈论甲骨文及书法方面的问题。

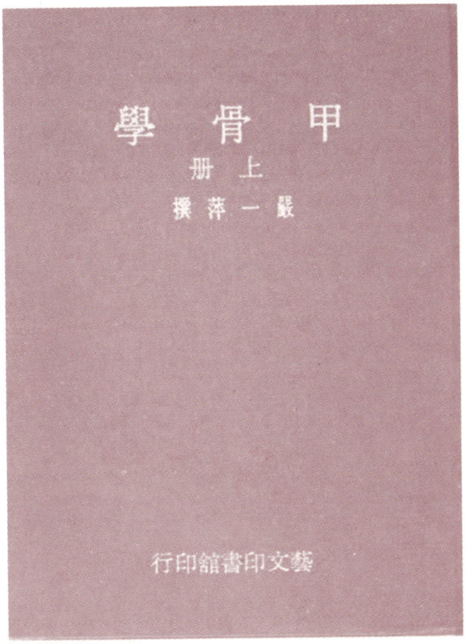

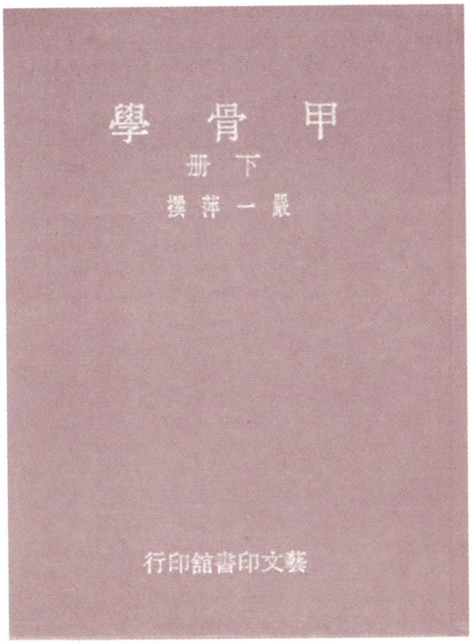

《甲骨学》

除了《殷契徵医》《甲骨缀合新编》《甲骨学》等书以外，在甲骨文、金文及殷商史等研究方面，严一萍还相继撰写、编著和出版了《续殷历谱》（1955年）、《中国书谱殷商编》（1958年）、《集契汇编》（1969年）、《美国纳尔森美术馆藏甲骨刻辞考释》（1973年）、《甲骨集成》（第一集，1975年）、《铁云藏龟新编》（1975年）、《甲骨缀合新编补》（1976年）、《〈殷虚书契续编〉研究》（1978年）、《北京大学国学门藏殷墟文字考释》（1980年）、《甲骨断代问题》（1982年）、《金文总集》（1983年）、《殷商史记》（1989年）、《凡将斋所藏殷墟文字考释》（1991年）等多部学术著作。此外，他还编撰了《陆宣公年谱》《许文肃公遗书》《增补许文肃公年谱》等一些有关故土先贤的史料性文献，发表了上百篇学术性文章。

1984年，严一萍因中风而导致身体状况每况愈下。1986年，他又接连两次中风，造成半身不遂，虽几经治疗却不见改善。1987年7月16日，严一萍寿终于美国旧金山，享年76岁。以其在甲骨文研究方面所取得的丰硕成果和为甲骨学的发展所作出的重要贡献，严一萍被列入“甲骨八老”，永载甲骨学史册。

参考文献：

1. 陈玘秀:《严一萍先生的甲骨学研究》，东海大学硕士学位论文，2013年。
2. 吴祺:《读严一萍〈甲骨缀合新编〉札记》,《嘉兴学院学报》2014年第4期。

第三十九篇

古文通才张政烺，释字考史均擅长

1934 年，从北京大学史学系毕业后的胡厚宣因成绩优异而被选入中央研究院历史语言研究所工作，后成长为一代甲骨学大家。两年之后（1936 年），他的一位学弟也因傅斯年的“拔尖主义”政策而被选入史语所，而且也在古文字研究方面取得了卓越成就，享誉学界。此人就是张政烺。

张政烺

张政烺于 1912 年 4 月 15 日出生在山东荣成崖头镇崖头村，字苑峰。1918 年，6 岁的张政烺开始上小学。1924 年，他在家塾中跟随族伯张俊采（1868—1928，字瑞三，号艺芸）学习文字训诂之学，兼学篆书。受其伯父影响，张政烺开始喜欢上古文字，常以临摹秦石鼓文为乐。当时，凡读过的书他都能逐篇背诵，有过目不忘之誉。年幼的张政烺酷爱读书，萌发了对中国古代文献典籍的浓厚兴趣。1926 年，年仅 14 岁的张政烺就离开家乡到青岛礼贤中学读书。1930 年，他又转入北京弘达中学读高中。1932 年，他从高中毕业后，又考入北京大学史学系，师从马衡学习金石学，师从唐兰学习甲骨文、金文。在两位名师的指导和影响下，张政烺开始有志于古文字研究，确立了古文字学和历史学相结合的研究思路。他在学习和研究过程中，逐渐认识到地下出土的古文字材料是真实可靠的史料，不仅可以弥补古代文献典籍所载之错漏和不足，而且还可以解决古籍中的各种问题和难题，由此很自然地将古文字学与史学研究融为一体。从此以后，他秉承古文字学的理论和方法，毕生致力于甲骨文、金文、陶文（包括砖瓦文）、简帛文、石刻文、玺印文等各类古文字的考释和研究，探寻中国文字之形、音、义发展演变的真迹，以解决一些相关的历史问题。1934 年，在读大三时，张政烺与杨向奎、胡厚宣、王树民、孙以悌、高去寻等史学系的同学组织创办了一个学术团体——“潜社”，并编辑出版了两期《史学论丛》杂志。在这两期杂志中，刊载了他学术生涯中最早发表的两篇古文字学方面的高水平论文，即《猎碣考释初稿》（1934 年）与《“平陵立事岁”陶考证》（1935 年）。1936 年，他对胡适讲课时所提出的《封神演义》作者问题进行了考证。随即将考证结论致函胡适，得到了胡适的认可和鼓励。

1936 年，张政烺从北京大学史学系毕业后，像胡厚宣一样，也被傅斯年“挖”到了设在南京的中央研究院历史语言研究所（习称“史语所”）。在史语所工作期间，张政烺历任图书管理员（曾编印方志目录一册）、助理研究员、副研究员等职。史语所的进步学术宗旨和浓厚而清新的学术气氛，对他当时和今后的学术思想和治学方法产生了重要而深远的影响。尽管史语所在抗日战争时期曾被迫屡次搬迁，他也随之辗转多地、颠沛流离，但这均未改变他的治学初衷和研究方向。他始终以极大的兴趣关注着田野考古的新发现以及新现世的各种实物资料，并投入很大精力去勤奋钻研已经公之于世和陆续被发现的各种古文字资料。

1936 年 7 月 12 日，当 YH127 甲骨坑（于 1936 年 6 月 12 日下午在殷墟第 13 次发掘中被发现）的藏品被运到南京时，张政烺曾目睹了“宝藏”卸车的盛况。当天，一辆大卡车开到了南京北极阁史语所图书馆的大门前，车上装载着一只特大号的木箱。由于车斗空间有限，数十名工人无法同时作业，所以先由部分工人合力将大木箱从车斗上翻到搭在车尾的斜坡木板上，而后又沿铺在台阶处的木板斜面上推拉，好不容易才将其运到图书馆的大厅内。等木箱刚落稳，兴奋不已的发掘者就迫不及待地让工人们将木箱四周和顶盖全部拆除。等木板清理干净后，众人一看却傻了眼，面前这堆与泥土黏结在一起的甲骨，上下方位居然同原来的堆积搞反了，底儿朝天了。正如董作宾在《殷虚文字乙编》序中所言：“H127 这一坑甲骨文字，是带着泥土瓦砾，装入一个特制的大木箱中，由安阳运至南京的。到京之后，箱子经过了翻转，打开来时，是坑底朝天的。”“原来是龟甲的正面向下，现在都向上了。”这是怎么回事呢？原来当时现场工人在卸车时非常忙乱，而指挥者只将精力集中在协调工人卸车和铺路运送上了，无暇顾及木箱的正倒。结果，等拆开木箱后才发现甲骨底儿朝天，但“木已成舟”，已无法挽回了。所以，后来当胡厚宣奉命带领两名技工清理这坑甲骨时，其实是按自下而上的埋藏顺序逐层揭取的。尽管室内发掘和清理工作做得比较细致，但因 YH127 甲骨坑上下搞反，逐片揭取时未能及时编号，所以也在一定程度上影响了其发掘的科学性。此外，在该甲骨坑被意外发现的当天下午，参加发掘的考古工作人员未有心理准备，为了赶进度，在不到两个小时的时间内就仓促取出了 4000 余片甲骨，也未来得及予以编号、绘图，从而使这坑甲骨的研究价值打了折扣。全民族抗日战争时期，当这批甲骨随史语所被转移到云南昆明后，张政烺也目睹了它们的“惨状”。这批甲骨不仅破损严重，有的碎为若干块，而且有些上面的编号已失落。虽经胡厚宣、高去寻等人的整理有所弥补，但也在某种程度上对后世学者科学整理和分析 YH127 坑甲骨以及深入细致研究造成了一定困难。对此，张政烺既存遗憾，也期望后世学者能对这批甲骨作进一步整理和研究。在史语所工作期间，尽管张政烺没有亲手整理过殷墟出土的甲骨文，但却有机会摩挲和观赏过不少经田野考古发掘出土的青铜器、陶器等其他各类器物，由此为今后鉴定和辨别青铜器的真伪打下了良好的基础。

1938 年，张政烺撰写了《邵王之諻鼎及簋铭考证》一文，成为他在史语所发表的首篇考释古文字的文章。之后，他又相继撰写并在《历史语言研究所集刊》《六同别录》等刊物上发表了《讲史与咏史诗》《“奭”字说》《〈说文〉燕召公〈史篇〉名醜解》《六书古义》《〈问答录〉与〈说参请〉》《〈说文解字序〉引〈尉律〉解》《〈王逸集〉牙签考证》等一系列论文，还在其他报刊上发表了《〈封神演义〉的作者》《玉皇姓张考》《关于伪皇族案及〈长沙古物闻见记〉》《宋四川安抚制置副使知重庆府彭大雅事辑》《一枝花话》等多篇文章，内容涉及甲骨文、金文、陶文、碑刻、通俗小说等诸多领域，横跨古文字学、历史学、考古学、民俗学、文献学等多个学科。在古文字学方面，他还下功夫对令他疑惑最深的“六书”问题进行寻根探源，考究其实。他所写的《六书古义》

一文，从考察“说文”学发生、发展的历史和“六书”的古义源流开始，探寻东汉许慎所撰《说文解字》中托古改制的奥秘，指出《周官》之“六书”就是“六甲”，即六旬的干支日名，为古代的启蒙教材，在此基础上进一步提出“六甲”“九数”是战国以来阴阳五行思想的根本，当时的许多观念如伏羲作八卦、仓颉造字等均来源于《周易》。通过这一研究，进一步打破和清除了自清代以来学者们在“说文”学与“六书”问题上的种种思想迷信，建立和完善了中国古文字学的系统理论和方法，从而推动中国古文字学除旧布新，更加趋于科学化。

中国人民抗日战争胜利以后，张政烺于1946年2月离开史语所，从重庆返回北京，并进入母校北京大学历史系任教，同时在清华大学兼授中国文字学，还担任故宫博物院专门委员会委员。1950年起，他兼任中国科学院考古研究所学术委员。1952年，中国科学院考古研究所、文化部文物局和北京大学联合举办考古工作人员训练班，他参加了五个教研组的教学，并任第三教研组主任，编写了《中国考古学史》讲义，为培养考古工作者队伍作出了积极贡献。1954年，他参加筹建中国科学院历史研究所，并兼任研究员。从1955年起，他兼任中国科学院历史研究所学术委员。1960年，张政烺被从北京大学调离，其组织关系转到中华书局。1963年2月5日，张政烺被任命为中华书局副总编，但他却从未到任，而是躲在他长期兼职的中国科学院历史研究所。因他酷爱摄影，所以还曾赌气打算到乡下开照相馆谋生呢。1966年，他被调入中国科学院哲学社会科学部（今属中国社会科学院）历史研究所（今中国历史研究院）任研究员，直至退休，并先后担任物质文化研究室主任、古文字与古文献研究室主任、中国社会科学院研究生院教授、博士研究生导师等职。还兼任国务院古籍整理出版规划小组成员、顾问，文化部国家文物委员会委员，国家文物鉴定委员会委员，中国社会科学院郭沫若著作编辑出版委员会顾问，中国史学会理事，中国考古学会常务理事，中国古文字学会理事、顾问，中国先秦史学会顾问等职。

1971年至1974年，张政烺参加了中华书局二十四史的点校工作，并负责《金史》的点校整理。1974年至1978年，他主持或参加了临沂银雀山汉简、长沙马王堆帛书和云梦睡虎地秦简的整理工作。1978年，他当选为中国古文字研究会理事。1979 年，他当选为中国考古学会常务理事。1980 年，他当选为中国史学会理事。从 1982 年起，他被聘为文化部国家文物委员会委员。1983 年至 1988 年，他担任北京市政协第六届委员会委员。1990 年，他获得国务院颁发的政府特殊津贴。2005 年 1 月 29 日，张政烺病逝于北京，临终依然惦念着学术研究。

综览张政烺的一生，他学识渊博，治学严谨，涉猎广泛，贯通古今，在《张政烺文史论集》（2004 年由中华书局出版）中留下了百余篇高水平学术论文。他为人谦和，虚怀若谷，光明磊落，辛勤耕耘，为国家培养了一大批科研人才。他为人正直，待人诚信，生活简朴，乐于助人，一辈子奉行“老老实实做人，勤勤恳恳做学问”的宗旨，其亲手所书的座右铭“真诚求实是为人为学之本”被刻在了他的墓碑上，给后学以警醒和激励。其道德和文章有口皆碑，赢得了海内外学界和专家学者及后学的由衷敬佩和广泛赞誉。

在教学与科研生涯中，张政烺在古文字学、中国古代史、考古学、古器物学、古文献学、版本目录学、通俗小说等诸多学术领域都进行了具有开拓性的研究，解决了许多疑难问题。其学术成就主要体现在以下几个方面。第一，关于中国古代社会性质、形态、组织结构及生产关系的研究，他通过《古代中国的十进制氏族组织》（1951 年）、《汉代的铁官徒》（1951 年）、《秦汉刑徒的考古资料》（1958 年）等一系列论文，系统阐述了自己对中国古代社会性质的精辟见解。他指出周、秦、汉刑徒的身份是奴隶，阐明了“商周时期为奴隶社会初期”“汉代是奴隶社会”的观点，从而据此提出了著名的“魏晋封建论”。尽管受到了质疑和抨击，但他坚持此论，从未动摇。第二，关于甲骨文考释及殷商史的研究，他将古文字研究和古史研究密切结合，对中国古代社会的性质、生产关系等问题提出了不少独到见解和创新观点。第三，关于青铜器铭文（即商周金文）考释及相关问题的研究，其成果集中反映在《张政烺批注〈两周金文辞大系考释〉》中。他推测周武王伐纣在公元前 1070 年，并以此做出西周历谱。第四，关于筮法与《周易》的研究，他对商周“数字卦”的研究在中外学术界产生了巨大影响，被公认为其一生对学术的最大贡献。这方面的研究成果主要收录在《张政烺论易丛稿》《马王堆帛书〈周易〉经传校读》中。第五，关于古代文献典籍的整理和校勘，他曾于 1971 年至 1974 年在中华书局参加了标点二十四史的工作，并负责《金史》的标点和校勘。第六，关于简帛学的整理与研究，他不仅成功主持了云梦睡虎地秦简的整理工作，而且参与了临沂银雀山汉简、长沙马王堆帛书的整理工作，还推动成立了中国社会科学院简帛研究中心（1995 年），并撰写和发表了《秦律“葆子”释义》等一些相关研究论文。此外，他在版本目录学、文物考古学、物质文化史、文学史等方面也卓有成就，作出了突出贡献。

如单从古文字研究来看，其研究成果根据内容可以大致分为四类：其一，考释甲骨文字及研究相关殷商史问题，代表作有《古代中国的十进制氏族组织》《卜辞“裒田”及其相关诸问题》《甲骨文“肖”与“肖田”》《释甲骨文“尊田”及“土田”》《帚好略说》《〈帚好略说〉补记》等。其二，考释西周金文及研究相关历史问题，代表作有《利簋释文》《武王克殷之年》《夨王簋盖跋——评王国维〈古诸侯称王说〉》《周厉王胡簋释文》《王臣簋释文》等。其三，考释东周金文及研究相关历史问题，代表作有《中山王壶及鼎铭考释》《中山国胤嗣壶释文》《庚壶释文》《说庚壶的“大”字》等。其四，利用古文字资料研究《周易》和古代筮术，将始见于西周青铜器“安州六器”之中方鼎（于公元 1118 年即北宋重和元年出土于湖北孝感）上的“奇字”铭文考订为“数字卦”，开拓了一个新研究领域，代表作有《试释周初青铜器铭文中的易卦》《殷墟甲骨文中所见的一种筮卦》等。

总之，在从事古文字考释及古史研究的 60 余年中，张政烺一直坚持以唯物史观为指导方针，始终以极其严谨的科学态度来对待学问。他广泛搜集和综合利用甲骨文、金文、陶文、石刻文、简牍文、帛书等各种古文字资料及考古成果，去伪存真，析疑辨难，为探究和复原中国古代历史和社会的真实面貌作出了巨大贡献，从而在中国甲骨学界、古文字学界、历史学界和考古学界赢得了极高声誉，成为学者典范和文人楷模而永载史册。

参考文献：

1. 赖长扬，谢保成：《张政烺先生谈治史》，《史学史研究》1994 年第 1 期。
2. 杜正胜，王汎森等：《新学术之路——“中央研究院”历史语言研究所七十周年纪念文集》(全2册)之《张政烺：我在史语所的十年》，“中央研究院”历史语言研究所，1999年。
3. 张政烺先生九十华诞纪念文集编委会编:《揖芬集》，社会科学文献出版社，2002年。
4. 刘桓:《张政烺先生对古文字研究的贡献——兼追忆先生二三事》,《中国史研究动态》2006年第5期。
5. 孙言诚:《我的导师张政烺》,《文史哲》2007年第6期。
6. 闻述之:《张政烺：持续考释“蕴”字二十年》,《语言文字报》2011年1月5日。
7. 王子舟:《从图书馆员到“活字典”——记张政烺先生》,《大学图书馆学报》2012年第1期。
8. 张政烺:《我与古文字学》，凤凰网“读书”，2012年4月20日。
9. 吴振武:《“不是专家”的张政烺先生》,《中华读书报》2012年5月9日。
10. 李零:《大学者张政烺和我的老师梦》,《北京日报》2012年9月24日。
11. 孟祥才:《忆张政烺先生》,《春秋》2013年第4期。
12. 张峰:《张政烺的学术道路与治史风格》,《中国史研究》2015年第2期。
13. 张世林:《一个纯正的学者——〈想念张政烺〉编后》,《光明日报》2015年7月7日。
14. 单颖文:《一部书和它的60年——〈中国古代历史图谱〉编纂始末》,《文汇报》2017年9月8日。
15. 胡振宇:《回忆张政烺先生》,《文汇报》2018年1月5日。
16. 陈绍棣:《张政烺先生年谱》，中国社会科学出版社，2019年。

第四十篇

融贯中西饶宗颐，学艺兼修涉猎广

在被称为“国学大师”的著名学者中，有一位传奇性人物。钱锺书（1910—1998）称他为“旷世奇才”，季羡林（1911—2009）将其视为“心目中的大师”，而金庸（1924—2018）则说有了他“香港就不是文化沙漠”。那么，此人是谁呢？他就是被学术界公认为“业精六学，才备九能”的饶宗颐。

饶宗颐

饶宗颐于1917年8月9日出生在广东潮安（今广东潮州湘桥）的一户富裕的书香门第，字伯濂、伯子，号选堂，又号固庵，其父饶锷（1891—1932）为潮州有名的商人和学者。饶家于家境殷实，富甲一方，饶锷在家乡建起了潮州最大的藏书楼“天啸楼”，所藏书籍极为丰富。在父亲的影响和培养下，饶宗颐幼承家学，很早就沉浸在数以十万计的藏书海洋中，每天与书为伴，与诗为偶，打下了良好的传统文化根基。1930年，饶宗颐以优异成绩考入广东省立金山中学，但因总有种“吃不饱”的感觉，故不愿浪费时光而仅读一年便辍学回家了。少年饶宗颐感觉学校的教育并不适合自己，宁愿独自一人躲进“天啸楼”里自学，因此炼就了超强的自学能力。

1932年，饶锷因编写《潮州艺文志》劳累过度而英年早逝。1933年，年仅16岁的饶宗颐创作了一组《优昙花诗》，震惊了当时的潮州诗文界，遂被誉为“神童”。同年起，饶宗颐继承父亲遗志，不仅将父亲所留的诗文遗稿编成《天啸楼集》，而且还旁搜博采、拾遗钩沉，续编完父亲的遗著《潮州艺文志》。他所作的《优昙花诗》于1934年被刊载在中山大学中文系所办的《文学杂志》上，而所编的《潮州艺文志》则于1937年刊登于《岭南学报》上，成为他踏入学术界的第一步。

1935年，受著名学者詹安泰（1902—1967）委托，饶宗颐到韩山师范学校代授国文课。不久，在著名学者温丹铭（1869—1954）的举荐下，仅有初中肄业学历的饶宗颐被中山大学破格聘入广东通志馆中，专职艺文纂修。在广东通志馆工作期间（1935年至1937年），饶宗颐几乎看遍了馆里收藏的所有地方志。因此，这段编纂地方志的经历，为他后来“百科全书式”学问体系的构建奠定了良好的基础。

1938年至1939年，在詹安泰的举荐下，饶宗颐受聘为中山大学研究员。但因当时正值抗日战争时期，广州沦陷，中山大学被迫迁往云南澄江，所以饶宗颐打算绕道香港入滇赴任，未曾想却因病滞留在了香港。当时香港汇集了各界名流，因知饶宗颐的才能与名望，便纷纷邀请他加入自己的研究团队。著名学者王云五（1888—1979）通过友人邀请他参加《中山大辞典》的编辑，而著名学者、书法家叶恭绰（1881—1968）也力邀他加盟《全清词钞》的编纂。这两项工作使饶宗颐得以有机会阅读到不少一流藏书家的各种珍本，从而极大充实和丰富了学识，增强了对国学研究的兴趣。此后数年间，饶宗颐撰写了《广东易学考》《尚书地理辨证》《说文古文考》《古史新证补》《西汉节义传》《金文平议》等一系列论文，并因此得到著名学者顾颉刚的赏识和器重。

1940年1月，饶宗颐完成了《楚辞地理考》，著名史学家童书业（1908—1968）欣然为之作序云：“考据之学，愈近愈精，读宗颐饶君之书，而益信也。君治史地学，深入堂奥，精思所及，往往能发前人所未发！”1943年，饶宗颐赴广西任无锡国专教授，写成《瑶山诗草》。1946年12月，他所编撰的《楚辞地理考》由上海商务印书馆出版。该书开辟了《楚辞》研究的新领域，使年仅29岁的饶宗颐在学术界一举成名。1947年至1948年，饶宗颐先后担任广东文理学院教授和汕头华南大学文史系教授、系主任等职，并兼任《潮州志》（1949年出版）总编纂，还被推选为广东省文献委员会委员。

1949年10月，饶宗颐移居香港。从1952年至1968年，他历任香港大学中文系讲师、高级讲师、教授，主讲《诗经》、《楚辞》、六朝诗赋、古代文论及老庄哲学。1954 年夏，饶宗颐到日本东京大学教养学部讲授甲骨文，由此开始涉足甲骨文研究领域。1955 年，他再赴日本，在京都大学人文科学研究所从事甲骨文研究，并编著有《日本所见甲骨录》《长沙出土战国楚简初释》《潮瓷说略》《〈人间词话〉平议》等著作。其中，《日本所见甲骨录》于 1956 年 6 月以影印方式被发表在香港大学《东方文化》第 3 卷第 1 期上，选录了东京大学所藏 118 片甲骨中的 53 片，其中一些为过去未曾被著录的新材料。饶宗颐在序中简要介绍了自林泰辅以来日本汉学界研究甲骨文的情况和日本有关单位及私人收藏甲骨的概况。

1956 年，饶宗颐在参加巴黎国际汉学会期间，结识了法国著名汉学家伯希和（1878—1945）的高足戴密微（Paul Demi é ville，1894—1979），戴密微陪同他游览了巴黎的各处名胜。其中，在法国国家图书馆里，饶宗颐第一次看到了原版敦煌经卷，想到当时中国的敦煌学已经落后于外国，他暗下决心，一定要好好研究，为国人争一口气。同年，他编著出版了《楚辞书录》《巴黎所见甲骨录》《敦煌本老子想尔注校笺》等著作。其中，《巴黎所见甲骨录》于 1956 年 12 月在香港出版，书中收录了法国 3 家单位所藏的 26 片甲骨的摹本，多为未曾被著录和公布的新材料。

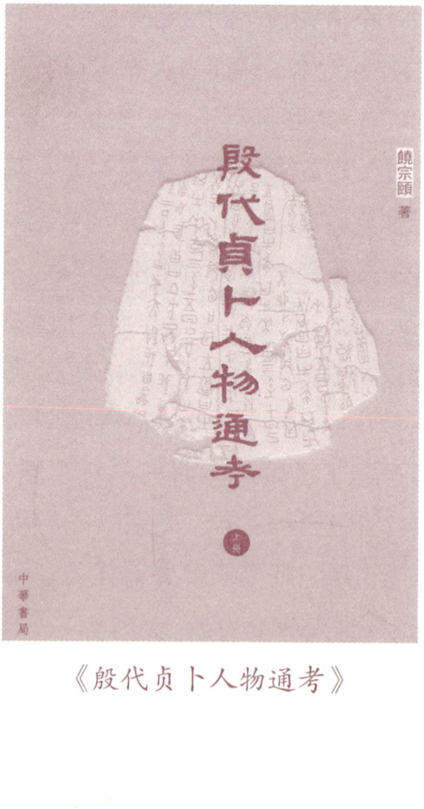

《殷代贞卜人物通考》

1957 年至 1959 年，饶宗颐相继编著、出版了《战国楚简笺证》《楚辞与词曲音乐》《长沙出土战国缯书新释》《九龙与宋季史料》《海外甲骨录遗》《殷代贞卜人物通考》等著作。其中，《海外甲骨录遗》于 1958 年发表于香港大学《东方文化》第 4 卷第 1、2 期合刊上，以拓本和照片对照的形式，收录了德国人卫礼贤旧藏的 68 片甲骨，为学界提供了一批难得的新材料。而《殷代贞卜人物通考》（全 2 册）则于 1959 年由香港大学出版社出版，成为饶宗颐研究甲骨文的经典代表作，在甲骨学史上具有划时代的意义，也由此奠定了饶宗颐在甲骨学界的重要地位。该书为饶宗颐研究甲骨文 20 多年心血的结晶，是第一部专门而系统地研究占卜者（即“贞人”或“卜人”）的甲骨学专著，以甲骨卜辞中所见的 137 位“贞人”（其中备考 20 人）为纲，以“卜事”（即占卜事类）为纬，进行了详细的个案研究。饶宗颐在书中广泛征引了 58 种甲骨著录集，不仅囊括了当时所能见到的全部甲骨素材，而且还引用了 7 种未曾刊布的新甲骨材料。他在每位“贞人”名下按占卜内容分类，逐项罗列资料，随文解说，新见迭出，并将所有“贞人”的占卜之事（分 18 项）融会贯通，从而全方位展现了殷代历史的基本面貌。此外，他在该书中还提出了考史与研经合为一辙的主张，认为“史”是事实的原本，“经”是事实中提炼出来的思想，而由“史”到“经”就是由实践上升为理论的过程。《殷代贞卜人物通考》甫一出版，很快便在海内外学术界引起了轰动，产生了巨大影响，先后有 13 个国家和地区的学者发表了书评并加以推介。1962 年，经戴密微推荐，饶宗颐以所著《殷代贞卜人物通考》荣获法国法兰西学院颁发的被誉为“国际汉学界之诺贝尔奖”的“儒莲奖”（创立于 1872 年，自 1875 年起每年颁发一次），成为继王静如（1936 年获奖）、洪业（即洪煨莲，1937 年获奖）、冯友兰（1949 年获奖）之后第四位获此殊荣的中国学者。

1965 年至 1966 年，饶宗颐到法国国立科学中心研究敦煌写卷。1967 年，他撰写了《桢斋所藏甲骨简介》一文，并发表在《香港中文大学联合书院特刊》上。1968 年至 1973 年，他应新加坡大学之聘出任中文系教授兼系主任。1970 年至 1971 年，他还兼任美国耶鲁大学研究院客座教授，并出版了《香港大学冯平山图书馆善本书录》《欧美亚所见甲骨录存》《敦煌曲》（与法国戴密微合著）《晞周集》等著作。其中，《欧美亚所见甲骨录存》载于《南洋大学学报》1970 年第 4 期上，收录了欧、美、亚地区共 15 家单位所藏 200 片甲骨的摹片，不少为未经著录的新材料。由此可见，饶宗颐多年来一直关注着流散在海外的殷墟甲骨，只要一有机会便会采取照相、墨拓和摹写的方式对各地所见的甲骨片进行著录和刊布，因而对于海外流散甲骨的整理和研究作出了独特贡献。

1972 年至 1973 年，饶宗颐兼任“中央研究院”历史语言研究所研究员。

其间于1972年为法国远东学院院士。1973年至1978年，他担任香港中文大学中文系讲座教授兼系主任。1976年，他曾师从巴黎大学高等研究院教授、亚述学泰斗蒲德侯（Jean Bottero）学习楔形文字及西亚文献，首次译出《西亚开辟史诗》。1977年，他所著《中国史学上之正统论》出版。1978年，他从香港中文大学退休。

1978年至1979年，退休后的饶宗颐被法国高等研究院宗教部聘为客座教授，主讲“中国古代宗教”。1979年，应中山大学之邀，他首次回内地参加中国古文字学会议，并于会后赴湖南长沙考察马王堆汉墓出土文物。1979年至1986年，他担任香港中文大学中国文化研究所荣誉高级研究员。1980年，他被日本京都大学研究所聘为客座教授，并在日本京都大学、九州大学、北海道大学讲学。同年，他被欧洲最古老的亚洲学会“巴黎亚洲学会”选为荣誉会员，并被澳门东亚大学文学院聘为讲座教授。1981年，他应邀到山西太原参加了古文字学研讨会。1982年，他获得香港大学颁授的荣誉文学博士学位，并获授香港中文大学中文系荣休讲座教授和香港中文大学艺术系荣誉讲座教授，还被邀为国务院古籍整理小组顾问。同年，饶宗颐提出了从田野考古、文献记载和甲骨文研究相结合来研究夏文化的“三重证据法”，被学术界普遍认为是王国维所倡“二重证据法”的发展与前进。

1981年至1988年，饶宗颐担任澳门大学客座教授。1984年，他为澳门东亚大学研究院创办了中国文史学部，并担任该学部主任。同年，他还被聘为中国敦煌研究院荣誉研究员、“中央研究院”文哲研究所咨询委员、浙江温州师范学院名誉教授，并出版了《选堂选集》。1985年，他获授香港中文大学中国文化研究所荣誉讲座教授，并编著出版了《楚帛书》《随县曾侯乙墓钟磬铭辞研究》（与曾宪通合作）等著作。1989年，他编著的《固庵文录》《甲骨文通检》（一）出版。

其实，自1959年以后，饶宗颐的主要研究兴趣就已转移到域外交通和敦煌经卷上。直至1979年《甲骨文合集》出版后，他才重返甲骨文研究领域。从1982年起，饶宗颐开始筹划主编大型分册资料索引《甲骨文通检》，并交由其研究助理沈建华女士（现为清华大学教授）负责具体编纂。饶宗颐所主编的《甲骨文通检》共分5册，于1989年12月至1999年12月陆续由香港中文大学出版社出版。饶宗颐在每册卷首皆撰有长篇前言，对相关甲骨学问题进行了深入的探讨与分析，新见频出，对学界颇具启发和指导意义。其中，第一册为“先公先人”，内容分为先公、先王、先妣和贞人两部分。饶宗颐在前言中进一步阐发过去所提出的关于贞人和坑位的意见，多为不刊之论。第二册为“地名”，内容分为四方、四土、四邦方，山、丘、麓、河、泉，京、邑、奠（甸）、鄙，方国，其他地名等五部分。饶宗颐在前言中针对研究时弊，提出了研究者辨识甲骨文地名的“三难三蔽”，所论可谓见解深刻、入木三分。他不仅对甲骨卜辞所见地名进行了详细的分类排比和解析，而且对殷代地名尤其是殷代四国多方的地望进行了新的考订，观点新颖，创见颇多。第三册为“天文气象”，内容分为天文和气象两部分。饶宗颐不仅在前言中对甲骨卜辞中一些有争议的气象记录文字进行了总结和新释，而且还在前言所附《殷卜辞所见星象与参、商、龙、虎、二十八宿问题》一文中提出了“以勘卜辞，知殷时诸星宿，大体已略备”的惊世之论，对于中国古代天文学的研究具有重要参考价值和启发意义。第四册为“职官人物”，内容分为职官名和人名两部分。饶宗颐在前言中不仅简述了殷代职官的起源、构成和特点，指出天人相应的职官设置始自殷代，而且还结合文献典籍和金文资料对甲骨卜辞中所见的职官名称逐一进行了排比、分析和探讨。第五册为“田猎”，内容分为田猎动物种类、田猎手段与方法、田狩与祭祀、田猎术语、同版田猎地名五部分。饶宗颐在前言中不仅对田猎卜辞中的术语和语言格式进行了分析，而且还明确指出了田猎与祭祀之间的关系。总之，这部巨著不仅蕴含了饶宗颐多年研究甲骨文的大量心血和诸多心得，给学者以颇多指导和启迪，而且也为学界分类研究甲骨文提供了极大便利，堪为甲骨学史上具有里程碑式意义的著作。

《甲骨文通检》

1990年，饶宗颐被香港博物馆聘为名誉顾问。1992年5月，他被复旦大学聘为顾问教授。1993年，他被中山大学聘为中华文化研究中心名誉主任兼名誉教授，被广州美术学院聘为名誉教授，还被泰国华侨崇圣大学聘为中华文化研究院院长。同年12月，他又在巴黎接受了法国索邦高等研究院颁予的人文科学博士学衔（为该院建院125年颁授的第一位人文科学博士）和法国文化部颁授的法国艺术及文学勋章。1994年，他被北京广播学院聘为名誉教授，并获汕头市潮汕历史文化研究中心颁授的"潮学研究特别奖"。

1995年11月，"饶宗颐学术馆"在潮州市落成。1996年8月，由广东韩山师范学院主办、潮州市教育局和文化局协办的"饶宗颐学术研讨会"在潮州市召开，来自美国、法国、日本、荷兰、新加坡，以及港、澳、台等地区的近百名学者出席了会议，正式确立了"饶学"的称谓，由此奠定了饶宗颐在国际上的学术地位。1997年，饶宗颐获得香港艺术发展局颁发的第一届终身成就奖。同年，由他创办的大型学术刊物《华学》（创刊号）由广东中山大学出版。1998年，他获得中华文学艺术家金龙奖"当代国学大师"荣誉，并受聘为中国社会科学院历史研究所客座研究员和香港中文大学崇基书院首位荣誉院务委员。1999年，他先后被南京大学、首都师范大学、武汉大学聘为名誉教授，并获颁授香港公开大学荣誉人文科学博士。2000年，他受聘为北京大学古代文明研究中心顾问及北京大学客座教授，并于当年中秋节前夕被香港特别行政区政府授予"大紫荆勋章"。同年，为了表彰饶宗颐在敦煌学研究上的独树一帜，国家文物局和甘肃省人民政府在"纪念敦煌藏经洞文物发现暨敦煌学百年"的活动中，颁授其"敦煌文物保护研究特殊贡献奖"。

2001年，中国社会科学院古代文明研究中心成立，饶宗颐被聘为学术顾问。同年，他还当选为国际欧亚科学院院士。2002年，他应邀前往美国哈佛大学作演讲。2003年，香港大学"饶宗颐学术馆"落成。同年11月，《饶宗颐二十世纪学术文集》（共14卷、20册）由新文丰出版公司出版。该书是对饶宗颐20世纪学术研究和文艺创作的一次较为全面的总结，在学术界产生了广泛影响。2009年，饶宗颐被温家宝总理聘请为中央文史研究馆馆员，并被东北师范大学聘为名誉教授。同年，他获得香港艺术发展局颁授的"终身成就奖"。2011年，饶宗颐正式当选为西泠印社第七任社长。同年7月17日，国际天文联合会小行星命名委员会批准南京紫金山天文台发现的编号为10017的小行星命名为“饶宗颐星”（这颗小行星是紫金山天文台于1978年10月30日发现的）。同年12月，饶宗颐还荣获首届“中华艺文奖终身成就奖”。2012年12月，他获颁亚洲首位法兰西学院外籍院士荣衔。2013年1月，香港浸会大学开设“饶宗颐国学院”。同年3月，第五届世界中国学论坛在上海展览中心举行，饶宗颐被授予“世界中国学贡献奖”。同年9月，他荣任法兰西学院铭文与美文学院外籍院士。外籍院士是法兰西学院海外院士中的最高级别，饶宗颐是亚洲首位获此荣衔的汉学家。2014年3月，山东大学在香港大学王赓武讲堂举办仪式，授予饶宗颐名誉博士学位。同年9月，饶宗颐与著名学者李学勤一起获得首届“全球华人国学奖终身成就奖”。2015年4月，饶宗颐获颁“影响世界华人终身成就奖”。2015年12月，饶宗颐百岁华诞晚宴在香港会议展览中心举行，香港各界近千人出席向其祝寿。2018年2月6日凌晨，饶宗颐在香港逝世，享年101岁。

综览饶宗颐的一生，他出身书香名门，凭勤奋自学而终成一代宗师和学术巨星。他博古通今，融贯中西，治学博精，造诣高深，学艺双修，著作等身，学术研究范围涉及甲骨学、敦煌学、考古学、金石学、简帛学、历史学（包括潮学）、文学、诗词学、楚辞学、经学、礼乐学、宗教学、目录学、方志学、艺术学、中西交通史、中外关系史等多个领域和门类。他是当代中国绝无仅有的“百科全书式”的学者和东学西渐的领军人物，一生出版专著60余种，发表论文400多篇，精华汇集于《饶宗颐二十世纪学术文集》中，给世人留下了3000多万字的精神文化财富，被学术界誉为“国际瞩目的汉学泰斗”“整个亚洲文化的骄傲”“东方文化的坐标”，为世人所尊崇和景仰。中国学术界将他与钱锺书并称为“南饶北钱”，将他与季羡林并称为“南饶北季”。国外把饶宗颐誉为“东洲鸿儒”“汉学泰斗”“东方达·芬奇”，国内则称呼他为“国学大师”。他通晓英语、法语、日语、德语、印地语、阿拉伯语等6国语言文字，并熟悉甲骨文、金文、西夏文、女真文等中国文字，还精通梵文、希伯来文、古巴比伦楔形文字等异国“天书”，其天赋异禀实在令人叹为观止。他学、艺兼精，是“当今集学术和艺术于一身的一代英才”。艺术方面，他在诗、书、画、琴等各领域均有精深的造诣，堪为艺术巨擘。他的书画艺术秉承了中国明清以来文人书画的优秀传统，充满“士夫气”，是当今社会难得的“学者型”书画艺术家。他先后在世界各地举办过多次个人书画展，并出版了多部书画集，赢得了海内外各界人士的广泛赞誉。学术方面，在被国际上称为“三大显学”的甲骨学、简帛学、敦煌学之研究领域内，饶宗颐都是学术研究的开拓者和重要推手。以甲骨学研究为例，他不仅精于文字训释，善于深研卜辞，而且率先将日本、巴黎及欧洲、美国各地所藏殷墟甲骨材料整理出版，还第一个对殷代占卜人物进行了全面系统研究，由此奠定了他在甲骨学界的重要地位，乃与罗振玉、王国维、董作宾、郭沫若（“甲骨四堂”）相比肩，被学界誉为甲骨学史上的“第五堂”。

如今，从不自诩为“大师”的饶宗颐大师虽已仙逝，但他为研究汉学、弘扬中华文化所作的杰出贡献将会被历史铭记，他所留下的珍贵精神财富将永世长存。“饶宗颐星”依然在浩瀚的星空中不停闪烁。

参考文献：

1. 周少川：《治史论学六十年——饶宗颐教授访谈录》，《史学史研究》1995年第1期。
2. 胡晓明：《饶宗颐的治学态度与方法》，《中国文化》1995年第2期。
3. 侯月祥：《学术泰斗　后学楷模——记国际著名汉学家饶宗颐》，《岭南文史》1997年第2期。
4. 饶宗颐：《我所认识的汉学家》，《光明日报》2000年4月6日。
5. 王振泽：《饶宗颐先生与法国汉学家戴密微》，《国际汉学》（第6辑），大象出版社，2000年。
6. 刘钊：《谈饶宗颐教授在甲骨学研究上的贡献》，《中国图书评论》2010年第3期。
7. 边继芝：《饶宗颐：开创以“贞人”研究卜辞的新体例》，《语言文字报》2010年12月29日。
8. 张公者：《通境——饶宗颐访谈》，《中国书画》2011年第1期。
9. 陈韩曦：《饶宗颐学艺记》，花城出版社，2011年。
10. 叶钢强：《汉学泰斗饶宗颐执掌西泠印社　市领导亲自率团赴港颁发证书》，

《杭州》(周刊)2011年12月28日。
11. 王夏斐:《走近大师饶宗颐》,《今日浙江》2012年7月10日。
12. 孙佳山:《饶宗颐：独步中华　独树一帜》,《中国文化报》2013年1月14日。
13. 姜舜源:《汉学大师饶宗颐》,《经济日报》2014年10月11日。
14. 严海建:《饶宗颐：中华文化的一座高峰》,《党建》2014年12月1日。
15. 邵杰:《百岁饶宗颐："学""艺"何以融通？》,《中国艺术报》2015年5月8日。
16. 周少川:《饶宗颐先生在海外传播中华文化的贡献》,《韩山师范学院学报》2015年第5期。
17. 陈韩曦:《饶宗颐著述录：书中书》，花城出版社，2015年。
18. 陈韩曦:《饶宗颐——东方文化坐标》，花城出版社，2015年。
19. 连锦添:《饶宗颐：正以立身，奇以治学》,《人民日报》2015年12月13日。
20. 张丽:《学艺融通：一代国学大师饶宗颐》,《人民政协报》2015年12月14日。
21. 郭伟川:《饶宗颐的学术文化》，花城出版社，2017年。
22. 郑炜明:《饶宗颐：大先生，小故事》,《北京日报》2017年8月8日。
23. 沈建华:《饶宗颐先生与他的甲骨书札》,《文汇报》2017年10月20日。
24. 蒋肖斌:《饶宗颐：命里注定做学问，不敢当"大师"》,《中国青年报》2018年2月7日。
25. 许旸:《饶宗颐：百年舂锄岂言休，万古不磨自在心》,《文汇报》2018年2月7日。
26. 陈履生:《饶宗颐：学艺融通无町畦》,《中国艺术报》2018年2月12日。
27. 赵玉龙:《饶宗颐：潮学起家的国学巨擘》,《中国社会科学报》2018年5月24日。
28. 许民彤:《饶宗颐不敢当"大师"》,《思维与智慧》2018年第10期。
29. 姜义华:《记饶宗颐先生二三事》,《文汇报》2019年4月12日。
30. 刘钊:《直面大师　意犹未尽》,《甘肃日报》2019年7月23日。

第四十一篇

文字学家李孝定，毕生探寻汉字源

1941年，当中央研究院历史语言研究所因战乱避难四川南溪李庄之时，一位刚考取北京大学文科研究所不久的年轻人受时任所长兼北京大学代理校长傅斯年之命来到此地寄读。当时，著名甲骨学家董作宾正在此代理所长之职，并忙于《殷历谱》的相关工作。因此，这位年轻人得以有机会师从董作宾学习和研究甲骨文，后来终成一代甲骨学大家。此人就是李孝定。

李孝定于1918年3月1日出生在湖南常德仙池乡花岩溪村，字陆琦。幼年时，他曾在当地读私塾和小学。1929年，他以优异的成绩考入省立三中（今常德市一中）。1935年，他从高中毕业后考入南京的中央大学中文系，师从著名学者胡光炜（即胡小石，1888—1962）学习甲骨文。1937年，全民族抗日战争开始后，李孝定跟随中央大学迁至重庆。1939年，他以论文《商承祚〈殷虚文字类编〉补》顺利从中央大学中文系毕业。1940年，他考取了北京大学文科研究所，打算攻读历史考古专业，但因北京大学为躲避战乱已南迁而未能及时入学。1941年，受傅斯年之命，他才得以奔赴已迁至四川南溪李庄的历史语言研究所寄读，从而幸运地跟随甲骨学大师董作宾学习和钻研甲骨文。1944年，在导师唐兰的指导下，他以硕士学位论文《甲骨文字集释》从北京大学文科研究所毕业。该文共计60万字，是其依朱芳圃所著《甲骨学文字篇》为例，汇集和陈列诸家考释甲骨文字之说并附以按语而编撰成的。可惜因当时战乱，该书未能出版。同年，李孝定被聘为历史语言研究所考古组助理研究员，协助著名考古学家、时任考古组主任的李济先生工作。1945年，他发现殷墟出土的陶文与甲骨文的形体结构几乎完全相同，于是撰写了《小屯陶文考释》一文。他认为陶文不同于占卜使用的甲骨文，应与日常用字有密切关系，为之后其倡议从陶器刻画符号探索汉字起源开启了先路。该文后于 1956 年被收入《小屯》考古报告之《殷虚器物甲编 · 陶器》（上辑）的附录中。

中国人民抗日战争胜利后，李孝定负责历史语言研究所复员图书、古物的运送工作，并于 1946 年返回南京。1947 年，他被借调到南京中央博物院筹备处任专门委员，协助李济工作。不久之后，他又被历史语言研究所派往北京负责整理日军侵华时东方文科图书馆等机构的藏书。

1949 年初，历史语言研究所随南京国民政府迁往台湾，李孝定辗转渡海回所，并于同年升任副研究员。1950 年，他又被时任台湾大学校长傅斯年聘为中文系合聘副教授兼校长秘书。1956 年，其著作《小屯陶文考释》在台湾出版。1959 年，他以孙海波所编《甲骨文编》为底本，并沿用许慎《说文解字》的编纂体例，博采众长，兼收并蓄，分门别类，定以己见，重新撰写了《甲骨文字集释》。该书历时 5 年半而成，共 150 万字，皆为其亲手书写，堪为甲骨文研究领域的一部经典巨著。李孝定在书中对每个甲骨文字均作了比较详备的解释和考证，无论对初学者还是研究者来说，都是一部极具参考价值的工具书。

1963 年，李孝定晋升为历史语言研究所研究员，并升任台湾大学中文系合聘教授。1964 年，李济在历史语言研究所组织了“中国上古史编辑委员会”，计划根据数十年来积累的田野考古工作成果编写一套可信的中国上古史，李孝定负责“中国文字的原始与演变”专题。由于李孝定深感文献典籍不足为证，古史传说无从稽考，遂从分析甲骨文着手，撰成《从六书的观点看甲骨文字》一文。他以该文为立足点，上溯史前，博采《西安半坡》等新出田野考古报告，广泛收集仰韶文化、龙山文化、二里头文化及殷墟等各地古文化遗址中所出土的陶器刻画符号，认为这些陶器刻画符号应与早期汉字有关。经过缜密分析后，他撰成《从几种史前和有史早期陶文的观察蠡测中国文字的起源》一文。此外，他撰写并发表了《读契识小录》（之一）。1965 年，其所著《甲骨文字集释》由联经出版事业公司出版发行，并发表了《读契识小录》（之二）。其中，《甲骨文字集释》为平装16册，共有26卷，分正编14卷、补遗1卷、存疑10卷、待考1卷，正编收录甲骨文单字1062个（重文75个），存疑收录136个，待考收录1612个。同年，李孝定应南洋大学之聘赴新加坡出任该校中文系教授兼系主任，仍兼任“中央研究院”历史语言研究所研究员。1967年，他编著并出版了《殷契零拾》一书。1968年，其所撰《从六书的观点看甲骨文字》一文发表。文中阐述了中国文字发展的过程，确定了甲骨文在汉字发展过程中的相对位置，并证明晚商为形声字的发轫期。1969年，他相继发表了《从几种史前和有史早期陶文的观察蠡测中国文字的起源》《从中国文字的结构和演变过程泛论汉字的整理》等文章。其中，他在《从几种史前和有史早期陶文的观察蠡测中国文字的起源》一文中明确指出陶文为早期汉字之雏形，为探索汉字起源指明了方向和途径。1971年，他所撰《从六书的观点看甲骨文字》与《从几种史前和有史早期陶文的观察蠡测中国文字的起源》被整合为《汉字的起源与演变》一文，并被收入当年出版的《中国上古史》中。1972年，他撰写了《汉字史话》一书，其参编的《金文诂林附录集释》（之一）出版。1974年，其所著《中国文字的原始与演变》和参编的《金文诂林附录集释》（之二）出版。1977年，其所著《汉字史话》和与周法高、张日昇合编的《金文诂林附录》相继出版。《金文诂林》是由周法高主编的，他以容庚的《金文编》（三版）为据，逐字罗列诸家之说而成。对于图形文字

《甲骨文字集释》

及未识之字，则编为《附录》。周法高在《附录》中汇集诸家异说的同时，也力请李孝定抒以己见，并编入《附录》中。李孝定在《附录》所收每个金文字条下皆发表了议论和自己的看法，其中有百余条独创新解者。

1978年，李孝定自新加坡南洋大学退休后返回台湾，重任历史语言研究所甲骨文研究室研究员。1979年，随着田野考古出土陶文材料的日渐增多，他撰写并发表了《再论史前陶文和汉字起源问题》一文。1981年，他撰写并发表了《从金文图画文字看汉字文字化过程》一文，不仅阐释了中国文字由原始图画演变的过程，而且归纳出与“六书说”相表里的若干规律，均为前人言文字演变过程者所未及。1982年，其所著《金文诂林读后记》出版，书中创见颇多。1983年，他撰写并发表了《汉字起源的一元说和二元说》一文。1985年，他出任历史语言研究所甲骨文研究室主任，并撰写发表了《论玉篇增删说文部首——汉字新分部法初探》一文。1986年，他将前期撰写和发表的研究甲骨文、陶文的论文结集为《汉字的起源与演变论丛》，并由联经出版事业公司出版发行。

1988年，李孝定从历史语言研究所退休后，被东海大学聘为中文研究所讲座教授兼所长。1989年，他撰写并发表了《符号与文字——三论史前陶文和汉字起源问题》《戴君仁先生同形异字说平议》等文章。他反复论证了陶器刻画符号的性质及与汉字起源的关系，为探讨汉字起源与演变奠定了重要基础。1991年，他辞去东海大学之聘，被台湾大学中文研究所聘为兼任教授。同年，他撰写并发表了《从史前陶器上的刻划符号探索汉字起源问题的回顾》一文。1992年，他凭其多年研究甲骨文和金文的所获和心得，检视许慎的《说文解字》，并以丁福保的《说文解字诂林》为底本，撰成、出版了《读说文记》。书中，他对诸家存在争议的甲骨文和金文并见之字尽抒己见，创发尤多。此外，他还发表了《从小屯陶文、甲骨文、金文、小篆、宋代楷书的六书分类比较看汉字发展的大趋势》一文。1993年，他相继撰写并发表了《研究汉字起源与演变的几点心得》《殷商甲骨文字在汉字发展史上的相对位置》等文章。1995年，他发表了《试论文字学研究的新方向》一文。在这些文章中，他强调文字演变是有条理脉络可寻的，主张研究文字学需要持动态观点，全面观察，系统描述，不拘定例，识其变迁，才能认清中国文字发展的脉络和痕迹。1996 年，他的回忆录《逝者如斯》出版。1997 年 8 月 24 日，他因脑瘤而病逝于台北。2011 年 3 月，李孝定生前所著《汉字史话》由海豚出版社出版，书中介绍了汉字的起源与发展历程，创见颇多。

综览李孝定的一生，自 17 岁在中央大学师从著名甲骨学家胡光炜学习甲骨文开始，到跟随甲骨学大师董作宾深入研契，再到师从著名古文字学家唐兰继续深造，直至去世，他一生大部分时间和精力都专注于甲骨文研究，致力于古文字之学，撰写、编著、出版了《甲骨文字集释》《殷契零拾》《汉字的起源与演变论丛》等多部著作，并相继发表了多篇论文，可谓成果显著，成绩斐然，因而被誉为“甲骨文研究的拓荒者”之一。除了甲骨文以外，他对陶文、金文以及汉字的发展演变也颇有研究，并撰写、出版和发表了多部（或多篇）极具价值和影响的论著。其中，他对陶文的研究，开启了探索汉字起源的先路。他毕生从事古文字及汉字研究，“穷其原委，贯其会通”为其多年治学经验的总结。治学之余，他还曾任教于台湾大学、南洋大学、东海大学等高校，诲人不倦，桃李芬芳，终成一代名副其实的古文字学大家。

参考文献：

1. 李孝定：《逝者如斯》，台湾东大图书股份有限公司，1996 年。
2. 云惟利：《汉字的微观与宏观研究——李孝定先生研究汉字的方法与方向》，《中国文字研究》2001 年第 2 辑。
3. 赵志伟：《穷其原委　观其会通——读李孝定〈汉字史话〉》，《中学语文教学》2016 年第 1 期。

第四十二篇

赞叹外国“六权威”，研究殷契个个棒

甲骨学家王宇信在《甲骨学发展120年》一书中将甲骨学史上的数十位著名学者总结为“甲骨学四个第一人”“甲骨四堂”“甲骨八老”“甲骨学六外国权威”“甲骨学五资深”“甲骨学七领军”“甲骨学九新秀”等。关于“甲骨学四个第一人”(即：王懿荣、刘鹗、孙诒让、王襄)，“甲骨四堂”(即：罗振玉、王国维、董作宾、郭沫若)和“甲骨八老”(即：容庚、商承祚、于省吾、唐兰、陈梦家、胡厚宣、严一萍、饶宗颐)，前文均已进行了详细介绍。从本篇开始，笔者将继续对“甲骨学六外国权威”和“甲骨学五资深”的个人经历、学术贡献进行简要介绍。

所谓“甲骨学六外国权威”，是指明义士、岛邦男、雷焕章、伊藤道治、吉德炜、松丸道雄等六位海外著名甲骨学家。明义士和岛邦男，笔者也已在前文作过介绍，兹不重述。这里只对其余四位外国甲骨学家的履历及在甲骨文研究方面所取得的成就进行简要介绍。

雷焕章，法国神父、著名汉学家、甲骨学家。他于1922年7月5日出生在法国史舍米雷勒戈丹。1937年至1940年，他在勒芒城耶稣会学校上高中。1940年10月，他加入天主教耶稣会。1946年，他获得蒙贝列国立大学哲学学位。1947年，他离开法国来到中国传教。1952年4月，他在上海徐家汇圣依纳爵堂被授予司铎职。1955年，他到台湾地区从事传教工作。从1955年至1970年，他在东海大学教授法文，并参与了《利氏汉法大字典》的编纂工作。1971年，他在台北“震旦中心”开始研究甲骨文、金文，曾编撰成中、英、法三语的《法国所藏甲骨录》(1985年出版)、《德瑞荷比所藏一些甲

骨录》(1997 年出版)。1976 年，他编辑出版了《汉法综合辞典》。2008 年，由其编著的《甲骨文集书林》(中英文对照)出版。2010 年，他逝世后，被安葬于台湾彰化静山墓园。他生前一直倾心于中国古文字的研究和宣传，历时 15 年、耗费大量心血参与了《利氏汉法大字典》的编纂工作，为让西方了解中国历史文化作出了卓越贡献，也为中法文化交流奠定了重要基石。在甲骨文研究方面，他虽是自学成才，水平却不低，就连当代著名甲骨学家蔡哲茂也刮目相看，两人也因兴趣相投而成为至交，在甲骨学史上留下了一段佳话。

吉德炜(David N. Keightley)，美国著名汉学家、甲骨学家、中国上古史专家。他于 1932 年 10 月 25 日出生在英国伦敦，后移居美国。1956 年，他获得纽约大学欧洲现代史专业的硕士学位。之后，他先在世界出版公司做了三年编辑，后又当了两年自由撰稿人。在此期间，他逐渐意识到当今的中国还是一处尚待开拓且大有可为的新领域，遂萌发了了解中国社会、历史与文化的兴趣。1962 年，他在哥伦比亚大学研究生院学习汉语时，逐渐体会到能阐释中国与其他国家差异的那些关键因素均深深植根于中国遥远的过去，于是将视野转向了古代中国。1969 年，他以《古代中国的公共劳动：商和西周的强制劳动研究》(*Public Work in Ancient China: A Study of Forced Labor in the Shang and Western Chon*)为论文获得哥伦比亚大学的哲学博士学位，并于同年受聘于加州大学任教。自此以后，他一直在加州大学伯克利分校历史系致力于有关中国古代历史文化方面的研究，直至于 2017 年 2 月 23 日逝世。他一生辛勤著述，硕果累累，撰写并发表了《释贞——关于商代占卜性质的一个新假设》《贞人的笔

吉德炜

记——商代甲骨文的二手性》《祖先的景观：晚商中国的时间、空间和社会（公元前1200—1045年）》《宗教信仰与都市主义的起源》《商代占卜与商代的形而上学——附论新石器时代的占卜与形而上学》《商朝历史时期的年代——中国青铜时代编年史上的一个问题》《〈古本竹书纪年〉的真实性》《安阳新发现的甲骨》等30多篇论文，以及《评岛邦男的〈殷墟卜辞综类〉》等10多篇评论。此外，他还曾被推选为以美国加州大学为中心的学术组织“古代中国研究会”的主席，并担任该组织出版的刊物《古代中国》（*Early China*）的主编，还编著有《中国文明的起源》一书，为研究和宣传中国古代历史文化作出了卓越贡献。在甲骨文研究方面，其最负盛名的代表作为《商代史料——中国青铜时代的甲骨文》（1978年由加利福尼亚大学出版）。他在书中提出了不少极具创新性的独特见解，为推动甲骨学与殷商史学科的发展作出了特殊贡献，因此被誉为“西方研究甲骨文的先锋”。

伊藤道治，日本著名汉学家、甲骨学家。1928年生于日本，1946年考入京都大学史学科。1947年，他以勤工俭学的方式为著名甲骨学家贝冢茂树誊录文稿、整理资料，并师从贝冢茂树学习甲骨文、金文。1949年，他从京都大学史学科毕业后，进入京都大学人文科学研究所当贝冢茂树的助手，并与其师一起从事京都大学人文科学研究所所藏甲骨的整理与研究工作。其间，除了摹写所见甲骨文拓片和金文拓本以外，他还阅读了大量郭沫若、董作宾等中国学者关于甲骨文和金文研究的论著。整理甲骨资料的工作虽然琐碎、辛苦，但也为其日后的甲骨文及金文研究工作打下了坚实的基础。1953年，他与贝冢茂树合著的《甲骨文断代研究法再检讨——以董氏的文武丁时代卜辞为中心》一文在《东方学报》第23册上发表。1956年，他又撰写并在《东方学报》第26册上发表了《关于卜辞中所见的祖灵观念》一文。1959年和1960年，他与贝冢茂树合著的《京都大学人文科学研究所藏甲骨文字》（图版篇）和《京都大学人文科学研究所藏甲骨文字》（本文篇）相继出版，收录所藏甲骨3246片。1980年，他们又对二书进行了增补和订正，后以《甲骨文字研究图版篇》和《甲骨文字研究本文篇》出版，共收录所藏甲骨3264片。1966年，伊藤道治编撰了《故小川睦之辅氏藏甲骨文字》，并发表在《东方学报》第37册上。1968年，他编撰了《大原美术馆所藏甲骨文字》，并发表在《仓敷考古馆研究集报》第4号上。1971年，他编撰了《藤井有邻馆所藏甲骨文字》，并发表在《东方学报》第42册上。1972年，他编撰了《垣元吉氏藏甲骨文字》，并发表在《神户大学文学部纪要》上。1977年，他编撰了《关西大学考古资料室藏甲骨文字》，并发表在《史泉》第51号上。1984年，他编撰了《国立京都博物馆所藏甲骨文字》和《黑川古文化研究所藏甲骨文字》，并发表在《文化学年报》第3号上。1987年，他又对日本天理大学附属天理参考馆收藏的692片甲骨进行了整理和著录，并编辑成《天理大学附属天理参考馆藏甲骨文字》一书出版。总之，他在日本所藏殷墟甲骨文的整理、著录、释读和研究等方面作出了突出贡献。此外，他对殷商史也颇有研究，曾撰写并出版有《古代殷王朝之谜》（1967年）、《中国历史》第Ⅰ卷《从原始到春秋战国》（1974年，与贝冢茂树合著）、《中国古代王朝的形成——以出土资料为中心的殷周史研究》（1975年）、《中国社会的成立》（1977年）、《中国古代文化研究》（1996年，与高岛谦一合著）等著作。伊藤道治凭借在甲骨学与殷商史研究领域的突出成就和卓越贡献而成为当代日本研究甲骨文的领军人物，在国际甲骨学界也有着重要的影响和地位。

松丸道雄，日本著名汉学家、甲骨学家。他于1934年出生在日本东京，毕业于东京大学文学部东洋史学科。现为东京大学东洋文化研究所教授、日本甲骨学会会长、《甲骨学》杂志主编。其代表性著作有《甲骨文字》（1959年由奎星会出版部出版）、《日本散见甲骨文字搜汇》（《甲骨学》7～12号连载）、《关于殷墟卜辞中的田猎地——从另方面研究殷代国家构造》（1963年）、《西周青铜器及其国家》（1980年由东京大学出版会出版）、《东京大学东洋文化研究所藏甲骨文字·图版篇》（1983年由东京大学出版会出版）、《中国文明的成立》（1985年由讲谈社出版）、《甲骨文字字释综览》（1993年）等书。其中，《甲骨文字字释综览》是由松丸道雄与高岛谦一联合编纂的，于1993年由日本东京大学东洋文化研究所出版，共收录摹写的甲骨文单字3323个，并汇集了诸家的释字学说（截至1989年），为甲骨学界提供了一部难得的参考资料和重要工具书。松丸道雄也凭其成就和影响而成为当代日本甲骨文研究领域的中坚力量和领军人物。

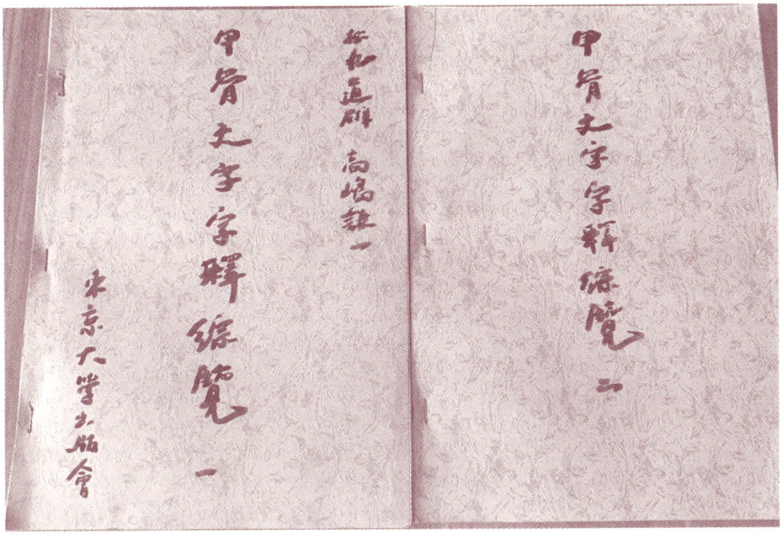

《甲骨文字字释综览》

综上所述，在“甲骨学六外国权威”中，仅日本学者就占了“半壁江山”，充分说明甲骨文及汉字文化对日本学界的影响重大而深远，当年罗振玉、王国维和林泰辅所播下的“种子”已在日本汉学界深深扎根，发芽生长，开花结果，并且一直蔓延至今。六位外国汉学家在甲骨文研究方面各有所长，所取得的成就令世人赞叹，均为推动甲骨学的国际化和深入发展以及中外文化交流作出了卓越贡献，必将在甲骨学史册中留下独特而精彩的篇章，展现绚烂而别样的风采。

参考文献：

1. 伊藤道治，崔大庸：《日本近十年间关于甲骨文的研究》，《殷都学刊》1995年第4期。
2. 王震中：《伊藤道治先生甲骨文与商史研究五十年》，《殷都学刊》1997年第3期。
3. 梅谦立，黄雄铭：《巴黎·北京·台北——迷人的老魔鬼》，光启文化出版社，2002年。
4. 金洋：《从甲骨书评看吉德炜的甲骨学研究》，《学行堂文史集刊》2013年第

2期。
5. 金洋:《吉德炜〈商代史料：中国出版的两部主要甲骨集〉述评》,《语文学刊》2013年第5期。
6. 金洋:《吉德炜的甲骨学研究》，西南大学硕士学位论文，2015年。
7. 王震中:《〈甲骨文研究〉序——缅怀伊藤道治先生》,《中国史研究动态》2018年第4期。
8. 王宇信，具隆会:《甲骨学发展120年》，中国社会科学出版社，2019年。

第四十三篇

“全能学者”李学勤，文明探源之领航

2014 年 9 月，首届“全球华人国学奖终身成就奖”公布评选结果，获此殊荣的有两位被誉为“百科全书式学者”的大师级人物，一位是饶宗颐，另一位是李学勤。

李学勤

李学勤于 1933 年 3 月 28 日出生在北京一个知识分子家庭，为家中独子。由于他从小体弱多病，幼年时没有什么玩伴，好在其母很早就教他认字，所以看书便成了他生活中最大的乐趣，而且越难懂的书他越爱看。其父曾专门给他请了一位家庭教师，他聪明勤奋，仅用两年时间就学完了小学教材。1941 年，当李学勤上小学时，因为年幼仍需上三年级。由于课堂内容远不能满足其求知欲，所以他利用课余时间阅读了大量课外书籍及报刊，尤其是《科学画报》。1945 年，他进入北京汇文中学中学部读书。该校为北京早期的近代中学之一，在成立之初只是个包含小学部、中学部和大学部的书院，其大学部就是后来的燕京大学。家里的经济条件并不宽裕，在上学之后，李学勤只能经常将父母给他的吃饭钱偷偷省下来，宁愿饿肚子，也要到旧书摊购买各种书籍阅读，看完后再将书卖掉，换别的书来读。因此，李学勤在很年轻的时候就已经博览群书，拥有了许多他那个年龄段的人所不具备的知识。1948 年初中毕业后，他报考了北平高等工业学校（今北京工业大学）电机系，并取得了

第一名的好成绩，可是因防痨协会将他的体检结果搞错而致使他最终未能上成，这次偶然的差错就此改变了他的人生轨迹。1951 年，他高中毕业后又以第一名的优异成绩考取了清华大学哲学系，师从著名哲学家、逻辑学家金岳霖（1895—1984）。之所以报考清华大学哲学系，是因为他曾经偶然读过金岳霖的《逻辑》，并对书中各种不认识的符号产生了浓厚兴趣，打算跟着金岳霖学习数理逻辑。然而，“天不遂人愿。”就在他入学后的第二年，恰逢全国高校院系调整，清华大学变成了一个多学科的工科大学。按照当时的调整，他应该到北京大学去，但是他并未去，这是为何呢？原来他之前因喜欢难懂的符号而自学了甲骨文。他经常去北京图书馆（今国家图书馆）借阅甲骨文方面的书刊，结识了对甲骨文颇有研究的时任该馆金石部主任的曾毅公（生卒年不详）。在曾毅公的指导和帮助下，李学勤读遍了甲骨文方面的书，眼界大为开阔。1952 年，上海甲骨学者郭若愚（1921—2012）将自己编著的《殷虚文字缀合》呈交著名甲骨学家、时任中国科学院院长的郭沫若审阅。郭沫若将书稿交由时任该院考古研究所所长的郑振铎审查，并打算让考古所从事殷墟甲骨缀合这项特殊工作，而当时著名甲骨学家陈梦家恰好刚调入该所，所以郑振铎又找到陈梦家商量此事。陈梦家阅读书稿后认为《殷虚文字缀合》尚有可以补充之处，可以组织人力搞甲骨缀合，便邀请在甲骨缀合方面早已知名的曾毅公一起来做这项工作。于是，在曾毅公的介绍和推荐下，李学勤在当年夏便被调入中国科学院考古研究所（今属中国社会科学院考古研究所）协助曾毅公工作。因此，在清华大学哲学系读了一年半后，李学勤便在既未毕业，也未取得任何学位的情况下离开了清华，以临时工的身份进入中国科学院考古研究所，辅助曾毅公和陈梦家编著《殷虚文字缀合》。1954 年，此项工作完成。1955 年，李学勤参编的《殷虚文字缀合》由科学出版社出版，此书也开启了他的学术生涯。当时，中国科学院又筹备成立了

《殷虚文字缀合》

历史研究所，时任历史研究所二所所长的著名历史学家侯外庐（1903—1987）非常赏识李学勤，就安排他到历史研究所工作。于是，李学勤从考古研究所转入历史研究所，成为侯外庐的助手，并参加了侯外庐主持的《中国思想通史》的研究和编写工作。其间，除了从事中国思想史研究以外，李学勤还继续对甲骨文、战国文字、青铜器等古代文字和器物进行深入研究，并取得了许多开拓性成果。其中，在甲骨文研究方面，其所著《殷代地理简论》于1959年由科学出版社出版，填补了殷代地理研究的空白。1964年，因政治形势发生变化，他被抽调去搞“四清”。1966年5月，历史研究所的学者们被陆续下放到“五七干校”。1970年，李学勤也被下放到“五七干校”，学术研究被迫中断。幸运的是，他于1971年冬又被调回北京，参加郭沫若主编的《中国史稿》第一册的修订工作，得以继续从事学术研究。不久，马王堆帛书出土，国家文物局打算借调他去整理新发现的文物，但因单位搞政治运动，所以直到1975年他才正式调到国家文物局工作。此后，他相继参与了马王堆帛书、定县八角廊简、睡虎地秦简等多批新出土简帛的整理和研究工作。1978年，他又回到中国科学院历史研究所。在面临两种选择的情况下，经过侯外庐同意，他没有继续留在思想史研究室，而是到先秦史研究室接替著名甲骨学家胡厚宣做了主任。1981年，他提出要“重新估价中国的古代文明”，以期对国家的文化建设有益。1984年，他荣获国家“有突出贡献的中青年专家”称号。从1985年至1988年，他担任历史研究所副所长。1986年，他被推选为美国东方学会荣誉会员。从1991年至1998年，他又出任历史研究所所长。1991年，他获得国务院政府特殊津贴。1993年，在一次学术座谈会中，他提出了“走出疑古时代”的口号，对中国学术界产生了重大而深远的影响。他认为“疑古”“不疑古”都必须讲究证据，应该利用甲骨文、金文、简牍文、帛书等

《殷代地理简论》

通过考古而新出土的古代文献资料，使一些受到质疑的传世古典文献在一定程度上恢复其本来面貌，让人们逐渐认识到古代文献和传说中其实具有很多可信因素，由此自然超出了过去的“疑古时代”。1993年，他在清华大学建立了国内最早的国际汉学研究机构之一——国际汉学研究所，倡导国际汉学研究。此后十多年间，他一直担任清华大学的双聘教授，并出任清华大学思想文化研究所所长。1996年，国家“九五”科技攻关重点项目“夏商周断代工程”启动，他出任专家组组长兼首席科学家。该工程开设了9个课题、44项专题，召集了国内多学科的200余位顶尖专家学者进行了联合攻关。经过5年的集体努力，到2000年9月，该工程顺利通过了由科技部组织的专家验收，达到了预定目标，并于同年11月9日正式公布了阶段性成果《夏商周断代工程1996—2000年阶段成果报告》（简本），制定了“夏商周年表”。李学勤也因领导和主持此项社科领域的重大国家级工程而享誉海内外，广受关注，成为中国历史学界的泰斗和大师。1997年，他当选为国际欧亚科学院院士。2001年春，他所主持的“夏商周断代工程”所取得的成果被评为“九五”期间科技攻关计划的重大成果。同年，他荣获“九五国家重点科技攻关计划突出贡献者”称号。2002年，他又获得“全国杰出专业技术人才”称号。2003年8月，在母校清华大学的多次盛情邀请下，李学勤离开了工作50多年的历史研究所而全职回到清华大学任教。从2004年起，他受聘为清华大学文科高等研究中心教授兼主任，由此成为从清华肄业而转变为教授的少数特例之一。清华大学鉴于其年事已高，本不打算让其授课，但李学勤依然坚持给学生“传道解惑”，直到2011年才因身体状况不佳而被迫停课。据说，在他讲课期间，所在教室的听众每次都是爆满，不仅有本校的学生，而且还有不少当地各大高校的年轻教师和学者，甚至还有不少人专程从外地赶来聆听教诲，大家的一致感受和评价是听他的讲课如同一场“视听盛宴”。2008年7月，由清华校友赵伟国捐赠的2500余枚战国中晚期竹简入藏清华园，这批被著名古文字学家裘锡圭认为“极为罕见”的珍贵楚简后来被人们称为“清华简”。2008年9月，清华大学出土文献研究与保护中心成立后，李学勤出任中心主任。此后的十年，他亲自主持了“清华简”的整理、保护和研究工作，并为此倾注了大量心血。2011年9月，他受聘为中国文字博物馆馆长，任期五年，成为继冯其庸（1924—2017）之后该馆的第二任馆长。2013年7月，他荣获首届“汉语人文学术写作终身成就奖”，还获得2013年度“孔子文化奖”。2014年9月，他与饶宗颐一起荣获首届国学大典“全球华人国学奖终身成就奖”。2015年，他荣获第四届“吴玉章人文社会科学终身成就奖”。2017年，他荣获第三届“会林文化奖”。2018年1月，他被评为清华大学首批文科资深教授。同年11月，凝聚他大量心血的“清华简”第八辑的整理报告出版，但此时他已因病住院。然而，即使在病床上他也从未停止过对“清华简”的研究。2019年2月24日，李学勤病逝于北京协和医院，享年86岁。

综览李学勤的一生，可谓一个不可复制的“传奇”。他履历丰富，多职加身，曾先后供职于中国科学院考古研究所、历史研究所、清华大学等单位，曾担任中国社会科学院历史研究所所长、清华大学思想文化研究所所长、清华大学国际汉学研究所所长、清华大学出土文献研究与保护中心和出土文献与中国古代文明研究协同创新中心主任、清华大学文科资深教授等职，并任全国政协第九届委员会委员、国务院学位委员会委员和历史学科评议组组长、国家文物鉴定委员会委员、中国社会科学院学术委员会委员、中央文史研究馆馆员、“夏商周断代工程”专家组组长兼首席科学家、中国文字博物馆馆长、中国史学会副会长、中国先秦史学会理事长及名誉理事长、中国钱币学会副会长兼学术委员会主任、楚文化研究会理事长及名誉理事长、国际欧亚科学院院士、美国东方学会荣誉会员等职，还曾任英国剑桥大学、美国加州大学（伯克利分校）等多所外国名校的客座教授及国内多所高校的兼职教授。李学勤荣誉甚多，屡获重奖，曾荣获“九五国家重点科技攻关计划突出贡献者”“全国杰出专业技术人才”等称号，并获得“汉语人文学术写作终身成就奖”“孔子文化奖”“全球华人国学奖终身成就奖”“吴玉章人文社会科学终身成就奖”“会林文化奖”等多项殊荣。他学贯中西，博古通今，与复旦大学教授裘锡圭并称为当今古文字研究的两大权威。他学识渊博，涉猎广泛，在甲骨学、青铜器及铭文、战国文字、简帛学、考古学、古文献学、国际汉学以及与其相关的历史文化研究等诸多学术领域均有重要建树，取得了大量学术前沿成果，为中国古代文明的研究和宣传作出了领航式的卓越贡献。他生前很喜欢用一句英文俗语“一些的一切，一切的一些”来说明自己的治学体会。所谓“一些的一切”，即学什么东西就要对这个领域已有的一切都懂，而“一切的一些”则是对其他领域的知识都要懂一些。他曾将自己比喻为一台“多波段收音机”，并被学界和世人誉为“百科全书式的学者”。他治学勤奋，著述颇丰，从1952年参编《殷虚文字缀合》（1955年4月出版）开始到逝世，在其一生50多年的学术生涯中，总共发表了多篇论文，并撰写、编著、出版了《殷代地理简论》（1959年）、《中国青铜器的奥秘》（1980年）、《马王堆汉墓帛书》（1980年）、《东周与秦代文明》（1984年）、《古文字学初阶》（1985年）、《英国所藏甲骨集》（1985年）、《新出青铜器研究》（1990年）、《比较考古学随笔》（1991年）、《周易经传溯源》（1992年）、《走出疑古时代》（1994年）、《简帛佚籍与学术史》（1994年）、《中国青铜器概说》（1995年）、《欧洲所藏中国青铜器遗珠》（1995年）、《古文献丛论》（1996年）、《殷墟甲骨分期研究》（1996年）、《失落的文明》（1997年）、《四海寻珍》（1998年）、《缀古集》（1998年）、《李学勤学术文化随笔》（1999年）、《瑞典斯德哥尔摩远东古物博物馆所藏甲骨文字》（1999年）、《当代学者自选文库·李学勤卷》（1999年）、《夏商周年代学札记》（1999年）、《甲骨百年话沧桑》（2000年）、《重写学术史》（2002年）、《中国古史寻证》（2002年）、《中国古代文明十讲》（2003年）、《清路集》（2004年）、《中国古代文明研究》（2005年）、《文物中的古文明》（2008年）、《通向文明之路》（2010年）、《三代文明研究》（2011年）、《夏商周文明研究》（2015年）、《新出青铜器研究（增订版）》（2016年）、《清华简及古代文明》（2017年）等各类学术著作。“甲骨分期，题铭划域，倡导探源，再释文明，定夏商周新年表，业界由兹开风气；青铜断代，简帛编联，反思疑古，重书学术，理经史子旧典藏，世间从此绝斯人”和“研精夏商周汉，百世足征，抉微释古唯先觉；道贯礼易诗书，佚篇重焕，著史传经待后生”这两副由其弟子们题写的挽联基本可以概括李学勤一生的学术成就和科研贡献。就学术研究而言，单从甲骨学方面来看，其贡献良多，李学勤不仅建立了殷墟甲骨分期断代新理论——“两系说”，而且率先提出了“历组”“无名组”的名称，还发展了殷墟甲骨的“非王卜辞说”。经过系统研究和考证，他提出“历组卜辞”实际上是武丁晚期到祖庚时期的卜辞，认为殷墟卜辞可以分为九组（即陈梦家所分的七组加上他所提出的“历组”和“无名组”），并在此基础上形成了被学界称为“两系说”的新式甲骨分期断代理论和方法。此说虽在甲骨学界引起了热烈讨论和广泛争议，但已逐渐为不少学者所认可和使用。除了研究殷墟甲骨文以外，他还首先鉴定出西周甲骨文，第一个明确断定西周甲骨的存在（他第一个指出 1954 年山西洪赵县坊堆村周代遗址所出有字卜骨应为西周初期物），为西周甲骨学这门甲骨学领域的新分支学科的建立和发展作出了重要贡献。随着后来西周有字甲骨的不断发现和陆续出土，他通过《西周甲骨》《西周甲骨的几点研究》等一系列论文，对西周甲骨的特征、文字的释读、性质及族属等问题发表了精到的看法。此外，他在甲骨缀合、甲骨著录及利用甲骨文资料研究商代历史和地理等方面也均取得了不俗成绩。可以说，李学勤一生都在积极探索中国历史的奥秘，努力找寻中华文明的源头，最终不仅将一切还给了历史，也把自己写进了历史。他的离世，在中国历史学界乃至整个学术界留下了一个难以填补和无法替代的空缺。正如清华大学所发布的讣告所言：“李学勤先生的去世，是清华大学的重大损失，也是中国学术界的重大损失。”作为“当代中国古代文明研究领域的一面旗帜”，李学勤凭其卓越的学术成就和非凡的影响力，必将成为中国学术史上的一个不可复制的传奇，留下一段永世流传的佳话。

参考文献：

1. 李四龙，康大鹏，顾永新：《重估中华古文明揭示历史真面目——访著名学者李学勤先生》，《北京大学学报》（哲学社会科学版）1997 年第 6 期。
2. 刘国忠：《李学勤学术研究评述》，《美术观察》1997 年第 12 期。
3. 刘国忠：《古代文明的重新评价——记著名学者李学勤先生》，《文物天地》2001 年第 1 期。
4. 周溯源：《夏商周历史纪年研究的重大突破——访首席科学家、专家组组长李学勤》，《求是》2001 年第 2 期。
5. 许洪国：《中国文字从起源到形成和书法同时产生——著名历史学家李学勤对刘正成谈书法艺术》，《中国书法》2001 年第 10 期。

6. 康香阁:《著名历史学家李学勤先生访谈录——早期特殊的读书治学经历(少年—1954)》,《邯郸学院学报》2005年第4期。
7. 刘国忠:《李学勤先生的中国古代文明研究》,《邯郸学院学报》2005年第4期。
8. 李学勤,邹兆辰:《对中国古代文明的多学科多领域探索——访李学勤教授》,《历史教学问题》2007年第4期。
9. 张公者:《文字·文明——李学勤访谈》,《中国书画》2009年第5期。
10. 康香阁:《再访李学勤先生——治学经历(1955—1976)》,《邯郸学院学报》2010年第1期。
11. 陈颖飞:《从追寻符号的魅力到探索中国古代文明——李学勤先生访谈录》,《中国文化研究》2010年第3期。
12. 东方白:《李学勤:伴随新中国成长的甲骨学领军人》,《语言文字报》2011年1月5日。
13. 于玉蓉:《著名历史学家李学勤先生成长及治学之路——童年、青少年读书经历》,《邯郸学院学报》2011年第3期。
14. 张卫东:《学林泰斗　勤耕不辍——访著名历史学家、考古学家、古文字学家李学勤先生》,《江汉论坛》2013年第1期。
15. 宫长为:《李学勤学术年谱》,《邯郸学院学报》2013年第S1期。
16. 康香阁:《高山仰止　惠泽学林——向史学大师李学勤先生致敬!》,《邯郸学院学报》2013年第S1期。
17. 李学勤,于玉蓉:《追寻中国古代文明的足迹——著名历史学家李学勤先生访谈录》,《甘肃社会科学》2014年第1期。
18. 李颖:《出土文献研究六十年——李学勤教授访谈录》,《文艺研究》2014年第3期。
19. 江林昌:《取用新材料,研求新问题——李学勤先生与古文字、文献学、文明史研究》,《民族艺术》2014年第5期。
20. 佚名:《中华文明的探源者、守望者——李学勤》,《文史哲》2016年第2期。
21. 田乐:《清华简的整理研究与学术价值——访李学勤先生》,《中国史研究动态》2016年第4期。
22. 佚名:《追记李学勤:他的离去,留下了需要几代人来填补的空白》,《人民日报》2019年2月24日。
23. 王俊:《著名历史学家李学勤去世　曾指中国古代文明被贬低》,《新京报》

2019 年 2 月 24 日。
24. 徐悦东:《李学勤:“走出疑古时代”能否重估中国古代文明？》,《新京报》2019 年 2 月 24 日。
25. 邓晖:《一生追索历史，他把自己也写进了历史——缅怀历史学家、古文字学家李学勤》,《光明日报》2019 年 2 月 25 日。
26. 王俊:《李学勤：用一生走进历史》,《新京报》2019 年 2 月 26 日。
27. 宗和:《李学勤：我就像一台“多波段收音机”》,《新民晚报》2019 年 2 月 27 日。
28. 廖瑾:《追悼李学勤：一生追索历史，七旬高龄再回母校全职任教》，澎湃新闻，2019 年 3 月 1 日。
29. 刘国忠:《李学勤：半部学术史，一位李先生》,《中国科学报》2019 年 3 月 6 日。
30. 沈建华:《导夫先路　津水作舟——略谈李学勤甲骨分期两系说》,《中国文化》2019 年第 1 期。
31. 张忠义:《锲而不舍　金石为开——忆念李学勤先生》,《文物天地》2019 年第 4 期。
32. 谢维扬:《纪念李学勤先生》,《中国史研究动态》2019 年第 5 期。
33. 朱凤瀚:《永远的学术导师——纪念李学勤先生》,《中国史研究动态》2019 年第 5 期。
34. 李零:《我认识的李学勤先生》,《读书》2020 年第 3 期。

第四十四篇

德高望重裘锡圭，学识人品受颂扬

被当今学术界公认为古文字研究权威的学者有两位，一位是李学勤，另一位是裘锡圭。与李学勤一样，裘锡圭也是甲骨文研究领域的资深专家。

裘锡圭于 1935 年 6 月 13 日出生在上海，祖籍浙江宁波，曾任北京大学中文系教授、博士研究生导师、古文献研究室主任、中国古文献研究中心副主任，现为复旦大学出土文献与古文字研究中心教授、博士生研究生导师、刘殿爵中国古籍研究中心学术顾问，主要从事汉字学、古文字学、先秦史、秦汉史、古典文献学（先秦、秦汉部分）的教学和研究工作。

1952 年，裘锡圭考取了复旦大学历史系。在大学四年的学习生涯中，他非常珍惜时间，特别勤奋用功，几乎从来不睡午觉，也没有虚度周末，而是全都用来看书。对于买不起和借不到的书，他就一本本地抄录下来。有人以每天午休两小时推算，他四年里光从午睡中就抢出来一年的光阴（以工作时间每日 8 小时计算）。

1956 年，他从复旦大学历史系毕业后，又考取了该系"甲骨学与商代史"专业的研究生，师从著名甲骨学家胡厚宣专攻甲骨学与殷商史。同年，胡厚宣奉调进京，裘锡圭也跟随其师进入中国科学院历史研究所（今属中国社会科学院历史研究所）先秦史研究室，并参与了《甲骨文合集》的编辑工作。在研究生学习期间，尽管连年不断的政治运动占去了他大部分时间，但是他顶住种种压力，仍然坚持学习专业知识，数年间便积累了 6 盒资料卡片。1960 年，研究生毕业以后，他任教于北京大学中文系。在该系著名古文字学家朱德熙（1920—1992）教授的影响下，他对战国文字产生了浓厚兴趣。从 1974 年开始，他参加了由国家文物局组织的关于银雀山汉墓竹简、云梦秦简、马王堆汉墓帛书、曾侯乙墓文字资料、江陵望山楚墓竹简、郭店楚墓竹简、尹湾汉墓简牍等新出土文献的整理、考释和研究工作。其参编的《马王堆汉墓帛书》（壹）、《银雀山汉墓竹简》（壹）、《曾侯乙墓》（上）、《望山楚简》《江陵望山沙冢楚墓》《尹湾汉墓简牍》《郭店楚墓竹简》等书相继出版。1983 年，他晋升为北京大学中文系教授，并于次年担任博士研究生导师。2000 年，他被芝加哥大学授予人文学科名誉博士学位。2005 年，他离开工作多年的北京大学而回到母校复旦大学任教，受聘为复旦大学出土文献与古文字研究中心教授、博士研究生导师。在学术研究方面，他治学严谨，勤奋刻苦，博学多才，功力深厚，考证精到，广受称赞，数十年来一直浸淫于中国古文字研究，在甲骨文、金文、战国文字（货币文、陶文、盟书、玺文）、简牍文、帛书等方面均有精深的造诣。此外，他在历史学、考古学、文献学、语言学等方面也颇有研究和建树。他撰写、编著、出版有《文字学概要》（1988 年）、《古代文史研究新探》（1992 年）、《古文字论集》（1992 年）、《裘锡圭自选集》（1994 年）、《文史丛稿——上古思想、民俗与古文字学史》（1996 年）、《裘锡圭学术文化随笔》（1999 年）、《裘锡圭学术文集》（六卷，2012 年）等多部著作，并发表了多篇极具价值和影响的学术论文。单从甲骨文研究来看，他为推动甲骨学的发展作出了重大贡献，成绩斐然。在甲骨文字的考释方面，他出手不凡，时有创见，早在 1961 年就发表了自己的首篇文字考释之作《甲骨文中所见的商代五刑》，并引起了学术界的注意。1972 年，他撰写的《读〈安阳新出土的牛胛骨及其刻辞〉》一文可谓其“十年磨一剑之作”，不仅深得甲骨学大师郭沫若的赞赏，也显示了其研究古文字的深厚功力。此后，他以敏锐的科研头脑、坚实的知识基础和严谨的治学精神又撰写并发表了一系列关于甲骨文字考释的论文，对长期困扰甲骨学者的不少“疑字”“难字”进行了解说。由于他考释精到、论证严密，所以其观点和结论极具说服力，学者们无不赞成

《文字学概要》

称是。可以说，他在前辈学者的基础上，又将甲骨文字考释向前推进了一大步，由此成为蜚声海内外学术界的知名学者和古文字学大家。在甲骨文分期断代研究方面，他以《论“历组卜辞”的时代》（见《古文字研究》第6辑，中华书局，1981年）一文，全面论证了李学勤所提出的“‘历组卜辞’应该属于武丁、祖庚时期”，坚决支持和力挺李学勤等学者的看法和观点，对促进学术界关于“历组卜辞”年代的讨论和分期断代研究的深入起了重大推动作用。此外，像其他诸多学者一样，他也利用甲骨文材料对殷商历史和社会进行了较为全面的探索和研究。

除了学术研究以外，裘锡圭最让人津津乐道的还有他对人才的爱惜、重视和培养。2009年4月，经过专家考试和校招生领导小组讨论，复旦大学将一位年已38岁且仅有高中学历的“三轮车夫”列入了2009年度博士研究生拟录取名单，师从古文字学专家裘锡圭。那么，这名幸运的“三轮车夫”是谁？何以能获得学风一向严谨的裘锡圭的赏识而实现人生逆袭？原来他叫蔡伟，出生在辽宁锦州的一个普通家庭。据说，蔡伟自幼热爱书法，学生时代迷上了唐诗宋词，上高二时因在《文史》上偶然看到裘锡圭的一篇论文，从此被传统“小学”深深吸引。然而，由于他在高中期间严重偏科，只对古代典籍和古文字学尤为嗜好，可以说除了语文以外，其他课程均学得一塌糊涂，所以未能考上大学。高中毕业以后，他步入社会，为了谋生而四处漂泊，打过各种零工，饱尝生活艰辛和人间冷暖。难能可贵的是，尽管谋生不易，但他一直坚持学习，业余时间几乎全部用来看自己喜欢的书，也正是其特殊的嗜好最终改变了他的命运。他是怎样和裘锡圭结识的？据说，早在1995年，蔡伟就曾给时在北京大学任教的裘锡圭写过信，裘锡圭回信对他刻苦学习与钻研“小学”的精神予以称赞和肯定，由此建立了联系。1997年1月，裘锡圭在《文物》上发表了名为《〈神乌赋〉初探》的文章，文中提及尹湾汉墓出土的简牍篇目《神乌赋》中的“佐子”不明其意。当蔡伟看过此文后，随即给裘锡圭写信告知“佐子”应读为“嗟子”，亦即“嗟”，是叹词，裘锡圭深受启发。于是，后来裘锡圭又在《文物》（1998年第3期）上发表了《“佐子”应读为“嗟子”》一文，称蔡伟“其言甚为有理”。此后，裘锡圭对蔡伟“刮目相看”，给予其格外关注。深感人才难得的裘锡圭建议蔡伟报考研究生，但蔡伟自知英语基础太差，担心考不上。从 2003 年开始，蔡伟便以“抱小”之名时常在国学网上发表一些文章，并屡提新说、颇有创获，裘锡圭也对其一如既往地关注。2007 年，已调到复旦大学的裘锡圭感觉蔡伟突然“沉寂”了。一打听才得知蔡伟为了生计“蹬三轮”去了，因为当时蔡伟的媳妇生病了，囊中羞涩的蔡伟被逼无奈，只得靠蹬三轮挣钱以给媳妇治病，并养家糊口，因此也就无暇继续读书、做学问了。裘锡圭甚为惋惜，他觉得蔡伟不仅学识出众，而且对古代典籍和古文字学是真心热爱，如果因生活所迫而放弃，实在太可惜。于是，裘锡圭决定“帮”蔡伟一把。2007 年 9 月，应复旦大学出土文献与古文字研究中心之聘，蔡伟来到了上海，并加入《马王堆汉墓简帛集成》编纂工作小组，开启了新的人生旅程。2008 年，在裘锡圭和校领导等多方的共同努力和协调下，蔡伟获得了考博资格和机会，并最终于 2009 年 4 月被复旦大学破格录取为博士研究生，成为裘锡圭的学生。2015 年 12 月，蔡伟博士毕业后，被招聘到贵州省安顺市的安顺学院任教。如今，蔡伟已成为安顺学院图书馆的专职研究人员，并时常应邀参加各地举办的古文献与古文字研究领域的国际学术研讨会。他凭着天赋、勤奋以及钻研学问的执着精神，铸就了自己的人生奇迹。同时，这个“不拘一格降人才”的典型实例，不仅创造了复旦大学招生史上的一个新传奇，也在学界和社会上留下了一段“裘锡圭慧眼识才”的佳话。

总之，无论是学识还是人品，裘锡圭都堪为学界楷模和文人典范，《颜氏家训 · 勉学篇》所载“观天下书未遍，不得妄下雌黄”，不仅是他的座右铭，也是其治学态度与科研经验的总结。他考释古文字和研究古史的方法曾受到郭沫若、王力、胡厚宣、张政烺、朱德熙等前辈学者的影响，而他的道德文章、治学精神和科研态度也将深深影响一代接一代的后世学人。

参考文献：

1. 詹鄞鑫：《汉字学研究的总结和发展——评裘锡圭〈文字学概要〉》，《语文建设》1991 年第 10 期。
2. 柳东春：《〈文字学概要〉评介》，《殷都学刊》2002 年第 3 期。
3. 裘锡圭，曹峰：《“古史辨”派、“二重证据法”及其相关问题——裘锡圭先生访谈录》,《文史哲》2007 年第 4 期。
4. 张炯强:《38 岁三轮车夫免试入读复旦博士》,《新闻天地》2009 年第 6 期。
5. 沈家善:《高中学历三轮车夫 38 岁蔡伟复旦攻读博士背后故事》,《成才之路》2009 年第 14 期。
6. 佚名:《裘锡圭教授学术思想简介》,《复旦学报》(社会科学版)2010 年 3 月 25 日。
7. 佚名:《裘锡圭教授简历》,《复旦学报》(社会科学版)2010 年 3 月 25 日。
8. 韩孝英:《裘锡圭甲骨文研究》,《传奇·传记文学选刊》(理论研究)2011 年第 2 期。
9. 朱鹜涵:《多角度的考释甲骨文——裘锡圭甲骨文研究综述》,《剑南文学》(经典教苑)2011 年第 5 期。
10. 裘锡圭:《裘锡圭学术文集》(全 6 卷),复旦大学出版社,2012 年。
11. 颜维琦:《裘锡圭:治学三精神》,《中华读书报》2012 年 12 月 26 日。
12. 赵平安,王子杨:《甲骨学研究的丰硕成果——〈裘锡圭学术文集·甲骨文卷〉评述》,《中国典籍与文化》2013 年第 4 期。
13. 刘钊:《真诚做人,严谨为文——〈裘锡圭学术文集〉读后感》,《中国典籍与文化》2013 年第 4 期。
14. 张涌泉:《严谨·求实·创新——初读〈裘锡圭学术文集〉感言》,《中国典籍与文化》2013 年第 4 期。
15. 裘锡圭:《出土文献与古典学重建》,《出土文献》(第四辑),中西书局,2013 年。
16. 华林:《裘锡圭:当代中国古文字学研究第一人》,《社会科学报》1409 期,2014 年 5 月 8 日。
17. 裘锡圭,戴燕:《古典学的重建》,《书城》2015 年第 9 期。
18. 戴燕主编:《陟彼景山:十一位中外学者访谈录》,中华书局,2017 年。

第四十五篇

“摆渡学人”王宇信，甲骨学史为专长

20 世纪 60 年代初，当著名甲骨学家胡厚宣开始编辑《甲骨文合集》时，一位刚从北京大学毕业的年轻人因考取他的研究生而加入了编辑队伍，并全程参与了这项重大文化工程的相关工作，从而在甲骨文研究方面打下了坚实的基础，并最终成长为一代甲骨学大家。那么，这位“幸运的”年轻人是谁呢？他就是王宇信。

王宇信

王宇信于 1940 年 5 月 2 日出生于北京平谷（原属河北省，1958 年划归北京市）城关镇和平街。1948 年，他跟随家人移居北京，租住在鼓楼大街东边一个深深的小巷——辛寺胡同，并进入西线串小学（今大翔风小学）读书。1950 年冬，他又跟随家人回到平谷老家，并进入当地小学继续读书。因他不善言谈且常被人取笑发音不清，故立志通过写作来表达内心的感受，将所见所闻描述出来以传达给外部世界。因此，他从小就酷爱文学，喜欢阅读和写作。在平谷中学上初中时，他曾梦想着将来成为文学家、作家。于是，1956 年，他从平谷中学初中毕业以后，又考取了良乡中学读高中，打算将来报考大学的中文系，以实现自己的文学梦和作家梦。在读高中期间，由于其写作水平极佳，所以他的作文经常被作为范文张贴，以供同学们观摩和学习。1959 年春，在学校组织下，他和同学们到周口店猿人遗址进行参观。正是这次参观，让他放弃了文学梦，

转而对“神秘的”考古学产生了兴趣和向往，并于同年夏如愿考入北京大学历史系攻读新开设的考古专业。在著名古文字学家高明教授（1926—2018）的影响下，他逐渐为神秘的古文字所吸引。在读过郭沫若的《卜辞通纂》《中国古代社会研究》《殷契粹编》等一系列书籍后，他的兴趣彻底转向了古文字，沉浸其中，难以自拔。为了能在此方面继续学习和深造，他于 1964 年春又考取了中国科学院历史研究所（今属中国社会科学院历史研究所、中国历史研究院）的研究生，师从著名甲骨学家胡厚宣攻读甲骨学与殷商史专业。1964 年 9 月，他到历史研究所报到后不久，就被派往山东海阳朱吴公社下院口村搞“四清”（清政治、清经济、清组织、清思想）运动。1965 年，劳动锻炼结束后，他从山东返回北京，并用研究生的购书费（两年 60 元）买了《卜辞通纂》《殷契粹编》《殷虚卜辞综述》《甲骨文编》《史记》等书。回到历史研究所后，他原以为可以开始研究生阶段的学习了，但是事与愿违，世事难料。受当时的政治形势和社会环境影响，直到 1972 年 6 月，他回到北京后，参与到悄悄恢复的《甲骨文合集》的编辑工作中。从此，他和孟世凯、杨升南等其他编辑组工作人员开始对前期收集的大量甲骨拓片进行整理，并写成 41956 张登记《甲骨文合集》所选收甲骨的卡片，还不时到全国各地继续拓印甲骨、搜集材料。虽然这些工作既枯燥又烦琐，但也让他学到了不少知识。在学习和工作过程中，他逐渐掌握了一些甲骨学基本知识，于是遇到感兴趣的新材料就随手抄下，一边整理一边研究。即使在挖防空洞的休息间隙，他也会跑到办公室抄上几条甲骨材料。1973 年，《考古》第 2 期上发表了一篇介绍江苏铜山商代遗址考古新发现的简讯，文中所描述的以五块大石头为中心的奇特现象引起了他的兴趣。考古专业出身的他，敏锐地觉察到此现象非同一般。在经过认真思考后，他结合甲骨卜辞中出现的社、社祀和文献典籍所载的相关内容，撰写了《关于江苏铜山社祀遗址》一文。此文可谓王宇信研究甲骨文的处女作，经胡厚宣审阅、指导后，被推荐发表在《文物》1973 年第 12 期上。1976 年，殷墟妇好墓被发现后，郭沫若根据该墓出土的青铜器等遗物，认为它是殷墟二期（即祖庚、祖甲时期）的墓。然而，王宇信和张永山、杨升南讨论研究后，认为妇好应死于甲骨文第一期武丁晚叶前期，于是由他起草了《试论殷墟五号墓的妇好》一文，并将文稿呈交给郭沫若审阅。郭沫若看完后非常高兴，给他们回信予以充分肯定，让他们备受鼓舞。此文于不久后发表在《考古学报》1977年第2期上，其中文中所引用的甲骨材料就是他们利用挖防空洞的间歇搜集的。后来，王宇信又在此基础上继续研究，并撰写发表了《试论殷墟五号墓的年代》一文。

1978年，中国社会科学院正式成立后，科研秩序恢复了正常，王宇信也由此正式开始了自己的学术生涯，踏上甲骨文研究之路。此后，随着《甲骨文合集》资料整理工作的基本完成，他与编辑组成员又一起展开了将甲骨拓片图版编排成书稿的工作。根据分工，他负责《甲骨文合集》第12册图版的编辑工作。到1980年8月，《甲骨文合集》的第2、3、4、5、6、7册陆续出版以及其他各册书稿也已编讫以后，总编辑胡厚宣开始布置《甲骨文合集释文》的工作，让每位参与编辑的人员各负责一册，王宇信负责第10册的释文工作。1982年，《甲骨文合集》全书13册才陆续出齐。1983年5月，王宇信被聘为中国社会科学院历史研究所副研究员。1984年底，由各编辑人员分头承担的《甲骨文合集释文》初稿基本完成。1985年5月，受胡厚宣之命，王宇信作为组长，和杨升南、齐文心一起开始了对《甲骨文合集释文》初稿的总审校工作。不久，齐文心因病退出，所以审校任务就全落在了王宇信和杨升南身上。1987年10月，在历经两年半的时间，耗费大量心血，克服重重困难后，他们终于圆满完成了审校任务。随后，他们又接着展开了《甲骨文合集释文》的出版、缮写影印稿及校对等一系列工作。1989年9月，王宇信被评为研究员。1992年，他获得国务院颁发的政府特殊津贴。从1992年10月至1994年11月，在历经两年多后，他和杨升南才得以将影印稿（共2095版）全部缮写完毕。1997年，王宇信被聘为博士研究生导师。1999年，在纪念甲骨文发现100周年之际，饱含他与老师、同事心血的《甲骨文合集释文》终于面世。同年，王宇信当选为中国殷商文化学会会长，成为该会继胡厚宣、田昌五之后的第三任会长。2003年，王宇信从中国社会科学院历史研究所退休后，又被北京师范大学历史学院聘为985工程特聘教授。2011年7月，他被授予“中国社会科学院荣誉学部委员”终身荣誉称号。2018年5月，他被安阳师范学院甲骨文研究院聘为“特聘教授”。现兼任中国殷商文化学会名誉会长、国际考古学暨历史语言学学会名誉会长、中国文字博物馆顾问等职。他治学勤奋、著述颇丰，著有《建国以来甲骨文研究》《西周甲骨探论》《甲骨学通论》《西周史话》《西周》《中国甲骨学》《新中国甲骨学六十年》《新中国甲骨学七十年》等著作，与人合著有《商周甲骨文》（与徐义华）、《甲骨学导论》（与魏建震）、《中国古文字导读——殷墟甲骨文》（与王绍东）、《甲骨学发展120年》（与具隆会）等著作，主编有《甲骨文精粹选读》《甲骨学一百年》《甲骨文精粹释译》《世界文化遗产——中国殷墟丛书》（6种）、《夏商周文明研究论文集》（多集）、《中国古文字导读》（多册）、《殷墟文化大典》（3卷）等著作，参编有《甲骨文合集》（郭沫若主编）、《甲骨文合集释文》（胡厚宣主编）、《中国政治制度通史》（白钢主编，共10卷，与杨升南合著第2卷《先秦卷》）、《中国古代文明与国家形成研究》（李学勤主编）、《商代史》（宋镇豪主编，共11卷，与徐义华合著第4卷《商代国家与社会》）等著作，还撰写并发表了《商代的马和养马业》《殷人宝玉、用玉及对玉文化研究的几点启示》《邢台西周甲骨的新发现及对周原卜辞行款走向的再认识》等百余篇学术论文。

综览王宇信在甲骨文研究和弘扬领域所作的贡献，主要体现在以下几个方面。

第一，在甲骨文资料的整理、著录和刊布方面，王宇信不仅全程参与了国家级大型文化工程《甲骨文合集》的编辑和出版工作，还为《甲骨文合集释文》（总审校之一）的编辑和出版付出了大量心血。如今，由他领衔编纂的新版《甲骨文合集》也即将面世，将成为甲骨学史上一座新的里程碑。

第二，在甲骨文工具书的编纂方面，王宇信参加了由著名甲骨学家于省吾主编的大型工具书《甲骨文字诂林》（全4册，1996年由中华书局出版）的编辑工作，并负责收集郭沫若、杨树达、闻一多、陈梦家、胡厚宣、裘锡圭等一些权威学者的文字考释成果。该书对80年的甲骨文字考释成果进行了较为彻底的整理和总结，为甲骨文研究者提供了一部权威性的参考书。2021年4月，《殷墟甲骨学大辞典》（2020年由中国社会科学出版社出版）首发式在北京举行。这部被誉为“甲骨学百科全书”的著作是由河南安阳的郭旭东、张源心、张坚三位学者共同主编的，王宇信不仅对全书进行了审订，而且还为之作序予以推荐。该书不仅是一部有助于了解、学习、释读、研究甲骨文和甲骨学的必备工具书，也是初学者认识和了解殷墟甲骨文、走近殷墟甲骨文化殿堂的“导游图”，将带领读者走近琳琅满目的殷墟甲骨文化“大观园”。

第三，在甲骨学史的研究和总结方面，王宇信更是当之无愧的当代权威，因为甲骨学史是他的学术专攻方向。1981 年由中国社会科学出版社出版的《建国以来甲骨文研究》，是他在此领域的奠基之作。该书对中华人民共和国成立后 30 年的甲骨学发展历程及新出成果进行了科学梳理和系统总结，也是对前辈学者的继承和发展。因为此前著名甲骨学家董作宾和胡厚宣曾分别出版有《甲骨学五十年》和《五十年甲骨文发现的总结》，对自 1899 年王懿荣发现甲骨文到 1949 年半个世纪的甲骨学发展历程及成果做了回顾。可以说，《建国以来甲骨文研究》一书无论从内容还是体例上看，都是上承胡厚宣的《五十年甲骨文发现的总结》而来。《建国以来甲骨文研究》所载内容的时间范围为 1949 年至 1979 年，而《五十年甲骨文发现的总结》的时间范围则是 1899 年至 1949 年，迄至 1979 年，这两本书合在一起就是一部完整的甲骨学发展史。在《建国以来甲骨文研究》一书中，王宇信不仅于第一章简要介绍了前

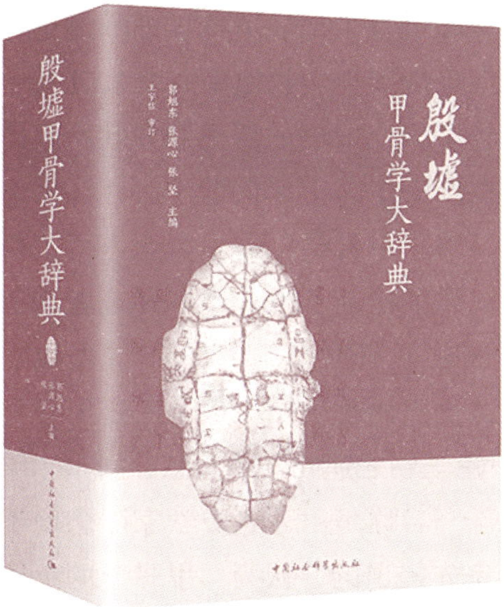

《殷墟甲骨学大辞典》

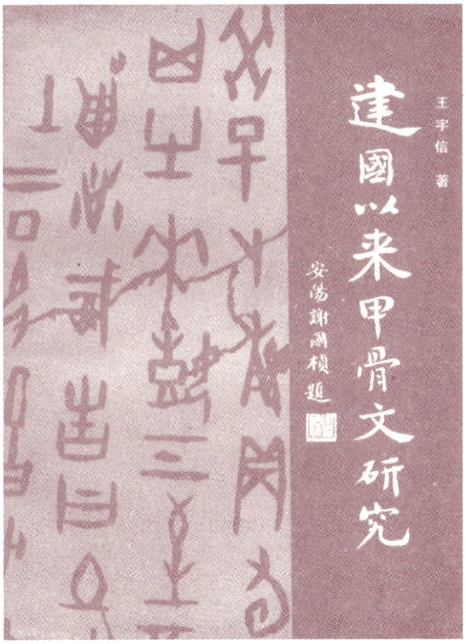

《建国以来甲骨文研究》

五十年的甲骨学发展情况，而且还用七章的篇幅详细而清楚地叙述了中华人民共和国成立以来甲骨学在各个研究角度上所出现的疑难问题和取得的主要成果。难能可贵的是，他在文武丁时代卜辞、历组卜辞、商代社会性质、商代疆域、众和众人的身份等一些重大问题上，不仅介绍了国内学术界的研究现状和诸家观点，也提出了自己的看法。对研究甲骨学、商代史、考古学和科技史，都有一定的参考价值。书末附有《建国以来甲骨文论著简目》，收列了 1949 年以来几十种报刊上所发表的有关甲骨文的专题论文。我国著名甲骨文专家胡厚宣、李学勤为该书写了序言，对国内外甲骨学的研究状况作了评述，并展望了甲骨学未来的前景。

从《建国以来甲骨文研究》开始，王宇信在此基础上又撰写并出版了《甲骨学通论》《甲骨学一百年》《中国甲骨学》《新中国甲骨学六十年》《甲骨学发展 120 年》《新中国甲骨学七十年》等一系列著作，成为当今研究甲骨学发展史的资深权威专家。其中，1989 年由中国社会科学出版社出版的《甲骨学通论》，可谓全面系统地研究甲骨学史、总结甲骨学理论的一部力作。王宇信从历史考古学的角度出发，在宏观上对甲骨学史上出现的一系列重要史实进行了全面系统的考证、辨伪、梳理和归纳，对已经解决和正在解决的重大学术前沿课题进行了比较清楚详细的评论和介绍，气势恢宏地勾勒出甲骨文发现九十年来甲骨学研究发展的历史和现状。具体而言，在该书中，王宇信继严一萍、张秉权之后又对“甲骨学”这一概念进行了科学界定，详细论证了甲骨文的发现者为王懿荣，肯定了罗振玉于 1908 年首先探知甲骨文出土于河南安阳小屯及断定甲骨文“实为殷室王朝之遗物”的贡献，指出“甲骨文”这一名称是由著名史学家陆懋德于 1921 年率先提出的，认为“甲骨学的发展与甲骨文出土的不同阶段同步前进”，并将甲骨学发展史按时期划分为几个阶段，还

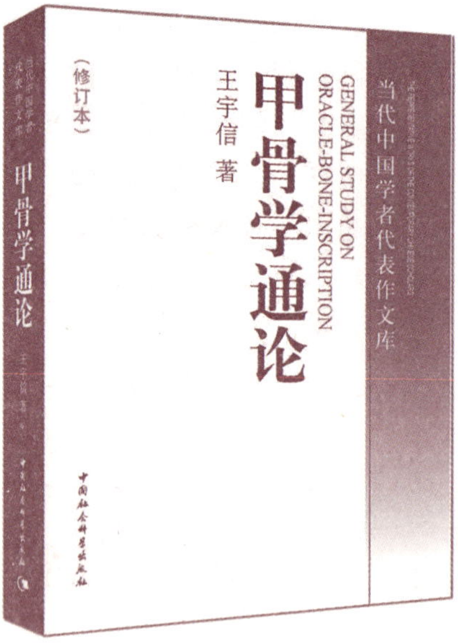

《甲骨学通论》

统计确认甲骨现藏量为15万片。关于甲骨文的分期断代，他不仅系统归纳了董作宾的“五期说”及“十项标准”、陈梦家的“九期说”及“三个标准”和胡厚宣的“四期说”，认为三者并没有实质上的不同，而且还总结了“文武丁时代卜辞的谜”，“历组”卜辞的争论和武乙、文丁卜辞的细区分，“新派”和“旧派”，贞人分组与李学勤首倡“两系说”等相关问题。此外，他还对40种甲骨学与殷商史研究方面的主要书籍和20位对甲骨学有贡献的代表性学者及研究特点进行了介绍和评论。正如著名学者李学勤在为该书写的序中所言：“这部《甲骨学通论》不是他前两部专著的重复，而是以更开阔的眼界，涵括了甲骨学的全领域。就内容言，概述了殷墟甲骨研究的历史和现状，兼及西周甲骨。就论点言，寓议论于叙述，表现出作者本人的见解。就体例言，深入浅出，照顾到不同层次的广大读者。就材料言，尽可能援引国内（包括港台）外各家著作，并附有几种工具性质的目录，甚便于检索。具备这样几点特色的《甲骨学通论》，相信会得到大家的欢迎。”果如李学勤所料，该书出版后很快受到了海内外甲骨学界的一致欢迎和好评，以至于后来又多次出版了增订本和修订本，还被翻译成韩文发行到国外。尤为重要的是，一些甲骨学史上的重要事实和结论已经开始采用王宇信的说法。1993年，《甲骨学通论》（增订本）由中国社会科学出版社出版。这部堪为王宇信最具代表性的学术专著分为上、下两篇共计17章，正文之后附有《甲骨学大事记》《甲骨文著录目及简称》《新中国甲骨学论著目》《西周甲骨论著目》和117幅甲骨拓片图版。全书厚达668页，共计50余万字，成为中华人民共和国成立以来最负盛名的一部甲骨学综合性通论研究之作。该书概述了甲骨学的学术研究价值和历史地位，详细介绍了甲骨学发展史上已经解决、正在解决和尚待解决的重大学术前沿问题，勾勒出百年来甲骨学研究和发展的历史与现状。上篇主要概述了甲骨文的发现、命名、发掘、分期、辨伪、著录、重要书籍、研究者等多方面的内容，下篇不仅阐述了西周甲骨学的由来和研究现状，而且还总结了关于甲骨文书法的创作理论。总之，该书无论是对甲骨文研究者、书法家还是对甲骨文初学者、爱好者来说，都不失为一部极具参考价值的工具书。

1999年由社会科学文献出版社出版的《甲骨学一百年》为王宇信主持的

重大科研攻关项目“甲骨学一百年”（该项目包括《甲骨学一百年》《甲骨文合集补编》《百年甲骨学论著目》等内容）的主要成果之一。该书是他与杨升南等人合著的一部长达123万多字的鸿篇巨制，主要内容分为15章，全面论述了甲骨文发现、发掘和研究的历史及利用甲骨文资料研究商史的成果，可谓甲骨文发现100年来甲骨学与殷商史研究的集大成之作。

2009年由上海人民出版社出版的《中国甲骨学》一书，是王宇信研究甲骨学从中青年走到老年的勤奋研究、严谨治学的生命写照。该书由上、中、下三篇共28章构成，总计约85万字，详细而清楚地总结了甲骨学发展110年来在各个研究领域所出现的疑难问题和所取得的主要成果，正如胡厚宣所言：“甲骨学界所取得的主要成果及提出的一些主要问题基本已概括于该书中。”上篇16章主要阐述了殷墟甲骨文的发现、出土地、命名、研究历程、研究成果、分期和断代等甲骨学的一些基本知识。中篇5章总结了西周甲骨研究的起源、历程、现状及最新成果，并提出了一些亟待解决的重大科研课题。王宇信不仅对周原出土的“庙祭甲骨”作了诠释并对其族属问题进行了研究，而且还通过对西周甲骨中所出现的贞人身份的考证合

《甲骨学一百年》

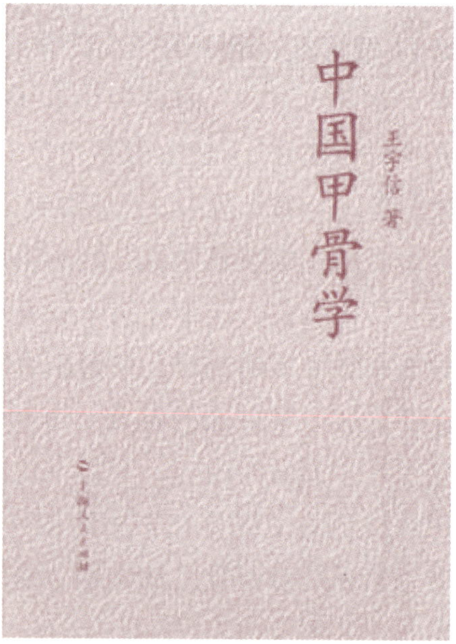

《中国甲骨学》

理解释了西周甲骨中所出现的商王占卜现象。下篇7章则介绍了甲骨文书法艺术、殷商时期的科技、殷墟发掘史等属于“广义甲骨学”范畴或与甲骨文相关的一些问题。此外，正文之后还有《甲骨学大事记》《甲骨文著录目及简称》《甲骨图版与例图》等三个附录。该书气势恢宏地勾勒出甲骨学发展110年的历史与现状，堪为影响力较大的一部甲骨学综论性著作。

2013年由中国社会科学出版社出版的《新中国甲骨学六十年（1949—2009）》，可谓《建国以来甲骨文研究》的升级增订版，是在《建国以来甲骨文研究》一书基础上的继续与深化。该书不仅全面回顾和总结了中华人民共和国成立60年以来殷墟甲骨文和西周甲骨文的发现、发掘、研究、弘扬、分期断代、缀合、珍藏、管理等各方面所取得的重大成就，而且对甲骨学发展动态、甲骨学断代理论、甲骨学新老传续等诸多课题都作出了兼具总结性与前瞻性、客观而公正的述评。难能可贵的是，其中不乏王宇信个人的精到见解。该书是一部具有学术史意义的优秀甲骨学综论性著作，既梳理了作者所亲身经历的甲骨学发展轨迹，又总结了甲骨学的所获成果、存在不足以及学术前沿问题，所以不仅可以使人了解甲骨学的演变脉络和发展动态，而且能够引领甲骨学的发展方向。该书受到海内外甲骨学界的广泛赞许，被誉为“继往而开来，袭故而弥新”的“有生命力的甲骨学大作”。

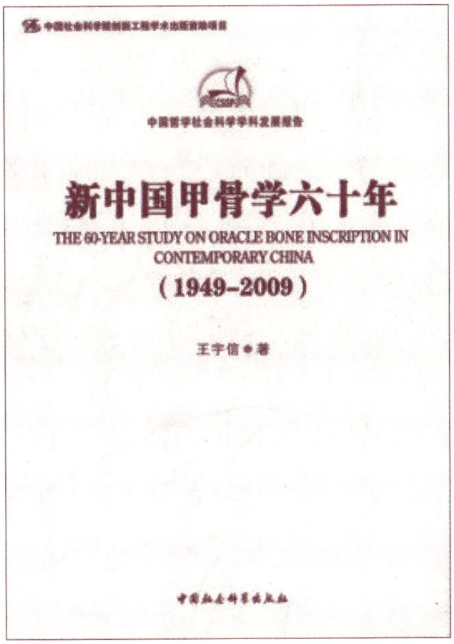

《新中国甲骨学六十年（1949—2009）》

2019年由中国社会科学出版社出版的《甲骨学发展120年》（与韩国学者具隆会合著）是一部图文并茂、面向专业研究者与大众的综合性学术著作。该书内容详赡，规模宏大，字数达到75万，是一部总结120年来甲骨学发展历程与成就的巨著。作者不仅回顾和总结了甲骨文发现 120 年来有关甲骨文基本知识、甲骨文与商代文明和殷墟及周原甲骨文的发现、发掘以及几代学人的研究探索、继承弘扬、开拓创新等方面所取得的重大成就，而且介绍了近年来在政府的支持下甲骨文研究成果已逐渐走进大众、走出国门、走向世界的最新趋势，还明确指出甲骨学如今已步入政府推动下的“全面深入发展和弘扬的新阶段”。具体而言，该书的主体内容由绪论和 6 章正文构成，第一章总结甲骨文的基本知识，第二章概述 120 年来甲骨文的发现和发掘情况，第三章是分阶段对甲骨学的研究成就进行总结，第四章重点介绍贡献较大的代表性甲骨学家，第五章叙述甲骨文研究的国际学术交流，第六章主要对“甲骨学全面深入发展与弘扬新阶段”作了展望。总之，该书特色鲜明，全面而准确地总结了 120 年来甲骨学的发展历程和所获成就，将甲骨学研究推向一个新阶段和新高度。

2019 年由中国社会科学出版社出版的《新中国甲骨学七十年（1949—2019）》，是《新中国甲骨学六十年（1949—2009）》的升级增订版，也是一部最新的甲骨学综论性著作，具有重要的学术价值。

《甲骨学发展 120 年》

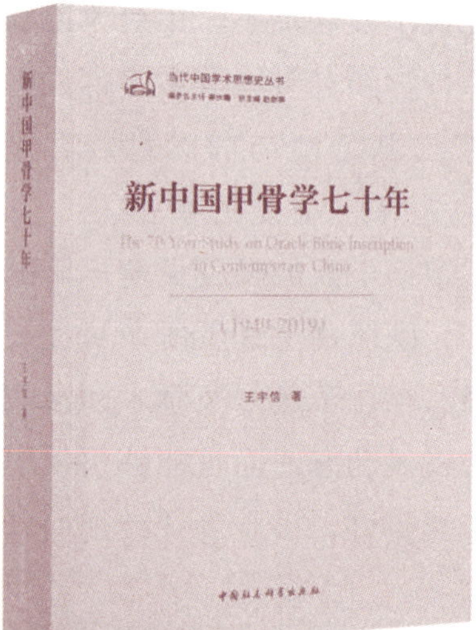

《新中国甲骨学七十年（1949—2019）》

2021 年 12 月由上海书店出版社出版的《中国甲骨学》（增订本），共分三编 33 章，内容比 2009 年出版的《中国甲骨学》更加丰富。增补了作者最新研究成果，是初版的细化与再拓展、再提高。

可以说，从《建国以来甲骨文研究》到《甲骨学通论》及《甲骨学通论》（增订本）《甲骨学一百年》，再到《中国甲骨学》《新中国甲骨学六十年》，再到《甲骨学发展 120 年》《新中国甲骨学七十年》的写作和出版历程，不仅是王宇信长期从事甲骨学史研究的真实写照，也反映了他研究甲骨学从青年走到中年再到老年的勤奋研究、严谨治学的生命历程。数十年来，他对甲骨学的研究已渐趋形成了自己的特色。他善于辨别和抓住甲骨学研究的焦点问题和热点难题，从宏观上把握、分析和总结甲骨学发展的每一段历史，从而填补了中国学术史的一项空白。

第四，在利用甲骨文资料研究商史方面，王宇信充分运用大量出土的甲骨文资料对殷商时期的国家政权、政治制度、职官、社会、农业、田猎、战争、地理等诸多方面的相关问题进行了较为全面的探索和研究，在各方面均取得了极具影响的学术成果。这些成果集中体现于他与徐义华合著的《商代国家与社会》（《商代史》第 4 卷）一书中。

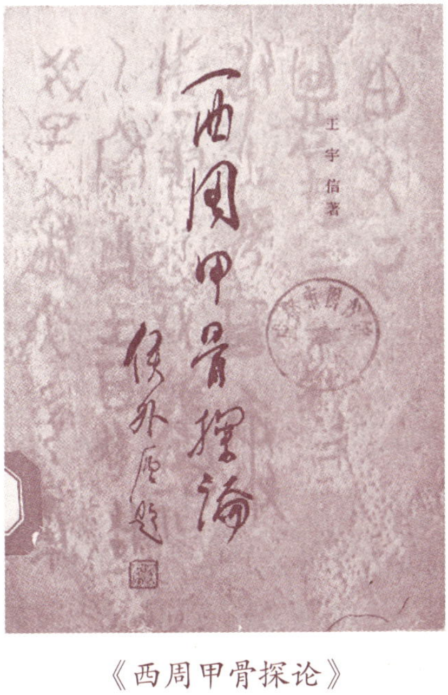

《西周甲骨探论》

第五，在甲骨文研究范围的拓展方面，王宇信率先开创了西周甲骨研究的新领域。1977 年，考古工作者从陕西岐山凤雏宫殿建筑基址西厢二号窖穴 H11、H31 内挖出了一批甲骨，其中多为无字甲骨，少数是有字甲骨。王宇信查看这些有字甲骨后认为“周原凤雏出土的庙祭甲骨 H11:1 是确定无疑的帝辛时物。这使我们增加了对第五期卜辞中帝辛甲骨的认识”。从 1978 年 11 月起，陕西岐山凤雏村宫殿基址新发现的周原有字甲骨陆续公布，王宇信开始追踪和研究这批甲骨新材料。等周原出土的甲骨新材料于 1982 年 5 月全部公布完以后，他开始对这批甲骨材料及历年全国各地出土的西周甲骨材料进行全面而系统的整理和研究，并写出了第一部开拓西周甲骨研究领域的专著《西周甲骨探论》（1984年由中国社会科学出版社出版），在甲骨学界引起了强烈反响。在书中，王宇信不仅对西周甲骨的主要特征进行了概括总结，而且还对西周甲骨进行了分期断代。他认为西周甲骨的主要特征表现在甲骨的整治、钻凿形态、灼与兆、刻辞甲骨一般以骨臼一方为下、文字等五个方面，已基本概括了西周甲骨的本质特征和研究的切入点，得到学界的普遍认可。他对西周甲骨研究的另一项重大贡献是通过分析甲骨中出现较多的“王”字的类型和书体的差异对西周甲骨进行了初步分期断代，将其分为三个不同时期，即“第一期应为文王时期，第二期应为武王、成王、康王时期，而第三期应为昭王、穆王时期”。此外，他还进一步对出现“王”字的两批西周甲骨进行分析与比较，又发现了“王”与“王”之间的横向不同和纵向差异，即“横向的不同是殷周两大民族的不同，而纵向的差异是周人甲骨时代先后不同的有规律演变”。他还认为不同时期“王”字字形的差异和发展是由甲骨所载事迹——事类决定的，所以其他不少无“王”字出现的西周甲骨也可依据事类进行分期断代。关于王宇信对西周甲骨进行分期断代的研究和探索，著名学者李学勤予以充分肯定和高度评价：“通过对‘王’字字形演变的分析，对西周甲骨试行分期，将殷墟甲骨用字形演变进行分期这一行之有效的方法移用于西周甲骨，尤其是有启发意义的工作。”此外，关于西周甲骨的重要学术研究价值，王宇信认为它既证明了“周人在文王时已进入成文历史时期”，又以大事记的形式记载了“周初历史活动”，从而为探索西周开国的历史提供了新的资料、开辟了新的研究途径。他也据此明确指出要以“分时期、考周史”作为今后研究西周甲骨的重点，并具体罗列出西周甲骨的著录、文字考释、深入认识、分期和族属、周初历史、校勘先秦古籍、契刻方法等七个亟待研究的领域和急需解决的问题。可以说，《西周甲骨探论》是第一部对周原甲骨进行全面研究和系统分期探索的著作，也是西周甲骨研究的经典之作，有力地推动了“西周甲骨学”的形成与发展，可谓甲骨学研究领域新分支成立的标志。正如李学勤所言：“作为学术界第一部关于西周甲骨的这本著作，既是迄今为止一个阶段的总结，又为今后的深入研究提供了基础，指出了方向。”后来，随着西周甲骨在河北邢台南小汪西周邢国遗址（1991年）、北京琉璃河燕国都城遗址（1996年）等地的陆续出土和发现，王宇信又对这些新发现的甲骨材料与周原出土的甲骨材料进行了比较研究，并相继撰写和刊发了5篇专论西周甲骨的文章。他所提出的“庙祭甲骨”一词，已被学者广为接受和使用。其实，关于西周甲骨，王宇信早在1981年出版的专著《建国以来甲骨文研究》中就对其进行了高度评价：“周代甲骨文的发现，是1949年以来考古工作的重大收获，也是甲骨学史上的一项重大成就。”而于1999年出版的《甲骨学通论》（增订本）则是《西周甲骨探论》一书的升华与提炼。王宇信在书中不仅阐述了西周甲骨学的由来和研究现状，而且考证了西周甲骨所见贞人的身份，还解释了西周甲骨中出现商王占卜的问题。总之，在甲骨学的新分支——西周甲骨的研究领域中，王宇信可谓名副其实的开拓者和领航人。

第六，在推动殷墟和甲骨文“申遗”方面，王宇信当数头等功臣。早在1987年，他就曾协助安阳市当局组织了一些文保、历史和甲骨学研究领域的著名专家召开论证会，促成了殷墟博物苑的修建，为之后殷墟申报世界文化遗产打下了良好的基础。1999年，在安阳举办的“纪念甲骨文发现100周年国际学术会议”上，他组织200多名国内外专家学者在“殷墟申报世界文化遗产呼吁书”上签了名，有力推动了殷墟申遗工作的启动。2006年7月13日，殷墟申遗成功后，鉴于其功勋卓著而被安阳市人民政府授予“荣誉市民”称号。在国内藏有大宗甲骨的多家单位的通力协作和多位学者的共同努力下，2017年10月30日，甲骨文终于成功入选《世界记忆名录》，王宇信也为此付出了大量心血，做了不少工作，可谓功不可没。

第七，在推广和普及甲骨文书法艺术方面，王宇信可谓贡献良多。他不仅亲自创作甲骨文书法，而且总结了一套甲骨文书法学习和创作的基本理论，还参与组织举办了多次国际性甲骨文书法展览。在从事学术研究之余，他也像罗振玉、董作宾等前辈大师一样，身体力行地投入到甲骨文书法的创作中。其作品曾多次出现在国内外各级古文字书法展览上，并被收入多部书法作品集中，也曾作为礼品馈赠亲朋好友、同好晚辈。在甲骨文书法理论的探索和总结方面，早在《甲骨学通论》（增订本）一书中，他就特别撰写了《甲骨文与甲骨书法》一章，对甲骨文书法这一艺术形式予以充分肯定和大力支持。他所倡议和提出的甲骨文书法家要“回归甲骨，走出甲骨”的原则已逐渐为当今甲骨文艺术界所接受。他总结出的甲骨文书法创作所依之“法”、所遵之“规”，也已为广大甲骨文书法家所认可。在组织甲骨文书法展览方面，他更是不遗余力地积极参与。在其号召、组织和参与下，如今世界各地的多个甲骨文艺术组织已相继举办了多次具有重大影响的国际性甲骨文书法展览，均产生了良好的社会反响，受到海内外参观者的一致称赞和好评。总之，王宇信不仅是一位甲骨学者，也是一位甲骨文书法家。他学艺双修，无论在甲骨学界还是甲骨文艺术界，均堪称表率和典范。在其努力推动下，古老而神秘的甲骨文已逐渐走下圣坛、走出高阁、走进大众、走向世界。

第八，在组织举办甲骨学学术会议、甲骨文书法展览及促进国际文化交流方面，王宇信也身先士卒、积极参与，为推动甲骨学及甲骨文书法艺术的宣传交流与深入发展作出了积极贡献。早在 1984 年 10 月，中国社会科学院历史研究所、安阳师范学院、安阳市文化局等单位就在甲骨文的故乡安阳联合召开了一次“全国商史学术讨论会”，并同时举办了甲骨文书法回乡展及殷墟笔会。经过三年的精心筹备，“中国殷商文化国际学术研讨会”于 1987 年 9 月 10 日至 16 日又在安阳成功召开，吸引了来自海内外的 120 余位著名专家学者参会。在这次会议的基础上，“中国殷商文化学会”（首批六家国家一级学会之一）正式成立，著名甲骨学家胡厚宣被推选为首任会长，王宇信当选为秘书长。1999 年甲骨文发现 100 周年之际，王宇信当选为该学会的第三任会长，并在连任两届后，于 2010 年被推举为名誉会长。可以说，自中国殷商学文化学会成立至今，它在推进甲骨学研究和国际学术交流方面一直起着无可替代的重要作用。在学会的组织和运作下，不仅相继成功举办了“殷墟科学发掘 60 周年学术研讨会”（1988 年）、“甲骨文发现 90 周年纪念研讨会”（1989 年）、“甲骨文发现 95 周年纪念研讨会”（1995 年）、“殷墟科学发掘 70 周年纪念研讨会”（1998 年）、“殷墟甲骨文发现 100 周年学术纪念活动”（1999 年）、“安阳中国殷商文明国际学术研讨会”（2004 年）、“殷墟甲骨文发现 110 周年学术纪念活动”（2009 年）、“殷墟甲骨文发现 120 周年学术纪念活动”（2019 年）等一系列具有重大意义并产生国际影响的学术活动，而且成功促成了王懿荣甲骨学研究奖、商承祚甲骨学研究奖等各项甲骨学专项奖的设立和运行，还策划了王懿荣纪念馆及新馆、甲骨学史发展馆、甲骨文艺术研究院等单位的建立。尤为值得一提的是，中国殷商文化学会和山东省甲骨文国际交流中心在2007年11月6日至8日于山东烟台联合举办“甲骨学暨甲骨文书法国际学术研讨会”，首次实现了甲骨学家与甲骨文书法家欢聚一堂，共谋甲骨学及甲骨文书法艺术发展的新局面。而在此之前，甲骨学家与甲骨文书法家之间一度是互不往来，也几乎没有交流。因为大多数甲骨学家都看不上满篇错字的“甲骨”书法，甚至对所谓“甲骨”书法不屑一顾，然而甲骨文书法家却亟须得到甲骨学家的指导，特别是在用字方面。王宇信高瞻远瞩，认为甲骨文书法是向广大人民群众普及甲骨学家所出文字考释成果的一条最佳途径，也是弘扬甲骨书契艺术这一中华民族优秀传统文化的一种最好形式。因此，他建议甲骨学家不要排斥甚至瞧不起甲骨文书法家，而是要耐心指导和正确引导甲骨文书法家，不断充实和更新他们的甲骨文知识，提高他们的甲骨学水平（特别是识字、用字水平），从而促使甲骨文书法艺术走上健康发展之路。不仅如此，王宇信还将甲骨文书法纳入“广义甲骨学”范畴，提出甲骨文学术研究和甲骨文书法艺术如同“车之两轮，鸟之双翼”，不可偏废。他不仅大力吸收卓有成就的甲骨文书法家加入中国殷商文化学会，而且还通过组织举办甲骨文相关学术会议、书法展览、笔会等形式多样的活动，为甲骨文书法家提供和甲骨学家交流的机会，努力协调甲骨文书法家与甲骨学家之间的关系，以使他们增进了解、彼此支持、互相学习、共同进步。与此同时，他自己也身体力行地从事甲骨文书法的创作，并不断对甲骨文书法理论进行研究和总结。在他与甲骨学家、甲骨文书法家的共同努力下，甲骨文书法如今已成为世人所喜闻乐见的艺术形式，“热度”骤增，风靡全球，呈现出一派欣欣向荣的局面。此外，王宇信也是安阳、郑州、洛阳、邢台、烟台、桓台、南昌、广汉三星堆等地多次召开大型甲骨学殷商史国际学术会议的主要组织者之一。他曾多次应邀到美国、韩国、日本等国家参加学术会议，并担任国内外多所著名高校的客座教授或兼职教授，讲授浸润其数十年心血的甲骨学。总之，自20世纪80年代至今于世界各地举办的不少甲骨文学术和艺术活动均与王宇信有着密切关系，因为他都是号召者、推动者、组织者或参与者。这一系列活动的成功举办，不仅充分显示出他出色的组织才能，也全面展现了他对甲骨学及甲骨文书法艺术发展的无私奉献。

综上所述，自1972年参加《甲骨文合集》的编辑工作起至今，在近半个世纪的学术生涯中，王宇信始终围绕“甲骨学与殷商史”这一中心领域进行探索和研究，专业精深，治学严谨，造诣颇高，成就显著，终成为当今在国内外享有盛誉的甲骨学大家。虽然他在甲骨文研究和弘扬方面所作的贡献巨大，影响深远，但他却自谦为“甲骨学的摆渡人”。他觉得自己只不过是“过渡阶段”的学人，希冀后学能够在他和老一辈学者研究的基础上努力向前推进，可以踩着他们的肩膀继续往上攀登。而他自己也仍将以老骥伏枥之志和老当益壮之心，努力探寻中华文化的源流，继续谱写甲骨学史的新篇章。

参考文献：

1. 王宇信:《建国以来甲骨文研究》，中国社会科学出版社，1981 年。
2. 戴维·恩·凯特利，赵功民:《评〈建国以来甲骨文研究〉》，《历史教学》1982 年第 1 期。
3. 王宇信:《西周甲骨探论》，中国社会科学出版社，1984 年。
4. 宋镇豪:《甲骨学的科学总结和系统开拓——评王宇信著〈甲骨学通论〉》，《中原文物》1989 年第 4 期。
5. 王宇信:《甲骨学通论》，中国社会科学出版社，1989 年。
6. 王宇信:《甲骨学通论》(增订本)，中国社会科学出版社，1993 年。
7. 王宇信:《甲骨学一百年》，社会科学文献出版社，1999 年。
8. 张弘:《王宇信：百年甲骨学的摆渡人》，《新京报》2005 年 7 月 21 日。
9. 王宇信，徐义华:《探幽索赜　锲而不舍：王宇信先生访谈录》，《南方文物》2009 年 4 期。
10. 王宇信:《中国甲骨学》，上海人民出版社，2009 年。
11. 郭胜强，郭旭东:《王宇信对甲骨学的贡献》，《甲骨学 110 年：回顾与展望》，中国社会科学出版社，2009 年。
12. 王晖:《20 世纪中国甲骨学通论的力作——王宇信先生〈中国甲骨学〉评介》，《殷都学刊》2010 年第 1 期。
13. 朱彦民:《学问深沉转邃密　著书淑世兼益人——读王宇信先生新著〈中国甲骨学〉有感》，《南方文物》2010 年第 2 期。
14. 朱歧祥:《纵览中国甲骨学——王宇信〈中国甲骨学〉读后》，《中国社会科学报》2010 年 5 月 18 日。

15. 金阳秋:《〈甲骨学通论〉——王宇信代表性的学术专著》,《语言文字报》2011 年 2 月 23 日。
16. 东方白:《甲骨学研究和交流的“摆渡人”》,《语言文字报》，2011 年 2 月 23 日。
17. 边继芝:《写出第一部西周甲骨研究著作》,《语言文字报》，2011 年 2 月 23 日。
18. 王宇信:《此中甘苦寸心知——撰写多卷本〈商代史〉第四卷“商代国家与社会”的体会》,《殷都学刊》2013 年第 1 期。
19. 王宇信:《新中国甲骨学六十年(1949—2009)》，中国社会科学出版社，2013 年。
20. 黄天树:《读王宇信〈中国甲骨学〉》,《华夏考古》2014 年第 1 期。
21. 朱月萍:《王宇信甲骨文书法论序集》，文物出版社，2014 年 11 月。
22. 齐航福:《〈新中国甲骨学六十年〉读后》,《中国文物报》2015 年 1 月 2 日。
23. 苏培:《王宇信：甘当甲骨学发展铺路人》,《中国社会科学报》2017 年 1 月 23 日。
24. 葛英会:《〈新中国甲骨学六十年〉评介》,《社科院专刊》总第 388 期，2017 年 4 月 28 日。
25. 周溯源，赵剑英:《中国社会科学院学部委员学术自传·历史学部卷》(全 2 册)上册之《王宇信：我与共和国成长》，中国社会科学出版社，2017 年。
26. 王宇信,[韩]具隆会:《甲骨学发展 120 年》，中国社会科学出版社，2019 年。
27. 王宇信:《新中国甲骨学七十年(1949—2019)》，中国社会科学出版社，2019 年。
28. 张鑫，朱彦民:《全面展现甲骨学 120 年发展》,《中国社会科学报》2019 年 12 月 2 日。

第四十六篇

考古学家刘一曼，甲骨学苑独芬芳

2018年10月，在河南省安阳市举办的“殷墟科学发掘90周年纪念大会”上，有6位为殷墟考古作出过突出贡献的考古工作者代表荣获殷墟考古发掘“功勋人物”纪念章和纪念证书，其中有位女性考古工作者尤为引人注目，她就是著名考古学家、资深甲骨学者——刘一曼。那么，刘一曼为殷墟考古作出了哪些贡献？她与甲骨文又有着怎样的缘分呢？

刘一曼

刘一曼于1940年6月出生在广东清远佛冈。她在广东广雅中学读高中时，历史老师讲课生动，极具吸引力，使她对历史产生了浓厚兴趣，并打算报考北京大学历史系。1957年，她如愿考入北京大学历史系。由于她性格好动，且爱好旅行、游泳、登山等户外活动，所以在大二分专业时她选择了考古专业。她觉得在田野里从事考古发掘比坐在办公室里搞历史研究更有意思。在考古专业学习期间，她不仅系统学习了“旧石器时代考古”“新石器时代考古”“商周考古”“秦汉考古”“隋唐考古”等课程，还参加过两次考古实习。1958年7月下旬至10月初，在著名考古学家贾兰坡（1908—2001）、吕遵谔（1928—2015）的带领下，她与同学们一起到北京房山周口店发掘了一处旧石器时代遗址，并从中发现了不少动物化石、石器以及用火痕迹。当时，她白天参加发掘工作，晚上则聆听裴文中（1904—1982）、杨钟健（1897—1979）、周明镇（1918—1996）、贾兰坡、吕遵谔等考古专家讲课。理论与实践相结合，让她对考古知识掌握得比较牢固，为今后的考古工作和学术研究打下了良好的基础。1960 年 3 月至 7 月，在著名考古学家李仰松、严文明、夏超雄等人的带领下，她与同学们又到河南洛阳郊区的王湾遗址参加了考古实习。通过田野考古实习，她更加热爱考古专业，更加喜欢田野考古工作了。受讲授“商周考古”课程的著名考古学家邹衡（1927—2005）的影响，她选择将《洛阳东周墓葬的分期与分区》作为自己的毕业论文。1962 年，她从北京大学历史系毕业后，又于同年考取了中国科学院考古研究所（今属中国社会科学院考古研究所）研究生班，师从著名考古学家、史学家徐旭生（1888—1976）学习商周考古。1966 年，她研究生毕业后，留在考古研究所工作。1972 年，她从“五七”干校回到考古研究所后，没有继续留在北京，而是主动选择到安阳工作站工作，从此在河南安阳这块宝地上开始了自己的田野考古生涯。当时，位于殷墟小屯村西的安阳工作站（始建于 1959 年）设施非常简陋，生活条件较差，不仅没有自来水，而且还经常停电，致使他们只能在煤油灯下看书或工作。至于交通，大多时候就只能靠步行了。幸而时任站长戴忠贤（1972 年至 1974 年在任）是位干农活儿的好把式，经常带领大家种植各种各样的蔬菜，并基本实现了自给自足，由此使大家的艰苦生活得以为继。

1972 年秋，刚到安阳工作站不久的刘一曼就参加了小屯西地的考古发掘。不过，这次发掘虽然出土了不少商代晚期的陶器、青铜器等遗物，但却只发现了 4 片刻辞甲骨，而且其上文字也不多。尽管数量稀少、收获不大，但看到两位队友能挖到这种珍贵文物，刘一曼也甚为羡慕。然而，幸运女神似乎特别眷顾她，不久便将一个重大的发现机会给了她。据说在 1972 年冬，一位名为张五元的小屯村民在村子南面的路边挖土以备制作煤球使用时，几锨下去后却发现地下土的颜色有些异样，随即便从土中扒拉出来五六片带字甲骨。谁承想，他这几锨下去竟然挖到了一个甲骨坑。因为张五元曾参加过殷墟发掘，并且有着较高的法制观念，所以他很快便将所发现的这几片甲骨包好，然后直接送到了设在村西头的中国社会科学院考古研究所安阳工作站。由于当时正值隆冬季节，所以工作站的考古专家决定到次年开春再进行试掘。于是，在 1973 年春，安阳工作站便组织考古工作人员对小屯南地进行了发掘，刘一曼也在其中。从当年3月至12月，在前后两次、共历时7个多月的考古发掘中，刘一曼竟然亲手挖出了近3000片刻辞甲骨。其中，价值尤为重大的是她所主持发掘的H24坑。此坑平面近椭圆形，距地表0.8米，直径1.8～2.7米，坑深0.8米，坑内甲骨堆积近半米深。经过近一个月的细心清理，此坑共出土甲骨1365片，其中仅刻辞卜骨就有1251片，不仅是当年发掘中出土刻辞卜骨数量最多的单位，而且也是中华人民共和国成立20多年来关于甲骨文的首次重大考古发现。后经清理和统计，对小屯南地的两次考古发掘，共收获刻辞甲骨5335片，包括卜甲75片和卜骨5260片，仅基本完整的牛胛骨就达100多片。在亲手挖出数量如此之多的刻辞甲骨之后，刘一曼对这种古老而神秘文字的学习热情也逐渐被激发。她白天在考古工地参加发掘，晚上便在煤油灯下阅读《卜辞通纂》《殷契粹编》《殷虚卜辞综述》等甲骨文方面的书籍。遇到不懂的问题，她还经常向当时也在安阳从事考古工作的著名甲骨学家姚孝遂（1926—1996）请教。在学习和实践过程中，刘一曼逐渐发现多做临摹是很好的学习方法。于是，她在看书的同时，也会对发掘所获的刻辞甲骨逐片进行临摹，由此为今后研究甲骨文打下了扎实的基础。

虽然刘一曼在小屯南地亲手挖掘出了一大批刻辞甲骨，可谓与甲骨文的缘分匪浅，但是小屯南地出土的甲骨却以卜骨为主（卜甲仅70余片），所以她一直梦想着能再挖出一批卜甲。然而，在小屯南地发掘之后的近20年时间内，虽然她与考古研究所及安阳工作站的同事们在殷墟遗址又寻找并发掘了多处，但却收获甚微，再没出现“惊喜”。尽管如此，刘一曼仍然满怀期待地坚持在安阳的田野考古一线，不仅参与发掘了十几座殷墟车马坑，也参加了被评为“1990年度全国十大考古新发现”的殷墟160号墓的发掘。“苦心人天不负”，她终于获得了幸运女神的眷顾。1991年10月，为了配合殷墟博物苑的扩建工程即现在殷墟路的修建，中国社会科学院考古研究所安阳工作队在花园庄一带展开了大规模的考古钻探工作。经过一番努力，考古队员不仅在殷墟博物苑南部、花园庄东约100多米处探出了一个甲骨坑，而且在花园庄南地一座殷代墓葬的墓口中也发现了甲骨的迹象。为了保护地下遗物，时任考古队队长杨锡璋命令停止钻探，立即展开考古发掘工作，并将发掘任务交给了刘一曼和郭鹏（著名考古学家郭宝钧之孙）。当年10月3日至9日，刘一曼和郭鹏先在花园庄南地的殷代墓葬周围开了三个探方，期望有重大发现。然而，在发掘了近70平方米后却只收获了两小片刻辞甲骨，并且每片上仅有1个字，这让他们深感失望。无奈之下，只得于10月18日“转战”花园庄东地。因为此前在花园庄南地收获甚微，所以他们也不敢对花园庄东地的发掘抱有多大期望，觉得能挖到10多片刻辞甲骨就很不错了。果不出所料，他们起初在花园庄东地所开探方中的铲探工作依然不顺利，没有发现灰坑的痕迹。后来，经过反复铲探和仔细观察，他们终于在探方中距离原标记（当初钻探时所留之标记）一米多远的地方发现了两个南北并列且相互打破的灰坑，并将它们分别编号为91花东H2和H3。为了弄清坑中是否埋有甲骨，他们在两个灰坑的中部各钻了一个眼，结果在H3坑中发现了甲骨的痕迹。随后，郭鹏与其他考古队员率先对H3坑开始清理和发掘。当他们挖至距地表近3米时，在潮湿的灰土中发现了一些碎小的龟甲片。他们捡起一些仔细观瞧，上面竟然有字，而且很清晰。10月21日，当刘一曼从另一处考古工地回来时，老远便听到郭鹏高声喊叫：“刘老师，好消息，出甲骨啦！”刘一曼听闻，心中不禁一阵狂喜，于是加快脚步，直奔甲骨坑。走近一看，只见坑中满是密密麻麻的小片甲骨，一片挨一片地紧扣在土中。她随手捡起几片仔细查看，发现这些卜甲上大多有细小而清晰的文字。这些卜甲所在的H3坑是一个长2米、宽1米且边缘整齐的长方形窖穴，而距地表2.9米的深度恰好与当初钻探的深度一样。经过进一步仔细清理，整坑甲骨赫然呈现在他们眼前。里面的卜甲和卜骨，或正面朝上，或反面朝上，大大小小杂处在一起，彼此叠压得十分紧密。然而，惊喜之余，他们遇到了一个大问题。由于此坑紧邻正在施工的工地，所以无法对其进行正常发掘，他们紧张地忙活了一天半才只取出了54片卜甲。为了保证甲骨的绝对安全和发掘工作的科学开展，他们忽然想到了1936年考古工作者整体提取和搬迁YH127坑甲骨的方法。于是，在同年10月30日，一辆起重机和一辆平板载重卡车开进了H3坑的发掘工地。在不到半个小时的时间内，整坑甲骨连同泥土（重达4吨）一起被装入特制的木箱，然后运回了安阳考古工作站。经过一番室内清理，考古工作者总共从H3坑中揭取了1583片甲骨，其中刻辞甲骨有689片（包括卜甲684片和卜骨5片）。可以说，花园庄东地H3甲骨坑是自1928年殷墟科学发掘以来，继YH127甲骨坑和小屯南地甲骨之后的第三次甲骨大发现，不仅价值珍贵，而且意义重大，成功被评为“1991年度全国十大考古新发现”之一。在继 1973 年从小屯南地挖出大量卜骨之后，此次又在花园庄东地挖出了不少卜甲（仅完整的卜甲就有 300 多版），刘一曼终于梦想成真，可谓幸运至极。

发掘与清理甲骨文的时间是短暂的，但整理和研究它的时间却是漫长的。1973 年，经过近 8 个月的发掘，刘一曼和同事们从小屯南地挖出了 5335 片刻辞甲骨。然而，他们在精心整理了十年后，《小屯南地甲骨》（上、下册，共 5 分册）才得以出版。该书不仅收录了小屯南地出土全部甲骨（缀合后 4589 片）的拓片，而且附有释文、索引，还对甲骨出土层位及分期、钻凿形态特征进行了比较全面的考察和研究，为甲骨文的分期断代、殷墟文化分期、古文字研究等提供了一批价值珍贵的材料，可谓一部非常重要的甲骨著录集。1991 年，经过约两个月的发掘和清理，刘一曼和同事们又从花园庄东地 H3 坑中提取出 1583 片甲骨（其中刻辞甲骨 689 片）。然而，他们在整理了近十三年后，才于 2003 年 12 月出版了《殷墟花园庄东地甲骨》（6 册）。据刘一曼所言，整理时间之所以如此漫长，主要是由于各项技术性工作需要花费大量时间。因为整理发掘出土的刻辞甲骨，一般要经过去除土锈、粘对或加固、缀合、照相、制作拓本、制作摹本、释读文字、制作索引等一系列工作流程，其中有多项工作是比较烦琐和困难的。由此可见，甲骨文的整理与研究工作是多么艰辛和不易。

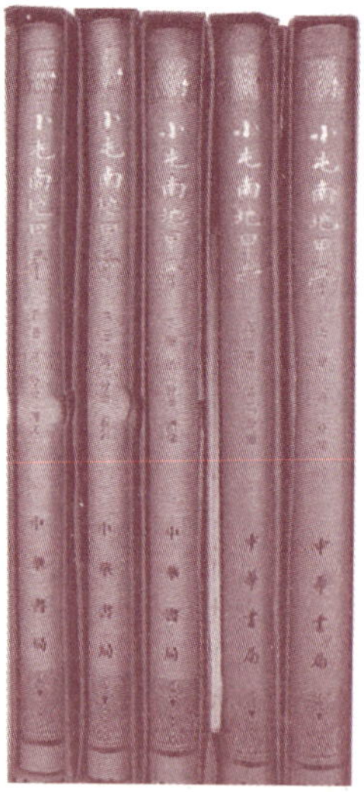

《小屯南地甲骨》

《殷墟花园庄东地甲骨》

据统计，自1928年对殷墟进行科学发掘以来，关于甲骨文的重大发现大概有十次，这十次发现要数1936年发现的小屯YH127甲骨坑最为重要。而对刘一曼个人来说，她于1991年发现的花园庄东地H3甲骨坑是最重要的。因为此坑出土的刻辞甲骨不仅数量较多，而且内容新颖。据学者研究，这批甲骨的占卜主体并非商王，而是一位被称为“子”且与商王有血缘关系的高级贵族，应属于“非王卜辞”。因此，H3坑所出甲骨对“非王卜辞”和商代家族形态的研究有着重要意义。1992年12月，刘一曼因主持和参与发掘花园庄东地H3甲骨坑卓有贡献而被评为研究员。从1998年起，她不再参与田野考古发掘，而是全身心投入到花园庄东地甲骨的整理和研究工作中。经过多年的辛勤付出，她参编的《殷墟花园庄东地甲骨》（全6册）终于在2003年由云南人民出版社出版。该书出版后受到学术界的一致好评，后于2007年获得第六届中国社会科学院优秀科研成果一等奖。此后，她又与同事合作编著了《殷墟小屯村中村南甲骨》，并陆续发表了多篇甲骨学方面的论文，走上了一条考古人研究甲骨文之路。

在发掘、整理和研究甲骨文的过程中，刘一曼深深体会到考古学（特别是殷墟考古学）与甲骨学的关系之密切，认为它们是相互依存、相互促进、共同发展的。因为通过科学考古发掘出土的甲骨材料，不仅为甲骨学研究提供了新材料、新思路和新成果，也将甲骨学研究推向新的阶段，而甲骨学的研究成果又反过来推动殷墟考古不断向纵深发展。于是，在1999年纪念殷墟甲骨文发现一百周年之际，她应《考古》编辑部之约而撰写了《考古学与甲骨文研究》一文，并发表在《考古》1999年第10期上。同时，她萌发了一个据此文之题而写一部专著详论文中所谈问题的念头，但因工作较忙直至2013年才开始动笔。在克服重重困难、历尽6年多的心血之后，她所著的《殷墟考古与甲骨学研究》一书在2019年由云南人民出版社出版。该书总计60余万字，不仅内容丰富，而且极具特色。据刘一曼自己介绍，该书在研究方法上有五大特点：一是注意观察不同遗址出土的甲骨实物（包括有字甲骨和无字甲骨），以总结归纳它们在整治与占卜方面所存在的差异。二是亲自从事甲骨整治（即凿、钻甲骨）和施灼（即如何灼出兆纹）的考古实验，从而取得比前人更深入的认识。三是在论述甲骨文分期断代时，注意甲骨出土的地层关系及同出器物（特

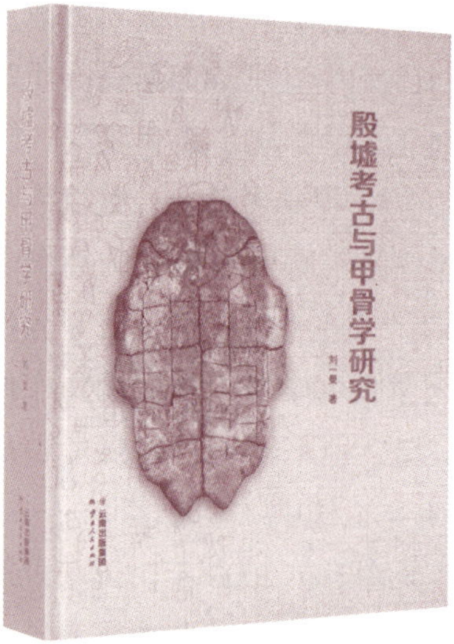

《殷墟考古与甲骨学研究》

别是陶器）的形态，而在论述甲骨卜辞的性质时，还注意甲骨的埋藏情况以及与周围遗迹的关系。四是用殷墟出土文物的形态或其上的纹饰以及相关的考古遗迹现象来探求甲骨文某些象形字或会意字的本义。五是注意将甲骨文与商代青铜器铭文结合起来研究甲骨学与考古学的相关问题。总之，《殷墟考古与甲骨学研究》不仅是刘一曼个人科研经历、治学经验和研究成果的总结，而且对于考古学界与甲骨学界的学人有着重要的参考价值和启发意义。

综览刘一曼的考古经历和学术生涯，可谓富有传奇色彩。著名女性考古学家郑振香曾于 1976 年邂逅了“妇好”，而同样作为女性考古学家的刘一曼也于 1973 年和 1991 年先后两次与“甲骨文”偶遇，结下了不解之缘。出身考古专业的刘一曼独辟蹊径，灵活运用考古学的理论与方法去整理和研究甲骨文，不仅参与了《小屯南地甲骨》和《殷墟花园庄东地甲骨》这两部大型甲骨著录集的整理、研究和编辑工作，而且著有《殷墟考古与甲骨学研究》这部总结性著作，还与人合著并出版有《中国古代铜镜》（与孔祥星合著，1984 年出版）、《甲骨文书籍提要》（与韩江苏合著，2017 年出版）等多部书籍。此外，她还撰写并发表了多篇甲骨文及殷商史研究方面的高水平论文。正所谓“巾帼不让须眉”，刘一曼凭其在甲骨文发掘与研究方面的突出贡献和卓越成就而成为甲骨文发现 120 多年来唯一一位“女性资深甲骨学者”，在甲骨学苑“一枝独秀”，常散芬芳。

参考文献：

1. 刘一曼：《殷墟花园庄东地甲骨坑发掘记》，《文物天地》1993 年第 5 期。
2. 杨锡璋，刘一曼：《殷墟考古七十年的主要收获》，《中原文物》1999 年第 2 期。

3. 葛英会:《大型甲骨学研究专著——〈殷墟花园庄东地甲骨〉》,《文物》2004年第9期。
4. 郑光:《考古与甲骨学的宝贵收获——读〈殷墟花园庄东地甲骨〉》,《华夏考古》2007年第3期。
5. 刘一曼:《殷墟考古与商代甲骨文铜器铭文研究——纪念殷墟发掘80周年》,《殷都学刊》2008年第3期。
6. 东方白:《幸运女神眷顾女甲骨学家刘一曼》,《语言文字报》2011年1月26日。
7. 刘一曼:《甲骨上的文化脉络》,《南方周末》2011年6月9日。
8. 刘一曼，岳洪彬，严志斌:《契刻陶铜　辩释殷商：刘一曼先生访谈录》,《南方文物》2012年第2期。
9. 曹定云，刘一曼:《四论武乙、文丁卜辞——无名组与历组卜辞早晚关系》,《考古学报》2019年第2期。
10. 韩江苏:《殷墟考古与甲骨学研究的相互促进及纵深发展——读〈殷墟考古与甲骨学研究〉》,《殷都学刊》2019年第4期。
11. 刘一曼:《充分利用考古发掘成果，将甲骨学研究推向新的阶段》,《语言战略研究》2019年第6期。
12. 赵际芳，张莉，苏奕林等:《两次殷墟甲骨发掘的亲历者——刘一曼先生访谈》,《中国书法》2019年第23期。
13. 刘一曼:《殷墟考古与甲骨学研究》，云南人民出版社，2019年。
14. 曹定云:《古老文字的秘密藏在哪里——读〈殷墟考古与甲骨学研究〉》,《科技日报》2020年3月27日。

第四十七篇

新世甲骨频出现，商代考古绩辉煌

1928 年至 1937 年，由中央研究院历史语言研究所主持的对殷墟的 15 次科学考古发掘，揭开了中国近现代考古史的崭新一页。这 15 次发掘不仅出土了数万片刻辞甲骨及大量其他遗物，也以雄辩的事实给予“中国文化西来说”有力一击，从此殷墟甲骨文成为中华文明源远流长的铁证，为维系中华民族团结和中华儿女血脉的重要纽带——汉字找到了本源。那么，曾惨遭多次私挖盗掘和历经多次考古发掘的殷墟遗址所藏甲骨文已被挖掘殆尽了吗？承载着中华文明基因的甲骨文难道只是安阳殷墟的“专利”吗？事实并非如此。

1949 年中华人民共和国成立以后，考古工作也步入正轨。经过数代考古工作者前赴后继的艰辛付出和不懈努力，新中国的考古事业呈现出一派新气象。尤其是在商代考古方面，一项项重大考古发现不仅填补了一段段历史空白，也修正了历史文献所载的诸多舛误，可谓成绩辉煌。当然，随着考古工作的进展，在出土青铜器、陶器、玉器等大量商代遗物的同时，商代甲骨也频频出现。

如果将对殷墟的科学考古发掘分为两个阶段，那么从 1928 年至 1937 年的 15 次发掘可谓第一阶段，而自 1949 年中华人民共和国成立至今则为第二阶段。第一阶段中关于甲骨文的发现和发掘情况，前文已做过介绍，兹不重述。本文主要介绍第二阶段中有关殷墟甲骨文及其他地区商代甲骨文的发现、发掘和研究情况。那么，在自 1949 年至今的七十余年时间里，考古工作者在殷墟又有哪些关于甲骨文的重大发现呢？据统计，中华人民共和国成立以后，当时的中国科学院考古研究所和如今的中国社会科学院考古研究所又联合相关考古部门陆续对殷墟进行了规模大小不等的三十余次发掘，其中出土甲骨文较多的重大发现有两次。

正如前文所言，中华人民共和国成立以后，尽管考古工作者继续在安阳殷墟四处勘探、苦苦搜寻甲骨文的踪迹，但是在二十余年的时间内却收获甚微，只有零星的发现，直到 1973 年这种局面才出现了转机。1973 年 3 月至 12 月，中国社会科学院考古研究所安阳工作队先后两次对小屯南地（即殷墟小屯村村南紧靠村口的公路）进行了考古发掘，除了出土大量陶器以外，最为重要的收获是发掘出了 5335 片刻辞甲骨（包括卜甲 75 片和卜骨 5260 片）以及牛肋骨 4 片、未加工骨料 8 片。后来经过缀合，实得刻辞甲骨 4805 片。可以说，考古工作者在小屯南地所获的这 4805 片刻辞甲骨是继 1936 年 YH127 甲骨坑之后的又一次重大发现，也是 1949 年至今殷墟发掘中出土有字甲骨最多的一次。这批刻辞甲骨中的 4589 片（其中卜甲 69 片）经发掘者整理后被收入 1980 年中华书局出版的《小屯南地甲骨》（上、下册，共 5 分册）中。由于该书所收录的出土于小屯南地的这批甲骨不仅数量众多、内容丰富，而且地层关系明确，所以具有极高的学术价值，有力促进了甲骨学史上一些疑难问题的研究和解决。首先，这批甲骨为甲骨文的分期断代提供了重要依据，解决了所谓“文武丁卜辞”的年代问题，以强有力的证据证实了陈梦家、贝冢茂树、伊藤道治等中外学者观点的正确性，即“文武丁卜辞”应属于武丁时代，同时也使“历组卜辞”的时代问题成为学术界热烈讨论的焦点。其次，学者们在这批甲骨中发现了属于盘庚、小辛、小乙时代的甲骨，认为《小屯南地甲骨》中编号为 2777 者很可能是武丁以前的卜辞，实现了一项重大突破。再次，这批甲骨的著录集《小屯南地甲骨》不仅收录了甲骨文字拓本，也收录了甲骨钻凿形态的拓本，其中一个分册中收录了甲骨钻凿图 276 版和甲骨钻凿墨拓 189 版，从而为学者从甲骨钻凿形态角度研究甲骨文的分期断代提供了重要的第一手材料。此外，这批甲骨中还有少量“非王卜辞”，对学者们认识“非王卜辞”具有重要价值和意义。总之，小屯南地甲骨的发现和《小屯南地甲骨》的出版在学术界引发和掀起了一股深入研究的热潮，有力推动了甲骨学的发展。

自从小屯南地甲骨出土后，考古工作者继续满怀希望地在殷墟勘探和寻找深埋地下的甲骨宝藏，可惜在此后的近 20 年内再无令人惊喜的发现，直到 1991 年才由曾参与发掘小屯南地甲骨的著名考古学家刘一曼打破了沉寂。1991 年 10 月，为了配合殷墟博物苑的扩建工程即现在殷墟路的修建，中国社会科学院考古研究所安阳工作队在花园庄一带进行了大规模的地下考古钻探，发现了两处地点存在甲骨迹象，于是发掘任务就落到了刘一曼和郭鹏身上。随着考古工作的进展，他们很快在花园庄东地发现了一个堆积有大量甲骨的长方形窖穴（编号为 91 花东 H3）。为了安全起见，他们借鉴 YH127 甲骨坑的发掘经验，也将 H3 甲骨坑整体装箱运回安阳考古工作站进行了室内发掘和清理。经过一番努力后，他们从中共揭取了 1583 片甲骨。据学者研究，花园庄东地 H3 坑出土的这批刻辞甲骨的占卜主体是称为“子”的贵族，故属“非王卜辞”，其内容丰富，层位关系明确，对于甲骨文例、文字考释、甲骨断代、商代的家族形态、学校教育、疾病医疗、殷商早期的政治关系、殷礼、地理等方面的研究均具有重要价值。总之，无论是 H3 坑考古发掘工作的规范流程，还是所出甲骨的科学整理、著录和研究历程，均获得了学术界的高度评价，为此后同类工作的开展提供了一个可资借鉴和效法的范例。

进入 21 世纪后，考古工作者仍未停止在殷墟探寻甲骨文踪迹的脚步。尽管至今也未有像殷墟 YH127 甲骨坑、小屯南地甲骨、花园庄东地 H3 甲骨坑那样规模化、集中化的重大发现，但是也依然有一些零星的甲骨陆续出土。其中，2002 年 6 月 27 日，中国社会科学院考古研究所安阳工作站为了配合基建工程，又先期对殷墟小屯南地进行了一次考古发掘。经过一个多月的耐心工作，考古工作者在小屯村南 200 多米的路段内共发掘和清理了 21 座墓葬、17 座建筑基址和 54 座灰坑，除了出土陶器等大量商代遗物以外，尤为重要的是还清理出了 5 层共计 233 片刻辞甲骨，其中部分甲骨的刻辞上还涂有朱砂。据学者研究，这批甲骨虽然数量不多，但是丰富并补充了 1973 年小屯南地出土甲骨的实物资料，对于甲骨文的分期断代研究（如“历组卜辞”的年代）大有裨益。其中的“午组卜辞”，是中华人民共和国成立以来出土最多、最集中的一批，学术研究价值弥足珍贵。

其实，1949 年以后，除了小屯南地甲骨和花园庄东地 H3 甲骨坑的集中发现以外，考古工作者在安阳殷墟的其他一些地点也相继发现了一些零星的刻辞甲骨。1950 年 4 月 12 日至 6 月 10 日，在由著名考古学家郭宝钧（1893—

1971）主持的一次发掘（为中华人民共和国成立后的首次殷墟发掘）中，于洹河南岸四盘磨村西地 SP11 探方内出土了 1 片刻辞卜骨，共计 3 行 16 字，著名古文字学家张政烺将其解读为“数字卦”。1953 年，中国科学院考古研究所在大司空村进行发掘时，在 H1 坑底部发现了 2 片刻字卜甲。据学者研究，其上的文字为习刻。1955 年秋，河南省文物工作队在小屯村东发现了 1 片刻辞卜骨。1957 年 8 月，河南省文物工作队在高楼庄西薛家庄南地发现了 1 片刻字卜甲。1958 年，中国社会科学院考古研究所安阳工作队在对小屯村西进行发掘时，从 H215 中发现了 1 片刻辞卜甲，其上所刻 11 字属于习刻。1959 年，大司空村 H114 内出土了 2 片刻辞卜骨，苗圃北地出土了 1 片刻辞卜骨，其上所刻文字均属于习刻。1961 年，苗圃北地又出土了 1 片刻辞卜甲，也为习刻。1962 年春至 1964 年冬，中国社会科学院考古研究所安阳工作队又在苗圃北地挖出了 2 片刻辞卜骨。1971 年，安阳工作队在后冈发现了 1 片刻辞卜骨，在小屯西地发现了 10 片刻辞卜骨。1972 年，小屯西地又出土了 3 片刻辞卜骨和 1 片刻辞卜甲。1974 年春，安阳工作队在苗圃北地挖出了 1 片刻辞卜甲。1975 年至 1977 年间，考古工作者还在小屯村一带先后采集到 4 片刻辞卜甲和 10 片刻辞卜骨。1985 年，苗圃北地出土了 1 片刻辞卜骨（文字为习刻），小屯西北地出土了 2 片刻辞卜甲。1986 年春，安阳工作队在小屯村中发掘出了 8 片刻辞卜骨。1989 年，安阳工作队又在小屯村中发掘出了 294 片刻辞卜骨。1991 年 10 月，安阳工作队在花园庄南地挖出了 5 片刻辞卜骨，其上文字多为习刻。2002 年 6 月至 8 月，安阳工作队在小屯南地又发掘出了 600 余片甲骨，其中刻辞甲骨 228 片。2004 年 3 月至 8 月，安阳工作队在对大司空村遗址进行发掘时，从一个窖穴中发现了 1 片刻辞卜骨，文字内容为干支表。2005 年，考古工作者在河南省安阳市安钢第二炼钢厂西南进行发掘时，从一座商墓（编号为 M11）的二层台上发现了 3 片卜骨，其中 1 片刻辞卜骨。这片卜骨上残留 16 个字，且为绿松石镶嵌而成。2009 年 8 月，位于河南省安阳市徐家桥北地的安阳市体育学院出土了 1 片刻辞卜骨。据学者研究，其上文字为“数字卦”。2010 年 9 月，中国社会科学院考古研究所安阳工作队在殷墟的一处灰坑中清理出了 1 片字数较多且刻有界划、涂有朱砂的罕见刻辞卜骨，价值珍贵。可以说，自 1949 年至今，诸如此类零星刻辞甲骨时有发现和出土，不胜枚举。

《殷墟小屯村中村南甲骨》

2012年4月，由中国社会科学院考古研究所编著的《殷墟小屯村中村南甲骨》（上下册）由云南人民出版社出版。该书共收录了自1986年至2004年在安阳殷墟六个地点出土的515片刻辞甲骨，其中包括小屯村村中和村南出土甲骨498片（编为514号，其中16片分正反）、小屯村北出土甲骨12片、花园庄东地出土甲骨3片、苗圃北地出土甲骨1片和大司空村出土甲骨1片。该书包括甲骨出土情况介绍、甲骨图版、文字考释、统计表格、索引等几个部分，是继《小屯南地甲骨》与《殷墟花园庄东地甲骨》之后又一部编著体例比较科学完备的甲骨材料著录集，堪称考古资料与甲骨文整理研究紧密结合的力作。该书著录和集中公布的这批甲骨新材料，不仅内容丰富、属性明确，而且学术价值重大，为学者深入研究“午组卜辞”“师组卜辞”“宾组卜辞”“无名组卜辞”“历组卜辞”“黄组卜辞”及甲骨文的分期断代提供了一批珍贵资料。总之，《殷墟小屯村中村南甲骨》以甲骨出土批次编集的齐整性、考古学时代界定的科学性和著录方法的严谨性而成为进入新世纪以来甲骨文著录和研究领域的最新前沿成果，有力推动了甲骨学的持续深入发展。

既然甲骨文并非安阳殷墟的“专利”，那么就不会只在殷墟出土。到底国内还有哪些地区也发现了商代甲骨文呢？让我们来一探究竟。

1950年秋天，郑州南学街小学的一位教员韩维周在二里岗（此地是一个东西长约1500米、南北宽约600米的土岗，因距离郑州旧城二里而得名）调查时偶然发现了一些古代陶片和石器。由于他曾经参加过河南省古迹研究会并在豫北做过考古工作，积累了一定的考古知识和经验，所以他根据陶片特征与殷墟所出陶器相似而推断此地应是一处商代遗址。不久，他便将这一发现报告给当地文物部门。同年冬，当时的河南省文物保护委员会便派了赵全嘏、安金槐、裴明相等三人到二里岗一带做考古复查，进一步确认郑州二里岗为一处商代遗址。从1952年秋至1954年春，为了配合基础设施建设，河南省文物工作队对二里岗遗址进行了考古发掘，发现了丰富的商文化遗存，出土了陶器、陶塑、原始瓷器、铜器等大量遗物，尤为重要的是发现了两片刻字牛骨。这两片刻字牛骨分别是于 1953 年 4 月和 9 月由考古工作者在该遗址的二里岗期遗存中清理出的，其内容均与占卜活动密切相关。其中，1953 年 4 月中旬，一位名叫张建中的考古工作人员在二里岗遗址的考古发掘工地中采集到一片长 7.3 厘米、宽 3.8 厘米、厚 0.3 厘米的牛肋骨，仔细一瞧，上面竟然刻有成行的文字。4 月下旬，著名考古学家夏鼐便将这片刻字牛肋骨带回北京交给时在中国科学院考古研究所工作的著名甲骨学家陈梦家进行研究。陈梦家认为牛骨上的 10 个字（后据中国国家博物馆研究馆员李维明考证应为 11 个字）为“习刻”，时代可能属于殷墟时期，这个结论在当时几乎成为定论。然而，由于二里岗遗址后来被学者研究证实为商代早期的一座都城遗址（即“亳”都），并未发现殷墟时期的文化遗存，所以这两片刻字牛骨应属于商代早期的甲骨文，时代要早于殷墟甲骨文。这说明至少在郑州二里岗期，商代先民就已形成在甲骨上刻、写占卜记录的习俗。也就是说，早在盘庚迁殷之前，甲骨文就已出现并被使用。这就为比较成熟、系统的殷墟甲骨文找到了合理的来源，毕竟文字的起源和演变绝不是一蹴而就的。因此，郑州商城出土的这两片商代早期刻字牛骨虽是偶然发现，但也是必然的，有学者推测在商代早期的都城级遗址中应该还埋藏有相当数量的甲骨文，有待于今后考古工作的进展。商代早期甲骨文的重要发现也使郑州二里岗成为继安阳殷墟之后的第二个发现甲骨文的地方。

无论是安阳殷墟还是郑州二里岗，都未出河南省的行政区域范围。那么，甲骨文难道是河南的“专利”吗？考古发现也同样给出了否定答案。

2003 年 3 月至 6 月，山东大学与山东省文物考古研究所（今山东省文物考古研究院）、济南市考古研究所、历城区博物馆联合对济南大辛庄遗址进行了较大规模的考古发掘，出土了大量商代遗物。大辛庄遗址位于山东济南历城区王舍人镇大辛庄村东南，不仅是山东省内目前已知面积最大的一处以商文化为主体堆积的遗址，也是全国范围内发现时间最早、研究时间最长的商代遗址之一。自 20 世纪 30 年代发现至今，数代考古工作者已对该遗址进行了多次考古调查和发掘，获得了一大批珍贵的考古资料和精美文物。据学者研究，该遗址是一个位于鲁北地区的商代区域性中心和商代东方的一处中心性聚落，也曾是商王朝经略东方的一个重镇。2003年3月18日，一名正在参加大辛庄遗址发掘的考古队员在自己所负责的探方中偶然发现了一片卜甲，仔细查看后感觉上面有文字，于是便找到时任领队的著名考古学家、山东大学历史文化学院考古系教授方辉求证。方辉教授见到此片后又惊又喜，随后急切地赶往发掘现场。次日，另一名考古队员也在相邻的探方中发现了一片刻字卜甲，方辉教授预感到一定还会有更多甲骨文出土。果然，在随后的几天内，考古队员又陆续从探方中清理出了十余片卜甲，这些卜甲均出土于距离地面50厘米的土层内，其中有5片上面有清晰的文字痕迹。3月25日，经过清洗和缀合后，在7片刻字卜甲中，有4片竟然拼成了一版几乎完整的龟腹甲。仔细查点，这块长约15厘米、宽约8厘米的龟腹甲上竟然共刻有25个字。据学者研究和考证，这25个字为占卜记录，其年代介于殷墟二、三期之间，为“非王卜辞”（即商代诸侯卜辞）。此次发掘为商代甲骨卜辞的重大收获，在学术界乃至整个社会上引起了巨大震动。几天后，26位国内考古学界和古文字学界的知名专家齐聚济南，专门开会研讨了大辛庄遗址出土甲骨文的重大考古新发现。经过与会专家鉴定和研究，一致认为大辛庄遗址出土的甲骨文，不仅是殷墟以外首次发现的商代卜辞，而且与殷墟甲骨文属于同一系统，因此在甲骨学史上具有里程碑式的意义。正如著名史学家、古文字学家、“夏商周断代工程”首席科学家李学勤所言：“这是自殷墟后首次发现的商代甲骨卜辞，是甲骨文发展中的一个界标。考古界一直在苦苦寻找的殷墟主体区域外的甲骨卜辞终于有了一个令人振奋的结果。这次发现将打开一个甲骨文挖掘研究的新局面，很有可能将大辛庄的甲骨文作为研究甲骨文和商文化的一个重要分支。”随着考古工作的进展，在不久的将来，济南大辛庄遗址中也许还会有更多商代甲骨文出土。

大辛庄遗址出土的刻辞卜甲

那么，济南大辛庄遗址出土的商代甲骨文是殷墟之外的唯一发现吗？非也。其实，早在济南大辛庄遗址发现商代甲骨文之前，山东济南济阳县（今济阳区）的刘台遗址就曾出土过 1 片商代晚期的刻字卜骨。刘台遗址（刘台子西周墓地）位于济阳姜集乡刘台村西 300 米处，为一处商周时期的遗址，面积 2 万多平方米。1979 年、1981 年和 1985 年，山东的文物考古工作者曾先后三次对该遗址中的一片西周墓地进行发掘，出土了陶瓷器、青铜器、玉器、骨器等大量珍贵文物。其中，3 号墓口扰土中出土了 1 片刻字卜骨。这片卜骨为牛肩胛骨，残长 25.1 厘米，宽 19.7 厘米，厚 0.2 ～ 1.1 厘米。正面上下均有人工刻画痕迹，有 5 列钻孔共 20 个（中部残，实为 21 个），排列规整，且多有灼痕。其中，在第 4 列钻孔的下方刻有 2 个文字，形似殷墟甲骨文中的“祖丁”二字。由于钻孔打破了刻痕，所以学者推测刻字在先、钻凿在后。卜骨背面有 6 列钻孔，均有灼痕。学者通过与该卜骨同出的青铜器铭文“夆”（古代“夆”与“逄”通假）推断刘台遗址中的这片墓地应是逄公墓地或逄氏诸侯墓地。所以，该卜骨可能为逄氏家族的先人们占卜之后遗留下来的。无独有偶，2008 年 12 月，考古工作者在一次文物普查中，又在刘台遗址的地表上采集到了 1 片商代卜骨，但仅有钻凿和烧灼痕迹，没有文字。

除了济南的大辛庄遗址和刘台遗址以外，山东淄博桓台县的史家遗址、唐山遗址和山东济宁任城区的张山洼遗址也曾出土过商代刻字卜骨。1996 年，山东省有关文物部门对位于淄博桓台县的史家遗址进行了考古发掘，其中一个重要收获是发现了 3 片商代晚期的刻画卜甲。另外，在距其不远的唐山遗址也曾出土有 2 片商代晚期的刻辞卜甲，其中 1 片（编号 H4:1）上刻有 7 字，字迹清晰，字体较小，且有钻凿痕迹。张山洼遗址位于济宁市任城区长沟镇张山村东南约 1000 米处，是一处文化内涵丰富的古代遗址。1999 年 12 月，为了配合济宁运河电厂工程的建设，任城区文管所在进行文物勘探时发现了该遗址，并进行了科学考古发掘，出土遗物颇为丰富。除了蚌器、骨器、石器、陶器、铜器等各时期的遗物以外，尤为重要的是在商代文化层中出土了 2 片卜甲和 2 片卜骨。其中，2 片卜甲上都无字，且均已破碎，只有 1 片卜甲上有明显的钻凿和烧灼痕迹。2 片卜骨都是牛肩胛骨，均经过修整，且钻凿和烧灼痕迹明显，其中在 1 片牛肩胛骨的靠近关节处刻有一个清晰、完整的字符。此字长

1 厘米、宽 0.6 厘米，有学者释为“斤”或“斥”；有学者释为“厈（音 hàn 或 àn）”字，认为它同“岸”，可能为地名或者就是指河流的堤岸。尽管只有一个字，但由于这片有字卜骨为济宁市首次发现的商代甲骨文实物，所以意义非同一般。那么，商代甲骨文怎么会突然出现在距离安阳殷墟千里之遥的济宁任城呢？其实这并不奇怪。因为济宁地处中国古代主要河流“四渎八流”之济水、沂水、泗水流域和东夷核心地带，水系发达，土地肥沃，是中华文明的重要发祥地和华夏先民的主要聚集区之一。而且据《左传·僖公二十一年》等相关文献记载，任城古称“任”，为太昊伏羲直系后裔风姓任国的封邑。既然殷墟甲骨文已是比较成熟、系统的文字，那么其必有源头。此前考古工作者曾在郑州商代都城遗址中发现了商代早期的甲骨文，那么同样曾为商王朝国都的“奄”所在区域出土甲骨文也就不算稀奇了。所以，济宁出土商代甲骨文可谓历史的必然。

此外，考古工作者还曾在江西湖口的下石钟山商周遗址中发掘出了 3 片商代晚期的刻字卜骨，其上所刻的“贞”“羊”等字与殷墟甲骨文明显属于同一系统。可以说，这 3 片刻字卜骨的发现，使商代甲骨文的分布范围大为扩展，到达了长江流域。

综上所述，自 1949 年至今，随着考古事业的日益进步和考古发掘工作的陆续开展，商代甲骨文在国内不少地方频繁出现，商代考古取得了辉煌的成绩。不仅在安阳殷墟屡次出土大宗或零星的商代晚期甲骨文，而且在郑州商城还发现了商代早期甲骨文。尤为重要的是，在安阳殷墟与河南郑州之外，考古工作者还在山东济南、济阳、桓台、济宁和江西湖口的一些遗址中发掘出了商代晚期甲骨文，尽管甲骨数量不多且文字较少，但却有着非同一般的价值和意义，充分表明甲骨文作为商代一种比较成熟的系统文字，当时已在更广泛的区域内被使用了。

参考文献：

1. 郭宝钧：《一九五〇年春殷墟发掘报告》，《中国考古学报》第五号，1951 年。
2. 赵全嘏：《郑州二里岗的考古发现》，《新史学通讯》1953 年第 6 期。

3. 陈骏:《山东济阳刘台子西周早期墓发掘简报》,《文物》1981 年第 9 期。
4. 陈骏:《山东济阳刘台子西周墓地第二次发掘》,《文物》1985 年第 12 期。
5. 王尔俊:《山东济阳刘台出土的陶文等商代铭刻》,《考古》1989 年第 6 期。
6. 熊建平:《刘台子西周墓地出土卜骨初探》,《文物》1990 年第 5 期。
7. 中国社会科学院考古研究所编:《殷墟的发现与研究》，科学出版社，1994 年。
8. 刘一曼:《安阳殷墟甲骨出土地及其相关问题》,《考古》1997 年第 5 期。
9. 张光明，徐龙国，张连利等:《山东桓台县史家遗址岳石文化木构架祭祀器物坑的发掘》,《考古》1997 年第 11 期。
10. 郑振香:《甲骨文的发现与殷墟发掘世纪回眸》,《殷都学刊》1999 年第 2 期。
11. 张光明，夏林峰:《山东桓台县史家遗址发掘收获相关问题的探讨》,《管子学刊》1999 年第 4 期。
12. 张光明:《山东桓台史家遗址发掘收获的再认识》,《夏商周文明研究》，中国文联出版社，1999 年。
13. 方辉:《济南大辛庄遗址出土商代甲骨文》,《中国历史文物》2003 年第 3 期。
14. 方辉:《大辛庄甲骨文的几个问题》,《文史哲》2003 年第 4 期。
15. 吴增祥:《中国考古发掘再次惊现甲骨文》,《走向世界》2003 年第 3 期。
16. 金云伟，王振国:《济南大辛庄出土甲骨文》，人民网，2003 年 4 月 8 日。
17. 方辉:《大辛庄遗址的考古发现与研究》,《山东大学学报》(哲学社会科学版)2004 年第 1 期。
18. 杨锡璋:《附录一 七十年来殷墟发掘年表》,《考古学集刊》2004 年第 2 期。
19. 杨锡璋，刘一曼:《殷墟考古七十年的主要收获》,《考古学集刊》2004 年第 2 期。
20. 方辉:《2003 年济南大辛庄遗址的考古收获》,《夏商周文明研究·六——2004 年安阳殷商文明国际学术研讨会论文集》，社会科学文献出版社，2004 年。
21. 刘源:《历年来殷墟甲骨科学发掘情况》，中国社会科学院历史研究所网，2005 年 5 月 12 日。
22. 李德渠，夏义勇，傅吉峰:《山东济宁市张山洼遗址发掘简报》,《考古》2007 年第 9 期。
23. 郑杰祥:《二里岗甲骨卜辞的发现及其意义》,《中原文物》2008 年第 3 期。
24. 王蕴智:《八十年来殷墟甲骨发掘的主要收获》,《郑州大学学报》(哲学社会科学版)2009 年第 3 期。

25. 边继芝:《〈小屯南地甲骨〉及其研究》,《语言文字报》2011 年 1 月 26 日。
26. 闻述之:《非王卜辞研究的珍贵历史资料》,《语言文字报》2011 年 1 月 26 日。
27. 闻述之:《甲骨文的三次重要科学发掘》,《语言文字报》2011 年 5 月 11 日。
28. 中国社会科学院考古研究所编著:《殷墟小屯村中村南甲骨》(全 2 册),云南人民出版社,2012 年。
29. 韩江苏:《甲骨新材料与旧问题——读〈殷墟小屯村中村南甲骨〉》,《殷都学刊》2013 年第 3 期。
30. 宋镇豪,徐义华:《评〈殷墟小屯村中村南甲骨〉》,中国社会科学院历史研究所网,2013 年 10 月 12 日。
31. 胡厚宣:《殷墟发掘》,复旦大学出版社,2017 年。
32. 房道国:《济南大辛庄商代甲骨文发现纪实》,《大众考古》2017 年第 9 期。
33. 何文竞,吴玲:《殷墟早年发掘的微历史》,《中国文物报》2018 年 10 月 2 日。
34. 范佳:《殷墟之外:山东大辛庄挖出商代甲骨文》,《齐鲁晚报》2018 年 11 月 21 日。
35. 李维明:《一个字中隐藏的王朝都城历史》,《光明日报》2020 年 1 月 18 日。

第四十八篇

存世甲骨十余万，中西官民俱珍藏

自甲骨文于1899年被发现至今，已走过120多年的历程。那么，120多年来，安阳殷墟到底出土了多少片甲骨？由于在甲骨文发现之初，殷墟经历了多次私挖盗掘，并且很多被当作中药“龙骨”消耗掉，以致毁坏无数，所以已无法统计。如今，只能对尚留存于世的甲骨数量进行大致摸底。关于殷墟出土的存世甲骨数量，不少学者都进行过调查和统计，而最早从事此项工作的是著名甲骨学家胡厚宣。据胡厚宣在《八十五年来甲骨文材料之再统计》一文中统计，留存于世的殷墟出土甲骨总数约计15万多片。而著名甲骨学家董作宾、陈梦家、李学勤、王宇信等则认为总数大概有10万片。2003年5月，中国社会科学院历史研究所研究员孙亚冰在所撰《百年来甲骨文材料再统计》一文中认为，包括殷墟在内，目前在全国范围内总共出土了大约13万多片商代甲骨文。2019年，上海博物馆青铜研究部研究员葛亮在所撰《一百二十年来甲骨文材料的初步统计》一文中则认为，自1899年甲骨文被发现至今已出土的商周刻辞甲骨的总数约为16万片。另外，还有学者经过调查和研究认为，目前存世的商代甲骨数量至少在16万片。且不论哪种说法更准确，更接近于真实数据，让我们先来了解下这十余万片商代甲骨的分布和下落吧。

前文说过，由于早年殷墟遭受了多次私挖滥掘，所出甲骨除了被当作“龙骨”毁坏的以外，还有相当一部分经古董商贩卖而流入中外收藏家和学者的手里。历经时代变迁和世事变化，这些收藏家和学者的甲骨藏品又几经流转，其中有不少通过各种途径流散到了海外。据学者调查和统计，除了中国大陆和台湾以外，日本、加拿大、英国、美国、德国、俄罗斯、瑞典、瑞士、法国、新加坡、荷兰、新西兰、比利时、韩国等 14 个国家收藏有殷墟出土的甲骨。具体而言，胡厚宣曾统计我国共计出土甲骨 154604 片，其中大陆收藏有 97611 片，台湾收藏有 30204 片，香港收藏有 89 片，总计共收藏有 127900 多片。此外，日本、加拿大、英国、美国等国家或地区共收藏有 26700 多片，其中日本 12443 片、加拿大 7802 片、英国 3355 片、美国 1882 片、德国 715 片、苏联 199 片、瑞典 100 片、瑞士 99 片、法国 64 片、新加坡 28 片、比利时 7 片、韩国 6 片。然而，由于在胡厚宣调查和统计之后的 20 多年里，殷墟又不断有新发现，小屯南地甲骨、花园庄东地甲骨等大批甲骨相继出土，所以他之前所统计的数据已不准确，需要更新。近年来，孙亚冰在胡厚宣、陈梦家等前辈学者普查的基础上，根据全国各地新出土商代甲骨的情况，又对存世商代甲骨的数量进行了修正性统计。结果显示，目前我国 40 个城市共有 93 个机关单位和 36 个私人收藏有甲骨，总数约为 80901 片。香港特别行政区有 4 个单位（香港中文大学联合书院图书馆、香港中文大学中国文化研究所、香港大学冯平山博物馆、香港大会堂美术博物馆）共收藏甲骨 90 片。台湾地区则有 5 个单位（“中央研究院”历史语言研究所、“历史博物馆”、“中央图书馆”、台北故宫博物院、台湾大学考古人类学系图书馆）和 4 个私人共收藏有 3 万多片（30343 片）甲骨。此外，国外有 14 个国家共收藏有殷墟甲骨约 2.7 万片。其中，日本的 23 个单位和 28 个私人共藏有 1.2 万余片（其中去向不明近 4000 片）、加拿大的 2 个单位共藏有 7407 片、英国的 8 个单位和 3 个私人共藏有 3141 片、美国的 23 个单位和 8 个私人共藏有至少 1860 片、德国的 2 个单位共藏有 851 片、俄罗斯的 1 个单位藏有 199 片（实为 201 片）、瑞典的 1 个单位藏有 111 片、瑞士的 1 个单位藏有 69 片（丢失 1 片，被毁 1 片）、法国的 4 个单位和 2 个私人共藏有 59 片、新加坡的 1 个单位藏有 28 片、荷兰的 1 个单位藏有 10 片、新西兰的 1 个私人藏有 10 片、比利时的 2 个单位共藏有 7 片、韩国的 2 个单位共藏有 7 片。由此可见，目前存世的商代甲骨已分散得七零八落，不仅见于国内，也流散到了国外；不仅收藏于国内外的诸多官方机构和文博单位中，还流落到民间不少收藏家的手里。

那么，这十几万片商代甲骨具体都藏在中外哪些单位和私人藏家手中呢？它们的来源、保存、研究等情况如何呢？因为国内外私人藏家手中所藏的甲骨数量大都比较少，所以本文暂不做详细介绍，而重点介绍国内外收藏有大宗甲骨的文博单位的相关情况。

从国内的情况来看，在收藏有商代甲骨文的 93 家（也有说 145 家）单位中，甲骨藏量较多的主要有国家图书馆、故宫博物院、山东博物馆、中国社会科学院考古研究所、上海博物馆、北京大学、南京博物院、旅顺博物馆、中国社会科学院历史研究所、天津博物馆、清华大学等单位。其中，国家图书馆共藏有 35651 片殷墟甲骨，堪为中国乃至世界上收藏甲骨最多的单位。据介绍，这批甲骨多为著名收藏家刘体智捐赠的甲骨藏品（2.8 万余片），也有其他藏家捐赠或从私人手中及古董店里收购而来的。这批甲骨中的一些还曾被著录于罗振玉的《殷虚书契》、郭沫若的《殷契粹编》、胡厚宣的《战后京津新获甲骨集》、郭若愚的《殷契拾掇》等书中。2018 年 10 月，国家图书馆申报的国家哲学社会科学基金重大项目“国家图书馆藏甲骨整理与研究”正式获得立项，意味着国家图书馆馆藏甲骨整理研究进入快车道。目前，关于这批甲骨的整理与研究工作正在进行中，未来将以《国家图书馆甲骨全集》面世。

故宫博物院

故宫博物院共收藏有22463片殷墟甲骨，为世界第三大甲骨收藏单位，其馆藏甲骨量在国内仅次于国家图书馆。据介绍，这批甲骨主要来源于著名甲骨学家、加拿大人明义士的藏品。2014年2月，“故宫博物院藏殷墟甲骨文整理与研究”项目正式启动，计划在6至10年内完成全部院藏甲骨的整理与研究工作。

山东博物馆也是收藏大宗殷墟甲骨的单位之一，共收藏有10588片，数量仅次于国家图书馆和故宫博物院。这批甲骨主要来源于加拿大人明义士、美国人柏尔根、罗振玉、孙文澜、王惠堂等人的旧藏，多为1955年山东博物馆成立之初由山东省文物管理委员会拨交的。郭沫若主编的《甲骨文合集》（全13册，1982年）和刘敬亭主编的《山东省博物馆珍藏甲骨墨拓集》（1998年）曾分别收录了其中1400片和1970片精品甲骨的拓本，而未经著录的则多达8000余片。由于这批甲骨不仅数量众多、流传有序，而且内容丰富、五期均有，涉及殷商政治制度、王室结构、社会生活、经济生产、方国地理、军事战争、宗教祭祀、文化礼制等诸多方面，所以具有极高的文物价值和史料研究价值，历来是学术界关注的焦点。2014年11月，由中国社会科学院历史研究所甲骨学殷商史研究中心与山东博物馆联合承担的项目“山东博物馆珍藏甲骨文的整理与研究”获得2014年度国家哲学社会科学基金重大项目招标选题（第二批）立项。据介绍，该项目是基于甲骨的整理保护、科学研究、文化传播和历史教育之目的，最终成果是编著一部融学术研究与资料著录于一体的《山东博物馆所藏殷墟甲骨》。

山东博物馆

中国社会科学院考古研究所共藏有 6560 片殷墟甲骨，多为中华人民共和国成立以后，该所安阳工作站的考古工作者从殷墟陆续发掘出土的新甲骨，例如小屯南地甲骨、花园庄东地甲骨等一批新出土甲骨材料等。目前，该所所藏甲骨均已被整理出版，见于《小屯南地甲骨》（1980 年）、《殷墟花园庄东地甲骨》（2003 年）、《殷墟小屯村中村南甲骨》（2012 年）等著录中。

上海博物馆共藏有殷墟甲骨 5275 片，这批甲骨来源多样，有接管的，有受赠的，有征集的，其中有不少是王懿荣、刘鹗、罗振玉等人的旧藏。2009 年 1 月，由著名甲骨学家濮茅左编著的《上海博物馆藏甲骨文字》（全 2 册）由上海辞书出版社出版。该书共收录上海博物馆所藏殷墟甲骨 5002 片，这批甲骨也同样具有很高的文物价值和史料研究价值。该书以藏家为类，介绍了上海博物馆所藏甲骨的来源、征集、著录等有关情况，为甲骨文的缀合与研究提供了一批重要资料。

《山东省博物馆珍藏甲骨墨拓集》

《上海博物馆藏甲骨文字》

北京大学共藏有殷墟甲骨 3001 片，这批珍贵的甲骨材料如今也已被整理和公布，收录于李钟淑与葛英会合编的《北京大学珍藏甲骨文字》（2008 年由上海古籍出版社出版）中。

南京博物院共收藏有近 3000 片（2921 片）殷墟甲骨。其中，2369 片为加拿大人明义士的旧藏，是由著名翻译家杨宪益转交的；300 片是由著名甲骨学家胡光炜（即胡小石）于 1962 年捐赠的；90 片为刘鹗和罗振玉的旧藏；还有少量是接收自“中央研究院”历史语言研究所以及其他私人藏家的。目前，这批甲骨材料也正在被整理中。

旅顺博物馆共藏有殷墟甲骨 2217 片，包括有字甲骨 2211 片、无字甲骨 3 片和伪刻 3 片，另有蚌笄头刻辞 1 枚。这批甲骨主要来源于罗振玉的旧藏，少数曾为日本人岩间德也的藏品。郭沫若主编的《甲骨文合集》仅收录了其中的 587 片（包括 533 幅拓片和 54 幅摹本），绝大部分也未曾公布。2014 年 10 月，由中国社会科学院历史研究所甲骨学殷商史研究中心与旅顺博物馆联合编著的一部融资料著录与学术研究于一体的大型甲骨著录集《旅顺博物馆所藏甲骨》（全 3 册）由上海古籍出版社出版。相关学者在整理这批甲骨的过程中，还发现了 30 个新字及新字形，进一步充实了甲骨文字库。

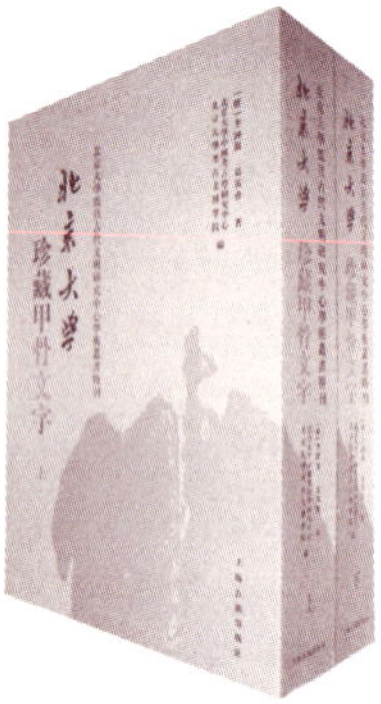

《北京大学珍藏甲骨文字》

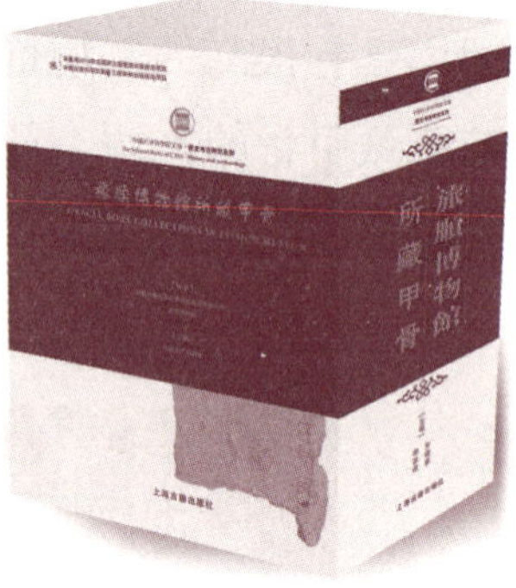

《旅顺博物馆所藏甲骨》

中国社会科学院历史研究所共藏有 2023 片殷墟甲骨，包括有字甲骨 1920 片、零星小碎骨 41 片、无字甲骨 32 片和伪片 30 片，主要来源于北京琉璃厂庆云堂、韵古斋、振寰阁、富晋书社、北京文物商店等单位和郭沫若、胡厚宣、容庚、康生、罗福颐、罗福葆、王杏东、王献唐、顾铁符、易忠箓、罗守巽、叶玉森、郭若愚、徐宗元、徐坊、臧恒甫、顾承运、陈侃如、邵友诚、方曾寿、周伯鼎、蒋楚凤、英国考文夫人等私人的旧藏。这批甲骨多数是殷墟早期出土之物，少数为 20 世纪 20 年代及 1931 年至 1945 年抗日战争期间被从殷墟盗掘出土后散落于民间者。其中，有 889 片和 389 片（自重片、互重片除外）已分别被《甲骨文合集》与《甲骨文合集补编》收录，而未经二书著录者仍有 642 片。2011 年 8 月，这批甲骨经整理和研究后，被编辑为《中国社会科学院历史研究所藏甲骨集》（全 3 册）由上海古籍出版社出版。该书是一部甲骨彩照、拓本、释文与来源著录表“四位一体”的大型甲骨著录集，为学界增添了一批珍贵的甲骨材料。

天津博物馆共藏有殷墟甲骨近1800片，主要来源于王懿荣、王襄、孟广慧、罗振玉、王福重、李鹤年、陈邦怀、方若、魏智、徐宝祠等人的旧藏。其中一部分甲骨曾于1925年被王襄编入《簠室殷契征文》。2016年12月，由天津博物馆与中国社会科学院历史研究所甲骨学殷商史研究中心合作承担的国家哲学社会科学基金重大委托项目“大数据、云平台支持下的甲骨文字考释研究”子课题“天津博物馆藏甲骨文的整理与研究”正式立项。目前，这批甲骨也正在被整理和研究中，最终成果将以《天津博物馆所藏殷墟甲骨》面世。

清华大学共藏有殷墟甲骨1754片，其中卜骨233片。这批甲骨有1597片来源于胡厚宣和于省吾的旧藏，系两位老一辈甲骨学家转让给清华大学的。这批甲骨不仅数量较多，而且内容丰富，具有极高的文物价值和学术价值。尤为难得和可贵的是，这批甲骨中有一些为抗日战争时期于安阳殷墟同一坑中出土的，之后虽屡经流散、多次流转，但在胡厚宣的收购、整理和保护下又得以奇迹般“重聚”，如今全归清华大学所有。这一坑甲骨由此成为目前除了科学发掘出土的甲骨以外唯一确知具有单独出土单位的一批资料，所以价值珍贵、意义重大，为学术界所广泛关注。早在1985年，清华大学就曾组织人员对所藏甲骨进行了核查。1999年，这批甲骨经再次核查清点后被装函入库。2007年至2011年，在著名学者李学勤的指导下，清华大学的任会斌和刘凤华两位博士生先后对这批甲骨进行了局部整理与研究。2009年，原任职于香港中文大学的沈建华教授加盟清华大学出土文献研究与保护中心，也参与到对这批甲骨的整理与研究中来。2016年10月底，国家哲学社会科学基金重大委托项目“大数据、云平台支持下的甲骨文字考释研究”正式实施，由清华

《中国社会科学院历史研究所藏甲骨集》

大学出土文献研究与保护中心副主任赵平安教授主持的“清华大学藏甲骨的综合整理与研究”成为10项子课题中的一项。该课题的目的是要对清华大学所藏甲骨进行全面系统的整理，对甲骨卜辞进行多角度研究，并利用大数据、云平台建起一个甲骨文资料库。目前，该课题的各项相关工作正在有条不紊地进行中，最终成果将通过图片和文字体现出来，成为一部集甲骨照片、拓本、摹本、释文、著录信息、组类信息、字表、索引、研究等于一体的大型甲骨著录。

除了以上这11个藏有大宗甲骨的单位以外，由于国内收藏有甲骨的其他单位所藏的甲骨数量均比较少，所以不再一一介绍。但有两个单位还需单独介绍，一个是山东大学博物馆，另一个为宁波天一阁。2003年3月，山东的考古工作者在发掘济南大辛庄商代遗址时，意外发现了4片刻字卜甲（缀合后）。这批卜甲是殷墟之外首次发现的商代晚期刻辞甲骨，所以价值珍贵、意义非凡，现藏于山东大学博物馆，成为该馆的“镇馆之宝”。2011年7月，宁波天一阁的工作人员在库房搬迁、文物清点过程中，意外在一个角落里发现了11片殷墟甲骨，从而成为国内第94家收藏有甲骨文的单位。据介绍，这11片均为兽骨，其上共刻有200多个文字，字迹清晰。然而，关于这批珍贵甲骨的来源，目前尚未可知，还有待于查证。

据学者统计，台湾地区藏有3万余片殷墟甲骨。在收藏甲骨的5个单位中，有两家藏有大宗甲骨，一家是历史语言研究所，另一家为历史博物馆。其中，历史语言研究所共藏有殷墟甲骨26128片，数量仅次于国家图书馆。这批甲骨基本都是“中央研究院”历史语言研究所于1928年至1937年间在河南安阳殷墟的15次考古发掘所得，后转移到了台湾。这批甲骨不仅数量众多、品相较好，而且内容丰富、价值极高，经多位学者整理与研究后，目前均已公之于世，见于《殷虚文字甲编》《殷虚文字乙编》《殷虚文字丙编》等书中，为研究甲骨文和殷商史提供了十分难得的珍贵材料。历史博物馆共藏有殷墟甲骨4378片，其中有3656片甲骨来源于原河南省博物馆（今河南博物院），是当时的河南省政府于1929年至1930年两度派人赴安阳殷墟挖掘出的。1949年，这3656片甲骨被装箱后，几经辗转运往台湾，成为历史博物馆的藏品。这批甲骨中的800片精品曾被著名考古学家关百益整理过，著录于其所编的《殷虚文字存真》（8 集）中。后来，“中央图书馆”又将 700 多片殷墟甲骨移拨给历史博物馆，使该馆所藏的刻辞甲骨总量达到 4000 余片。然而，由于缺乏研究经费和专业人才，所以这批甲骨多年来一直被深藏于库房之中，从未被系统整理和研究过。直到 2010 年，当中国社会科学院提出希望与台湾地区的历史博物馆合作对这批甲骨进行整理与研究时，台湾历史博物馆的负责人才猛然意识到这批甲骨材料的重要性。于是，该馆主动邀请“中央研究院”合作，打算一起对这批珍贵甲骨进行整理与研究，计划建立起甲骨文数码化数据库，并出版一部集甲骨照片、拓本、摹本和研究于一体的专集。

除了大陆的 94 个单位（也有说 145 个）和台湾地区的 5 个单位以外，香港特别行政区有 4 个单位共藏有殷墟甲骨 90 片。由于数量较少，故不再介绍了。

从国外收藏殷墟甲骨的情况来看，在 14 个国家中，甲骨藏量较大的主要是日本和加拿大。日本所藏的 1.2 万余片甲骨分布比较零散，不少单位和私人手中均有收藏，其中尤以京都大学人文科学研究所的甲骨藏量最多，达 3256 片，且均为著名学者罗振玉的旧藏。目前，日本所藏的这些殷墟甲骨大多已被整理和著录，散见于林泰辅的《龟甲兽骨文字》（1918 年）、金祖同的《殷契遗珠》（1939 年）和《龟卜》（1948 年）、饶宗颐的《日本所见甲骨录》（1956 年）、贝冢茂树的《京都大学人文科学研究所藏甲骨文字》（1960 年）、渡边兼庸的《东洋文库所藏甲骨文字》（1979 年）、松丸道雄的《日本收藏的殷墟出土甲骨》（1981 年）和《东京大学东洋文化研究所藏甲骨文字》（1983 年）、伊藤道治的《天理大学附属天理参考馆藏甲骨文字》（1987 年）、宋镇豪和赵鹏的《笏之甲骨拓本集》（2016 年）等书中。

加拿大所藏的 7407 片殷墟甲骨中，有 7402 片集中收藏于加拿大皇家安大略博物馆中，主要来源于明义士的旧藏（4700 片）和怀履光（即怀特氏）的旧藏（2686 片）。而其他少量甲骨（5 片）则收藏于维多利亚艺术博物馆。皇家安大略博物馆所藏的 3176 片明义士旧藏甲骨已被著名甲骨学家许进雄进行了整理和研究，并于 1972 年编著成《明义士收藏甲骨文字》出版。而怀履光的部分旧藏甲骨则见于许进雄所编的《怀特氏等收藏甲骨文集》（1979 年）中。

加拿大皇家安大略博物馆

除了日本和加拿大所藏的殷墟甲骨以外，英国、美国、俄罗斯、法国等所藏的甲骨也大都被学者予以整理、著录和研究。例如英国所藏的殷墟甲骨散见于白瑞华的《金璋所藏甲骨卜辞》（1939 年）、饶宗颐的《海外甲骨录遗》（1961 年）、许进雄的《怀特氏等收藏甲骨文集》（1979 年）、李学勤、齐文心和美国学者艾兰的《英国所藏甲骨集》（1985 年）等书中。美国所藏部分殷墟甲骨已被收录于饶宗颐的《欧亚美所见甲骨录存》（1970 年）、美国学者周鸿翔编著的《美国所藏甲骨录》（1976 年）、胡厚宣的《苏德美日所见甲骨集》（1988 年）、美国学者夏含夷的《芝加哥大学所藏商代甲骨》（1991 年）等书和文章中。俄罗斯所藏殷墟甲骨被收录于宋镇豪的《俄罗斯国立爱米塔什博物馆藏殷墟甲骨》（2013 年）中。而法国、德国、瑞士、荷兰、比利时等国家所藏的殷墟甲骨则被收录于法国汉学家、著名甲骨学家雷焕章编著的《法国所藏甲骨录》（1985 年）和《德瑞荷比所藏一些甲骨录》（1997 年）中。

除了国内外的诸多官方机构和文博单位以外，各国的一些民间私人收藏家手里也藏有不少殷墟甲骨。例如河南安阳“四堂书屋”的张世放藏有 385 片殷墟甲骨（已被收录于《张世放所藏殷墟甲骨集》）、山西太原的符凯栋藏有 116 片殷墟甲骨（已被收录于《符凯栋所藏殷墟甲骨》）等。此外，《殷墟甲骨拾遗》（2015 年）一书中也收录了河南安阳民间所藏的 647 片殷墟甲骨。再如日本的今井凌雪藏有殷墟甲骨 76 片、英国孟克廉夫妇藏有殷墟甲骨 69 片、美国的发纳藏有殷墟甲骨 15 片等。总之，中外私人甲骨藏家人数之多，不胜枚举。由此可见，散落在世界各国民间的殷墟甲骨数量也不在少数。

另据学者研究和统计，在目前所发现的所有殷墟甲骨文中，时代属于商王武丁时期的数量最多。这是为何呢？原因可能有二：一是商王武丁在位 59 年，完成了商王朝的复兴大业，使得政局稳定、天下大治，所留下的文字信息自然最多；二是或许和武丁大胆起用傅说为相有直接关系。如前文所言，傅说是商王武丁在睡觉时梦见的一位上天所赐可以辅佐他治理天下的“圣人”。然而，当武丁派人找到傅说时，身为罪犯的傅说正在被罚修路。尽管傅说是个奴隶，出身卑贱，地位低下，但因为是“上天所赐”，所以商王武丁还是决定重用他，打算任命他为相以辅佐自己。当然，武丁做梦得圣人只是传说而已，真实的情况恐怕是他听说了民间有位知识渊博、才能超凡的“圣人”，才派人访贤，聘请傅说出山辅佐自己，这和后来周文王请姜子牙、刘备请诸葛亮有着异曲同工之妙。然而，因为傅说是奴隶，在当时有着严格阶层、等级和身份之别的社会很难“翻身”，所以武丁也担心启用傅说为相会招致奴隶主和贵族阶层的反对。毕竟傅说是个“聪明人”，为了名正言顺地辅佐武丁完成“殷道复兴”大业，便利用殷人迷信天帝和鬼神的心理想出了一个好主意。由于他精通《归藏易》，所以便当起了占卜师（即“贞人”）。他不仅运用“灵龟”与“神骨”以钻凿和火灼的方式进行占卜来传达天帝和鬼神之意，还对前人所创制的“甲骨文”进行了沿用和发展，并创造性地将占卜日期、占卜事项、占卜结果等“记录”下来。由此，用龟甲和兽骨进行占卜并用甲骨文将占卜的事情和结果记录（契刻或书写）下来便成为傅说辅佐武丁、参与王室决策的最好形式。因为傅说是“天意”的传达人，他的主张和建议也代表着“天意”，所以奴隶主和贵族阶层也就不敢贸然反对了。于是，傅说可以名正言顺、光明正大地施展自己的才华和谋略，最终协助武丁实现了商王朝复兴的大业，也由此留下了数量众多、内容丰富的甲骨文。

综上所述，据学者调查和统计，目前中国大陆和台湾地区、香港特别行政区，以及其他国家共藏有十余万片商代甲骨，其中多为殷墟出土的甲骨。随着时代发展和世事变迁，这十几万片留存于世的商代甲骨如今已分散于诸多文博单位和私人藏家手中。这些珍贵的“世界记忆遗产”历经中外数代学者的整理、著录和研究，其中大多数已被公之于世，不仅成为学者研究殷商史和世人了解殷商文明的珍贵资料，也成为探寻中华文明起源的重要证据。曾“一片惊天下”的殷墟甲骨文必将成为影响世界文明发展进程的重要元素和助推中华民族实现伟大复兴的强大动力。

参考文献：

1. 胡厚宣:《八十五年来甲骨文材料之再统计》,《史学月刊》1984 年第 5 期。
2. 松丸道雄，宋镇豪:《日本收藏的殷墟出土甲骨》,《人文杂志》1988 年第 4 期。
3. 齐文心:《记美国辛格博士所藏甲骨》,《文物》1993 年第 5 期 。
4. 李树成:《外国收藏甲骨档案以日本为最多》,《档案与建设》1994 年第 8 期。
5. 佚名:《中外收藏甲骨有多少》,《中州今古》1996 年第 5 期。
6. 孙亚冰:《百年来甲骨文材料再统计》,《中国文物报》2003 年 5 月 9 日。
7. 孙亚冰:《百年来甲骨文材料统计》,《故宫博物院院刊》2006 年第 1 期。
8. 闻述之:《出土甲骨文资料到底有多少》,《语言文字报》2011 年 6 月 8 日。
9. 刘慧:《天一阁成为国内第 94 家收藏有甲骨文的单位》,《浙江日报》2011 年 7 月 21 日。
10. 郝欣，曾江，耿雪:《旅顺博物馆馆藏甲骨文研究获重大进展》,《中国社会科学报》2013 年 5 月 8 日。
11. 刘冕:《故宫藏超 2 万片甲骨文 其中仅两成已编号》,《北京日报》2013 年 10 月 24 日。
12. 杨雪梅:《故宫藏殷墟甲骨约 22463 片 属世界第三大甲骨收藏单位》,《人民日报》2014 年 2 月 26 日。
13. 赵爱学:《国家图书馆的甲骨收藏与整理发布》,《甲骨文与殷商史》(新七辑)，上海古籍出版社，2017 年。
14. 苏迅:《再现清华神奇甲骨之风采——访国家社科基金重大委托项目子课题“清华大学藏甲骨的综合整理与研究”负责人赵平安》,《中国社会科学报》2017 年 11 月 28 日。
15. 刘玉双:《浅谈民间收藏甲骨》,《甲骨文与殷商史——纪念殷墟甲骨文发现 120 周年专辑》，上海古籍出版社，2018 年。
16. 葛亮:《一百二十年来甲骨文材料的初步统计》,《汉字汉语研究》2019 年第 4 期。

第四十九篇

殷墟甲骨内容博，包罗殷商之万象

如前文所言，目前已出土并留存于世的殷墟甲骨共计十余万片，不仅数量庞大，而且内容丰富。那么，这十余万甲骨片上都记载了哪些内容呢？据历代学者考释和研究，殷墟出土甲骨片上的内容十分广博，涉及殷商时期社会生活的方方面面，全面反映了商代社会的经济、政治、军事、思想、文化、科学等面貌，可谓当时的一部“百科全书”。由郭沫若、胡厚宣等人编纂的《甲骨文合集》从社会史的角度，将殷墟甲骨卜辞按内容分为“阶级和国家”“社会生产”“思想文化”“其他”等4大类，又细分为“奴隶和平民”“奴隶主贵族”“官吏”“军队、刑罚、监狱”“战争”“方域”“贡纳”“农业”“渔猎、畜牧”“手工业”“商业、交通”“天文、历法”“气象”“建筑”“疾病”“生育”“鬼神崇拜”“祭祀”“吉凶梦幻”“卜法”“文字”“其他”等22小类。其实，也可以概括为政治、经济、军事、科技、思想文化等几个方面。

政治内容的甲骨拓片

从政治角度来看，殷墟甲骨卜辞的内容涉及殷商时期的政治制度、阶层划分、社会结构、宗法制度、家族形态、职官、刑罚、对外关系等诸多方面。殷商时期的社会阶层有着商王、王室贵族、奴隶主、平民、奴隶的划分，商王拥有至高无上的地位和权力。商王与王室贵族、中小奴隶主一起构成了统治阶层，而平民和奴隶则处于被统治和被奴役的社会下层。在商王之下，还设有分管行政、事务、军事、宗教文化、宫廷的五类内服职官和具有“侯、伯、男（任）、田、卫”等爵称的几种外服职官，职官系统已比较完备。如果平民和奴隶犯了罪，则会受到割鼻、切耳、断足、斩首等各种严厉的刑罚。通过卜辞记载可见，殷商时期的刑罚可分为死刑、肉刑、徒刑三类。死刑方法有多种，常见的有砍头、卯、凌迟、醢刑、火刑、活埋、沉水等。肉刑是伤残人体肢体的一部分，常见的有劓刑、刵刑、刖刑、宫刑（即椓刑）、黥刑（即墨刑）等“五刑”。而徒刑则有拘系和流放两种。为了囚禁和惩罚犯人，当时还建立了专门的监狱“圉”。随着商王朝势力和影响的强弱变化，王畿周围的各个方国和部落与商王朝的关系时好时坏，所以会对商王时服时叛。臣服时，各地诸侯和各国首领会向商王贡纳；反叛时，则会发生冲突和战争。因此，商王朝的对外关系也变幻莫测。

从经济角度来看，殷墟甲骨卜辞包含农业、畜牧、渔猎、手工业、建筑、商业、交通等多方面的内容。以农业为例，殷人已懂得因时耕作，并掌握了择地、垦荒、耕田、施肥、播种、灌溉、锄草、灭虫、收割、脱粒、储藏等一系列生产技术，栽培和种植出了禾（粟）、秫（黏性粟）、黍、麦（大麦）、来（小麦）、秜（稻）、稌（糯稻或粳稻）、菽（大豆）、高粱、麻等多种粮食作物，从而保障了基本的生活所需。然而，由于农业生产、粮食收成不仅与天气状况密切相关，也深受自然灾害的强烈影响，所以水灾、旱灾、蝗灾等各种自然灾害也出现在了殷人所契刻的甲骨卜辞中。殷人在农田里从事生产劳作，自然需要农具。甲骨卜辞中常见的农具可分为起土农具、种耕农具、收割农具三类，具体有锸（即耜或锹）、耒、犁、耨（锄头）、铲、镰等多种。除了

经济内容的甲骨拓片

耕田种地收获粮食以外，殷人的肉食则通过畜牧和渔猎来获取。从甲骨卜辞记载来看，他们蓄养的家畜和家禽有马、牛、羊、豕（猪）、犬、鸡等，可谓“六畜”俱全。据学者研究，殷人可能还把大象当作饲养对象呢。据甲骨卜辞记载，殷人不仅利用马厩、牛圈（“牢”）、羊圈、猪圈等围栏设施圈养家畜和家禽，而且设有专门的牧场，用以放牧马、牛、羊等大型家畜。有意思的是，为了让马、牛、羊等牲畜能更好地为人服务，满足商王室生活的各种需求，殷人还创造性地发明了“阉割”技术，从而使商代畜牧业达到了较高水平。除了通过畜牧来获取祭祀和食用的肉食以外，殷人还经常进行渔猎活动以获取“野味儿”。从甲骨卜辞记载来看，他们所捕获的野生动物可分为兽类、禽类、鱼类三种，主要有象（野生象）、虎、兕（犀牛）、豕（野猪）、鹿、麋、麑、狐、兔、猱（猴类）、雉（野鸡或山鸡）、隹（鸟类）、鹰、鱼、贝、蚌等多种。而他们猎捕各种野生动物的方法和手段也多种多样，并且技术高超。关于狩猎技术，见于甲骨卜辞的有围猎（即“衣逐”）、设陷阱以猎、设网以猎、利用弓箭射杀、利用弹丸（陶丸或石丸）射杀、焚烧山林以猎等多种手段。关于捕鱼技术，也是多样，甲骨卜辞中常见的有网捕、笱捕、垂钓等，当然有人也会徒手抓鱼。不过，殷人通过渔猎所获的这些野生动物可不是全都用于食用，而是像饲养的牲畜一样，也时常用于各种祭祀活动。食用和祭祀之外，一些野生动物的皮毛可以制作衣物，而它们的骨头和牙齿则可以制成各种生产工具或工艺品，可谓用途多样。此外，殷人狩猎也并非盲目地四处游猎，而是也设有专门的田猎区。由于田猎区也大都为农耕区，而殷人辛苦种植的农作物会时常受到各种野生动物的啃食和侵害，所以进行渔猎活动其实也是为了保护农业生产、保障粮食丰收的一个重要手段，可谓一举多得。如果说猎捕或驱逐植食性的鸟兽是为了保护农业，那么猎杀老虎等肉食性的猛兽则可以保护畜牧业，以防所饲养的家畜遭受猛兽的侵害。当然，商王在组织开展渔猎活动的同时，还可以顺便训练军队，其实狩猎就相当于“军事演习”，因为很多古代战术其实就是从狩猎方法和手段发展演变而来的。由此可见，渔猎业与农业、畜牧业甚至军事训练都有着非常密切的关系。除了农业、畜牧业和渔猎业以外，殷商时期的手工业也已初具规模，青铜冶铸、玉石器制作、木器制作、陶瓷器制作、漆器制作、骨角器制作、纺织、建筑、酿酒等都是当时常见的手工业门类。从事这些行业的人（多为奴隶，少数为平民）一般被称为“工”“宗工”“多工”“百工”等，而专门负责管理他们的官员则称为“司工”。“司工”之下还设有“左工”和“右工”以辅佐。从考古出土的实物资料观察，商代的青铜冶铸业十分发达，青铜器的种类繁多、造型各异。“爵”“盘”“卣”“戈”“矢”等不少青铜器的名称也见于殷墟甲骨卜辞中。而甲骨文中的“铸黄吕”就是冶铜，“黄吕”即黄色的铜锭。玉石制作业也是商代的重要手工业门类之一。不仅考古出土的商代遗物中有数量庞大、形式多样的各种玉石器，而且甲骨文中也有“玉”“石”等字。据考古发现和学者研究，在殷商时期，木料除了用作建筑材料以外，还被用以制造马车、牛车、辇车、舟船、弓箭等木器，而“车”“舟”“弓”等也均见于甲骨卜辞中。除了饮食以外，穿衣也是维持人类基本生存的一件大事。无论是从甲骨卜辞记载来看，还是据商代考古发掘情况观察，均显示出商代的纺织业非常发达。据胡厚宣统计，甲骨文中与纺织业有关的字就有 231 个，而目前考古所发现的商代纺织品已有丝、麻、毛、棉四种。从考古发现与发掘情况来看，殷人除了修筑城墙以外，还会建造邑（城市）、门（城门）、宫（宫殿）、宗（宗庙）、家（宗庙）、室（宗庙）、寝（居室）、庭（庭院）、郭（有亭的城垣建筑）、塾（门塾）、廪（仓廪）、圉（监狱）、旦或单（坛台）、学（学校）、亚（王陵）、户、京等建筑。而“建造”在甲骨文中则被称为“作”，例如“作宗”“作寝”“作郭”“作邑”等。可见，殷商时期的建筑技术也有了一定水平。从目前考古出土的大量类型各异的商代青铜酒器来看，当时的酿酒业也比较发达。不仅文献典籍明确记载殷人喜酒，尤其是商纣王嗜酒如命，而且甲骨文中也记载了“爵”“斝”等饮酒器具和“鬯”（香酒）、“醴”（米酒）等不同品类的酒。当时的酒不仅品种多，而且产量也大，所以耗费了不少粮食。也正因为商纣王挥霍无度、嗜酒误国，所以西周初年曾发布禁令（周公旦作《酒诰》），对喜欢喝酒尤其是饮酒无度的人进行告诫和劝勉，一种特殊的青铜器“禁”也由此诞生。为了便于和周边方国进行贸易往来，殷人还会造车、制舟、筑路、搭桥，并在陆路的主要交通干道上设置“驿站”以供往来人员（例如商人、通信兵等）食宿之需，使当时的交通条件得到了很大改善和提升。从甲骨卜辞记载来看，殷人已能够制造马车、牛车、辇车（人力车）、舟船等各种交通工具，因而出行方式多样，既可以步行、骑马、乘象或乘坐辇车、马车、牛车走陆路，也可以乘坐舟船走水路。可以说，交通工具的创新和交通条件的改善，既促进了商业贸易的繁荣发展，也增进了商王朝与其他方国、部落的交流，同时加强了商王对王畿以外地区的管辖和统治，在维护国家统一和社会安定方面发挥了重要作用。

从军事角度来看，殷墟甲骨卜辞的内容包含战争、方国、军队、军制、战略战术等多方面的信息。战争是古代社会政治生活中的一项最为重要的主题之一，殷人也不例外，因为有利益冲突就会发生战争。甲骨卜辞中关于战争的记载可以说是卜辞内容的“重头戏”，不仅记录了商王朝东征西讨、南攻北伐的多次战争，还详细记载了战争对象、武官职名、军队组成、军队编制、士兵种类、兵器类型、战争过程、战略战术等多方面的信息。据学者统计和研究，关于殷商时期的方国，仅目前所发现的甲骨卜辞中就载有 160 多个。这些方国与商王朝的关系时好时坏、时服时叛、时友时敌，所以敌对方国免不了成为商王朝征伐的对象。可见，当时的政治局势并不稳定，商王朝王畿周边危机四伏，随时都会有爆发战争的可能。据甲骨卜辞记载，当时商王所能调动的军队少则数千、多则上万，所以商代战争已具有一定规模。在商代军事将领即武官的设置方面，最高军事首领商王之下还设有师长、亚、射、犬等各级武官。由于商王朝实行的是“内外服”的政治体制，即商王直接统治王畿地区和诸侯们的领地，所以其军事力量是由国家军队（“师”“旅”“行”“戍”等王军）、诸侯军队（侯军）和地方武装（族军）多个层级组成的。而“师”“旅”“行”“戍”等，就是甲骨卜辞中常见的商王军队的编制名称。根据甲骨卜辞与古文献记载以及殷代遗址和墓葬出土的兵器、车马器等实物材料可以推断，商军的兵种主要有步卒（即“戈人”）、车兵、骑兵、舟兵、射兵等。而商军将士们所使用的兵器主要是青铜武器，

军事内容的甲骨拓片

按其功用可分为勾、刺、劈、杀、射等几类。其中，甲骨卜辞中常见的进攻性兵器有戈、矛、戟、斧、钺、刀、剑、弓、矢等，而防御性兵器则有甲、胄、干（即盾）等。此外，关于当时的战争过程和战争时所运用的战略战术也散见于甲骨卜辞中。

从科学技术角度来看，殷墟甲骨卜辞的内容涉及天文、历法、气象、医疗等多个领域。从甲骨卜辞的记载来看，殷人在天文和历法领域所取得的成就不俗。他们所观察和记载的日食、太阳黑子、月食、流星雨、行星爆发、火星、彗星等天文现象，均成为人类文明史上最早的相关文字记录。根据天象变化，殷人还总结出了一套比较系统完善的历法，不仅有了年（即“祀”）、月的划分，还创造性地使用“干支法”纪日（如甲骨文中的“干支表”）。为了适应相对稳定的农业定居生活，殷人还测定出了“至日”（即二十四节气中的“日至”），并把一年分为春、夏、秋、冬四季（也有说殷人只有春、秋两季之分），实行一套以太阴纪月、太阳纪年的阴阳合历（即“太阴太阳历”）。平年设十二个月，闰年置“十三月”，并有大、小月之分。闰月一般安排在年终或年中置闰，以调节太阳年与朔望月的关系。在一日之内，他们根据太阳位置和时辰的变化还对各个时段分别赋予了“专有名称”，例如晨、旦、朝、明、妹（昧爽）、大采、食日、大食、中日、日中、昼、督、昃、昃日、郭兮、郭、小食、小采、日西、昏、莫（暮）、会、

科技内容的甲骨拓片

阴、萌、住、夕、夙等。不过，关于白天和夜晚时段的划分与“时称”，目前学界尚存在多种不同的看法。至于殷人对气象的记录，甲骨卜辞显示愈加丰富多彩，因为气象不仅关系着农业和畜牧业生产，也与人们的日常生活息息相关，所以他们对天气变化和各种气象尤为关注。可以说，如今我们常见的风、云、雨、雹、雷、虹、雪、霜、雾、霾等各种天气现象均留下了他们所契刻的甲骨卜辞里。在医疗方面，殷人不仅记载了日常生活中的一些常见疾病，还发现和总结出了用药、针刺、艾灸、按摩、拔牙、接骨等一些有效的治疗方法和措施。例如甲骨卜辞中不仅屡见疾首、疾目、疾耳、疾自（鼻）、疾口、疾舌、疾齿、疾言、疾身、疾胸、疾腹、疾手、疾肘、疾胫、疾骨、疾止（趾）、疾足等有关现代医学所分内科、外科、眼科、耳鼻喉科、口腔科、牙科、胸科、骨科、皮肤科、消化科、小儿科、传染病科等的多种疾病，还记载了怀孕、分娩等涉及妇产科的医疗信息，留下了“重男轻女思想”（卜辞中生男曰“嘉”，生女曰“不嘉”，“嘉”为“好”之义）的最早文字记录。总之，通过甲骨卜辞的相关内容可知，殷商时期的科技已达到相当高的水平，在诸多方面均遥遥领先于世界其他国家和地区的人类文明。

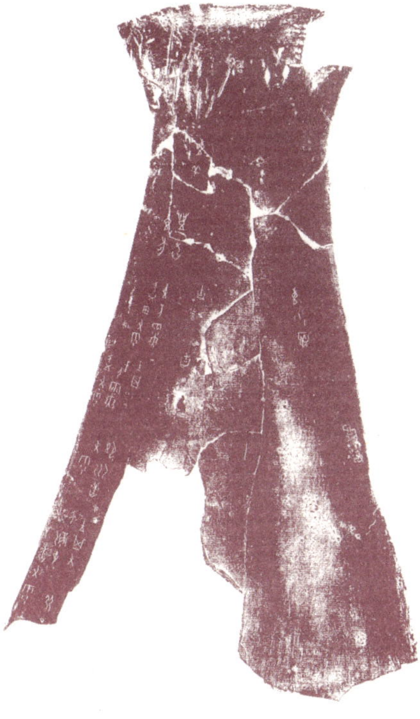

思想文化内容的甲骨拓片

从思想文化角度来看，殷墟甲骨卜辞的内容包含殷人的鬼神崇拜、祭祀、音乐、舞蹈等诸多信息。由于殷人极其迷信，凡事都必先占卜吉凶，以求得天帝、自然神、祖先神等各类鬼神的庇佑，所以在甲骨卜辞中留下了大量崇拜和祭祀鬼神的记录。可以说，在目前所见甲骨卜辞的所有内容中，占比较大者除了战争类恐怕就属祭祀类了，这正应了文献所载的古时“国之大事，在祀与戎”。在殷商时期，占卜和祭祀之事是由专人负责的，他们被称为“贞人”或“卜人”（据统计，目前见于殷墟甲骨卜辞的贞人有 130 余位），为商王麾下内服辅政大臣所统辖官僚集团中的卜官集团。他们专门负责为商王提供宗教祭祀方面的咨询服务与决策参考，并利用殷人普遍信奉鬼神的心理而以神灵力量影响政事裁决。这些“贞人”也成为后世学者对殷墟甲骨文进行分期断代的重要依据和参考标准之一。通过甲骨卜辞记载和学者研究可知，殷人所崇拜和祭祀的鬼神可分为三大系统或三个层次，即：天帝、自然神与祖先神、鬼魅。其中，以“天帝”的地位最为尊贵，是至高无上、无所不能的神灵，不仅能驱使各种自然神（例如卜辞中所见的“帝令雨”“帝令风”“帝令雷”等），还主宰人间的一切吉凶祸福（例如卜辞中所见的“帝降旱”“帝降祸”“帝受我佑”等）。甲骨卜辞中常见的自然神有日神（太阳神）、东母（日神或司生命之神）、西母（月神或司生命之神）、云神（如“二云”“四云”“五云”“六云”等）、风神（如“四方风”）、山神（即“岳”）、河神（即“河”）等。这些自然神均为“天帝”的使臣。据学者研究，殷人祭祀的祖先神分为两类，一类为高祖神（如“夔”“王亥”“土”“季”等），另一类为殷人的先公、先王、先妣等诸神（如“上甲”“报乙”“报丙”“报丁”“示壬”“示癸”“大乙”“大丁”“大甲”“妣壬”“妣癸”等）。在对各类鬼神的祭祀中，殷人对于祖先神的祭祀尤为隆重，不仅所献祭品最为丰厚，还采用单祭、合祭（有“顺祀”和“逆祀”之分）、特祭（如“祊”祭）、周祭（包括“翌”“祭”“肜”等五种祀典）四种祭祀方式。为了能获得好年成，取得农作物大丰收，殷人往往会通过将祭品火焚、水淹、土埋等多种祭祀仪式向祖先和鬼神祭祀，以求得风调雨顺、灾害御除，所以祭祀活动不仅是殷人思想意识的反映，其实也与农业生产息息相关。关于祭祀名称（简称“祭名”），据学者统计，目前见于甲骨卜辞的大概有 130 余种。由此可见，殷人侍奉鬼神是何等殷勤。至于他们所施行的名目繁杂、形式多样的各种祭祀活动的应验结果到底如何，是否真的受到了祖先和各类鬼神的赐福与庇佑，恐怕只有他们自己最清楚了。在音乐和舞蹈方面，殷人也算是能歌善舞的族群，因为仅目前甲骨卜辞中所见的乐器就有 20 余种，并且在祈雨、聚会等重大祭祀或宴饮活动中，殷人就像如今的一些原始部落和少数民族一样，也尤喜跳舞助兴。由此可见，殷人的思想意识形态和精神文化生活也是丰富多彩的。

综上所述，殷墟甲骨文不仅数量众多，而且内容博大，几乎涵盖了殷商时期社会生活的方方面面，可谓包罗万象。内容如此丰富的甲骨文能留存至今也算是历史的一大幸运，它不仅是学者和世人探寻殷商社会与历史全貌的一把无可替代的重要“钥匙”，也成为在中华儿女血脉里流淌数千年的一种无与伦比的优秀“基因”。

参考文献：

1. 温少峰，袁庭栋：《殷墟卜辞研究——科学技术篇》，四川省社会科学院出版社，1983 年。
2. 王宇信：《甲骨学一百年》，社会科学文献出版社，1999 年。
3. 李立新：《甲骨文中所见祭名研究》，中国社会科学院博士学位论文，2003 年。
4. 吴浩坤，潘悠：《中国甲骨学史》，上海人民出版社，2006 年。
5. 刘青：《甲骨卜辞神话资料整理与研究》，云南人民出版社，2008 年。

第五十篇

西周甲骨分布广，亦为汉字之滥觞

前文所说的甲骨文主要是指河南安阳殷墟出土的商代晚期甲骨文。其实，商代甲骨文不仅出土于殷墟，在河南郑州商代都城遗址（曾出土商代早期甲骨文）、山东济南的大辛庄遗址（曾出土商代晚期甲骨文）、山东淄博桓台的史家遗址和唐山遗址（曾出土商代晚期甲骨文）、山东济宁的张山洼遗址（曾出土商代晚期甲骨文）等遗址中也有发现。那么，甲骨文等同于商代文字吗？非也。“甲骨文”的命名只是根据其载体主要为龟甲和兽骨，而与时代关系不大，甲骨文不等同于商代文字，就像金文也不等同于周代文字一样。根据目前的考古发现和研究，商代文字尤其是殷商时期文字的载体种类多样，常见的有甲骨、青铜器、玉器、石器、陶器、骨器、角器等，当然载体不同，文字的命名也不一样。单从“甲骨”这种载体来看也有不少种类，材质大致有龟甲（龟腹甲、龟背甲）、牛骨（牛肩胛骨、牛头骨、牛肋骨、牛距骨）、羊骨（羊肩胛骨）、鹿骨（鹿头骨、鹿肩胛骨）、人骨（人头盖骨）等五类，而尤以牛骨和龟甲数量最多，也最具代表性。据前文所言，目前已发现并流传于世的商代甲骨约有十几万片，其中有字甲骨上的文字既有用青铜刀契刻的，也有用毛笔蘸墨或朱砂书写的，还有先契刻而后再用朱砂涂抹字口的。而据考古发现，目前所见的铸刻在商代青铜器上的铭文也有不少。商代金文与商代甲骨文一起构成了商代文字的主体。由此可见，殷墟甲骨文只是商代甲骨文的一部分，而商代甲骨文也只是商代文字的一种类型而已。既然甲骨文不等同于商代文字，那么就说明甲骨文并非商代专属，不仅体现在甲骨文只是商代文字的一种类型，还反映在甲骨文已经跨越了时代。这是怎么回事呢？原来“甲骨文家族”里又多了位新成员。

1949 年以前，由于只有河南安阳殷墟出土了甲骨文，所以“甲骨文”曾一度成为殷墟甲骨文的专称。中华人民共和国成立以后，考古学界一直在苦苦寻找殷墟之外的甲骨文，但是在很长一段时期内都一无所获。1950 年春，考古工作者在安阳殷墟的四盘磨遗址中发掘出了 3 片甲骨，其中一片卜骨上刻有文字。著名古文字学家李学勤认为“殷墟完全有可能存在年代为商末而卜法属周人传统的甲骨”，故根据相关标准将这片卜骨推断为西周甲骨，但也有学者认为其并非周人之物。1951 年，陕西彬县（今陕西彬州）出土了 1 件兽胛骨，其上不仅有 13 处钻灼痕迹，而且有兆痕，显然为卜骨，经专家鉴定为西周时期的甲骨，但可惜上面没有文字。尽管无字，但有学者认为这片卜骨是最早发现的一片西周甲骨。1954 年，考古工作者在山西洪赵（现已并入洪洞县）广胜寺镇的坊堆村周代遗址中发掘出了 1 片牛肩胛骨，其上不仅有明显的钻凿痕迹，还刻有 8 个字。由于这片卜骨上的钻窝、凿痕和文字的字体均与殷墟出土的甲骨有所不同，所以有学者推测其“可能属于春秋或较晚的东西。”还有学者认为“（这块卜骨上的）字体和春秋战国时代的书法相近。”著名古文字学家李学勤根据与卜骨相伴同出的青铜器、陶器等遗物，断定这片卜骨应为西周初期之物。关于这片卜骨上的 8 个字，李学勤也分别于 1956 年、1981 年、1990 年先后三次发表论文，对其进行了考释。李学勤的鉴定结论和研究结果，揭开了西周甲骨文研究的序幕。而山西洪赵坊堆村周代遗址所出的卜骨也由此成为首次发现的刻有文字的西周甲骨。据学者研究，山西洪赵能出土西周刻辞甲骨也不足为怪，因为此地曾为春秋时期赵国先人的封地。这片仅有 8 个字的西周甲骨，也将学者和世人的目光从殷墟甲骨文中转移出来，开始关注西周甲骨文。学界由此对甲骨文有了全新的认识。自此以后，西周甲骨文在全国各地时有发现，不断出土。

1956 年 1 月，陕西省文物管理委员会的考古工作者在陕西长安县（今西安长安区）沣河西岸的张家坡西周遗址（属于西周王朝的京畿腹地丰镐遗址的一部分）中先后发现了 3 片西周甲骨，其上共刻有 30 个字，其中的五组数字让学界困惑了多年，直到著名古文字学家张政烺提出它们为“数字卦”时，这个谜团才得以破解。1957 年，考古学家李长庆在陕西宝鸡扶风齐家村调查时，采集到了一片卜骨。该卜骨为一片牛肩胛骨，已残缺不全，其上有明显的钻凿和烧灼痕迹。据专家鉴定，这片卜骨为西周时期之物，由此成为周原地区发现最早的一片西周甲骨，也揭开了周原甲骨发现和研究的序幕。1960 年，陕西省文物管理委员会的考古工作者在扶风县齐家村的东壕内也发现了一片西周甲骨。1972 年至 1976 年，扶风县文化馆的工作人员又先后在齐家村采集到了五六片西周甲骨，只可惜这些甲骨上都没有文字。

1975 年，考古工作者在陕西长安县丰镐遗址中的张家坡又发掘出了 3 片卜骨，其上共有 5 个字，时代均属西周时期。1975 年，考古工作者在对北京昌平白浮村的一片西周燕国墓地进行发掘时，从几座西周木椁墓中清理出了两批甲骨。一批有 10 片，全是卜甲碎片，既有腹甲也有背甲，其中有 2 片刻有文字；另一批有 100 多片，均为卜甲残片，腹甲、背甲兼有，其中有 3 片刻有文字。从 1976 年开始，周原考古队在周原遗址进行了大规模的调查和发掘，并陆续发现了不少西周甲骨。其中，1977 年 7 月至 8 月，考古工作者在对陕西岐山古周原凤雏村的一座西周宫室建筑基址进行发掘时，从西厢房第二间（西厢 2 号房）的 H11 和 H31 两个窖藏中共清理出了 17000 余片周初甲骨。1979 年 5 月，考古工作者又从中清理出了 400 多片周初甲骨。据统计，这两次发掘共清理出了 21050 片周初甲骨，包括 19710 片卜甲和 1340 片卜骨。其中，有 293 片甲骨上刻有文字，总计 903 字，还有合文 12 个。这批刻字甲骨上的字数普遍比较少，但也有少量字多的，最多者达 30 字。尤为奇特的是，这批甲骨上的文字都非常细小，笔画细若发丝，甚至需要借助 5 倍以上的放大镜才可辨认，故被称为“微型刻字西周甲骨文”。其中，有一片卜甲仅有 2.7 平方厘米大小，刻字面积也不过 1.7 平方厘米，但上面竟然刻有 30 个文字，简直令人不可思议。不过，尽管文字细小，但是字迹却比较清晰，笔画也刚劲流畅。据学者研究，这些文字的内容非常丰富，主要为自周文王晚期至周康王初期的卜祭、卜告、卜年、卜出入、卜田猎、卜征伐和杂卜之事，还有少数是有关祭祀商王武乙、文丁、帝乙或卜问商王田猎的，因此为探索周文化的渊源和研究商末周初的政治、经济、军事、文化及商周关系提供了珍贵资料。所以有人认为，甲骨上的这些内容之所以要微刻或许是因为关乎周人的“军事机密”。可以说，凤雏窖藏出土的这批甲骨是我国首次大批发现的西周甲骨文，其意义不亚于殷墟甲骨文的重大发现。因其出土于周文化的发祥地周原，故被称为“周原甲骨文”。然而，周人为何要将文字刻得如此细小？在当时的条件下，是何人使用什么工具刻出来的？在当时没有放大显微技术的情况下，周人又是怎样辨认的？一团迷雾笼罩在学者头上，至今还是待解之谜。

正当岐山县凤雏村出土的周原甲骨引起学者兴趣和世人关注之时，周原（岐山南麓的岐山县与扶风县一带古称“周原”，是周人灭商前的都城遗址）的另一处遗址也发现了西周甲骨。1979 年 9 月，考古工作者在陕西扶风云塘齐家村遗址中发现并采集到了 22 片西周甲骨，其中有 6 片上共刻有 102 个文字。尤为难得的是，有一片较为完整的龟腹甲上，正面刻有 4 条卜辞共计 23 字，而背面则有 35 个方形凿孔。可以说，这片卜甲的出土不仅弥补了之前所见西周刻字龟甲因碎小而难以观察特征的不足，而且也使人们对周原甲骨的面貌有了新的认识。1981 年，考古工作者又在陕西扶风强家村遗址中发现了 1 片刻有 3 字的西周甲骨，从而促使周原甲骨文的队伍得到进一步壮大。

就像商代甲骨文不止发现于河南殷墟一样，西周甲骨文也不归陕西周原专属。从目前考古发现的情况来看，西周甲骨文的分布范围远超过商代甲骨文。1986 年 8 月，考古工作者在安徽巢湖遗址中发现了一批西周甲骨，其中 1 片刻字卜骨。1988 年，考古工作者在北京房山南尚乐乡镇江营村发掘出了 1 片刻有 12 字的西周甲骨。1988 年，考古工作者在湖北襄樊（今襄阳）檀溪村真武山遗址中也发现了 2 片西周刻字甲骨。1991 年，考古工作者在对河北邢台的南小汪西周遗址进行发掘时，从 H75 灰坑中清理出了 1 片卜骨。该卜骨为牛的肩胛骨，其上刻有两组卜辞共 11 个字。由于这片卜骨为邢台地区首次发现的西周甲骨，所以对于研究西周邢国历史具有重要价值。1996 年冬，考古工作者在北京房山琉璃河西周燕国都城遗址进行发掘时，在一座西周早期的灰坑中发现了数十片卜甲，其中有 3 片刻有文字。尤为珍贵的是，有一片卜甲上所刻的“成周”二字，不仅为琉璃河遗址的分期和断代提供了新的依据，也对燕国史和古都北京的始建城年代及历史沿革的研究具有重要意义。此外，山西洪洞广胜寺镇的南秦村遗址也曾出土了 6 片西周刻字甲骨。

进入21世纪以后，随着考古工作的持续开展，西周甲骨文特别是周原甲骨文仍陆续出土，不断有新发现。2002年，考古工作者在陕西扶风黄堆乡齐家村遗址中新发现了1片刻有19个字的西周甲骨。同年，考古工作者还在陕西城固宝山村商代遗址的一个烧烤坑中发掘出了一枚距今约3000多年的铜针。这枚铜针做工精致，首端又尖又细，末端还有一个微小的针鼻孔，孔径仅有0.1厘米。那么，如此细小的铜针是干什么用的呢？难道只是缝制衣物的工具？有学者推测，周原所出西周甲骨上的微小文字或许就是用它刻出来的。

2003年12月，著名考古学家、北京大学考古文博学院教授徐天进在陕西岐山周公庙附近进行田野考古调查时，无意中发现了2片有刻辞的西周卜甲，经辨识共有55字。这个重大发现很快引起了国内外学术界的高度关注，被称为“世纪大发现”。后经国家文物局批准，北京大学考古文博学院与陕西省考古研究院联合组成了周公庙考古队，从2004年起，开始对这一带进行大面积的考古调查、钻探和抢救性发掘，并相继取得了一批重大考古发现。在2004年5月的首次发掘中，考古工作者就在陕西岐山的周公庙遗址中有了重大收获。除了多座西周时期的最高等级墓葬以外，最为重要的发现要属西周卜甲了。据介绍，考古队在周公庙遗址范围内的3处地点共发掘出了760余片卜甲，其中有刻辞者86片，经初步辨识共有410个文字。后经清理、拼对和缀合，发现刻辞卜甲99片，而可辨识的文字达到495字。据学者研究，这批刻辞卜甲的内容多与行军打仗有关。尤为难得的是，其中竟然多次出现“周公”“王”和“太保”（即召公）等字样。因此，这批卜甲不仅对西周早期历史的研究具有重要价值，而且对认识西周王朝的形成过程以及西周时期的社会形态具有重大意义。可以说，本次考古发掘取得了突破性进展，揭开了西周考古和西周历史文化研究的崭新一页。著名考古学家邹衡（1927—

西周刻辞卜甲

2005）教授认为，就其学术意义而言，周公庙遗址的发现堪与20世纪河南殷墟遗址的发现相比肩。随着考古发掘工作的进展，刻有“周公”“文王”“王季”“王”“太保”“新邑”等西周时期人名、地名的西周甲骨文陆续被发现，周公庙遗址也由此被称为“西周的殷墟”。

2008年9月，曾轰动全国的周公庙遗址考古又有了新突破，不仅发现了前仰韶时期的文化遗存，还新出土了大批西周甲骨文。据介绍，此次发掘，考古工作者共从周公庙遗址中清理出了7651片碎卜甲，其中有688片刻有文字，总计有1600余字（卜甲缀合后可能会有所减少）。这批新出土的西周刻辞甲骨不仅数量较多，而且内容丰富，涉及西周早期的人物、地理与方国、祭祀、战争、占梦、纪日和月相、数字卦等诸多方面。尤为难得是，这批甲骨新材料中还出现了“王季”“大王”等周人先公以及“文王”“叔郑”“周公”等重要人物，所以对于西周历史的研究具有重要学术价值。据学者研究，其中有一坑甲骨将近500字是周公旦本人在不同时间、不同地点使用的产物，例如东征平叛调动军队时的占卜甲骨、营建洛邑占卜用的甲骨等，表明在西周初年应有了专门的档案保管机构和人员，从而使西周甲骨学的内容得到进一步丰富和完善。此外，刻有“宁风”（常见于殷墟甲骨文中）一词卜甲的出现，也反映了殷周文化是沿袭相承的。但是这批西周甲骨在攻治、钻凿、文例等方面所反映出的与殷商占卜制度的细微差别，也促使学者进一步思考殷周制度的异同及其背后的历史原因。总之，通过调查和发掘可知，位于陕西岐山凤凰山南麓的周公庙遗址不仅是一处规模宏大、内涵丰富的大型商周时代遗址，也是目前发现和出土西周甲骨文最多的地方，可谓西周王朝的发祥地。该遗址的发现和考古发掘，对认识西周王朝的形成过程以及西周时期的社会形态均具有重大意义。

2011年12月，考古工作者又在陕西岐山的周公庙遗址中新发掘出了一批西周甲骨，其中1片牛肩胛骨上刻有“夆、贞、终、贞、既、吉”6个字，价值非常珍贵。据学者研究，这6个字可释读为“夆贞”“终贞”“既吉”，“夆”和“终”均为贞人名，而“既吉”是说明占卜事项的结果是好的。令人感到奇特的是，名为“夆”和“终”的二人竟然出现在同一片卜骨上，此种现象在西周甲骨文中尚属首次发现。此外，这片长约15厘米、宽约10厘米的刻辞卜骨还有两个比较特殊之处：一是其表面光滑，被琢磨成骨铲的样子，而在考古史上还从未发现过用刻辞卜骨改制成铲子的情况；二是这块牛肩胛骨上竟然没有钻凿和占卜的痕迹。因此，有专家推测它可能原本就是一把骨铲，被贞人练习刻字用了。或者它本属于贞人练习刻字的一块骨头，后来又被改制成骨铲使用了。由此可见，这块牛肩胛骨曾被两名贞人（“夆”和“终”）在练习刻字时使用过，故这片卜骨上的文字很可能属于习刻。无论怎样，这片刻字卜骨的发现对研究当时的占卜制度有着非同一般的价值。

据学者统计和研究，自 2004 年开始发掘至今，历经多次科学考古发掘后，在周公庙遗址的 6 个地点目前总共出土了西周甲骨 1.1 万余片。经过清理、拼对、缀合和研究后，学者从其中 800 多片刻辞甲骨上辨识出了近 2600 个西周甲骨文，比中国其他地区所出土西周甲骨文字数的总和还多两倍以上（其他地区所发现的西周甲骨文全部加起来还不足 1100 字），由此使周公庙遗址成为目前全国发现西周甲骨文字数最多的遗址，也使周公庙遗址所在的周原遗址成为继河南安阳殷墟遗址之后，目前考古出土刻辞甲骨最多的地方，故被称为“西周的殷墟”。

2008 年 10 月，考古工作者在河南洛阳东郊的一处古代遗址中发现了一片卜骨（也有说文物收藏家捐赠），其上残存有 14 个字。据专家鉴定，这片卜骨的时代为西周早期，为当时的贵族占卜使用之物。最为难得的是，这片卜骨是洛阳首次发现的西周刻辞甲骨，为研究西周初期洛阳的商品贸易提供了重要资料（1952 年，在洛阳东郊泰山庙遗址中曾经出土过 1 片西周时期的刻字卜甲，但其上的文字尚存争议）。

2008 年 10 月至 2010 年 1 月，为了配合南水北调工程东线山东段的建设，山东省文物考古研究所（今山东省文物考古研究院）对位于山东淄博高青花沟镇陈庄村东南的一处周代遗址进行了大规模的考古勘探和发掘工作。此次发掘的一个重大收获是发现了一座西周城址，并清理出了灰坑、窖穴、房基、夯土台基、道路、陶窑、水井、墓葬等诸多遗迹，还出土了青铜器、陶器、石器、玉器、骨器、蚌器、卜甲、卜骨等大量遗物。其中，一片卜甲上残存有刻辞，为“数字卦”，从而成为山东地区发现的首例西周刻辞卜甲。由于陈庄西周遗址的考古发掘创造了“五个首次”（首次发现西周早期城址、首次发现西周早期祭坛、首次发现西周早期贵族墓葬、首次发现与姜太公有关的“齐公”铭文青铜器和首次发现西周早期刻辞卜甲），在许多方面填补了山东地区周代考古的空白，可谓半个世纪以来山东周代考古特别是齐国历史考古的重大突破性进展，所以分别被国家文物局和中国社会科学院评为“2009 年度全国十大考古新发现”和“2009 年度全国六大考古新发现”。陈庄遗址也因此于 2013 年经国务院核定公布为第七批全国重点文物保护单位。

陈庄西周遗址

2017 年 6 月，经国家文物局批准，考古工作者对位于宁夏彭阳新集乡的姚河塬商周遗址进行了抢救性考古发掘，相继发现了商周时期的墓葬、车马坑、祭祀坑、壕沟、墙体、道路、储水池、水渠、铸铜作坊遗址、制陶作坊遗址等一些重要遗迹，并陆续出土了青铜器、陶器、玉器、骨器等各类文物 3000 余件。尤为重要的是，在一座编号为 M13 的甲字形大墓的墓道填土中还出土了 3 片卜骨，其中 1 片牛肩胛骨上刻有 35 个字（包括单字 33 个和合文 2 个）。由于卜骨的钻凿形态与陕西周原遗址所出甲骨基本相同，所以学者断定这 3 片卜骨的年代应属西周时期。据学者研究，这几片卜骨上还出现了多个未曾见过的新字，从而使西周甲骨文的单字数量有所增加，进一步充实了甲骨文字库。据介绍，姚河

姚河塬商周遗址出土的刻辞卜骨

塬商周遗址是目前中国境内出土甲骨文的商周遗址中位于最西北部的一处遗址，也是目前中国西北地区唯一发现西周甲骨文的地方。而在目前国内已发掘的西周遗址中，城墙、诸侯级别大墓、铸铜作坊、甲骨文四要素俱全的诸侯国遗址，只有姚河塬遗址这一处。由此说明，姚河塬遗址很可能是西周时期某位大臣的采邑或某个诸侯国的封邑所在，即为一个西周封国的都邑遗址。所以，获评“2017 年度全国十大考古新发现”的姚河塬遗址的考古发掘，为了解西周的政治格局、周王朝与西北边陲地区的关系提供了丰富而珍贵的新资料，不仅填补了西周历史研究的空白，也填补了宁夏地方史研究的空白。

由以上所述可知，自 1949 年至今，不仅殷墟及其他一些地方不断有新的商代甲骨文出土，而且在全国范围内发现和出土西周甲骨文的地点更多。其实，西周甲骨文的出土地点都是有历史背景的，例如山西洪赵为赵国先人的封邑，可能与造父封赵城有关；周原为“岐周”，是周人的发祥地和故都；陕西长安沣西为“宗周”，丰镐是西周京城；河南洛阳为“成周”的政治中心所在；北京为西周燕国的都邑；河北邢台是西周邢国的居地等。由此可见，能出土西周甲骨文的遗址一般都曾是西周王朝建立前后的政治中心（都邑）或者各诸侯国的封邑所在，并非普通的聚落。在这些出土西周甲骨文的遗址中，尤以周原遗址及周公庙遗址所出的甲骨文数量最多，也最具代表性。因为位于陕西岐山与扶风一带的周原曾为周人灭商之前的都城所在，并且此地出土刻辞龟甲也与《诗·大雅·文王之什·緜》所载“周原膴膴，堇荼如饴。爰始爰谋，爰契我龟”相吻合，所以此地出土的西周甲骨文也被称为“周原甲骨文”。随着考古工作的进展，全国各地不少商周遗址中所埋藏的西周甲骨文被陆续发现，而学界对这些新甲骨材料的整理和研究，也促使甲骨学的分支——西周甲骨学持续向前推进。

西周甲骨学的研究范畴都有哪些呢？其实，学界对于西周甲骨文的研究也不出殷墟甲骨文的研究范围，无非集中在西周甲骨文的著录与考释、分期和族属、内容与学术研究价值以及西周甲骨的整治、钻凿形态、占卜、契刻等方面。到目前为止，全国各地已经出土的西周甲骨文大都已被陆续整理和发布在各类刊物上，但尚缺乏一部类似收录殷墟甲骨文的《甲骨文合集》的专门著录集。关于对西周甲骨文字的考释，学者们也已进行了不少有益的探索和尝试，但仍需系统地进行深入的研究。西周甲骨文的分期和族属可谓西周甲骨学研究领域的一个热点和焦点问题。关于分期，有学者按时代延续分为文王、武王、成王、康王、昭王、穆王等六个时期；有学者概括为三个时期，认为第一期应为文王时期，第二期应为武王、成王、康王时期，而第三期应为昭王、穆王时期。但随着 2003 年至今周公庙遗址所发现和出土西周甲骨材料的陆续刊布，关于西周甲骨文分期断代的研究也将更加深入和趋向完善。至于西周甲骨文的族属，学界也存在多种不同的看法，有学者认为“出自商人之手”，有学者认为“出自周人之手”，也有学者认为“庙祭甲骨出自商人之手，记事刻辞出自周人之手”。而产生分歧的关键则主要集中在对“王与周方伯”“‘宗’的位置”“‘**𠕋**周方伯’之‘**𠕋**’字的诠释”等几个核心问题的理解上。之所以有学者认为西周甲骨文是出自商人之手，主要是因为在陕西扶风凤雏村宫殿基址中所出的西周甲骨中记载有对“成唐”（即成汤）、“大甲”“武丁”等殷先王的祭祀，尤其是“王其祷侑大甲，**𠕋**周方伯”（H11:84）中的“王”应是商王，而“周方伯”才是周人的首领。如此看来，在西周甲骨文中确实有一部分属于殷人的占卜记录。这如何解释呢？其实恰巧验证了史籍所载因商纣王暴虐无道而导致一些殷商贵族叛国投靠周王的史实。因为当年那些被迫投奔周王的殷商贵族，有一部分人就是史官或贞人，他们很可能将在殷都为商王占卜的部分“档案”也携带到了西岐（即周原地区），于是才有了后来令人迷惑的考古发现。不过，有学者根据这些所谓“殷人刻辞”的风格与殷墟甲骨刻辞存在较大差异而认为，它们应为周人所刻。无论怎样，此类甲骨材料对于西周历史和殷周关系的研究均具有重要价值和意义。

据学者研究和总结，西周甲骨文的内容主要集中在占卜、记事和卦象三个方面，涉及当时的人物、方国、祭祀、战争、军制、纪年与历法、占梦、筮法等。以人物为例，西周甲骨文中记录有“王季”“周公”“大保”“毕公”等先周时期和西周初期的一些重要人物，尤其是“周公”这位在西周初年有着举足轻重地位的人物更是多次出现，为西周史的研究提供了十分难得的珍贵资料。另外，其他很多内容也为以往文献典籍和金文材料所不见，因而填补了不少重大历史空白。由于西周甲骨文的内容丰富，所含信息量较大，所以学术研究价值自然非同一般。

在西周甲骨的整治、钻凿形态、占卜、契刻等方面，因其与殷墟甲骨有着不少相同或相似之处，所以有学者认为西周甲骨是在殷墟甲骨的基础上逐渐发展而成的。其实，西周甲骨与殷墟甲骨相比，有着很多独特风格，二者的本质特征有所不同，反映了时代的进步。具体表现在：在甲骨整治方面，西周甲骨所用的卜甲主要为龟腹甲，而所用的卜骨则大多是牛肩胛骨；龟甲的甲首多经过掏挖并留有宽厚的边缘，而牛肩胛骨则大都割锯掉骨臼和中脊部分，但不切臼角。在钻凿形态方面，西周甲骨多为方凿，并且排列得比较整齐、密集，但也有少数圆凿；卜甲上一般常施方凿，而卜骨上则多见圆钻。在甲骨占卜方面，虽然出土地点较多，但是各地历年出土的经过烧灼的西周甲骨上均显示出了共同的兆纹风格，与殷墟甲骨有着明显不同；灼兆时，一般卜甲烧灼得较重，所以灼痕较大而焦黑，而卜骨则烧灼得较轻，所以灼痕浅圆而呈黄褐色。在甲骨契刻方面，西周甲骨上的刻辞顺序和方向一般以骨臼一方为下，而与殷墟甲骨以骨臼一方为上的作风完全相反。尤为独特的是，西周甲骨上的文字一般都非常细小，形体小如粟米，笔画纤细如发，甚至需要放大数倍才能辨识。有学者推测这是为了保守“国家机密”或“军事机密”。当然，周公庙遗址新出土的一些西周甲骨文中也有个别字体较大且刻画有力、运刀流畅者。无论字体大小，均显示出周人娴熟的契刻手法和高超的微雕技艺。随着西周甲骨的陆续发现和不断出土，西周甲骨文的诸多特征和“秘密”还有待于新材料的验证和补充，仍需学者不断进行探索和研究。

综上所述，自中华人民共和国成立至今，随着考古工作的进展，考古工作者不仅在安阳殷墟以外的一些遗址发现了商代甲骨文，而且在全国不少地方还发现了西周甲骨文，使甲骨学者的学术视野和研究范围得到进一步拓展，催生了“西周甲骨学”这一甲骨学的新分支。据统计和研究，从 1954 年在山西洪赵坊堆村周代遗址中首次发现西周甲骨文以来，考古工作者又分别在陕西长安沣西张家坡村、陕西扶风齐家村、陕西扶风强家村、陕西扶风礼村、北京昌平白浮村、北京房山镇江营、北京房山琉璃河、湖北襄樊檀溪村、河北邢台南小汪、陕西岐山凤雏、陕西岐山周公庙、河南洛阳东郊、山东高青陈庄、宁夏彭阳姚河塬等多处商周遗址中发现或发掘出了多片西周时期的刻辞甲骨。其中，尤以陕西周原地区出土的西周甲骨数量最多，影响也最大。因此，如果说河南安阳殷墟是商文化的代表性遗址，那么陕西宝鸡周原就是西周文化的代表性遗址。考古发现表明，西周甲骨文的分布范围非常广泛，要远超商代甲骨文的分布范围。据学者统计，目前全国各地共发现和出土有西周甲骨 1.7 万余片，其中刻辞甲骨大约 1000 多片（仅周公庙遗址出土的西周刻辞甲骨就有 800 余片），从中发现了 3300 多个文字。据学者研究，西周甲骨文不仅字数较多，而且内容也十分丰富，涉及西周时期的人物、方国、祭祀、战争、纪年与历法、占梦、筮法等诸多方面，从而极大充实了西周甲骨学的研究范畴，促使甲骨文研究领域不断拓展，推动整个甲骨学科持续向前发展。总之，西周甲骨文的发现以雄辩的事实证明西周文字中也有甲骨文，充分说明甲骨文不等同于商代文字，更不是殷墟甲骨文的专称。西周甲骨文与商代甲骨文一起构成了我国商周时期文字的主体，成为当今汉字的重要源头。

参考文献：

1. 畅文齐，顾铁符:《山西洪赵县坊堆村出土的卜骨》,《文物参考资料》1956 年第 7 期。
2. 李学勤:《谈安阳小屯以外出土的有字卜骨》,《文物参考资料》1956 年第 11 期。
3. 严一萍:《甲骨学》，艺文印书馆，1978 年。
4. 张政烺:《试释周初青铜器铭文中的易卦》,《考古学报》1980 年第 4 期。
5. 李学勤:《西周甲骨的几点研究》,《文物》1981 年第 9 期。
6. 贾靖:《扶风县齐家村西周甲骨发掘简报》,《文物》1981 年第 9 期。
7. 陈全方:《陕西岐山凤雏村西周甲骨文概论》,《古文字研究论文集》，四川人民出版社，1982 年。
8. 王宇信:《西周甲骨的发现与研究》,《史学月刊》1983 年第 1 期。
9. 王宇信:《西周甲骨探论》，中国社会科学出版社，1984 年。
10. 赵振华:《洛阳两周卜用甲骨的初步考察》,《考古》1985 年第 4 期。
11. 李学勤:《续论西周甲骨》,《人文杂志》1986 年第 1 期。
12. 吕树芝:《西周甲骨》,《历史教学》1986 年第 12 期。
13. 徐锡台:《周原甲骨文综述》，三秦出版社，1987 年。

14. 罗西章，王均显:《周原扶风地区出土西周甲骨的初步认识》,《文物》1987年第2期。
15. 杨升南:《周原甲骨族属考辨》,《殷都学刊》1987年第4期。
16. 王宇信:《周原出土商人庙祭甲骨来源刍议》,《史学月刊》1988年第1期。
17. 王宇信:《周原甲骨刻辞行款的初步分析》,《人文杂志》1988年第3期。
18. 王宇信:《周原庙祭甲骨“𠕋周方伯”》,《辨析文物》1988年第6期。
19. 王宇信:《甲骨学研究九十年》,《史学月刊》1989年第4期。
20. 田昌五:《周原出土甲骨中反映的商周关系》,《文物》1989年第10期。
21. 李学勤:《再谈洪洞坊堆村有字卜骨》,《文物世界》1990年第1期。
22. 王宇信:《说邢台西周甲骨“其事”》,《中原文物》1994年第4期。
23. 王宇信:《周原甲骨卜辞行款的再认识和邢台西周卜辞的行款走向》,《华夏考古》1995年第2期。
24. 王晖:《周原甲骨属性与商周之际祭礼的变化》,《历史研究》1998年第3期。
25. 王宇信:《邢台南小汪西周甲骨出土的意义》,《史学月刊》1999年第1期。
26. 王宇信:《甲骨学研究一百年》,《殷都学刊》1999年第2期。
27. 曹玮:《周原甲骨文》，世界图书出版公司北京公司，2002年。
28. 王宇信:《一部西周甲骨研究里程碑式的著作——读曹玮著〈周原甲骨文〉》,《考古与文物》2003年第2期。
29. 曹玮:《周原新出西周甲骨文研究》,《考古与文物》2003年第4期。
30. 周原考古队:《2002年周原遗址（齐家村）发掘简报》,《考古与文物》2003年第4期。
31. 王宇信:《新中国的甲骨学研究》,《考古学研究》2003年第5期。
32. 冯国，边江:《陕西发现大型西周墓地　出土700多片西周甲骨》,《北京晨报》2004年5月27日。
33. 种建荣，雷兴山:《周公庙遗址甲骨坑H1发掘记》,《文博》2005年第1期。
34. 门艺:《西周甲骨文研究》，西南师范大学硕士学位论文，2005年。
35. 徐天进:《周公庙遗址的考古所获及所思》,《文物》2006年第8期。
36. 孙庆伟:《论周公庙和周原甲骨的年代与族属》,《古代文明》（辑刊）2006年12月。
37. 张明惠，徐天进，董红卫等:《2003年陕西岐山周公庙遗址调查报告》,《古代文明》（辑刊）2006年12月。

38. 葛英会:《谈岐山周公庙甲骨》,《古代文明》(辑刊)2006年12月。
39. 冯时:《陕西岐山周公庙出土甲骨文的初步研究》,《古代文明》(辑刊)2006年12月。
40. 孙庆伟:《论周公庙和周原甲骨的年代与族属》,《古代文明》(辑刊)2006年12月。
41. 董珊:《试论周公庙龟甲卜辞及其相关问题》,《古代文明》(辑刊)2006年12月。
42. 任双玲，张宁:《洛阳首次发现刻有文字西周卜骨》,《大河报》2008年10月31日。
43. 孙秉志:《陕西周公庙出土大量西周甲骨文》,《西安晚报》2008年11月11日。
44. 蔡运章:《洛阳新获西周卜骨文字略论》,《文物》2008年第11期。
45. 佚名:《周公庙考古新发现　出土甲骨文超全国总和》,《北京青年报》2008年11月11日。
46. 冯国:《陕西周公庙发现七千余片西周甲骨　新字形屡见》，新华网，2009年1月21日。
47. 周公庙考古队:《周公庙考古工作汇报暨新出西周甲骨座谈会纪要》,《中国文物报》2009年3月27日。
48. 王宇信:《中国甲骨学》，上海人民出版社，2009年。
49. 闻述之:《周代甲骨资料的几次重要发现》,《语言文字报》2011年2月23日。
50. 冽玮:《陕西岐山周公庙遗址再次发现珍贵甲骨文》，中国新闻网，2011年12月11日。
51. 赵雪艳:《周原甲骨文研究综述》,《赤峰学院学报》(汉文哲学社会科学版)2013年第3期。
52. 王双庆，杨鑫:《甲骨文与商代文字》,《大众考古》2014年第4期。
53. 许子潇:《西周甲骨材料整理及相关问题研究》，吉林大学硕士学位论文，2017年。
54. 李雪山，韩燕彪:《殷商和西周甲骨钻凿异同探析》,《河南师范大学学报》(哲学社会科学版)2017年第6期。
55. 李政:《商周考古的重要发现》,《中国文物报》2017年12月5日。
56. 刘源:《甲骨文不等同于商代文字》，中国文物信息网，2017年8月16日。
57. 徐升:《宁夏姚河塬商周遗址发现甲骨文　系西周早期封国》，央广网，2018

年 1 月 13 日。
58. 王建宏，何小红:《宁夏彭阳姚河塬商周遗址出土甲骨文》,《光明日报》2018 年 1 月 15 日。
59. 王玉平:《彭阳姚河塬商周遗址入选全国十大考古新发现》,《宁夏日报》2018 年 4 月 11 日。
60. 高巧荣:《关中地区商周时期甲骨钻凿形态研究》，西北大学硕士学位论文，2018 年。
61. 佚名:《宁夏彭阳姚河塬商周遗址出土甲骨文》,《文物鉴定与鉴赏》2018 年第 2 期。
62. 佚名:《彭阳姚河塬商周遗址入选 2017 年度全国十大考古新发现》,《西夏研究》2018 年第 2 期。
63. 种建荣:《试论西周甲骨的埋藏方式——以周公庙刻辞甲骨的出土为例》,《文博》2018 年第 3 期。
64. 付强:《宁夏彭阳姚河塬西周墓葬 M13 出土甲骨文考释》,《殷都学刊》2019 年第 1 期。

第五十一篇

汉字演变序列全，甲骨之源仍需探

文字是文明诞生的重要标志之一，作为当今世界上使用人数最多的文字，汉字不仅是中华民族智慧的结晶，也是中华文明最重要的载体。回溯几千年的历史，古老的汉字承载着源远流长的中华文明一路走来，一直保持着旺盛的生命力。研究表明，汉字与如今其他国家和民族所使用的文字有着很大不同。因为其他国家和民族的文字，有些早已失传（例如两河流域的楔形文字、古埃及的圣书文字、古印度河流域的印章文字、中美洲的玛雅文字等），有些是后来产生的，而汉字的发展演变则经历了一个相当漫长的历史过程，并且发展序列完整，一脉相承，绵延流传，从未间断。那么，汉字是如何发展演变的？目前学术界一般将甲骨文作为汉字发展的起点，其发展的基本序列和脉络大致为：从商代的甲骨文、金文到西周时期的甲骨文、金文，再到春秋战国时期的金文、简牍文、帛书等各类古文字，再到秦汉时期的石鼓文、小篆、隶书、草书、楷书、行书等，直至演变成今天我们常见和常用的汉字。随着历史的发展、时代的更替、社会的进步、载体的转变以及历代使用者的探索和创新，汉字的诸种字体已逐渐迈向了成熟与完备。众所周知，殷墟甲骨文已是比较成熟的系统性文字，它的产生绝非一蹴而就的，而是亦经历了一段漫长的历史过程。因此，称殷墟甲骨文为当今汉字的“鼻祖”不太确切，因为它不是汉字的真正源头，汉字的发展演变史也并非只有三千多年。那么，汉字的源头到底在哪里？在殷墟甲骨文出现之前又经历了怎样的发展演变？我们将以考古材料为证，以时代发展为序，从殷商时期往前追溯，寻觅殷墟甲骨文之前各类文字和符号的蛛丝马迹，探索甲骨文的根脉和源头。

如前文所言，自甲骨文于 1899 年被发现以后，中外学者就一直在安阳殷墟寻找甲骨文的踪迹，并很快掀起了一股殷墟甲骨文研究的热潮。一些有识之士开始疑惑：难道甲骨文只是殷墟的专属，其他地方就没有吗？一些学者也逐渐意识到：既然殷墟甲骨文已比较成熟、系统，那么在其之前文字或许早已产生了。也就是说，甲骨文不应该是盘庚迁殷之后直到武丁时期才开始出现并被使用的。可惜，多年来一直苦无证据。直到 1953 年，事情才有了转机，学者们苦苦寻找和等待的证据终于出现。当年 4 月和 9 月，考古工作者在郑州二里岗商代都城遗址中相继发掘出了 2 片刻字卜骨，尽管卜骨上的文字后来被专家考证为“习刻”，但毕竟也是安阳殷墟之外首次发现的商代甲骨文字。由于郑州商城为商代早期的一座都城，并被认为是文献所载“亳”都之所在，因此这 2 片刻字卜骨被鉴定为商代早期之物。其实，此前考古工作者曾在多处商代早期（或称前期）和中期的遗址中发现过卜骨和卜甲，不过上面都没有文字。所以，郑州商城这 2 片刻辞卜骨的出土，可以说有着非同一般的意义。其发现不仅说明甲骨文并非安阳殷墟的专属，也证明甲骨文在商代早期就已出现了，可谓为殷墟甲骨文找到了直接源头。由此可见，二里岗甲骨文不仅与殷墟甲骨文属于同一体系，而且是殷墟甲骨文的前身。无独有偶，考古工作者还于 1989 年秋和 1990 年夏分别在郑州电力学校遗址的 H1 和 H10 中各发现了 1 件刻字骨片。据学者研究，这两件骨头均属于二里岗上层文化时期，其上各刻有 2 个字，字形明显与殷墟甲骨文属于同一体系。其实，除了二里岗遗址出土的甲骨文和郑州电力学校遗址出土的“骨刻文”以外，考古工作者还曾在郑州西北郊石佛乡的小双桥遗址等商代遗址中发现了一些属于二里岗文化时期的陶文。这些陶文是用毛笔蘸朱砂在陶缸等陶器上书写而成的，故称“朱书文字”。尽管数量不多，并且以单体字为主，但是大都保存完好且字迹比较清晰。据学者研究，这些朱书文字虽仍具有一定原始性但已比较成熟，无论是从字形、笔画、结构还是表现手法来看，都与殷墟甲骨文存在着明显的承袭关系，二者应属于同一系统的商代文字。

既然商代早期已出现甲骨文、陶文等文字，那么夏代是否有文字呢？也就是说，文字的出现能否再提前些呢？考古发现和研究表明，河南洛阳偃师的二里头遗址应是夏王朝的统治中心，或为传说中的“夏墟”所在地。

1959 年 5 月，著名考古学家徐旭生因寻找“夏墟”而来到二里头遗址调查。同年秋，中国科学院考古研究所（今属中国社会科学院考古研究所）与河南省文物工作队对该遗址进行了首次考古发掘。1977 年，著名考古学家夏鼐以该遗址出土遗物的典型文化特征而命名为二里头文化。而据著名考古学家邹衡考证，二里头文化是夏文化，为夏王朝中晚期的文化遗存。目前，考古工作者已发现 400 多处二里头文化遗址，大都分布在河南省境内。由于这些遗址所出遗物显现出的文化面貌也存在一些差异，所以二里头文化也被分为多个类型。然而，多年以来，考古工作者在对二里头文化诸类型遗址及夏王朝统治范围内多处遗址的历次考古发掘中，尽管也发掘出了一些卜骨，但却至今未在卜骨上发现文字的踪迹，所以“二里头文化是夏文化”的观点还缺乏确凿的文字证据。难道夏王朝的先民只会占卜，而不懂得使用文字吗？曾有学者认为，夏人（或夏族）当时可能还没有使用文字。但也有学者推测夏王朝已经出现了文字，可惜所见材料太少，证据不足。于是，学者们受殷墟考古发掘与殷墟甲骨文验证殷商史的启发，也开始从考古学文化中探寻夏王朝文化遗存尤其是文字的踪迹。尽管考古工作者至今也未在二里头文化诸遗址中发现甲骨文，但却在河南省境内的偃师二里头、偃师高崖、洛阳皂角树、郑州大师姑、临汝煤山、方城八里桥以及陕西省商县的紫荆遗址等多个二里头文化遗址中发现了陶文。例如 1960 年，考古工作者曾在偃师二里头遗址夏文化晚期第三段的一个灰坑中发现有一件刻有“”字的黑陶纺轮，此字与殷墟甲骨文中的“”字非常相似，或为“羌”字。然而，关于目前已发现的二里头文化陶文，有学者认为是文字，但也有学者认为是符号，还有学者认为既有文字也有符号。这些文字或符号的性质还有待于进一步研究和考证。其实，此类符号也曾见于偃师二里头、密县（今河南新密）黄寨、渑池郑窑、方城八里桥等遗址出土的二里头文化时期的一些牛骨、羊骨或猪骨上，每件骨头上的刻符一般为两三个。例如 1991 年春黄寨遗址出土的一件二里头文化占卜用的牛肩胛骨（H1:12）上就刻有 2 个符号。据学者考释，其中一个符号或为“夏”字，与殷墟甲骨文相似。由于二里头文化骨刻符号不仅具有一定数量和分布范围，而且其载体还与郑州二里岗早商文化和安阳殷墟晚商文化的刻辞骨头在材质、施灼等方面存在某些相似性，所以有学者认为这些骨刻符号可能是“夏代甲骨文”。据学者研究，二里头文化的骨刻符号与陶器符号（或陶文）具有一定相似性，应属于同一系统，它们有些很可能就是夏代文字。而这些夏代文字中的个别字形也与殷墟甲骨文相同或相似，二者应属于同一文字体系且具有承袭关系。

如果说分布于中原地区的二里头文化属于夏文化，那么与之时代相当且分布于海岱地区的岳石文化也同样属于夏文化的范畴。岳石文化因最早发现于山东平度东岳石村而得名。岳石文化遗址位于大泽山镇东岳石村附近，于1959年修建淄阳水库时被发现。该遗址东西长约200米，南北宽约70米，总面积约1.4万平方米。1960年，中国科学院考古研究所对该遗址进行了发掘，从中出土了大量石器、陶器、骨器、蚌器等遗物。起初被归于龙山文化范畴，但由于该遗址中出土的文物具有独特的造型与风格，故在20世纪80年代被重新认定和命名为“岳石文化”，且进一步证实它是由东夷族所创造的一种古老文化。经学者研究，岳石文化是承继山东龙山文化发展而来的一支考古学文化，主要分布于海岱地区，与山东龙山文化的分布范围大致相同。该文化填补了海岱地区史前文化发展序列的一个缺环。经测定，其绝对年代为公元前1900年至公元前1500年之间，时代与中原地区的二里头文化大致相当，所以对研究夏代历史和夷夏关系也具有重要价值。考古发现和研究表明，岳石文化的先民也会占卜，在不少岳石文化遗址中也出土了一些卜骨。那么，这些东夷先民是否也会使用文字呢？考古发现给予了肯定答案。1996年，山东省有关文物部门对位于淄博桓台的史家遗址进行了考古发掘，此次发掘的一个意外收获是发现了两片刻有文字的卜骨。经鉴定，两片卜骨均系羊肩胛骨，未有任何修整的痕迹，因出土时就已残破，所以其上面的大部分兆纹已失，仅残留部分刀痕比较明显的刻纹。由于这两片卜骨均出土于一个岳石文化祭祀坑的底层，所以时代被断定为岳石文化晚期，由此成为目前所知中国时代最早的甲骨文，比殷墟甲骨文至少还要提前300多年。如此来看，桓台甲骨文的时代已跨入夏代纪年范围，可谓夏代已出现甲骨文的一个确凿证据。

桓台甲骨文

除了海岱地区的岳石文化以外，夏家店下

层文化的时代也与中原地区的二里头文化相当，故也属于夏文化的范畴。夏家店下层文化为中国北方地区的一个青铜时代文化，绝对年代为公元前 2000 年至公元前 1500 年，因首先发现于内蒙古赤峰夏家店遗址下层而得名，主要分布于燕山山地和辽西及内蒙古东南部地区。2017 年 7 月，为配合赤峰市至辽宁喀左铁路客运专线建设，内蒙古文物考古研究所、吉林大学边疆考古研究中心等单位联合对位于内蒙古赤峰元宝山区小五家乡老西营子村的高家台子遗址（发现于 2016 年）进行了抢救性考古发掘，出土了陶器、石器、骨蚌器、动物骨骼等大量遗物。其中，尤为重要的是 2 件带字陶片和 2 片刻字卜骨。2 件带字陶片均出自夏家店下层文化的灰坑中，为陶钵的腹部及近口沿部残片。据学者研究，每件陶片上有 3 或 4 个字，属记事文字，应是用细毛笔蘸墨书写于陶钵内壁而成。这些陶文具有明显的地域性特征，与敖汉旗大甸子夏家店下层文化墓地出土的陶器彩绘纹饰风格相近，应与当时的祭祀活动有关。2 片刻字卜骨，分别由动物的肢骨与肩胛骨制作而成，文字均刻画于卜骨的一面，另一面则有钻孔和灼痕。其中，一片残存有 2 至 3 个文字，且卜骨的一端有一圆形穿孔，另一片则刻有一“山”形字符。由于高家台子遗址的时代属夏家店下层文化早期，绝对年代约为公元前 2070 年至公元前 1600 年，与二里头文化的年代大致相当，所以该遗址出土的陶文和甲骨文也属于夏代文字，为探寻我国古代文字的起源与发展提供了新的线索和证据。高家台子遗址也由此成为目前我国考古发现甲骨文的最北地点。

总之，无论是中原地区二里头文化的陶文和骨刻符号，还是海岱地区岳石文化的甲骨文和内蒙古赤峰地区夏家店下层文化的陶文与甲骨文，均表明至少在夏代晚期文字就已出现并在一定范围内被使用了，中华先祖已步入文明社会。那么，比夏代更早的史前时期有没有文字呢？我们继续往前探寻。

由于古代文献所载的最早历史就起于夏代，并且还比较模糊，所以关于史前时期的信息就只能借助于考古资料去探寻和了解了。考古发现和研究表明，二里头文化是承接河南龙山文化发展而来的，而岳石文化则为山东龙山文化的延续，可见龙山文化是二者的共同源头，也说明夏文化的直接源头就是龙山文化，在考古学文化发展序列中是一脉相承的。通过考古发掘可知，龙山文化时期也流行占卜习俗，因为在不少这一时期的遗址中都出土了以牛、羊、鹿的肩胛骨整治而成的卜骨，但这些卜骨上大多只有烧灼痕迹而没有钻凿痕迹，更罕见“文字”。不过，考古工作者倒是在这一时期的不少陶器上发现了“文字”的踪迹。正如契刻或书写在龟甲和兽骨上的文字被称为“甲骨文”一样，刻画或书写在陶器上的文字或符号，一般被称为“陶文”。考古发掘表明，在龙山时代的遗址、墓葬中出土的陶器或陶片上，时常发现陶文。

1930 年，在著名考古学家李济的主持下，考古工作者对山东历城县（今山东省济南市章丘区）的城子崖遗址进行了第一次发掘。在龙山文化层中，出土了 3 片刻有字符的陶片，其中两片上的字均写作“一”，著名古文字学家李孝定将其释为“一”或“十”，将另一片上的字释为“羽”。另据中国第一部田野考古发掘报告《城子崖》记载，考古工作者还在城子崖遗址的下文化层中发现了一件刻有 9 个字的陶片。其上陶文古朴稚拙，有学者释为“齐人网（获）六鱼一小黾”。这些陶文刻在陶瓮的内里残片上，显然是在陶器破损之后才刻上去的，这与丁公陶文的情况近似。但也有学者认为这件刻文陶片为东周时代的遗物，故很少提及。

王城岗遗址位于河南登封告成镇八方村东侧的土岗上，当地俗称“望城岗”，现存面积约 1 万平方米，是一处以河南龙山文化中晚期遗存为主，兼有裴李岗文化、二里头文化以及商、周时期文化遗存的遗址。20 世纪 70 年代，河南省文物考古部门对该遗址进行了大规模的发掘，发现了东西并列的两座龙山文化晚期的古城址。从城址的规模和结构上看，已经具有早期城邑的面貌，故被一些学者认为是史籍中“禹都阳城”的地望所在。遗址内出土了大量陶器、石器、骨器、铜器等生活用具和生产用具。尤为重要的是，出土了一件泥质黑陶杯的残片，陶片底部的刻画陶文特别引人注目。著名古文字学家李先登（1938—2009）将这个烧制前刻画于陶胎上的字释为“共”，并认为它是相当成熟的会意字。城址、文字、青铜器等的发现，表明龙山文化晚期的王城岗社会已经进入文明时代。

1978 年至 1984 年，考古工作者对山西襄汾陶寺遗址进行了发掘，揭露出大面积的墓地和居住址，进而发现了古城址，并出土了许多珍贵遗物，从而确立了中原地区龙山时代的陶寺文化。其中，在 1984 年春季的一次发掘中，考古工作者在一个陶寺文化晚期的灰坑（H3403）中发现了一件朱书扁壶。据介

陶寺遗址出土朱书扁壶

绍，这件扁壶为残器，存留口沿及部分腹片。泥质灰陶，侈口，斜颈，颈、腹间分界明显，腹一面略平，另侧明显鼓凸，鋬作桥形，双鋬相连在口部鼓凸一侧。器表饰竖条细蓝纹，双鋬面各有凹槽两道。口长径为20.8厘米，短径为9.2厘米，腹最宽24.8厘米，残高27.4厘米。朱书“文”字偏于扁壶鼓凸面一侧，在较扁平的另一面也有两个朱书符号，又沿扁壶残器断茬边缘涂朱一周，当为扁壶残破后所描绘。朱书文字有笔锋，似为毛笔类工具所书。扁壶在陶寺遗址出土数量极多，在陶寺文化居住址水井的底部，常见有扁壶碎片的堆积层，可知它是一种汲水器。其造型的基本特征是口部和腹部均呈一面鼓凸，另一面扁平，或微凹，以利入水，颈或口部设泥鋬，便于系绳。扁壶皆为手制，其沿用时间与陶寺文化遗址相始终，是陶寺遗址的典型器物之一。陶寺遗址所出扁壶上的朱书文字引起了学术界的广泛关注，有些学者对其进行了深入研究并取得了显著成果。中国社会科学院考古研究所研究员罗琨认为扁壶正反面的朱书文字合起来是“易文”，亦即“明文”，推测陶寺陶文是用这两个字和一个符号（画界）来记述尧的功绩，以传诸后世。中国社会科学院考古研究所研究员何努将扁壶背面原来被看作两个符号的朱书视为一个字，认为其字符分上、中、下三部分：上部是有转角的“◇”即土字，中部为一横画，下部为“卩”字，合起来就是古“尧”字，即古史传说中五帝之一的“帝尧”名号。他进一步认为扁壶上的两个朱书文字很可能是“文尧”，并指出“文尧”是后人追忆帝尧时的称谓，亦即“对先王的尊称”。关于扁壶上的朱书“文”字，何努认为其与殷墟甲骨文中“文”字的形体、结构十分相似或基本相同。1985年冬，著名古文字学家张政烺见到扁壶的照片、墨线图和摹本后，认为“文”字同大汶口文化陶文、殷墟甲骨文和现在通行的汉字属同一个系统。所以，与殷墟甲骨文同属一个系统的陶寺陶文的发现，为探索中国古代文明的起源提供了极其重要的物证，也进一步证明甲骨文早在商代以前就有很长时间的发展史了。

1992年初，山东大学考古实习队对山东邹平丁公龙山文化遗址进行了发掘，一位民工在清洗陶片时意外发现了一件刻字陶片。该陶片是一件泥质磨光灰陶大平底盆的底部残片，在盆的内面共刻有5行11个字。这块陶片呈上宽下窄的倒梯形，长46～77厘米，宽约32厘米，厚0.35厘米，或为祭祀用品。右起一行为3个字，其余4行每行均为2个字。另外在左上角有一刻画极浅的符号，疑为一字，左下角有一刻画短线伸出陶片之外。发掘者认为这些陶文是“烧后刻写，并且最大可能是刻写在陶片之上”的，其书体的显著特征是“多为连笔字”。这些陶文笔画流畅，独立成字，刻写有一定章法，排列也很规则，已经脱离了符号和图画的阶段。全文很可能是一个短句或辞章。文字中除一部分为象形字外，有的可能是会意字，表现了一定的进步性。这件刻字陶片经过考古学界和古文字学界30余位专家、学者的鉴定，获得了比较一致的认可，绝大多数学者对丁公陶文持肯定意见。例如：田昌五认为陶片上的字有象形字，也有会意字，建议将这些成行排列的陶文称之为“陶书”，以与单个陶文相区别；严文明认为丁公陶文是一种比较成熟的早期文字；张忠培认为商人可能吸收了包括丁公陶文在内的不同谱系的考古学文化居民的发明，把中国文字推进到甲骨文阶段；俞伟超认为丁公陶文是目前所知中国最早的文字；高明认为丁公陶文是已被人们淘汰的古文字；裘锡圭起初认为丁公陶文是一种走入歧途的原始文字，但后来又说是一种符号；李学勤根据丁公陶文多用连笔的书写特征，认为它是当时的俗体；王恩田认为丁公陶文是东夷文化系统的字；张学海认为丁公陶文“似属一段‘辞章’或一个短句”，它和大汶口陶器文字、甲骨文，都可能同属汉字方块字体系，代表了古汉字发展的一个重要阶

丁公陶文

段；冯时则认为丁公陶文是古彝文。然而，对于丁公陶文，学术界也有不同意见，有的学者抱怀疑态度，个别学者则持否定观点。尽管如此，丁公陶文发现的意义是不容置疑的，它为探讨中国文字的产生与发展，研究中国文明起源等重大历史课题提供了极其珍贵的实物资料。

1978 年至 1998 年，考古工作者先后对山东日照尧王城龙山文化遗址行了三次发掘，出土遗物十分丰富，主要有陶器、石器、玉器等。其中，在 1992 年至 1993 年的发掘中，考古工作者在一件大口尊残片上发现了形状奇异的陶文，据有关资料披露，它与陵阳河出土的“皇”字圭首形陶文非常相似。据研究，圭首形陶文是对实物羽冠的模画，是少昊氏象征王权的王冠的反映，这意味着少昊氏已延续到了龙山文化时期。尧王城陶文是继莒县陵阳河遗址发现大汶口文化陶文和邹平丁公遗址发现龙山文化陶文之后的又一重大发现，对研究我国文字的起源提供了极其宝贵的实物资料。

龙虬庄遗址位于江苏高邮龙虬镇北首，年代距今约 7000—5000 年，是江淮地区东部面积最大、保存最好的新石器时代遗址，现为全国重点文物保护单位。该遗址发现于 1970 年，面积约 43 万平方米。1993 年 4 月至 1996 年 4 月，考古工作者对该遗址先后进行了 4 次发掘，共发掘出各种器皿、骨头化石上千件。其中，在第一次发掘时，考古工作者于河边采集到了一块刻字陶片。该陶片是一件磨光泥质黑陶盆的口沿残片，上有 8 个类似文字的刻画符号，均刻在盆沿内壁，共有两行，左行 4 字近似甲骨文，以直线条为主，横平竖直，结体有序。右行为 4 个酷似动物侧视图形的象形文字，第一个似兽，第二个似鱼或蟹，第三个似蛇，第四个似鸟。刻文笔画纤细，技法娴熟，通篇可能包含一个完整的意义。自该陶文被发现以来，国内外很多古文字专家都对其进行了研究，但至今还没有人能够完整地释读出来。但不论能否被辨识，该陶文都是继山东邹平丁公遗址发现龙山文化晚期刻文陶片之后的又一重大考古发现。这次发掘的情况于 1993 年 9 月在《中国文物报》做了报道之后，引起了广泛重视，并被评为当年的“中国十大考古新发现”。据学者研究，龙虬庄陶文的笔法与甲骨文一样，基本都是采用直线条，说明二者是有渊源关系的，龙虬庄陶文很有可能是甲骨文的源头之一。所以，该陶文的发现对于探究我国文字的起源极具价值和意义。

龙虬庄陶文

1994年底至1996年，考古工作者对山东聊城阳谷景阳冈龙山文化城址进行了钻探和试掘，出土了不少具有显著地方特征的器物。其中，尤为重要的是在1996年春季发掘的一条灰沟中，考古工作者发现了一块刻文陶片。它是一件小型泥质磨光黑陶罐的肩部，残存部分呈三角形，其上刻有三个字。从刻画形式看，是在陶器成型之后、烧制之前刻上的，系龙山时代的人们所为。从字的形体看，与甲骨文似有渊源关系。所以，景阳冈陶文的发现对探寻我国文字的起源也具有重要价值和意义。

此外，考古工作者在河南的临汝煤山、汤阴白营、偃师伊河、淮滨沙家、淅川下王岗、永城王油坊，河北的永年台口，陕西的绥德小官道、洛南薛湾、商县紫荆等其他一些龙山文化遗址中，也发现有零星陶文或陶器符号。但由于这些材料甚为分散和零碎，且在学术界的反响甚微，故不再逐一介绍。

除了龙山文化时期的诸多遗址出土陶文以外，在与龙山文化时代相当或相近的其他一些考古学文化遗址中也都出土了不少陶文或陶器符号。例如到目前为止，考古工作者已在良渚文化各遗址出土的陶器和玉器上发现了为数不少的单个或成组且具有表意功能的刻画符号，有学者称之为“原始文字”。研究表明，这些良渚陶文在当时已经通用并且达到了记载简单语句的程度，显然已具备了原始文字的性质。良渚陶文的发现与研究，对于探讨其与大汶口文化陶文、龙山文化陶文的关系及中国文字的起源和演变均具有重要价值。再如多年来，考古工作者在湖北石家河文化遗址中同样也发现了不少陶器刻画符号。该文化的刻画符号最早发现于1987年，此后随着田野发掘和室内整理的进行，陆续有新的符号被发现。其中，在肖家屋脊和邓家湾两个遗址中曾发现60余个刻画符号，这些符号的年代均为石家河文化早期。它们大多数被刻在大口陶尊的上腹部，少数被刻于尖底陶缸的上腹部、凹底陶缸的下腹部、高领罐的肩部和一些陶器残片上。据研究，石家河文化的陶器刻画符号以象形符号为主，大多以简练的笔画勾勒出某一事物的外部形态。一件陶器上一般只有一个符号，而且绝大多数为单体符号，少数为合体符号。其基本笔画为弧线和直线，间或用少数未戳穿的圆形小戳孔。少到二画，多到十余画，主要是用某种材料制成的锐器在大口尊、缸的坯体上刻画而成。沟槽较深，有些残片往往沿沟槽断裂，沟槽内的颜色与器表一致，笔道深粗均匀，线条自然流畅。有些符号因刻画较深，坯体烧干后槽口张裂，其现存宽度往往大于刻时的宽度。高领罐等泥质灰陶小件陶器则是在陶器烧成后或是使用过程中刻画而成，笔道浅细，刻画处的颜色要比器表要浅。这些刻画符号的发现，为研究中国文字的起源提供了宝贵的实物材料。

1998年春，山东淄博临淄区北洋村的一位农民在挖土时，无意中发现了一枚时代属龙山文化晚期的石镞。这枚石镞为青石质，通长14.5厘米，形体较大、通体磨光、刃部锋利。尤为难得的是，在其近柄处刻有两个字，一个字为野猪的象形，另一个字不识。这枚龙山文化刻字石镞的发现，为研究中国文字的起源又增添了一个珍贵的新材料。

其实，除了刻画在陶器和石器上的文字或符号以外，一些龙山时代的骨头上也刻有“文字”或符号。据悉，自20世纪80年代以来，在山东省中部地区潍坊至济南一带的不少古文化遗址中经常出土带刻画符号的骨头、石器、陶器和陶片等遗物，其中骨头占了很大比重。鉴于这些文物的价值，有些文物爱好者便开始从当地群众手里收购，有时甚至亲自到遗址上去采集这些文物。2005年春天，济南景鸿堂的老板带着一块刻有花纹的小骨头找到时任山东大学美术考古研究所所长刘凤君教授，请他鉴定，并介绍说是潍坊一位文物爱好者的藏品。刘凤君仔细观察后认为这是一块史前时期的骨头，上面所刻的可能为早期文字。这块刻字骨头当时给刘凤君留下了深刻的印象，他一直觉得这是一个非常重要的资料。无独有偶，2007 年 7 月，山东昌乐的一位文物收藏爱好者肖广德也带着 7 块刻字骨头专程到济南请刘凤君教授鉴定。刘凤君看过骨头并听完肖广德的讲述后感到很震惊，他凭着多年的专业研究和鉴定经验，认为这批材料极为重要，同时也预感到：又一种中国早期“文字”被发现了。后来，刘凤君怀着兴奋的心情专门去昌乐县肖广德家鉴定其所藏的刻字骨头。他对这些骨头上的刻符经过认真地观察、分析与研究后，推断这是一种中国早期的文字，并将其命名为“骨刻文”。

骨刻文

据肖广德介绍，他的藏品皆出自昌乐袁家庄和寿光纪台等古文化遗址。其实，肖广德从 2004 年起就开始有意识地搜集此类骨头，并先后收集到刻有类似符号的骨头百余片，多为兽的肩胛骨、肋骨、股骨、胫骨、髆骨、象牙、鹿角等，大者盈尺，小不及寸，范围约为 1.5 ～ 36.5 厘米，石化程度较好。所刻符号均为阴细线刻，有的一片刻画一个符号，有的则刻画多个符号。有的刻在骨片面上，有的刻在骨腔内，有的刻在骨臼上。肖广德为了搞清楚这些骨头上的“秘密”曾四处奔走，到各地找专家请教，然而结果并不理想。有专家认为骨头的符号是虫蛀的或草根腐蚀的，也有人说是现代人刻的。后经人推荐，他于万般无奈之下找到了时任山东大学美术考古所所长刘凤君教授，由此才引发了“骨刻文”的惊世发现。当然，这一新世纪初的重大发现也并非完全由刘凤君教授一人所为，全国各地的一些文物爱好者对推动骨刻文的发现也起到了一定的积极作用。据刘凤君分析和研究，“骨刻文”的年代距今约 4000 年至 4500 年左右，应为龙山文化时期产生和使用的一种早期文字，属于东夷文字的一种。后来，他又亲自到山东济南、淄博、潍坊等地和河南郑州地区、陕西关中地区、内蒙古赤峰地区、江苏北部地区等全国其他一些地区的史前文化遗址做调查，并采集到一批新的“骨刻文”材料。经过广泛的田野考古调查，他又认为“骨刻文”应是龙山文化时期淮河流域、黄河流域和辽河流域的华夏族和东夷族共同创造和使用的一种文字。在对大量“骨刻文”材料进行深入研究后，他认为龙山文化“骨刻文”与殷墟甲骨文不同，二者存在着一些区别：首先，二者的年代不同，殷墟甲骨文是殷商时期使用的一种比较成熟的文字，而“骨刻文”则是产生和流行于龙山文化时期，“骨刻文”的出现要比殷墟甲骨文早1000多年。其次，二者的性质不同，殷墟甲骨文多为占卜刻辞（少数为记事文字），而“骨刻文”则主要是记事文字，且以象形字和指事字为主。再次，二者的载体也有所不同，殷墟甲骨文主要见于龟甲和牛肩胛骨上，而“骨刻文”则多刻在牛骨（包括肩胛骨、肋骨、肢骨）、鹿骨、象骨等动物骨头上。然而，“骨刻文”的鉴定结论一经公布，很快便在学术界和社会上激起了一场轩然大波。尽管各类媒体竞相宣传和炒作，但是却遭到了主流学界的一致否定和反对，也引起了激烈的争论。毕竟目前所见的这些“骨刻文”材料基本都是学者和文物爱好者们从各地龙山文化遗址中采集的，而并非经科学考古发掘出土的，并且尚缺乏科学的年代检测，所以将“骨刻文”认定为龙山文化时期的文字恐怕还只是臆测而已。至于“骨刻文”到底是不是文字，还有待于考古发现的验证和学者的深入研究。因为早期人类多喜欢将文字刻画于石头、陶器、骨头等不容易腐蚀且能够长久保存的材料上，所以即使考古工作者在各地龙山文化时期的遗址中发掘出刻有“文字”或符号的骨头也不为稀奇，毕竟龙山文化时期的“陶文”或“陶器符号”早已成为不争的事实，那么龙山文化时期的“骨刻文”或“骨刻符号”也或许真的存在，只待考古工作者去发现了。据说，早在1986年4月，考古工作者就曾在陕西西安西郊斗门乡花园村的一处龙山文化遗址中发现了刻有文字的一个骨笄、一颗兽牙和若干块兽骨。经过清理，从中找出了十几个单体字。据学者观察与研究，此类“骨刻文”的字体细小，字形清晰，笔画虽细若蚊足但刚劲有力，与殷墟甲骨文的字体较为接近。另据专家考证，出土这批“骨刻文”的遗址年代属龙山文化晚期，距今约4500年到5000年，比殷墟甲骨文要早1200年以上。另外，1997年，考古工作者在对山东桓台的李寨遗址进行发掘时，从一座龙山文化时期的房基中清理出了一件用途不明的骨器。这件骨器的器底上刻有一字，被隶释为“左”，外柄上还深刻有一组8个符号。由此看来，假如未来考古工作者能够从龙山文化遗址中发掘出的各类骨头或骨器上再发现更多明显人工刻画的痕迹，那么即便只是“符号”，也同样具有非同一般的价值，因为文字的产生就源自一些象形和指事符号。如果证据确凿，那么甲骨文的出现时代恐怕又得往前推移了。

总之，上述通过考古发现的这些陶文或陶器符号都是龙山时代的产物，其中一些已具备了原始文字的基本特征，充分表明这一时期很可能已出现文字，并在一定范围内被使用。研究表明，它们与商代甲骨文之间存在着渊源关系。而龙山时代也或许真的存在“骨刻文”，但仍需科学的考古发掘去验证，并有待于学者的深入研究。据统计，目前考古工作者已在黄河流域、淮河流域和内蒙古赤峰地区的一些史前文化遗址中共发现了1000多件刻画有龙山文化时期文字或符号的陶器、兽骨、石器和玉器，而从中找出的单体文字或符号已达到3000余个。这些珍贵的材料对于研究中国古代文明的起源、中国早期文字的产生和中国远古历史的发展等问题均具有极其重要的价值。它们的发现与研究，不仅改变了我国文字的发展演变史，使汉字的源头追溯到了四千多年前，也使我国的文明发展史大为提前，表明早在四千多年前的龙山时代甚至更早，我国古代先民就已跨入文明社会的门槛。

考古发现和研究表明，龙山时代因已出现早期文字、城市、金属器等人类文明的主要标志，所以已正式进入文明社会发展阶段。那么，比龙山时代更早的时期是否也出现文字了呢？让我们沿着历史长河继续往上游追索和探寻。

以目前在全国范围内所发现的考古学文化来看，时代比龙山文化略早的主要有黄河下游地区的大汶口文化；黄河中游地区的仰韶文化；黄河上游地区的马家窑文化；长江下游地区的河姆渡文化、崧泽文化和北阴阳营文化；长江中下游地区的薛家岗文化；长江中游三峡地区的大溪文化；长江中游地区的屈家岭文化；辽东半岛地区的小珠山文化；东北地区的红山文化；岭南地区的石峡文化等。而在这些文化遗存中，目前也已出土了不少史前时期的陶文或陶器刻画符号，例如陵阳河陶文、杭头陶文、前寨陶文等大汶口文化陶文，半坡陶文、姜寨陶文等仰韶文化陶文，大地湾陶文，柳湾陶文（马家窑文化陶文），杨家湾陶文（大溪文化陶文），柳林溪陶文，等等。

1960年，赵明录在位于山东日照莒县城东南10千米的陵阳乡大寺村西侧、陵阳河南岸的一处大汶口文化遗址中采集到了3件带有刻画符号的灰色大口陶尊，这些“陶文”一经公布便很快成为历史学、考古学、古文字学、美术学等各界学者的关注焦点和研究热点。1979年4月，考古工作者对陵阳河遗址进行了大规模发掘，又出土了一些陶文。据统计，在目前该遗址出土的众多陶器符号中，已被学者释为文字的共 78 种、17 例，为中国早期文字的研究增添了一批宝贵的新材料。关于这批陵阳河陶文的年代，著名考古学家高广仁和栾丰实认为不出于大汶口文化晚期的后阶段，绝对年代在距今 4800 年至 4600 年之间。而关于包括陵阳河陶文在内的大汶口文化陶文的性质，唐兰、李学勤、裘锡圭、严文明、高广仁、栾丰实、王树明等学者均一致认定为早期文字或原始文字。如李学勤曾说："大汶口文化陶文要比其他史前文化的陶器符号更接近商周时期的文字。"因为这些陶文不仅和商周时期的文字（尤其是青铜器铭文"族徽"）非常相似，而且完全相同或基本相同的陶尊文字竟然在相距甚远的多个遗址内反复出现。由此可见，以陵阳河陶文为代表的大汶口文化陶文很可能是商周时期文字的远祖，它们是一脉相承的。

陵阳河陶文

1987 年，考古工作者在对位于山东日照莒县陵阳乡杭头村东的一处大汶口文化遗址进行发掘时，在 8 号墓中发现了一件带有刻画符号的灰陶大口尊。据学者对比和研究，这件陶尊上的刻画符号与陵阳河遗址出土的一件陶器上的刻画符号造型相同，更加说明此类陶器刻画符号很可能是原始文字。

1973 年，考古工作者在对位于山东诸城枳沟镇潍河北岸的前寨村西侧的一处以大汶口文化和龙山文化遗存为主的新石器时代遗址进行调查时，曾采集到一块刻有涂朱的"五峰山形"符号或图画的陶尊残片。对此，有学者认为是当时部落首领祭天的记录。据学者研究和推断，前寨遗址所发现的陶尊刻画符号虽然仅残留了一部分，但也应与陵阳河遗址出土的完整陶尊上的刻画符号造型一致，亦为原始文字。1980 年，北京大学历史系考古专业毕业班的学生在前寨遗址进行考古实习时，挖出了一件画有八个圆圈图案的彩陶罐。据学者研究，八个圆圈图案或象征着八个太阳，含有太阳崇拜之义。

1954年至1957年，考古工作者在对位于陕西西安东郊灞桥区浐河东岸的半坡村的一处仰韶文化遗址进行发掘时，在出土的一些陶器和陶片上共发现了22种、100余个刻画符号。有学者推测它们可能是记事或记数用的，但郭沫若、于省吾等则认为是中国原始文字的雏形。因为这些陶器刻画符号有不少与殷墟甲骨文相似，并且大都可以释读。

1972年至1979年，考古工作者先后对位于陕西西安临潼城北姜寨村的一处仰韶文化遗址进行了11次大规模发掘，出土了陶器、石器等大量遗物。尤为重要的是，在其中102件陶器上发现了刻画符号。据学者研究，这些符号可能就是当时信息交流和语言沟通的文字，表明当时人类已经向文明迈进了一大步。

1978年至1984年，考古工作者对位于甘肃天水秦安东北五营乡邵店村的大地湾新石器时代文化遗址进行了多次发掘，取得了重大收获。其中，最为重要的是，在大地湾一期文化出土的一些陶器上发现了十几种彩绘符号。据研究，这些彩绘符号的年代比西安半坡陶器上的刻画符号稍早，而且有一些符号与半坡符号基本一样。从外观上看，这些符号已经脱离了图画文字的初级阶段。虽然这些神秘符号的意义至今尚未破解，但有些学者认为它们可能就是中国原始文字的雏形。

从1974年开始，考古工作者对位于青海海东乐都高庙镇柳湾村的一处以马家窑文化和齐家文化遗存为主的新石器时代遗址进行了多次发掘，共清理墓葬1700余座，出土珍贵文物35000余件，其中各种形制的彩陶器皿达15000件之多。尤为重要的是，在一些马家窑文化马厂类型的彩陶壶的腹下部发现了各种不同的刻画符号。据统计，多达52种。关于这些符号，有人认为是陶器制造者所作的记号，有人认为是族徽，也有人认为是原始文字，因为其中有些可以释读，例如“日、中、五、其、册”等。至于它们的性质到底如何，还有待于学者进一步研究。

1981年，考古工作者对位于湖北宜昌夷陵区三斗坪镇杨家湾村的一处新石器时代大溪文化中期遗址进行了发掘，在出土的一些陶片和陶圈足上发现了刻画符号。发掘结束后，考古工作者在整理时发现共有74件彩陶上有刻画符号。1994年，考古工作者对杨家湾遗址再次进行了发掘，又发现了170余种刻在陶器上的符号。这些符号记录当时人们对生活中一些事物的复述和描绘，代表固定的含义，而且有一定的规则。据学者研究，杨家湾陶文与象形文字有很多共性，不少也具有象形和会意的特征，应为中国最早的象形文字雏形。还有学者认为杨家湾陶文与甲骨文应该有渊源关系，甲骨文很可能是从这类刻画符号演变而来的。据测定，杨家湾陶文比殷墟甲骨文要早 2000 多年。

1994 年至 2000 年，考古工作者对位于湖北秭归茅坪镇庙河村的一处新石器时代至明清时期的文化遗址进行了大规模发掘，除了清理出新石器时代的多层堆积外，又找到了相当于夏代的二里头文化遗存和六朝时期的堆积，并首次在新石器时代遗存中发现了刻画在陶器上的符号。据统计，在 80 件包括陶罐口沿、支座顶部、柱身和大量圈足碗外底部共发现了数十种、260 多个刻画符号。据学者研究，这些符号很多与殷墟甲骨文极为相似，或为处于萌芽状态的原始文字。

除了以上所述之外，考古工作者还在山东泰安大汶口墓地、山东莒县大朱村遗址、河南郑州大河村遗址、河南淅川下王冈遗址、安徽蒙城尉迟寺遗址、江苏南京北阴阳营遗址等其他一些同时期的史前文化遗址和墓地中也发现了一些陶文或陶器刻画符号，不再逐一介绍。

其实，除了陶文或陶器刻画符号以外，这一时期也出现了“骨刻文”。1991 年至 1992 年，考古工作者对位于甘肃武山西南傅家门村的一处新石器时代遗址进行了考古发掘，在出土遗物中有 6 片卜骨，其中 3 片刻有文字。据学者研究，这些卜骨的材质为牛、猪和羊的肩胛骨，均未加整治，且无钻无凿，但有烧灼痕。其年代距今约 5140 年，属于马家窑文化石岭下类型。因此，堪为世界上时代最早的刻字卜骨。

总之，在遍布全国的距今 7000 年至 5000 年的史前文化遗址中也出土了大量陶文或陶器刻画符号以及少量“骨刻文”。研究表明，其中有不少已具有原始文字的性质。由此可见，汉字的源头又进一步往前推进了。那么，如果再继续往前探寻，还会发现文字的踪迹吗？答案是肯定的。

1986 年、1991 年和 1992 年，考古工作者先后对位于安徽蚌埠双墩村北的一处年代距今约 7000 年的新石器时代文化遗址进行了 3 次发掘，共出土了 600 多件带有刻画符号的陶器。这些符号多似“图画”，既有象形符号，也有几何类符号，大都刻在陶碗、陶钵底部的喇叭形高圈足内侧。据学者研究，当时的原始人类可能已经有了数的概念，并且大多数符号均可会意。从这些刻画符号反映的内容来看，不仅有日月、山川、动植物、房屋等写实类，也有狩猎、捕鱼、网鸟、种植、养蚕、编织、饲养家畜等生产与生活类，还有记事记数、天文历法、地理位置等，可谓十分丰富、相当广泛。总之，双墩陶文或刻画符号也已具备了文字的性质和功能，很可能为原始文字的雏形，是研究中国文字起源的重要材料。

20 世纪 70 年代的一年夏天，河南舞阳因连降暴雨而导致河流决堤，贾湖村及周边村庄都变成了一片汪洋。等洪水退去后，贾湖村民为防止水患再次侵扰，便在村庄邻近的河边构筑堤堰。在施工过程中，村民们从河边土中挖出了不少石器和一些人骨。当地文物部门获悉后，很快派出考古工作人员对施工现场进行了抢救性发掘，此地便被命名为“贾湖遗址”。自发现至今，考古工作人员已对该遗址进行了多次发掘。在 1984 年至 1987 年的发掘中，共出土了 5000 多件各类遗物，其中最有名的是一件骨笛。因为据专家检测和研究，该遗址距今 8000 多年，属于裴里岗文化时期，所以这件骨笛成为目前所发现的世界上时代最早、保存最完好的一件乐器，不仅推翻了“中国笛子西来说”，而且改写了国际音乐史。除了骨笛以外，该遗址的另一项重大发现也尤为值得一提。在 1987 年的一次发掘中，考古工作者在贾湖村东侧裴里岗文化中发现了分别契刻在龟甲（5 片）、骨器和陶器上的 17 个符号，其中龟甲刻符 9 个、骨器刻符 5 个、陶器刻符 3 个。据学者研究，这些刻符的结构有横、点、竖、撇、捺、竖钩、横折等笔画，书写特点也是先横后竖，先左后右，先上后下，先里后外，与汉字的基本结构相一致。由于有些契刻符号的形状与殷墟甲骨文存在不少相似之处，所以有学者认为它们可能是中国最早的原始文字。至于这 17 个神秘的贾湖刻符到底是不是文字，蕴藏着什么奥秘，至今仍是未解之谜，还有待于学者去探索和研究。

贾湖刻符

综上所述，正如中华文明经历了起源、孕育和形成的过程一样，汉字的起源、发展和演变也必然会经历一个漫长的历史过程。历经数千年漫长岁月的淘洗，尽管汉字也屡遭挑战，但是每一次都能成功化解危机并自我完善，充分显示出超强的生命力和稳定性。综览当今世界各国和各民族的文字，只有汉字的发展史最长、演变序列最为完整，一脉相承，世代相传，在饱经数千年岁月沧桑后，却仍能保持着旺盛的生命力，成为维系中华民族团结和华夏儿女情感的一条重要纽带。被誉为“汉字鼻祖”的甲骨文，其实并非汉字之源。因为甲骨文已经比较成熟，其必有前身和来源，仍需继续探索。考古发现和研究已经充分证明，早在距今9000年至4000多年的史前文化时期，各种萌芽状态的文字和符号就已在全国各地陆续出现，只不过有些如昙花一现，很快就消逝在历史长河中，而有些则汇入文字发展的主流中，一直延续下来。勤劳聪明的中国古代先民在步入文明社会之前，就早已将“文字”这一人类文明的重要标志刻画在了不易腐朽的陶器、玉器、石器、骨头等材料上，由此得以留存至今，为后人探寻中华文明发展的足迹提供了重要线索。无论是有意而为还是无心为之，也不管出于什么目的和何种用途，古代先民所刻画的这些文字和符号，都将成为汉字起源和发展过程中的关键环节，成为中华文明源远流长的重要证据。从史前时期的各类刻画符号至今，汉字已经过数千年的发展演变，其容貌也已焕然一新。当今汉字更是“征服”计算机，直通因特网，紧随时代步伐，进入了世界同步发展轨道。古老的汉字将重新焕发生机，以更为规整的面貌和愈加昂扬的姿态，继续书写中华文明的辉煌。

参考文献：

1. 佚名：《夏代文字是我国最早的文字》，《贵州文史丛刊》1986年第3期。
2. 陆思贤：《翁牛特旗石棚山原始文字释义》，《内蒙古社会科学》1987年第3期。
3. 李学勤：《试论余杭南湖良渚文化黑陶罐的刻划符号》，《浙江学刊》1992年第4期。

4. 佚名:《中国文字史提前八百年》,《内蒙古社会科学》(文史哲版)1993年第3期。
5. 山东大学历史系考古专业:《山东邹平丁公遗址第四、五次发掘简报》,《考古》1993年第4期。
6. 王恩田,田昌五,刘敦愿等:《专家笔谈丁公遗址出土陶文》,《考古》1993年第4期。
7. 冯时:《山东丁公龙山时代文字解读》,《考古》1994年第1期。
8. 徐基:《龙山文化丁公陶书简论》,《东南文化》1994年第3期。
9. 王蕴智:《史前陶器符号的发现与汉字起源的探索》,《华夏考古》1994年第3期。
10. 李荆林:《女书与史前陶文研究》,珠海出版社,1995年。
11. 林河:《七千年前的一篇"散文"》,《寻根》1996年第3期。
12. 钱玉趾:《良渚文化的刻划符号及文字初论》,《苏州大学学报》(哲学社会科学版)1997年第2期。
13. 张光明,徐龙国,张连利等:《山东桓台县史家遗址岳石文化木构架祭祀器物坑的发掘》,《考古》1997年第11期。
14. 张敏:《从史前陶文谈中国文字的起源与发展》,《东南文化》1998年第1期。
15. 刘志一:《龙虬庄陶文破译》,《东南文化》1998年第1期。
16. 张光明,夏林峰:《山东桓台县史家遗址发掘收获相关问题的探讨》,《管子学刊》1999年第4期。
17. 曹章:《我国文字7000年前已产生》,《今日湖北》1999年第4期。
18. 刘德增:《山东是汉字最重要的发祥地》,《齐鲁学刊》2000年第2期。
19. 刘德增:《关于中国原始符号与中国文字起源的论争》,《齐鲁艺苑》2001年第1期。
20. 杜金鹏:《关于二里头文化的刻画符号与文字问题》,《中国书法》2001年第2期。
21. 张居中,王昌燧:《试论刻画符号与文字起源——从舞阳贾湖契刻原始文字谈起》,《中国书法》2001年第2期。
22. 王蕴智:《从远古刻画符号谈汉字的起源》,《中国书法》2001年第2期。
23. 杨振彬:《长江下游史前刻划符号》,《东南文化》2001年第3期。
24. 蔡运章:《远古刻画符号与中国文字的起源》,《中原文物》2001年第4期。
25. 蔡运章:《中国文字起源与远古刻画符号——中国古代卦象文字简论》,《中国高等科学技术中心会议论文集》，2001 年 3 月。
26. 陆思贤：《夏家店下层文化两幅彩绘陶文释义》，《文物春秋》2001 年第 4 期。
27. 许洪国：《中国文字从起源到形成和书法同时产生——著名历史学家李学勤对刘正成谈书法艺术》，《中国书法》2001 年第 10 期。
28. 王蕴智：《远古符号综类摹萃》，《中原文物》2003 年第 6 期。
29. 李维明：《郑州出土商代牛肋骨刻辞新识》，《中国文物报》2003 年 6 月 13 日。
30. 曹定云：《夏代文字求证——二里头文化陶文考》，《考古》2004 年第 12 期。
31. 李维明：《郑州出土商代牛肋骨刻辞补识》，《中国文物报》2006 年 1 月 6 日。
32. 陈旭，徐昭峰：《郑州出土商代牛肋骨刻辞释文漏字原因探究》，《中原文物》2006 年第 3 期。
33. 李维明：《商代第一都的文字新线索——郑州出土商代牛肋骨刻辞再发现写实》，《寻根》2007 年第 3 期。
34. 郑莉：《史前陶文研究综述》，《沧州师范专科学校学报》2008 年第 1 期。
35. 徐大立：《蚌埠双墩遗址刻画符号简述》，《中原文物》2008 年第 3 期。
36. 邵蔚：《山东发现骨刻文字　时间或早于殷墟甲骨文》，《兰台世界》2009 年第 1 期。
37. 冯凭，吴长旗：《舞阳龟甲刻符初探》，《中原文物》2009 年第 3 期。
38. 张虹：《杨家湾陶符：我国最早的象形文字雏形》，《三峡日报》2009 年 10 月 26 日。
39. 肖广德：《昌乐骨刻文的发现与探究》，《春秋》2010 年第 2 期。
40. 王蕴智：《双墩符号的文化特征及其性质》，《中国海洋大学学报》（社会科学版）2011 年第 5 期。
41. 谢玉堂：《甲骨文的由来与发展》，山东人民出版社，2011 年。
42. 刘凤君：《骨刻文是中国早期的一种文字》，《中国社会科学报》2012 年 1 月 30 日。
43. 马保春，袁广阔，宋国定：《郑州小双桥商代遗址陶符研究》，《文物》2012 年第 1 期。
44. 马保春，朱光华：《郑州商城出土骨刻文与中国古代的“舞雩”祈雨之祀》，《中原文物》2012 年第 3 期。

45. 蔡先金:《"刻文骨"与"骨刻文"之性质推断与价值蠡测》,《烟台大学学报》(哲学社会科学版)2012 年第 4 期。
46. 汪国富:《大地湾遗址是我国文字发展的渊源》,《发展》2012 年第 8 期。
47. 杨育彬:《追踪中国早期刻画符号与文字关系》,《中国文物报》2012 年 10 月 5 日。
48. 刘凤君:《骨刻文——中国早期的文字》,《大众考古》2013 年第 1 期。
49. 蔡运章:《大汶口陶罍文字及其相关问题》,《山东师范大学学报》(人文社会科学版)2013 年第 2 期。
50. 朱海洋,陆健:《浙江发现中国最早原始文字,比甲骨文早千余年》,《深圳大学学报》(人文社会科学版)2013 年第 4 期。
51. 刘凤君:《骨刻文是甲骨文的主要源头》,《文史哲》2013 年第 5 期。
52. 刘凤君:《山东地区骨刻文分布与分期》,《山东社会科学》2013 年第 6 期。
53. 光明:《浙江省平湖市发现疑似中国最早文字》,《书法》2013 年第 8 期。
54. 牛清波:《中国早期刻画符号整理与研究》,安徽大学博士学位论文,2013 年。
55. 徐新民,梅亚龙,张蜀益等:《平湖庄桥坟遗址发现良渚文化原始文字》,《中国文物报》2013 年 6 月 21 日。
56. 朱海洋,陆健:《中国最早原始文字在浙江被发现》,《光明日报》2013 年 7 月 9 日。
57. 蒋萍,吴禄婵:《浙发现早甲骨文千年文字?》,《文汇报》2013 年 7 月 10 日。
58. 吴楠:《浙江平湖发现中国最早文字?》,《中国社会科学报》2013 年 7 月 12 日。
59. 陆健,朱海洋:《"原始文字"?"刻画符号"?》,《光明日报》2013 年 7 月 16 日。
60. 邢霞:《刘凤君:骨刻文研究又有新进展》,《社会科学报》2013 年 11 月 14 日。
61. 李瑛:《汉字之源——中华大地新石器时代的刻画符号》,《文化月刊》2014 年第 24 期。
62. 李会韬,蔡梦珂:《日本山形县出土刻字石斧略论》,《洛阳考古》2015 年第 2 期。
63. 张炳火主编:《良渚文化刻画符号》,上海人民出版社,2015 年。

64. 马保春，袁广阔：《试析中国早期器物刻画符号的命名问题》，《中原文物》2015 年第 6 期。
65. 吴妍：《追寻甲骨文前的神秘文字》，《走向世界》2017 年第 1 期。
66. 刘凤君：《中国早期文字骨刻文的发现与研究》，《档案》2017 年第 3 期。
67. 牛清波：《从刻画符号看汉字形成的相关问题》，《中州学刊》2017 年第 3 期。
68. 牛清波：《百年来刻画符号研究述评》，《华夏考古》2017 年第 4 期。
69. 汤军：《高家台子遗址：发现甲骨文最北地点》，《北方新报》2018 年 3 月 6 日。

第五十二篇

甲骨书艺独风韵，艺苑奇葩一枝香

书法艺术是人类文明开出的一朵绚丽之花。中国书法艺术以其独特的艺术魅力而深刻体现了东方文化艺术之美，不仅是中华优秀传统文化的杰出代表，也是中华民族引以为傲的宝贵文化遗产，陶冶着一代又一代中华儿女的情操。在世界书法艺术领域中，中国书法艺术尤其是汉字书法艺术可谓源远流长、独占鳌头、独领风骚、举世无双，具有其他任何艺术都无法媲美的深厚基础和艺术特征。那么，中国书法艺术起源于何时呢？如前文所言，殷墟甲骨文以其成熟性和系统性而被公认为“汉字之源”。所以，至少在殷商时期，中国书法艺术就已经诞生了。不过，殷人契刻或书写在龟甲和兽骨等材料上的“甲骨文”能否称得上是“书法艺术”呢？据学者研究，殷墟甲骨文已具备了笔法、结体、章法等中国书法的三个基本要素。从笔法来看，尽管甲骨文多为殷人“以刀代笔”契刻而成的，但其线条严整瘦劲，笔画方圆有序。虽因时期不同而呈现出“工整规范、粗放劲峭、气势雄浑、疏朗清秀、端庄轻巧、丰腴古朴、笔意充盈、形象生动”等多个特点，但字里行间均蕴藏着书法艺术之美。从结体来看，甲骨文已基本上具备了汉字的结构。造字之本“六书”（即象形、指事、会意、假借、形声、转注），均能从甲骨文字中找到实例。从章法来看，尽管龟甲和骨片的大小、形状有所不同，但文字的排列都有一定规律可循，字距、行距也比较规整，显现出高超的契刻或书写技巧。由此可见，殷墟甲骨文自诞生起就是“美的载体”，已基本符合汉字书法艺术的标准，可谓中国书法艺术之源。

何为“甲骨文书法艺术”？或可定义为：以甲骨文字来表达契刻者或书写

者思想感情和精神寄寓的一种线条性艺术形式。从广义角度来看，它包含两层含义：一种是“以刀代笔”，即在甲骨片或其他材质的物体上进行契刻的艺术形式，包括殷人用青铜刀或玉刀契刻在龟甲与兽骨上的甲骨文和今人仿刻在各类工艺品上的甲骨文；另一种为“以笔代刀”，即在甲骨片或其他材质的物体上进行书写的艺术形式，包括殷人用毛笔蘸朱砂或墨书写在龟甲与兽骨上的甲骨文和今人书写在纸上及其他各类物体上的甲骨文。

如今来看，甲骨文书法艺术尽管是由殷人最先创造的，但由于甲骨文在殷墟地下尘封了三千多年，所以这门艺术其实也中断了许久。那么，到 1899 年甲骨文被发现后，又是何人最早开始传承这门艺术的呢？虽然王懿荣最先发现甲骨文，尽管端方、刘鹗、孙诒让、王襄、孟广慧等人最早接触、著录和研究甲骨文，但是他们或许都未发现或没注意到甲骨文的艺术之美，而是将精力大都倾注于甲骨文的收藏和甲骨文字的考释上了。当然，考释甲骨文字也是创作甲骨文书法的重要基础，而临摹甲骨片也应算是甲骨文书法创作的一种特殊形式。他们在整理和考释甲骨文字的过程中，可能有些人也临摹过甲骨片，只是当时还不被认为是“甲骨文书法艺术”罢了。至于那些早期接触殷墟甲骨文的西方传教士或政客，他们有些甚至连文字都释读不了，更谈不上创作甲骨文书法了。据相关资料记载，真正以甲骨文字来创作书法作品则始于著名学者、甲骨学大师罗振玉。1921 年，罗振玉出于书法兴趣，在当时考释出来的甲骨文字仅约 500 字的条件下，便利用已可识的甲骨文字创作出了百余副对联，并将这些甲骨文书法作品编为《集殷虚文字楹帖》（1 卷）由贻安堂影印出版，从而使甲骨文书法成为中国书法艺术领域的一种新形式，开创了以“甲骨文”集字进行书法创作的新风尚，引领了近现代书法艺术界的一股新潮流。甲骨文书法艺术在被湮没而失传三千多年后又得以重见天日，实现复兴，罗振玉也当之无愧地成为传承和弘扬殷人所创“甲骨文书法艺术”的第一人和近现代甲骨文

《集殷虚文字楹帖》

书法艺术的创始者。之后，章钰、高德馨、王季烈等同好也纷纷效仿罗振玉，集甲骨文字为楹联。1927 年，由罗振玉编纂、上海东方学会印行的《集殷虚文字楹帖汇编》汇总了 400 余幅由罗振玉、章钰、高德馨、王季烈四人所编的“甲骨文集联”。而最早以甲骨文字入印者，当数王襄之胞弟王雪民。简经纶也紧随他们之后，不仅用甲骨文书写对联，还将甲骨文入印，开启了甲骨文书、印结合的先河。可以说，自罗振玉、章钰、高德馨、王季烈等人之后，喜欢和研习甲骨文书法艺术者日益增多，涌现出孙儆、易孺、王襄、丁佛言、丁辅之、叶玉森、柳诒徵、王雪民、杨仲子、简经纶、胡小石、郭沫若、容庚、董作宾、于省吾、潘天寿、陈邦怀、鲍鼎、陆维钊、沙孟海、唐兰、商承祚、诸乐三、冯文凤、游寿、童雪鸿、潘主兰、胡厚宣、李鹤年、安国钧、沙曼翁、欧阳可亮、魏乐唐、秦士蔚、康殷、刘兴隆、徐无闻、徐振韬、刘顺等一大批名家。例如在 1928 年，西泠印社创始人之一、书画大师丁辅之编著成《商卜文集联》一书，并于 1934 年正式印行。而著名甲骨学家董作宾由于曾亲自参加过殷墟甲骨文的发掘并且临摹了万余片甲骨原片，所以既对甲骨文有深入研究并成果显著，也对甲骨文书法颇有兴趣且亲身实践。据说，他于 1947 年应邀到美国讲学期间，曾将自己创作的甲骨文书法作品在海外广泛传播，有力促进了国际文化交流。除了罗振玉、董作宾、丁辅之等老一辈甲骨文书法大师以外，放眼当今世界也是名家辈出、世代相承。例如刘江、徐自学、董玉京、贾书晟、王宇信、中帑、李来付、魏峰、刘继贤、何峙、王道云、张道森、张坚、丘程光、张大顺等人，都是如今世界各地甲骨文书法艺术领域的杰出代表。

《集殷虚文字楹帖汇编》

近年来，历经数代甲骨文书法艺术家的不懈努力和薪火相传，甲骨文书法这门古老的艺术形式又展现出勃勃生机，厚积薄发，异军突起，成为艺术园圃里的一朵绚烂新葩和文化星空中的一颗耀眼明星。甲骨文书法以其独特的艺术魅力，不仅获得了诸多书法艺术家及爱好者的青睐，也吸引了国内外社会各界的广泛关注，由此在当今社会掀起了一股股“甲骨热潮”。其实，甲骨文书法艺术之所以能产生如此巨大影响、引起如此广泛反响，可谓诸多组织或团体齐心合力、相互协作、共同奋斗、坚持不懈的结果。那么，都有哪些组织或团体在专门从事甲骨文书法艺术的宣传和弘扬工作呢？现择其比较重要者介绍如下。

中国殷商文化学会成立于1987年9月，设在北京市，挂靠于中国社会科学院历史研究所（今中国历史研究院），是由国内历史学界、考古学界、古文字学界、教育界、文博单位及其他文化事业单位的具有讲师或助研以上职称的甲骨文与中国上古史科研教学专业人员自愿结成的一个全国性社会学术团体，为中国最早成立的国家一级学会之一。该学会自成立以来，不仅在组织甲骨文研究力量、攻克甲骨文研究课题、促进甲骨文学术交流等方面作出了积极贡献，而且在宣传甲骨文书法艺术、弘扬中华优秀传统文化、推动甲骨文化国际交流等方面发挥了重要作用。该学会的名誉会长（曾为第三任会长）王宇信认为，甲骨文学术研究和甲骨文书法艺术犹如“鸟之双翼、车之两轮”，不可偏废。因为只有将甲骨文研究与甲骨文书法有机结合，才能更加有利于推动甲骨文的学术价值、文化价值、艺术价值、社会价值等多重价值的充分发挥。作为当代著名甲骨学家，王宇信不仅对甲骨文书法艺术予以充分肯定和大力支持，还身体力行地从事甲骨文书法的创作、宣传以及甲骨文书法展览的组织、举办等工作。在他的号召、带领和影响下，中国殷商文化学会还于2018年4月专门设立了甲骨文书法专业委员会（主任为中国殷商文化学会副会长兼江苏省甲骨文学会会长王道云），并成立了甲骨文艺术研究院（首任院长为中国殷商文化学会副会长张坚），成为宣传和弘扬甲骨文书法艺术的高级平台。

中国甲骨文书法艺术研究会设在河南省安阳市，是由全国范围内的甲骨学者和甲骨文书法家、篆刻家及其爱好者自愿组成的一个非营利性社会组织和艺术团体。

江苏省甲骨文学会成立于1995年，设在江苏省南京市，挂靠于江苏省社会科学院，为全国范围内成立的第一个省级甲骨文社会组织，是由江苏省境内的甲骨学者和甲骨文书法家、篆刻家及其爱好者自愿组成的地方性学术团体。

山东省甲骨文国际交流中心成立于 2005 年 6 月，设在山东省济南市，是由海内外各界人士自愿组成的具有独立法人资格的非营利性社会组织。该中心的宗旨是甲骨文字的收集、整理、研究和破释，发展甲骨文书画艺术，培养甲骨学人才，弘扬甲骨文化，促进国际甲骨文书法艺术交流。2006 年 11 月，该中心整体加入中国殷商文化学会，成为中国殷商文化学会山东分会。

湖南省甲骨文学会成立于 2005 年 10 月，设在湖南省长沙市，是由湖南省境内从事殷商文明研究、甲骨学、甲骨文书法等领域的专家、学者组成的学术组织和群众团体。其宗旨为：发掘、研究和整理湖南省的甲骨文文字学资料，编辑各类甲骨文书法图书；开展各种形式的文字造型艺术创作、交流活动；开展甲骨文文字学、甲骨文书法结构形式学术研讨会、学术交流、作品展览等活动。

浙江省甲骨文学会（也称“中国美院古文字书法研究中心”）成立于 2008 年 4 月，设在浙江省杭州市，挂靠于中国美术学院，是由浙江省内有影响的古文字专家、学者和书法家共同组成的社会组织，以培养和带动这一领域的人才发展，增进国内外学术界的文化交流与合作为宗旨。

天津市国学研究会甲骨学专业委员会（即“天津市甲骨文学会”）成立于 2009 年 11 月，设在天津市，以推动国内甲骨学研究发展，弘扬天津国学传统文化为宗旨。

京师大学堂甲骨文书法研究院成立于 2010 年 11 月，设在北京市，以研究、弘扬和普及甲骨文书法艺术为宗旨。其前身是于 2005 年 9 月成立的北京辅仁大学校友会美术研究会甲骨文书法艺术研究室。

上海市殷商甲骨文研究院成立于 2014 年 1 月，设在上海市闵行区，主要从事甲骨文研究，甲骨文书画艺术创作、展览与交流以及甲骨文论著、书法作品集的编辑出版等活动。

上海练祁古文字研究中心成立于 2018 年 8 月，设在上海市嘉定区，也是一个致力于推动甲骨文研究、宣传和弘扬甲骨文书法艺术的社会组织。

当然，除了上述国家级和省级甲骨文学术或艺术方面的社会组织以外，国内还有不少地市也设立了甲骨文学会，例如南京市甲骨文学会、苏州市甲骨文学会、无锡市甲骨文学会、常熟市甲骨文学会、南通市甲骨文学会、安阳市甲骨文学会、威海市甲骨文学会、泰安市甲骨文学会、瑞安市甲骨文学会、吉林市甲骨文学会、大连市甲骨文学会、牡丹江市甲骨文学会等。此外，2017 年 12 月，安阳学院（原安阳师范学院人文管理学院）还成立了国内第一个以研究甲骨文艺术与创作为主的学术机构——“甲骨文艺术研究中心”。

香港特别行政区和台湾地区也设有与甲骨文相关的学术或艺术组织。中国古文字艺术学会是香港特别行政区成立的第一个以甲骨文书法艺术创作与甲骨文研究为主要业务的民间艺术团体。中国古文字学会成立于 2014 年 5 月，是设在香港的一个从事甲骨文研究和甲骨文艺术弘扬为主要业务的社会组织。台湾甲骨文学会成立于 1990 年，设在台北市，以研究甲骨文学术、探求中华文化之本源、振兴民族精神为宗旨。

其他国家和地区也成立了一些与甲骨文相关的学术或艺术组织。例如日本甲骨学院（欧阳可亮于 1978 年在东京建立）、日本甲骨文书道研究会、日本北枝篆会、新加坡狮城书法篆刻会等。

正是由于这些甲骨文学术或艺术组织的成立，甲骨文学术研究才得以有了良好的发展平台和强大支撑，甲骨文书法艺术才获得了极佳的传播载体和不竭动力。相信随着时代的持续发展与甲骨文影响力的不断扩大，世界各地还会有更多的甲骨文研究机构和甲骨文艺术组织相继涌现，这对甲骨文书法艺术的传承与弘扬具有重要意义。

如今，甲骨文已成为“世界记忆遗产”，而甲骨文书法艺术也因风格别样、韵味独特、魅力超凡、影响广泛而在世界文化艺术领域中占据了重要一席。优秀的甲骨文书法艺术作品不仅能让世界各地的参观者享受到中国古老文字及书法艺术之美，也可以使各国参观者受到中华优秀传统文化的良好熏陶。举办甲骨文书法艺术展览是宣传和弘扬中华优秀甲骨文化的一种绝佳方式和一条有效途径。

然而，当参观甲骨文书法艺术展览、欣赏甲骨文之美时，细心的人可能会发现不同作者所创作的甲骨文书法作品会呈现出不同的风格。其实，这属于正常现象，因为无论何种书体的书法风格都会因人而异，即使同一作者也能创作出书体与风格迥然不同的作品。古人是这样，今人亦如此。那么，就甲骨文书法艺术而言，殷商时期的先民（即殷人）所契刻或书写在龟甲和兽骨上的甲骨文呈现出哪些风格？而现代人所创作的甲骨文书法艺术作品又可分为哪些流派呢？

著名甲骨学大师董作宾曾将殷墟甲骨文划分为五期，其分期的一个重要标准就是“书体”，因为各期书体有着明显差异。从各期甲骨文的书体风格角度来看，董作宾认为第一期“雄伟”、第二期“谨饬”、第三期“颓废”、第四期“劲峭”、第五期“严整”。也有学者据此将五期甲骨文的特征总结为：第一期（即盘庚、小辛、小乙、武丁时期）甲骨文的特征为“雄健劲峭、宏伟壮丽”，堪为甲骨文书法艺术的繁荣鼎盛时期；第二期（即祖庚、祖甲时期）甲骨文的特征为“谨饬守法，工整秀丽”；第三期（即廪辛、康丁时期）甲骨文的特征为“颓靡柔弱，随意所适”；第四期（即武乙、文丁时期）甲骨文的特征为“峻峭刚劲、气势凌厉”；第五期（即帝乙、帝辛时期）甲骨文的特征为“隽秀严整、端庄精致”。尽管五期甲骨文的特征有所不同，但却展现出了风格多样之美。关于甲骨文的书体风格，有学者将其分为雄浑劲健型、工整规范型、疏朗清秀型、丰腴古拙型、秀丽轻巧型等五种类型，也有学者概括为奇肆型、劲峭型、雄浑型、委婉型、疏放型等五种类型。由此可见，殷商时期甲骨文书法艺术的风格是灵活多变的，真是异彩纷呈、蔚为大观。

由于殷人所契刻或书写的甲骨文原本就有多种特征与风格，加之现代书写者在创作时也会因人而异，所以甲骨文书法作品也往往会呈现出不同的风格。有学者根据这些风格各异的甲骨文书法作品而将当今的甲骨文书法艺术界分为规范派、形似派、写意派、字画派等四大流派。规范派的书家大都以临摹甲骨拓片为主，其用字规范严格，创作严肃认真，完全忠实于甲骨文原貌，绝不肆意臆造和妄加窜改。该派书家所创作的甲骨文书法作品，其文字一般都大小一致、排列整齐，并且字体、字距、行距等均十分严整规范。形似派的书家所写的甲骨文字形一般与甲骨拓片上的原字非常相似，但又有所不同，只是保持了甲骨文原字的风韵，已形成自己的风格。写意派的书家所写的甲骨文，字形一般不拘于甲骨文原貌，而只是保持甲骨文原有的字形。他们多采用写意的手法而肆意发挥以显现出甲骨文的神韵，追求“神似”，大胆创新，笔法自由活泼。字画派的书家依据象形文字“字画同源”之理，往往在保持甲骨文原字形的基础上，赋予其更多画的意境。他们所创作的甲骨文作品多为字画组合，既是字又像画，融字于画中或融画于字中，生动形象，颇为有趣。另外，也有学者根据具体创作方法的不同而将当今流行的甲骨文书法作品分为恪守甲骨文笔法型、借鉴金文笔法型、借鉴小篆笔法型、借鉴行草笔法型、写意夸张型等几类。总之，各派书家所创作的各类甲骨文书法艺术作品都有其独特的风韵和别样的意趣，在艺术的园囿里百花争艳、各散芬芳。

综观当今世界各个流派书家所创作的甲骨文书法艺术作品，无论是收录于展览作品集、个人作品集中的，还是散见于各类书刊、杂志、网络等媒体上的，且不说书法功底和水平如何，出现错别字都是最常见的现象。可以说，长期以来，没有错别字的甲骨文书法作品罕见，不规范使用或滥用甲骨文字成为当前甲骨文书法艺术的最大缺憾和美中不足，也成为制约和阻碍甲骨文书法艺术健康持续发展的最大障碍。为何会出现这种现象呢？原因大致有三：其一，很多书法家原本就不懂甲骨文，古文字学功底较差，有些人甚至连最基本的甲骨文工具书都未看过，只凭自己从前人或其他人创作的甲骨文书法作品中集来的“甲骨文字”进行书法创作，如此怎能不出现错别字？其二，有些书法家虽然也看了一些甲骨文工具书，但他们却不了解早期出版的一些甲骨文工具书中所收录的甲骨文字并非全都释读正确。因为甲骨文研究随着时代的进步也不断向纵深发展，当代学者不仅新考释出了不少甲骨文字，而且还对一些前人误释的甲骨文字进行了甄别和订正。如果书法家对这些重新订正或改释的并经过学界公认的甲骨文字不了解、不接受，依然沿用前人误释的甲骨文字，又怎能保证所创作的甲骨文书法作品用字不会出错呢？其三，由于甲骨文发现 120 多年来，目前学界从留存于世的十余万片商代刻辞甲骨中共发现了 4500（也有说 4300）多个甲骨文单字，而已被历代学者释读出的约有 2000 余字，其中释读正确且被学界公认的却仅有 1000 余字，所以书法家在创作书法作品时难免会受到甲骨文字数量不足的掣肘，毕竟这有限的 1000 余字很难满足书法家思想情趣和精神寄寓的抒发。为了满足创作之需，有些书法家“被迫”滥用“甲骨文字”，所以作品中出现错别字也在所难免。

其实，除了错别字以外，当前甲骨文书法艺术中的乱象还有肆意“借字”问题。由于已被正确释读并得到公认的甲骨文字仅有 1000 余字，远远无法满足创作之需，所以有些书法家为了避免使用错别字，便只好借用金文、小篆等其他古文字字体。此举尽管也属不规范用字，但也是不得已而为之，起码比使用错别字强。此外，内容雷同、形式单一等也是当前甲骨文书法艺术领域中常见的问题。

如何解决甲骨文书法艺术领域的这些乱象和问题？怎样才能写好甲骨文书法、创作出优秀作品呢？首先，书法家应严格遵“法”前行，规范使用甲骨文字，要熟练掌握目前已被正确释读并得到学界公认的1000多个甲骨文字，然后以这些字为依据和基础来组织内容，由此才能创作出没有错别字的甲骨文书法作品。其次，书法家应该密切关注甲骨文研究的最新进展，紧随甲骨学发展的脚步，及时了解甲骨文释字的前沿成果，不断对自己脑中的“甲骨文字库”进行更新和充实。因为随着出土材料的不断增多和研究的持续深入，不仅有诸多新见甲骨文字被当代学者相继释出，而且有不少被前辈学者误释的甲骨文字如今也已得到订正，这些经新释或改释后又被学界公认的甲骨文字已转变成释读准确可靠的甲骨文字，所以书法家应以最新成果为起点，可以放心大胆地使用这些新释字和改释字，而不应该再继续沿用错误的旧释了，否则就是故意“犯错”了。再次，书法家应摒弃拾人牙慧的“拿来主义”做法，不要只盲目地专注于从前人或他人创作的“甲骨文书法作品”中集字，不能投机取巧、自欺欺人，而是要静下心来，潜心研读有关甲骨文释读最新、全权威的工具书，不仅熟练掌握已被准确释读的甲骨文字，而且还要了解一些甲骨文的基本常识。再次，当书法家组织作品内容而遇到已准确释读甲骨文字不敷使用的情况时，可以灵活采用各种正确措施和有效手段来解决。例如可以自己“造字”，即通过对已释甲骨文字的拆分和对已释甲骨文偏旁的组合来创造出所需的一个新“甲骨文字”。但所“造”之甲骨文字要合理，应遵循科学规律，符合甲骨文字的偏旁结构。如不想或不愿“造字”，也可以借字，因为有些字即使用偏旁分析法也“造”不出来，所以只得去借了。但借字也要合理，并非肆意妄为，而应遵循一定规则。一般情况下，应先从与殷墟甲骨文时代相同或相近的金文中去借，因为同时期的文字尽管载体不同但字形往往最为相似或相同。如果所需之字也不见于商周金文，那么就再从春秋战国时期的金文、陶文、货币文、玺印文乃至秦代石鼓文、小篆等其他各类古文字中去借。借来之后再根据甲骨文的特征、运用甲骨文的笔法书写出来。当然，造字、借字都是不得已而为之，还是慎用、少用为宜。最后，书法家应戒除急于求成的心理和浮夸焦躁的情绪，要潜心在临摹甲骨拓本上下一番功夫，为创作甲骨文书法奠定坚实的基础。著名甲骨学大师郭沫若曾在所著《殷契粹编》的自序中说："卜辞契于龟骨，其契之精而字之美，每令吾辈数千载后人神往。……足知存世契文，实一代法书，而书之契之者，乃殷世之钟王颜柳也。"可见，如今留存于世的十几万片殷墟甲骨实物及拓本就是书法家研习甲骨文书法的不二"法帖"。所以，书法家应"先回归甲骨，再走出甲骨"，即"先入帖，再出帖"，这才是学习甲骨文书法的正确方法和成为真正甲骨文书法家的必由之路。此外，书法家不仅要有艺术眼光和书写功底，还要有一定的文学素养和道德修养。因为一幅优秀的甲骨文书法艺术作品，不仅形式佳、书写好，内容也要积极、新颖而富有内涵，充满"正能量"。这就需要书法家从中国历代古人所留下的丰富文化宝库中去汲取营养，例如诗词歌赋、哲理寓言、名言警句等诸多中华优秀传统文化的精华，自古至今一直被世人广为传诵。遭受熏陶之后或许才能"灵感大发"，在构思和组织内容时才会"妙语连珠"，从而创作出为广大民众所喜闻乐见的优秀甲骨文书法艺术作品来。

参考文献：

1. 董作宾：《甲骨文书法》，《香港画报》1956 年第 4 期。
2. 王宇信：《谈甲骨文与甲骨书法》，《郑州大学学报》（哲学社会科学版）1987 年第 1 期。
3. 朱桢：《浅说甲骨文书法艺术》，《殷都学刊》1989 年第 4 期。
4. 朱仁夫：《甲骨文书法艺术略述》，《岳阳大学学报》1990 年第 1 期。
5. 张俊之：《罗振玉对甲骨文书法的贡献》，《书法》1998 年第 3 期。
6. 濮茅左：《略谈甲骨文的命名和书法艺术》，《寻根》1999 年第 4 期。
7. 董玉京：《甲骨文书法艺术》，大象出版社，1999 年。
8. 董玉京：《我的父亲与甲骨文书法》，《江苏纪念甲骨文发现 100 周年甲骨文与商代文明国际学术研讨会论文选集》，江苏省甲骨文学会，1999 年 4 月。

9. 陈爱民、胡长春:《一八九九——一九九九:甲骨书法百年年表初编》,《书法之友》1999年第12期。
10. 柳学智:《甲骨文与甲骨文书法》,华中师范大学硕士学位论文,2002年。
11. 陈亮:《国际甲骨文书法艺术展在新加坡举行》,《书画艺术》2002年第1期。
12. 陈爱民:《当代甲骨文书法的发展态势》,《南京晓庄学院学报》2003年第3期。
13. 陈爱民:《甲骨文书法的艺术转换研究》,西南师范大学硕士学位论文,2005年。
14. 贾书晟,张鸿宾:《汉字书法通解·甲骨文》,文物出版社,2005年。
15. 姜栋:《20世纪大陆地区甲骨文书法实践状况研究》,首都师范大学硕士学位论文,2006年。
16. 张道森:《董作宾甲骨文书法探论》,《中国书画》2006年第3期。
17. 张坚:《甲骨文书法艺术》,《殷都学刊》2007年第1期。
18. 陈爱民:《殷商甲骨文艺术生命的现代升华》,《艺术探索》2009年第5期。
19. 王宇信:《甲骨文书法当遵"法"前行》,《文艺报》2010年11月12日。
20. 谢玉堂:《甲骨文的由来与发展》,山东人民出版社,2011年。
21. 王宇信:《甲骨文书法家应回归甲骨》,《中国艺术报》2011年8月3日。
22. 陆健:《甲骨文书法创作要改变"无法"状态》,《中国艺术报》2011年8月3日。
23. 池现平:《近现代甲骨文书法研究》,河南大学硕士学位论文,2012年。
24. 任会斌:《神韵千年:甲骨文书法》,《东方早报》2014年3月5日。
25. 朱月萍:《王宇信甲骨文书法论序集》,文物出版社,2014年。
27. 陈爱民:《二十世纪甲骨文书法研究》,人民出版社,2016年。
28. 池现平:《甲骨文书法创作的当代境遇》,《中国书法》2016年第9期。
29. 李建春:《甲骨文书法》,《光明日报》2017年7月21日。
30. 李建春:《甲骨文书法:契之精而字之美 契之爽而形之妙》,《光明日报》2017年7月27日。
31. 贾书晟:《甲骨文"字库"须吐故纳新》,《中国艺术报》2017年8月4日。
32. 贾书晟:《甲骨文书法用字的"雷区"之一》,《中国艺术报》2017年8月25日。
33. 贾书晟:《殷墟甲骨文书法探赜》(全3册),文物出版社,2017年。
34. 杨瑞兰,李彦君:《甲骨文书法应具备的三个要素》,《收藏快报》2017年12

月 6 日。

35. 黄天树:《汉字问题、〈说文〉的重要性及甲骨文的书法价值》,《中国书法》2017 年第 24 期。
36. 李彦君:《甲骨文书法百年》,《中国文化报》2018 年 1 月 28 日。
37. 刘一曼:《一部学习甲骨文书法的优秀教科书》,《中国文物报》2018 年 5 月 8 日。
38. 盛军:《让甲骨文书法回到甲骨文》,《中国艺术报》2018 年 11 月 16 日。
39. 王宇信:《怎样才能写好甲骨文书法》,《中国文物报》2019 年 3 月 13 日。
40. 任国战，杨之甜，姚林茹:《安阳学院甲骨文书法艺术展走进联合国》,《河南日报》2019 年 4 月 26 日。
41. 吴文康:《展示甲骨文书法魅力　推进甲骨文文明传播》,《社科院专刊》, 2019 年 8 月 30 日。
42. 刘绍刚:《甲骨文发现与近代甲骨文书法艺术》,《中国书法》2019 年第 23 期。
43. 吴晓明:《甲骨文书法的前世今生》,《中国美术报》2020 年 4 月 20 日。
44. 吴晓懿，胡小龙:《凿破鸿蒙　书契肇始——甲骨文书法艺术摭论》,《书画世界》2020 年第 2 期。

第五十三篇

甲骨学科渐完善，国际显学名声扬

甲骨文自1899年被发现至今，已走过120多年的历程。在中外几代学者的薪火相传和不懈努力下，甲骨学已发展成为一门国际性学问和世界性学科。何为“甲骨学”？王宇信定义为：“甲骨学是以古遗址出土供占卜用的有字龟甲和兽骨为研究对象的一门学问。”它“是以甲骨文为研究对象的专门学科，是甲骨文自身固有规律系统的和科学的反映”。120多年来，“经过几代学者的努力，甲骨学已成为一门有严密规律，有独特研究对象和积累了丰富研究资料及研究课题的专门学科。”由此可见，“甲骨学”是因甲骨文的研究而形成的一门专业学问和独立学科。其实，“甲骨学”也有狭义和广义之分。所谓“狭义甲骨学”也就是“传统甲骨学”，研究领域比较有限，是目前主流学界所熟悉和广大民众所了解的甲骨学。然而，关于“广义甲骨学”，研究领域和涉及范围比较广泛，笔者认为可以大致归纳为三个层面：第一个层面为以“甲骨文”为中心的研究领域，例如甲骨文的发掘、收藏、流传、传拓、著录、考释、编纂、释义、词性、语法、辨伪、缀合、排谱、载体、属性、分组分类、分期断代、数字化以及甲骨文的丰富内容所涉及的商代历史和考古等研究领域；第二个层面为以“甲骨文的载体”为中心的研究领域，例如甲骨的材质、来源、整治方法、钻凿形态、烧灼痕迹、占卜方法、文字契刻工具、文字契刻工艺、埋藏状况、分布区域等研究领域；第三个层面是由甲骨文及其载体衍生出的甲骨文化方面的研究领域，例如甲骨文书法艺术、甲骨文篆刻艺术、甲骨文仿刻艺术、甲骨文雕刻艺术、甲骨文化创意产品的设计与研发、甲骨文知识科普、甲骨文化的宣传与弘扬等研究领域。其中，第三个层面可以统称为甲骨学的“社会化”领域。对以上三个层面所涉及领域进行全面而系统的梳理、归纳和总结，就形成“甲骨学发展史”（简称“甲骨学史”）。

王宇信将甲骨学的发展历程大致划分为“三个阶段”和“五个时期”，“三个阶段”分别为“前五十年的甲骨文研究”（1899 年—1949 年）、“后五十年的甲骨文研究”（1949 年—1999 年）和“二十一世纪的甲骨文研究”（2000 年以后），而“五个时期”分别是甲骨学的“草创时期”（1899 年—1928 年）、“形成时期”（1928 年—1949 年）、“发展时期”（1949 年—1978 年）、“深入发展时期”（1978 年—1999 年）和“全面深入发展与弘扬时期”（2000 年以后）。由此可见，“前五十年的甲骨文研究”阶段包括甲骨学的“草创时期”和“形成时期”，“后五十年的甲骨文研究”阶段包括甲骨学的“发展时期”和“深入发展时期”，而“二十一世纪的甲骨文研究”阶段就是甲骨学的“全面深入发展与弘扬时期”。其实，像其他许多学科一样，甲骨学的发展历程也不是一帆风顺、一成不变的，而是经历了多个阶段，并在不同时期呈现出不同的特征。不过，甲骨学发展的总体趋势是在逐渐走向完善。下面，笔者以此为主线相继对各个时期的甲骨学发展情况做下概述。

在甲骨学的“草创时期”（1899 年—1928 年），甲骨学的研究范围还非常有限，仅限于甲骨文的收藏、流传、著录、考释、辨伪以及卜辞内容所涉相关殷商史研究等领域，基本上不出传统金石学的范畴。这一时期面世的殷墟甲骨文都是被民间私自滥挖盗掘出土的，所以丢掉了不少历史信息，使其研究价值大打折扣。1899 年，王懿荣首先鉴定和辨识出甲骨文后，不仅先后收购和搜集了 1500 余片刻辞甲骨，而且还考释出了一些简单的甲骨文字，只可惜还未来得及进行深入研究就自杀殉国了。几乎在同一时期，王襄、孟广慧、端方等人也从古董商手中收购到一些刻辞甲骨，与王懿荣一起成为最早的一批甲骨藏家。王懿荣死后不久，刘鹗不仅买下了他的大部分甲骨藏品，而且还继续搜集，最终达到 5000 余片。1903 年，刘鹗在其亲家罗振玉的建议和帮助下，将自己所藏的部分甲骨精品编成《铁云藏龟》，首开甲骨著录之先河。1904 年，著名学者孙诒让对《铁云藏龟》所收录的甲骨拓片进行认真研究后，撰写并出版了《契文举例》，成为甲骨学史上考释甲骨文字的第一部著作。之后，罗振玉不仅率先打探和考订出甲骨文的真实出土地为安阳殷墟，而且还派人多方收购和搜罗甲骨，最终使自己的甲骨藏量达到3万余片，一举成为当时最大的甲骨收藏家。罗振玉不仅收藏甲骨，也对所藏甲骨进行了整理和研究，编辑出版了《殷虚书契前编》（8卷，1913年）、《殷虚书契菁华》（1卷，1914年）、《铁云藏龟之余》（1卷，1915年）、《殷虚书契后编》（2卷，1916年）、《殷虚书契续编》（6卷，1933年）等多部甲骨著录，并撰著《殷商贞卜文字考》（1910年）、《殷虚书契考释》（1915年）及《增订殷虚书契考释》（3卷，1927年），还率先将已考释出的甲骨文字集为楹联，编为《集殷虚文字楹帖》（1921年），引领了近现代甲骨文书法艺术的新潮流，为推动甲骨学的形成作出了重大贡献。王国维在罗振玉研究的基础上，又将甲骨文研究进一步向前推进，在所撰《殷卜辞中所见先公先王考》与《殷卜辞中所见先公先王续考》二文中，证明了《史记》所载《殷本纪》为信史，开创了借助甲骨文研究殷商史的先例。不仅如此，王国维还率先对甲骨残片进行了缀合，开辟了研究甲骨文的一条新途径和甲骨学研究的一片新领域。罗振玉和王国维对于甲骨文的研究，也形成了对当时和后世学界影响深远的“罗王之学”。1920年，王襄编辑成首部甲骨文字典《簠室殷契类纂》，开创了一个新领域。与此同时，日本的林泰辅、法国的沙畹、英国的金璋、英国的库寿龄、美国的柏尔根、美国的福开森、美国的方法敛、加拿大的怀履光、加拿大的明义士、德国的威尔茨、德国的卫礼贤等一大批西方传教士、学者和政客也相继加入收藏和研究甲骨文的队伍中来，使初具雏形的甲骨学很快发展成为一门国际性学问和世界性学科。然而，这些西方人对甲骨文的研究也大都仅限于收藏、著录、考释等少数几个方面，而且一些人还将所购或所藏的甲骨卖到海外，造成了中华民族瑰宝的流失。其中，尤为值得一提的是加拿大汉学家明义士。他曾利用在安阳传教之机，不仅搜购到和收藏有5万余片甲骨，成为国内外最大的甲骨藏家，而且还对所藏甲骨进行了整理、著录和研究，先后撰写并发表了多篇甲骨文研究论文，编著并出版了多部甲骨学著作，使得他当时所任教的齐鲁大学成为研究甲骨文的一座重镇。此外，明义士在甲骨文的辨伪、缀合、分期断代等方面也做了不少具有开创性意义的实践和研究。如今，故宫博物院、山东博物馆、南京博物院、加拿大皇家安大略博物馆等国内外不少文博单位所藏的殷墟甲骨大多都是他生前的藏品呢。可以说，在当时所有涉足甲骨文收藏与研究的西方人中，明义士算是一位真正的甲骨学者，也为推动甲骨学的形成和发展作出了不可磨灭的贡献。总之，这一时期，在中外学者和收藏家的共同努力下，甲骨学才得以初步形成并快速发展成为国际性学科，拥有了较高的起点。

在甲骨学的“形成时期”（1928 年—1949 年），甲骨文的研究领域和范围得到逐步拓展，开始步入科学发展的轨道，甲骨学正式成为一门独立学科。从 1928 年开始，私人滥挖乱掘甲骨文的历史被终结，暂告一段落。至 1937 年，当时的中央研究院历史语言研究所先后派董作宾、李济、梁思永等中国最早的一批考古学家对安阳殷墟进行了 15 次科学考古发掘，不仅收获了 24918 片刻辞甲骨，而且还开启了中国近代考古学诞生的新时代。这一时期，甲骨文的发掘和整理终于有了科学记录，使其学术研究价值得到很大提升。甲骨学的研究范围也开始逐步拓展，在甲骨文的著录、考释、分期断代以及殷商史研究等领域均涌现出不少标志性成果。例如董作宾于 1933 年完成的划时代著作《甲骨文断代研究例》，成功将历时 273 年且分属于 8 世 12 王的十几万片殷墟甲骨划分为“五个时期”，使每片甲骨都找到了“归属”，为学者研究甲骨文提供了极大方便，一直影响至今。在甲骨文的著录方面，董作宾的《新获卜辞写本》（1928 年，收录 381 片甲骨）、《殷虚文字甲编》（1948 年，收录 3942 片甲骨）和《殷虚文字乙编》（三辑，1948—1953 年，共收录 9105 片甲骨）；关百益的《殷虚文字存真》（1931 年，收录 800 片甲骨）；容庚的《殷契卜辞》（1933 年，收录 874 片甲骨）；罗振玉的《殷虚书契续编》（1933 年 9 月，收录 2016 片甲骨）；商承祚的《殷契佚存》（1933 年，收录 1000 片甲骨）；黄伯川的《邺中片羽（初集）》（1935 年，收录 245 片甲骨）、《邺中片羽（二集）》（1937 年，收录 93 片甲骨）和《邺中片羽（三集）》（1940 年，收录 215 片甲骨）；唐兰的《天壤阁甲骨文存并考释》（1939 年，收录 108 片甲骨）；金祖同的《殷虚遗珠》（1939 年，收录 1459 片甲骨）和《龟卜》（1948 年，收录 125 片甲骨）；孙海波的《甲骨文录》（1938 年，收录 930 片甲骨）和《诚斋殷虚文字》（1940 年，收录 500 片甲骨）；胡厚宣的《卜辞同文例》（1940 年，收录 273 片甲骨）和《甲骨六录》（1945 年，收录 659 片甲骨）；李亚农的《殷契摭佚》（1941 年，收录 118 片甲骨）以及美国白瑞华的《库方二氏藏甲骨卜辞》（1935 年，收录 1687 片甲骨）、《甲骨卜辞七集》（1938 年，收录 527 片甲骨）和《金璋所藏甲骨卜辞》（1939 年，收录 484 片甲骨）、日本梅原末治的《河南安阳遗宝》（1940 年，收录 149 片甲骨）等堪为该时期的代表作。在甲骨文字的考释方面，郭沫若所著的《甲骨文释》（初名《甲骨文字研究》，1931 年）和于省吾所著的《双剑誃殷契骈枝》（初编 1940 年、续编 1941 年、三编 1943 年）可谓此时期的代表性成果，将甲骨文字考释的深度和广度又推进了一大步。在甲骨文工具书的编纂方面，朱芳圃的《甲骨学文字编》（1933 年，共收单字 956 个）和孙海波的《甲骨文编》（1934 年，共收单字 1006 个）都汇集了不少甲骨文字的考释成果。1931 年至 1945 年，受抗日战争的影响，甲骨学发展也遭遇了波折。不仅对殷墟的科学考古发掘被迫停止，而且包括甲骨文研究在内整个学术领域都几乎陷入停滞状态。然而，即使在当时如此严峻的形势和艰苦的条件下，一些学者虽历经辗转流徙、长途跋涉、居无定所、食不果腹，但不惧艰险、克服万难，仍坚持研究甲骨文，继续顽强地推动甲骨学向前发展。例如董作宾耗费十年心血所著的《殷历谱》（1945 年石印，1963 年重印），堪为甲骨学与殷商史相结合而产生的一部巨著。而胡厚宣所著的《甲骨学商史论丛》（初集、二集、三集）更是利用甲骨文材料研究殷商史的经典之作，对殷商史诸多方面的问题都进行了全面而深入的探讨，将王国维所开创的古史研究“二重证据法”继续向前推进。

在甲骨学的“发展时期”（1949 年—1978 年），甲骨文研究虽继续推进，但研究领域仍基本局限于“狭义甲骨学”的范围内，故也被称为“缓慢发展时期”。不过，在甲骨文材料的充实和发现方面却实现了新的突破。例如，在中华人民共和国成立初期，胡厚宣所编著的《战后南北所见甲骨录》（1951 年）、《战后宁沪新获甲骨集》（1951 年）、《战后京津新获甲骨录》（1954 年）、《甲骨续存》（1955 年）等一批甲骨著录集的出版，为当时大陆资料急缺的甲骨文研究增添了一批宝贵的新材料。此外，流散于海外的不少甲骨材料也相继被整理和公布，例如饶宗颐编著的《日本所见甲骨录》（1956 年 6 月）、《巴黎所见甲骨录》（1956 年 12 月）、《海外甲骨录遗》（1958 年）、《欧美亚所见甲骨录存》（1970 年）；张秉权编的《殷虚文字丙编》（1957 年 8 月至 1972 年）；日本学者贝冢茂树编著的《京都大学人文科学研究所藏甲骨文字》（1959 年）；

日本学者伊藤道治编著的《故小川睦之辅氏藏甲骨文字》（1966 年）、《大原美术馆所藏甲骨文字》（1968 年）、《藤井有邻馆所藏甲骨文字》（1971 年）和《日本所见甲骨录》（1977 年）；许进雄编著的《明义士收藏甲骨文字》（1972 年）；美国学者周鸿翔编著的《美国所藏甲骨录》（1976 年）等，为甲骨文研究和《甲骨文合集》的编纂提供了一批难得的新材料。尤为值得一提的是，1956 年，由郭沫若担任主编、胡厚宣出任总编辑的一项大型甲骨文整理项目《甲骨文合集》也被列入“国家科学发展十二年远景规划”。在胡厚宣的率领下，《甲骨文合集》编辑团队肩负重任、砥砺前行，历经二十余年的艰辛付出，克服重重困难，耗费了大量精力和心血，终于在 1978 年完成编纂工作。在甲骨文的发掘和新材料的发现方面，考古工作者不仅于 1973 年在安阳殷墟小屯南地又发掘出了 5335 片（缀合后 4589 片）刻辞甲骨，而且还在郑州二里岗商代都城遗址中发现了商代早期的甲骨文，既使甲骨文材料得到了极大充实，又让学界对甲骨文有了新的认识。随着这些甲骨文新材料的出土，学界对甲骨文分期断代的研究也渐趋深入，不仅解决了困扰学界多年的“文武丁卜辞时代之谜”，也为“历组卜辞”年代问题的解决提供了重要线索。尤为难得的是，这一时期，考古工作者还相继在山西、陕西、北京等不少地区的一些商周遗址中发现了一批属于西周时期的甲骨文，从而再次刷新了学界对甲骨文的认识，并开辟了甲骨学的一个重要分支——西周甲骨学。在甲骨文的考释方面，杨树达所著的《积微居甲文说·卜辞琐记》（1954 年）和《耐林庼甲文说·卜辞求义》（1954 年）均有所创获。李孝定的《甲骨文字集释》（1965 年）也是该时期文字考释的最新成果。在甲骨文工具书的编纂方面，孙海波的《甲骨文编》（1934 年初版，1965 年修订版）、金祥恒的《续甲骨文编》（1959 年）和日本学者岛邦男的《殷墟卜辞综类》（1967 年，1971 年增订再版）堪为集大成之作。在甲骨文的缀合方面，郭若愚的《殷虚文字缀合》（1955 年）和严一萍的《甲骨缀合新编》（1975 年）、《甲骨缀合新编补》（1976 年）为这一时期的代表作，为甲骨学与殷商史的研究提供了更完整、更准确的资料。在甲骨文的内容及殷商史研究方面，饶宗颐所著的《殷代贞卜人物通考》（1959 年）和日本学者岛邦男的《殷墟卜辞研究》（1958 年）均为经典代表作。关于甲骨学发展史及研究成果的总结，胡厚宣的《五十年甲骨文发现的总结》

（1951 年）和《五十年甲骨学论著目》（1952 年）堪为该领域的开创之作。董作宾的《甲骨学五十年》（1955 年）也是系统梳理甲骨学史的代表作。而陈梦家的《殷虚卜辞综述》（1956 年）则为一部系统总结 1899 年—1956 年间所出土甲骨资料及研究成果的巨著。总之，这一时期甲骨学的发展步伐虽趋缓，但在很多领域还是取得了显著成绩和重大突破。可以说，这一时期海外学者对甲骨学发展所作的贡献还是非常明显的，说明甲骨学依然是门国际性学科。

在甲骨学的"深入发展时期"（1978 年—1999 年），甲骨文研究的诸多领域均取得了长足进步，研究程度日益深入。在甲骨文的著录方面，甲骨文整理的集大成之作《甲骨文合集》（13 册）于 1982 年 3 月全部出齐。这部里程碑式的巨著，不仅对之前出版的所有甲骨著录做了总结，使甲骨文资料匮乏的局面得到根本改观，也为甲骨学步入"全面深入发展时期"的研究奠定了坚实基础。此外，许进雄编著的《怀特氏等收藏甲骨文集》（1979 年）、中国社会科学院考古研究所编的《小屯南地甲骨》（1980 年）、日本学者松丸道雄编著的《东京大学东洋文化研究所藏甲骨文字·图版篇》（1983 年）、李学勤等人编著的《英国所藏甲骨集》（1985 年）、日本学者伊藤道治编著的《天理大学附属天理参考馆甲骨文字》（1987 年）、胡厚宣编著的《苏德美日所见甲骨集》（1988 年）、日本学者荒木日吕子编著《中岛玉振旧藏甲骨》（1996 年）等甲骨著录集也为学界提供了一批珍贵的甲骨文研究资料。在甲骨文字的考释方面，于省吾的《甲骨文字释林》（1979 年）和裘锡圭的《古文字论集》（1992 年）堪为这一时期的杰出代表，反映了甲骨文字考释的最新水平。在甲骨文资料的整理方面，姚孝遂的《殷墟甲骨刻辞摹释总集》（全 2 册，1988 年）和《殷墟甲骨刻辞类纂》（1989 年）堪为经典之作。在甲骨文工具书的编纂方面，徐中舒主编的《甲骨文字典》（1989 年）、于省吾主编的《甲骨文字诂林》（全 4 册，1996 年）和日本学者松丸道雄、高岛谦一等编纂的《甲骨文字字释综览》（1993 年）均为该领域的里程碑式著作，总结了甲骨文考释的最新成果。在甲骨文的分期断代研究方面，李学勤突破了传统的董氏"五期说"，在所著《殷墟甲骨分期研究》（与彭裕商合著，1996 年）中构筑了殷墟王室卜辞的"两系说"，为学界广为认可。现代科技手段（如加速器质谱仪）和现代天文学成果，也被引入甲骨文断代领域，从而使甲骨文的断代研究更加深入。在甲骨文的缀合方面，蔡哲茂的《甲骨缀合集》（1999年，收录361例）算是这一时期的代表作。在甲骨钻凿形态研究方面，许进雄所著的《甲骨上钻凿形态的研究》（1979年）开创了甲骨文研究的一个新领域，将学界的视线从甲骨文字开始转移到此前被忽略的甲骨文载体上。在甲骨文研究的总结与梳理方面，张秉权的《甲骨文与甲骨学》（1970年）、严一萍的《甲骨学》（1978年）、陈炜湛的《甲骨文简论》（1987年）、王宇信的《甲骨学通论》（1989年）等均为该领域的杰出代表作。在甲骨学的分支学科西周甲骨文研究方面，王宇信所著的《西周甲骨探论》（1984年）对西周甲骨文自1954年被发现以来的发展和研究历程做了总结，徐锡台编著的《周原甲骨文综述》（1987年）在诸多方面都提出了自己的独到见解。1999年，在甲骨文发现100周年之际，中国社会科学院以“甲骨文百年成果”的形式，推出了《甲骨学一百年》、《甲骨文合集补编》（共收录甲骨13450片）、《百年甲骨学论著目》等一系列成果和《甲骨文合集释文·来源表》、《甲骨学通论》（增订本）等一批精品力作，为甲骨学的辉煌百年历程作了完美的总结。此外，这一时期甲骨学研究的方法和手段也随着现代科技的发展而产生了巨大变化。电子计算机的广泛应用，也促使甲骨学研究领域发生了重大变革。例如从1973年起，国内外有人在甲骨残片缀合中开始使用电子计算机，尽管这只是一种尝试，但现代科学技术的发展，为其应用于甲骨学研究开辟了新途径。甲骨文研究插上现代科技的“翅膀”，必将取得更大的成就。

在甲骨学的“全面深入发展与弘扬时期”（2000年至今），甲骨文的研究范围进一步扩大，各领域“全面开花”，学科体系渐趋完善。进入21世纪以来，当代甲骨学者在百年学术积累的基础上，不断总结创新，继续砥砺前行，推动甲骨学研究持续向全方位、纵深化方向发展，并屡创辉煌。尤为重要的是，近年来，甲骨文研究受到了党和国家的高度重视与大力支持，国家哲学社会科学基金重大委托项目“大数据、云平台支持下的甲骨文字考释研究”正式实施，教育部、国家语委牵头组织的“甲骨文等古文字研究与应用”专项工作正式启动，中央宣传部、教育部等八部门联合规划的“古文字与中华文明传承发展工程”的实施启动，这些均预示着甲骨文研究进入了政府推动下的“全面深入发展与弘扬”新阶段。2016年10月28日，《光明日报》刊登的《关于征集评选甲骨文释读优秀成果的奖励公告》，就是正式开启甲骨学发展新时期的重要标志。甲骨学在新世纪的发展虽然还比较短暂，但是在新百年开局的20多年中，各领域就已取得了相当丰富的成果。在甲骨文的著录方面，学界开始对中华人民共和国成立后科学发掘所得的出土甲骨和一些单位或个人旧藏的传世甲骨及拓本进行系统化、专题化、精细化整理，相继编辑出版了《殷墟花园庄东地甲骨》（全6册，2003年）、《中国国家博物馆馆藏文物研究丛书：甲骨卷》（2007年）、《北京大学珍藏甲骨文字》（2008年）、《上海博物馆藏甲骨文字》（2009年）、《史语所购藏甲骨集》（2009年）、《中国社会科学院历史研究所藏甲骨集》（全3册，2011年8月）、《殷墟小屯村中村南甲骨》（全2册，2012年）、《俄罗斯国立爱米塔什博物馆藏殷墟甲骨》（2013年）、《旅顺博物馆所藏甲骨》（全3册，2014年）、《卡内基博物馆所藏甲骨研究》（全2册，2015年）、《重庆三峡博物馆藏甲骨集》（2016年）、《笏之甲骨拓本集》（2016年）、《典雅劲健：香港中文大学藏甲骨集》（2017年）、《复旦大学藏甲骨集》（全2册，2019年）、《安阳博物馆藏甲骨》（2019年）以及《洹宝斋所藏甲骨》（2006年）、《殷墟甲骨辑佚》（2008年）、《云间朱孔阳藏戬寿堂殷虚文字旧拓》（2009年）、《张世放所藏殷墟甲骨集》（2009年）、《殷墟甲骨拾遗》（2015年）等一大批“多位一体”（例如甲骨片的照片、拓本、摹本、释文、索引等）、更臻完善的甲骨著录集，为当代学者提供了丰富的甲骨文研究资料。在甲骨文工具书的编纂方面，马如森的《殷墟甲骨文实用字典》（2008年）和《甲骨文书法大字典》（2010年）、刘钊的《新甲骨文编》（2009年）和《甲骨文常用字字典》（2019年）、李宗焜的《甲骨文字编》（2012年）、韩江苏和石福金的《殷墟甲骨文编》（2017年）、陈年福的《甲骨文字新编》（2017年）、何景成的《甲骨文字诂林补编》（全2册，2017年）、郭旭东、张源心和张坚的《殷墟甲骨学大辞典》（2020年）等一大批甲骨文字典和辞书问世，为学者研究甲骨文和书法家及大众学习甲骨文提供了极大方便。在甲骨文分期断代研究方面，刘一曼、曹定云所撰的《论武乙、文丁卜辞》、《再论武乙、文丁卜辞》、《三论武乙、文丁卜辞》和《四论武乙、文丁卜辞——无名组和历组卜辞早晚关系》，使得学界争论多年的“历组卜辞”年代问题又向前推进了一大步。当代著名学者林沄也一直致力于甲骨文分类和断代问题的研究，以期建立一套更为完善的理论体系。在殷商史研究方面，由宋镇豪主编的 11 卷本、688 万字的《商代史》（2011 年），可谓具有填补空白意义的一部大型商断代史著作，堪为打造甲骨文研究新世纪再辉煌的奠基之作，将中国信史从公元前 841 年又往前推进了 1000 多年。在甲骨文的缀合与拼合方面，蔡哲茂和黄天树领衔该领域的发展，蔡哲茂编著的《甲骨缀合续集》（2004 年，收录 543 例）和《甲骨缀合汇编（图版篇）》（2011 年）、林宏明编著的《醉古集：甲骨的缀合与研究》（2008 年，收录 382 组）和黄天树主编的《甲骨拼合集》（五集），包括《甲骨拼合集》（2010 年，收录 326 则）、《甲骨拼合续集》（2011 年，收录 269 则）、《甲骨拼合三集》（2013 年，收录 219 则）、《甲骨拼合四集》（2016 年，收录 201 则）、《甲骨拼合五集》（2019 年，收录 191 则），堪为新时代甲骨拼缀的代表作，均为学界提供了大批研究甲骨文的“新材料”。在甲骨学史的梳理和总结方面，王宇信所著的《中国甲骨学》（2009 年）、《新中国甲骨学六十年（1949—2009）》（2013 年）、《甲骨学发展 120 年》（2019 年）、《新中国甲骨学七十年（1949—2019）》（2019 年）等一系列著作相继出版，对甲骨学 110 年和 120 年的发展历程又分别作了全面而系统的总结。在西周甲骨文研究方面，曹玮所著的《周原甲骨文》（2002 年）不仅公布了一批标准的西周甲骨彩色照片，而且还规划了西周甲骨应突破的几个节点。西周甲骨文研究的深入发展使传统甲骨学的研究范围不断扩大。在甲骨文研究与现代科学技术结合方面，安阳师范学院计算机与信息工程学院的刘永革团队将计算机技术引入甲骨文的缀合领域，已初步开发出甲骨图像拼接软件，并成功缀合出多组甲骨图像，实现了重大突破。在甲骨文的电子化和数字化方面，安阳师范学院的甲骨文研究团队不仅建立起目前国内外最大、最全的甲骨文电子信息库，而且还与中国社会科学院甲骨学殷商史研究中心合作建设了甲骨文大数据平台——“殷契文渊”（2019 年 10 月 18 日向全球免费开放），成功完成了甲骨文资源的数字化，实现了古老甲骨文与现代计算机高新技术的完美结合，成为甲骨学在新时代呈现出的最新特征，不仅开启了甲骨文研究的智能化时代，也为学界和大众查询甲骨文资料及学习、研究甲骨文提供了极大方便。此外，计算机等现代科学技术在新时代甲骨学研究中所起的作用和产生的影响正在逐渐增大。除了缀合甲骨残片和将甲骨文资料数字化以外，在计算机人工智能深度识别甲骨文关键技术的研发、甲骨片 3D 打印技术的开发、甲骨文三维数据建模档案的建设、甲骨文契刻工艺三维微痕的分析等方面也发挥了重要作用。在甲骨文化的发掘、宣传和弘扬方面，甲骨文书法、甲骨文篆刻、甲骨文仿刻、甲骨文雕刻等各类艺术在新世纪得到了蓬勃发展，成为世界各国广大民众所喜闻乐见的艺术形式。世界各地频繁举办的不同规模的各类甲骨文艺术展览不仅水平越来越高，而且影响逐渐扩大，有效推动了国际甲骨文化的交流与宣传。值得一提的是，朱月萍的《王宇信甲骨文书法论序集》（2014 年）、陈爱民的《二十世纪甲骨文书法研究》（2016 年）、贾书晟的《殷墟甲骨文书法探赜》（2017 年）等著作的出版，填补了甲骨文书法理论研究领域的“空白”，促使长期以来“无法可依”或“有法不依”的甲骨文书法沿着“回归甲骨，走出甲骨”的科学道路和正确方向前行。在甲骨学全面深入发展与弘扬的新时期，“甲骨文化产业”也应时而生，并迅速崛起，成为促进甲骨文化宣传的新手段和推动经济发展与产业振兴的新动能。总之，甲骨学在新世纪不断被注入“新鲜血液”，其研究范围和涉及领域获得了史无前例的拓展，呈现出一派生机勃勃的新气象。

在新世纪甲骨学研究的诸多领域中，甲骨文字的考释依然占据重要一席，值得单独介绍。甲骨文考释一般包括“字形考订”和“辞例解释”两部分，前者为“考”，后者为“释”，二者结合便称为“考释”。当年，著名甲骨学大师罗振玉曾将尚未识别的甲骨文字编成《殷虚书契待问编》（1916 年），并留下“今日所不知者，异日或知之。在我所不知者，他人或知之”之言，对后来学者寄予很高的期望。然而，在甲骨学发展史上，虽然数次出现号称能破译全部甲骨文字的种种“新方法”，但是在引起一番“轰动”之后并未真正使甲骨文字的考释工作有所推进。即便进入 21 世纪后，学界仍难以逾越甲骨文字考释的瓶颈和障碍，多年来很难有所突破。因为据学者研究，在目前已发现的 4500（也有说 4300）多个甲骨文单字中，已被考释并取得学界公认的仅有1000（也有说1300）多个，已被考释但仍存争议的约有500余个，也就是说还有3000多个甲骨文字有待考释和破译。数量虽多，但可惜都是前人剩下的很难啃的“硬骨头”，多为殷商时期的人名、族名、地名、国名、物名、祭祀名等早已失传已久而无法破解的“死文字”。因为这些都是在当时特定条件下产生的“专用字”，如今大都已无从考证或极难破解，所以有人认为考释出一个甲骨文字犹如天文学界发现一颗小行星一样难。可以说，每一个甲骨文字的考释都相当于一场“攻坚战”。此外，甲骨文的“一字多形”“一字多义”和“一形多字”，也使其辨识难度大为增加。然而，即便再难，也得勇于尝试，继续推进，毕竟考释甲骨文字为甲骨学研究领域的一项重要基础性工作，如果不认识文字，那么其他研究工作就无从谈起，很多商代历史问题也就得不到解决。其实，甲骨文中的“死文字”即使因找不到当今汉字与之对应而难以释读，但也并不影响对卜辞文义的理解，因为它们的字义还是可以解读的。所以，尽管表面看来它们已经“死”掉了，似乎失去了价值和意义，但其实仍有不少“活”的信息可以探索和寻觅，值得发掘和研究。有学者认为，当前考释甲骨文字的重点应该放在未识（没有释读）或未定（尚有争议）的关键字词上，因为这些字词的破译能解决更多相关历史问题，所以更具价值。然而，任何一个甲骨文字的破译工作都将是一场极其艰难的“攻坚战”。因此，甲骨文字的考释工作还应紧跟时代发展的步伐，充分运用大数据、云平台、人工智能等现代科学技术手段来突破释读“瓶颈”，从而推动甲骨文研究不断迈上新台阶。

鉴于甲骨文的重要价值和非凡意义，近年来党和国家对甲骨文研究越来越重视，国家有关部门相继设置了诸多专题研究项目和专项奖励计划，以推动新时代甲骨文研究的持续发展。例如在2014年5月，习近平总书记指出：“中国字是中国文化传承的标志。殷墟甲骨文距离现在3000多年，3000多年来，汉字结构没有变，这种传承是真正的中华基因。”2016年5月17日，在哲学社会科学工作座谈会上，习近平总书记提出：“要重视发展具有重要文化价值和传承意义的‘绝学’、冷门学科。这些学科看上去同现实距离较远，但养兵千日、用兵一时，需要时也要拿得出来、用得上。还有一些学科事关文化传承的问题，如甲骨文等古文字研究等，要重视这些学科，确保有人做、有传承。”为了贯彻落实习近平总书记的讲话和指示精神，2016年，全国哲学社会科学规划办公室将“大数据、云平台支持下的甲骨文字考释研究”列入2016年度国家哲学社会科学基金重大委托项目。截至目前，该项目所设的10个子课题进展顺利、成果显著。经全国哲学社会科学规划办公室同意，中国文字博物馆于2016年10月、2017年7月在《人民日报》《光明日报》以及新浪网、搜狐网等各大报纸、网站上登发了《关于征集评选甲骨文释读优秀成果的奖励公告》，“十万一字”的“悬赏令”曾吸引了广泛关注，在社会上引起了热议。2019年5月23日，中国文字博物馆又在《光明日报》等媒体上发布了《关于征集评选第二批甲骨文释读优秀成果的奖励公告》，并已于2019年10月31日截稿。“十万一字”的“悬赏令”再次吸引了大众的目光，激起了一阵“涟漪”。2019年11月1日上午，由中央宣传部、教育部、文化和旅游部、科技部、国家语委、国家文物局、中国社会科学院、河南省人民政府等八部门联合举办的“纪念甲骨文发现120周年座谈会”在北京人民大会堂隆重召开，中共中央政治局委员、国务院副总理孙春兰出席会议，并在会上宣读了中共中央总书记、国家主席、中央军委主席习近平的贺信。消息一出，社会各界反响强烈，掀起了一股“甲骨文热潮”。习近平总书记在贺信中指出：“殷墟甲骨文的重大发现在中华文明乃至人类文明发展史上具有划时代的意义。甲骨文是迄今为止中国发现的年代最早的成熟文字系统，是汉字的源头和中华优秀传统文化的根脉，值得倍加珍视、更好传承发展。”他强调，“新中国成立70年来，党和国家高度重视以甲骨文为代表的中华优秀传统文化传承和发展，多部门多学科协同开展甲骨文研究和应用，培养了一批跨学科人才，经过几代人辛勤努力，甲骨文研究取得显著成就。新形势下，要确保甲骨文等古文字研究有人做、有传承。希望广大研究人员坚定文化自信，发扬老一辈学人的家国情怀和优良学风，深入研究甲骨文的历史思想和文化价值，促进文明交流互鉴，为推动中华文明发展和人类社会进步作出新的更大的贡献。”从习近平总书记的贺信和历次讲话中可以看出，他曾把甲骨文的传承提升到“中华基因”的高度，而今又确立了甲骨文为“中华优秀传统文化的根脉”的崇高地位，足以说明党和国家对甲骨文是何等重视，也为甲骨学进入“全面深入发展与弘扬的新时期”以后在新时代的继续发展指明了方向。以上这些均预示着甲骨文研究在新时代已逐渐受到党和国家的高度重视，所以“绝学”不会绝、冷门不再冷，甲骨文的发展终于迎来了春天。

正如前文所言，早在“草创时期”，甲骨学就已成为国际性学科。120多年来，甲骨文不仅成就了国内外数代、多位学者，也吸引了世人的广泛关注。在国内外学者的相互合作、密切交流和共同努力下，甲骨学的发展不仅突飞猛进，取得了辉煌成就，而且学科建设渐趋完善，并一举成为“国际性显学”。曾经有人认为“甲骨文是中国的，甲骨学是世界的”。然而，在2017年，甲骨文成功入选《世界记忆名录》，成为全人类的共同精神财富。所以，如今来看，甲骨文和甲骨学都是世界的，是属于全人类的。曾经甲骨文的发现“一片惊天下”，如今甲骨学的发展“名声扬四海”。

参考文献：

1. 王宇信：《新中国的建立与甲骨学的深入研究时期》，《殷都学刊》1986年第3期。
2. 朱凤瀚：《近百年来的殷墟甲骨文研究》，《历史研究》1997年第1期。
3. 李学勤：《甲骨学一百年的回顾与前瞻》，《文物》1998年第1期。
4. 李民，李雪山：《薪火相传　继往开来——百年甲骨文研究概述》，《河南社会科学》1999年第5期。
5. 王宇信：《论甲骨学研究“全面深入”的新阶段》（上），《中国历史文物》2002年第5期。
6. 王宇信：《论甲骨学研究“全面深入”的新阶段》（下），《中国历史文物》2002年第6期。
7. 成家彻郎，朱桢：《1978年以后甲骨学有了更深广的发展——甲骨学界著名学者王宇信先生讲演》，《殷都学刊》2003年第1期。
8. 王宇信：《新中国的甲骨学研究》，《考古学研究》2003年第5期。
9. 王爱民，葛彦强等：《计算机辅助甲骨文缀合关键技术研究》，《计算机测量与控制》2010年第7期。
10. 郭胜强：《甲骨学殷商文化研究的最新成果》，《中国文物报》2011年5月

13日。
11. 王宇信:《新追求　新境界　新进步——甲骨文断片缀合不断取得新成果》,《南方文物》2012年第1期。
12. 朱歧祥:《有生命力的甲骨学》,《光明日报》2014年9月29日。
13. 齐航福:《继往以开来　袭故而弥新》,《中国文物报》2015年1月2日。
14. 王宇信:《“冷门”甲骨学代有传承》,《光明日报》2016年6月2日。
15. 王宇信:《迎接甲骨学研究的再辉煌》,《光明日报》2016年12月25日。
16. 宋镇豪:《甲骨文材料全面整理研究的新动向》,《中国文物报》2017年8月25日。
17. 王宇信:《守护中华民族基因,传承弘扬甲骨绝学》,《殷都学刊》2018年第3期。
18. 王宇信:《政府推动下的甲骨文研究全面深入发展与弘扬阶段的时代特色》,《殷都学刊》2019年第1期。
19. 王宇信:《论甲骨文研究“新阶段”到来的前事与当代研究的大发展——谈政府推动下的甲骨文全面深入发展与弘扬》,《殷都学刊》2019年第2期。
20. 张杰:《推动甲骨文研究再上新台阶》,《中国社会科学报》2019年7月1日。
21. 王宇信:《从殷墟走来,向世界走去——为纪念甲骨文发现120周年而作》,《光明日报》2019年8月31日。
22. 王宇信,[韩]具隆会:《甲骨学发展120年》,中国社会科学出版社,2019年。
23. 王丁,桂娟,双瑞:《闪耀三千多年的中华文明之光——纪念甲骨文发现120周年》,新华网,2019年11月2日。
24. 王宇信:《甲骨学120年的辉煌成就》,《中国社会科学报》2019年11月26日。

第五十四篇

江山代有才人出，甲骨绝学永承传

在前文中，笔者对已故的多位老一辈甲骨学者和如今仍健在的一些权威或资深甲骨学者做了比较详细的介绍。其实，还有不少前辈学者也在甲骨文研究领域取得了卓越成就，对甲骨学的发展做出了重要贡献，只是由于受时间紧、精力乏、资料缺等因素所限，加之拘于篇幅要求，所以暂不能逐一介绍了，待日后修订时再根据情况予以增补。如今，甲骨学发展已经走过120多年的历程，虽然并不顺利，但却一脉相承。尽管曾遭受过“严寒”和“冷落”，也曾经历了“磨难”和“挫折”，但是都未能阻碍甲骨学发展的步伐，终以其强大的生命力跨入新世纪，迎来了蓬勃发展的“春天”。综观当今甲骨学界，依然是群英汇集、各领风骚。曾经微弱的“绝学”之火，再次形成燎原之势。迎着和煦的“春风”，冷门将不再冷，“绝学”更不会绝。甲骨学代际相承、薪尽火传，在新时代呈现出一派蓬勃发展、欣欣向荣的新气象。具体表现在以下几个方面。

第一，甲骨学界人才辈出，薪火相传，专业研究人员“青黄不接”的现象已得到很大改观，年长学者仍“老骥伏枥”，年轻学者已崭露头角。

曾几何时，随着老一辈甲骨学者的陆续离世，甲骨文研究领域的后备力量显现出了严重不足，甚至出现了“青黄不接”的局面。进入新世纪以后，“绝学”、冷门面临失传的危急局势引起了国家有关部门的重视。在一些有识之士的强烈呼吁下，自2008年底开始，中国社会科学院将包括甲骨学在内的15个学科相继列入“绝学”加以抢救和保护，进行“特殊扶持”，在政策、经费、人才培养等方面予以重点支持，才使得濒临失传的甲骨学能够继续传承。综观当今甲骨学界及古文字学界，除了李学勤（已故）、裘锡圭、王宇信、刘一曼、许进雄等五位“资深学者”以外，还有赵诚、李民、曾宪通、杨锡璋、郝本性、肖楠、罗琨、谢济、陈全方、彭邦炯、陈炜湛、林沄、曹定云、葛英会、李绍连、高英民、温少锋、袁庭栋、常玉芝、晁福林、何琳仪、王辉、刘桓、林小安、国光红、刘奉光、方述鑫、朱凤瀚、范毓周、蔡哲茂、谢维扬、焦智勤、〔日〕成家彻郎、曲英杰、张桂光、喻遂生、宋镇豪、黄天树、曹锦炎、彭裕商、黄锡全、连劭名、〔美〕夏含夷、沈建华、董莲池、季旭升、王素、谭步云、涂白奎、郭新和、王蕴智、曹玮、王晖、李维明、吴振武、王震中、冯时、张玉金、王建生、朱歧祥、刘钊、李宗焜、马季凡、陈年福、张世超、杨育彬、江林昌、〔韩〕具隆会、陈伟武、巫称喜、李雪山、张国硕、刘兴林、方辉、朱彦民、韩江苏、赵平安、汪涛、王建军、常耀华、郭旭东、刘学顺、施谢捷、赵爱学、胡辉平、徐在国、李天虹、雒有仓、陈絜、魏慈德、陈双新、王晓鹏、白于蓝、王泽文、冯胜君、岳洪彬、林宏明、刘风华、陈剑、董珊、徐义华、刘源、张新俊、李发、章秀霞、时兵、刘义峰、严志斌、邹芙都、郭静云、齐航福、〔日〕崎川隆、周忠兵、单育辰、赵鹏、杜宏明、姚萱、何景成、孙亚冰、蒋玉斌、方稚松、张俊成、方稚松、李延彦、郭艳、田敏、任会斌、门艺、张翀、郜丽梅、刘影、王子扬、莫伯峰、李爱辉、张惟捷、葛亮、韦心滢、郅晓娜、何会、赵孝龙（大致按年龄排序）等一大批在学界颇具影响的老中青学者，他们各有所长，并在各自的研究领域内均取得了卓越成就，也都为推动甲骨学的发展作出了杰出贡献。在中老年甲骨学者的精心培养下，一批年轻的甲骨学者开始崭露头角。他们朝气蓬勃，精力充沛，视角独特，思维活跃，也都在各自的研究领域内取得了非凡的成绩，这对甲骨学的发展来说是一件莫大的幸事。难能可贵的是，一些老年学者“老骥伏枥”，仍坚守在甲骨文研究的前沿阵地上，继续“发光发热”，为培养年轻学者和学科接班人，推动甲骨学继续向前发展而努力奋斗着。尽管目前从事甲骨文研究的专业学者总体数量仍不是很多，但老、中、青相结合的研究梯队使得“青黄不接”的濒危局面有了很大改观，甲骨学得到了有效传承。

第二，甲骨文研究已插上现代科技的“翅膀”，并与多个学科密切合作、相互交融，促使甲骨文研究领域持续向全方位、纵深化发展。

120 多年以来的实践证明，甲骨学并非一个孤立的学科，而是与历史学、考古学、古文字学、古文献学、社会学、人类学、民俗学、天文学、地理学、生物学等多个学科都有密切关系，各学科之间相互交叉融合才得以促使各自研究领域取得更大的突破和进展。进入新世纪以后，甲骨学的诸多研究领域都引入了现代科学技术，插上了科技的“翅膀”，2016 年度国家哲学社会科学基金重大委托项目“大数据、云平台支持下的甲骨文字考释研究”就是二者有机结合的典型范例。目前，利用现代科技（如加速器质谱仪）对甲骨文进行分期断代，利用计算机技术（如拼图软件）对甲骨残片进行缀合等均已取得了显著成效。此外，计算机人工智能深度识别甲骨文技术的开发、甲骨文三维数据建模档案的建设、甲骨文契刻工艺的计算机微痕分析、甲骨填色的拉曼光谱分析等，也有很大进展。近年来，“殷契文渊”等多个甲骨文数字化平台的建设和电子数字化甲骨文字形库的构建，使得数量庞大、内容繁杂的甲骨文资料汇集于一体，步入“云端”，为学界研究甲骨文提供了极大便利。因此，现代科技的介入，促使甲骨学的研究方法和手段不断变革，实现了“升级换代”，从而推动甲骨文研究领域持续向全方位、纵深化发展。甲骨学将以更加开放的姿态迎接更多智慧的注入，学界热切呼唤为甲骨文的未来点亮科技之光，对进一步利用各种现代科技手段来解决甲骨文研究领域的各类问题以推动甲骨学持续发展充满了期待。

第三，甲骨文研究已取得丰硕成果，不仅数量巨大，而且质量较高。甲骨文研究成果在新时代仍以较快的速度增长，并时有突破和创新。

甲骨文发现 120 多年来，数代甲骨学者筚路蓝缕、艰辛探索，不仅使得甲骨文的研究领域不断扩大，而且也取得了丰硕的研究成果。据宋镇豪在所编《百年甲骨学论著目》中统计，自 1899 年至 1999 年 6 月这 100 年间，分布于中国（包括大陆和港、澳、台地区）和日本、美国、加拿大、英国、法国、德国、意大利、比利时、荷兰、瑞典、瑞士、俄罗斯、匈牙利、澳大利亚、韩国、新加坡等十多个国家的 3000 余位学者所撰写或编著并公开发表和出版的有关甲骨文研究方面的论文和专著的总量已达到 10946 种（其实已超过 13000 种）。2001 年 4 月出版的《甲骨文献集成》（全 40 册），也收录了 2700 多种来自十几个国家多位学者的甲骨文研究成果。据不完全统计，自进入 21 世纪以来，甲骨文研究方面文章的发表数量大约以每年150篇到200篇的速度递增。到目前为止，涉及甲骨文研究诸多领域的各类文章已发表了3万余篇。随着时代的发展和科技的进步，甲骨文研究日益趋于精准化、专题化、系统化，已从以往的"单兵作战"方式转变为各领域专家的"集团作战"方式。于是，一批批国家级重大课题相继立项，一部部精品力作陆续出版。甲骨文研究的各领域可谓"全面开花"，各类成果不断涌现，并时有创新和突破。甲骨文研究成果及相关资料的数字化建设已成为新时代甲骨学发展的最大亮点，这些成果在经过整理和汇集后，如今已步入"云端"，成为数字化资料，为学界研究提供了极大方便。

第四，被文博单位深藏紧锁的甲骨文物开始"走出"清冷的库房，展现时代价值，重新焕发光彩。成为"世界记忆遗产"后的甲骨文已逐渐引起国内外社会各界和公众的广泛关注，甲骨文化的发掘、宣传和弘扬恰逢其时。

长久以来，甲骨文及其研究曾一直处于"专家兴致盎然，百姓兴趣寡然"的窘迫境地和尴尬状态。进入新世纪以后，随着党和国家对甲骨文研究事业重视程度和支持力度的不断增加，甲骨文日益引起社会各界和广大民众的关注，知名度得到很大提升。2012年4月20日至5月10日，国家图书馆举办了"殷契重光——国家图书馆藏甲骨精品展"，展出了馆藏的60片甲骨实物精品和30种甲骨名家的甲骨文书法作品。此次展览使甲骨实物近距离呈现在观众面前，不仅受到了社会各界的热烈欢迎，也让学界意识到大众有了解和认识甲骨文的迫切需求，亟待宣传与弘扬。2015年10月14日，"甲骨文记忆展"在中国国家典籍博物馆第五、六号展厅正式拉开帷幕。此次特展分为"重现的文明""神奇的文字""传奇的王国""探索的旅程"等四个单元，仍以展示甲骨实物精品为中心，并配以放大的甲骨拓片，还有一些记录甲骨学发展史每个重大历史瞬间的照片和一批甲骨文研究各个领域的经典代表性著作。其中，所展出的65件甲骨实物是从国家图书馆馆藏的3万多件甲骨中精选出的代表性珍品，卜辞内容涵盖了祭祀、战争、农业、田猎、气象、疾病、生育等各种主题。另外，在互动区中，通过声、光、电等多媒体手段的综合运用能使观众犹如穿越时空隧道，体验一次跨越3000多年的甲骨文化之旅。由于整个展览内容丰富，形式多样，生动活泼，广受欢迎，所以当年入选了全国博物馆十大陈列展览精品项目。2016年10月，"甲骨文记忆展"远渡重洋，

甲骨文记忆展

抵达墨西哥阿卡普尔科市进行文化交流。该展作为墨西哥“阿卡普尔科中国船艺术节”中国主宾国活动揭幕展，于10月22日在阿卡普尔科圣迭戈历史博物馆隆重开幕。有趣的是，墨西哥玛雅文化遗址中出土的一组古代文物上的刻画符号竟然和中国甲骨文有着异曲同工之妙，因而既拉近了两国古代文化之间的距离，也拉近了墨西哥民众与中国甲骨文之间的距离，促进了两国文化的交流互鉴。2017年7月27日，“甲骨文记忆展”又抵达澳大利亚，在悉尼中国文化中心举办的“传承与创新——中国非遗文化周”上亮相，通过图文并茂的展板、甲骨文复制品和拓片以及与甲骨文相关的历史文物仿真模型等多种形式，激发了当地观众的兴趣，加深了他们对中国甲骨文及汉字文化的认识和理解。这个深受各国观众欢迎和喜爱的“甲骨文记忆展”持续展出了三年多，直到2018年底才闭展，创造了国家典籍博物馆办展的一项新纪录。2016年8月，“甲骨学发展史馆”在“甲骨文之父”王懿荣的故乡山东省烟台市福山区正式开馆。该馆全景式地展现了甲骨文自1899年发现以来的发展历程和研究成就，成为弘扬甲骨文化和青少年爱国主义教育的基地。在2017年10月30日甲骨文成功入选《世界记忆名录》后，升级为“世界记忆遗产”的甲骨文再次“震惊天下”，得到了世界的认可，吸引了全球的目光，越来越多的人为甲骨文的神奇魅力所感染和折服。2019年5

月 18 日，作为“亚洲文明对话大会”的系列活动之一，“甲骨文记忆展”在国家典籍博物馆第五、六展厅再次开展。此次展览除了展示甲骨实物、图片资料、研究成果等以外，还通过声、光、电等现代科技手段对甲骨文占卜场景进行了立体还原，吸引了诸多参观者的目光。为了满足全国各地观众的精神文化需求，国家图书馆还发起并联合全国各省（自治区、直辖市）的文化和旅游厅共同主办“甲骨文记忆展”巡展。2020 年 1 月 19 日，“甲骨文记忆展”在四川省图书馆隆重开展，成为巡展的首站，受到四川民众的广泛关注。后因新冠肺炎疫情防控需求，四川省图书馆联合国家图书馆通过互联网将“甲骨文记忆展”从线下搬到了线上，以新形式呈现给大众，受到了普遍欢迎。2019 年 10 月 22 日至 2020 年 1 月 7 日，由中共中央宣传部、教育部、文化和旅游部、中国国家博物馆等单位联合举办的“证古泽今——甲骨文文化展”通过“契文重光”“契文释史”“契于甲骨”三个单元展示了近 190 件甲骨、青铜、玉石、书籍等实物，吸引了如潮的观众，再次使甲骨文化得到很好的宣传。另外，近年来，甲骨文书法艺术也经常走出国门，多次出现在国际舞台上。这些国际性甲骨文书法艺术展览的成功举办，不仅很好地宣传了以甲骨文为代表的中华优秀传统文化，也使中华儿女的文化自信心和民族自豪感得到很大提升。由此可见，当前甲骨学发展已步入“黄金时期”，发掘、传承、宣传和弘扬甲骨文化恰逢其时。

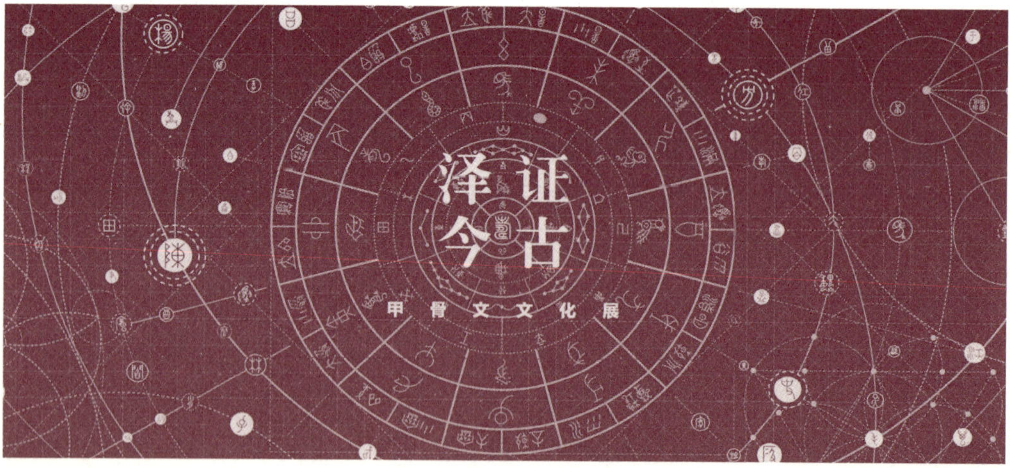

证古泽今——甲骨文文化展

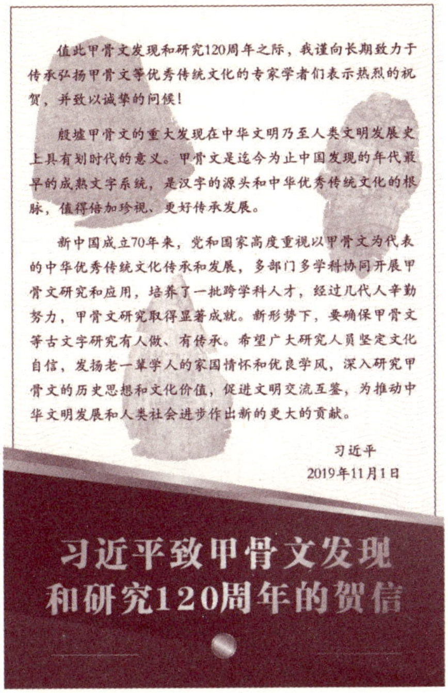
值此甲骨文发现和研究120周年之际，我谨向长期致力于传承弘扬甲骨文等优秀传统文化的专家学者们表示热烈的祝贺，并致以诚挚的问候！

殷墟甲骨文的重大发现在中华文明乃至人类文明发展史上具有划时代的意义。甲骨文是迄今为止中国发现的年代最早的成熟文字系统，是汉字的源头和中华优秀传统文化的根脉，值得倍加珍视、更好传承发展。

新中国成立70年来，党和国家高度重视以甲骨文为代表的中华优秀传统文化传承和发展，多部门多学科协同开展甲骨文研究和应用，培养了一批跨学科人才，经过几代人辛勤努力，甲骨文研究取得显著成就。新形势下，要确保甲骨文等古文字研究有人做、有传承。希望广大研究人员坚定文化自信，发扬老一辈学人的家国情怀和优良学风，深入研究甲骨文的历史思想和文化价值，促进文明交流互鉴，为推动中华文明发展和人类社会进步作出新的更大的贡献。

习近平

2019年11月1日

习近平致甲骨文发现和研究120周年的贺信

第五，甲骨文研究与科普已受到党和国家的高度重视，不仅激励专业学者继续“攻坚克难”“播火传薪”，而且也日益引起广大中小学生的浓厚兴趣，“中华优秀传统文化的根脉”已开始生根发芽。甲骨学发展只有后继有人，方可永续传承。

2019 年 11 月 1 日，“纪念甲骨文发现 120 周年座谈会”在北京人民大会堂举行。会上宣读了《习近平致甲骨文发现和研究 120 周年的贺信》，与会人员备受鼓舞。

年长学者激动不已，感慨坚守多年的“绝学”、冷门终于迎来了“春天”，欣慰多年的心血付出终于获得了国家的认可；年轻学者更是深受鼓舞和激励，纷纷立志要在老一辈学者研究的基础上继续“攻坚克难”，勇担重任，将甲骨文研究持续向前推进。除了甲骨文的保护、整理、著录、考释等基础性工作以外，甲骨文研究人才的培养和甲骨文的“活化利用”也成为甲骨学界的当务之急。2009 年 11 月 16 日，中国文字博物馆正式开馆。该馆位于河南省安阳市，是经国务院批准而建立的国内首座以文字为主题的国家级博物馆，也是“十一五”期间国家的一项重大文化工程。该馆依托数千件文物精品，系统诠释了中国文字的构形特征和演化历程，堪称“一部让世人领略中华文明的景观式文字大典”。如今，除了文物保护、陈列展示和科学研究以外，该馆还成为宣传甲骨文及汉字文化的一个重要阵地。每逢周末，设在该馆二层的一个公益性课堂“甲骨学堂”都会如期开班。无论是成年人，还是中、小学生，甚至幼儿园的孩子，都可以前来聆听甲骨文的“故事”，学写甲骨文书法，接受甲骨文化的熏陶，了解汉字演变的历程。据说，自“甲骨学堂”开办以来，已经先后举办了多场汉字教育活动，并且场场“爆满”，市民如想前去参加活动，都得提前进行网上预约，还经常抢不到名额。由此可见，甲骨文及汉字文化的魅力是多么神奇，也反映了社会大众对甲骨文的

中国文字博物馆

关注与日俱增，产生了强烈的好奇心和浓厚的兴趣。而让公众认识甲骨文、了解汉字的传承和历史，也正是“甲骨学堂”创办的初衷。近年来，随着甲骨文书法艺术的宣传与普及，甲骨学这门原本深奥难懂的“绝学”也开始走出象牙塔，不仅日益受到党和国家的重视，也逐渐为社会所认可和接受，越来越多的人特别是中、小学生开始为甲骨文所吸引并对之产生了浓厚兴趣。除了河南安阳以外，全国其他不少地方的一些中小学也纷纷开设了“甲骨文科普”“甲骨文书法”等方面的课程，有关教育部门还专门组织专家编写了一些甲骨文科普读物，均受到广大中、小学生的普遍欢迎，甲骨文化的宣传与弘扬已取得显著效果。

有人认为，商代甲骨文是世界上最早的文献和档案，堪为当时社会的一部“百科全书”。120 多年来，为解读中华文化的基因和解锁中华文明的密码，几代学者辛勤耕耘、著述不辍，从未停止对甲骨文神秘世界进行探索的脚步。尽管如此，但从目前情况来看，世人对这部“百科全书”的阅读和理解还不够透彻，远未达到“全面”与“深入”。虽然历经数代学者的不懈努力和心血付出已取得辉煌成绩，尽管甲骨文研究人才“青黄不接”的局面也已有所改观，但是“后继乏力”仍将是当前和未来一定时期内甲骨文研究和甲骨学发展所面临的困境与难题。也就是说，甲骨文的传承与弘扬，仍需要培养更多的“接班人”。因为只有代际相承、“青黄”相接，“源头涌活水，根脉发新芽”，甲骨绝学方能永续承传。然而，由于甲骨文的研究难度大、研究周期长，难以在短时间内快速取得成果，所以很多研究者坐不住冷板凳，纷纷转行，致使研究队伍逐渐萎缩，后备力量严重不足，甲骨学科渐呈萧条态势。如今，甲骨学虽号称“国际性显学”，但实际上形势并不乐观。随着老一辈学者的相继离世，留下了一个个难以填补的“空缺”，尽管国内甲骨学界的“血脉”已得到延续，但人才队伍仍不够壮大。而国外甲骨学界的形势则更为严峻，一些国家不是“青黄不接”，而是直接出现了“断层”，导致“绝学”变成了“绝响”。幸而近年来甲骨文研究已逐渐得到党和国家的重视，不仅给长期甘于寂寞、“坚守阵地”的甲骨学者予以莫大鼓励，也吸引之前转行的学者纷纷回到甲骨学研究领域，更激起了社会大众尤其是青少年对甲骨文的兴趣，或许会引导更多有志之士特别是青少年加入研究和宣传甲骨文的队伍中来。在这美好的新时代，甲骨学迎来了最好的发展契机。

回首过往，甲骨文已历经千载岁月的“风云”变幻，见证百年历史的更新变迁，“中华优秀传统文化的根脉”已在中华儿女的心田上扎根蔓延；展望未来，甲骨文将续写中华民族的辉煌之典，领航传统文化的复兴之船，“中华文化的基因”将在中华儿女的血脉中延续流传。

参考文献：

1. 宋镇豪：《百年甲骨学论著目》，语文出版社，1999年。
2. 王小琪：《甲骨文的发现与学者之功》，《光明日报》2014年8月19日。
3. 王宇信：《“冷门”甲骨学代有传承》，《光明日报》2016年6月2日。
4. 王胜昔：《冷门学科不再冷，甲骨绝学有传承》，《光明日报》2017年2月21日。
5. 张杰：《推动甲骨文研究再上新台阶》，《中国社会科学报》2019年7月4日。

6. 任国战，张遂旺：《甲骨“绝学”不再冷》，《河南日报》2019 年 10 月 18 日。
7. 张丛博：《纪念甲骨文发现 120 周年——甲骨文你从哪里来？》，《大河报》2019 年 10 月 19 日。
8. 张烁：《甲骨文有了新“活”法》，《人民日报》2019 年 11 月 4 日。
9. 靳晓燕，王胜昔：《甲骨文，我们这样走近你》，《光明日报》2019 年 10 月 29 日。
10. 宋镇豪：《甲骨文研究的继往开来》，《光明日报》2019 年 11 月 4 日。
11. 柴如瑾：《迎接甲骨学的新辉煌——习近平总书记致甲骨文发现和研究 120 周年的贺信反响热烈》，《光明日报》2019 年 11 月 4 日。
12. 孙亚慧：《一片甲骨惊天下，古老文字迎来新传承》，《人民日报》(海外版) 2019 年 11 月 8 日。
13. 胡宁：《甲骨记忆》，《中国青年报》2019 年 11 月 19 日。
14. 王宇信：《甲骨学 120 年的辉煌成就》，《中国社会科学报》2019 年 11 月 26 日。
15. 王宇信，黄天树，王月清：《播火传薪，赓续甲骨“绝学”》，《光明日报》2019 年 12 月 2 日。

后　记

2018年，因机缘巧合，我受恩师王宇信先生所托为长春出版社策划的“中华文化元素丛书”所撰写的《青铜器》一书，由于体例与丛书不合而转投给了文物出版社。承蒙文物出版社领导不弃，欣然接受书稿并列入“国宝传奇丛书”。既然这本《青铜器》（后改名为《青铜重器》）“歪打正着”地成为“国宝传奇丛书”之一种，那么我就想“锦上添花”，为这套丛书再增加一本《甲骨风云》，毕竟甲骨文是我更熟悉、最挚爱的“国宝”呀。

关于这部《甲骨风云》，如何编体例、怎样写内容，着实令我煞费脑筋。因为甲骨文毕竟不同于青铜器，青铜器可以按“件”去讲述各自的身世、特征以及它们前世、今生的故事，但甲骨文却是无法按“片”来介绍的。绞尽脑汁，我终于想出了一个自认为比较理想的方案，那就是写成一部“新形式”的甲骨学发展史。王宇信先生的《建国以来甲骨文研究》《甲骨学通论》《甲骨学一百年》《中国甲骨学》《新中国甲骨学六十年》《甲骨学发展120年》《新中国甲骨学七十年》等著作均为总结不同时期甲骨学史的代表作，书中多为理论性陈述，内容广博丰富，学术价值较高。而我的这部《甲骨风云》将“另辟蹊径”，打算以“讲故事”的形式来介绍甲骨学发展史，算是一部另类的“甲骨学野史”，以求与恩师王先生的著作相得益彰、相互辉映。我的写作思路是：以甲骨文作“针”，以时间为“线”，按照历史发展的顺序，将甲骨文“自3000多年前被埋藏于殷墟，到1899年被王懿荣发现，随后历经百年‘风云变幻’，再到如今‘绝学逢春’，直至甲骨学发展‘未来可期’”这一整个历程中所涉及的与甲骨文有关的主要人物、重要事件等全部串联起来。不管是古董商还是收藏家，无论是甲骨学者还是甲骨文书法家；不管是逝者还是生者，无论是古人还是今人，只要他们曾与甲骨文结缘，只要他们曾在甲骨学发展史上作出过卓越贡献，我都将探寻他们与甲骨文的故事，揭秘他们与甲骨文的渊源，介绍他们对甲骨学的成就，品评他们对甲骨学的贡献。

2019年初，我将编撰《甲骨风云》的想法和写作思路向恩师王宇信先生汇报后，王先生建议我不要在甲骨文科普方面耗费太多时间，还是将主要精力放到学术研究上，于是写作计划暂时搁置。当年11月1日上午，“纪念甲骨文发现120周年座谈会”在北京人民大会堂隆重召开，习近平总书记致贺信，将甲骨文定性为“汉字的源头和中华优秀传统文化的根脉”，并“希望广大研究人员坚定文化自信，发扬老一辈学人的家国情怀和优良学风，深入研究甲骨文的历史思想和文化价值，促进文明交流互鉴，为推动中华文明发展和人类社会进步作出新的更大的贡献”。这极大地激发了我创作《甲骨风云》的热情。于是，我便利用夜间加班悄悄写起了《甲骨风云》。此后，一套桌椅、一部电脑、一盏台灯、一堆书籍，伴我度过了一个又一个不眠之夜。

2020年6月中旬，我将耗费大量心血的《甲骨风云》初稿呈交恩师王宇信先生审阅指导。两个多月后，先生来电告知已通读并审校完全书，打算推荐出版。恰逢中国教育出版集团语文出版社与北京师范大学出版科学研究院联合发布了“‘甲骨文’系列丛书选题招募公告”，所以王先生建议我将《甲骨风云》转投给语文出版社。年底，我按照公告要求提交了选题报告，很快就得到了回应。语文出版社的领导和“甲骨文系列丛书”项目组的专家对我的选题非常感兴趣。2021年年初，《甲骨风云》顺利通过语文出版社的选题论证，入选该社的“甲骨文系列丛书”，并被作为精品书进行打造、推介，这着实令我感到有些受宠若惊。

关于这部《甲骨风云》，我觉得有必要作如下几点说明。

第一，本书的核心内容是介绍古今中外50多位与甲骨文有关系的代表性“风云人物”的人生履历以及各自对甲骨学的贡献，并分别穿插了一些有趣的故事，原计划写到65篇，共计50余万字，限于篇幅要求，只得一再进行精简。因此，还有一些已故著名甲骨学人，例如胡光炜、姜亮夫、孙常叙、胡淀咸、金祖同、曾毅公、金祥恒、郭若愚、姚孝遂、张秉权等，暂时不能列入本书了，留下了些许遗憾，期待今后修订时能够予以增补。

第二，因为本书并非纯学术性著作，关于目前在学界尚存争议的一些问题，暂且从一家之言，间或穿插了自己的一些想法、观点和见解。由于本书不是小说、散文之类的纯文学性作品，故此文中所述均为真人真事，而非肆意编造，但为了增强可读性和趣味性，我对某些地方进行了文学化处理，借鉴或采用了文学作品的表现形式和叙事手法。总体而言，本书既是一部信息量较大的甲骨文科普读物，也是一本涉及面较广的甲骨文资料集。

第三，本书所述诸位甲骨学界“风云人物”的人生经历和故事，其实均为我对诸多学者研究成果的提炼和汇总，因而本书堪为集体智慧的结晶。打个比方说，是我将众多“特级厨师”所制作的美餐进行搭配、组合和加工后，又掺入自己这个“乡野小厨”所配置的风味调料，再起个别致典雅的名字，然后才摆成了这场“豪华盛宴”。作为“编辑者”，我衷心感谢参考文献中所涉及的相关作者，是大家的“共同心血”铸就了这部《甲骨风云》。可以说，在该书的编撰过程中，我一直细心搜集材料，潜心阅读思考，耐心听取建议，精心编撰文稿，真心弘扬甲骨，决心不辞辛劳！因此，祈愿这部《甲骨风云》能经得起历史的检验，受得住读者的检视，在甲骨文科普的园囿里异彩纷呈、常散芳香。

第四，由于本书信息量极大、涉及面颇广，因为个人精力和所搜材料实在有限，所以仅凭一人之力深感“驾驭”之难。鉴于时间紧迫，仓促成稿，故文中难免会有疏漏之处，欢迎广大读者指正！

在本书即将出版之际，我还要特别感谢恩师王宇信先生和师母朱月萍女士，二老多年来对我一如既往地关心、支持、呵护和栽培，一直激励我在甲骨学道路上沿着正确的轨道往前奋进。恩师王宇信先生在百忙中不仅亲自审校了书稿，惠赠了序言，而且还向出版社极力推荐，让我心存感激、备觉温暖，感谢上天赐给我这么好的一位引路人。2020 年适逢恩师王宇信先生八十寿辰，我曾以《甲骨风云》书稿进献薄礼，以为恩师祈福增寿。如今《甲骨风云》出版，我再以此书聊表心意，敬祝恩师和师母福寿安康。此外，语文出版社的领导和专家们对本书予以高度重视和大力支持，在本书的校对、编排、设计、推广等方面做了许多工作，付出了大量心血，对于他们的热情帮助和无私奉献，我深表崇高的敬意和诚挚的谢意！衷心希望本书能产生良好的社会效益，引起更多的人关注甲骨文及甲骨学，启发更多的人步入甲骨学的堂奥，进一步激发中华儿女的文化自信心和民族自豪感，从而助推中华优秀传统文化早日实现全面复兴！

王绍东

2021 年 4 月 8 日于泉城